Erich Kästner · Die Romane

ERICH KÄSTNER

DIE
ROMANE

Alle Romane,
Versuche & Fragmente

Fabian
Drei Männer im Schnee
Die verschwundene Miniatur
Der kleine Grenzverkehr

HAFFMANS VERLAG

1. Auflage, Sommer 2011

Diese Ausgabe folgt den Bänden 2 und 3
der ersten Gesamtausgabe
ERICH KÄSTNER · Gesammelte Schriften in 7 Bänden.
Eine Gemeinschaftsausgabe der Verlage
Atrium, Zürich · Cecilie Dressler, Berlin · Kiepenheuer & Witsch,
Köln-Berlin 1959.

Produktion und Gestaltung von Urs Jakob,
Werkstatt im Grünen Winkel, CH-8400 Winterthur.
Zeichnung auf der Titelseite von H. M. Brockmann.
Korrektorat von Franziska Schwarzenbach & Claudia Mahmoud.
Satz: Fotosatz Amann, Aichstetten.
Druck & Bindung: Ebner & Spiegel, Ulm.
Printed in Germany.

ISBN 978-3-942048-40-8

Inhalt

FABIAN
Die Geschichte eines Moralisten 7

    FABIAN UND DIE SITTENRICHTER
    Ein verworfenes Nachwort zu »Fabian« 225

    DER HERR OHNE BLINDDARM
    Ein verworfene Kapitel aus »Fabian« 227

DER ZAUBERLEHRLING
Ein Fragment 233

DREI MÄNNER IM SCHNEE 341

DIE VERSCHWUNDENE MINIATUR 531

DER KLEINE GRENZVERKEHR 715

FABIAN

Die Geschichte eines Moralisten

Das Buch erschien 1931.

Der vom Autor vorgeschlagene und zunächst
zäh verteidigte Titel »Der Gang vor die Hunde«
wurde vom Verlag abgelehnt.

Vorwort des Verfassers zur
Neuauflage dieses Buches

Über dieses nunmehr bald fünfundzwanzig Jahre alte Buch kursierten im Laufe der Zeit recht verschiedene Urteile, und es wurde noch von manchen, die es lobten, mißverstanden. Wird man's heute besser verstehen? Gewiß nicht! Wie denn auch? Daß im Dritten Reich die Geschmacksurteile verstaatlicht, in Phrasen geliefert und millionenfach geschluckt wurden, hat Geschmack und Urteil breiter Kreise bis in unsere Tage verdorben. Und heute sind, noch ehe sie sich regenerieren konnten, bereits neue, genauer, sehr alte Mächte fanatisch dabei, wiederum standardisierte Meinungen – gar nicht so verschieden von den vorherigen – durch Massenimpfung zu verbreiten. Noch wissen viele nicht, viele nicht mehr, daß man sich Urteile selber bilden kann und sollte. Soweit sie sich drum bemühen, wissen sie nicht, wie man's anfängt. Und schon sind, angeblich zum Schutze der Jugend, Kuratelgesetze gegen moderne Kunst und Literatur in Vorbereitung. Das Wort »zersetzend« steht im Vokabular der Rückschrittler längst wieder an erster Stelle. Verunglimpfung ist eines jener Mittel, die den Zweck nicht nur heiligen, sondern ihn, nur zu oft, auch erreichen.

So wird heute weniger als damals begriffen werden, daß der »Fabian« keineswegs ein »unmoralisches«, sondern ein ausgesprochen moralisches Buch ist. Der ursprüngliche Titel, den, samt einigen krassen Kapiteln, der Erstverleger nicht zuließ, lautete »Der Gang vor die Hunde«. Damit sollte, schon auf dem Buchumschlag, deutlich werden, daß der Roman ein bestimmtes Ziel verfolge: Er wollte warnen. Er wollte vor dem Abgrund warnen, dem sich Deutschland und damit Europa näherten! Er wollte mit angemessenen, und das konnte in diesem Falle nur bedeuten, mit allen Mitteln in letzter Minute Gehör und Besinnung erzwingen.

Die große Arbeitslosigkeit, die der wirtschaftlichen folgende seelische Depression, die Sucht, sich zu betäuben, die Aktivität bedenkenloser Parteien, das waren Sturmzeichen der nahenden Krise. Und auch die unheimliche Stille vor dem Sturm fehlte nicht – die einer epidemischen Lähmung gleichende Trägheit der Herzen. Es trieb manche, sich dem Sturm und der Stille entgegenzustellen. Sie wurden beiseite geschoben. Lieber hörte man den Jahrmarktschreiern und Trommlern zu, die ihre Senfpflaster und giftigen Patentlösungen anpriesen. Man lief den Rattenfängern nach, hinein in den Abgrund, in dem wir nun, mehr tot als lebendig, angekommen sind und uns einzurichten versuchen, als sei nichts geschehen.

Das vorliegende Buch, das großstädtische Zustände von damals schildert, ist kein Poesie- und Fotografiealbum, sondern eine Satire. Es beschreibt nicht, was war, sondern es übertreibt. Der Moralist pflegt seiner Epoche keinen Spiegel, sondern einen Zerrspiegel vorzuhalten. Die Karikatur, ein legitimes Kunstmittel, ist das Äußerste, was er vermag. Wenn auch das nicht hilft, dann hilft überhaupt nichts mehr. Daß überhaupt nichts hilft, ist – damals wie heute – keine Seltenheit. Eine Seltenheit wäre es allerdings, wenn das den Moralisten entmutigte. Sein angestammter Platz ist und bleibt der verlorene Posten. Ihn füllt er, so gut er kann, aus. Sein Wahlspruch hieß immer und heißt auch jetzt: Dennoch!

München, Mai 1950 *Erich Kästner*

ERSTES KAPITEL

Ein Kellner als Orakel
Der andere geht trotzdem hin
Ein Institut für geistige Annäherung

Fabian saß in einem Café namens Spalteholz und las die Schlagzeilen der Abendblätter: Englisches Luftschiff explodiert über Beauvais, Strychnin lagert neben Linsen, Neunjähriges Mädchen aus dem Fenster gesprungen, Abermals erfolglose Ministerpräsidentenwahl, Der Mord im Lainzer Tiergarten, Skandal im Städtischen Beschaffungsamt, Die künstliche Stimme in der Westentasche, Ruhrkohlenabsatz läßt nach, Die Geschenke für Reichsbahndirektor Neumann, Elefanten auf dem Bürgersteig, Nervosität an den Kaffeemärkten, Skandal um Clara Bow, Bevorstehender Streik von 140000 Metallarbeitern, Verbrecherdrama in Chikago, Verhandlungen in Moskau über das Holzdumping, Starhembergjäger rebellieren. Das tägliche Pensum. Nichts Besonderes.

Er nahm einen Schluck Kaffee und fuhr zusammen. Das Zeug schmeckte nach Zucker. Seitdem er, zehn Jahre war das her, in der Mensa am Oranienburger Tor dreimal wöchentlich Nudeln mit Sacharin hinuntergewürgt hatte, verabscheute er Süßes. Er zündete sich eilig eine Zigarette an und rief den Kellner.

»Womit kann ich dienen?« fragte der.

»Antworten Sie mir auf eine Frage.«

»Bitte schön.«

»Soll ich hingehen oder nicht?«

»Wohin meinen der Herr?«

»Sie sollen nicht fragen. Sie sollen antworten. Soll ich hingehen oder nicht?«

Der Kellner kratzte sich unsichtbar hinter den Ohren. Dann trat er von einem Plattfuß auf den anderen und meinte verlegen: »Das beste wird sein, Sie gehen nicht hin. Sicher ist sicher, mein Herr.«

Fabian nickte. »Gut. Ich werde hingehen. Zahlen.«

»Aber ich habe Ihnen doch abgeraten!«

»Deshalb geh ich ja hin! Bitte zahlen.«

»Wenn ich zugeraten hätte, wären Sie nicht gegangen?«

»Dann auch. Bitte zahlen!«

»Das versteh ich nicht«, erklärte der Kellner ärgerlich. »Warum haben Sie mich dann überhaupt gefragt?«

»Wenn ich das wüßte«, antwortete Fabian.

»Eine Tasse Kaffee, ein Butterbrot, fünfzig, dreißig, achtzig, neunzig Pfennig«, deklamierte der andere.

Fabian legte eine Mark auf den Tisch und ging. Er hatte keine Ahnung, wo er sich befand. Wenn man am Wittenbergplatz auf den Autobus I klettert, an der Potsdamer Brücke in eine Straßenbahn umsteigt, ohne deren Nummer zu lesen, und zwanzig Minuten später den Wagen verläßt, weil plötzlich eine Frau drinsitzt, die Friedrich dem Großen ähnelt, kann man wirklich nicht wissen, wo man ist.

Er folgte drei hastig marschierenden Arbeitern und geriet, über Holzbohlen stolpernd, an Bauzäunen und grauen Stundenhotels entlang, zum Bahnhof Jannowitzbrücke. Im Zug holte er die Adresse heraus, die ihm Bertuch, der Bürochef, aufgeschrieben hatte: Schlüterstraße 23, Frau Sommer. Er fuhr bis zum Zoo. Auf der Joachimstaler Straße fragte ihn ein dünnbeiniges, wippendes Fräulein, wie er drüber dächte. Er beschied das Anerbieten abschlägig, drohte mit dem Finger und entkam.

Die Stadt glich einem Rummelplatz. Die Häuserfronten waren mit buntem Licht beschmiert, und die Sterne am Himmel konnten sich schämen. Ein Flugzeug knatterte über die Dächer. Plötzlich regnete es Aluminiumtaler. Die Passanten blickten hoch, lachten und bückten sich. Fabian dachte flüchtig an jenes Märchen, in dem ein kleines Mädchen sein Hemd hochhebt, um das Kleingeld aufzufangen, das vom Himmel fällt. Dann holte er von der steifen Krempe eines fremden Hutes einen Taler herunter. »Besucht die Exotikbar, Nollendorfplatz 3, Schöne Frauen, Nacktplastiken, Pension Condor im gleichen Hause«, stand darauf. Fabian hatte mit einem Male die Vorstellung, er fliege dort oben im Aeroplan und sehe auf sich hinunter, auf den jungen Mann in der Joachimstaler Straße, im Gewimmel der Menge, im Lichtkreis der Laternen und Schaufenster, im Straßengewirr der fiebrig entzündeten Nacht.

Wie klein der Mann war. Und mit dem war er identisch! Er überquerte den Kurfürstendamm. An einem der Giebel rollte eine Leuchtfigur, ein Türkenjunge war es, mit den elektrischen Augäpfeln. Da stieß jemand heftig gegen Fabians Stiefelabsatz. Er drehte sich mißbilligend um. Es war die Straßenbahn gewesen. Der Schaffner fluchte.

»Passense auf!« schrie der Polizist.

Fabian zog den Hut und sagte: »Werde mir Mühe geben.«

In der Schlüterstraße öffnete ein grünlivrierter Liliputaner, erklomm eine zierliche Leiter, half dem Besucher aus dem Mantel und verschwand. Kaum war der kleine Grüne weg, rauschte eine üppige Dame, bestimmt Frau Sommer, durch den Vorhang und sagte: »Darf ich Sie in mein Büro bitten?« Fabian folgte.

»Mir wurde Ihr Klub von einem gewissen Herrn Bertuch empfohlen.«

Sie blätterte in einem Heft und nickte. »Bertuch, Friedrich Georg, Bürochef, 40 Jahre, mittelgroß, brünett, Karlstraße 9, musikliebend, bevorzugt schlanke Blondinen, nicht über fünfundzwanzig Jahre alt.«

»Das ist er!«

»Herr Bertuch verkehrt seit Oktober bei mir und war in dieser Zeit fünfmal anwesend.«

»Das spricht für das Institut.«

»Die Anmeldegebühr beträgt zwanzig Mark. Jeder Besuch kostet zehn Mark extra.«

»Hier sind dreißig Mark.« Fabian legte das Geld auf den Schreibtisch. Die üppige Dame steckte die Scheine in die Schublade, nahm einen Federhalter und sagte: »Die Personalien?«

»Fabian, Jakob, 32 Jahre alt, Beruf wechselnd, zur Zeit Reklamefachmann, Schaperstraße 17, herzkrank, Haarfarbe braun. Was müssen Sie noch wissen?«

»Haben Sie hinsichtlich der Damen bestimmte Wünsche?«

»Ich möchte mich nicht festlegen. Mein Geschmack neigt zu Blond, meine Erfahrung spricht dagegen. Meine Vorliebe gehört großen Frauen. Aber das Bedürfnis ist nicht gegenseitig. Lassen Sie die Rubrik frei.«

Irgendwo wurde Grammophon gespielt. Die üppige Dame erhob sich und erklärte ernst: »Ich darf Sie, bevor wir hineingehen, mit den wichtigsten Statuten bekannt machen. Annäherungen der Mitglieder untereinander werden nicht übelgenommen, sondern erwartet. Die Damen genießen dieselben Rechte wie die Herren. Von der Existenz, der Adresse und den Gepflogenheiten des Instituts ist nur vertrauenswürdigen Herrschaften Mitteilung zu machen. Den idealen Absichten des Unternehmens ungeachtet sind die Konsumkosten sofort zu begleichen. Innerhalb der Klubräume hat keins der Paare Anspruch darauf, respektiert zu werden. Paare, die ungestört zu bleiben wünschen, werden gebeten, den Klub zu verlassen. Das Etablissement dient der Anbahnung von Beziehungen, nicht den Beziehungen selber. Mitglieder, die einander vorübergehend zu gegenseitigem Befund Gelegenheit gaben, werden ersucht, das wieder zu vergessen, da nur auf diese Weise Komplikationen vermeidbar sind. Haben Sie mich verstanden, Herr Fabian?«

»Vollkommen.«

»Dann bitte ich Sie, mir zu folgen.«

Dreißig bis vierzig Personen mochten anwesend sein. Im ersten Raum wurde Bridge gespielt. Nebenan wurde getanzt. Frau Sommer wies dem neuen Mitglied einen freien Tisch an, sagte, daß man sich notfalls jederzeit an sie wenden könne, und verabschiedete sich. Fabian nahm Platz, bestellte beim Kellner Kognaksoda und sah sich um. War er auf einer Geburtstagsgesellschaft?

»Die Menschen sehen harmloser aus, als sie sind«, bemerkte ein kleines schwarzhaariges Fräulein und setzte sich neben ihn. Fabian bot ihr zu rauchen an. »Sie wirken sympathisch«, sagte sie. »Sie sind im Dezember geboren.«

»Im Februar.«

»Aha! Sternbild der Fische und paar Tropfen Wassermann. Ziemlich kalte Natur. Sie kommen nur aus Neugierde?«

»Die Atomtheoretiker behaupten, noch die kleinsten Substanzpartikel bestünden aus umeinander kreisenden elektrischen Energiemengen. Halten Sie diese Ansicht für eine Hypothese oder für eine Anschauung, die dem wahren Sachverhalt entspricht?«

»Empfindlich sind Sie auch noch?« rief die Person. »Aber es macht nichts. Sind Sie hier, um sich eine Frau zu suchen?«

Er hob die Schultern. »Ist das ein förmlicher Antrag?«

»Unsinn! Ich war zweimal verheiratet, das genügt vorläufig. Die Ehe ist nicht die richtige Ausdrucksform für mich. Dafür interessieren mich die Männer zu sehr. Ich stelle mir jeden, den ich sehe und der mir gefällt, als Ehemann vor.«

»In seinen prägnantesten Eigenschaften, will ich hoffen.«

Sie lachte, als hätte sie den Schlucken, und legte die Hand auf sein Knie. »Richtig gehofft! Man behauptet, ich litte an stellungsuchender Phantasie. Sollten Sie im Verlauf des Abends das Bedürfnis haben, mich nach Hause zu bringen, meine Wohnung und ich sind klein, aber stabil.«

Er entfernte die fremde und unruhige Hand von seinem Knie und meinte: »Möglich ist alles. Und jetzt will ich mir das Lokal ansehen.« Er kam nicht dazu. Wie er sich erhob und umwandte, stand eine große, programmäßig gewachsene Dame vor ihm und sagte: »Man wird gleich tanzen.« Sie war größer als er und blond dazu. Die kleine schwarzhaarige Schwadroneuse befolgte die Statuten und verschwand. Der Kellner setzte das Grammophon in Gang. An den Tischen entstand Bewegung. Man tanzte.

Fabian betrachtete die Blondine sorgfältig. Sie hatte ein blasses infantiles Gesicht und sah zurückhaltender aus, als sie, ihrem Tanze nach, zu sein schien. Er schwieg und spürte, daß in wenigen Minuten jener Grad von Schweigsamkeit erreicht wäre, der den Anfang eines Gesprächs, eines belanglosen dazu, unmöglich macht. Glücklicherweise trat er ihr auf den Fuß. Sie wurde gesprächig. Sie zeigte ihm die zwei Damen, die einander neulich wegen eines Mannes geohrfeigt und die Kleider aufgerissen hatten. Sie berichtete, daß Frau Sommer ein Verhältnis mit dem grünen Liliputaner habe, und erklärte, daß sie sich diese Liaison nicht auszumalen wage. Schließlich fragte sie, ob er noch bleiben wolle; sie breche auf. Er ging mit.

Am Kurfürstendamm winkte sie einem Taxi, nannte eine Adresse, stieg ein und nötigte ihn, neben ihr Platz zu nehmen. »Aber ich habe nur noch zwei Mark«, erklärte er.

»Das macht fast gar nichts«, gab sie zur Antwort, und dem Chauffeur rief sie zu: »Licht aus!« Es wurde dunkel. Der Wagen ruckte an und fuhr. Schon in der ersten Kurve fiel sie über ihn her und biß ihn in die Unterlippe. Er schlug mit der Schläfe gegen das Verdeckscharnier, hielt sich den Kopf und sagte: »Aua! Das fängt gut an.«

»Sei nicht so empfindlich«, befahl sie und überschüttete ihn mit Aufmerksamkeiten.

Ihm kam der Überfall zu plötzlich. Und der Schädel tat ihm weh. Fabian war nicht bei der Sache. »Ich wollte eigentlich, bevor Sie mich erwürgen, noch einen Brief schreiben«, röchelte er. Sie boxte ihn vors Schlüsselbein, lachte, ohne eine Miene zu verziehen, die Tonleiter hinauf und herunter und strangulierte weiter. Seine Bemühung, sich der Frau zu erwehren, wurde zusehends falsch ausgelegt. Jede Wegbiegung führte zu neuen Verwicklungen. Er beschwor das Schicksal, dem Auto weitere Kurven zu ersparen. Das Schicksal hatte Ausgang.

Als der Wagen endlich hielt, überpuderte die Blonde ihr Gesicht, bezahlte die Fahrt und äußerte, vor der Haustür: »Erstens ist dein Gesicht voll roter Flecken, und zweitens trinkst du bei mir eine Tasse Tee.«

Er rieb sich die Lippenpomade von den Backen und sagte: »Ihr Antrag ehrt mich, doch ich muß morgen zeitig im Büro sein.«

»Mach mich nicht wütend. Du bleibst bei mir. Das Mädchen wird dich wecken.«

»Aber ich werde nicht aufstehen. Nein, ich muß zu Hause schlafen. Ich erwarte früh sieben Uhr ein dringendes Telegramm. Das bringt die Wirtin ins Zimmer und rüttelt mich, bis ich aufwache.«

»Wieso weißt du schon jetzt, daß du ein Telegramm erhalten wirst?«

»Ich weiß sogar, was drinsteht.«

»Nämlich?«

»Es wird heißen: ›Scher dich aus dem Bett. Dein treuer Freund Fabian.‹ Fabian, das bin ich.« Er blinzelte in das Laub der Bäume und freute sich über den gelben Glanz der Laternen. Die Straße lag ganz still. Eine Katze lief geräuschlos ins Dunkel. Wenn er jetzt die grauen Häuser entlangspazieren könnte!

»Die Geschichte mit dem Telegramm ist doch nicht wahr?«

»Nein, aber das ist der pure Zufall«, sagte er.

»Wozu kommst du in den Klub, wenn dir an den Konsequenzen nichts liegt?« fragte sie ärgerlich und schloß die Tür auf.

»Ich erfuhr die Adresse und bin sehr neugierig.«

»Also hopp!« sagte sie. »Der Neugier sind keine Schranken gesetzt.« Die Tür schloß sich hinter ihnen.

ZWEITES KAPITEL

Es gibt sehr aufdringliche Damen
Ein Rechtsanwalt hat nichts dagegen
Betteln verdirbt den Charakter

Im Fahrstuhl war ein Wandspiegel. Fabian zog das Taschentuch und rieb die roten Flecken aus dem Gesicht. Die Krawatte saß schief. Die Schläfe brannte. Und die blasse Blondine sah auf ihn herunter. »Wissen Sie, was eine Megäre ist?« fragte er. Sie legte den Arm um ihn. »Ich weiß es, aber ich bin hübscher.«

Am Türschild stand: Moll. Das Dienstmädchen öffnete. »Bringen Sie uns Tee.«

»Der Tee steht in Ihrem Zimmer.«

»Gut. Gehen Sie schlafen!« Das Mädchen verschwand im Korridor. Fabian folgte der Frau. Sie führte ihn geradewegs ins Schlafzimmer, schenkte Tee ein, stellte Kognak und Zigaretten zurecht und sagte mit einer umfassenden Geste: »Bediene dich!«

»Mein Gott, ein Tempo haben Sie am Leibe!«

»Wo?« fragte sie. Er überhörte das. »Sie heißen Moll?«

»Irene Moll sogar, damit Leute mit Gymnasialbildung etwas zu lachen haben. Setz dich. Ich komme gleich wieder.«

Er hielt sie zurück und gab ihr einen Kuß.

»Na, es wird ja langsam«, meinte sie und entfernte sich. Er trank einen Schluck Tee und ein Glas Kognak. Dann musterte er das Zimmer. Das Bett war niedrig und breit. Die Lampe gab indirektes Licht. Die Wände waren mit Spiegelglas bespannt. Er trank noch einen Kognak und trat ans Fenster. Vergittert war es nicht.

Was hatte die Frau mit ihm vor? Fabian war zweiunddreißig
Jahre alt und hatte sich nachts fleißig umgetan, auch dieser
Abend begann ihn zu reizen. Er trank den dritten Kognak
und rieb sich die Hände. Er betrieb die gemischten Gefühle
seit langem aus Liebhaberei. Wer sie untersuchen wollte,
mußte sie haben. Nur während man sie besaß, konnte man
sie beobachten. Man war ein Chirurg, der die eigene Seele
aufschnitt.

   »So, nun wird der kleine Junge geschlachtet«, sagte die
Blondine. Sie trug jetzt einen Schlafanzug aus schwarzen
Spitzen. Er trat einen Schritt zurück. Sie aber rief »Hurra!«
und sprang ihm derart an den Hals, daß er die Balance verlor,
kippte und samt der Dame auf den Fußboden zu sitzen kam.

   »Ist sie nicht schrecklich?« fragte da eine fremde Stimme.

   Fabian blickte verwundert hoch. Im Türrahmen stand,
mit einem Pyjama bekleidet, ein dürrer, großnasiger Mensch
und gähnte.

   »Was wollen Sie denn hier?« fragte Fabian.

   »Entschuldigen Sie, mein Herr, aber ich konnte nicht
wissen, daß Sie mit meiner Frau bereits durchs Zimmer
kriechen.«

   »Mit Ihrer Frau?«

   Der Eindringling nickte, gähnte verzweifelt und sagte
vorwurfsvoll: »Irene, wie konntest du den Herrn in eine so
schiefe Lage bringen! Wenn du schon wünschst, daß ich mir
deine Neuerwerbungen anschaue, kannst du sie mir wenigstens gesellschaftsfähig präsentieren. Auf dem Teppich! Das
wird dem Herrn sicher nicht recht sein! Und ich schlief so
schön, als du mich wecktest … Ich heiße Moll, mein Herr,
bin Rechtsanwalt und außerdem«, er gähnte herzzerreißend,
»und außerdem der Gatte dieser weiblichen Person, die sich
auf Ihnen breitmacht.«

   Fabian schob die Blondine von sich herunter, stand auf
und ordnete seinen Scheitel. »Hält sich Ihre Gattin einen
männlichen Harem? Mein Name ist Fabian.«

Moll kam auf ihn zu und reichte ihm die Hand. »Es freut mich, einen so sympathischen jungen Mann kennenzulernen. Die Umstände sind ebenso gewöhnlich wie ungewöhnlich. Das ist Ansichtssache. Aber falls Sie der Gedanke beruhigt: ich bin daran gewöhnt. Nehmen Sie Platz.«

Fabian setzte sich. Irene Moll rutschte auf die Armlehne, streichelte ihn und sagte zu ihrem Mann: »Wenn er dir nicht gefällt, brech ich den Kontrakt.«

»Aber er gefällt mir ja«, antwortete der Rechtsanwalt.

»Sie reden über mich, als wäre ich ein Stück Streuselkuchen oder ein Rodelschlitten«, meinte Fabian.

»Ein Rodelschlitten bist du, mein Kleiner!« rief die Frau und preßte seinen Kopf gegen ihre volle, schwarz vergitterte Brust.

»Himmeldonnerwetter!« schrie er. »Lassen Sie mich gefälligst in Ruhe!«

»Du darfst deinen Besuch nicht ärgern, liebe Irene«, erklärte Moll. »Ich werde mit ihm in mein Arbeitszimmer gehen und ihm dort alles Wissenswerte mitteilen. Du vergißt, daß er die Situation als merkwürdig empfinden muß. Ich schicke ihn dir dann wieder herüber. Gute Nacht.« Der Rechtsanwalt gab seiner Frau die Hand.

Sie stieg in ihr niedriges Bett, stand betrübt und einsam zwischen den Kissen und sagte: »Gute Nacht, Moll, schlaf gut. Aber red ihn nicht tot. Ich brauch ihn noch.«

»Ja, ja«, antwortete Moll und zog den Gast mit sich fort.

Sie nahmen im Arbeitszimmer Platz. Der Rechtsanwalt zündete sich eine Zigarre an, fröstelte, legte eine Kamelhaardecke über die Knie und blätterte in einem Aktenbündel.

»Mich geht zwar die Sache nichts an«, begann Fabian, »aber was Sie sich von der Frau bieten lassen, steigt auf Bäume. Werden Sie oft von ihr aus dem Bett geholt, um die Liebhaber zu taxieren?«

»Sehr oft, mein Herr. Ursprünglich erwirkte ich mir diese Begutachtung als verbrieftes Recht. Nach dem ersten Jahr unserer Ehe setzten wir einen Kontrakt auf, dessen Paragraph 4 lautet: ›Die Vertragspartnerin verpflichtet sich, jeden Menschen, mit dem sie in intime Beziehungen zu treten wünscht, zuvor ihrem Gatten, Herrn Doktor Felix Moll, vorzuführen. Spricht sich dieser gegen den Betreffenden aus, so ist Frau Irene Moll angewiesen, unverzüglich auf die Ausführung ihres Vorhabens zu verzichten. Jedes Vergehen gegen den Paragraphen wird mit einer hälftigen Kürzung der finanziellen Monatszuwendungen geahndet.‹ Der Kontrakt ist sehr interessant. Soll ich ihn in extenso vorlesen?« Moll holte den Schreibtischschlüssel aus der Tasche.

»Bemühen Sie sich nicht!« Fabian wehrte ab. »Wissen möchte ich nur, wieso Sie auf den Gedanken verfielen, einen solchen Kontrakt überhaupt aufzusetzen.«

»Meine Frau träumte so schlecht.«

»Wie?«

»Sie träumte. Sie träumte entsetzliche Dinge. Es war offensichtlich, daß ihre sexuellen Bedürfnisse proportional der Ehedauer zunahmen und Wunschträume erzeugten, von deren Inhalt Sie, mein Herr, sich glücklicherweise noch keine Vorstellung machen können. Ich zog mich zurück, und sie bevölkerte ihr Schlafzimmer mit Chinesen, Ringkämpfern und Tänzerinnen. Was blieb mir übrig? Wir schlossen einen Vertrag.«

»Meinen Sie nicht, daß eine andere Behandlung erfolgreicher und geschmackvoller gewesen wäre?« fragte Fabian ungeduldig.

»Zum Beispiel, mein Herr?« Der Rechtsanwalt setzte sich aufrecht.

»Zum Beispiel: pro Abend fünfundzwanzig hintendrüber?«

»Ich hab's versucht. Es tat mir zu weh.«

»Das kann ich gut verstehen.«

»Nein!« rief der Rechtsanwalt, »das können Sie nicht verstehen! Irene ist sehr kräftig, mein Herr.«

Moll senkte den Kopf. Fabian zog eine weiße Nelke aus der Schreibtischvase, steckte die Blume ins Knopfloch, erhob sich, lief im Zimmer umher und rückte die Bilder gerade. Vermutlich hatte es dem alten Kerl auch noch Vergnügen gemacht, von seiner Frau übers Knie gelegt zu werden.

»Ich will gehen«, sagte er. »Geben Sie mir den Hausschlüssel!«

»Ist das Ihr Ernst?« fragte Moll ängstlich. »Aber Irene erwartet Sie doch. Bleiben Sie, um des Himmels willen! Sie wird außer sich geraten, wenn sie sieht, daß Sie gegangen sind! Sie wird denken, ich hätte Sie weggeschickt. Bleiben Sie, bitte! Sie hat sich so darauf gefreut. Gönnen Sie ihr doch das kleine Vergnügen!«

Der Mann war aufgesprungen und packte den Besucher am Jackett. »Bleiben Sie doch! Sie werden es nicht bereuen. Sie werden wiederkommen. Sie werden unser Freund bleiben. Und ich werde Irene in guten Händen wissen. Tun Sie's mir zu Gefallen.«

»Vielleicht wollen Sie mir auch noch ein sicheres Monatseinkommen garantieren?«

»Darüber ließe sich reden, mein Herr. Ich bin nicht unvermögend.«

»Geben Sie mir den Hausschlüssel, aber etwas plötzlich. Ich eigne mich nicht für den Posten.«

Doktor Moll seufzte, kramte auf dem Schreibtisch, gab Fabian einen Schlüsselbund und sagte: »Jammerschade, Sie waren mir von Anfang an sympathisch. Behalten Sie die Schlüssel ein paar Tage. Vielleicht überlegen Sie sich's. Ich würde mich jedenfalls sehr freuen, Sie wiederzusehen.«

Fabian knurrte: »Gute Nacht«, ging leise durch die Diele, nahm Hut und Mantel, öffnete die Tür, zog sie vorsichtig hinter sich zu und galoppierte die Treppe hinunter. Auf der Straße holte er tief Atem und schüttelte den Kopf. Da spazierten die Menschen hier unten vorüber und hatten keine Ahnung, wie verrückt es hinter den Mauern zuging! Die märchenhafte Gabe, durch Mauern und verhängte Fenster zu blicken, war eine Kleinigkeit gegen die Leistung, das, was man dann sähe, zu ertragen.

»Ich bin sehr neugierig«, hatte er der blonden Person erzählt, und nun lief er auf und davon, statt seine Neugier mit dem Ehepaar Moll zu füttern. Dreißig Mark war er losgeworden. Zwei Mark hatte er noch in der Tasche. Aus dem Abendessen wurde nichts. Er pfiff sich eins, ging kreuz und quer durch düstere unbekannte Alleen und geriet, aus Versehen, vor den Bahnhof Heerstraße. Er fuhr bis zum Zoo, dort sprang er in die Untergrundbahn, stieg am Wittenbergplatz um und kam in der Spichernstraße aus der Unterwelt wieder hinauf unter den freien Himmel.

Er ging in sein Stammcafé. Nein, Doktor Labude sei nicht mehr da. Er habe bis elf Uhr gewartet. Fabian setzte sich, bestellte Kaffee und rauchte.

Der Wirt, ein gewisser Herr Kowalski, erkundigte sich nach dem werten Befinden. Heute abend sei übrigens etwas sehr Komisches passiert. Kowalski lachte, daß die falschen Zähne blitzten. Der Kellner Nietenführ habe es zuerst beobachtet. »Dort drüben am runden Tisch saß ein junges Paar. Die beiden unterhielten sich prächtig. Die Frau streichelte die Hand des Mannes in einem fort. Sie lachte, zündete ihm eine Zigarette an und war von einer Liebenswürdigkeit, die nicht häufig ist.«

»Das ist doch nicht komisch.«

»Warten Sie ab, bester Herr Fabian. Warten Sie nur ab! Die Frau – hübsch war sie, das muß man ihr lassen – poussierte gleichzeitig mit einem Herrn vom Nebentisch! Und das in einer Weise! Nietenführ holte mich unauffällig heran. Der Anblick war toll. Der Kerl steckte ihr schließlich einen Zettel zu. Sie las, nickte, schrieb ihrerseits einen Wisch und warf ihn auf den Nebentisch. Währenddem sprach sie aber auch auf ihren Freund ein, erzählte ihm Geschichten, über die er sich freute – ich habe schon sehr

tüchtige Frauen gesehen, aber diese Simultanspielerin über-
traf alle.«

»Warum ließ er sich denn das gefallen?«

»Einen Moment, bester Herr Fabian. Die Pointe kommt
sofort! Also, wir wunderten uns natürlich auch, warum er
sich das bieten ließ. Er saß zufrieden neben ihr, lächelte ein-
fältig, legte den Arm um ihre Schulter, und währenddem
nickte sie dem Mann vom Nebentisch zu. Der nickte zurück, machte Zeichen, und uns blieb die Spucke weg. Nietenführ ging dann hinüber, weil sie zahlen wollten.« Herr
Kowalski streckte den massigen Kopf hoch und lachte himmelwärts.

»Nun, woran lag's?«

»Der Mann, mit dem sie zusammensaß, war blind!« Der
Wirt machte eine Verbeugung und lief, laut lachend, davon.
Fabian blickte erstaunt hinterher. Der Fortschritt der
Menschheit war unverkennbar.

An der Tür ging es lebhaft zu. Nietenführ und der Hilfskellner waren damit beschäftigt, einen schäbig gekleideten
Mann hinauszudrängen. »Scheren Sie sich auf der Stelle fort.
Den ganzen Tag diese Bettelei, das ist ekelhaft«, sagte Nietenführ zischend. Und der Hilfskellner zerrte den Menschen, der blaß war und kein Wort sprach, hin und her.

Fabian sprang auf, lief zu der Gruppe und rief den Kellnern zu: »Lassen Sie sofort den Herrn los!« Die zwei gehorchten widerstrebend.

»Da sind Sie ja«, meinte Fabian und gab dem Bettler die
Hand. »Es tut mir außerordentlich leid, daß man Sie gekränkt hat. Entschuldigen Sie, und kommen Sie an meinen
Tisch.« Er führte den Mann, der nicht wußte, wie ihm geschah, in seine Ecke, hieß ihn Platz nehmen und fragte: »Was
möchten Sie essen? Wollen Sie ein Glas Bier trinken?«

»Sie sind sehr freundlich«, sagte der Bettler. »Aber ich
werde Ihnen Ungelegenheiten machen.«

»Hier ist die Speisekarte. Suchen Sie sich, bitte, etwas aus.«

»Das geht nicht! Man wird mich vom Tisch wegholen und hinausschmeißen.«

»Das wird man nicht tun! Nehmen Sie sich zusammen! Bloß, weil Ihr Jackett geflickt ist und weil Ihnen der Magen knurrt, wagen Sie nicht, richtig auf dem Stuhl zu sitzen? Sie sind ja selber mitschuldig, daß man Sie nirgends durch die Tür läßt.«

»Wenn man zwei Jahre arbeitslos ist, denkt man anders darüber«, sagte der Mann. »Ich schlafe am Engelufer in der Herberge. Zehn Mark zahlt mir die Fürsorge. Mein Magen ist krank vom vielen Kaviar.«

»Was sind Sie von Beruf?«

»Bankangestellter, wenn ich mich recht entsinne. Im Gefängnis war ich auch schon. Gott, man sieht sich eben um. Das einzige, was ich noch nicht erlebt habe, ist der Selbstmord. Aber das läßt sich nachholen.« Der Mann saß auf der Stuhlkante und hielt die Hände zitternd vor den Westenausschnitt, um das dreckige Hemd zu verbergen.

Fabian wußte nicht, was er sagen sollte. Er probierte, im Kopf, viele Sätze. Keiner war am Platz. Er stand auf und sagte: »Einen Augenblick, der Kellner wünscht, von einer Abordnung geholt zu werden.« Er lief nach dem Büfett, stellte den Oberkellner zur Rede, faßte ihn am Arm und schleppte ihn durchs Lokal.

Der Bettler war fort.

»Ich zahle morgen!« rief Fabian, stürzte aus dem Café und sah sich um. Der Mann war verschwunden.

»Wen suchen Sie denn?« fragte jemand. Es war Münzer, Redakteur Münzer. Er knöpfte den Mantel zu, brannte sich eine Zigarre an und sagte: »So ein Blödsinn. Ich hätte die Partie glatt gewonnen. Schmalnauer hat wie ein Rhinozeros gespielt. Aber ich muß zum Nachtdienst. Das deutsche Volk will morgen früh wissen, wieviel Dachstuhlbrände stattfanden, während es schlief.«

»Sie sind doch politischer Redakteur«, entgegnete Fabian.

»Dachstuhlbrände gibt's auf jedem Gebiet«, sagte Münzer. »Gerade nachts. Das muß an der Konstruktion liegen. Wissen Sie was, kommen Sie mit! Sehen Sie sich mal unsern Zirkus an.«

Münzer stieg in einen kleinen Privatwagen. Fabian setzte sich neben den Redakteur. »Seit wann haben Sie übrigens ein Auto?« fragte er.

»Ich hab es unserm Handelsredakteur abgekauft. Dem wurde das Ding zu teuer«, erklärte Münzer. »Er ärgert sich immer so schön, wenn er mich in sein ehemaliges Prachtstück klettern sieht. Das ist der Spaß schon wert. Wissen Sie, daß Sie auf eigenes Risiko mitfahren? Sollten Sie sich das Genick brechen, tun Sie's auf Ihre Rechnung.«

Dann fuhren sie los.

DRITTES KAPITEL

Vierzehn Tote in Kalkutta
Es ist richtig, das Falsche zu tun
Die Schnecken kriechen im Kreis

Der Korridor war leer. In der Handelsredaktion brannte Licht, es saß niemand im Zimmer, die Tür stand offen. »Schade, daß Malmy schon im Haus ist«, sagte Münzer verstimmt. »Nun hat er sein Auto wieder nicht gesehen. Moment. Mal horchen, was sich in der Weltgeschichte tut.« Er riß eine Tür auf, Schreibmaschinen klapperten, aus den an einer Zimmerwand aufgereihten Telefonkabinen drangen, wie aus der Ferne, die Stimmen der Stenotypistinnen.

»Was Wichtiges?« schrie Münzer in den Lärm hinein. »Die Rede des Reichskanzlers«, antwortete eine Frau. »Richtig«, sagte der Redakteur. »Der Kerl schmeißt mir mit seiner Quasselei die ganze erste Seite über den Haufen. Liegt der Text vollständig vor?«

»Zelle Zwei nimmt das zweite Drittel auf!«

»Sofort in die Maschine damit, dann zu mir!« kommandierte Münzer, schlug die Tür zu und führte Fabian in die Räume der politischen Redaktion. Während sie ablegten, zeigte er auf den Schreibtisch. »Schauen Sie sich die Bescherung an! Erdbeben aus Papier!« Er wühlte in dem Haufen neu eingegangener Meldungen, schnitt mit einer Schere, wie ein Zuschneider, einiges ab und legte es beiseite. Den Rest warf er in den Papierkorb. »Marsch, ins Körbchen«, sagte er dabei. Dann klingelte er, bestellte bei einem livrierten Boten eine Flasche Mosel mit zwei Gläsern und gab Geld. Der Bote stieß in der Tür mit einem aufgeregten jungen Mann zusammen, der hereinwollte.

»Der Chef hat eben angerufen«, erzählte der junge Mann

atemlos. »Ich mußte im Leitartikel fünf Zeilen streichen. Sie wären durch neue Nachrichten überholt. Ich komme gerade aus der Setzerei und habe die fünf Zeilen herausnehmen lassen.«

»Sie sind ein Tausendsassa«, erklärte Münzer. »Ich mache bekannt: Doktor Irrgang, hat noch eine große Zukunft vor sich, Irrgang ist der Künstlername. Herr Fabian.« Die beiden gaben einander die Hand.

»Aber«, sagte Herr Irrgang betreten, »nun sind doch in der Spalte fünf Zeilen frei.«

»Was tut man in einem so außergewöhnlichen Fall?« fragte Münzer.

»Man füllt die Spalte«, erklärte der Volontär.

Münzer nickte. »Steht nichts im Satz?« Er wühlte in den Bürstenabzügen. »Ausverkauft«, erklärte er. »Saure Gurkenzeit.« Dann prüfte er die Meldungen, die er eben beiseite gelegt hatte, und schüttelte den Kopf.

»Vielleicht kommt noch etwas Brauchbares herein«, schlug der junge Mann vor.

»Sie hätten Säulenheiliger werden sollen«, sagte Münzer. »Oder Untersuchungsgefangener oder sonst ein Mensch mit viel Zeit. Wenn man eine Notiz braucht und keine hat, erfindet man sie. Passen Sie mal auf!« Er setzte sich hin, schrieb rasch, ohne nachzudenken, ein paar Zeilen und gab das Blatt dem jungen Mann.

»So, nun fort, Sie Spaltenfüller. Wenn's nicht reicht, ein Viertel Durchschuß.«

Herr Irrgang las, was Münzer geschrieben hatte, sagte ganz leise: »Allmächtiger Vater« und setzte sich, als sei ihm plötzlich schlecht geworden, auf die Chaiselongue, mitten in einen knisternden Berg ausländischer Zeitungen.

Fabian bückte sich über das Blatt Papier, das in Irrgangs Hand zitterte, und las: »In Kalkutta fanden Straßenkämpfe zwischen Mohammedanern und Hindus statt. Es gab, obwohl die Polizei der Situation sehr bald Herr wurde, vier-

zehn Tote und zweiundzwanzig Verletzte. Die Ruhe ist
vollkommen wiederhergestellt.«

Ein alter Mann schlurfte in Pantoffeln ins Zimmer und
legte mehrere Schreibmaschinenblätter vor Münzer hin.
»Kanzlerrede, Fortsetzung«, murmelte er. »Den Schluß geben sie in zehn Minuten durch.« Dann schleppte er sich wieder davon. Münzer klebte die sechs Blätter, aus denen die
Rede vorläufig bestand, aneinander, bis sie wie ein mittel-
alterliches Spruchband aussahen, dann begann er zu redigie-
ren. »Mach hurtig, Jenny«, sagte er mit einem Seitenblick
auf Irrgang.

»Aber in Kalkutta haben doch gar keine Unruhen stattgefunden«, entgegnete Irrgang widerstrebend. Dann senkte
er den Kopf und meinte fassungslos: »Vierzehn Tote.«

»Die Unruhen haben nicht stattgefunden?« fragte Münzer
entrüstet. »Wollen Sie mir das erst mal beweisen? In Kalkutta
finden immer Unruhen statt. Sollen wir vielleicht mitteilen,
im Stillen Ozean sei die Seeschlange wieder aufgetaucht?
Merken Sie sich folgendes: Meldungen, deren Unwahrheit
nicht oder erst nach Wochen festgestellt werden kann, sind
wahr. Und nun entfernen Sie sich blitzartig, sonst lasse ich Sie
matern und der Stadtausgabe beilegen.« Der junge Mann
ging.

»Und so was will Journalist werden«, stöhnte Münzer
und strich aufseufzend und mit einem Blaustift in der Rede
des Reichskanzlers herum. »Privatgelehrter für Tagesneuig-
keiten, das wäre was für den Jüngling. Gibt's aber leider
nicht.«

»Sie bringen ohne weiteres vierzehn Inder um und zweiundzwanzig andere ins Städtische Krankenhaus von Kalkutta?« fragte Fabian.

Münzer bearbeitete den Reichskanzler. »Was soll man
machen?« sagte er. »Im übrigen, wozu das Mitleid mit den
Leuten? Sie leben ja noch, alle sechsunddreißig, und sind
kerngesund. Glauben Sie mir, mein Lieber, was wir hinzu-

dichten, ist nicht so schlimm wie das, was wir weglassen.«
Und dabei strich er wieder eine halbe Seite aus dem Text der
Kanzlerrede heraus. »Man beeinflußt die öffentliche Meinung mit Meldungen wirksamer als durch Artikel, aber am
wirksamsten dadurch, daß man weder das eine noch das
andere bringt. Die bequemste öffentliche Meinung ist noch
immer die öffentliche Meinungslosigkeit.«

»Dann stellen Sie doch das Erscheinen des Blattes ein«,
meinte Fabian.

»Und wovon sollen wir leben?« fragte Münzer. »Außerdem, was sollten wir statt dessen tun?«

Dann kam der livrierte Bote und brachte den Wein und
die Gläser. Münzer schenkte ein und hob sein Glas. »Die
vierzehn toten Inder sollen leben!« rief er und trank. Dann
fiel er wieder über den Kanzler her. »Einen Stuß redet unser
hehres Staatsoberhaupt wieder einmal zusammen!« erklärte
er. »Das ist geradezu ein Schulaufsatz über das Thema: Das
Wasser, in dem Deutschlands Zukunft liegt, ohne unterzugehen. In Untersekunda kriegte er dafür die Drei.« Er drehte
sich zu Fabian herum und fragte: »Und wie überschreibt
man den Scherzartikel?«

»Ich möchte lieber wissen, was Sie drunterschreiben«,
sagte Fabian ärgerlich.

Der andere trank wieder, bewegte langsam den Wein im
Mund, schluckte hinter und antwortete: »Keine Silbe. Nicht
ein Wort. Wir haben Anweisung, der Regierung nicht in den
Rücken zu fallen. Wenn wir dagegenschreiben, schaden wir
uns, wenn wir schweigen, nützen wir der Regierung.«

»Ich mache Ihnen einen Vorschlag«, sagte Fabian.
»Schreiben Sie dafür!«

»O nein«, rief Münzer. »Wir sind anständige Leute. Tag,
Malmy.«

Im Türrahmen stand ein schlanker eleganter Herr und nickte
ins Zimmer.

»Sie dürfen ihm nichts übelnehmen«, sagte der Handelsredakteur zu Fabian. »Er ist seit zwanzig Jahren Journalist und glaubt bereits, was er lügt. Über seinem Gewissen liegen zehn weiche Betten, und obenauf schläft Herr Münzer den Schlaf des Ungerechten.«

Der alte Bote brachte wieder Schreibmaschinenblätter. Münzer griff nach dem Leimtopf, vervollständigte das Spruchband des Reichskanzlers und redigierte weiter.

»Sie mißbilligen die Indolenz Ihres Kollegen?« fragte Fabian Herrn Malmy. »Was tun Sie außerdem?«

Der Handelsredakteur lächelte, freilich nur mit dem Mund. »Ich lüge auch«, erwiderte er. »Aber ich weiß es. Ich weiß, daß das System falsch ist. Bei uns in der Wirtschaft sieht das ein Blinder. Aber ich diene dem falschen System mit Hingabe. Denn im Rahmen des falschen Systems, dem ich mein bescheidenes Talent zur Verfügung stelle, sind die falschen Maßnahmen naturgemäß richtig und die richtigen sind begreiflicherweise falsch. Ich bin ein Anhänger der eisernen Konsequenz, und ich bin außerdem ...«

»Ein Zyniker«, warf Münzer ein, ohne aufzublicken.

Malmy hob die Schultern. »Ich wollte sagen, ein Feigling. Das trifft noch genauer. Mein Charakter ist meinem Verstand in keiner Weise gewachsen. Ich bedaure das aufrichtig, aber ich tue nichts mehr dagegen.«

Doktor Irrgang, der junge Mann, trat ein und besprach mit Münzer an Hand der Postauflage, welche Meldungen sie aus dem Blatt werfen und welche sie statt dessen in die Stadtausgabe übernehmen wollten. Es waren in der Tat zwei Dachstuhlbrände passiert. In Genf waren außerdem einige nebulose Worte gefallen, die der deutschen Minderheit in Polen galten. Den ostelbischen Großgrundbesitzern waren vom Landwirtschaftsminister Zollerhöhungen in Aussicht gestellt worden. Die Untersuchung gegen die Direktoren des Städtischen Beschaffungsamtes hatte eine einschneidende Wendung erfahren.

»Und wie überschreiben wir die Rede des Reichskanzlers?« fragte Münzer. »Los, Herrschaften. Zehn Pfennige für eine gute Schlagzeile. Die Sache muß in Satz. Wenn die Matern zu spät kommen, kriegen wir wieder Krach mit dem Maschinenmeister.«

Der junge Mann dachte so angestrengt nach, daß seine Stirn schwitzte. »Der Kanzler fordert Vertrauen«, schlug er vor.

»Mäßig«, urteilte Münzer. »Nehmen Sie sich ein Wasserglas, und trinken Sie erst einen Schluck Wein!« Der junge Mann befolgte den Rat, als sei er ein Befehl.

»Deutschland oder Die Trägheit des Herzens«, sagte Malmy.

»Reden Sie keinen Unsinn!« rief der politische Redakteur. Dann schrieb er eine Zeile groß mit dem Blaustift über das Manuskript und erklärte: »Der Groschen gehört mir.«

»Was haben Sie denn geschrieben?« fragte Fabian.

Münzer drückte auf den Klingelknopf und erklärte pathetisch: »Optimismus ist Pflicht, sagt der Kanzler!« Der Bote holte die Papiere. Der Handelsredakteur griff in die Tasche und legte wortlos ein Zehnpfennigstück auf den Schreibtisch.

Sein Kollege blickte verwundert hoch.

»Ich eröffne hiermit eine Aktion, die umgehend notwendig wird«, behauptete Malmy.

»Um welche Aktion handelt es sich?«

»Darum, Ihnen Ihr Schulgeld zurückzuerstatten«, sagte Malmy; und Irrgang, der politische Lehrling, lachte in Grenzen. Dann stürzte er ans Telefon. Es hatte geläutet. »Ein Abonnent möchte etwas wissen«, bekundete er nach einiger Zeit und überdeckte das Sprachrohr mit der Hand. »Sie sitzen am Stammtisch und haben gewettet, ob es die Tür oder die Türe heißt.« Münzer nahm ihm den Hörer weg. »Einen Augenblick«, sagte er. »Wir sagen Ihnen sofort Bescheid, mein Herr.« Dann winkte er Irrgang und flüsterte: »Feuilleton.«

Der junge Mann rannte fort, kehrte zurück und zuckte die Achseln.

»Ich erfahre soeben, daß es die Tür heißen muß. Bitte schön. Guten Abend.« Münzer legte den Hörer auf die Gabel, schüttelte den Kopf und steckte Malmys Groschen ein.

Hinterher saßen sie in einer kleinen Weinstube, die in der Nähe des Zeitungsgebäudes gelegen war. Münzer hatte sich von einem Setzer, der nach Hause ging, das Blatt bringen lassen, um zu prüfen, ob alles in Ordnung sei. Er hatte sich über ein paar Druckfehler geärgert, über die Schlagzeile auf der ersten Seite hatte er sich gefreut. Dann war Strom, der Theaterkritiker, an den Tisch gekommen.

Nun tranken sie fleißig. Irrgang, der junge Mann, war schon fast hinüber. Strom, der Kritiker, verglich einige namhafte Regisseure mit Schaufensterdekorateuren, das Theater der Gegenwart erschien ihm symptomatisch für den Niedergang des Kapitalismus, und als jemand einwarf, es gebe keine Dramatiker, behauptete Strom, es gebe welche.

»Ganz nüchtern sind Sie auch nicht mehr«, bemerkte Münzer schwerzüngig, und Strom lachte ohne Anlaß.

Fabian ließ sich inzwischen, nicht ganz freiwillig, von Malmy über kurzfristige Anleihen aufklären. »Erstens werden Reich und Wirtschaft in wachsendem Maße überfremdet«, behauptete der Redakteur. »Zweitens genügt ein Riß, und die ganze Bude fällt ein. Wenn das Geld mal in großen Posten abgerufen wird, sacken wir alle ab, die Banken, die Städte, die Konzerne, das Reich.«

»Aber im Blatt schreiben Sie nichts davon«, sagte Irrgang.

»Ich helfe, das Verkehrte konsequent zu tun. Alles, was gigantische Formen annimmt, kann imponieren, auch die Dummheit.«

Malmy musterte den jungen Mann. »Gehen Sie mal rasch

hinaus, bei Ihnen ist ein kleines Unwetter im Anzug.« Irrgang legte den Kopf auf den Tisch. »Werden Sie Sportredakteur«, riet Malmy. »Dieses Ressort stellt an Ihr zartes Gemüt nicht so große Anforderungen.« Der Volontär stand auf, schwankte durchs Gastzimmer der Hintertür zu und verschwand.

Münzer saß auf dem Sofa und weinte plötzlich. »Ich bin ein Schwein«, murmelte er.

»Eine ausgesprochen russische Atmosphäre«, stellte Strom fest. »Alkohol, Selbstquälerei, Tränen bei erwachsenen Männern.« Er war ergriffen und streichelte dem Politiker die Glatze.

»Ich bin ein Schwein«, murmelte der andere. Er blieb dabei.

Malmy lächelte Fabian zu. »Der Staat unterstützt den unrentablen Großbesitz. Der Staat unterstützt die Schwerindustrie. Sie liefert ihre Produkte zu Verlustpreisen ins Ausland, aber sie verkauft sie innerhalb unserer Grenzen über dem Niveau des Weltmarktes. Die Rohmaterialien sind zu teuer; der Fabrikant drückt die Löhne; der Staat beschleunigt den Schwund der Massenkaufkraft durch Steuern, die er den Besitzenden nicht aufzubürden wagt; das Kapital flieht ohnedies milliardenweise über die Grenzen. Ist das etwa nicht konsequent? Hat der Wahnsinn etwa keine Methode? Da läuft doch jedem Feinschmecker das Wasser im Munde zusammen!«

»Ich bin ein Schwein«, murmelte Münzer und fing mit vorgeschobener Unterlippe die Tränen auf.

»Sie überschätzen sich, Verehrter«, sagte der Handelsredakteur.

Münzer zog, während er weiter weinte, ein gekränktes Gesicht. Er war entschieden beleidigt, daß man ihn daran hindern wollte, das zu sein, wofür er sich, wenn auch nur im betrunkenen Zustand, hielt. Malmy fuhr mit Vergnügen fort, die Situation zu klären. »Die Technik multipliziert die

Produktion. Die Technik dezimiert das Arbeitsheer. Die
Kaufkraft der Massen hat die galoppierende Schwindsucht.
In Amerika verbrennt man Getreide und Kaffee, weil sie
sonst zu billig würden. In Frankreich jammern die Wein-
bauern, daß die Ernte zu gut gerät. Stellen Sie sich das vor!
Die Menschen sind verzweifelt, weil der Boden zu viel trägt!
Zu viel Getreide, und andere haben nichts zu fressen! Wenn
in so eine Welt kein Blitz fährt, dann können sich die historischen Witterungsverhältnisse begraben lassen.« Malmy
stand auf, wankte ein wenig und schlug ans Glas. Die Umsitzenden sahen ihn an.

»Meine Herrschaften«, rief er, »ich will eine Rede halten.
Wer dagegen ist, stehe auf.« Münzer erhob sich mühsam.

»Der stehe auf«, rief Malmy, »und verlasse das Lokal.«
Münzer setzte sich nieder, Strom lachte.

Nun begann Malmy seine Rede: »Wenn das, woran unser
geschätzter Erdball heute leidet, einer Einzelperson zu-
stößt, sagt man schlicht, sie habe die Paralyse. Und sicher ist
Ihnen allen bekannt, daß dieser äußerst unerfreuliche Zustand mitsamt seinen Folgen nur durch eine Kur heilbar ist,
bei der es um Leben und Tod geht. Was tut man mit unserem
Globus? Man behandelt ihn mit Kamillentee. Alle wissen,
daß dieses Getränk nur bekömmlich ist und nichts hilft.
Aber es tut nicht weh. Abwarten und Tee trinken, denkt
man, und so schreitet die öffentliche Gehirnerweichung
fort, daß es eine Freude ist.«

»Lassen Sie doch diese ekelhaften medizinischen Vergleiche!« rief Strom. »Ich bin nicht fest auf dem Magen.«

»Lassen wir die medizinischen Vergleiche«, sagte Malmy.
»Wir werden nicht daran zugrunde gehen, daß einige Zeitgenossen besonders niederträchtig sind, und nicht daran,
daß einige von diesen und jenen mit einigen von denen
identisch sind, die den Globus verwalten. Wir gehen an der
seelischen Bequemlichkeit aller Beteiligten zugrunde. Wir
wollen, daß es sich ändert, aber wir wollen nicht, daß wir

uns ändern. ›Wozu sind die andern da?‹ denkt jeder und
wiegt sich im Schaukelstuhl. Inzwischen schiebt man von
dorther, wo viel Geld ist, dahin Geld, wo wenig ist. Die
Schieberei und das Zinszahlen nehmen kein Ende, und die
Besserung nimmt keinen Anfang.«

»Ich bin ein Schwein«, murmelte Münzer, hob sein Glas
und hielt es vor den Mund, ohne zu trinken. So blieb er
sitzen.

»Der Blutkreislauf ist vergiftet«, rief Malmy. »Und wir
begnügen uns damit, auf jede Stelle der Erdoberfläche, auf
der sich Entzündungen zeigen, ein Pflaster zu kleben. Kann
man eine Blutvergiftung so heilen? Man kann es nicht. Der
Patient geht eines Tages, über und über mit Pflastern bepfla-
stert, kaputt!«

Der Theaterkritiker wischte sich den Schweiß von der
Stirn und sah den Redner bittend an.

»Lassen Sie die medizinischen Vergleiche«, sagte Malmy.
»Wir gehen an der Trägheit unserer Herzen zugrunde. Ich
bin ein Wirtschaftler und erkläre Ihnen: Die Gegenwarts-
krise, ohne eine vorherige Erneuerung des Geistes ökono-
misch lösen zu wollen, ist Quacksalberei!«

»Es ist der Geist, der sich den Körper baut«, behauptete
Münzer und warf sein Glas um. Dann schluchzte er laut auf.
Er bekam jetzt das heulende Elend in ganz großem Maß-
stab. Und Malmy mußte, um den Kollegen zu übertönen,
noch lauter sprechen. »Sie werden einwenden, es gebe ja
zwei große Massenbewegungen. Diese Leute, ob sie nun
von rechts oder links anmarschieren, wollen die Blutvergiftung heilen, indem sie dem Patienten mit einem Beil den
Kopf abschlagen. Allerdings wird die Blutvergiftung dabei
aufhören zu existieren, aber auch der Patient, und das heißt,
die Therapie zu weit treiben.«

Herr Strom hatte von den Krankheitsbildern endgültig
genug und suchte das Weite. Am Ecktisch stand mühsam ein
dicker Mann auf, versuchte dem Redner den Kopf zuzu-

wenden, aber der Hals war zu massiv, und so sagte er in verkehrter Richtung:

»Mediziner hätten Sie werden sollen.« Dann plumpste er wieder auf seinen Stuhl. Dort packte ihn plötzlich die helle Wut, und er brüllte: »Geld brauchen wir. Geld. Und wieder Geld!«

Münzer nickte und flüsterte: »Montecuccoli war auch ein Schwein.« Dann weinte er wieder weiter.

Der Dicke vom Eckstein konnte sich nicht beruhigen. »Einfach lächerlich«, knurrte er. »Geistige Erneuerung, Trägheit des Herzens, einfach lächerlich. Geld her, und wir sind gesund. Das wäre ja gelacht, wäre das ja!«

Eine Frau, die ihm gegenübersaß und die genauso dick war wie er, fragte: »Aber wo kriegen wir denn das Geld her, Arthur?«

»Hab ich dich gefragt?« schrie er, schon wieder aufgebracht. Dann beruhigte er sich endgültig, hielt den Kellner, der vorbeiging, am Rockschoß fest und sagte: »Noch ein Sülzkotelett, und Essig und Öl.«

Malmy zeigte zu dem Dicken hinüber und meinte: »Habe ich recht? Wegen solcher Idioten soll man den Kopf hinhalten? Ich denke nicht daran. Es wird weitergelogen. Es ist richtig, das Falsche zu tun.«

Münzer hatte sich's bequem gemacht, lag auf dem Sofa und schnarchte schon, obwohl er noch gar nicht schlief. »Und Ihr Auto habe ich doch«, grunzte er und drehte die Pupillen zu Malmy hinüber.

Kurz darauf kamen Strom und Irrgang zurück. Sie kamen Arm in Arm daher und sahen aus, als hätten sie die Gelbsucht. »Ich vertrage keinen Alkohol«, erläuterte Irrgang entschuldigend. Die zwei nahmen Platz. »Ein Kriegsprodukt«, sagte Strom. »Eine bedauernswerte Generation.« Dieser Theaterkritiker konnte die selbstverständlichsten und unstreitigsten Dinge äußern, sobald er es war, der sie behauptete, wirkten sie unglaubwürdig und reizten zum

Widerspruch. Hätte er, in seinem Pathos von der Stange, erklärt, zweimal zwei sei vier, Fabian hätte plötzlich an der Richtigkeit der Rechnung gezweifelt. Er wandte sich von dem Mann ab und betrachtete Malmy. Der saß steif auf dem Stuhl und war mit dem Blick sonstwo, dann gab er sich, weil er sich beobachtet fühlte, einen Ruck, sah Fabian an und sagte: »Man sollte sich mehr zusammennehmen. Schnaps zerfrißt den Maulkorb.«

Münzer schnarchte jetzt auf erlaubte Weise, er schlief. Fabian erhob sich und gab den Journalisten die Hand, zuletzt dem Handelsredakteur.

»Aber vielleicht haben Sie recht«, meinte Malmy und lächelte traurig.

»Ich bin nicht mehr ganz nüchtern«, sagte Fabian, als er vor der Tür stand, zur Nacht. Er schätzte jenes frühe Stadium der Trunkenheit, das einen glauben machen will, man spüre die Umdrehungen der Erde. Die Bäume und Häuser stehen noch ruhig an ihrem Platz, die Laternen treten noch nicht als Zwillinge auf, aber die Erde dreht sich, endlich fühlt man es einmal! Doch heute mißfiel ihm auch das. Er ging neben seinem Schwips her und tat, als kennten sie einander nicht. Was war das für eine komische Kugel, ob sie sich nun drehte oder nicht! Er mußte an eine Zeichnung von Daumier denken, die »Der Fortschritt« hieß. Daumier hatte auf dem Blatt Schnecken dargestellt, die hintereinander herkrochen, das war das Tempo der menschlichen Entwicklung. Aber die Schnecken krochen im Kreis!

Und das war das Schlimmste.

VIERTES KAPITEL

Eine Zigarette, groß wie der Kölner Dom
Frau Hohlfeld ist neugierig
Ein möblierter Herr liest Descartes

Am nächsten Morgen kam Fabian müde ins Büro. Außerdem hatte er einen Kater. Fischer, der Kollege, begann die Arbeit damit, daß er zunächst frühstückte. »Wo nehmen Sie bloß den permanenten Hunger her?« fragte Fabian. »Sie verdienen weniger als ich. Sie sind verheiratet. Sie haben ein Sparkonto. Und dabei essen Sie derartig viel, daß ich davon mit satt werde.«

Fischer kaute hinter. »Das liegt bei uns in der Familie«, erklärte er. »Wir Fischers sind dafür berühmt.«

»Man sollte Ihrer Familie ein Denkmal bauen«, sagte Fabian ergriffen.

Fischer rutschte unruhig auf dem Stuhl umher. »Bevor ich's vergesse, Kunze hat eine Inseratenserie gezeichnet, zu der wir gereimte Zweizeiler liefern sollen. Das liegt Ihnen sicher.«

»Ihr Zutrauen ehrt mich«, sagte Fabian, »aber ich habe noch mit den Schlagzeilen für die fotomontierten Plakate zu tun. Dichten Sie inzwischen ruhig drauflos. Denn was nützt Ihnen und Ihrer werten Familie das Frühstücken, wenn sich's nicht reimt?« Er sah durchs Fenster zur Zigarettenfabrik hinüber und gähnte. Der Himmel war grau wie der Asphalt auf den Radrennbahnen. Fischer ging auf und ab, gab Falten lebhaften Unwillens zum besten und fing Reimwörter.

Fabian rollte ein Plakat auf, befestigte es mit Reißzwekken an der Wand, stellte sich in die entlegenste Zimmerecke und starrte das Plakat an, das mit einer Fotografie des Kölner Domes und einer vom Plakathersteller daneben errichteten, dem Dom an Größe nichts nachgebenden Zigarette bedeckt war. Er notierte:»Nichts geht über ... So groß ist ... Turmhoch über allen ... Völlig unerreichbar ...« Er tat seine Pflicht, obwohl er nicht einsah, wozu.

Fischer fand keinen Reim und keine Ruhe. Er fing eine Unterhaltung an. »Bertuch erzählt, es stünden wieder Kündigungen bevor.«

»Schon möglich«, sagte Fabian.

»Was fangen Sie an«, fragte der andere, »wenn man Sie hier vor die Tür setzt?«

»Denken Sie, ich habe mein Leben seit der Konfirmation damit verbracht, gute Propaganda für schlechte Zigaretten zu machen? Wenn ich hier fliege, such ich mir einen neuen Beruf. Auf einen mehr oder weniger kommt es mir nicht mehr an.«

»Erzählen Sie mal was von sich«, bat Fischer.

»Während der Inflation habe ich für eine Aktiengesellschaft Börsenpapiere verwaltet. Ich mußte jeden Tag zweimal den Effektivwert der Papiere ausrechnen, damit die Leute wußten, wie groß ihr Kapital war.«

»Und dann?«

»Dann hab ich mir für etwas Valuta einen Grünwarenladen gekauft.«

»Warum gerade einen Grünwarenladen?«

»Weil wir Hunger hatten! Überm Schaufenster stand: Doktor Fabians Feinkosthandlung. Frühmorgens, wenn es noch dunkel war, zogen wir mit einem wackligen Handwagen in die Markthalle.«

Fischer stand auf. »Wie? Doktor sind Sie auch?«

»Ich machte die Prüfung in dem gleichen Jahr, in dem ich beim Messeamt als Adressenschreiber angestellt war.«

»Wie hieß denn Ihre Dissertation?«

»Sie hieß ›Hat Heinrich von Kleist gestottert?‹ Erst wollte ich an Hand von Stiluntersuchungen nachweisen, daß Hans Sachs Plattfüße gehabt hat. Aber die Vorarbeiten dauerten zu lange. Genug. Dichten Sie lieber!« Er schwieg und ging vor dem Plakat auf und ab. Fischer schielte neugierig zu ihm hin. Doch er wagte nicht, das Gespräch zu erneuern. Seufzend drehte er sich im Stuhl herum und musterte seine Reimnotizen. Er beschloß, Brauchen auf Rauchen zu reimen, glättete das Schreibpapier, das vor ihm lag, und kniff, der Inspiration vertrauend, die Augen zu.

Aber da klingelte das Telefon. Er hob ab und sagte: »Ja, ist hier. Einen Augenblick, Doktor Fabian kommt sofort.« Und zu Fabian meinte er: »Ihr Freund Labude.« Fabian nahm den Hörer. »Tag, Labude, was gibt's?«

»Seit wann betiteln dich die Zigarettenfritzen?« fragte der Freund.

»Ich habe aus der Schule geplaudert.«

»Geschieht dir recht. Kannst du heute zu mir kommen?«

»Ich komme.«

»In Wohnung Nummer zwei. Auf Wiedersehen.«

»Auf Wiedersehen, Labude.« Er hängte auf. Fischer hielt ihn am Ärmel fest.

»Dieser Herr Labude ist doch Ihr Freund. Warum nennen Sie ihn eigentlich nicht beim Vornamen?«

»Er hat keinen«, meinte Fabian. »Die Eltern haben seinerzeit vergessen, ihm einen zu geben.«

»Er hat überhaupt keinen Vornamen?«

»Nein, denken Sie an! Er will sich seit Jahren nachträglich einen beschaffen. Aber die Polizei erlaubt es nicht.«

»Sie veralbern mich ja«, rief Fischer gekränkt.

Fabian klopfte ihm anerkennend auf die Schultern und sagte: »Sie merken alles.« Dann widmete er sich von neuem dem Kölner Dom, schrieb ein paar Schlagzeilen auf und brachte sie zu Direktor Breitkopf.

»Sie können sich mal ein kleines hübsches Preisausschreiben ausdenken«, meinte der Direktor. »Ihr Prospekt für Detailhändler hat uns ganz gut gefallen.«

Fabian verbeugte sich leicht.

»Wir brauchen etwas Neues«, fuhr der Direktor fort. »Ein Preisausschreiben oder was Ähnliches. Es darf aber nichts kosten, verstehen Sie? Der Aufsichtsrat hat schon neulich geäußert, er müsse den Reklame-Etat möglicherweise um die Hälfte reduzieren. Was das für Sie bedeuten würde, können Sie sich denken. Ja? Also, junger Freund, an die Arbeit! Bringen Sie mir bald was Neues. Ich wiederhole aber: So billig wie möglich. 'n Morgen.«

Fabian ging.

Als er sein Zimmer – achtzig Mark monatlich, Morgenkaffee inbegriffen, Licht extra – am Spätnachmittag betrat, fand er einen Brief von seiner Mutter auf dem Tisch. Baden konnte er nicht. Das warme Wasser war kalt. Er wusch sich nur, wechselte die Wäsche, zog den grauen Anzug an, nahm den Brief seiner Mutter und setzte sich ans Fenster. Der Straßenlärm trommelte wie ein Regenguß an die Scheiben. In der dritten Etage übte jemand Klavier. Nebenan schrie der alte eingebildete Oberrechnungsrat seine Frau an. Fabian öffnete das Kuvert und las:

»Mein lieber, guter Junge!

Gleich zu Anfang und um Dich zu beruhigen, der Doktor hat gesagt, es ist nichts Schlimmes. Es ist wohl was mit den Drüsen. Und kommt bei älteren Leuten öfter vor. Mach dir also meinetwegen keine Sorgen. Ich war erst sehr nervös. Aber nun wird es schon wieder werden mit dem alten Lehmann. Gestern war ich ein bißchen im Palais-Garten. Die Schwäne haben Junge. Im Parkcafé verlangen sie siebzig Pfennig für die Tasse Kaffee, so eine Frechheit.

Gott sei Dank, daß die Wäsche vorbei ist. Frau Hase sagte im letzten Augenblick ab. Einen Bluterguß hat sie, glaub ich. Aber es ist mir gut bekommen. Morgen früh bringe ich den Karton zur Post. Hebe ihn gut auf und schnür ihn fester zu als das letzte Mal. Wie leicht kann unterwegs was wegkommen. Die Mieze sitzt mir auf dem Schoß, sie hat eben ein Stück Gurgel gefressen, und nun stößt sie mich mit dem Kopf und will mich nicht schreiben lassen. Wenn Du mir wieder, wie vergangene Woche, Geld in den Brief steckst, reiß ich Dir die Ohren ab. Wir reichen schon, und Du brauchst Dein Geld selber.

Macht es Dir denn wirklich Spaß, für Zigaretten Reklame zu machen? Die Drucksachen, die Du schicktest, haben mir gut gefallen. Frau Thomas meinte, es ist doch ein Jammer, daß Du solches Zeug schreibst. Aber ich sagte, das ist nicht seine Schuld. Wer heute nicht verhungern will, und wer will das schon, der kann nicht warten, bis ihm der richtige Beruf durch den Schornstein fällt. Und dann habe ich noch gesagt, es ist ja nur ein Übergang.

Der Vater hat halbwegs zu tun. Es scheint aber was mit der Wirbelsäule zu sein. Er geht ganz krumm. Tante Martha brachte gestern ein Dutzend Eier aus dem Garten. Die Hühner legen fleißig. Das ist eine gute Schwester. Wenn sie nur nicht so viel Ärger mit dem Mann hätte.

Mein lieber Junge, wenn Du doch bald mal wieder nach Hause kommen könntest. Ostern warst Du da. Wie die Zeit vergeht. Da hat man nun ein Kind und hat eigentlich keins. Die paar Tage im Jahr, wo wir uns sehen. Am liebsten setzte ich mich gleich in die Eisenbahn und käme hinüber. Früher war das schön. Fast jeden Abend vor dem Schlafengehen sehe ich mir die Bilder und die Ansichtskarten an. Weißt Du noch, wenn wir den Rucksack nahmen und loszogen? Einmal kamen wir mit einem ganzen Pfennig zurück. Da muß ich gleich lachen, während ich dran denke.

Na, auf Wiedersehen, mein gutes Kind. Vor Weihnachten wird es ja wohl nicht werden. Gehst Du immer noch so spät schlafen? Grüß Labude. Und er soll auf Dich aufpassen. Was machen die Mädchen? Sieh Dich vor. Der Vater läßt Dich grüßen. Viele Grüße und Küsse von Deiner Mutter.«

Fabian steckte den Brief ein und blickte auf die Straße hinunter. Warum saß er hier in dem fremden gottverlassenen Zimmer, bei der Witwe Hohlfeld, die das Vermieten früher nicht nötig gehabt hatte? Warum saß er nicht zu Hause, bei seiner Mutter? Was hatte er hier in dieser Stadt, in diesem verrückt gewordenen Steinbaukasten, zu suchen? Blumigen Unsinn schreiben, damit die Menschheit noch mehr Zigaretten rauchte als bisher? Den Untergang Europas konnte er auch dort abwarten, wo er geboren worden war. Das hatte er davon, daß er sich einbildete, der Globus drehe sich nur, solange er ihm zuschaue. Dieses lächerliche Bedürfnis, anwesend zu sein! Andere hatten einen Beruf, kamen vorwärts, heirateten, ließen ihre Frauen Kinder kriegen und glaubten, das gehöre zum Thema. Und er mußte, noch dazu freiwillig, hinterm Zaun stehen, zusehen und ratenweise verzweifeln. Europa hatte große Pause. Die Lehrer waren fort. Der Stundenplan war verschwunden. Der alte Kontinent würde das Ziel der Klasse nicht erreichen. Das Ziel keiner Klasse!

Da klopfte die Wirtin Hohlfeld, trat ins Zimmer und sagte: »Pardon, ich dachte, Sie wären noch nicht da.« Sie kam näher. »Haben Sie gestern nacht den Krach gehört, den Herr Tröger veranstaltet hat? Er hatte wieder Frauenzimmer mit oben. Das Sofa sieht aus! Ich werfe ihn hinaus, wenn das noch einmal vorkommt. Was soll die neue Untermieterin denken, die im andern Zimmer wohnt?«

»Wenn sie noch an den Storch glaubt, ist ihr nicht zu helfen.«

»Aber Herr Fabian, meine Wohnung ist doch kein Absteigequartier!«

»Gnädige Frau, es ist weithin bekannt, daß sich, von einem gewissen Alter an, beim Menschen Bedürfnisse regen, die im Widerspruch zur Moral der Vermieterinnen stehen.«

Die Wirtin wurde ungeduldig. »Aber er hatte mindestens zwei Frauenzimmer bei sich!«

»Herr Tröger ist ein Wüstling, gnädige Frau. Das beste wird sein, Sie teilen ihm mit, er dürfe pro Nacht höchstens eine Dame mitbringen. Und wenn er sich nicht danach richtet, lassen wir ihn von der Sittenpolizei kastrieren.«

»Man geht mit der Zeit«, erklärte Frau Hohlfeld nicht ohne Stolz und rückte noch näher. »Die Sitten haben sich geändert. Man paßt sich an. Ich verstehe manches. Schließlich, ich bin ja auch noch nicht so alt.«

Sie stand knapp hinter ihm. Er sah sie nicht, aber vermutlich wogte ihr unverstandener Busen. Das wurde von Tag zu Tag schlimmer. Fand sich denn wirklich niemand für sie? Nachts stand sie vermutlich, auf bloßen Füßen, vor dem Zimmer des Stadtreisenden Tröger und nahm, durchs Schlüsselloch, seinen Orgien Parade ab. Sie wurde langsam verrückt. Manchmal blickte sie ihn an, als wolle sie ihm die Hosen ausziehen. Früher war diese Sorte Damen fromm geworden. Er stand auf und sagte: »Schade, daß Sie keine Kinder haben.«

»Ich gehe schon.« Frau Hohlfeld verließ entmutigt das Zimmer. Er sah auf die Uhr. Labude war noch in der Bibliothek. Fabian trat zum Tisch. Bücher und Broschüren lagen in Stapeln darauf. Darüber, an der Wand, hing eine Stickerei mit der Inschrift: »Nur ein Viertelstündchen.« Er hatte, als er einzog, den Spruch vom Sofa entfernt und über den Büchern angebracht. Manchmal las er noch ein paar Seiten in irgendeinem der Bücher. Geschadet hatte es fast nie. Er griff zu. Es war Descartes. ›Betrachtungen über die Grundlagen der Philosophie‹, so hieß das kleine Heft. Sechs Jahre war es her, seit er sich damit befaßt hatte. Driesch hatte in der mündlichen Prüfung dergleichen wissen wollen. Sechs Jahre waren mitunter eine lange Zeit. Auf der anderen Straßenseite hatte ein Schild gehangen: ›Chaim Pines, Ein- und Verkauf von Fellen.‹

War das alles, was er von damals wußte? Bevor er vom Examinator aufgerufen wurde, war er, mit dem Zylinder eines anderen Kandidaten auf dem Kopfe, durch die Korridore spaziert und hatte den Pedell erschreckt. Vogt, der Kandidat, war dann durchgefallen und nach Amerika gegangen.

Er setzte sich und schlug das Heft auf. Was hatte Descartes ihm mitzuteilen? »Schon vor Jahren bemerkte ich, wieviel Falsches ich von Jugend auf als wahr hingenommen hatte und wie zweifelhaft alles sei, was ich später darauf gründete. Darum war ich der Meinung, ich müsse einmal im Leben von Grund auf alles umstürzen und ganz von vorn anfangen, wenn ich je irgend etwas Festes und Bleibendes aufstellen wolle. Dieses schien mir aber eine ungeheure Aufgabe zu sein, und so wartete ich jenes reife, für wissenschaftliche Untersuchungen angemessene Alter ab. Darum habe ich so lange gezögert, daß ich jetzt eine Schuld auf mich lüde, wenn ich die Zeit, die mir zu handeln noch übrig ist, mit Zaudern verbringen wollte. Das trifft sich nun sehr günstig. Mein Geist ist von allen Sorgen frei, und ich habe mir eine ruhige Muße verschafft. So ziehe ich mich in die Einsamkeit zurück und will ernst und frei diesen allgemeinen Umsturz aller meiner Meinungen unternehmen.«

Fabian blickte auf die Straße hinunter, sah den Autobussen nach, die, wie Elefanten auf Rollschuhen, die Kaiserallee entlangfuhren, und schloß vorübergehend die Augen. Dann blätterte er und überflog die Einleitung. Fünfundvierzig Jahre war Descartes alt gewesen, als er seine Revolution ankündigte. Am Dreißigjährigen Krieg hatte er sich ein bißchen beteiligt. Ein kleiner Kerl mit immensem Schädel. »Von allen Sorgen frei.« Revolution in der Einsamkeit. In Holland. Tulpenbeete vorm Haus. Fabian lachte, legte den Philosophen beiseite und zog den Mantel an. Im Korridor begegnete er Herrn Tröger, dem Reisenden mit dem starken Frauenverbrauch. Sie zogen die Hüte.

Labudes zweite Wohnung lag im Zentrum. Wenige wußten davon. Hierhin zog er sich zurück, wenn ihm der Westen, die noble Verwandtschaft, die Damen der guten Gesellschaft und das Telefon auf die Nerven gingen. Und hier hing er seinen wissenschaftlichen und sozialen Neigungen nach.

»Wo hast du denn in der vorigen Woche gesteckt?« fragte Fabian.

»Davon später.«

»Und wie befindet sich das Fräulein Braut?«

»Danke gut«, sagte Labude und trank den Kognak, der vor ihm stand. »Ich war in Hamburg. Leda läßt grüßen.«

»Was vom Geheimrat gehört? Hat er deine Arbeit gelesen?«

»Nein. Er hat keine Zeit, sondern Promotionen, Prüfungen, Vorlesungen, Seminare und Senatssitzungen. Bis er meine Habilitationsschrift gelesen hat, habe ich einen kniefreien Vollbart.«

Labude schenkte sich ein und trank.

»Sei nicht nervös. Die Kerle werden sich wundern, wie du aus Lessings Gesammelten Werken das Gehirn und die Denkvorgänge des Mannes rekonstruiert hast, den sie, bis du kamst, als den Logos mit Freilauf dargestellt und noch nie verstanden haben.«

»Ich fürchte, sie werden sich zu sehr wundern. Die geweihte Logik eines toten Schriftstellers psychologisch auswerten, Denkfehler entdecken und individuell und als sinnvolle Vorgänge behandeln, den Typus des zwischen zwei Zeitaltern schwankenden genialen Menschen an einem längst verkaufsfertigen Klassiker demonstrieren, das sind Dinge, die sie nur ärgern werden. Warten wir ab. Lassen wir den ollen Sachsen in Ruhe. Fünf Jahre habe ich diesen Kerl seziert, auseinandergenommen und zusammengesetzt! Auch eine Beschäftigung für einen erwachsenen Menschen, im achtzehnten Jahrhundert wie im Müllkasten herumzufingern! Hol dir ein Glas!«

Fabian nahm ein Likörglas aus dem Schrank und schenkte sich ein.

Labude blickte vor sich hin. »Heute morgen war ich dabei, wie sie in der Staatsbibliothek einen Professor festnahmen. Einen Sinologen. Er hat seit einem Jahr seltene Drucke und Bilder der Bibliothek gestohlen und verkauft. Er wurde blaß wie eine Wand, als man ihn verhaftete, und setzte sich erst mal auf die Treppe. Man fütterte ihn mit kaltem Wasser. Dann wurde er abtransportiert.«

»Der Mann hat den Beruf verfehlt«, sagte Fabian. »Wozu lernt er erst Chinesisch, wenn er zum Schluß vom Stehlen lebt? Es steht schlimm. Jetzt räubern schon die Philologen.«

»Trink aus und komm!« rief Labude.

Sie gingen an der Markthalle vorbei, durch tausend scheußliche Gerüche hindurch, zur Autobushaltestelle.

»Wir fahren zu Haupt«, sagte Labude.

FÜNFTES KAPITEL

Ein ernstes Gespräch am Tanzparkett
Fräulein Paula ist insgeheim rasiert
Frau Moll wirft mit Gläsern

In Haupts Sälen war, wie an jedem Abend, Strandfest. Punkt zehn Uhr stiegen, im Gänsemarsch, zwei Dutzend Straßenmädchen von der Empore herunter. Sie trugen bunte Badetrikots, gerollte Wadenstrümpfe und Schuhe mit hohen Absätzen. Wer sich derartig auszog, hatte freien Zutritt zum Lokal und erhielt einen Schnaps gratis. Diese Vergünstigungen waren in Anbetracht des darniederliegenden Gewerbes nicht zu verachten. Die Mädchen tanzten anfangs miteinander, damit die Männer etwas zu sehen hatten.

Das von Musik begleitete Rundpanorama weiblicher Fülle erregte die an der Barriere drängenden Kommis, Buchhalter und Einzelhändler. Der Tanzmeister schrie, man möge sich auf die Damen stürzen, und das geschah. Die dicksten und frechsten Frauenzimmer wurden bevorzugt. Die Weinnischen waren schnell besetzt. Die Barfräuleins hantierten mit dem Lippenstift. Die Orgie konnte beginnen.

Labude und Fabian saßen an der Rampe. Sie liebten dieses Lokal, weil sie nicht hierher gehörten. Das Nummernschild ihres Tischtelefons glühte ohne Unterbrechung. Der Apparat surrte. Man wollte sie sprechen. Labude hob den Hörer aus der Gabel und legte ihn unter den Tisch. Sie hatten wieder Ruhe. Denn der Lärm, der übrigblieb, die Musik, das Gelächter und der Gesang waren nicht persönlich gemeint und konnten ihnen nichts anhaben.

Fabian berichtete von der Nachtredaktion, von der Zigarettenfabrik, von der verfressenen Familie Fischer und vom

Kölner Dom. Labude blickte den Freund an und sagte: »Du müßtest endlich vorwärtskommen.«

»Ich kann doch nichts.«

»Du kannst vieles.«

»Das ist dasselbe«, meinte Fabian. »Ich kann vieles und will nichts. Wozu soll ich vorwärtskommen? Wofür und wogegen? Nehmen wir wirklich einmal an, ich sei der Träger einer Funktion. Wo ist das System, in dem ich funktionieren kann? Es ist nicht da, und nichts hat Sinn.«

»Doch, man verdient beispielsweise Geld.«

»Ich bin kein Kapitalist!«

»Eben deshalb.« Labude lachte ein bißchen.

»Wenn ich sage, ich bin kein Kapitalist, dann meine ich: ich habe kein pekuniäres Organ. Wozu soll ich Geld verdienen? Was soll ich mit dem Geld anfangen? Um satt zu werden, muß man nicht vorwärtskommen. Ob ich Adressen schreibe, Plakate bedichte oder mit Rotkohl handle, ist mir und ist überhaupt gleichgültig. Sind das Aufgaben für einen erwachsenen Menschen? Rotkohl en gros oder en detail, wo steckt der Unterschied? Ich bin kein Kapitalist, wiederhole ich dir! Ich will keine Zinsen, ich will keinen Mehrwert.«

Labude schüttelte den Kopf. »Das ist Indolenz. Wer Geld verdient und es nicht liebt, kann es gegen Macht eintauschen.«

»Was fang ich mit der Macht an?« fragte Fabian. »Ich weiß, du suchst sie. Aber was fange ich mit der Macht an, da ich nicht mächtig zu sein wünsche? Machthunger und Geldgier sind Geschwister, aber mit mir sind sie nicht verwandt.«

»Man kann die Macht im Interesse anderer verwenden.«

»Wer tut das? Dieser wendet sie für sich an, jener für seine Familie, der eine für eine Steuerklasse, der andere für diejenigen, die blonde Haare haben, der fünfte für solche, die über zwei Meter groß sind, der sechste, um eine mathematische Formel an der Menschheit auszuprobieren. Ich pfeif auf Geld und Macht!« Fabian hieb mit der Faust auf die

Brüstung, aber die war gepolstert und plüschüberzogen. Der Faustschlag blieb stumm.

»Wenn es eine Gärtnerei gäbe, wie ich sie mir erträume! Ich brächte dich, an Händen und Füßen gefesselt, hin und ließe dir ein Lebensziel einpflanzen!« Labude war ernstlich bekümmert und legte die Hand auf den Arm des Freundes.

»Ich sehe zu. Ist das nichts?«

»Wem ist damit geholfen?«

»Wem ist zu helfen?« fragte Fabian. »Du willst Macht haben. Du willst, träumst du, das Kleinbürgertum sammeln und führen. Du willst das Kapital kontrollieren und das Proletariat einbürgern. Und dann willst du helfen, einen Kulturstaat aufzubauen, der dem Paradies verteufelt ähnlich sieht. Und ich sage dir: Noch in deinem Paradies werden sie sich die Fresse vollhauen! Davon abgesehen, daß es nie zustande kommen wird … Ich weiß ein Ziel, aber es ist leider keines. Ich möchte helfen, die Menschen anständig und vernünftig zu machen. Vorläufig bin ich damit beschäftigt, sie auf ihre diesbezügliche Eignung hin anzuschauen.«

Labude hob sein Glas und rief: »Viel Vergnügen!« Er trank, setzte ab und sagte: »Erst muß man das System vernünftig gestalten, dann werden sich die Menschen anpassen.«

Fabian trank und schwieg.

Labude fuhr erregt fort: »Das siehst du ein, nicht wahr? Natürlich siehst du das ein. Aber du phantasierst lieber von einem unerreichbaren vollkommenen Ziel, anstatt einem unvollkommenen zuzustreben, das sich verwirklichen läßt. Es ist dir bequemer so. Du hast keinen Ehrgeiz, das ist das Schlimme.«

»Ein Glück ist das. Stell dir vor, unsere fünf Millionen Arbeitslosen begnügten sich nicht mit dem Anspruch auf Unterstützung. Stell dir vor, sie wären ehrgeizig!«

Da lehnten sich zwei Trikotengel über die Brüstung. Die eine Frau war dick und blond, und ihre Brust lag auf dem

Plüsch, als sei serviert. Die andere Person war mager, und ihr Gesicht sah aus, als hätte sie krumme Beine. »Schenkt uns 'ne Zigarette«, sagte die Blonde. Fabian hielt die Schachtel hin. Labude gab Feuer. Die Frauen rauchten, blickten die jungen Männer abwartend an, und die Magere konstatierte nach einer Pause mit verrosteter Stimme: »Na ja, so ist das.«

»Wer spendiert 'nen Schnaps?« fragte die Dicke.

Sie gingen zu viert der Theke zu. Rebenlaub und gewaltige Weintrauben, alles aus Pappe, umsäumten den Pfad. Sie setzten sich in eine Ecke. Die Wand war mit der Pfalz bei Caub bemalt. Fabian dachte an Blücher, Labude bestellte Likör. Die Frauen flüsterten miteinander. Vermutlich verteilten sie die zwei Kavaliere. Denn unmittelbar danach schleuderte die dicke Blonde den Arm um Fabian, legte eine Hand auf sein Bein und tat wie zu Hause. Die Magere trank ihr Glas auf einen Zug leer, zupfte Labude an der Nase und kicherte blöde. »Oben sind Nischen«, sagte sie, strich die blauen Trikothosen von den Schenkeln zurück und zwinkerte.

»Woher haben Sie so rauhe Hände?« fragte Labude.

Sie drohte mit dem Finger. »Nicht, was du denkst«, rief sie und verschluckte sich vor Schelmerei.

»Paula hat früher in einer Konservenfabrik gearbeitet«, sagte die Blonde, nahm Fabians Hand und fuhr sich mit dieser so lange über die Brüste, bis die Brustwarzen groß und fest wurden. »Gehen wir dann ins Hotel?« fragte sie.

»Ich bin überall rasiert«, erläuterte die Magere und war nicht abgeneigt, den Nachweis zu erbringen. Labude hielt sie mühsam vom Äußersten zurück.

»Man schläft nachher besser«, sagte die Blondine zu Fabian und reckte die festen Beine. Lottchen von der Theke füllte die Gläser. Die Frauen tranken, als hätten sie acht Tage nichts gegessen. Die Musik drang gedämpft herüber. An der Bar saß ein riesenhafter Kerl und gurgelte mit Kirschwasser. Der Scheitel reichte ihm bis ins Rückgrat. Hinter der Pfalz bei Caub brannte eine elektrische Birne und besonnte den Rhein, wenn auch nur von hinten.

»Oben sind Nischen«, sagte die Magere wieder, und man stieg hinauf. Labude bestellte kalten Aufschnitt. Als der Teller mit Fleisch und Wurst vor den Mädchen stand, vergaßen sie alles übrige und kauten drauflos. Unten im Saal wurde die schönste Figur prämiert. Die Frauen drehten sich mit ihren knappen Badeanzügen im Kreis, spreizten die Arme und die Finger und lächelten verführerisch. Die Männer standen wie auf dem Viehmarkt.

»Der erste Preis ist eine große Bonbonniere«, erklärte die kauende Paula, »und wer sie gekriegt hat, muß sie dann beim Geschäftsführer wieder abliefern.«

»Ich esse lieber, außerdem findet man meine Beine immer zu dick«, sagte die Blondine. »Dabei sind dicke Beine das beste, was es gibt. Ich war einmal mit einem russischen Fürsten zusammen, der schreibt mir noch jetzt Ansichtskarten.«

»Quatsch!« knurrte Paula. »Jeder Mann will was anderes. Ich habe einen Herrn gekannt, einen Ingenieur, der liebte Lungenkranke. Und Viktorias Freund hat einen Buckel, und sie sagt, das braucht sie zum Leben. Da mach was dagegen. Ich finde, Hauptsache, man versteht seinen Kram.«

»Gelernt ist gelernt«, behauptete die Dicke und angelte das letzte Stück Schinken von der Platte. Unten im Saal wurde gerade die schönste Figur ausgerufen. Die Kapelle spielte einen Tusch. Der Geschäftsführer überreichte der Siegerin eine große Bonbonniere. Sie dankte ihm beglückt, verneigte sich vor den klatschenden und johlenden Gästen und zog mit ihrem Geschenk davon, wahrscheinlich trug sie's ins Büro zurück.

»Warum arbeiten Sie eigentlich nicht mehr in Ihrer Konservenfabrik?« fragte Labude, und seine Frage klang recht vorwurfsvoll.

Paula schob den leeren Teller zurück, strich sich über den Magen und erzählte: »Erstens war es gar nicht meine Fabrik, und zweitens wurde ich abgebaut. Glücklicherweise wußte ich was über den Direktor. Er hatte ein vierzehnjähriges Mädchen verführt. Verführt ist übertrieben. Aber er glaubte den Zimt. Und dann rief ich ihn alle vierzehn Tage an, ich müsse fünfzig Mark haben, oder ich würde die Sache rumreden. Am nächsten Tag ging ich dann jedesmal zur Kasse und holte das Geld ab.«

»Das ist ja Erpressung!« rief Labude.

»Der Rechtsanwalt, den mir der Direktor auf den Hals schickte, fand das auch. Ich mußte einen Wisch unterschreiben, bekam hundert Mark, und aus war's mit der Lebensrente. Na ja, nun bin ich hier und lebe vom Bauch in den Mund.«

»Es ist furchtbar«, sagte Labude zu Fabian, »es ist schrecklich, wie viele Direktoren das Angestelltenverhältnis mißbrauchen.«

Die Dicke rief: »Ach, Mensch, was redest du da. Wenn ich ein Mann wäre, und ein Fabrikdirektor dazu, ich hätte dauernd Angestelltenverhältnisse.« Dann fuhr sie Fabian in die Haare, versetzte ihm einen Kuß, ergriff seine Hand und legte sie platt auf ihren satten Magen. Labude und Paula tanzten miteinander. Sie hatte tatsächlich krumme Beine.

In der Nachbarnische sang eine Frau laut und mit betrunkener Stimme:

»Die Liebe ist ein Zeitvertreib.
Man nimmt dazu den Unterleib.«

Die Dicke sagte: »Die nebenan ist 'ne Marke. Sie gehört gar nicht hierher, kommt in teuren Pelzmänteln an, aber darunter trägt sie was ganz Durchsichtiges. Es soll eine reiche Frau aus dem Westen sein, sogar verheiratet. Sie holt sich junge Kerle in die Nische, bezahlt für sie und gibt an, daß die Wände rot werden.« Fabian erhob sich und blickte über die halbhohe Zwischenwand hinweg nach nebenan.

Dort saß in einem grünseidenen Badeanzug eine große gutgewachsene Frau und war, unter Absingung von Liedern, dabei, einen Reichswehrsoldaten, der sich verzweifelt wehrte, auszuziehen. »Kerl!« rief sie, »mach nicht einen so schlappen Eindruck! Los! Zeig den Ausweis!« Aber der brave Infanterist stieß sie zurück. Fabian fiel jene bekannte ägyptische Ministergattin ein, die den armen Josef, den begabten Urenkel Abrahams, so schamlos belästigt hatte. Da stand die Grüne auf, packte ein Sektglas und taumelte zur Brüstung.

Es war nicht Frau Potiphar, sondern Frau Moll. Jene Irene Moll, deren Schlüssel er im Mantel hatte.

Schwankend stand sie an der Balustrade, hob das spitze Glas hoch und warf es in den Saal hinunter. Es zersprang auf dem Parkett. Die Musiker setzten die Instrumente ab. Die Tanzpaare hoben erschrocken die Köpfe. Alle blickten zu der Nische hinauf.

Frau Moll streckte die Hand aus und rief: »Männer nennt sich das! Wenn man sie anpackt, gehen sie aus dem Leim! Meine sehr verehrten Damen, ich schlage vor, die Bande einzusperren. Meine sehr verehrten Damen, wir brauchen Männerbordelle! Wer dafür ist, der hebe die Hand!« Sie schlug sich emphatisch vor die Brust und bekam davon das Schlucken. Im Saal wurde gelacht. Der Geschäftsführer war schon unterwegs. Irene Moll fing an zu weinen. Das Schwarz der getuschten Wimpern verflüssigte sich, und die Tränen liniierten ihr Gesicht. »Laßt uns singen!« schrie sie schluchzend und schluckend. »Wir singen das schöne Lied vom Klavierspiel!« Sie breitete beide Arme aus und brüllte:

»Auch der Mensch ist nur ein Tier,
immer, und erst recht zu zweit.
Komm und spiel auf mir Klavier!
Komm und spieleee auf mir
die Schule der Geläufigkeit.
Dazu bin ich ja …«

Der Geschäftsführer hielt ihr den Mund zu, sie mißverstand die Bewegung und fiel ihm um den Hals. Dabei sah sie den zu ihr hinblickenden Fabian, riß sich los und schrie: »Dich kenn ich doch!« und wollte zu ihm. Aber der Reichswehrsoldat, der sich inzwischen erholt hatte, und der Geschäftsführer packten sie und drückten sie auf einen Stuhl. Im Saal wurde wieder musiziert und getanzt.

Labude hatte während der Szene bezahlt, gab Paula und der Dicken etwas Geld, faßte Fabian unter und zog ihn fort.

In der Garderobe fragte er: »Sie kennt dich wirklich?«

»Ja«, sagte Fabian, »sie heißt Moll, ihr Mann ist Rechtsanwalt und zahlt jede Summe, wenn man mit ihr schläft. Die Schlüssel dieser komischen Familie habe ich noch in der Tasche. Hier sind sie.«

Labude nahm die Schlüssel weg, rief: »Ich komme gleich wieder!« und lief in Hut und Mantel zurück.

SECHSTES KAPITEL

Der Zweikampf am Märkischen Museum
Wann findet der nächste Krieg statt?
Ein Arzt versteht sich auf Diagnose

Als sie auf der Straße standen, fragte Labude ärgerlich: »Hast du mit dieser Verrückten etwas gehabt?«

»Nein, ich war nur in ihrem Schlafzimmer, und sie zog sich aus. Plötzlich kam noch ein Mann hinzu, behauptete, mit ihr verehelicht zu sein, ich solle mich aber nicht stören lassen. Dann deklamierte er einen ungewöhnlichen Kontrakt, den die beiden geschlossen haben. Dann ging ich.«

»Warum nahmst du die Schlüssel mit?«

»Weil die Haustür verschlossen war.«

»Ein schauderhaftes Weib«, sagte Labude. »Sie hing besoffen überm Tisch, und ich steckte ihr die Schlüssel schnell in die Handtasche.«

»Sie hat dir nicht gefallen?« fragte Fabian. »Sie ist doch sehr eindrucksvoll gewachsen, und das freche Konfirmandengesicht obendrauf wirkt so wunderbar unpassend.«

»Wenn sie häßlich wäre, hättest du die Schlüssel längst beim Portier abgegeben.« Labude zog den Freund weiter. Sie bogen langsam in eine Nebenstraße ein, kamen an einem Denkmal, auf dem Herr Schulze-Delitzsch stand, und am Märkischen Museum vorbei, der Steinerne Roland lehnte finster in einer Efeuecke, und auf der Spree jammerte ein Dampfer. Oben auf der Brücke blieben sie stehen und blickten auf den dunklen Fluß und auf die fensterlosen Lagerhäuser. Über der Friedrichstadt brannte der Himmel.

»Lieber Stephan«, sagte Fabian leise, »es ist rührend, wie du dich um mich bemühst. Aber ich bin nicht unglücklicher als unsere Zeit. Willst du mich glücklicher machen, als sie es

ist? Und wenn du mir einen Direktorenposten, eine Million
Dollar oder eine anständige Frau, die ich lieben könnte,
verschaffst, oder alle drei Dinge zusammen, es wird dir
nicht gelingen.« Ein kleines schwarzes Boot, mit einer roten
Laterne am Heck, trieb den Fluß entlang. Fabian legte die
Hand auf die Schulter des Freundes. »Als ich vorhin sagte,
ich verbrächte die Zeit damit, neugierig zuzusehen, ob die
Welt zur Anständigkeit Talent habe, war das nur die halbe
Wahrheit. Daß ich mich so herumtreibe, hat noch einen
anderen Grund. Ich treibe mich herum, und ich warte wieder, wie damals im Krieg, als wir wußten: Nun werden wir
eingezogen. Erinnerst du dich? Wir schrieben Aufsätze und
Diktate, wir lernten scheinbar, und es war gleichgültig, ob
wir es taten oder unterließen. Wir sollten ja in den Krieg.
Saßen wir nicht wie unter einer Glasglocke, aus der man
langsam, aber unaufhörlich die Luft herauspumpt? Wir begannen zu zappeln, doch wir zappelten nicht aus Übermut,
sondern weil uns die Luft wegblieb. Erinnerst du dich? Wir
wollten nichts versäumen, und wir hatten einen gefähr-
lichen Lebenshunger, weil wir glaubten, es sei die Henkers-
mahlzeit.«

Labude lehnte am Geländer und blickte auf die Spree hinunter. Fabian ging erregt hin und her, als liefe er in seinem
Zimmer auf und ab. »Erinnerst du dich?« fragte er. »Und ein
halbes Jahr später waren wir marschbereit. Ich bekam acht
Tage Urlaub und fuhr nach Graal. Ich fuhr hin, weil ich als
Kind einmal dort gewesen war. Ich fuhr hin, es war Herbst,
ich lief melancholisch über den schwankenden Boden der
Erlenwälder. Die Ostsee war verrückt, und die Kurgäste
konnte man zählen. Zehn passable Frauen waren am Lager,
und mit sechsen schlief ich. Die nächste Zukunft hatte den
Entschluß gefaßt, mich zu Blutwurst zu verarbeiten. Was
sollte ich bis dahin tun? Bücher lesen? An meinem Charakter feilen? Geld verdienen? Ich saß in einem großen Wartesaal, und der hieß Europa. Acht Tage später fährt der Zug.

Das wußte ich. Aber wohin er fuhr und was aus mir werden sollte, das wußte kein Mensch. Und jetzt sitzen wir wieder im Wartesaal, und wieder heißt er Europa! Und wieder wissen wir nicht, was geschehen wird. Wir leben provisorisch, die Krise nimmt kein Ende!«

»Zum Donnerwetter!« rief Labude, »wenn alle so denken wie du, wird nie stabilisiert! Empfinde ich vielleicht den provisorischen Charakter der Epoche nicht? Ist dieses Mißvergnügen dein Privileg? Aber ich sehe nicht zu, ich versuche, vernünftig zu handeln.«

»Die Vernünftigen werden nicht an die Macht kommen«, sagte Fabian, »und die Gerechten noch weniger.«

»So?« Labude trat dicht vor den Freund und packte ihn mit beiden Händen am Mantelkragen. »Aber sollten sie es nicht trotzdem wagen?«

In diesem Augenblick hörten beide einen Schuß und einen Aufschrei und kurz danach drei Schüsse aus anderer Richtung. Labude rannte ins Dunkel, die Brücke entlang, auf das Museum zu. Wieder klang ein Schuß. »Viel Spaß!« sagte Fabian zu sich selber, während er lief, und suchte, obwohl sein Herz schmerzte, Labude zu erreichen.

Am Fuße des Märkischen Roland kauerte ein Mann, fuchtelte mit dem Revolver und brüllte: »Warte nur, du Schwein!« Und dann schoß er wieder über die Straße weg auf einen unsichtbaren Gegner. Eine Laterne zerbrach. Glas klirrte aufs Pflaster. Labude nahm dem Mann die Waffe aus der Hand, und Fabian fragte: »Warum schießen Sie eigentlich im Sitzen?«

»Weil's mich am Bein erwischt hat«, knurrte der Mann. Es war ein junger stämmiger Mensch, und er trug eine Mütze. »So ein Mistvieh!« brüllte er. »Aber ich weiß, wie du heißt.« Und er drohte der Dunkelheit.

»Quer durch die Wade«, stellte Labude fest, kniete nieder, zog ein Taschentuch aus dem Mantel und probierte einen Notverband.

»Drüben in der Kneipe ging's los«, lamentierte der Verwundete. »Er schmierte ein Hakenkreuz aufs Tischtuch. Ich sagte was. Er sagte was. Ich knallte ihm eine hinter die Ohren. Der Wirt schmiß uns raus. Der Kerl lief mir nach und schimpfte auf die Internationale. Ich drehte mich um, da schoß er schon.«

»Sind Sie nun wenigstens überzeugt?« fragte Fabian und blickte auf den Mann hinunter, der die Zähne zusammenbiß, weil Labude an der Schußwunde hantierte.

»Die Kugel ist nicht mehr darin«, bemerkte Labude. »Kommt denn hier gar kein Auto? Es ist wie auf dem Dorf.«

»Nicht einmal ein Schutzmann ist da«, stellte Fabian bedauernd fest.

»Der hätte mir gerade noch gefehlt!« Der Verletzte versuchte aufzustehen. »Damit sie wieder einen Proleten einsperren, weil er so unverschämt war, sich von einem Nazi die Knochen kaputtschießen zu lassen.«

Labude hielt den Mann zurück, zog ihn wieder zu Boden und befahl dem Freund, ein Taxi zu besorgen. Fabian rannte davon, quer über die Straße, um die Ecke, den nächtlichen Uferweg entlang.

In der nächsten Nebenstraße standen Wagen. Er gab dem Chauffeur den Auftrag, zum Märkischen Museum zu fahren, am Roland gäbe es eine Fuhre. Das Auto verschwand. Fabian folgte zu Fuß. Er atmete tief und langsam. Das Herz schlug wie verrückt. Es hämmerte unterm Jackett. Es schlug im Hals. Es pochte unterm Schädel. Er blieb stehen und trocknete die Stirn. Dieser verdammte Krieg! Dieser verdammte Krieg! Ein krankes Herz dabei erwischt zu haben, war zwar eine Kinderei, aber Fabian genügte das Andenken. In der Provinz zerstreut sollte es einsame Gebäude geben, wo noch immer verstümmelte Soldaten lagen. Männer ohne Gliedmaßen, Männer mit furchtbaren Gesichtern, ohne Nasen, ohne Münder. Krankenschwestern, die vor nichts zurückschreckten, füllten diesen entstellten Kreaturen Nahrung ein, durch dünne Glasröhren, die sie dort in wuchernd vernarbte Löcher spießten, wo früher einmal ein Mund gewesen war. Ein Mund, der hatte lachen und sprechen und schreien können.

Fabian bog um die Ecke. Drüben war das Museum. Das Auto hielt davor. Er schloß die Augen und entsann sich schrecklicher Fotografien, die er gesehen hatte und die mitunter in seinen Träumen auftauchten und ihn erschreckten. Diese armen Ebenbilder Gottes! Noch immer lagen sie in jenen von der Welt isolierten Häusern, mußten sich füttern lassen und mußten weiterleben. Denn es war ja Sünde, sie zu töten. Aber es war recht gewesen, ihnen mit Flammenwerfern das Gesicht zu zerfressen. Die Familien wußten nichts von diesen Männern und Vätern und Brüdern. Man hatte ihnen gesagt, sie wären vermißt. Das war nun fünfzehn Jahre her. Die Frauen hatten wieder geheiratet. Und der Selige, der irgendwo in der Mark Brandenburg durch Glasröhren gefüttert wurde, lebte zu Hause nur noch als hübsche Fotografie überm Sofa, ein Sträußchen im Gewehrlauf, und darunter saß der Nachfolger und ließ sich's schmecken. Wann gab es wieder Krieg? Wann würde es wieder soweit sein?

Plötzlich rief jemand »Hallo«! Fabian öffnete die Augen und suchte den Rufer. Der lag auf der Erde, hatte sich auf den Ellenbogen gestützt und preßte seine Hand aufs Gesäß.

»Was ist denn mit Ihnen los?«

»Ich bin der andere«, sagte der Mann. »Mich hat's auch erwischt.« Da stellte sich Fabian breitbeinig hin und lachte. Von der anderen Seite her, aus dem Gemäuer des Museums, lachte ein Echo mit.

»Entschuldigen Sie«, rief Fabian, »meine Heiterkeit ist nicht gerade höflich.« Der Mann zog ein Knie hoch, schnitt eine Grimasse, betrachtete die Hände, die voll Blut waren, und sagte verbissen: »Wie's beliebt. Der Tag wird kommen, wo Ihnen das Lachen vergeht.«

»Warum stehst du denn da herum?« schrie Labude und kam ärgerlich über die Straße.

»Ach Stephan«, sagte Fabian, »hier sitzt die andere Hälfte des Duells mit einem Steckschuß im Allerwertesten.«

Sie riefen den Chauffeur und transportierten den Nationalsozialisten ins Auto, neben den kommunistischen Spielgefährten. Die Freunde kletterten hinterdrein und gaben dem Chauffeur Anweisung, sie zum nächsten Krankenhaus zu bringen.

Das Auto fuhr los.

»Tut's sehr weh?« fragte Labude.

»Es geht«, antworteten die beiden Verwundeten gleichzeitig und musterten sich finster.

»Volksverräter!« sagte der Nationalsozialist. Er war größer als der Arbeiter, etwas besser gekleidet und sah etwa wie ein Handlungsgehilfe aus.

»Arbeiterverräter!« sagte der Kommunist.

»Du Untermensch!« rief der eine.

»Du Affe!« rief der andere.

Der Kommis griff in die Tasche. Labude faßte sein Handgelenk. »Geben Sie den Revolver her!« befahl er. Der Mann sträubte sich. Fabian holte die Waffe heraus und steckte sie ein.

»Meine Herren«, sagte er. »Daß es mit Deutschland so nicht weitergehen kann, darüber sind wir uns wohl alle einig. Und daß man jetzt versucht, mit Hilfe der kalten Diktatur unhaltbare Zustände zu verewigen, ist eine Sünde, die bald genug ihre Strafe finden wird. Trotzdem hat es keinen Sinn, wenn Sie einander Reservelöcher in die entlegensten Körperteile schießen. Und wenn Sie besser getroffen hätten und nun ins Leichenschauhaus führen, statt in die Klinik, wäre auch nichts Besonderes erreicht. Ihre Partei«, er meinte den Faschisten, »weiß nur, wogegen sie kämpft, und auch das weiß sie nicht genau. Und Ihre Partei«, er wandte sich an den Arbeiter, »Ihre Partei …«

»Wir kämpfen gegen die Ausbeuter des Proletariats«, erklärte dieser, »und Sie sind ein Bourgeois.«

»Freilich«, antwortete Fabian, »ich bin ein Kleinbürger, das ist heute ein großes Schimpfwort.«

Der Handlungsgehilfe hatte Schmerzen, saß, zur Seite geneigt, auf der heilen Sitzhälfte und hatte Mühe, mit seinem Kopf nicht an den des Gegners zu stoßen.

»Das Proletariat ist ein Interessenverband«, sagte Fabian. »Es ist der größte Interessenverband. Daß ihr euer Recht wollt, ist eure Pflicht. Und ich bin euer Freund, denn wir haben denselben Feind, weil ich die Gerechtigkeit liebe. Ich bin euer Freund, obwohl ihr darauf pfeift. Aber, mein Herr, auch wenn *Sie* an die Macht kommen, werden die Ideale der Menschheit im Verborgenen sitzen und weiterweinen. Man ist noch nicht gut und klug, bloß weil man arm ist.«

»Unsere Führer …« begann der Mann.

»Davon wollen wir lieber nicht reden«, unterbrach ihn Labude.

Das Auto hielt. Fabian klingelte am Portal des Krankenhauses. Der Portier öffnete. Krankenwärter kamen und trugen die Verletzten aus dem Wagen. Der wachhabende Arzt gab den Freunden die Hand.

»Sie bringen mir zwei Politiker?« fragte er lächelnd. »Heute nacht sind insgesamt neun Leute eingeliefert worden, einer mit einem schweren Bauchschuß. Lauter Arbeiter und Angestellte. Ist Ihnen auch schon aufgefallen, daß es sich meist um Bewohner von Vororten handelt, um Leute, die einander kennen? Diese politischen Schießereien gleichen den Tanzbodenschlägereien zum Verwechseln. Es handelt sich hier wie dort um Auswüchse des deutschen Vereinslebens. Im übrigen hat man den Eindruck, sie wollen die Arbeitslosenziffer senken, indem sie einander totschießen. Merkwürdige Art von Selbsthilfe.«

»Man kann es verstehen, daß das Volk erregt ist«, meinte Fabian.

»Ja, natürlich.« Der Arzt nickte. »Der Kontinent hat den Hungertyphus. Der Patient beginnt bereits zu phantasieren und um sich zu schlagen. Leben Sie wohl!« Das Portal schloß sich.

Labude gab dem Chauffeur Geld und schickte den Wagen weg. Sie gingen schweigend nebeneinander. Plötzlich blieb Labude stehen und sagte: »Ich kann jetzt noch nicht nach Hause gehen. Komm, wir fahren ins Kabarett der Anonymen.«

»Was ist das?«

»Ich kenne es auch noch nicht. Ein findiger Kerl hat Halbverrückte aufgelesen und läßt sie singen und tanzen. Er zahlt ihnen ein paar Mark, und sie lassen sich dafür vom Publikum beschimpfen und auslachen. Wahrscheinlich merken sie es gar nicht. Das Lokal soll sehr besucht sein. Das ist ja auch verständlich. Es gehen sicher Leute hin, die sich darüber freuen, daß es Menschen gibt, die noch verrückter sind als sie selber.«

Fabian war einverstanden. Er blickte noch einmal zum Krankenhaus zurück, über dem der Große Bär funkelte. »Wir leben in einer großen Zeit«, sagte er, »und sie wird jeden Tag größer.«

SIEBENTES KAPITEL

Verrückte auf dem Podium
Die Todesfahrt von Paul Müller
Ein Fabrikant in Badewannen

Vor dem Kabarett parkten viele Privatautos. Ein rotbärtiger Mann, der einen Pleureusenhut trug und eine riesige Hellebarde hielt, lehnte an der Tür des Lokals und rief: »Immer herein in die Gummizelle!« Labude und Fabian traten ein, gaben die Garderobe ab und fanden nach langem Suchen in dem überfüllten, verqualmten Raum an einem Ecktisch Platz.

Auf der wackligen Bühne machte ein zwecklos vor sich hinlächelndes Mädchen Sprünge. Es handelte sich offenbar um eine Tänzerin. Sie trug ein giftgrünes selbstgeschneidertes Kleid, hielt eine Ranke künstlicher Blumen und warf sich und die Ranke in regelmäßigen Zeitabständen in die Luft. Links von der Bühne saß ein zahnloser Greis an einem verstimmten Klavier und spielte die Ungarische Rhapsodie.

Ob der Tanz und das Klavierspiel miteinander in Beziehung standen, war nicht ersichtlich. Das Publikum, ausnahmslos elegant gekleidet, trank Wein, unterhielt sich laut und lachte.

»Fräulein, Sie werden dringend am Telefon verlangt!« schrie ein glatzköpfiger Herr, der mindestens Generaldirektor war. Die anderen lachten noch mehr als vorher. Die Tänzerin ließ sich nicht aus der Unruhe bringen und fuhr fort zu lächeln und zu springen. Da hörte das Klavierspiel auf. Die Rhapsodie war zu Ende. Das Mädchen auf der Bühne warf dem Klavierspieler einen bösen Blick zu und hüpfte weiter, der Tanz war noch nicht aus.

»Mutter, dein Kind ruft!« kreischte eine Dame, die ein Monokel trug.

»Ihr Kind auch«, bemerkte jemand von einem entfernten Tisch.

Die Dame drehte sich um. »Ich habe keine Kinder.«

»Da können die aber lachen!« rief man aus dem Hintergrund.

»Ruhe!« brüllte jemand anders. Der Wortwechsel hörte auf.

Das Mädchen tanzte noch immer, obwohl ihr längst die Beine weh tun mußten. Schließlich fand sie selber, es sei genug, landete in einem mißlungenen Knicks, lächelte noch alberner als vorher und breitete die Arme aus. Ein dicker Herr im Smoking stand auf. »Gut, sehr gut! Sie können morgen zum Teppichklopfen kommen!«

Das Publikum lärmte und klatschte. Das Mädchen knickste wieder und wieder.

Da kam ein Mann aus der Kulisse, zog die Tänzerin, die sich heftig sträubte, von der Bühne und trat selber an die Rampe.

»Bravo, Caligula!« rief eine Dame aus der ersten Tischreihe.

Caligula, ein rundlicher junger Jude mit Hornbrille, wandte sich an den Herrn, der neben der Ruferin saß. »Ist das Ihre Frau?« fragte er.

Der Herr nickte.

»Dann sagen Sie Ihrer Frau, sie soll die Schnauze halten!« sagte Caligula. Man applaudierte. Der Mann in der ersten Tischreihe wurde rot. Seine Frau fühlte sich geschmeichelt.

»Ruhe, ihr Armleuchter!« rief Caligula und hob die Hände. Es wurde ruhig. »War die Tanzdarbietung nicht geradezu ein Erlebnis?«

»Jawohl«, brüllten alle.

»Aber es kommt noch besser. Jetzt schicke ich einen heraus, der Paul Müller heißt. Er ist aus Tolkewitz. Das liegt in

Sachsen. Paul Müller spricht sächsisch und gibt vor, Rezitator zu sein. Er wird Ihnen eine Ballade vortragen. Machen Sie sich auf das Äußerste gefaßt. Paul Müller aus Tolkewitz ist, wenn nicht alles täuscht, verrückt. Ich habe keine Kosten gescheut, diese wertvolle Kraft für mein Kabarett zu gewinnen. Denn ich kann es nicht dulden, daß nur im Zuschauerraum Verrückte sind.«

»Das geht entschieden zu weit!« rief ein Besucher, dessen Gesicht mit Schmißnarben verziert war. Er war aufgesprungen und zog sich empört das Jackett straff.

»Hinsetzen!« sagte Caligula und verzog den Mund. »Wissen Sie, was Sie sind? Ein Idiot!«

Der Akademiker rang nach Luft.

»Im übrigen«, fuhr der Kabarettinhaber fort, »im übrigen meine ich Idiot nicht in beleidigendem Sinn, sondern als Charakteristikum.«

Die Leute lachten und klatschten. Der Herr mit den Schmissen und der Empörung wurde von seinen Bekannten auf den Stuhl gezogen und beschwichtigt. Caligula nahm eine Klingel in die Hand, schellte wie ein Nachtwächter und rief: »Paul Müller, erscheine!« Dann verschwand er.

Aus dem Hintergrund nahte ein langaufgeschossener, ungewöhnlich blasser Mensch in abgerissener Kleidung.

»Tag, Müller!« brüllte man.

»Er ist zu schnell gewachsen«, meinte jemand.

Paul Müller verbeugte sich, zeigte herausfordernden Ernst im Gesicht, fuhr sich durch die Haare und preßte dann die Hände vor die Augen. Er sammelte sich. Plötzlich zog er die Hände vom Gesicht fort, streckte sie weit von sich, spreizte die Finger, riß die Augen auf und sagte: »Die Todesfahrt von Paul Müller.« Dann trat er noch einen Schritt vor.

»Fall nicht runter!« rief die Dame, der von Caligula eigentlich befohlen war, die Schnauze zu halten.

Paul Müller machte aus Trotz noch ein Schrittchen, blickte

verächtlich auf das Publikum da unten und begann wieder:
»Die Todesfahrt von Paul Müller.«

»Das war der Graf von Hohenstein.
Der sperrte seine Tochter ein.
Sie liebte einen Offizier.
Der Vater sprach: ›Du bleibst bei mir!‹«

In diesem Augenblick warf jemand aus dem Publikum ein
Stück Würfelzucker auf die Bühne. Paul Müller bückte sich,
steckte den Zucker ein und fuhr mit unheilschwangerer
Stimme fort:

»Da half nur Flucht, und die Komteß
entfloh in ihrem 10 PS.
Sie steuerte durch Nacht und Not.
Doch auf dem Kühler saß der Tod!«

Wieder warf man Zucker auf die Bühne. Vermutlich saßen
Stammgäste in dem Raum, die den Gewohnheiten der
Künstler Rechnung trugen. Andere Gäste folgten dem Beispiel, und allmählich kam ein Würfelzuckerbombardement
zustande, dem Müller nur dadurch zu begegnen wußte, daß
er sich dauernd bückte. Es entwickelte sich ein Balladenvor-
trag mit Kniebeugen. Auch mit aufgerissenem Mund versuchte Müller, den ihm zufliegenden Zucker aufzufangen.
Sein Gesicht wurde immer drohender. Seine Stimme klang
immer schwärzer. Man entnahm der Rezitation, daß in jener
schrecklichen Nacht nicht nur die Komteß Hohenstein
Auto fuhr, um zu ihrem Offizier zu gelangen, sondern daß
auch der Geliebte in seinem Wagen unterwegs war und sich
dem Schloß näherte, wo er das Fräulein vermutete, während
sie ihm doch entgegeneilte. Da die zwei Liebenden die gleiche Landstraße benutzten, da es sich ferner um eine ausgesprochen regnerische, neblige Nacht handelte, und da das

Gedicht »Todesfahrt« hieß, war mit großer Wahrscheinlichkeit zu befürchten, daß die beiden Autos zusammenstoßen würden. Paul Müller beseitigte auch den letzten Zweifel darüber.

»Mach den Mund zu, sonst fallen dir die Sägespäne aus dem Schädel!« brüllte eine Stimme. Aber das Autounglück war nicht mehr aufzuhalten.

> »Das Auto jenes Offizieres
> kam links gefahren, rechts kam ihres.
> Der Nebel war entsetzlich dick.
> Und so vollzog sich das Geschick.
> Von links ein Schrei,
> von rechts ein Schrei –«

»Das macht nach Adam Riese zwei!« schrie jemand. Die Leute johlten und klatschten. Sie hatten von Paul Müller genug und waren auf den Ausgang der Tragödie nicht länger neugierig.

Er deklamierte weiter. Aber man sah nur, daß er den Mund bewegte. Zu hören war nichts, die Todesfahrt ging im Lärm der Überlebenden unter. Da packte den dürren Balladendichter die blasse Wut. Er sprang vom Podium und rüttelte eine Dame derartig an den Schultern, daß ihr die Zigarette aus dem Mund und in den blauseidenen Schoß fiel. Sie sprang schreiend auf. Ihr Begleiter erhob sich ebenfalls und schimpfte. Es klang, als belle ein Hund. Paul Müller gab dem Kavalier einen Stoß, daß er in den Stuhl zurücktaumelte.

Da tauchte Caligula auf. Er war wütend und glich einem knirschenden Tierbändiger, zog den Mann aus Tolkewitz an der Krawatte und führte ihn ins Künstlerzimmer.

»Pfui, Teufel«, sagte Labude, »unten Sadisten und oben Verrückte.«

»Dieser Sport ist international«, meinte Fabian, »in Paris

gibt es dieselbe Sache. Dort schreien die Zuschauer ›Tue-le!‹
und dann schiebt sich eine riesengroße hölzerne Hand aus
der Kulisse und schaufelt den Ärmsten aus dem Gesichtskreis. Er wird weggefegt.«

»Caligula nennt sich der Bursche. Er kennt sich aus. Sogar
in der römischen Geschichte.« Labude stand auf und ging.
Er hatte genug. Auch Fabian erhob sich. Da schlug ihm
jemand derb auf die Schulter. Er drehte sich um. Der Mann
mit den Schmissen stand vor ihm, strahlte über das ganze
Gesicht und rief vergnügt: »Alter Junge, wie geht's dir denn?«

»Danke, gut.«

»Nein, wie ich mich freue, dich altes Haus mal wiederzusehen!« Der Akademiker gab Fabian einen Freudenstoß vor
den Brustkasten, genau auf einen der Hemdknöpfe.

»Kommen Sie«, meinte Fabian, »prügeln wir uns draußen
weiter!« Dann drängte er sich, zwischen Stühlen hindurch,
in den Vorraum.

»Mein Lieber«, sagte er zu Labude, der sich den Mantel
anzog, »wir wollen schnell machen. Eben hat mich einer
ununterbrochen geduzt.« Sie nahmen die Hüte. Aber es war
schon zu spät.

Der Mann mit den Schmissen schob eine sommerspros-
sige Frau vor sich her, als könne sie nicht allein laufen, und
sagte zu ihr: »Siehst du, Meta, der Herr war auf dem Pennal
unser Primus.« Und zu Fabian sagte er: »Das ist meine Frau,
alter Knabe. Meine bessere Hälfte gewissermaßen. Wir leben
in Remscheid. Ich habe den Assessor an den Nagel gehängt
und bin im Geschäft meines Schwiegervaters. Wir machen
Badewannen. Wenn du mal eine brauchen solltest, kannst du
sie zum Engrospreis haben! Haha! Ja, es geht mir gut. Danke,
glückliche Ehe, Wohnung in einem Zweifamilienhaus, großer Garten dahinter, nicht ganz ohne Bargeld, Kind haben
wir auch, aber noch nicht lange.«

»Es ist erst so groß«, entschuldigte sich Meta und zeigte
mit den Händen, wie klein das Kind war.

»Es wird schon noch wachsen«, tröstete Labude. Die Frau blickte ihn dankbar an und hängte sich bei ihrem Mann ein.

»Also, alter Schwede«, fing der Akademiker wieder an, »nun erzähle mal, was du die ganze Zeit über gemacht hast.«

»Nichts Besonderes«, bemerkte Fabian. »Augenblicklich bastle ich an einer Weltraumrakete. Ich will mir mal den Mond ansehen.«

»Ausgezeichnet«, rief der Mann, der in die Badewannen eingeheiratet hatte. »Deutschland allen voran! Und wie geht's deinem Bruder?«

»Sie überschütten mich mit frohen Neuigkeiten, mein Herr«, sagte Fabian. »Ein Brüderchen habe ich mir schon lange gewünscht. Nur eine bescheidene Zwischenfrage: Wo sind Sie eigentlich aufs Gymnasium gegangen?«

»In Marburg natürlich.«

Fabian hob bedauernd die Schulter. »Es soll eine bezaubernde Stadt sein, aber ich kenne Marburg leider gar nicht.«

»Dann entschuldigen Sie vielmals«, knarrte der andere. »Kleine Verwechslung, täuschende Ähnlichkeit, nichts für ungut.« Er knallte die Absätze zusammen, befahl: »Komm, Meta!« und entfernte sich. Meta blickte Fabian verlegen an, nickte Labude zu und folgte dem Gemahl.

»So ein dämlicher Affe!« Fabian war entrüstet. »Spricht wildfremde Leute an und tut familiär. Ich habe diesen Caligula im Verdacht, daß die Anpöbelei zu seiner Kabarettregie gehört.«

»Das glaube ich nicht«, meinte Labude. »Die Badewannen waren sicher echt, und das entsetzlich kleine Kind auch.«

Sie gingen heimwärts, Labude schaute trübselig aufs Pflaster. »Es ist eine Schande«, sagte er nach einer Weile. »Dieser gewesene Assessor hat eine Wohnung, einen Garten, einen Beruf, eine Frau mit Sommersprossen und was noch alles. Und unsereins vegetiert herum wie ein Landstreicher ohne

Land, man hat noch keinen festen Beruf, man hat kein festes Einkommen, man hat kein festes Ziel und nicht mal eine feste Freundin.«

»Du hast doch Leda.«

»Und was mich besonders aufbringt«, fuhr Labude fort, »so ein Kerl hat ein eigenes, selbstgemachtes Kind.«

»Sei nicht neidisch«, sagte Fabian, »dieser juristisch vorgebildete Badewannenfabrikant ist ein Ausnahmefall. Wer von den Leuten, die heute dreißig Jahre alt sind, kann heiraten? Der eine ist arbeitslos, der andere verliert morgen seine Stellung. Der dritte hat noch nie eine gehabt. Unser Staat ist darauf, daß Generationen nachwachsen, momentan nicht eingerichtet. Wem es dreckig geht, der bleibt am besten allein, statt Frau und Kind an seinem Leben proportional zu beteiligen. Und wer trotzdem andere mit hineinzieht, der handelt mindestens fahrlässig. Ich weiß nicht, von wem der Satz stammt, daß geteiltes Leid halbes Leid sei, aber wenn der Quatschkopf noch leben sollte, dann wünsche ich ihm zweihundert Mark monatlich und eine achtköpfige Familie. Da soll er sein Leid so lange durch acht dividieren, bis er schwarz wird.« Fabian sah den Freund von der Seite an. »Übrigens, wozu bedrückt dich das? Dein Vater gibt dir doch Geld. Und wenn du die Venia legendi hast, wirst du noch ein paar Groschen dazuverdienen. Dann heiratest du Leda, und deinen Vaterfreuden steht nichts mehr im Wege.«

»Es gibt ja auch noch andere Schwierigkeiten, außer den ökonomischen«, sagte Labude, blieb stehen und winkte einem Taxi. »Sei mir nicht böse, wenn ich jetzt allein sein will. Kannst du mich morgen bei meinen Eltern abholen? Ich muß dir Verschiedenes erzählen.« Er drückte dem Freund etwas in die Hand und stieg in den wartenden Wagen.

»Handelt es sich um Leda?« fragte Fabian durchs offene Fenster.

Labude nickte und senkte den Kopf. Das Auto fuhr an. Der andere blickte dem Wagen nach. »Ich komme!« rief er. Doch das Auto war schon weit weg, und das rote Schluß-licht konnte ein Glühwürmchen sein. Dann besann er sich und stellte fest, was er in der Hand hielt. Es war ein Fünfzig-markschein.

ACHTES KAPITEL

Studenten treiben Politik
Labude sen. liebt das Leben
Die Ohrfeige an der Außenalster

Labudes Eltern bewohnten im Grunewald einen großen griechischen Tempel. Eigentlich war es kein Tempel, sondern eine Villa. Und eigentlich bewohnten sie die Villa gar nicht. Die Mutter war viel auf Reisen, meist im Süden, in einem Landhaus bei Lugano. Erstens gefiel es ihr am Lago di Lugano besser als am Grunewaldsee. Und zweitens fand Labudes Vater, die zarte Gesundheit seiner Frau erfordere südlichen Aufenthalt. Er liebte seine Frau sehr, besonders in ihrer Abwesenheit. Seine Zuneigung wuchs im Quadrat der Entfernung, die zwischen ihnen lag.

Er war ein bekannter Verteidiger. Da seine Klienten viel Geld und viele Prozesse hatten, hatte auch er viele Prozesse und viel Geld. Die Aufregungen des Berufes, den er liebte, genügten ihm nicht. Fast jede Nacht saß er in Spielklubs. Die Ruhe, die sein Haus verbreitete, war ihm höchst zuwider. Und die vorwurfsvollen Augen seiner Frau brachten ihn zur Verzweiflung. Da beide befürchteten, den anderen anzutreffen, mieden beide die Villa, so oft das möglich war. Und Stephan, der Sohn, mußte, wenn er seinen Eltern begegnen wollte, auf die Gesellschaften gehen, die sie im Winter gaben. Da ihn diese Veranstaltungen von Jahr zu Jahr mehr abstießen, bis er sie endlich nicht mehr besuchte, traf er seine Eltern nur noch aus Versehen.

Das meiste, was er über den Vater wußte, hatte er einmal von einer jungen Schauspielerin erfahren. Das war auf einem Maskenball gewesen, und sie hatte ihm sehr eingehend den Mann geschildert, der sie damals finanzierte. Leichtfertige

Frauen versuchen ja gelegentlich, Liebhaber zu erwerben, indem sie die intimen Sitten und Gebräuche der ehemaligen Besitzer ausplaudern. Im Laufe des Gesprächs hatte es sich herausgestellt, daß von Justizrat Labude die Rede gewesen war, und Stephan hatte das Fest fluchtartig verlassen.

Fabian kam nicht gern in die Grunewaldvilla. Er empfand den Aufwand, den solche Häuser mit sich treiben lassen, als albern. Er konnte sich überhaupt nicht vorstellen, daß man mitten in derartigem Luxus das Gefühl, man sei nur auf Besuch, jemals loswerden könne. Und er fand es, von allen anderen Gründen abgesehen, schon deshalb vollkommen in Ordnung, daß sich Labudes Eltern in dem Wohnmuseum entfremdet hatten.

»Schrecklich«, sagte er zu dem Freund, der am Schreibtisch saß, »jedesmal, wenn ich hierher komme, erwarte ich, daß mir euer Diener Filzpantoffeln überzieht und mit einer Schloßführung beginnt. Falls du mir mitteilen solltest, daß der Große Kurfürst auf diesem Stuhl hier in die Schlacht von Fehrbellin geritten ist, könnte ich mich bereiterklären, es zu glauben. Im übrigen danke ich dir für das Geld.«

Labude winkte ab. »Du weißt, daß ich mehr davon habe, als notwendig ist. Lassen wir das. Ich bat dich hierher, weil ich dir erzählen will, was mir in Hamburg passiert ist.«

Fabian stand auf und setzte sich aufs Sofa. Jetzt befand er sich hinter Labudes Rücken, und der Freund brauchte ihn während des Sprechens nicht anzusehen. Sie blickten beide zum Fenster hinaus, auf grüne Bäume und auf rote Villendächer. Das Fenster war offen, und manchmal kam ein Vogel, spazierte auf dem Fensterbrett hin und her, musterte mit schiefgehaltenem Kopf das Zimmer und flog wieder in den Garten zurück. Außerdem hörte man, wie jemand mit einem Rechen die Kieswege harkte.

Labude sah starr in die Zweige des nächsten Baumes. »Rassow schrieb mir, er spräche im Hamburger Auditorium Maximum, vor Studenten aller Richtungen, über das Thema

›Tradition und Sozialismus‹. Und er schlug mir vor, als Korreferent oder im Rahmen der Diskussion von meinen politischen Plänen zu erzählen. Ich fuhr hinüber. Der Vortrag begann. Rassow berichtete den Studenten von seiner Rußlandreise und von seinen Erfahrungen und Gesprächen mit russischen Künstlern und Wissenschaftlern. Er wurde von den Vertretern der sozialistischen Studentenschaft wiederholt unterbrochen. Anschließend sprach ein Kommunist und wurde seinerseits von den Bürgerlichen gestört. Dann kam ich an die Reihe. Ich skizzierte die kapitalistische Situation Europas und stellte die Forderung auf, daß die bürgerliche Jugend sich radikalisieren und daß sie den kontinentalen Ruin, der von allen Seiten, passiv oder aktiv, vorbereitet wird, aufhalten müsse. Diese Jugend, sagte ich, sei im Begriff, in absehbarer Zeit die Führerschaft in Politik, Industrie, Grundbesitz und Handel zu übernehmen, die Väter hätten abgewirtschaftet, und es sei unsere Aufgabe, den Kontinent zu reformieren: durch internationale Abkommen, durch freiwillige Kürzung des privaten Profits, durch Zurückschraubung des Kapitalismus und der Technik auf ihre vernünftigen Maße, durch Steigerung der sozialen Leistungen, durch kulturelle Vertiefung der Erziehung und des Unterrichts. Ich sagte, diese neue Front, diese Querverbindung der Klassen, sei möglich, da die Jugend, wenigstens ihre Elite, den hemmungslosen Egoismus verabscheue und außerdem klug genug sei, eine Zurückführung in organische Zustände einem unvermeidlichen Zusammenbruch des Systems vorzuziehen. Wenn es schon ohne Klassenherrschaft nicht abgehe, sagte ich, dann solle man sich für das Regime unserer Altersklasse entscheiden. Bei den Vertretern der extremen Gruppen erntete mein Vortrag die übliche Heiterkeit. Aber als Rassow den Antrag zur Bildung der radikalbürgerlichen Initiativgruppe einbrachte, fand das doch Beifall. Die Gruppe kam zustande. Wir entwarfen einen Aufruf, der an alle europäischen Universitäten verschickt werden wird. Rassow, ich und ein paar andere wollen die deutschen Hochschulen besuchen, Vorträge halten und analoge Gruppen bilden. Wir hoffen, mit den sozialistischen Studenten eine Art Kartellverbindung einzugehen. Wenn wir an allen Universitäten Gruppen gebildet haben, werden von diesen auch andere intellektuelle Körperschaften bearbeitet. Die Sache kommt in Gang. Ich habe dir gestern nichts davon erzählt, weil ich ja deine Skepsis zur Genüge kenne.«

»Ich freue mich«, sagte Fabian, »ich freue mich sehr, daß du nun an die Verwirklichung deines Planes herangehen kannst. Hast du dich schon mit der Gruppe der Unabhängigen Demokraten in Verbindung gesetzt? In Kopenhagen ist ein ›Club Europa‹ gebildet worden, notiere es dir. Und ärgere dich nicht zu sehr über meine Zweifel an der Gutartigkeit der Jugend. Und sei mir nicht böse, wenn ich nicht glaube, daß sich Vernunft und Macht jemals heiraten werden. Es handelt sich leider um eine Antinomie. Ich bin der Überzeugung, daß es für die Menschheit, so wie sie ist, nur zwei Möglichkeiten gibt. Entweder ist man mit seinem Los unzufrieden, und dann schlägt man einander tot, um die Lage zu verbessern, oder man ist, und das ist eine rein theoretische Situation, im Gegenteil mit sich und der Welt einverstanden, dann bringt man sich aus Langeweile um. Der Effekt ist derselbe. Was nützt das göttlichste System, solange der Mensch ein Schwein ist? Aber was meinte Leda dazu?«

»Sie enthielt sich jeder Meinung. Denn sie war gar nicht dabei.«

»Warum denn nicht?«

»Sie wußte nicht, daß ich in Hamburg war.«

Fabian erhob sich erstaunt, setzte sich aber schweigend wieder hin.

Labude breitete die Arme aus und hielt sich an den Ecken der Schreibtischplatte fest. »Ich wollte Leda überraschen. Ich wollte sie heimlich beobachten. Denn ich war mißtrauisch geworden. Wenn man in jedem Monat nur zwei Tage und eine Nacht beisammen ist, dann wird die Beziehung unterminiert, und wenn so ein Zustand, wie bei uns, jahrelang dauert, geht die Beziehung in die Brüche. Das hat mit der Qualität der Partner nicht sehr viel zu tun, der Vorgang ist zwangsläufig. Ich machte dir vor Monaten einmal Andeutungen, daß Leda sich verändert habe. Sie fing an, sich zu verstellen. Sie markierte. Die Begrüßung auf dem Bahnhof, die Zärtlichkeit des Gesprächs, die Leidenschaft im Bett, alles war nur noch Theater.«

Labude hob den Kopf kerzengerade. Er sprach sehr leise. »Natürlich entfremdet man sich. Man weiß nicht mehr, welche Sorgen der andere hat. Man kennt die Bekannten nicht, die er findet. Man sieht nicht, daß er sich verwandelt, und weswegen er's tut. Briefe sind zwecklos. Und dann reist man hin, gibt sich einen Kuß, geht ins Theater, fragt nach Neuigkeiten, verbringt eine Nacht miteinander und trennt sich wieder. Vier Wochen später vollzieht sich derselbe Unfug. Seelische Nähe, anschließend Geschlechtsverkehr nach dem Kalender, mit der Uhr in der Hand. Es ist unmöglich, sie in Hamburg, ich in Berlin, die Liebe krepiert an der Geographie.«

Fabian nahm eine Zigarette und strich das Zündholz so behutsam an, als fürchte er, der Reibfläche weh zu tun.

»Ich habe in den letzten Monaten vor jeder dieser Zusammenkünfte Angst gehabt. Ich hätte Leda, wenn sie mit geschlossenen Augen dalag, sich zitternd unter mir bewegte und mich mit den Armen umklammerte, das Gesicht wie eine Maske abreißen mögen. Sie log. Aber wen wollte sie belügen? Nur mich, oder sich selber auch? Da sie, obwohl ich sie brieflich wiederholt dazu aufforderte, Erklärungen vermied, mußte ich tun, was ich tat. Ich verabschiedete mich in der Nacht, in der wir die Initiativgruppe gegründet hatten, von Rassow und den anderen sehr bald und begab mich zu dem Haus, in dem Leda wohnt. Die Fenster waren dunkel.

Vielleicht schlief sie schon. Aber mir war nicht nach Logik zumute. Ich wartete.«

Labudes Stimme schwankte. Er griff auf den Schreibtisch, nahm mehrere Bleistifte und rollte sie nervös zwischen den Händen. Das hölzerne, klappernde Geräusch begleitete den Fortgang des Berichts. »Die Straße ist breit und nur an einer Stelle bebaut. Die andere Seite grenzt an Blumenbeete, Wiesen, Wege und Gebüsch, und dahinter liegt die Außenalster. Dem Haus gegenüber steht eine Bank. Dorthin setzte ich mich, rauchte zahllose Zigaretten und wartete. So oft jemand die Straße entlang kam, dachte ich, das müsse Leda sein. So saß ich von zwölf Uhr nachts bis drei Uhr morgens, ersann heftige Gespräche und böse Bilder. Und die Zeit verging. Kurz nach drei bog ein Taxi in die Straße und hielt vor dem Haus. Ein großer schlanker Mann stieg aus und bezahlte den Chauffeur. Dann sprang eine Frau aus dem Wagen, eilte zur Tür, schloß auf, trat ins Haus, hielt die Tür, bis der Mann gefolgt war, und schloß von innen wieder zu. Das Auto fuhr in die Stadt zurück.«

Labude war aufgestanden. Er warf die Bleistifte auf den Schreibtisch, ging rasch im Zimmer auf und ab und machte in der äußersten Ecke, dicht vor der Wand, halt. Er blickte auf das Tapetenmuster und zeichnete es mit dem Finger nach. »Es war Leda. In ihren Fenstern wurde Licht. Ich sah, wie sich zwei Schatten hinter den Gardinen bewegten. Das Wohnzimmer wurde wieder dunkel. Jetzt erhellte sich das Schlafzimmer. Die Balkontür stand halb offen. Manchmal hörte ich Leda lachen. Du entsinnst dich, sie lacht so merkwürdig hoch. Manchmal war es ganz still, droben im Haus und unten auf meiner Straße, und ich hörte bloß, wie mein Herz schlug.«

In diesem Augenblick wurde die Tür aufgerissen. Justizrat Labude trat ein, ohne Hut und Mantel. »Tag, Stephan!« sagte er, kam näher und gab seinem Sohn die Hand. »Lange nicht gesehen, was? War paar Tage unterwegs. Mußte mal

ausspannen. Die Nerven, die Nerven. Komme eben zurück.
Wie geht's? Siehst schlecht aus. Sorgen? Was über die Habilitationsschrift gehört? Nein? Langweilige Bande. Hat Mutter geschrieben? Mag noch ein paar Wochen bleiben. Heißt
mit Recht Paradiso, das Nest. Hat's die Frau gut. Tag, Herr
Fabian. Seriöse Gespräche, wie? Gibt es ein Fortleben nach
dem Tode? Im Vertrauen gesagt, es gibt keins. Muß alles vor
dem Tode erledigt werden. Alle Hände voll zu tun. Tag und
Nacht.«

»Fritz, nun komm aber endlich!« rief im Treppenhaus
eine Frauenstimme.

Der Justizrat zuckte die Achseln. »Da habt ihr's. Kleine
Sängerin, großes Talent, keine Beschäftigung. Kann sämtliche Opern auswendig. Bißchen laut auf die Dauer. Na,
Wiedersehen. Amüsiert euch lieber, statt die Menschheit zu
erlösen. Wie gesagt, das Leben muß noch vor dem Tode
erledigt werden. Zu näheren Auskünften gern bereit. Nicht
so ernst, mein Junge.« Er gab beiden die Hand, ging und
warf die Tür ins Schloß. Labude hielt sich nachträglich die
Ohren zu, trat an den Schreibtisch, dachte eine Weile nach
und fuhr dann in seiner Erzählung fort:

»Gegen fünf Uhr früh begann es zu regnen. Nach sechs
hörte es auf. Der Himmel wurde hell, und der Tag fing an. In
dem Schlafzimmer brannte noch immer Licht. Das sah im
Morgengrauen seltsam aus. Um sieben verließ der Mensch
das Haus. Er pfiff, als er aus der Tür trat, und blickte nach
oben. Leda stand in ihrem japanischen Schlafrock auf dem
Balkon und winkte. Er winkte wieder. Sie breitete den
Schlafrock für einen Moment noch einmal auseinander,
damit er ihren Körper noch einmal sehe. Er warf ein Kuß-
händchen, es war zum Speien. Er ging pfeifend die Straße
hinunter. Ich senkte den Kopf. Oben wurde die Balkontür
geschlossen.«

Fabian wußte nicht, wie er sich verhalten sollte. Er blieb
sitzen. Plötzlich hob Labude den Arm und schlug mit der

Faust auf den Schreibtisch. »Diese Kanaille!« schrie er. Fabian sprang vom Sofa auf, aber der andere winkte ab und sagte ganz ruhig:

»Schon gut. Höre weiter. Mittags telefonierte ich. Sie war erfreut, daß ich wieder einmal bei ihr sei. Warum ich nicht geschrieben habe. Ob ich um fünf kommen wolle. Die wissenschaftlichen Arbeiter hörten seit ein paar Wochen früher auf. Ich lief durchs Hafenviertel, bis es so weit war. Dann fuhr ich hin. Sie hatte Tee und Kuchen zurechtgestellt und begrüßte mich zärtlich. Ich trank eine Tasse Tee und sprach über gleichgültige Dinge. Dann begann sie, sich automatisch zu entkleiden, nahm den Kimono um und legte sich auf die Couch. Da fragte ich, wie sie darüber dächte, wenn wir unsere Beziehung lösten. Sie fragte, was mit mir los sei. Es gelte doch für ausgemacht, daß wir heirateten, sobald ich mich habilitiert habe. Ob ich sie nicht mehr liebe. Ich erklärte, daß es sich darum jetzt nicht handle. Die zunehmende Entfremdung, an der sie die Schuld trage, lasse das Auseinandergehen ratsam erscheinen.

Sie räkelte sich, gab dem Schlafrock Gelegenheit, zur Seite zu gleiten, und meinte mit kindlicher Stimme, ich sei so kalt. Und die Entfremdung scheine, wie die unzweideutige Situation eindeutig beweise, eher an mir als an ihr zu liegen. Sie gab zu, daß es schwer sei, die Strecke zwischen Hamburg und Berlin seelisch zu überbrücken. Und auch in sexueller Beziehung gebe es Konflikte. Wenn sie mich haben wolle, sei ich nicht da, und wenn ich da sei, müsse die Liebe wie ein Mittagbrot erledigt werden, ob man Hunger hat oder nicht. Aber wenn wir erst verheiratet wären, würde das anders. Ich solle übrigens nicht böse sein. Sie habe vor mehreren Wochen einen ärztlichen Eingriff vornehmen lassen. Sie wolle unsere Kinder als meine Frau zur Welt bringen, nicht vorher. Mitgeteilt habe sie mir diesen kleinen Unfall nicht, um mich nicht zu ängstigen. Sie sei aber wieder auf dem Posten, und ich solle mich nun endlich neben sie setzen. Sie habe Sehnsucht.

›Von wem war das wieder rückgängig gemachte Kind?‹ fragte ich. Sie setzte sich auf und zog ein gekränktes Gesicht.

›Und wer war der Mann, der heute nacht bei dir schlief?‹ fragte ich weiter.

›Du siehst Gespenster‹, sagte sie. ›Du bist eifersüchtig, es ist geradezu albern.‹

Da gab ich ihr eine Ohrfeige und ging fort. Sie lief hinter mir her, die Treppe hinunter, bis vor die Tür. Dort stand sie, nackt, im wehenden Schlafrock, nachmittags gegen sechs, und rief, ich solle bleiben. Aber ich rannte davon und fuhr zur Bahn.«

Fabian trat hinter Labude und legte die Hände auf die Schultern des Freundes. »Warum hast du mir das nicht schon gestern erzählt?«

»Na, ich komme schon darüber weg«, sagte Labude. »Mich so zu belügen.«

»Aber was hätte sie tun sollen? Die Wahrheit sagen?«

»Ich kann nicht mehr darüber nachdenken. Mir ist, als sei ich schwer krank gewesen.«

»Du bist noch krank«, meinte Fabian. »Du hast sie noch lieb.«

»Das ist wahr«, sagte Labude. »Aber ich bin schon mit ganz anderen Kerlen fertig geworden als mit mir.«

»Wenn sie dir nun schreibt?«

»Der Fall ist erledigt. Ich habe fünf Jahre damit zugebracht, unter einer falschen Voraussetzung zu leben, das reicht. Das Schlimmste habe ich dir noch nicht gesagt. Sie liebt mich nicht, und sie hat mich noch nie lieb gehabt! Erst jetzt, nach dem Schlußstrich, geht plötzlich die Rechnung auf. Erst als sie neben mir lag und mich kaltblütig belog, verstand ich die vergangenen Jahre. In fünf Minuten verstand ich alles. Zu den Akten!« Labude schob den Freund zur Tür. »Jetzt gehen wir. Ruth Reiter hat uns eingeladen. Komm, ich habe Verschiedenes nachzuholen.«

»Wer ist Ruth Reiter?«

»Ich lernte sie heute kennen. Sie hat ein Atelier und bild-
hauert, wenn man ihr glauben darf.«

»Modellstehen wollte ich schon immer mal«, sagte Fabian
und zog den Mantel an.

NEUNTES KAPITEL

Sonderbare junge Mädchen
Ein Todeskandidat wird lebendig
Das Lokal heißt »Cousine«

»Endlich ein paar Männer!« rief die Reiter. »Macht's euch bequem. Die Kulp hat gerade gestöhnt, so ginge das nicht weiter. Sie hat zwei Tage keinen Mann gehabt, und der letzte war auch bloß ein Verkehrsunfall. Sie ist Modezeichnerin, und der Kerl hätte ihr, ohne die kleine Gegenleistung, keinen Auftrag gegeben. Ein beinahe impotenter Lebegreis war's, sagte sie.«

»Das sind die Schlimmsten«, meinte Labude. »Sie probieren ununterbrochen, um nachzusehen, ob sich der Schaden inzwischen behoben hat.« Er blickte sich nach dem Mädchen um, das Kulp hieß. Sie hockte, mit hochgezogenen Beinen, auf einer Chaiselongue und winkte ihm.

Labude setzte sich neben die Kulp. Fabian wartete unschlüssig. Das Atelier war groß. In der Mitte des Raumes, unter der Lampe, vor einer Reihe von Skulpturen, stand ein holzgezimmerter Tisch, und auf dem Tisch saß eine nackte, dunkelhaarige Frau. Die Reiter kauerte sich auf einen Schemel, nahm den Skizzenblock und zeichnete. »Abendakt«, erläuterte sie, ohne sich umzusehen. »Heißt Selow. Neue Position, mein Schatz! Stehend, Beine breit, Oberkörper rechtwinklig drehen. So, Hände im Nacken verschränken. Halt!« Die nackte Frau, die Selow hieß, hatte sich aufgerichtet und stand nun breitbeinig auf dem Tisch. Sie war vorzüglich gebaut und blickte gleichgültig, aus schwermütigen Augen, vor sich hin. »Baron, was zu trinken, mich friert«, sagte sie plötzlich.

»Wahrhaftig, Fräulein Selow hat überall Gänsehaut«,

pflichtete Fabian bei. Er war näher getreten und stand vor dem Modell wie ein Kunstkenner vor einer weiblichen Bronze.

»Berühren verboten!« Die Stimme der Bildhauerin klang äußerst unfreundlich.

Fräulein Kulp, die sich in Labudes Armen wie in warmem Badewasser dehnte, rief Fabian zu: »Hand von der Butter. Der Baron ist eifersüchtig. Sie hat mit dem Abendakt ein gutgehendes Verhältnis.«

»Halt den Rand!« knurrte die Reiter. »Labude, wenn Sie mit der Kulp etwas Unaufschiebbares vorhaben sollten, genieren Sie sich nicht. Ich habe nur diesen Raum, aber der ist an Kummer gewöhnt.«

Labude äußerte, er habe moralische Bedenken.

»Was es so alles gibt«, meinte die Kulp traurig.

Die Reiter blickte vorübergehend von ihrem Block hoch und sah Fabian an.

»Falls Sie sich an der Kulp beteiligen wollen, halten Sie sich ran! Ihr braucht weiter nichts dazu als einen Groschen. Labude wählt Wappen. Sie nehmen Zahl. Die Kulp wirft den Groschen hoch, das regt ihr Sonnengeflecht an. Und wer oben liegt, hat den Vortritt.«

»Welche tiefe Wahrheit!« rief die Kulp. »Aber einen Groschen? Du verdirbst mir die Preise!«

Fabian sagte höflich, er sei kein Freund von Glücksspielen.

Die nackte Frau stampfte mit dem Fuß auf. »Was zu trinken!«

»Battenberg, neben deinem Lehnstuhl steht ein Tischchen, und auf dem Tischchen steht Gin. Gib doch mal was rüber.«

»Gern«, sagte eine Stimme. Hinter den Statuen klirrte es. Dann trat ein fremdes Mädchen in den Lichtkreis der Lampe und reichte dem Abendakt ein gefülltes Glas.

Fabian war überrascht. »Wie viele weibliche Wesen sind eigentlich hier?« fragte er.

»Ich bin das einzige«, erklärte Fräulein Battenberg und lachte.

Fabian sah ihr ins Gesicht und fand, sie passe nicht in das Milieu. Sie spazierte wieder hinter die Plastiken. Er folgte ihr. Sie setzte sich in den Lehnstuhl. Er stellte sich neben eine Diana aus Gips, legte den Arm um die Hüfte der trainierten Göttin und schaute durch das Atelierfenster auf die Bogen und Veduten der Jugendstilgiebel. Man hörte den Baron kommandieren. »Letzte Position, mein Schatz, Rumpfbeuge vorwärts, Knie einknicken. Gesäß heraus, Hände auf die Knie, gut, halt!« Und aus der vorderen Hälfte des Ateliers klangen kleine, zugespitzte Schreie. Fräulein Kulp litt vorübergehend an Atemnot. »Wie kommen Sie eigentlich in diesen Saustall?« fragte Fabian.

»Ruth Reiter und ich sind aus derselben Stadt. Wir gingen in die gleiche Schule. Neulich trafen wir uns zufällig auf der Straße. Und weil ich noch nicht lange in Berlin bin, lud sie mich zu Informationszwecken ein. Ich bin das letzte Mal hier oben. Die Information hat genügt.«

»Das freut mich«, sagte er. »Ich bin kein ausgesprochener Tugendbewahrer, und trotzdem betrübt es mich, wenn ich sehen muß, daß eine Frau unter ihrem Niveau lebt.«

Sie sah ihn ernst an. »Ich bin kein Engel, mein Herr. Unsere Zeit ist mit den Engeln böse. Was sollen wir anfangen? Wenn wir einen Mann liebhaben, liefern wir uns ihm aus. Wir trennen uns von allem, was vorher war, und kommen zu ihm. ›Da bin ich‹, sagen wir freundlich lächelnd. ›Ja‹, sagt er, ›da bist du‹, und kratzt sich hinterm Ohr. Allmächtiger, denkt er, nun hab ich sie auf dem Hals. Leichten Herzens schenken wir ihm, was wir haben. Und er flucht. Die Geschenke sind ihm lästig. Erst flucht er leise, später flucht er laut. Und wir sind allein wie nie zuvor. Ich bin fünfundzwanzig Jahre alt, und von zwei Männern wurde ich stehengelassen. Stehengelassen wie ein Schirm, den man absichtlich irgendwo vergißt. Stört Sie meine Offenheit?«

»Es geht vielen Frauen so. Wir jungen Männer haben Sorgen. Und die Zeit, die übrigbleibt, reicht fürs Vergnügen, nicht für die Liebe. Die Familie liegt im Sterben. Zwei Möglichkeiten gibt es doch nur für uns, Verantwortung zu zeigen. Entweder der Mann verantwortet die Zukunft einer Frau, und wenn er in der nächsten Woche die Stellung verliert, wird er einsehen, daß er verantwortungslos handelte. Oder er wagt es, aus Verantwortungsgefühl, nicht, einem zweiten Menschen die Zukunft zu versauen, und wenn die Frau darüber ins Unglück gerät, wird er sehen, daß auch diese Entscheidung verantwortungslos war. Das ist eine Antinomie, die es früher nicht gab.«

Fabian setzte sich aufs Fensterbrett. Gegenüber war ein Fenster erleuchtet. Er blickte in ein mäßig möbliertes Zimmer. Eine Frau saß am Tisch und stützte den Kopf in die Hand. Und ein Mann stand davor, gestikulierte mit den Armen, bewegte schimpfend den Mund, riß den Hut von einem Haken und verließ den Raum. Die Frau nahm die Hände vom Gesicht und starrte auf die Tür. Dann legte sie den Kopf auf den Tisch, ganz langsam und ganz ruhig, als warte sie auf ein niederfallendes Beil. Fabian wandte sich ab und betrachtete das Mädchen, das neben ihm im Lehnstuhl saß. Auch sie hatte die Szene drüben im anderen Haus beobachtet und sah ihn traurig an.

»Schon wieder ein verhinderter Engel«, meinte er.

»Der zweite Mann, den ich liebte und damit belästigte«, sagte sie leise, »ging eines schönen Abends aus der Wohnung, um einen Brief in den Kasten zu werfen. Er ging die Treppe hinunter und kam nicht wieder.« Sie schüttelte den Kopf, als verstehe sie das Erlebnis noch immer nicht. »Ich wartete drei Monate darauf, daß er vom Briefkasten zurückkehre. Komisch, nein? Dann schickte er eine Ansichtskarte aus Santiago, mit vielen herzlichen Grüßen. Meine Mutter sagte: ›Du bist eine Dirne!‹, und als ich zu bedenken gab, daß sie ihren ersten Mann mit achtzehn Jahren und das erste

Kind mit neunzehn Jahren gehabt habe, rief sie entrüstet: ›Das war etwas ganz anderes!‹ Freilich, das war etwas ganz anderes.«

»Warum sind Sie nach Berlin gekommen?«

»Früher verschenkte man sich und wurde wie ein Geschenk bewahrt. Heute wird man bezahlt und eines Tages, wie jede bezahlte und benutzte Ware, weggetan. Bezahlung ist billiger, denkt der Mann.«

»Früher war das Geschenk etwas ganz anderes als die Ware. Heute ist das Geschenk eine Ware, die null Mark kostet. Diese Billigkeit macht den Käufer mißtrauisch. Sicher ein faules Geschäft, denkt er. Und meist hat er recht. Denn später präsentiert ihm die Frau die Rechnung. Plötzlich soll er den moralischen Preis des Geschenks rückvergüten. In seelischer Valuta. Als Lebensrente zu zahlen.«

»Genau so ist es«, sagte sie. »Genau so denken die Männer. Aber warum nennen Sie dann dieses Atelier einen Saustall? Hier sind doch die Frauen so ähnlich, wie ihr sie haben wollt! Oder etwa nicht? Ich weiß, was euch zu eurem Glück noch fehlt. Wir sollen zwar kommen und gehen, wann ihr es wollt. Aber wir sollen weinen, wenn ihr uns fortschickt. Und wir sollen selig sein, wenn ihr uns winkt. Ihr wollt den Warencharakter der Liebe, aber die Ware soll verliebt sein. Ihr zu allem berechtigt und zu nichts verpflichtet, wir zu allem verpflichtet und zu nichts berechtigt, so sieht euer Paradies aus. Doch das geht zu weit. Oh, das geht zu weit!« Fräulein Battenberg putzte sich die Nase. Dann fuhr sie fort: »Wenn wir euch nicht behalten dürfen, wollen wir euch auch nicht lieben. Wenn ihr uns kaufen wollt, dann sollt ihr teuer dafür bezahlen.« Sie schwieg. Ihr liefen kleine Tränen übers Gesicht. »Sie sind deswegen nach Berlin gekommen?« fragte Fabian. Sie weinte geräuschlos.

Er trat neben sie und streichelte ihre Schulter. »Sie verstehen auch nichts von Geschäften«, sagte er und blickte zwischen zwei Gipsfiguren in den anderen Teil des Ateliers.

Der Abendakt saß auf dem Tisch und trank Gin. Die Bildhauerin beugte sich über die nackte Frau und küßte sie auf den wenig gewölbten Bauch und auf die Brust. Die Selow trank inzwischen das Glas leer und strich der Freundin gleichgültig über den Rücken. Diese küßte, jene trank, keine schien recht zu wissen, was die andere tat. Und im Hintergrund, auf der Chaiselongue, lagen die Kulp und Labude, zu einem flüsternden Knäuel verwickelt.

Jetzt klingelte es draußen. Die Reiter richtete sich auf und ging mit schweren Schritten hinaus. Die Selow zog die Strümpfe an. Ein riesiger Mann kam durch die Tür. Er atmete keuchend, hatte ein Holzbein und ging an einem Stock.

»Ist die Kulp da?« fragte er. Die Reiter nickte. Er zog ein paar Geldscheine aus der Tasche, gab sie der Bildhauerin und sagte: »Ihr andern solltet eine Stunde fortgehen. Die Selow kannst du mir eventuell noch dalassen.« Er sank auf einen Stuhl und lachte schwerfällig. »Nein, nein, Baron, es war nur Spaß.«

Die Kulp kroch von der Chaiselongue, strich sich das Kleid glatt und gab dem Mann die Hand. »Tag, Wilhelmy, noch immer nicht tot?«

Wilhelmy wischte sich den Schweiß von der Stirn und schüttelte den Kopf.

»Lange kann's aber nicht mehr dauern. Sonst ist das Geld früher zu Ende als ich.« Er gab auch ihr ein paar Geldscheine. »Selow!« rief er, »sauf den Gin nicht aus! Und zieh dich schneller an.«

»Geht in die ›Cousine‹. Ich komme nach«, sagte die Kulp. Dann rüttelte sie Labude munter. »Mein Lieber, du wirst rausgeschmissen. Hier ist einer, dem die Ärzte erzählt haben, daß er noch in diesem Monat stirbt. Er lauert auf den Tod wie unsereins auf die Periode. Ich helf ihm bloß ein Viertelstündchen warten. Später treff ich euch wieder.«

Labude stand auf. Die Reiter holte ihren Mantel, Fabian

kam mit Fräulein Battenberg hinter den Plastiken vor. Die
Selow war mit Anziehen fertig. Sie gingen. Der Todeskandidat und die Kulp blieben zurück.

»Hoffentlich prügelt er sie nicht so sehr wie letztes Mal«,
sagte die Bildhauerin auf der Treppe. »Es bringt ihn auf, daß
andere länger leben dürfen als er.«

»Die hat nichts dagegen, die liebt die Keile«, meinte die
Selow. »Und außerdem, von ihrer Zeichnerei kann sie nicht
leben und nicht sterben.«

»Feine Berufe haben wir!« Die Reiter lachte wütend.

Die »Cousine« war ein Klublokal, in dem vorwiegend
Frauen verkehrten. Sie tanzten miteinander. Sie saßen Arm
in Arm auf kleinen grünen Sofas. Sie sahen einander tief in
die Augen. Sie tranken Schnaps, und manche trugen Smokingjacken und hochgeschlossene Blusen, um den Männern
recht ähnlich zu sein. Die Inhaberin hieß wie ihr Lokal,
rauchte schwarze Zigarren und vermittelte Bekanntschaf-
ten. Sie ging von Tisch zu Tisch, begrüßte die Gäste, erzählte
handfeste Witze und soff wie ein Budiker.

Labude schien sich vor Fabian und vor sich selber zu
schämen. Er tanzte mit dem Abendakt, setzte sich dann mit
der Frau an die Theke und drehte dem Freund den Rücken.
Ruth Reiter war eifersüchtig, nahm sich aber zusammen. Sie
blickte ganz selten nach der Bar, sah blaß aus und begann zu
trinken. Später schob sie an einen anderen Tisch und unterhielt sich dort mit einer älteren Dame, die schrecklich geschminkt war und, wenn sie lachte, derartig gackerte, daß
man dachte: Gleich legt sie ein Ei.

»Ich kann unser Gespräch noch nicht vergessen«, sagte
Fabian zu Fräulein Battenberg. »Halten Sie wirklich alle
Frauen, die hier versammelt sind, für gebürtige Abnormi-
täten? Die Blondine da drüben war jahrelang die Freundin
eines Schauspielers, bis er sie ruckartig an die Luft setzte.
Dann ging sie ins Büro und schlief mit dem Prokuristen. Sie
kriegte ein Kind und verlor den Prozeß. Der Prokurist leug-

nete die Vaterschaft. Das Kind wurde aufs Land gegeben. Die Blondine bekam eine neue Stellung. Aber sie hat, vielleicht für immer, mindestens vorübergehend, von den Männern genug, und mancher, die außer ihr hier sitzt, erging es ähnlich. Die eine findet keinen Mann, die andere zu viele, die dritte hat panische Angst vor den Folgen. Hier sitzen viele Frauen, die mit den Männern nur böse sind. Die Selow, die mit meinem Freund zusammenhockt, gehört auch zu dieser Sorte. Sie ist nur lesbisch, weil sie mit dem anderen Geschlecht schmollt.«

»Wollen Sie mich nach Hause bringen?« fragte Fräulein Battenberg.

»Es gefällt Ihnen hier nicht?«

Sie schüttelte den Kopf.

Da ging die Tür auf, die Kulp taumelte ins Lokal. Vor dem Tisch, an dem die Bildhauerin saß, blieb sie stehen und öffnete den Mund. Sie schrie nicht, sie sprach nichts. Sie brach zusammen. Die Frauen drängten sich neugierig um die Ohnmächtige. Die Cousine brachte Whisky. »Der Wilhelmy hat sie wieder geschlagen«, sagte die Reiter.

»Ein Hoch auf die Männer!« schrie ein Mädchen und lachte hysterisch.

»Holt den Doktor aus dem Hinterzimmer!« rief die Cousine. Man rannte durcheinander. Der Klavierspieler, der ebenso witzig wie betrunken war, intonierte den Trauermarsch von Chopin.

»Das soll der Doktor sein?« fragte Fräulein Battenberg. Durch die Seitentür trat eine große, magere Dame im Abendkleid, das Gesicht glich einem weißgepuderten Totenkopf.

»Ja, das ist ein medizinisch vorgebildeter Mann«, sagte Fabian. »Er war sogar einmal Korpsstudent. Sehen Sie die Schmisse unterm Puder? Jetzt ist er Morphinist und hat polizeiliche Erlaubnis, Frauenkleidung zu tragen. Er lebt davon, daß er Morphiumrezepte verschreibt. Eines Tages werden sie ihn erwischen, dann vergiftet er sich.«

Man trug die Kulp ins Hinterzimmer. Der Doktor im Abendkleid folgte. Der Klavierspieler begann einen Tango. Die Bildhauerin holte den Abendakt zum Tanz, preßte die Freundin eng an sich und sprach heftig auf sie ein. Die Selow war völlig betrunken, hörte kaum zu und schloß die Augen. Plötzlich riß sie sich los, überquerte schwankend das Parkett, schlug den Klavierdeckel zu, daß das Instrument jammerte, und brüllte: »Nein!«

Es wurde totenstill. Die Bildhauerin stand allein auf der Tanzfläche und hatte die Hände ineinandergekrampft.

»Nein!« brüllte die Selow noch einmal. »Ich habe genug davon! Bis dahin! Ich will einen Mann haben! Einen Mann will ich haben! Steig mir doch den Buckel runter, du geile Ziege!« Sie zerrte Labude von seinem Hocker, gab ihm einen Kuß, hieb sich den Hut auf den Kopf und zog den jungen Mann, kaum daß er den Mantel mitnehmen konnte, zur Tür. »Es lebe der kleine Unterschied!« schrie sie. Dann waren die beiden verschwunden.

»Es ist wirklich besser, wenn wir gehen.« Fabian erhob sich, legte Geld auf den Tisch und half der Battenberg beim Anziehen. Als sie gingen, stand Ruth Reiter, auch der Baron genannt, noch immer auf dem Tanzparkett. Niemand wagte es, sich ihr zu nähern.

ZEHNTES KAPITEL

Topographie der Unmoral
Die Liebe höret nimmer auf!
Es lebe der kleine Unterschied

»Wieso ist dieser Mensch Ihr Freund?« fragte sie auf der Straße.

»Sie kennen ihn doch gar nicht!« Er ärgerte sich über ihre Frage und ärgerte sich über seine Antwort. Sie gingen schweigend nebeneinander. Nach einer Weile sagte er: »Labude hat Pech gehabt. Er ist nach Hamburg gefahren und hat zugesehen, wie ihn seine zukünftige Gattin betrügt. Er organisiert gern. Seine Zukunft war, nach der familiären Seite, bis auf die fünfte Stelle nach dem Komma ausgerechnet. Und nun stellt sich über Nacht heraus, es war alles falsch. Er will das rasch vergessen und versucht es zunächst auf horizontale Art.«

Sie blieben vor einem Geschäft stehen. Der Laden war trotz der nächtlichen Stunde hell erleuchtet, und die Kleider und Blusen und Lackgürtel lagen zwischen den dunklen Häusern wie auf einer kleinen, von der Sonne beschienenen Insel.

»Können Sie mir sagen, wie spät es ist?« fragte jemand neben ihnen. Fräulein Battenberg erschrak und faßte den Arm ihres Begleiters. »Zehn nach Zwölf«, sagte Fabian.

»Danke schön. Da muß ich mich beeilen.« Der junge Mann, der sie angesprochen hatte, bückte sich und nestelte umständlich an einem Schnürsenkel. Dann richtete er sich wieder auf und fragte verlegen lächelnd: »Haben Sie zufällig fünfzig Pfennige, die Sie entbehren könnten?«

»Zufällig, ja«, antwortete Fabian und gab ihm ein Zweimarkstück.

»Oh, das ist schön. Haben Sie vielen Dank, mein Herr. Da brauche ich nicht bei der Heilsarmee zu übernachten.« Der Fremde zuckte entschuldigend die Achseln, lüftete den Hut und lief hastig davon.

»Ein gebildeter Mensch«, meinte Fräulein Battenberg.

»Ja, er fragte nach der Zeit, ehe er uns anbettelte.«

Sie setzten ihren Weg fort. Fabian wußte nicht, wo das Mädchen wohnte. Er ließ sich führen, obwohl er die Gegend besser kannte als sie. »Das Schlimmste an der ganzen Geschichte ist das«, sagte er, »Labude hat, allerdings fünf Jahre zu spät, bemerkt, daß ihn Leda, eben jene Frau aus Hamburg, niemals lieb hatte. Sie hatte ihn nicht betrogen, weil er zu selten bei ihr war. Sie betrog ihn, weil sie ihn nicht liebte. Er stand ihr nur individuell nahe, er war nicht ihr Typus. Es gibt auch den umgekehrten Fall. Man kann jemanden mögen, weil er den richtigen Typus verkörpert, aber man kann seine Individualität nicht leiden.«

»Und daß jemand in jeder Beziehung der Richtige ist, kommt das nicht vor?«

»Man soll nicht gleich das Äußerste hoffen«, erwiderte Fabian. »Und was führt Sie, außer Ihrem kriegerischen Vorsatz, nach Sodom und Gomorra?«

»Ich bin Referendar«, erklärte sie. »Meine Dissertation betraf eine Frage zum internationalen Filmrecht, und eine große Berliner Filmgesellschaft will mich in ihrer Vertragsabteilung volontieren lassen. Hundertfünfzig Mark im Monat.«

»Werden Sie doch Filmschauspielerin!«

»Wenn es sein muß, auch das«, sagte sie entschlossen. Und beide lachten. Sie gingen durch die Geisbergstraße. Nur selten durchquerte ein Auto die Nachtruhe. In den Vorgärten dufteten Blumenbeete. In einer Haustür streichelte sich ein Liebespaar.

»Sogar der Mond scheint in dieser Stadt«, bemerkte die Kennerin des internationalen Filmrechts.

Fabian drückte ihren Arm ein wenig. »Ist es nicht fast wie zu Hause?« fragte er. »Aber Sie täuschen sich. Der Mondschein und der Blumenduft, die Stille und der kleinstädtische Kuß im Torbogen sind Illusionen. Dort drüben, an dem Platz, ist ein Café, in dem Chinesen mit Berliner Huren zusammensitzen, nur Chinesen. Da vorn ist ein Lokal, wo parfümierte homosexuelle Burschen mit eleganten Schauspielern und smarten Engländern tanzen und ihre Fertigkeiten und den Preis bekanntgeben, und zum Schluß bezahlt das Ganze eine blondgefärbte Greisin, die dafür mitkommen darf. Rechts an der Ecke ist ein Hotel, in dem nur Japaner wohnen, daneben liegt ein Restaurant, wo russische und ungarische Juden einander anpumpen oder sonstwie übers Ohr hauen. In einer der Nebenstraßen gibt es eine Pension, wo sich nachmittags minderjährige Gymnasiastinnen verkaufen, um ihr Taschengeld zu erhöhen. Vor einem halben Jahr gab es einen Skandal, der nur schlecht vertuscht wurde; ein älterer Herr fand in dem Zimmer, das er zu Vergnügungszwecken betrat, zwar, wie er erwartet hatte, ein sechzehnjähriges entkleidetes Mädchen vor, aber es war leider seine Tochter, und das hatte er nicht erwartet … Soweit diese riesige Stadt aus Stein besteht, ist sie fast noch wie einst. Hinsichtlich der Bewohner gleicht sie längst einem Irrenhaus. Im Osten residiert das Verbrechen, im Zentrum die Gaunerei, im Norden das Elend, im Westen die Unzucht, und in allen Himmelsrichtungen wohnt der Untergang.«

»Und was kommt nach dem Untergang?«

Fabian pflückte einen kleinen Zweig, der über ein Gitter hing, und gab zur Antwort: »Ich fürchte, die Dummheit.«

»In der Stadt, aus der ich bin, ist die Dummheit schon eingetroffen«, sagte das Mädchen. »Aber was soll man tun?«

»Wer ein Optimist ist, soll verzweifeln. Ich bin ein Melancholiker, mir kann nicht viel passieren. Zum Selbstmord neige ich nicht, denn ich verspüre nichts von jenem Tatendrang, der andere nötigt, so lange mit dem Kopf gegen die Wand zu rennen, bis der Kopf nachgibt. Ich sehe zu und warte. Ich warte auf den Sieg der Anständigkeit, dann könnte ich mich zur Verfügung stellen. Aber ich warte darauf wie ein Ungläubiger auf Wunder. Liebes Fräulein, ich kenne Sie noch nicht. Trotzdem oder vielleicht gerade deswegen, möchte ich Ihnen für den Umgang mit Menschen eine Arbeitshypothese anvertrauen, die sich bewährt hat. Es handelt sich um eine Theorie, die nicht richtig zu sein braucht. Aber sie führt in der Praxis zu verwendbaren Ergebnissen.«

»Und wie lautet Ihre Hypothese?«

»Man halte hier jeden Menschen, mit Ausnahme der Kinder und der Greise, bevor das Gegenteil nicht unwiderleglich bewiesen ist, für verrückt. Richten Sie sich danach, Sie werden bald erfahren, wie nützlich der Satz sein kann.«

»Soll ich bei Ihnen damit beginnen?« fragte sie.

»Ich bitte darum«, meinte er.

Sie schwiegen und überquerten den Nürnberger Platz. Ein Auto bremste dicht vor ihnen. Das Mädchen zitterte. Sie gingen in die Schaperstraße. In einem verwahrlosten Garten schrien Katzen. An den Rändern der Fußsteige standen Alleebäume, bedeckten den Weg mit Dunkelheit und verbargen den Himmel.

»Ich bin angelangt«, sagte sie und machte vor dem Hause Nummer 17 halt. In dem Hause, in dem auch Fabian wohnte! Er verbarg seine Verwunderung und fragte, ob er sie wiedersehen dürfe.

»Wollen Sie es wirklich?«

»Unter einer Bedingung: daß auch Sie es wünschen.«

Sie nickte und legte einen Augenblick lang den Kopf an seine Schulter. »Ich will es auch.« Er drückte ihre Hand. »Diese Stadt ist so groß«, flüsterte sie und schwieg unschlüssig. »Werden Sie mich falsch verstehen, wenn ich Sie bitte, für eine halbe Stunde zu mir hinaufzukommen? Das Zimmer ist mir noch so fremd. Kein Wort klingt nach und keine

Erinnerung, denn ich habe darin noch mit niemandem ge-
sprochen, und nichts ist da, woran es mich erinnern könnte.
Und vor den Fenstern schwanken des Nachts schwarze
Bäume.«

Fabian sagte lauter, als er wollte: »Ich komme gern mit.
Schließen Sie nur auf.« Sie steckte den Schlüssel ins Schloß
und drehte um. Doch ehe sie die Tür aufschob, wandte sie
sich noch einmal zu ihm. »Ich bin sehr in Sorge, daß Sie
mich mißverstehen.« Er drückte die Tür auf und schaltete
die Treppenbeleuchtung ein. Dann ärgerte er sich, daß er
sich dadurch verraten haben könnte. Aber sie wurde nicht
stutzig, schloß hinter ihm ab und ging voraus. Er folgte und
amüsierte sich über die Heimlichkeit, mit der er heute dieses
Haus betrat. In welcher Etage mochte sie wohnen? Sie blieb
tatsächlich vor der Tür seiner Wirtin, vor der Tür der Witwe
Hohlfeld, stehen und öffnete.

Im Flur brannte Licht. Zwei junge Mädchen in rosa
Hemdhöschen spielten mit einem grünen Luftballon Fuß-
ball. Sie erschraken und begannen vor Schreck zu kichern.
Fräulein Battenberg stand starr. Da ging die Toilettentür
auf, und Herr Tröger, der sinnliche Stadtreisende, erschien
im Pyjama.

»Halten Sie Ihren Harem besser unter Verschluß«,
brummte Fabian. Herr Tröger grinste, trieb die Mädchen in
seinen Serail und riegelte ab. Fabian legte die Hand versehentlich auf die Klinke zu seinem eigenen Zimmer.

»Um Gottes Willen«, flüsterte Fräulein Battenberg. »Da
wohnt jemand anderes.«

»Pardon«, sagte Fabian und folgte ihr durch den Korridor
in den letzten Raum. Er legte Hut und Mantel aufs Sofa, sie
hängte ihren Mantel in den Schrank. »Eine fürchterliche
Bude«, sagte sie lächelnd. »Und achtzig Mark im Monat.«

»Ich zahle genausoviel«, tröstete er.

Nebenan wurde gelärmt. Die Sprungfedern knirschten
unwillig.

»Die Nachbarschaft habe ich gratis«, meinte sie.

»Bohren Sie ein Loch in die Wand und verlangen Sie Eintritt.«

»Ach, ich bin froh«, sie rieb sich die Hände wie vor einem Kamin. »Wenn ich allein bin, wirkt dieser Salon noch viel häßlicher. Ich bin Ihnen sehr dankbar. Wollen Sie sich mal die schaurigen Bäume anschaun?«

Sie traten ans Fenster. »Heute sind sogar die Bäume freundlicher«, stellte sie fest. Dann sah sie ihn an und murmelte: »Das macht, weil ich sonst allein bin.« Er zog sie behutsam an sich und gab ihr einen Kuß. Sie küßte ihn wieder. »Nun wirst du denken, daß ich dich deshalb bat, mitzukommen.«

»Freilich denke ich das«, gab er zur Antwort. »Aber du wußtest es selber noch nicht.«

Sie rieb ihre Wange an der seinen und blickte durchs Fenster.

»Wie heißt du eigentlich?« fragte er.

»Cornelia.«

Als sie nebeneinander im Bett lagen, sagte er ehrlich bekümmert, während er ihr mit den Händen übers Gesicht strich und dabei die Augen schloß, um das Gepräge des Gesichts zu spüren: »Weißt du noch, daß wir heute abend einmal im Atelier saßen, hinter Göttinnen aus Gips, und daß du erzähltest, wie du die Männer für ihren Egoismus bestrafen willst?«

Sie drückte lauter kleine Küsse auf seine Hände. Dann holte sie tief Atem und antwortete: »An dem Vorsatz hat sich nichts geändert, wirklich nicht. Aber mit dir mach ich eine Ausnahme. Mir ist ganz so, als ob ich dich lieb habe.«

Er setzte sich hoch. Aber sie zog ihn wieder zu sich herab.

»Vorhin, als wir uns umarmten, habe ich geweint«, flüsterte sie. Und als sie sich dessen erinnerte, traten ihr von neuem Tränen in die Augen, aber sie lächelte unter diesen Tränen, und er war seit langem wieder einmal beinahe glücklich. »Ich habe geweint, weil ich dich lieb habe. Aber daß ich dich lieb habe, das ist meine Sache, hörst du? Und es geht dich nichts an. Du sollst kommen und gehen, wann du willst. Und wenn du kommst, will ich mich freuen, und wenn du gehst, will ich nicht traurig sein. Das versprech ich dir.« Sie drängte sich an ihn und preßte ihren Körper an den seinen, daß beiden der Atem verging. »So«, rief sie, »und jetzt hab ich Hunger!« Er zog ein so verdutztes Gesicht, daß sie lachte.

Sie erklärte ihm die Sache. »Das ist so: wenn ich wen lieb habe, ich meine, wenn mich jemand liebgehabt hat, aber du verstehst mich schon, ja?, dann hab ich hinterher immer fürchterlichen Hunger. Der Hunger hat nur einen Haken. Ich habe nichts zu essen da. Ich konnte ja nicht wissen, daß ich in dieser fürchterlichen Stadt so bald solchen Hunger bekäme.« Sie lag auf dem Rücken und lächelte die Zimmerdecke an, die Engelsköpfe aus Stuck inbegriffen.

Fabian stand auf und meinte: »Da müssen wir eben einbrechen.« Dann hob er sie aus dem Bett, öffnete die Tür und zog die widerstrebende Cornelia in den Korridor. Sie sträubte sich, aber er faßte sie unter, und sie spazierten, Adam und Eva zum Verwechseln ähnlich, den Flur entlang, bis vor Fabians Tür.

»Das ist ja entsetzlich«, jammerte sie und wollte entfliehen.

Aber er drückte die Klinke nieder und transportierte das Mädchen in sein Zimmer. Sie klapperte kläglich mit den Zähnen. Er machte Licht, verbeugte sich äußerst feierlich: »Herr Doktor Fabian erlaubt sich, Fräulein Doktor Battenberg in seinen Gemächern willkommen zu heißen.« Dann warf er sich auf sein Bett und biß vor Vergnügen ins Kopfkissen.

»Nein!« sagte sie hinter ihm, »das ist nicht möglich.« Aber dann glaubte sie es doch und begann Schuhplattler zu tanzen.

Er stand auf und sah ihr zu. »Du darfst dir nicht so laut hintendrauf klatschen«, erklärte er würdevoll.

»Das ist beim Schuhplattler nicht anders«, meinte sie und tanzte weiter, so echt und so laut es ging. Dann schritt sie gemessen zum Tisch, setzte sich auf einen Stuhl, tat dabei, als ob sie ihr Kleid glattstriche, obwohl sie, augenfällig genug, nichts Derartiges anhatte, und sagte: »Bitte, die Speisekarte.«

Er schleppte Teller, Messer, Gabel, Brot und Wurst und Kekse herbei und markierte, während sie aß, den aufmerksamen Oberkellner. Später stöberte sie auf seinem Bücherbrett herum, klemmte sich Lektüre unter den Arm, bot ihm den linken und befahl majestätisch: »Bringen Sie mich unverzüglich in mein Appartement zurück.«

Bevor sie das Licht auslöschten, verabredeten sie noch, daß sie ihn am nächsten Morgen wecken solle. Man entschied sich dafür, daß sie ihn, bis er munter sei, am Ohr zupfen werde. Abends wollten sie sich dann wieder in der Wohnung treffen. Wer zuerst da wäre, würde neben seine Türklinke ein Bleistiftkreuz kritzeln. Man nahm sich vor, die Witwe Hohlfeld nach Möglichkeit nichts merken zu lassen.

Dann löschte Cornelia das Licht aus. Sie bettete sich neben ihn und sagte: »Komm!« Er streichelte ihren Körper. Sie nahm seinen Kopf in ihre Hände, preßte den Mund auf sein Ohr und flüsterte: »Komm! Was rief die Selow? Es lebe der kleine Unterschied!«

ELFTES KAPITEL

Die Überraschung in der Fabrik
Der Kreuzberg und ein Sonderling
Das Leben ist eine schlechte Angewohnheit

Am andern Morgen war Fabian schon eine Viertelstunde vor Bürobeginn an der Arbeit. Er pfiff vor sich hin und überflog die Notizen zu dem Preisausschreiben, das die Direktion von ihm erwartete.

Die Fabrik sollte dem Einzelhandel hunderttausend sehr billige Sonderpackungen zugänglich machen. Die Schachteln sollten numeriert sein und Zigaretten sechs verschiedener Sorten ohne jeden Schriftaufdruck enthalten. Die Käuferschaft sollte erraten, wieviel Zigaretten der sechs bekannten Marken der Firma in der Packung enthalten wären. Wer eine billige Schachtel erwarb, mußte, wenn er die Aufgabe lösen und einen der Preise gewinnen wollte, notgedrungen je eine der sechs Spezialpackungen kaufen, die seit langem im Handel waren, also sechs Packungen außer der billigen Sonderschachtel. Wenn sich hunderttausend Interessenten fanden, konnten automatisch sechshunderttausend andere Packungen, insgesamt siebenhunderttausend Schachteln umgesetzt werden. Dazu kam die allgemeine Absatzsteigerung, die einem geschickt propagierten Kundenfang zu folgen pflegt. Fabian begann eine Kalkulation aufzustellen.

Da erschien Fischer, rief: »Nanu?« und blickte dem Kollegen neugierig über die Schulter.

»Der Entwurf fürs Preisausschreiben«, sagte Fabian. Fischer zog das graue Lüsterjackett an, das er im Büro trug, und fragte: »Darf ich Ihnen nachher mal meine Zweizeiler zeigen?«

»Gern. Heute habe ich Sinn für Lyrik.«

Da klopfte es. Der Hausbote Schneidereit, ein ältliches, wackliges Faktotum, auch »der Erfinder des Plattfußes« geheißen, schob sich ins Zimmer. Er legte mürrisch einen großen gelben Brief auf Fabians Schreibtisch und entfernte sich wieder. Der Brief enthielt Fabians Papiere, eine Anweisung an die Hauptkasse und ein kurzes Schreiben mit diesem Inhalt:

»Sehr geehrter Herr, die Firma sieht sich veranlaßt, Ihnen unter dem heutigen Tage die Kündigung auszusprechen. Das am Monatsende zahlbare Gehalt wird Ihnen schon heute an der Kasse ausgefolgt werden. Wir haben uns erlaubt, aus freien Stücken in der Anlage ein Zeugnis beizufügen, und wollen auch an dieser Stelle gern bekunden, daß Sie für die propagandistische Tätigkeit besonders qualifiziert erscheinen. Die Kündigung ist eine bedauerliche Folge der vom Aufsichtsrat beschlossenen Senkung des Reklamebudgets. Wir danken Ihnen für die dem Unternehmen geleistete Arbeit und wünschen Ihnen für Ihr weiteres Fortkommen das Beste.« Unterschrift. Aus.

Fabian saß minutenlang, ohne sich zu rühren. Dann stand er auf, zog sich an, steckte den Brief in den Mantel und sagte zu Fischer: »Auf Wiedersehen. Lassen Sie sich's gut gehen.«

»Wo wollen Sie denn hin?«

»Man hat mir eben gekündigt.«

Fischer sprang auf. Er war grün im Gesicht. »Was Sie nicht sagen! Mensch, da hab ich aber nochmal Glück gehabt!«

»Ihr Gehalt ist kleiner«, meinte Fabian. »Sie dürfen bleiben.«

Fischer trat auf den gekündigten Kollegen zu und drückte ihm mit feuchter Hand sein Bedauern aus. »Na, zum Glück läßt Sie die Sache kalt. Sie sind ein patenter Kerl, und zweitens haben Sie keine Frau auf dem Hals.«

Plötzlich stand Direktor Breitkopf im Zimmer, zögerte,

als er sah, daß Fischer nicht allein war, und wünschte schließlich einen Guten Morgen.

»Guten Morgen, Herr Direktor«, grüßte Fischer und verbeugte sich zweimal. Fabian tat, als sehe er Breitkopf nicht, wandte sich dem Kollegen zu und sagte: »Auf dem Schreibtisch liegt mein Preisausschreibenprojekt. Ich vermach es Ihnen.« Damit verließ Fabian seine Wirkungsstätte und holte sich an der Kasse zweihundertsiebzig Mark. Bevor er auf die Straße trat, blieb er minutenlang im Tor stehen. Lastautos ratterten vorbei. Ein Depeschenbote sprang vom Rad und eilte ins gegenüberliegende Gebäude. Das Nebenhaus war von einem Gerüst vergittert. Maurer standen auf den Laufbrettern und verputzten den grauen, bröckligen Bewurf. Eine Reihe bunter Möbelwagen bog schwerfällig in die Seitenstraße. Der Depeschenbote kam zurück, stieg hastig auf sein Rad und fuhr weiter. Fabian stand im Torbogen, griff in die Tasche, ob das Geld noch darin sei, und dachte: ›Was wird mit mir?‹ Dann ging er, da er nicht arbeiten durfte, spazieren.

Er lief kreuz und quer durch die Stadt, trank gegen Mittag, Hunger hatte er nicht, bei Aschinger eine Tasse Kaffee und setzte sich von neuem in Bewegung, obwohl er sich lieber traurig in den tiefen Wald verkrochen hätte. Aber wo war hier ein tiefer Wald? Er lief und lief und rannte sich den Kummer an den Stiefelsohlen ab. Auf der Belle-Alliance-Straße erkannte er das Haus wieder, in dem er zwei Semester lang als Student gelebt hatte. Es stand wie ein alter Bekannter da, den man lange nicht gesehen hat und der verlegen abwartet, ob man ihn grüßen wird oder nicht. Fabian ging die Treppen hinauf und sah nach, ob die alte Geheimratswitwe noch immer hier wohne. Aber es war ein fremdes Schild an der Tür. Er kehrte um. Die alte Dame war ganz weißhaarig und sehr schön gewesen. Er entsann sich des regelmäßigen dummen Greisinnengesichts. Im Inflationswinter hatte er kein Geld zum Heizen gehabt. Er hatte, im Mantel vergraben, dort oben gehockt und an einem Vortrag über Schillers moralästhetisches System gearbeitet. Sonntags war er gelegentlich von der alten Dame zum Mittagessen eingeladen und über die familiären Vorgänge in ihrem umfangreichen Bekanntenkreis aufgeklärt worden. Vorher, damals und heute, er war stets ein armes Luder gewesen, und er hatte große Aussichten, eines zu bleiben. Seine Armut war schon eine schlechte Angewohnheit, wie bei anderen das Krummsitzen oder das Nägelkauen.

Gestern nacht, bevor er einschlief, hatte er noch gedacht: Vielleicht sollte man doch eine kleine Tüte Ehrgeiz säen in dieser Stadt, wo Ehrgeiz so rasch Früchte trug; vielleicht sollte man sich doch ein wenig ernster nehmen und in dem wackligen Weltgebäude, als ob alles in Ordnung sei, eine lauschige Dreizimmerwohnung einrichten; vielleicht war es Sünde, das Leben zu lieben und kein seriöses Verhältnis mit ihm zu haben. Cornelia, der weibliche Referendar, hatte daneben gelegen und ihm noch im Schlaf die Hand gedrückt. Mitten in der Nacht, hatte sie ihm am Morgen berichtet, sei sie zusammengefahren und erwacht. Denn er habe sich im Bett aufgesetzt und energisch erklärt: »Ich werde die Annoncen leuchten lassen!« Dann sei er wieder zurückgesunken.

Er stieg langsam auf das Plateau des Kreuzberges und setzte sich auf eine Bank, die der Pflege des Publikums empfohlen war. Auf einem Schild stand: »Bürger, schont eure Anlagen!« Der Magistrat hatte den außerordentlich zweideutigen Satz unterschrieben, der Magistrat mußte es wissen. Fabian betrachtete den riesigen Stamm eines Baumes. Die Rinde war von tausend senkrechten Falten zerpflückt. Sogar die Bäume hatten Sorgen. Zwei kleine Schüler gingen an der Bank vorbei. Der eine, der die Hände auf dem Rükken verschränkt hielt, fragte gerade empört: »Soll man sich das gefallen lassen?« Der andere ließ sich mit der Antwort Zeit. »Gegen die Bande kannst du gar nichts machen«, meinte er schließlich. Was sie weiter sprachen, war nicht mehr zu hören.

Von der anderen Seite des Platzes näherte sich eine merkwürdige Gestalt: ein alter Herr mit einem weißen Knebelbart und mit einem schlechtgerollten Schirm. Statt eines Mantels trug er eine grünliche, verschossene Pelerine, und der Kopf gipfelte in einem steifen grauen Hut, der vor Jahren schwarz gewesen sein mochte. Der Pelerinenträger steuerte auf die Bank zu, ließ sich, eine Begrüßungsformel murmelnd, neben Fabian nieder, hustete umständlich und zeichnete mit dem Schirm Kreise in den Sand. Er machte einen der Kreise zu einem Zahnrad, brachte dessen Mittelpunkt mit dem Zentrum eines anderen Kreises durch eine Gerade in Verbindung, komplizierte die Skizze durch Kurven und Linien immer mehr, schrieb Formeln daneben und darüber, rechnete, strich durch, rechnete von neuem, unterstrich eine Zahl zweimal und fragte: »Verstehen Sie was von Maschinen?«

»Bedaure«, sagte Fabian. »Wer mich sein Grammophon aufziehen läßt, kann sicher sein, daß es nie mehr funktioniert. Mechanische Feuerzeuge, mit denen ich mich befasse, brennen nicht. Bis zum heutigen Tage halte ich den elektrischen Strom, wie mir der Name zu bestätigen scheint, für eine Flüssigkeit. Und wie es möglich ist, auf der einen Seite geschlachtete Ochsen in elektrisch betriebene Metallgehäuse zu sperren und auf der Rückseite Corned beef herauszudestillieren, werde ich niemals begreifen. – Übrigens erinnert mich Ihre Pelerine an meine Internatszeit. Jeden Sonntag marschierten wir in solchen Pelerinen und mit grünen Mützen nach der Martin-Luther-Kirche zum Gottesdienst. Während der Predigt schliefen wir alle bis auf den, der die anderen wecken mußte, wenn der Organist den Choral intonierte oder wenn der Hauslehrer auf die Empore kam.« Fabian blickte auf die Pelerine des Nachbarn und spürte, wie dieses Kleidungsstück die Vergangenheit alarmierte. Er sah den blassen, dicken Direktor vor sich, wie der jeden Morgen, zu Beginn der Andacht, bevor er sich setzte und das Gesangbuch aufschlug, die Knie einknickte und mit der Hand an die Hose faßte, um sich zu vergewissern, ob der sündige Erdenrest noch anwesend sei. Und er sah sich selber abends durchs Tor der Anstalt schleichen, durch die dämmerigen Straßen, an den Kasernen vorbei, über den Exerzierplatz rennen, die Treppe eines Mietshauses hinaufjagen und auf eine Klingel drücken. Er hörte die zitternde Stimme seiner Mutter hinter der Tür: »Wer ist denn draußen?« Und er hörte sich, außer Atem, rufen: »Ich bin's, Mama! Ich wollte bloß nachsehen, ob's dir heute besser geht.«

Der alte Herr fuhr mit der Spitze seines schlechtgerollten Schirmes so lange über den Sand, bis die Rechnung weggewischt war. »Vielleicht verstehen Sie mich, da Sie von Maschinen nichts verstehen«, sagte er. »Ich bin ein sogenannter Erfinder, Ehrenmitglied von fünf wissenschaftlichen Akademien. Die Technik verdankt mir erhebliche Fortschritte. Ich habe der Textilindustrie dazu verholfen, pro Tag fünfmal soviel Tuch herzustellen wie früher. An meinen Maschinen haben viele Leute Geld verdient, sogar ich.« Der alte Herr hustete und zupfte sich nervös am Spitzbart. »Ich erfand friedliche Maschinen und merkte nicht, daß es Kanonen waren. Das konstante Kapital wuchs unaufhörlich, die Produktivität der Betriebe nahm zu, aber, mein Herr, die Zahl der beschäftigten Arbeiter nahm ab. Meine Maschinen waren Kanonen, sie setzten ganze Armeen von Arbeitern außer Gefecht. Sie zertrümmerten den Existenzanspruch von Hunderttausenden. Als ich in Manchester war, sah ich, wie die Polizei auf Ausgesperrte losritt. Man schlug mit Säbeln auf ihre Köpfe. Ein kleines Mädchen wurde von einem Pferd niedergetrampelt. Und ich war daran schuld.« Der alte Herr schob den steifen Hut aus der Stirn und hustete. »Als ich zurückkam, stellte mich meine Familie unter Kuratel. Es paßte ihnen nicht, daß ich Geld wegzuschenken begann und daß ich erklärte, ich wolle mit Maschinen nichts mehr zu schaffen haben. Und dann ging ich fort. Sie haben zu leben, sie wohnen in meinem Haus am Starnberger See, ich bin seit einem halben Jahr verschollen. Vorige Woche las ich in der Zeitung, daß meine Tochter ein Kind geboren hat. So bin ich nun Großvater geworden und laufe wie ein Strolch durch Berlin.«

»Alter schützt vor Klugheit nicht«, sagte Fabian. »Leider sind nicht alle Erfinder so sentimental.«

»Ich dachte daran, nach Rußland zu fahren und mich zur Verfügung zu stellen. Aber ohne Paß darf man nicht hinüber. Und wenn man meinen Namen erfährt, hält man mich erst recht zurück. In meiner Brusttasche sind Skizzen und Berechnungen für eine Webstuhlanlage, die alle bisherigen Textilmaschinen in den Schatten stellt. Millionenwerte stecken in meiner geflickten Tasche. Aber lieber will ich verhungern.« Der alte Herr schlug sich stolz an die Brust und hustete wieder. »Heute abend übernachte ich Yorckstraße 93. Kurz bevor das Tor geschlossen wird, betrete ich das Haus. Wenn der Portier fragt, wohin ich will, sage ich, ich besuche Grünbergs. Die Leute wohnen in der vierten Etage. Der Mann ist Oberpostschaffner. Ich steige hinauf. Ich gehe an der Wohnung der Familie Grünberg vorbei und klettere zum Dachboden. Dort setze ich mich auf die Treppe. Vielleicht ist die Bodentür offen. Manchmal liegt gar eine alte Matratze in irgendeiner Ecke. Morgen früh verschwinde ich dann wieder.«

»Woher kennen Sie Grünbergs?«

»Aus dem Adreßbuch«, antwortete der Erfinder. »Ich muß doch einen Hausbewohner nennen können, falls sich der Portier nach meinen Absichten erkundigt. Am nächsten Morgen kommt der Schwindel häufig raus. Aber die jahrtausendalte Aufforderung, vor einem grauen Haupt aufzustehen und die Alten zu ehren, hat Früchte getragen, bis zu den Portiers hinab. Außerdem wechsle ich täglich meine Adresse. Im Winter erteilte ich an einer Privatschule Physikunterricht. Es wurde leider ein Aufklärungskursus gegen die Wunder der Technik daraus. Das gefiel weder den Schülern noch dem Direktor. Ich zog es vor, mich ein Vierteljahr lang in Postämtern zu wärmen. Jetzt brauche ich die Postämter nicht mehr. Es ist warm. Jetzt sitze ich stundenlang auf den Bahnhöfen und schaue den Menschen zu, die fortreisen, ankommen und zurückbleiben. Das ist alles sehr unterhaltend. Ich sitze da und bin froh, daß ich lebe.«

Fabian notierte seine Adresse und gab sie dem alten Mann. »Heben Sie sich den Zettel gut auf. Und wenn Sie mal ein Portier vorzeitig von der Stiege holt, kommen Sie zu mir. Sie können auf meinem Sofa schlafen.«

Der alte Herr las den Zettel und fragte: »Was wird Ihre Wirtin dazu sagen?«

Fabian zuckte die Achseln.

»Wegen meines Hustens brauchen Sie sich nicht zu ängstigen«, meinte der Alte. »Wenn ich nachts in den dunklen Treppenhäusern sitze, huste ich überhaupt nicht. Ich nehme mich dann zusammen, um die Hausbewohner nicht zu erschrecken. Eine komische Lebensführung, was? Ich habe arm angefangen, ich war später ein reicher Mann, ich bin jetzt wieder ein armer Teufel, es spielt keine Rolle. Wie's kommt, wird's gefressen. Ob mich die Sonne auf meiner Terrasse in Leoni bescheint oder hier auf dem Kreuzberg, das ist mir so egal wie der Sonne.« Der alte Herr hustete und streckte die Beine weit von sich. Fabian stand auf und sagte, er müsse weiter.

»Was sind Sie eigentlich von Beruf?« fragte der Erfinder.

»Arbeitslos«, erwiderte Fabian und schritt einer Allee zu, die in die Straßen Berlins zurückführte.

Als er am Abend, taumelig von dem vielstündigen Marsch, die Wohnung betrat, wollte er sofort zu Cornelia und ihr sein Malheur berichten. Schon die bloße Vorstellung von der kommenden Szene rührte ihn tief. Vielleicht hatte er auch nur Hunger.

Frau Hohlfeld, die Wirtin, vereitelte sein Vorhaben. Sie stand im Korridor und flüsterte, unnötig geheimnisvoll, aber das war ihre Art, Labude sei da. Labude saß in Fabians Zimmer und hatte offensichtlich Kopfschmerzen. Er sei gekommen, sich zu entschuldigen, weil er gestern nacht ohne Gruß den Tisch und das Lokal verlassen habe. Faktisch wollte er etwas ganz anderes. Er wollte wissen, wie Fabian über die Sache mit der Selow dachte.

Labude war ein moralischer Mensch, und es war immer schon sein Ehrgeiz gewesen, seinen Lebenslauf ohne Konzept und ohne Fehler gleich ins Reine zu schreiben. Er hatte als Kind niemals Löschblätter bekritzelt. Sein Sinn für Moral war eine Konsequenz der Ordnungsliebe. Die Hamburger Enttäuschung hatte sein privates Ordnungssystem und in der Folge seine Moral lädiert. Der seelische Stundenplan war gefährdet. Dem Charakter fehlte das Geländer. Nun kam er, der die Ziele liebte und brauchte, zu Fabian, dem Fachmann der Planlosigkeit. Er hoffte, von ihm zu lernen, wie man Unruhe erfahren und trotzdem ruhig bleiben kann.

»Du siehst schlecht aus«, sagte Fabian.

»Ich habe die Nacht kein Auge zugemacht«, gestand der Freund. »Diese Selow ist schwermütig und ordinär, beides in einem Atem. Sie kann stundenlang auf dem Diwan sitzen und Schweinereien vor sich hinmurmeln, als bete sie eine Litanei. Es ist nicht zum Anhören. Alkohol trinkt sie in solchen Mengen, daß man vom bloßen Zuschauen besoffen wird. Dann fällt ihr wieder ein, daß sie mit einem Mann allein in der Wohnung ist, und man möchte sich gegen Hagelschlag versichern. Dabei empfindet sie bestimmt nicht wie eine normale Frau. Für lesbisch halte ich sie aber auch nicht. Ich glaube, obwohl das komisch klingt, sie ist homosexuell.«

Fabian ließ den Freund reden. Und weil er sich über nichts wunderte, wurde der andere ruhig. »Morgen fahre ich auf zwei Tage nach Frankfurt«, erzählte Labude noch, bevor er sich verabschiedete. »Rassow kommt auch hin, wir wollen dort eine Initiativgruppe einrichten. Inzwischen mag das Mädchen in der Wohnung Nummer Zwei bleiben. Ihr ist's in den letzten Monaten verdammt dreckig gegangen. Sie soll sich mal ausschlafen. Auf Wiedersehen, Jakob.« Dann ging er.

Fabian betrat Cornelias Zimmer. Was würde sie zu der Kündigung sagen? Aber Ruth Reiter, die Bildhauerin, saß da, sah elend aus, war gar nicht erstaunt, ihm hier zu begegnen, und resümierte, was sie der Battenberg ausführlich schon berichtet hatte: Die kleine Kulp war in die Charité gebracht worden. Sie hatte innere Verletzungen davongetragen, und Wilhelmy, der Todeskandidat mit dem Holzbein, lag seit gestern nacht im Atelier, kriegte keine Luft, keuchte und beschäftigte sich mit Sterben.

Cornelia hatte ein paar Tassen, Teller und Bestecke aus ihrem Koffer geholt, etwas zum Essen besorgt und den Tisch hübsch garniert. Sogar eine weiße Decke und ein Blumenstrauß waren vorrätig. Die Reiter sagte, sie gehe jetzt. Aber ehe sie es vergesse: ob denn niemand wisse, wo der junge Labude wohne. Es war klar, daß sie nur deshalb gekommen war. Sie hatte gehofft, von ihrer Schulfreundin Fabians Adresse und durch Fabian Labudes Wohnung zu erfahren, da ihr das Personal der Grunewaldvilla keine Auskunft hatte geben können. »Ich weiß, wo er wohnt«, meinte Fabian. »Außerdem hat er bis vor wenigen Minuten nebenan in meinem Zimmer gesessen. Die Adresse darf ich nicht sagen.«

»Er war hier?« rief die Bildhauerin. »Auf Wiedersehen!« Sie rannte davon.

»Ihr fehlt die Selow«, sagte Cornelia.

»Ihr fehlt die schlechte Behandlung«, sagte Fabian.

»Mir nicht.« Sie küßte ihn und zog ihn an den Tisch, daß er ihre Vorbereitungen zum Abendessen bewundere. »Gefällt dir das?« fragte sie.

»Großartig. Sehr schön. Sei übrigens so nett und sage mir

immer, wenn es etwas zum Bewundern gibt. Hast du etwa ein neues Kleid an? Kenne ich diese Ohrringe schon? Trugst du auch gestern den Scheitel in der Mitte? Was mir gefällt, merke ich nicht. Du mußt mich mit der Nase darauf stoßen.«

»Du hast nichts als Fehler«, rief sie. »Jeden einzelnen deiner Fehler könnte ich hassen, alle miteinander habe ich lieb.« Während des Essens erzählte sie, daß sie morgen ihren Posten antreten solle. Sie war heute einer Reihe von Kollegen, Dramaturgen, Produktionsleitern und Direktoren vorgestellt worden und beschrieb das merkwürdige, weitläufige Haus, in dem bis unters Dach wichtige Leute saßen, aus einer Konferenz in die andere stürzten und der Entwicklung des Tonfilms das Leben sauer machten. Fabian verschob die Mitteilung auf später.

Als sie mit dem Essen fertig waren, stellte sie einen Teller mit zwei belegten Broten beiseite und sagte lächelnd: »Die eiserne Ration.«

»Du bist rot geworden«, rief er.

Sie nickte. »Manchmal merkst du also doch, wenn es etwas zum Bewundern gibt.«

Er schlug einen kleinen Spaziergang vor. Sie zog sich an. Er überlegte inzwischen, wie er ihr die Kündigung beibringen sollte. Aber der Spaziergang kam nicht zustande. Als sie vor dem Haus standen, hustete jemand hinter ihnen, und ein fremder Mann wünschte Guten Abend. Es war der Erfinder mit der Pelerine. »Die Beschreibung, die Sie mir von Ihrem Sofa gegeben haben, hat mir für heute den Spaß an sämtlichen Treppen und Dachböden verdorben«, erzählte er. »Ich habe um die Yorckstraße einen Bogen gemacht und bin hierhergekommen. Eigentlich mache ich mir Vorwürfe, daß ich Sie behellige, denn schließlich sind Sie selber arbeitslos.«

»Arbeitslos bist du?« fragte Cornelia. »Ist das wahr?«

Der alte Herr entschuldigte sich umständlich, er habe gedacht, die junge Dame wisse Bescheid.

»Heute morgen hat man mir gekündigt.« Fabian ließ Cornelias Arm los. »Zum Abschied bekam ich zweihundertsiebzig Mark in die Hand gedrückt. Wenn ich meine Miete vorausbezahlt habe, bleiben uns noch hundertneunzig Mark. Gestern hätte ich darüber gelacht.«

Als sie den alten Herrn aufs Sofa gepackt und ihm die Stehlampe danebengestellt hatten, denn er wollte an seiner geheimen Maschine herumrechnen, wünschten sie ihm Gute Nacht und gingen in Cornelias Zimmer. Fabian kam noch einmal zurück und brachte dem Gast ein paar belegte Brote.

»Ich verspreche, nicht zu husten«, flüsterte der Alte.

»Hier darf gehustet werden. Ihr Zimmernachbar geht noch ganz anderen Vergnügungen nach, ohne daß die Wirtin, eine gewisse Frau Hohlfeld, die es früher nicht nötig gehabt hat, deshalb aus dem Bett kippte. Nur wie wir's morgen früh machen, weiß ich noch nicht. Die Wirtin findet ihre Möbel reizend, und daß ein Fremder die ganze Nacht auf ihrem Sofa biwakiert, würde sie ernstlich erzürnen. Schlafen Sie gut. Ich wecke Sie morgen früh. Bis dahin wird mir schon was Passendes einfallen.«

»Gute Nacht, junger Freund«, bemerkte der Alte und holte seine kostbaren Papiere aus der Tasche. »Empfehlen Sie mich dem Fräulein Braut.«

Cornelia schien so glücklich, daß Fabian sich wunderte. Eine Stunde später fraß sie bereits die eiserne Ration auf. »Ach, ist das Leben schön!« sagte sie. »Wie denkst du über die Treue?«

»Kau erst fertig, bevor du so große Worte aussprichst!« Er saß neben ihr, hielt sein Knie umschlungen und blickte auf das ausgestreckte Mädchen nieder. »Ich glaube, ich warte nur auf die Gelegenheit zur Treue, und dabei dachte ich bis gestern, ich wäre dafür verdorben.«

»Das ist ja eine Liebeserklärung«, sagte sie leise.

»Wenn du jetzt heulst, zieh ich dir die Hosen stramm!« sagte er.

Sie kugelte aus dem Bett, zog ihren kleinen rosafarbenen Schlüpfer an und stellte sich vor Fabian hin. Sie lächelte unter Tränen. »Ich heule«, murmelte sie. »Nun halte auch du dein Versprechen.« Dann bückte sie sich. Er zog sie aufs Bett. Sie sagte: »Mein Lieber, mein Lieber! Mach dir keine Sorgen.«

ZWÖLFTES KAPITEL

Der Erfinder im Schrank
Nicht arbeiten ist eine Schande
Die Mutter gibt ein Gastspiel

Als er am nächsten Morgen den Erfinder wecken wollte, war der schon aufgestanden, gewaschen und angezogen, saß am Tisch und rechnete.

»Haben Sie gut geschlafen?«

Der alte Mann war vorzüglicher Laune und schüttelte ihm die Hand. »Das geborene Schlafsofa«, sagte er und streichelte die braune Sofalehne, als handle sich's um einen Pferderücken. »Muß ich jetzt verschwinden?«

»Ich will Ihnen einen Vorschlag machen«, meinte Fabian. »Während ich bade, bringt die Wirtin das Frühstück ins Zimmer, da darf sie Ihnen nicht begegnen, sonst gibt's Krach. Wenn sie wieder draußen ist, sind Sie mir wieder willkommen. Dann können Sie ruhig noch ein paar Stunden hierbleiben. Ich werde Sie allerdings allein lassen, weil ich mich um Arbeit kümmern muß.«

»Das macht nichts«, erklärte der Alte. »Ich werde in den Büchern blättern, wenn Sie erlauben. Wohin gehe ich aber, während Sie baden?«

»Ich dachte, in den Schrank«, sagte Fabian. »Der Schrank als Wohnstätte, das war bis heute ein Privileg der Ehebruchslustspiele. Brechen wir mit der Tradition, verehrter Gastfreund! Ist Ihnen mein Vorschlag angenehm?«

Der Erfinder öffnete den Schrank, blickte skeptisch hinein und fragte: »Pflegen Sie sehr lange zu baden?« Fabian beruhigte ihn, schob den zweiten Anzug, den er besaß, beiseite und hieß den Gast einsteigen. Der alte Herr nahm seine Pelerine um, setzte den Hut auf, klemmte den Schirm unter den Arm und kroch in den Schrank, der in allen Fugen krachte. »Und wenn sie mich hier findet?«

»Dann ziehe ich am Ersten aus.«

Der Erfinder stützte sich auf den Schirm, nickte und sagte: »Nun scheren Sie sich in die Wanne!«

Fabian schloß den Schrank zu, nahm vorsichtshalber den Schlüssel an sich und rief im Korridor: »Frau Hohlfeld, das Frühstück!«

Als er das Badezimmer betrat, saß schon Cornelia, über und über eingeseift, in der Wanne und lachte. »Du mußt mir den Rücken abreiben«, flüsterte sie. »Ich habe so entsetzlich kurze Ärmchen.«

»Die Reinlichkeit wird zum Vergnügen«, bemerkte Fabian und seifte ihr den Rücken. Später vergalt sie ihm Gleiches mit Gleichem. Zum Schluß saßen sie sich beide im Wasser gegenüber und spielten hohen Seegang. »Schrecklich«, sagte er, »in meinem Schrank steht inzwischen der König der Erfinder und wartet auf seine Befreiung. Ich muß mich beeilen.« Sie kletterten aus der Wanne und frottierten einander, bis die Haut brannte. Dann trennten sie sich. »Auf Wiedersehen am Abend«, flüsterte sie.

Er küßte sie. Er verabschiedete sich von ihren Augen, von ihrem Mund und Hals, von jedem Körperteil einzeln. Dann lief er in sein Zimmer. Das Frühstück war eingetroffen. Er sperrte den Schrank auf. Der alte Herr stieg mit steifen Beinen heraus und hustete lange, um das Versäumte nachzuholen.

»Nun der zweite Teil der Komödie«, sagte Fabian, ging in den Korridor, öffnete die Flurtür, schlug sie wieder zu und rief: »Großartig, Onkel, daß du mich mal besuchst. Tritt bitte näher!«

Er komplimentierte die imaginäre Person ins Zimmer und nickte dem verwunderten Erfinder zu. »So, nun sind Sie offiziell eingetroffen. Nehmen Sie Platz. Hier ist eine zweite Tasse.«

»Und Ihr Onkel bin ich außerdem.«

»Verwandtschaftliche Beziehungen wirken auf Wirtinnen immer schmerzstillend«, erläuterte Fabian.

»Aber der Kaffee ist gut. Darf ich mir ein Brötchen nehmen?« Der alte Herr begann den Schrank zu vergessen. »Wenn ich nicht unter Kuratel stünde, machte ich Sie zu meinem Universalerben, geehrter Herr Neffe«, sagte er und aß mit großer Andacht.

»Ihr hypothetischer Antrag ehrt mich«, entgegnete Fabian. Sie stießen auf Drängen des neuen Onkels mit den Kaffeetassen an und riefen: »Prost!«

»Ich liebe das Leben«, gestand der Alte und wurde fast verlegen. »Ich liebe das Leben erst recht, seit ich arm bin. Manchmal könnte ich vor Freude in den Sonnenschein hineinbeißen, oder in die Luft, die in den Parks weht. Wissen Sie, woran das liegt? Ich denke oft an den Tod, und wer tut das heute? Niemand denkt an den Tod. Jeder läßt sich von ihm überraschen wie von einem Eisenbahnzusammenstoß oder einer anderen unvorhergesehenen Katastrophe. So dumm sind die Menschen geworden. Ich denke täglich an ihn, denn täglich kann er winken. Und weil ich an ihn denke, liebe ich das Leben. Es ist eine herrliche Erfindung, in Erfindungen bin ich sachverständig.«

»Und die Menschen?«

»Der Globus hat die Krätze«, knurrte der Alte.

»Das Leben lieben und zugleich die Menschen verachten, das geht selten gut aus«, sagte Fabian und stand auf. Er verließ den Gast, der noch immer Kaffee trank, bat Frau Hohlfeld, den Onkel nicht zu stören, und ging zum Arbeitsamt seines Bezirks.

Nachdem er drei Beamte absolviert hatte, das heißt nach zwei Stunden, erfuhr er, daß er fehl am Ort sei und sich an eine westliche Filiale zu wenden habe, die speziell für Büroangestellte bestimmt war. Er fuhr mit dem Autobus zum Wittenbergplatz und ging in das angegebene Lokal. Die

Auskunft war falsch gewesen. Er geriet mitten in eine Schar arbeitsloser Krankenschwestern, Kindergärtnerinnen und Stenotypistinnen und erregte, als einziger männlicher Besucher, die größte Aufmerksamkeit.

Er zog sich zurück, trat auf die Straße und fand, ein paar Hausnummern weiter, einen Laden, der wie das Geschäft eines Konsumvereins aussah, jetzt aber eben jene Filiale des Arbeitsamtes darstellte, in der er sich melden sollte. Hinter dem ehemaligen Ladentisch saß ein Beamter, davor standen, in langer Kette, erwerbslose Angestellte, legten, einer nach dem anderen, die Stempelkarte vor und erhielten den erforderlichen Kontrollvermerk.

Fabian war erstaunt, wie sorgfältig diese Arbeitslosen gekleidet waren, manche konnten geradezu elegant genannt werden, und wer ihnen auf dem Kurfürstendamm begegnet wäre, hätte sie fraglos für freiwillige Müßiggänger gehalten. Vermutlich verbanden die Leute den morgendlichen Gang zur Stempelstelle mit einem Bummel durch die vornehmen Geschäftsstraßen. Vor den Schaufenstern stehenzubleiben, kostete noch immer nichts, und wer wollte erkennen, ob sie nichts kaufen konnten, oder ob sie es nur nicht wollten? Sie trugen ihre Feiertagsanzüge, und sie taten recht daran, denn wer hatte so viele Feiertage wie sie?

Ernst und auf Haltung erpicht, standen sie in Reih und Glied und warteten, bis sie ihre Stempelkarte wieder einstecken durften. Dann gingen sie hinaus, als verließen sie eine zahnärztliche Klinik. Manchmal schimpfte der Beamte und legte eine Karte beiseite. Ein Gehilfe trug sie in den Nebenraum. Dort thronte ein Inspektor und zog unregelmäßige Besucher der Kontrollstelle zur Rechenschaft. Von Zeit zu Zeit trat eine Art Portier aus der Tür und rief einen Namen.

Fabian las die Druckschriften, die an den Wänden hingen. Es war verboten, Armbinden zu tragen. Es war verboten, Umsteigebilletts der Straßenbahn von den Erstinhabern zu übernehmen und weiter zu benutzen. Es war verboten, politische Debatten hervorzurufen und sich an ihnen zu beteiligen. Es wurde mitgeteilt, wo man für dreißig Pfennige ein ausgesprochen nahrhaftes Mittagessen erhalten könne. Es wurde mitgeteilt, für welche Anfangsbuchstaben sich die Kontrolltage verschoben hatten. Es wurde mitgeteilt, für welche Berufszweige die Nachweisadressen und die Auskunftszeiten geändert worden waren. Es wurde mitgeteilt. Es war verboten. Es war verboten. Es wurde mitgeteilt.

Das Lokal leerte sich allmählich. Fabian legte dem Beamten seine Papiere vor. Der Mann sagte, Propagandisten seien hier nicht üblich, und er empfehle Fabian, sich an die Stelle zu wenden, die für freie Berufe, Wissenschaftler und Künstler zuständig sei. Er nannte die Adresse.

Fabian fuhr mit dem Autobus bis zum Alexanderplatz. Es war fast Mittag. Er geriet in der neuen Filiale in eine sehr gemischte Gesellschaft. Den Anschlägen entnahm er, daß es sich möglicherweise um Ärzte, Juristen, Ingenieure, Diplomlandwirte und Musiklehrer handelte. »Ich bin jetzt bei der Krisenfürsorge«, sagte ein kleiner Herr. »Ich kriege 24,50 Mark. Auf jeden Kopf meiner Familie kommen in der Woche 2,72 Mark, und auf einen Tag für einen Menschen 38 Pfennige. Ich habe es in meiner chronischen Freizeit genau ausgerechnet. Wenn das so weitergeht, fange ich nächstens an einzubrechen.«

»Wenn das so leicht wäre«, seufzte sein Nachbar, ein kurzsichtiger Jüngling. »Sogar Stehlen will gelernt sein. Ich habe ein Jahr im Gefängnis gesessen. Also, es gibt erfreulichere Milieus.«

»Es ist mir egal, wenigstens vorher«, erklärte der kleine Herr erregt. »Meine Frau kann den Kindern nicht mal ein Stück Brot in die Schule mitgeben. Ich sehe mir das nicht länger mit an.«

»Als ob Stehlen Sinn hätte«, sagte ein großer, breiter Mensch, der am Fenster lehnte. »Wenn der Kleinbürger nichts zu fressen hat, will er gleich zum Lumpenproletariat übergehen. Warum denken Sie nicht klassenbewußt, Sie kleine häßliche Figur? Merken Sie noch immer nicht, wo Sie hingehören? Helfen Sie die politische Revolution vorbereiten.«

»Bis dahin sind meine Kinder verhungert.«

»Wenn man Sie einsperrt, weil Sie geklaut haben, verhungern Ihre werten Herren Kinder noch rascher«, sagte der Mann am Fenster. Der kurzsichtige Jüngling lachte und schaukelte entschuldigend mit der Schulter.

»Meine Sohlen sind völlig zerrissen«, sagte der kleine Herr. »Wenn ich jedesmal hierher laufe, sind die Schuhe in einer Woche hin, und zum Fahren habe ich kein Geld.«

»Kriegen Sie keine Stiefel von der Wohlfahrt?« fragte der Kurzsichtige.

»Ich habe so empfindliche Füße«, erklärte der kleine Herr.

»Hängen Sie sich auf!« meinte der Mann am Fenster.

»Er hat einen so empfindlichen Hals«, sagte Fabian.

Der Jüngling hatte ein paar Münzen auf den Tisch gelegt und zählte sein Vermögen. »Die Hälfte des Geldes geht regelmäßig für Bewerbungsschreiben drauf. Porto braucht man. Rückporto braucht man. Die Zeugnisse muß ich mir jede Woche zwanzigmal abschreiben und beglaubigen lassen. Kein Mensch schickt die Papiere zurück. Nicht einmal Antwort erhält man. Die Bürofritzen legen sich vermutlich mit meinem Rückporto Briefmarkensammlungen an.«

»Aber die Behörden tun, was sie tun können«, sagte der Mann am Fenster. »Unter anderem haben sie Gratiszeichenkurse für Arbeitslose eingerichtet. Das ist eine wahre Wohltat, meine Herren. Erstens lernt man Äpfel und Beefsteaks malen, und zweitens wird man davon satt. Die Kunsterziehung als Nahrungsmittel.«

Der kleine Herr, dem jeder Humor abhanden gekommen zu sein schien, sagte bedrückt: »Das nützt mir gar nichts. Ich bin nämlich Zeichner.«

Dann ging ein Beamter durch den Warteraum, und Fabian erkundigte sich, vorsichtig geworden, ob er Aussicht habe, hier abgefertigt zu werden. Der Beamte fragte nach dem Ausweis des regionalen Arbeitsamtes. »Sie haben sich noch nicht gemeldet? Das müssen Sie vorher erledigen.«

»Jetzt geh ich wieder dorthin, wo ich vor fünf Stunden die Tournee begonnen habe«, sagte Fabian. Aber der Beamte war nicht mehr da.

»Die Bedienung ist zwar höflich«, meinte der Jüngling, »aber daß die Auskünfte immer stimmen, kann kein Mensch behaupten.«

Fabian fuhr mit dem Autobus zum Arbeitsamt seines Wohnbezirks. Er hatte bereits eine Mark Fahrgeld verbraucht und blickte vor Wut nicht aus dem Fenster.

Als er ankam, war das Amt geschlossen. »Zeigen Sie mal Ihre Papiere her«, sagte der Portier. »Vielleicht kann ich Ihnen behilflich sein.« Fabian gab dem Biedermann das Zettelpaket. »Aha«, erklärte der Türsteher nach eingehender Lektüre. »Sie sind ja gar nicht arbeitslos.«

Fabian setzte sich auf einen der bronzenen Meilensteine, welche die Einfahrt zierten.

»Sie haben bis zum Monatsende gewissermaßen bezahlten Urlaub. Das Geld haben Sie doch von Ihrer Firma erhalten?« Fabian nickte.

»Dann kommen Sie mal in vierzehn Tagen wieder«, schlug der andere vor. »Bis dahin können Sie es ja mit Bewerbungsschreiben probieren. Lesen Sie die Stellenangebote in den Zeitungen. Viel Sinn hat es nicht, aber man soll's nicht beschreien.«

»Glückliche Reise«, sprach Fabian, nahm die Papiere in Empfang und begab sich in den Tiergarten, wo er ein paar Brötchen verzehren wollte. Zu guter Letzt verfütterte er sie aber an die Schwäne, die mit ihren Jungen im Neuen See spazierenfuhren.

Als er gegen Abend das Zimmer betrat, fand er seine Mutter vor. Sie saß auf dem Sofa, legte ein Buch beiseite und sagte: »Da staunst du, mein Junge.«

Man umarmte sich. Sie fuhr fort: »Ich mußte nachsehen, was du machst. Vater paßt inzwischen auf, daß niemand ins Geschäft kommt. Ich hatte Sorgen um dich. Du beantwortest meine Briefe nicht mehr. Zehn Tage hast du nicht geschrieben. Es ließ mir keine Ruhe, Jakob.«

Er setzte sich neben die Mutter, streichelte ihre Hände und erklärte, es gehe ihm gut.

Sie betrachtete ihn prüfend. »Komme ich dir ungelegen?« Er schüttelte den Kopf. Sie stand auf. »Die Wäsche habe ich dir schon in den Schrank geräumt. Deine Wirtin könnte mal reinemachen. Ist sie noch immer zu fein dazu? Was denkst du, was ich mitgebracht habe?« Sie öffnete den Spankorb und legte Pakete auf den Tisch. »Blutwurst«, sagte sie, »ein Pfund, aus der Breiten Straße, du weißt schon. Kaltes Schnitzel. Leider kann man hier nicht in die Küche, sonst würde ich's aufbraten. Schinkenspeck. Eine halbe Salamiwurst. Tante Martha läßt grüßen. Ich war gestern bei ihr im Garten. Ein paar Stück Seife aus dem Laden. Wenn das Geschäft bloß nicht so schlecht ginge. Ich glaube, die Leute waschen sich nicht mehr. Und hier eine Krawatte, gefällt sie dir?«

»Du bist so gut«, sagte Fabian. »Aber du sollst nicht so viel Geld für mich ausgeben.«

»Quatsch mit Sauce«, sagte die Mutter und legte die Eßwaren auf einen Teller. »Sie mag uns ein bißchen Tee kochen, deine Gnädige. Ich hab's ihr schon erzählt. Morgen abend fahre ich zurück. Ich bin mit dem Personenzug gekommen. Die Zeit verging schnell. Ein Kind war im Abteil. Wir haben viel gelacht. Was macht dein Herz? Du rauchst zu viel! Überall stehen leere Zigarettenschachteln herum.«

Fabian sah der Mutter zu. Sie hantierte vor lauter Rührung wie ein Gendarm.

»Ich mußte gestern daran denken«, sagte er, »wie das damals war, als ich im Internat steckte, und du warst krank, und ich rannte abends davon, über den Exerzierplatz, nur um zu sehen, wie es dir ginge. Einmal, das weiß ich noch, schobst du einen Stuhl vor dir her und stütztest dich darauf, sonst hättest du mir gar nicht öffnen können.«

»Du hast viel durchgemacht mit deiner Mutter«, sagte sie. »Man müßte sich öfter sehen. Wie geht's in der Fabrik?«

»Ich habe ihnen ein Preisausschreiben vorgeschlagen. Daran können sie eine Viertelmillion verdienen.«

»Für zweihundertsiebzig Mark im Monat, diese Bande.« Die Mutter war empört. Dann klopfte es. Frau Hohlfeld brachte den Tee, stellte das Tablett auf den Tisch und sagte: »Ihr Onkel ist schon wieder da.«

»Dein Onkel?« fragte die Mutter erstaunt.

»Ich habe mich auch schon gewundert«, erklärte die Wirtin.

»Hoffentlich haben Sie sich dabei keinen Schaden getan, gnädige Frau«, erwiderte Fabian, und Frau Hohlfeld entfernte sich gekränkt. Fabian holte den Erfinder ins Zimmer und sagte: »Mama, das ist ein alter Freund von mir. Er hat gestern auf dem Sofa geschlafen, und ich habe ihn zu meinem Onkel ernannt, um das Verfahren abzukürzen.« Er wandte sich an den Erfinder. »Das ist meine Mutter, lieber Onkel. Die beste Frau des Jahrhunderts. Nehmen Sie Platz. Aus dem Sofa wird heute freilich nichts. Aber ich möchte Sie für morgen einladen, wenn es Ihnen recht ist.«

Der alte Herr setzte sich, hustete, stülpte den Hut auf den Schirmknauf und drückte Fabian ein Kuvert in die Hand. »Stecken Sie das rasch ein«, bat er. »Es ist meine Maschine. Man ist hinter mir her. Meine Familie will mich wieder einmal ins Irrenhaus bringen. Sie hofft wahrscheinlich, mir dabei die Notizen abzujagen und zu Geld zu machen.«

Fabian steckte den Briefumschlag ein. »Man will Sie ins Irrenhaus sperren?«

»Ich habe nichts dagegen«, bemerkte der Alte. »Man hat seine Ruhe dort. Der Park ist wundervoll. Der leitende Arzt ist ein erträglicher Kerl, selber ein bißchen verrückt und spielt ausgezeichnet Schach. Ich war schon zweimal dort. Wenn mir's zu dumm wird, rück ich wieder aus. Entschuldigen Sie, meine Dame«, sagte er zu der Mutter. »Ich mache Ihnen Ungelegenheiten. Erschrecken Sie nicht, wenn man mich abholt. Es wird gleich klingeln. Ich bin soweit. Die Papiere sind gut aufgehoben. Verrückt bin ich übrigens nicht, ich bin meinen werten Angehörigen zu vernünftig. Lieber Freund, schreiben Sie mir ein paar Zeilen nach Bergendorf in die Heilanstalt.«

Es klingelte.

»Da sind sie schon«, rief der Alte.

Frau Hohlfeld ließ zwei Herren eintreten.

»Ich bitte, die Störung zu entschuldigen«, sagte der eine und verbeugte sich. »Vollmachten, die Sie gern einsehen können, veranlassen mich, Herrn Professor Kollrepp aus Ihrem Kreise zu entfernen. Unten wartet mein Auto.«

»Wozu die Umstände, lieber Sanitätsrat? Sie sind dünner geworden. Ich merkte es schon gestern, daß ihr mir auf der Spur wart. Tag, Winkler. Da wollen wir mal in Ihren Wagen klettern. Wie geht's meiner lieben Familie?«

Der Arzt hob die Schultern.

Der Alte ging zum Schrank hinüber, öffnete ihn, sah hinein und schloß die Tür wieder. Dann trat er zu Fabian und nahm dessen Hand. »Ich danke Ihnen sehr.« Er schritt zur Tür. »Sie haben einen guten Sohn«, sagte er zu der alten Frau. »Das kann nicht jeder von sich behaupten.« Dann verließ er das Zimmer. Der Arzt und der Wärter folgten ihm. Fabian und seine Mutter blickten durchs Fenster. Ein Auto stand vor dem Haus. Die drei Männer traten aus der Tür. Der Chauffeur half dem alten Erfinder in einen Staubmantel. Die Pelerine wurde verstaut.

»Ein komischer Mann«, sagte die Mutter, »aber verrückt ist er nicht.« Das Auto fuhr davon. »Warum sah er eigentlich in den Schrank?«

»Ich habe ihn heute früh in den Schrank gesperrt, damit die Wirtin nichts merkte«, sagte der Sohn.

Die Mutter goß Tee ein. »Aber leichtsinnig ist es trotzdem von dir, wildfremde Leute hier schlafen zu lassen. Wie schnell kann etwas passieren. Hoffentlich hat er deine Sachen im Schrank nicht schmutzig gemacht.«

Fabian schrieb die Adresse der Irrenanstalt auf das Kuvert und schloß es weg. Dann setzte er sich zum Essen.

Nach dem Abendbrot sagte er: »Komm, mach dich fertig. Wir gehen ins Kino.« Während sich die Mutter anzog, besuchte er Cornelia und erzählte ihr, daß seine Mutter da sei. Die Freundin war müde und lag schon im Bett. »Ich schlafe, bis du aus dem Kino zurück bist«, meinte sie. »Siehst du dann noch einmal zu mir herein?« Er versprach es.

Der Tonfilm, den Fabian und seine Mutter sahen, war ein albernes Theaterstück, das in zwei Dimensionen verlief. Abgesehen davon war nicht gespart worden, der vorgeführte Luxus überschritt jede Grenze. Man hatte, obwohl dergleichen anstandshalber nicht gezeigt wurde, den Eindruck, unter den Betten stünden goldene Nachttöpfe. Die Mutter lachte wiederholt, und das freute Fabian so sehr, daß er mitlachte.

Nach Hause gingen sie zu Fuß. Die Mutter war vergnügt. »Wenn ich früher so gesund gewesen wäre wie heute, mein Junge, dann hättest du es besser gehabt«, meinte sie nach einiger Zeit.

»Es war auch so nicht übel«, sagte er. »Und außerdem ist es vorbei.«

Zu Hause stritten sie sich ein bißchen, wer im Bett und wer auf dem Sofa schlafen solle. Endlich siegte Fabian. Die Mutter bereitete das Sofa zur Nacht. Er müsse erst einmal nebenan, sagte er dann. »Dort wohnt eine junge Dame, und ich bin mit ihr befreundet.« Er verabschiedete sich für alle Fälle, gab der Mutter einen Kuß und öffnete leise die Tür.

Eine Minute später kam er wieder. »Sie schläft schon«, flüsterte er und bestieg sein Sofa.

»Früher wäre das nicht möglich gewesen«, bemerkte Frau Fabian.

»Das hat ihre Mutter auch gesagt«, meinte der Sohn und drehte sich nach der Wand. Plötzlich, kurz vor dem Einschlafen, stand er noch einmal auf, tappte durchs dunkle Zimmer, beugte sich über das Bett und sagte wie einst: »Schlaf gut, Muttchen.«

»Du auch«, murmelte sie und öffnete die Augen. Er konnte das nicht sehen. Er tastete sich im Finstern zum Sofa zurück.

DREIZEHNTES KAPITEL

Das Kaufhaus und Arthur Schopenhauer
Das reziproke Bordell
Die zwei Zwanzigmarkscheine

Am andern Morgen wurde er von seiner Mutter geweckt. »Aufstehen, Jakob! Du kommst zu spät ins Büro!« Er machte sich rasch fertig, trank den Kaffee im Stehen und verabschiedete sich.

»Ich werde inzwischen Ordnung schaffen«, sagte sie. »Sowas von Staub überall. Und an deinem Mantel ist der Henkel abgerissen. Geh ohne Mantel. Es ist ja warm draußen.«

Fabian lehnte an der Tür und sah zu, wie die Mutter hantierte. Ihr aus Nervosität und Ordnungsliebe addierter Fleiß wirkte anheimelnd. Das Zimmer war erfüllt davon, es erinnerte plötzlich an zu Hause. »Daß du dich ja nicht fünf Minuten hinsetzt und die Hände in den Schoß legst«, warnte er. »Wäre es nicht schöner, wenn ich jetzt Zeit hätte? Wir könnten in den Tiergarten gehen. Oder ins Aquarium. Oder wir blieben hier, und du würdest mir wieder einmal davon erzählen, wie komisch ich als Kind war. Als ich die Bettstelle mit der Stecknadel völlig zerkratzte und dich dann bei der Hand nahm, um dir das herrliche Gemälde zu zeigen. Oder als ich dir zum Geburtstag weißen und schwarzen Zwirn und ein Dutzend Nähnadeln und Druckknöpfe schenkte.«

»Und ein Heft Stecknadeln und weiße und schwarze Nähseide. Es ist mir noch wie heute«, sagte die Mutter und strich sein Jackett glatt. »Der Anzug müßte gebügelt werden.«

»Und eine Frau müßte ich haben und sieben kleine ulkige Kinder«, ergänzte er in weiser Voraussicht.

»Scher dich an die Arbeit!« Die Mutter stemmte die Arme in die Hüften. »Arbeiten ist gesund. Übrigens, ich hole dich am Nachmittag vom Büro ab. Ich warte vor der Tür. Dann bringst du mich zum Bahnhof.«

»Es ist sehr schade, daß du nur einen Tag bleiben kannst.« Er kam noch einmal zurück.

Die Mutter sah ihn nicht an. Sie machte sich am Sofa zu schaffen. »Ich hielt es drüben nicht mehr aus«, murmelte sie. »Aber nun geht's schon wieder, du mußt nur länger schlafen, und du darfst das Leben nicht so schwer nehmen, mein Junge. Es wird dadurch nicht leichter.«

»Nun gehe ich aber, sonst komme ich wirklich noch zu spät«, sagte er.

Sie blickte ihm vom Fenster aus nach und nickte. Er winkte und lachte und lief schnell, bis das Haus nicht mehr zu sehen war. Dann verlangsamte er den Schritt und blieb schließlich stehen. Ein hübsches Versteckspiel trieb er da mit der alten Frau! Rannte auf und davon, obwohl er nichts zu tun hatte. Ließ sie da oben allein in dem fremden, häßlichen Zimmer, obwohl er wußte, daß sie jede Stunde, die sie mit ihm zusammensein durfte, bereit war, gegen ein ganzes Jahr ihres Lebens einzutauschen. Am Nachmittag würde sie ihn vom Büro abholen. Er mußte ihr eine Komödie vorspielen. Sie durfte nicht wissen, daß er entlassen war. Der Anzug, den er trug, war der einzige, den er sich in zweiunddreißig Jahren selber gekauft hatte. Ihr Leben lang hatte sie seinetwegen geschuftet und gespart. Sollte das denn nie ein Ende nehmen?

Weil es zu regnen anfing, ging er im Kaufhaus des Westens spazieren. Kaufhäuser sind, obwohl das gar nicht in ihrer Absicht liegt, außerordentlich geeignet, Leuten, die kein Geld und keinen Schirm haben, Unterhaltung zu bieten. Er hörte einer Verkäuferin zu, die sehr gewandt Klavier spielte. Aus der Lebensmittelabteilung vertrieb ihn der Fischgeruch, den er seit seiner Kindheit, vielleicht auf Grund einer embryonalen Erinnerung, nicht ausstehen konnte. In der

Möbeletage wollte ihm ein junger Mann unbedingt einen großen Kleiderschrank verkaufen. Das Stück sei preiswert, die Gelegenheit unwiederbringlich. Fabian entzog sich der unerhörten Zumutung und wanderte in die Buchabteilung. Er geriet an einem der Antiquariatstische über einen Auswahlband von Schopenhauer, blätterte und las sich fest. Der Vorschlag dieses verbiesterten Onkels der Menschheit, Europa mit Hilfe einer indischen Heilpraxis zu veredeln, war freilich eine Kateridee, wie bisher alle positiven Vorschläge, ob sie nun von Philosophen des neunzehnten oder von Nationalökonomen des zwanzigsten Jahrhunderts stammten. Aber davon abgesehen war der Alte unübertrefflich. Fabian fand eine typologische Erörterung und las:

»Eben dieser Unterschied ist es, den Plato durch die Ausdrücke εὔκολος und δύσκολος bezeichnete. Derselbe läßt sich zurückführen auf die bei verschiedenen Menschen sehr verschiedene Empfänglichkeit für angenehme und unangenehme Eindrücke, infolge welcher der eine noch lacht bei dem, was den anderen fast zur Verzweiflung bringt, und zwar pflegt die Empfänglichkeit für angenehme Eindrücke desto schwächer zu sein, je stärker sie für unangenehme ist, und umgekehrt. Nach gleicher Möglichkeit des glücklichen und unglücklichen Ausgangs einer Angelegenheit wird der δύσκολος bei dem unglücklichen sich ärgern oder grämen, bei dem glücklichen sich aber nicht freuen; der εὔκολος hingegen wird über den unglücklichen sich nicht ärgern noch grämen, aber über den glücklichen sich freuen. Wenn dem δύσκολος von zehn Vorhaben neun gelingen, so freut er sich nicht über diese, sondern ärgert sich über das eine mißlungene; der εὔκολος weiß, im umgekehrten Fall, sich doch mit dem einen gelungenen zu trösten und aufzuheitern. Wie nun aber nicht leicht ein Übel ohne alle Kompensationen ist, so ergibt sich auch hier, daß die δύσκολοι, also die finsteren und ängstlichen Charaktere, im ganzen zwar imaginäre, dafür aber weniger reale Unfälle und Leiden zu überstehen haben werden als die heiteren und sorglosen; denn wer alles schwarz sieht, stets das Schlimmste befürchtet und demnach seine Vorkehrungen trifft, wird sich nicht so oft verrechnet haben, als wer stets den Dingen die heitere Farbe und Aussicht leiht.«

»Was darf ich Ihnen verkaufen?« fragte ein ältliches Fräulein.

»Haben Sie baumwollene Socken?« fragte Fabian.

Das ältliche Fräulein betrachtete ihn entrüstet und sagte: »Im Erdgeschoß.« Fabian legte das Buch auf den Tisch und stieg eine Treppe abwärts. Hatte Schopenhauer damit recht, daß er, gerade er, jene zwei menschlichen Gattungen als einander ebenbürtig gegenüberstellte? Hatte nicht gerade er in seiner Psychologie behauptet: die Lustempfindung sei nichts anderes als ein seelisches Minimum an Unlust? Hatte er in diesem Satz die Anschauung der δυσκολοι wider besseres Wissen verabsolutiert? In der Abteilung für Porzellan und keramisches Kunstgewerbe war ein Auflauf. Fabian trat hinzu. Käufer, Verkäuferinnen und Bummler umstanden ein kleines verheultes Mädchen, das zehn Jahre sein mochte, einen Schulranzen trug und ärmlich angezogen war. Das Kind zitterte am ganzen Körper und blickte entsetzt in die bösen, aufgeregten Gesichter der Erwachsenen ringsum. Der Abteilungschef kam. »Was ist los?«

»Ich habe das freche Ding erwischt, wie es einen Aschenbecher stahl«, erklärte eine alte Jungfer. »Hier!« Sie hob eine kleine bunte Schale hoch und zeigte sie dem Vorgesetzten.

»Marsch zum Direktor!« kommandierte der Cutaway.

»Jugend von heute«, sagte eine aufgetakelte Gans.

»Marsch zum Direktor!« rief eine der Verkäuferinnen und packte die Kleine an der Schulter. Das Kind weinte sehr.

Fabian schob sich durch die Versammlung. »Lassen Sie auf der Stelle das Kind los!«

»Erlauben Sie mal«, meinte der Abteilungsleiter.

»Was fällt Ihnen ein, sich einzumischen?« fragte jemand.

Fabian gab der Verkäuferin einen Klaps auf die Finger, daß sie das Kind losließ, dann zog er das kleine Mädchen an seine Seite.

»Warum hast du denn ausgerechnet einen Aschenbecher weggenommen?« fragte er. »Rauchst du schon Zigarren?«

»Ich hatte kein Geld«, sagte das Mädchen. Dann hob es sich auf die Zehenspitzen. »Mein Papa hat heute Geburtstag.«

»Einfach stehlen, weil man kein Geld hat. Es wird immer schöner«, bemerkte die aufgetakelte Gans.

»Schreiben Sie uns einen Kassenzettel aus«, sagte Fabian zu der Verkäuferin. »Wir behalten den Aschenbecher.«

»Das Kind verdient aber Strafe«, behauptete der Abteilungsleiter.

Fabian trat auf den Mann zu. »Wenn Sie sich meinem Vorschlag widersetzen sollten, schmeiße ich Ihnen den ganzen Porzellanladen kaputt.«

Der Cutaway zuckte mit den Schultern, die Verkäuferin schrieb einen Zettel aus und brachte den Aschenbecher zur Auslieferung. Fabian ging zur Kasse, zahlte und nahm das Päckchen in Empfang. Dann begleitete er das Kind bis zum Ausgang. »Hier hast du deinen Aschenbecher«, sagte er. »Aber paß gut auf, daß er nicht entzweigeht. Es war einmal ein kleiner Junge, der kaufte einen großen Kochtopf, um ihn seiner Mutter am Heiligen Abend zu schenken. Als es soweit war, nahm er den Topf in die Hand und segelte durch die halb offene Tür. Der Christbaum schimmerte großartig. ›Da, Mutter, da hast du …‹, sagte er und wollte sagen: ›Da hast du den Topf.‹ Es gab aber einen Krach, der Topf zerbrach an der Tür. ›Da, Mutter, da hast du den Henkel‹, sagte der Junge nun, denn er hatte nur noch den Henkel in der Hand.«

Das kleine Mädchen sah zu ihm auf, hielt das Paket mit beiden Händen fest und meinte: »Mein Aschenbecher hat ja gar keinen Henkel.« Sie knickste und lief fort. Dann drehte sie sich noch einmal um, rief: »Danke schön!« und verschwand.

Fabian trat auf die Straße. Es regnete nicht mehr. Er stellte sich an die Bordschwelle und sah den Autos zu. Ein Wagen hielt. Eine alte Dame, mit Paketen behangen, schob sich schwerfällig vom Sitz und wollte aussteigen. Fabian öffnete den Wagenschlag, half der Dame vom Trittbrett, zog höflich den Hut und trat zur Seite.

»Da!« sagte jemand neben ihm. Es war die alte Dame. Sie drückte ihm etwas in die Hand, nickte und ging ins Kaufhaus. Fabian machte die Hand auf. Er hielt einen Groschen. Er hatte unfreiwillig einen Groschen verdient. Sah er bereits wie ein Bettler aus?

Er steckte die Münze ein, trat trotzig an den Straßenrand und öffnete einen zweiten Wagen. »Da!« sagte jemand und gab ihm wieder einen Groschen. ›Das wächst sich zu einem Beruf aus‹, dachte Fabian und hatte eine Viertelstunde später fünfundsechzig Pfennig verdient. ›Wenn jetzt Labude vorbeikäme und den literarhistorisch vorgebildeten Autoöffner sähe‹, überlegte er. Aber der Gedanke erschreckte ihn nicht. Nur der Mutter hätte er nicht begegnen mögen, und auch Cornelia nicht.

»Eine milde Gabe gefällig?« fragte eine Frau und gab ihm ein größeres Geldstück. Es war Frau Irene Moll. »Ich habe dich lange Zeit beobachtet, mein Junge«, sagte sie und lächelte schadenfroh. »Wir begegnen einander, wo wir können. Geht's dir so dreckig? Du warst voreilig, als du das Angebot meines Mannes ablehntest, und auch die Schlüssel hättest du behalten können. Ich wartete darauf, dich in meinem Bett wiederzusehen. Deine Zurückhaltung macht sinnlich. Hier, hilf mir die Pakete tragen. Das Trinkgeld hast du schon.«

Fabian ließ sich die Pakete aufladen und folgte schweigsam.

»Was kann ich für dich tun?« fragte sie nachdenklich.
»Stellung eingebüßt, was? Ich bin nicht nachtragend. Auf
Moll ist leider nicht mehr zu zählen. Er ist zu Schiff nach
Frankreich oder sonstwohin. Und jetzt wohnt die Kriminalpolizei bei uns. Moll hat die seinem Notariat übergebe-
nen Gelder unterschlagen. Seit Jahren schon, nie hätte ich
ihm das zugetraut. Wir haben ihn unterschätzt.«

»Wovon leben Sie denn nun?« fragte Fabian.

»Ich habe eine Pension eröffnet. Große Wohnungen sind
jetzt billig. Die Möbel hat mir ein alter Bekannter geschenkt,
das heißt, die Bekanntschaft ist jung, der Bekannte ist alt.
Ihm gehören nur ein paar Gucklöcher in den Türen.«

»Und wer wohnt in dieser übersichtlichen Pension?«

»Junge Männer, mein Herr. Wohnung und Verpflegung
gratis. Außerdem erhalten sie dreißig Prozent der Einnahmen.«

»Welcher Einnahmen?«

»Mein Verein unchristlicher junger Männer wird von
Damen der besten Gesellschaft mit wahrer Leidenschaft fre-
quentiert. Die Damen sind nicht immer schön und schlank,
und daß sie mal jung waren, glaubt ihnen kein Mensch. Aber
sie haben Geld. Und wieviel ich auch verlange, sie zahlen.
Und wenn sie vorher ihre Herren Ehemänner bestehlen
oder ermorden sollten, sie kommen. Meine Pensionäre verdienen. Der Möbelhändler sieht zu. Die Damen gehen ihren
Passionen nach. Drei junge Leute sind mir schon abgekauft
worden. Sie haben beträchtliche Einkünfte, eigene Wohnung und kleine Freundinnen nebenher, heimlich, versteht
sich. Der eine, ein Ungar, wurde von der Frau eines Indu-
striellen erworben. Er lebt wie ein Prinz. Wenn er klug ist,
hat er in einem Jahr ein Vermögen. Dann kann er die alte
Schießbudenfigur abschaffen.«

»Also ein Männerbordell«, sagte Fabian.

»So ein Institut hat heute viel mehr Existenzberechtigung
als ein Frauenhaus«, erklärte Irene Moll. »Außerdem träumte

ich schon als junges Mädchen davon, Besitzerin eines solchen Etablissements zu werden. Ich bin sehr zufrieden. Ich habe Geld, ich engagiere fast täglich neue Kräfte für das Unternehmen, und jeder, der sich um eine Pensionärstelle bewirbt, muß bei mir eine Art Aufnahmeprüfung bestehen. Ich nehme nicht jeden! Wirkliche Talente sind selten. Naturbegabungen gibt es schon eher. Ich werde Fortbildungskurse einrichten müssen.«

Sie blieb stehen. »Ich bin angelangt.« Die Pension lag in einem großen eleganten Mietshaus. »Ich möchte dir einen Vorschlag machen. Als Pensionär kommst du nicht in Frage, mein Lieber. Du bist zu wählerisch, du bist auch schon zu alt für die Branche, meine Kundschaft bevorzugt Zwanzigjährige. Außerdem leidest du an falschem Stolz. Ich könnte dich als Sekretär verwenden. Allmählich wird eine geordnete Buchführung notwendig. Du könntest in meinen Privaträumen arbeiten, wohnen könntest du auch dort. Wie denkst du darüber?«

»Hier sind die Pakete«, sagte Fabian. »Ich möchte meinem Brechreiz nicht zuviel zumuten.«

In diesem Augenblick kamen zwei junge Burschen aus dem Haus. Sie waren schick angezogen, zögerten, als sie Frau Moll erblickten, und nahmen die Hüte ab.

»Gaston, hast du heute Ausgang?« fragte sie.

»Mackie meinte, ich soll mir mal das Auto ansehen, das ihm Nummer Sieben versprochen hat. In zwanzig Minuten bin ich wieder da.«

»Gaston, du gehst sofort auf dein Zimmer. Was ist das denn für eine Wirtschaft? Mackie geht allein. Marsch! Für drei Uhr hat sich Nummer Zwölf angemeldet. Bis dahin schläfst du, los!«

Der junge Mann ging ins Haus zurück, der andere setzte, nochmals grüßend, seinen Weg fort.

Frau Moll wandte sich Fabian zu. »Du willst wieder nicht?« Sie nahm ihm die Pakete ab. »Ich gebe dir eine

Woche Bedenkzeit. Die Adresse weißt du nun. Überlege dir's. Verhungern ist Geschmacksache. Außerdem tätest du mir einen persönlichen Gefallen. Wirklich. Je mehr du dich sträubst, um so mehr reizt mich der Gedanke. Es eilt nicht, Zeitvertreib habe ich mittlerweile genug.« Sie ging ins Haus.

»Das grenzt an Zwangsläufigkeit«, murmelte Fabian und kehrte um.

Er aß in einer Kneipe Bockwurst mit Kartoffelsalat. Dazu las er die Zeitungen, die im Lokal aushingen, und notierte sich Stellenangebote. Dann kaufte er in einem muffigen Papierladen Schreibmaterial und verfaßte vier Bewerbungsschreiben. Als er sie in den Kasten gesteckt hatte, fand er, es sei Zeit. Und pilgerte, recht müde, zu der Zigarettenfabrik.

»Sieht man Sie auch mal wieder?« fragte der Portier.

»Ich will mich mit meiner Mutter hier treffen«, antwortete Fabian.

Der Portier kniff ein Auge zu. »Verlassen Sie sich ganz auf mich.«

Es war Fabian peinlich, daß der Mann die Komödie zu durchschauen schien. Er ging rasch ins Verwaltungsgebäude, setzte sich in eine Fensternische und sah alle fünf Minuten auf die Uhr. So oft er Schritte hörte, drückte er sich dicht an den Fensterrahmen. In zehn Minuten war Büroschluß. Die Angestellten hatten es eilig. Sie bemerkten ihn nicht. Er wollte sein Versteck gerade verlassen, als er wieder Schritte und Stimmen vernahm, die sich näherten.

»Ich werde morgen in der Direktionssitzung von dem Preisausschreiben berichten, das Sie da vorbereitet haben, lieber Fischer«, sagte die eine Stimme. »Der Vorschlag ist beachtlich, man wird Sie würdigen lernen.«

»Herr Direktor sind sehr gütig«, erwiderte die andere Stimme. »Eigentlich habe ich das Projekt ja nur von Herrn Doktor Fabian geerbt.«

»Erbmasse ist ein Besitz wie jeder andere, Herr Fischer!« Der Ton des Direktors war unfreundlich. »Ist Ihnen mein

Vorschlag unangenehm? Wäre Ihnen eine Gehaltszulage so
zuwider? Nun also! Außerdem bedarf das Projekt einiger
Verbesserungen. Ich werde gleich, unter Zugrundelegung
Ihres Materials, ein Exposé in die Maschine diktieren. Glau-
ben Sie mir, es wird Effekt machen, unser Preisausschreiben.
Sie können jetzt nach Hause gehen. Sie haben es gut.«

»Meister muß sich immer plagen. Von Schiller«, bemerkte
Fischer. Fabian trat aus der Nische. Fischer sprang erschrok-
ken einen Schritt zurück. Direktor Breitkopf fingerte im
Kragen. »Ich bin weniger überrascht als Sie«, sagte Fabian
und ging zur Treppe.

»Da kommt er ja schon«, meinte der Portier, der sich mit
Fabians Mutter unterhielt. Sie hatte den Koffer abgestellt,
die Reisetasche, die Handtasche und den Schirm auf den
Koffer gelegt und nickte dem Sohn zu. »Hübsch fleißig
gewesen?« fragte sie.

Der Portier lächelte gutmütig und spazierte in seinen Ver-
schlag.

Fabian gab der Mutter die Hand. »Wir haben noch eine
halbe Stunde Zeit«, sagte er und nahm das Gepäck auf.

Als sie einen Eckplatz im Zug belegt hatten (im mittelsten
Wagen, denn Frau Fabian hielt es für angebracht, die üblen
Folgen eines etwaigen Eisenbahnunglücks von vornherein
zu reduzieren), bummelten sie vor dem Kupee auf und ab.

»Nicht so weit weg.« Sie hielt den Sohn am Ärmel. »Wie
leicht wird ein Koffer gestohlen. Kaum dreht man sich um,
fort ist er.« Schließlich wurde Fabian mißtrauischer als die
Mutter und spähte unentwegt durchs Fenster zum Gepäcknetz.

»Nun kann's wieder abgehen«, sagte sie. »Der Henkel
vom Mantel ist angenäht. Im Zimmer sieht's wieder menschlich aus. Frau Hohlfeld tat beleidigt. Darauf kann man aber
keine Rücksicht nehmen.«

Fabian lief zu einem der fahrbaren Büfetts und brachte eine
Schinkensemmel, eine Packung Kekse und zwei Apfelsinen.

»Junge, bist du leichtsinnig«, sagte sie. Er lachte, kletterte ins Abteil, schob ihr heimlich einen Zwanzigmarkschein in die Handtasche und kletterte wieder auf den Bahnsteig.

»Wann wirst du endlich mal wieder nach Hause kommen?« fragte sie. »Ich koche alle deine Lieblingsgerichte, jeden Tag ein anderes, und wir gehen zu Tante Martha in den Garten. Im Geschäft ist ja so wenig los.«

»Ich komme, sobald ich kann«, versicherte er.

Als sie aus dem Kupeefenster blickte, meinte sie: »Bleib recht gesund, Jakob. Und wenn's hier nicht vorwärtsgehen will, pack dein Bündel und komm heim.«

Er nickte.

Sie sahen einander an und lächelten, wie man auf Bahnsteigen zu lächeln pflegt, ähnlich wie beim Fotografen, nur daß weit und breit kein Fotograf zu sehen ist. »Laß dir's gut gehen«, flüsterte er. »Es war schön, daß du da warst.«

Auf dem Tisch standen Blumen. Ein Brief lag daneben. Er öffnete ihn. Ein Zwanzigmarkschein fiel heraus, und ein Zettel. »Wenig mit Liebe, Deine Mutter«, war daraufgeschrieben. In der unteren Ecke war noch etwas zu lesen. »Iß das Schnitzel zuerst. Die Wurst hält sich in dem Pergamentpapier mehrere Tage.«

Er steckte den Zwanzigmarkschein ein. Jetzt saß die Mutter im Zug, und bald mußte sie den anderen Zwanzigmarkschein finden, den er ihr in die Handtasche gelegt hatte. Mathematisch gesehen, war das Ergebnis gleich Null. Denn nun besaßen beide dieselbe Summe wie vorher. Aber gute Taten lassen sich nicht stornieren. Die moralische Gleichung verläuft anders als die arithmetische.

Am selben Abend bat ihn Cornelia um hundert Mark. Im Korridor des Filmkonzerns sei ihr Makart begegnet. Er war wegen Verleihverhandlungen ins Gebäude der Konkurrenz gekommen. Er hatte sie angesprochen. Sie sei der Typ, den er schon lange suche. Für den nächsten Film seiner Firma,

versteht sich. Sie solle ihn morgen nachmittag im Büro aufsuchen. Der Produktionsleiter und der Regisseur wären
auch da. Vielleicht probiere man's mal mit ihr.

»Ich muß mir über Mittag einen neuen Jumper und einen
Hut besorgen, Fabian. Ich weiß, du hast fast kein Geld mehr.
Aber ich kann mir diese Chance nicht entgehen lassen.
Denke dir, wenn ich jetzt Filmschauspielerin würde! Kannst
du dir das vorstellen?«

»Doch«, sagte er und gab ihr seinen letzten Hundert-
markschein. »Hoffentlich bringt dir das Glück.«

»Mir?« fragte sie.

»Uns«, korrigierte er ihr zu Gefallen.

VIERZEHNTES KAPITEL

Der Weg ohne Tür
Fräulein Selows Zunge
Die Treppe mit den Taschendieben

In dieser Nacht träumte Fabian. Wahrscheinlich träumte er häufiger, als er glaubte. Aber in dieser Nacht weckte ihn Cornelia, und so entsann er sich des Traumes. Wer hätte ihn, vor Tagen noch, aus seinen Träumen wecken sollen? Wer hätte ihn mitten in der Nacht ängstlich rütteln sollen, bevor er neben Cornelia schlief? Er hatte mit vielen Frauen und Mädchen geschlafen, das war richtig, aber neben ihnen?

Er lief im Traum durch eine endlose Straße. Die Häuser waren unabsehbar hoch. Die Straße war ganz leer, und die Häuser hatten weder Fenster noch Türen. Und der Himmel war weit entfernt und fremdartig wie über einem tiefen Brunnen. Fabian hatte Hunger und Durst und war todmüde. Er sah, die Straße hörte nicht auf, aber er ging und wollte sie zu Ende gehen.

»Es hat keinen Zweck«, sagte da eine Stimme. Er blickte sich um. Der alte Erfinder stand hinter ihm, in der verschossenen Pelerine, mit dem schlechtgerollten Schirm und dem ergrauten steifen Hut. »Guten Tag, lieber Professor«, rief Fabian. »Ich dachte, Sie wären im Irrenhaus.«

»Hier ist es ja«, sagte der Alte und schlug mit der Schirmkrücke gegen eines der Gebäude. Es hallte blechern, dann ging ein Tor auf, wo keines war.

»Meine neueste Erfindung«, sagte der Alte. »Gestatten Sie, lieber Neffe, daß ich vorausgehe, ich bin hier zu Hause.« Fabian folgte. In der Portierloge hockte Direktor Breitkopf, hielt sich den Bauch und stöhnte: »Ich kriege ein Kind. Die

Sekretärin hat sich wieder mal nicht vorgesehen.« Dann schlug er sich dreimal auf die Glatze, und das klang laut wie ein Gong.

Der Professor steckte dem Direktor den schlechtgerollten Schirm tief in den Schlund und spannte den Schirm auf. Breitkopfs Gesicht zerplatzte wie ein Ballon.

»Verbindlichen Dank«, sagte Fabian.

»Nicht der Rede wert«, erwiderte der Erfinder. »Haben Sie meine Maschine schon gesehen?« Er nahm Fabian an der Hand und führte ihn durch einen Gang, in dem bläuliches Neonlicht brannte, ins Freie.

Eine Maschine, groß wie der Kölner Dom, türmte sich vor ihnen auf. Halbnackte Arbeiter standen davor, mit Schaufeln bewaffnet, und schippten Hunderttausende von kleinen Kindern in einen riesigen Kessel, in dem ein rotes Feuer brannte.

»Kommen Sie an das andere Ende«, sagte der Erfinder. Sie fuhren auf laufenden Bändern durch den grauen Hof. »Hier«, sagte der alte Mann und zeigte in die Luft. Fabian blickte empor. Gewaltige, glühende Bessemerbirnen senkten sich nieder, kippten automatisch um und schütteten ihren Inhalt auf einen horizontalen Spiegel. Der Inhalt war lebendig. Männer und Frauen fielen auf das glitzernde Glas, stellten sich gerade und starrten wie gebannt auf ihr handgreifliches und doch unerreichbares Abbild. Manche winkten in die Tiefe hinunter, als kennten sie sich. Einer zog eine Pistole aus der Tasche und schoß. Er traf, obwohl er, gestrichen Korn, seinem Bild ins Herz gezielt hatte, seine wirkliche große Zehe und verzog das Gesicht. Ein anderer drehte sich im Kreise. Offensichtlich wollte er seinem Abbild die Kehrseite zuwenden, der Versuch mißlang.

»Hunderttausend am Tage«, erläuterte der Erfinder. »Dabei habe ich die Arbeitszeit verkürzt und die Fünftagewoche eingeführt.«

»Lauter Verrückte?« fragte Fabian.

»Das ist eine Frage der Terminologie«, antwortete der Professor.

»Einen Moment, die Kupplung versagt.« Er trat an die Maschine heran und stocherte mit seinem Schirm in einer Öffnung. Plötzlich verschwand der Schirm, dann verschwand die Pelerine, sie zog den alten Mann hinter sich her. Er war fort. Seine Maschine hatte ihn verschluckt.

Fabian fuhr auf dem laufenden Band zurück, quer durch den grauen Hof. »Es ist ein Unglück passiert!« schrie er einem der halbnackten Arbeiter zu. Da purzelte ein Kind aus dem Kessel. Es trug eine Hornbrille und hielt einen schlechtgerollten Schirm im Händchen. Der Arbeiter nahm den Säugling auf die Schaufel und schleuderte ihn in den glühenden Kessel zurück. Fabian fuhr von neuem den Hof entlang und wartete unter den schwankenden Bessemerbirnen, daß sein alter Freund, erneut verwandelt, wiederkäme.

Er wartete vergebens. Statt dessen fiel er selber, ein zweiter Fabian, aber mit Pelerine, Schirm und Hut, aus einem der gewaltigen Kippkästen, stellte sich zu den anderen Figuren und starrte, gleich ihnen, auf die Spiegelbilder. An seinen Sohlen, mit dem Kopf nach unten, hing sein Abbild, ein dritter Fabian, im Spiegel und starrte aufwärts, dem zweiten Fabian ins Gesicht. Dieser zeigte mit dem Daumen hinter sich auf die Maschine und sagte: »Mechanische Seelenwanderung, Patent Kollrepp.« Dann schritt er auf den wirklichen Fabian zu, der im Hofe stand, ging mitten in ihn hinein und war nicht mehr da.

»Wie angegossen«, gestand Fabian, nahm dem Maschinenmenschen, der ihn unsichtbar ausfüllte, den Schirm ab, zog die Pelerine zurecht und war wieder das einzige Exemplar seiner selbst. Er blickte zu dem glänzenden Spiegel hinüber. Die Menschen versanken plötzlich darin wie in einem durchsichtigen Sumpf. Sie rissen die Münder auf, als ob sie vor Schreck schrien, aber es war nichts zu hören. Sie sanken völlig unter die Spiegelfläche. Ihre Abbilder flohen, wie

Fische, mit dem Kopf voran, wurden immer kleiner und verschwanden ganz. Nun standen die wirklichen Menschen unten, und es war, als seien sie in Bernstein gefangen. Fabian trat ganz nahe. Das war kein Spiegelbild mehr, was er sah. Über den untergegangenen Wesen lag eine bloße Glasplatte, und die Leute lebten weiter. Fabian kniete nieder und blickte hinab.

Fette, nackte Frauen, mit Sorgenfalten quer überm Leib, saßen an Tischen und tranken Tee. Sie trugen durchbrochene Strümpfe und im Genick geflochtene Hütchen. Armbänder und Ohrgehänge blitzten. Eines der alten Weiber hatte sich einen goldenen Ring durch die Nase gezogen. An anderen Tischen saßen dicke Männer, halbnackt, behaart wie Gorillas, mit Zylindern, manche in lila Unterhosen, alle mit großen Zigarren zwischen den dicken Lippen. Die Männer und Frauen schauten gierig auf einen Vorhang. Er wurde zur Seite gezogen, und junge geschminkte Burschen in enganliegenden Trikots stolzierten wie gezierte Mannequins über einen erhöhten Laufsteg. Den Jünglingen folgten, auch in Trikots, junge Mädchen, sie lächelten affektiert und brachten alles, was an ihnen rund war, angestrengt zur Geltung. Fabian erkannte einige, die Kulp, die Bildhauerin, die Selow, auch Paula aus Haupts Festsälen war dabei.

Die alten Frauen und Männer preßten die Operngläser an die Augen, sprangen auf, stolperten über Stühle und Tische, drängten dem Laufsteg zu, schlugen einander, um vorwärts zu kommen, und wieherten wie geile Pferde. Die dicken mit Schmuck beladenen Weiber rissen junge Burschen vom Steg, warfen sie heulend auf die Erde, knieten flehend nieder, spreizten die fetten Beine, zerrten sich Brillanten von den Armen und Fingern und aus den Ohrlappen und hielten sie bettelnd den verhurt lächelnden Gestalten entgegen. Die alten Männer griffen mit ihren Affenarmen nach den Mädchen, auch nach Jünglingen, und umarmten, blaurot vor Aufregung, wen sie faßten. Unterhosen, Krampfadern, Socken-

halter, zerrissene farbige Trikots, fette und faltige Gliedmaßen, verzerrte Visagen, grinsende Pomademünder, braune
schlanke Arme, im Krampf zuckende Füße füllten den Boden
aus. Es war, als läge ein lebendiger Perserteppich auf der Erde.

»Deine Cornelia ist auch dabei«, sagte Frau Irene Moll.
Sie saß neben ihm, und sie naschte aus einer großen Bon-
bontüte kleine junge Männer. Sie riß ihnen zuerst die Kleider ab. Das sah aus, als ob sie in Papier gewickelte Napoli-
tains schälte. Fabian suchte Cornelia. Sie stand, während
sich alle anderen wild verknäuelt am Boden wälzten, allein
auf dem Laufsteg und wehrte sich gegen einen dicken bruta-
len Mann, der ihr mit der einen Hand den Mund aufsperrte
und mit der andern seine brennende Zigarre, mit der Glut
voran, in den Mund stoßen wollte.

»Sträuben nützt bei dem nichts«, meinte die Moll und
kramte in ihrer Tüte. »Das ist Makart, ein Filmfabrikant,
Geld wie Heu. Seine Frau hat sich vergiftet.« Cornelia
wankte und stürzte neben Makart in den Tumult.

»Spring ihr doch nach«, sagte die Moll. »Aber du hast
Angst, das Glas zwischen dir und den anderen könnte zer-
brechen. Du hältst die Welt für eine Schaufensterauslage.«

Cornelia war nicht mehr zu entdecken. Aber jetzt sah
Fabian den Todeskandidaten Wilhelmy. Der war nackt, das
linke Bein war eine Prothese. Er stand auf einem Himmelbett und fuhr wie ein Wellenreiter über das Gezappel der
Menschen. Er schwang seinen Krückstock und schlug die
Kulp, die sich an dem Bett festklammerte, auf den Kopf und
auf die Hände, bis das Mädchen blutüberströmt losließ und
in die Tiefe sank.

Wilhelmy befestigte eine Schnur am Stock, band einen
Geldschein ans Ende der Schnur und warf diese Angel aus.
Die Menschen unter ihm sprangen wie Fische in die Luft,
schnappten nach der Banknote, fielen ermattet zurück und
schnellten wieder hoch. Da! Eine Frau hielt den Schein im
Mund. Es war die Selow. Sie schrie gellend. Ein Angelhaken

hatte ihre Zunge durchbohrt. Wilhelmy zog die Schnur ein, die Selow näherte sich, verzerrten Gesichts, dem Bett. Aber hinter ihr tauchte die Bildhauerin auf, umschlang die Freundin mit beiden Armen und riß sie rückwärts. Die Zunge glitt weit aus dem Mund. Wilhelmy und die Bildhauerin suchten das Mädchen an sich zu ziehen, jeder auf seine Seite. Die Zunge wurde immer länger, lang wie ein rotes Gummiband, und sie war zum Reißen gespannt. Wilhelmy rang nach Luft und lachte.

»Wunderbar!« rief Irene Moll. »Das grenzt an Tauziehen. Wir leben im Zeitalter des Sports.« Sie zerknüllte die leere Tüte und sagte: »Jetzt freß ich dich.« Sie riß ihm die Pelerine herunter. Ihre Finger griffen wie Scheren ineinander und zerschnitten Fabians Anzug. Er schlug ihr mit der Schirmkrücke auf den Kopf. Sie taumelte und ließ ihn los. »Ich liebe dich doch«, flüsterte sie und weinte. Ihre Tränen drangen wie kleine Seifenblasen aus ihren Augenwinkeln, wurden immer größer und stiegen schillernd in die Luft.

Fabian erhob sich und ging weiter.

Er geriet in einen Saal, der keine Wände hatte. Unzählige Treppenstufen führten von dem einen Ende des Saales hinauf zum anderen Ende. Auf jeder Stufe standen Leute. Sie blickten interessiert nach oben und griffen einander in die Taschen. Jeder bestahl jeden. Jeder wühlte heimlich in den Taschen des Vordermannes, und während er das tat, wurde er vom Hintermann beraubt. Es war ganz ruhig im Saal. Trotzdem war alles in Bewegung. Man stahl emsig, und man ließ sich bestehlen. Auf der untersten Stufe stand ein kleines zehnjähriges Mädchen und zog dem Vordermann einen bunten Aschenbecher aus dem Mantel. Plötzlich war Labude auf der obersten Stufe. Er hob die Hände, blickte die Treppe hinunter und rief: »Freunde! Mitbürger! Die Anständigkeit muß siegen!«

»Aber natürlich!« brüllten die anderen im Chor und kramten einander in den Taschen.

»Wer für mich ist, hebe die Hand!« schrie Labude. Die anderen hoben die Hand. Jeder hob eine Hand, mit der anderen stahl er weiter. Nur das kleine Mädchen auf der untersten Stufe hob beide Hände.

»Ich danke euch«, sagte Labude, und seine Stimme klang gerührt. »Das Zeitalter der Menschenwürde bricht an. Vergeßt diese Stunde nicht!«

»Du bist ein Narr!« rief Leda, stand neben Labude und zog einen großen hübschen Mann hinter sich her.

»Meine besten Freunde sind meine größten Feinde«, sagte Labude traurig. »Mir ist es gleich. Die Vernunft wird siegen, auch wenn ich untergehe.«

Da fielen Schüsse. Fabian sah hoch. Überall waren Fenster und Dächer. Und überall standen finstere Gestalten mit Revolvern und Maschinengewehren.

Die Menschen auf der Treppe warfen sich lang hin, aber sie stahlen weiter. Die Schüsse knatterten. Die Menschen starben, die Hände in fremden Taschen. Die Treppe lag voller Leichen.

»Um die ist es nicht schade«, sagte Fabian zu dem Freund. »Nun komm!« Aber Labude blieb in dem Kugelregen stehen. »Um mich auch nicht mehr«, flüsterte er, drehte sich nach den Fenstern und Dächern um und drohte ihnen.

Aus den Dachluken und aus den Giebeln fielen Schüsse in die Tiefe. Aus den Fenstern hingen Verwundete. Auf einer Giebelkante rangen zwei athletische Männer. Sie würgten und bissen einander, bis der eine taumelte und beide abstürzten. Man hörte den Aufschlag der hohlen Schädel. Flugzeuge schwirrten unter der Saaldecke und warfen Brandfackeln auf die Häuser. Die Dächer begannen zu brennen. Grüner Qualm quoll aus den Fenstern.

»Warum machen das die Leute?« Das kleine Mädchen aus dem Kaufhaus faßte Fabians Hand.

»Sie wollen neue Häuser bauen«, erwiderte er. Dann nahm er das Kind auf den Arm und stieg, über die Toten kletternd, die Stufen hinunter. Auf halbem Weg begegnete er einem kleinen Mann. Der stand da, schrieb Zahlen auf einen Block und rechnete mit den Lippen. »Was machen Sie da?« fragte Fabian.

»Ich verkaufe die Restbestände«, war die Antwort. »Pro Leiche dreißig Pfennige, für wenig getragene Charaktere fünf Pfennige extra. Sind Sie verhandlungsberechtigt?«

»Gehen Sie zum Teufel«, schrie Fabian.

»Später«, sagte der kleine Mann und rechnete weiter. Am Fuß der Treppe setzte Fabian das kleine Mädchen hin. »Nun geh nach Hause«, meinte er. Das Kind lief davon. Es hüpfte auf einem Bein und sang.

Er stieg wieder die Stufen empor. »Ich verdiene keinen Pfennig«, murmelte der kleine Mann, an dem er wieder vorbeikam. Fabian beeilte sich. Oben brachen die Häuser zusammen. Stichflammen stiegen aus den Steinhaufen. Glühende Balken neigten sich und sanken um, als tauchten sie in Watte. Noch immer ertönten vereinzelte Schüsse. Menschen mit Gasmasken krochen durch die Trümmer. So oft sich zwei begegneten, hoben sie Gewehre, zielten und schossen. Fabian sah sich um. Wo war Labude? »Labude!« schrie er. »Labude!«

»Fabian«, rief eine Stimme. »Fabian!«

»Fabian!« rief Cornelia und rüttelte ihn. Er erwachte. »Warum rufst du Labude?« Sie strich ihm über die Stirn.

»Ich habe geträumt«, sagte er. »Labude ist in Frankfurt.«

»Soll ich Licht machen?« fragte sie.

»Nein, schlaf rasch wieder ein, Cornelia, du mußt morgen hübsch aussehen. Gute Nacht.«

»Gute Nacht«, sagte sie.

Und dann lagen beide noch lange wach. Jeder wußte es vom andern, aber sie schwiegen.

FÜNFZEHNTES KAPITEL

Ein junger Mann, wie er sein soll
Vom Sinn der Bahnhöfe
Cornelia schreibt einen Brief

Am nächsten Morgen saß er, als Cornelia ins Büro ging, am offenen Fenster. Sie hatte eine Mappe unterm Arm und schritt eifrig aus. Sie hatte Arbeit. Sie verdiente Geld. Er saß am Fenster und ließ sich von der Sonne kitzeln. Sie schien warm, als sei die Welt in bester Ordnung, nichts brachte sie aus der Fassung.

Cornelia war schon weit. Er durfte sie nicht zurückrufen. Wenn er es getan und wenn er, aus dem Fenster gebeugt, gesagt hätte: ›Komm wieder herauf, ich will nicht, daß du arbeitest, ich will nicht, daß du zu Makart gehst!‹, hätte sie geantwortet: ›Was fällt dir ein? Gib mir Geld, oder halte mich nicht auf.‹ Er konnte sich nicht anders helfen, er streckte der Sonne die Zunge heraus. »Was machen Sie denn da?« fragte Frau Hohlfeld. Sie war unbemerkt eingetreten.

Fabian sagte abweisend: »Ich fange Fliegen. Sie sind heuer groß und knusprig.«

»Gehen Sie nicht ins Geschäft?«

»Ich bin in den Ruhestand getreten. Vom nächsten Ersten an erscheine ich im Defizit des Finanzministeriums, als unvorhergesehene Mehrausgabe.« Er schloß das Fenster und setzte sich aufs Sofa.

»Stellungslos?« fragte sie. Er nickte und holte Geld aus der Tasche. »Hier sind die achtzig Mark für den nächsten Monat.«

Sie nahm rasch das Geld und meinte: »Das war nicht so eilig, Herr Fabian.«

»Doch.« Er legte die letzten Scheine und Münzen übersichtlich auf den Tisch und zählte, was ihm blieb. »Wenn ich mein Kapital auf die Bank bringe, krieg ich drei Mark Zinsen im Jahr«, sagte er. »Das lohnt sich kaum.«

Die Wirtin wurde gesprächig. »In der Zeitung schlug gestern ein Ingenieur vor, man solle den Spiegel des Mittelmeeres um zweihundert Meter senken, dann kämen große Ländereien ans Licht, wie vor der Eiszeit, und man könne sie besiedeln und Millionen von Menschen darauf ernähren. Außerdem sei, mit Hilfe kurzer Dämme, eine durchgehende Eisenbahnverbindung von Berlin bis Kapstadt möglich!« Frau Hohlfeld war noch jetzt von dem Vorschlag des Ingenieurs eingenommen und sprach voller Feuer. Fabian pochte auf die Armlehne des Sofas, daß der Staub tanzte. »Na also!« rief er. »Auf ans Mittelmeer! Laßt uns seinen Spiegel senken! Kommen Sie mit, Frau Hohlfeld?«

»Gern. Ich war seit meiner Hochzeitsreise nicht mehr dort. Eine herrliche Gegend. Genua, Nizza, Marseille, Paris. Paris liegt übrigens nicht am Mittelmeer.« Sie gab dem Gespräch eine Wendung: »Da war das Fräulein Doktor wohl sehr traurig?«

»Schade, daß sie schon fort ist, sonst hätten wir sie fragen können.«

»Ein bezauberndes Mädchen, und so vornehm, ich finde, sie ähnelt der Königin von Rumänien, als sie noch jung war.«

»Erraten.« Fabian erhob sich und brachte die Wirtin zur Tür. »Es soll eine Tochter der Königin sein. Aber bitte, nicht weitersagen.«

Nachmittags saß er in einem großen Zeitungsverlag und wartete, daß Herr Zacharias Zeit fände. Herr Zacharias war ein Bekannter, der, nach einer Debatte über den Sinn der Reklame, zu ihm gesagt hatte: »Wenn Sie mich mal brauchen, melden Sie sich.« Fabian blätterte gedankenlos in einer der Zeitschriften, die den Tisch des Warteraums zierten, und entsann sich des Gesprächs. Zacharias hatte damals der Behauptung von H. G. Wells, daß das Wachstum der christlichen Kirche nicht zuletzt auf geschickte Propaganda zurückzuführen sei, begeistert zugestimmt; er hatte auch Wells' Forderung verfochten, daß es an der Zeit sei, die Reklame nicht länger auf die Steigerung des Konsums von Seife und Kaugummi zu beschränken, sondern sie endlich ausreichend in den Dienst von Idealen zu stellen. Fabian hatte geäußert, die Erziehbarkeit des Menschengeschlechts sei eine fragwürdige These; die Eignung des Propagandisten zum Volkserzieher und das Talent des Erziehers zum Propagandisten stünden außerdem in Frage; Vernunft könne man nur einer beschränkten Zahl von Menschen beibringen, und die sei schon vernünftig. Zacharias und er hatten sich förmlich gestritten, bis sie fanden, der Meinungsstreit trage allzu akademischen Charakter, denn beide möglichen Resultate – der Sieg oder die Niederlage jener idealistischen Aufklärung – setzten sehr viel Geld voraus, und für Ideale gebe keiner Geld.

Boten liefen geschäftig durch das Labyrinth der Gänge. Papphülsen fielen klappernd aus Metallröhren. Das Telefon des Aufsichtsbeamten klingelte fortwährend. Besucher kamen und gingen. Angestellte rannten aus einem Zimmer ins andere. Ein Direktor des Betriebes eilte, mit einem Stab untertäniger Mitarbeiter, die Treppe hinunter.

»Herr Zacharias läßt bitten.«

Ein Bote brachte ihn bis zur Tür. Zacharias gab Fabian temperamentvoll die Hand. Es war die hervorstechendste Eigenschaft dieses jungen Mannes, alles, was er tat, außerordentlich lebhaft zu besorgen. Er kam aus der Begeisterung nicht heraus. Ob er sich nun die Zähne putzte oder ob er debattierte, ob er Geld ausgab oder ob er seinen Vorgesetzten Vorschläge machte, stets riß er sich ein Bein aus. Wer in seine Nähe kam, wurde von dieser Humorlosigkeit infiziert. Plötzlich wurde ein Gespräch über das Binden von Krawat-

ten zum aufregendsten Thema der Gegenwart. Und die Vorgesetzten merkten, wenn sie mit Zacharias Geschäftliches
erörterten, wie ungeheuer wichtig ihr Beruf, ihr Verlag und
ihr Posten eigentlich waren. Die Karriere des Mannes war
nicht aufzuhalten. Daß er selbst Wesentliches leistete, war
unwahrscheinlich. Er diente dem Betrieb als Katalysator,
den Menschen seiner Umgebung als Stimulanz. Er wurde
unentbehrlich und hatte jetzt schon, mit achtundzwanzig
Jahren, ein Monatsgehalt von zweitausendfünfhundert Mark.
Fabian erzählte, was es zu erzählen gab.

»Frei ist nichts«, sagte Zacharias, »und ich wäre Ihnen so
gern gefällig. Außerdem bin ich überzeugt, daß wir beide
glänzend miteinander auskämen. Was machen wir bloß?«
Er preßte die Hände an die Schläfen wie ein Wahrsager dicht
vor der Erleuchtung. »Was halten Sie von Folgendem: wenn
ich Sie bei mir anstelle, als privaten Mitarbeiter, den ich aus
eigener Tasche bezahle? Ich könnte eine Kraft wie Sie gut
gebrauchen. Man erwartet hier im Hause pro Tag ein Dutzend Anregungen von mir. Bin ich ein Automat? Was kann
ich dafür, daß den anderen noch weniger einfällt? Wenn das
so weitergeht, läuft sich mein Gehirn einen Wolf. Ich habe
seit kurzem ein kleines, nettes Auto, Steyr, Sechszylinder,
Spezialkarosserie. Wir könnten jeden Tag ein paar Stunden
ins Grüne fahren und Eier legen. Ich chauffiere gern, es
beruhigt die Nerven. Dreihundert Mark würde ich für Sie
lockermachen. Und sobald hier ein Posten frei wird, hätten
Sie ihn. Na?«

Ehe Fabian antworten konnte, fuhr der andere fort:
»Nein, es geht nicht. Man würde sagen, Zacharias hält sich
einen weißen Neger. Ich bin vor keinem dieser Kerle sicher.
Sie stehen alle mit der Axt hinter der Tür, um mir eins über
den Kürbis zu hauen. Was machen wir bloß? Fällt Ihnen
nichts ein?«

Fabian sagte: »Ich könnte mich auf den Potsdamer Platz
stellen, mit einem großen Schild vorm Bauch, auf dem etwa

stünde: ›Dieser junge Mann macht augenblicklich nichts, aber probieren Sie's, und Sie werden sehen, er macht alles.‹ Ich könnte den Text auch auf einen großen Luftballon malen.«

»Wenn Sie den Vorschlag ernst meinten, wäre er gut!« rief Zacharias. »Aber er ist nichts wert, weil Sie nicht daran glauben. Sie nehmen nur die wirklich ernsten Dinge ernst, und vielleicht nicht einmal die. Es ist ein Jammer. Mit Ihrer Begabung wäre ich heute leitender Direktor.« Zacharias wandte bei Leuten, die ihm überlegen waren, einen höchst raffinierten Trick an: er gab diese Überlegenheit zu, er bestand geradezu auf ihr.

»Was nützt es mir, daß ich begabt bin?« fragte Fabian betrübt. Diese rhetorische Anfrage hatte Zacharias nicht erwartet. Wenn er selber offen war, genügte das. Statt dessen kam einer des Weges, bat um Rat und wurde obendrein vorlaut.

»Es ist schade, daß Sie mir die Bemerkung übelnehmen«, sagte Fabian. »Ich wollte Sie nicht kränken. Ich bin auf meine Talente nicht eingebildet, sie reichen glatt zum Verhungern. Und so schlecht, daß ich auf sie stolz sein müßte, geht es mir erst in vierzehn Tagen.« Zacharias stand auf und begleitete den Besucher betont bis zur Treppe. »Rufen Sie mich morgen mal an, gegen zwölf Uhr, nein, da habe ich eine Konferenz, sagen wir nach Zwei. Vielleicht fällt mir inzwischen was ein. Servus.«

Fabian hätte gern Labude angerufen, doch der war in Frankfurt. Er hätte ihm beileibe nichts von seinen Sorgen erzählt. Sorgen hatte Labude selber. Die bekannte Stimme wollte er hören, weiter nichts. Zwischen Freunden konnten Gespräche übers Wetter Wunder wirken. Die Mutter war wieder fort. Der ulkige alte Erfinder war, samt Pelerine, auf dem Weg ins Irrenhaus. Cornelia kaufte sich einen neuen Hut, um ein paar Filmleuten zu gefallen. Fabian war allein. Warum konnte man nicht, bis auf Widerruf, vor sich selber davonlaufen? Obwohl er ziellos durch die City wanderte, stand er wenig später vor dem Haus, in dem Cornelia angestellt war. Er setzte, ärgerlich über sich, den Weg fort und ertappte sich dabei, daß er in jedes Hutgeschäft schielte. Saß sie jetzt noch im Büro? Probierte sie bereits Hüte und Jumper?

Am Anhalter Bahnhof kaufte er eine Zeitung. Der Mann, der im Kiosk saß, sah gemütlich aus. »Könnten Sie jemanden brauchen, der Ihnen hilft?« fragte Fabian.

»Nächstens lerne ich Strümpfe stricken«, sagte der Mann, »vor einem Jahr hatte ich den doppelten Umsatz, und auch der war nicht üppig. Die Leute lesen die Zeitungen neuerdings nur noch beim Friseur und im Café. Bäcker hätte man werden sollen. Das Brot kriegen die Leute beim Friseur noch nicht umsonst.«

»Neulich hat jemand vorgeschlagen, das Brot von Staats wegen ins Haus zu liefern, genau wie das Leitungswasser«, erzählte Fabian. »Passen Sie auf, eines Tages schützt nicht mal das Brotbacken vorm Verhungern.«

»Wollen Sie eine Stulle haben?« fragte der Mann im Kiosk.

»Eine Woche reicht's schon noch«, sagte Fabian, bedankte sich und ging zum Bahnhof hinüber. Er studierte den Fahrplan. Sollte er, vom letzten Geld, ein Billett kaufen und zur Mutter kutschieren? Aber vielleicht wußte Zacharias morgen einen Ausweg? Als er aus dem Bahnhof trat und wieder diese Straßenfluchten und Häuserblöcke vor sich sah, dieses hoffnungslose, unbarmherzige Labyrinth, wurde ihm schwindlig. Er lehnte sich neben ein paar Gepäckträgern an die Wand und schloß die Augen. Doch nun quälte ihn der Lärm. Ihm war, als führen die Straßenbahnen und Autobusse mitten durch seinen Magen. Er kehrte wieder um, stieg die Treppe zum Wartesaal hinauf und legte dort den Kopf auf eine harte Bank. Eine halbe Stunde später war ihm wohler. Er ging zur Straßenbahnhaltestelle, fuhr nach Hause, warf sich aufs Sofa und schlief sofort ein.

Abends erwachte er. Die Vorsaaltür schlug laut zu. Kam Cornelia? Nein, jemand lief rasch die Treppe hinunter. Er ging ins andere Zimmer hinüber und erschrak.

Der Schrank stand offen. Er war leer. Die Koffer fehlten. Fabian machte Licht, obwohl es erst dämmerte. Auf dem Tisch, von der Vase beschwert, in der Blumen aufs Wegwerfen warteten, lag ein Brief. Er nickte, nahm den Brief und ging in sein Zimmer zurück.

»Lieber Fabian«, schrieb Cornelia, »ist es nicht besser, ich gehe zu früh als zu spät? Eben stand ich neben dir am Sofa. Du schliefst, und Du schläfst auch jetzt, während ich Dir schreibe. Ich bliebe gern, aber stell Dir vor, ich bliebe! Ein paar Wochen noch, und Du wärst recht unglücklich. Dich bedrückt nicht das Gewicht der Not, sondern der Gedanke, daß Not so wichtig werden kann. Solange Du allein warst, konnte Dir nichts geschehen, was auch geschah. Es wird wieder werden, wie es war. Bist Du sehr traurig? Sie wollen mich im nächsten Film herausstellen. Morgen unterschreibe ich den Kontrakt. Makart hat mir zwei Zimmer gemietet. Es ist nicht zu umgehen. Er sprach darüber, als handle es sich um einen Zentner Briketts. Fünfzig Jahre ist er alt, und er sieht aus wie ein zu gut angezogener Ringkämpfer im Ruhestand. Mir ist, als hätte ich mich an die Anatomie verkauft. Wenn ich noch einmal in Dein Zimmer käme und Dich weckte? Ich lasse Dich schlafen. Ich werde nicht zugrunde gehen. Ich werde mir einbilden, der Arzt untersucht mich. Er mag sich mit mir beschäftigen, es muß sein. Man kommt nur aus dem Dreck heraus, wenn man sich dreckig macht. Und wir wollen doch heraus! Ich schreibe: Wir. Verstehst Du mich? Ich gehe jetzt von Dir fort, um mit Dir zusammenzubleiben. Wirst Du mich liebbehalten? Wirst Du mich noch anschauen wollen und umarmen können trotz dem anderen? Morgen nachmittag werde ich, von vier Uhr ab, im Café Schottenhaml auf Dich warten. Was soll aus mir werden, wenn Du nicht kommst? Cornelia.«

Fabian saß ganz still. Es wurde immer finsterer. Das Herz tat weh. Er hielt die Knäufe des Sessels umklammert, als wehre er sich gegen Gestalten, die ihn fortziehen wollten. Er nahm sich zusammen. Der Brief lag unten auf dem Teppich und glänzte im Dunkel.

»Ich wollte mich doch ändern, Cornelia!« sagte Fabian.

SECHZEHNTES KAPITEL

Fabian fährt auf Abenteuer
Schüsse am Wedding
Onkel Pelles Nordpark

Am selben Abend fuhr er mit der Untergrundbahn in den Norden hinauf. Er stand am Fenster des Wagens und blickte unverwandt in den schwarzen Schacht, in dem manchmal kleine Lampen vorbeizogen. Er starrte auf die belebten Bahnsteige der unterirdischen Bahnhöfe. Er starrte, wenn sich der Zug aus dem Schacht emporhob, auf die grauen Häuserzeilen, in düstere Querstraßen und in erleuchtete Zimmer hinein, wo fremde Menschen rund um den Tisch saßen und auf ihr Schicksal warteten. Er starrte auf das glitzernde Gewirr der Eisenbahngleise hinunter, über denen er dahinfuhr; auf die Fernbahnhöfe, in denen die roten Schlafwagenzüge ächzend an die weite Reise dachten; auf die stumme Spree, auf die von grellen Leuchtschriften belebten Theatergiebel und auf den sternlosen violetten Himmel über der Stadt.

Fabian sah das alles, als führen nur seine Augen und Ohren durch Berlin, und er selber sei weit, weit weg. Sein Blick war gespannt, aber das Herz war besinnungslos. Er hatte lange in seinem möblierten Zimmer gesessen. Irgendwo in dieser unabsehbaren Stadt lag jetzt Cornelia mit einem fünfzigjährigen Mann im Bett und schloß ergeben die Augen. Wo war sie? Er hätte die Wände von allen Häusern reißen mögen, bis er die zwei fand. Wo war Cornelia? Warum verdammte sie ihn zur Untätigkeit? Warum tat sie das in einem der wenigen Augenblicke, wo es ihn zu handeln trieb? Sie kannte ihn nicht. Sie hatte lieber falsch gehandelt, als ihm zu sagen: ›Handle du richtig!‹ Sie glaubte, er könne eher tau-

send Schläge erdulden, als selber einmal den Arm erheben.
Sie wußte nicht, daß er sich danach sehnte, Dienst zu tun und
Verantwortung zu tragen. Wo aber waren die Menschen,
denen er gern gedient hätte? Wo war Cornelia? Unter einem
dicken alten Mann lag sie und ließ sich zur Hure machen,
damit der liebe Fabian Lust und Zeit zum Nichtstun hatte.
Sie schenkte ihm großmütig jene Freiheit wieder, von der sie
ihn befreit hatte. Der Zufall hatte ihm einen Menschen in die
Arme geführt, für den er endlich handeln durfte, und dieser
Mensch stieß ihn in die ungewollte, verfluchte Freiheit zurück. Beiden war geholfen gewesen, und nun war beiden
nicht zu helfen. In dem Augenblick, wo die Arbeit Sinn erhielt, weil er Cornelia fand, verlor er die Arbeit. Und weil er
die Arbeit verlor, verlor er Cornelia.

Er hatte, durstig, ein Gefäß in der Hand gehalten und es
nicht tragen mögen, weil es leer war. Da, als er es kaum noch
hoffte, war das Schicksal gnädig gewesen und hatte das Gefäß gefüllt. Er hatte sich darüber geneigt und endlich trinken
wollen. ›Nein‹, hatte da das Schicksal gesagt, ›nein, du hiel-
test ja den Becher nicht gern‹, und das Gefäß war ihm aus
den Händen geschlagen worden, und das Wasser war über
seine Hände zur Erde geflossen.

Hurra! Nun war er frei. Er lachte so laut und böse, daß die
anderen Fahrgäste, leicht verstimmt, von ihm abrückten. Er
stieg aus. Es war ja gleichgültig, wo er ausstieg, er war frei,
Cornelia erschlief sich, weiß der Teufel wo, eine Karriere
oder eine Verzweiflung oder beides. Auf der Chaussee-
straße, am Trakt der Polizeikasernen, sah er in den geöffne-
ten Toren grüne Autos, Scheinwerfer blitzten. Polizisten
kletterten auf die Wagen und standen, entschlossen, in stum-
mer Kolonne. Einige Autos ratterten in nördlicher Richtung davon. Fabian folgte ihnen. Die Straße war voller Menschen. Zurufe flogen den Wagen nach. Zurufe, als wären es
schon Steine. Die Mannschaften blickten geradeaus. Am
Weddingplatz riegelten sie die Reinickendorfer Straße ab,

auf der Arbeitermassen näher zogen. Berittene Polizei wartete hinter der Sperrkette darauf, zur Attacke befohlen zu werden. Uniformierte Proletarier warteten, den Sturmriemen unterm Kinn, auf proletarische Zivilisten. Wer trieb sie gegeneinander? Die Arbeiter waren nahe, ihre Lieder wurden immer lauter, da ging die Polizei schrittweise vor, ein Meter Abstand von Mann zu Mann. Der Gesang wurde von wütendem Gebrüll abgelöst. Man spürte, ohne die Vorgänge sehen zu können, am Lärm, und wie er wuchs, daß die Arbeiter und die Polizei dort vorn gleich aufeinanderstoßen würden. Eine Minute später bestätigten Aufschreie die Vermutung. Man war zusammengetroffen, die Polizei schlug zu. Jetzt setzten sich die Pferde schaukelnd in Bewegung und trabten in das Vakuum hinein, die Hufe klapperten übers Pflaster. Von vorn ertönte ein Schuß. Scheiben zersprangen. Die Pferde galoppierten. Die Menschen auf dem Weddingplatz wollten nachdrängen. Eine zweite Postenkette sperrte den Zugang zur Reinickendorfer Straße, rückte langsam vor und säuberte den Platz. Steine flogen. Ein Wachtmeister erhielt einen Messerstich. Die Polizei hob die Gummiknüppel und ging zum Laufschritt über. Auf drei Lastautos kam Verstärkung, die Mannschaften sprangen von den langsam fahrenden Wagen herunter. Die Arbeiter ergriffen die Flucht, an den äußersten Rändern des Platzes und in den Zugangstraßen machten sie wieder halt. Fabian drängte sich durch die lebendige Mauer und ging seiner Wege. Der Lärm entfernte sich. Drei Straßen weiter schien es schon, als herrsche überall Ruhe und Ordnung.

Ein paar Frauen standen in einem Haustor. »He, Sie!« sagte die eine, »stimmt das, am Wedding gibt's Keile?«

»Sie nehmen einander Maß«, antwortete er und ging vorbei.

»Ich laß mich fressen, Franz ist wieder mittendrin«, rief die Frau. »Na, komm du nur nach Hause!«

Mitten in der Straßenfront, unvermutet zwischen alten,

soliden Mietskasernen, lag ein Rummelplatz, der Onkel Pelles Nordpark hieß. Leierkastenmusik überspülte die Gespräche der Mädchen, die Arm in Arm, in langer Kette vor dem Eingang bummelten. Verwegen tuende Burschen mit schiefgezogenen Mützen strichen entlang und riefen Frechheiten. Die Mädchen kicherten geschmeichelt und gaben unmißverständlich Antwort.

Fabian trat durch das Tor. Das Gelände glich einem Trokkenplatz. Azetylenflammen zuckten und ließen die Wege und Buden halbfinster. Der Boden war klebrig und von Grasstoppeln bewachsen. Das Karussell war, wegen mangelnder Nachfrage, mit Zeltbahnen verhangen. Männer in derben Joppen, alte Frauen mit Kopftüchern, Kinder, die längst hätten im Bett liegen müssen, trotteten den Budenweg entlang.

Ein Glücksrad rasselte. Die Menschen standen dicht zusammengedrängt, die Augen hingen an der rotierenden Scheibe. Sie lief langsamer, überwand noch ein paar Nummern, hielt still.

»25!« schrie der Ausrufer.

»Hier, hier!« Eine alte Frau, mit der Brille auf der Nase, hob ihr Los. Man reichte ihr den Gewinn. Was hatte sie gewonnen? Ein Pfund Würfelzucker.

Wieder schnurrte das Rad. »17!«

»Hallo, das bin ich!« Ein junger Mann schwenkte sein Los. Er bekam ein Viertelpfund Bohnenkaffee. »Was für Muttern«, sagte er zufrieden und zog ab.

»Und jetzt folgt die große Prämie! Der Gewinner darf sich aussuchen!« Das Rad schwankte, tickte, stand still, nein, es rückte noch eine Nummer weiter.

»9!«

»Mensch, hier!« Ein Fabrikmädchen klatschte in die Hände. Sie las die Lotteriebestimmungen. »Der Hauptgewinn besteht aus fünf Pfund prima Weizenmehl oder einem Pfund Butter oder dreiviertel Pfund Bohnenkaffee oder eindreiviertel Pfund magerem Speck.« Sie verlangte ein Pfund Butter. »Allerhand für einen Groschen«, rief sie. »Das kann man mitnehmen.«

»Es folgt die nächste Ziehung!« brüllte der Ausrufer. »Wer hat noch nicht, wer will noch mal? Sie da, Großmutter! Hier ist das Monte Carlo der armen Luder! Keine Mark, keine halbe Mark, sondern einen Groschen!«

Gegenüber war ein ähnliches Unternehmen. Aber die Tombola bestand aus Fleisch und Wurst, und das Los kostete doppelt soviel.

»Der Hauptgewinn, meine Herrschaften, der Hauptgewinn besteht diesmal aus einer halben Hamburger Gans!« kreischte eine Schlächtersgattin. »Zwanzig Pfennige, nur Mut, mein Volk!« Ihr Gehilfe schnitt mit einem Riesenmesser dünne Scheiben von einer Schlackwurst und verteilte an die Loskäufer Kostproben. Den anderen lief das Wasser im Munde zusammen. Sie gruben zwei Groschen aus dem Portemonnaie und griffen zu.

»Wie denkst du über Gänsebraten?« fragte einer ohne Schlips und Kragen eine Frau.

»Schade ums Geld«, sagte sie. »Wir haben kein Glück, Willem.«

»Laß man«, meinte er, »es ist manchmal komisch.« Er nahm ein Los, steckte der Frau die Scheibe Wurst, die er zugekriegt hatte, in den Mund, und blickte erwartungsvoll auf das Rad.

»Die Ziehung nimmt hiermit ihren Anfang«, kreischte die Schlächtersgattin. Das Glücksrad surrte, Fabian ging weiter. »Hippodrom und Tanz« stand über einem großen Zelt. 20 Pfennig Entree. Er ging hinein. Das Lokal bestand aus zwei Kreisen. Der eine war überhöht, wie ein Pfahlbau stand er im Zelt, dort oben wurde getanzt. In der Mitte saß eine Blechkapelle und spielte, als hätten die Musiker miteinander Streit gehabt. Die Mädchen lehnten am Geländer. Die jungen Männer griffen zu. Man machte keine Umstände. Der andere Kreis war eine Sandmanege, in der, zu den Klängen der Kapelle, drei ausrangierte Gäule vor sich hintrabten. Sie wurden von einem zylindergeschmückten Stallmeister, der die Peitsche schwang und wiederholt »Terrab!« schrie, vom Einschlafen abgehalten. Auf einem kleinen einäugigen Schimmel saß eine Frau im Herrensitz. Der Rock war hoch über die Knie gerutscht. Sie trabte deutsch und lachte, so oft sie auf den Sattel fiel.

Fabian setzte sich neben die Manege und trank ein Bier. Die Reiterin zog jedesmal, wenn sie an ihm vorbeikam, den Rock herunter. Die Beschäftigung war sinnlos. Der Rock rutschte immer wieder hoch. Als sie zum vierten Male Fabians Tisch passierte, lächelte sie ein bißchen und ließ den Rock oben. In der fünften Runde blieb der Schimmel vor dem Tisch stehen und glotzte mit dem blinden Auge ins Bierglas. »Da gibt's keinen Zucker«, sagte die Frau und sah Fabian ins Gesicht. Der Stallmeister knallte mit der Peitsche, und der kleine Schimmel schob weiter.

Kaum war die Frau vom Pferd gestiegen, setzte sie sich betont unabsichtlich an den Nebentisch, schräg vor Fabian, so daß er ihre körperlichen Vorzüge nicht übersehen konnte. Sein Blick blieb auf der Figur haften, und da erwachte sein Schmerz aus der Narkose. Wo war Cornelia? War ihr die Umarmung, in der sie jetzt lag, zuwider? Empfand sie, während er hier saß, in einem fremden Bett Vergnügen? Er sprang auf. Der Stuhl fiel um. Die Frau am Nebentisch blickte ihm wieder ins Gesicht, ihre Augen wurden groß, der Mund krümmte und öffnete sich leicht, die Zungenspitze fuhr feucht an der Oberlippe entlang.

»Kommen Sie mit?« fragte er unwillig. Sie kam mit, und sie gingen, ohne viel zu reden, ins »Theater«. Das war eine elende Bretterbaracke. »Auftreten der renommierten Rheingoldsänger. Rauchen erlaubt. Zu den Abendvorstellungen haben Kinder keinen Anspruch auf Sitzplätze.« Die Bude war halbvoll. Die Zuschauer hatten die Hüte auf, rauchten Zigaretten und ließen sich im Dunkel von der unüberbiet-

bar albernen und verlogenen Romantik, die ihnen für dreißig Pfennige vorgesetzt wurde, bis zu Tränen rühren. Sie
hatten mehr Mitleid mit dem verkitschten Kulissenzauber
dort oben als mit ihrer eigenen Not.

Fabian legte den Arm um die fremde Frau. Sie schmiegte
sich an ihn und atmete schwer, damit er es höre. Das Stück
war tieftraurig. Ein flotter Student – Direktor Blasemann,
grauhaarig und über fünfzig Jahre alt, spielte die Rolle persönlich – kam jeden Morgen betrunken nach Haus. Das lag
an dem verdammten Sekt. Er sang Studentenlieder, bestellte
einen sauren Hering, wurde von der Portiersfrau abgekan-
zelt und schénkte einer alten gichtkranken Hofsängerin,
daß sie das Singen lasse, seinen letzten Taler.

Doch das Schicksal schritt, so schnell es konnte. Die alte
Hofsängerin war, wer hätte sie sonst sein sollen?, niemand
anders als die Mutter des fünfzigjährigen Studenten! Zwölf
Jahre lang hatte er sie nicht gesehen, erhielt allmonatlich Geld
von ihr und glaubte, sie sei noch immer, wie einst, Hof-
opernsängerin. Natürlich erkannte er sie nicht. Aber Mutter-
augen sehen schärfer, sie wußte sofort: der oder keiner.
Jedoch, die Zuspitzung des Dramas verzögerte sich. Eine
Liebesaffäre brach herein. Der Student liebte und wurde ge-
liebt, letzteres geschah durch Fräulein Martin, jene bildhübsche Näherin, die gegenüber wohnte, die Nähmaschine trat
und wie eine Lerche sang. Ellen Martin, die singende Lerche,
wog gut zwei Zentner. Sie hüpfte, daß sich die Bühne bog, aus
der Kulisse und sang mit Direktor Blasemann, dem Studenten, Couplets. Der Anfang des erfolgreichsten Duetts lautete:

»Schatzi du, ach Schatzi mein,
sollst mein ein und alles sein!«

Das junge Paar, das zusammen an die hundert Lenze zählen
mochte, schob sich wuchtig auf dem Hof, den die Szene dar-
stellen sollte, hin und her; dann versprach er ihr die Ehe, sie

aber wurde traurig, weil er alte Sängerinnen vom Hofe zu treiben pflege. Dann sangen sie das nächste Couplet.

Die Leute klatschten Beifall. Die Frau, um die Fabian seine Hand liegen hatte, machte eine leichte Drehung, sie gab ihm die Brust. »Ach, ist das schön«, sagte sie. Vermutlich meinte sie das Stück. Im Zuschauerraum herrschte wieder feierliche Stille. Die alte, gebeugte, gichtkranke Hofsängerin, die den Sohn Medizin studieren und einem feudalen Korps angehören ließ, wackelte aus der Kulisse, erreichte den Hof mit Müh und Not, hob den Zeigefinger, der Pianist gehorchte, und ein rührseliges Mutterlied war im Entstehen begriffen.

»Gehen wir«, sagte Fabian und ließ den Büstenhalter der fremden Frau los.

»Schon«, fragte sie erstaunt, aber sie folgte ihm.

»Hier wohne ich«, erklärte sie vor einem großen Haus in der Müllerstraße. Sie schloß auf. Er sagte: »Ich komme mit hinauf.« Sie sträubte sich, es klang nicht überzeugend. Er drückte sie in den Hausflur. »Was werden bloß meine Wirtsleute sagen? Nein, sind Sie stürmisch. Aber recht leise, ja?« An der Tür stand: Hetzer.

»Wieso sind zwei Betten in deinem Zimmer?« fragte er.

»Pst, man kann uns hören«, flüsterte sie. »Die Wirtsleute haben keinen Platz zum Abstellen.«

Er zog sich aus. »Mach nicht so viel Umstände«, sagte er.

Sie schien Koketterie für unerläßlich zu halten und zierte sich wie eine späte Jungfrau. Schließlich lagen sie nebeneinander. Sie löschte das Licht, und erst jetzt entkleidete sie sich völlig. »Einen Moment«, flüsterte sie, »nicht böse sein.« Sie knipste eine Taschenlampe an, breitete ein Tuch über sein Gesicht und untersuchte ihn im Schein der Taschenlampe wie ein alter Kassenarzt. »Entschuldigen Sie, man kann heutzutage nicht vorsichtig genug sein«, erklärte sie anschließend. Und nun stand nichts mehr im Wege.

»Ich bin Verkäuferin in einem Handschuhgeschäft«, berichtete sie etwas später. »Willst du bis morgen früh bleiben?« fragte sie nach einer weiteren halben Stunde. Er nickte. Sie verschwand in der Küche, er hörte, wie sie spülte. Sie brachte warmes Seifenwasser, wusch ihn sorgfältig, mit hausfraulichem Eifer, und stieg wieder ins Bett.

»Stört es deine Wirtsleute nicht, wenn du in der Küche Wasser wärmst?« fragte er. »Laß das Licht brennen!«

Sie erzählte belanglose Dinge, fragte, wo er wohne, und nannte ihn »Schatz«. Er musterte die Zimmereinrichtung. Außer den Betten war noch ein leidenschaftlich geschwungenes Plüschsofa anwesend, ferner ein Waschtisch mit Marmorplatte, ein scheußlicher Farbendruck, woselbst eine junge mollige Frau, im Nachthemd auf einem Eisbärenfell hockend, mit einem rosigen Baby spielte, und ein Schrank mit einem Türspiegel, der schlecht funktionierte. ›Wo ist Cornelia?‹ dachte er und fiel wieder über die nackte, erschrockene Verkäuferin her.

»Man sollte Angst vor dir haben«, flüsterte sie danach. »Willst du mich umbringen? Aber es ist wunderbar.« Sie kniete sich neben ihn, betrachtete aus geweiteten Augen sein gleichgültiges Gesicht und küßte ihn.

Als sie todmüde eingeschlafen war, lag er noch immer wach, allein in einem fremden Zimmer, blickte angespannt ins Dunkel und dachte: ›Cornelia, was haben wir getan?‹

SIEBZEHNTES KAPITEL

Kalbsleber, aber ohne Flechsen
Er sagt ihr die Meinung
Ein Reisender verliert die Geduld

»Ich habe gelogen«, sagte die Frau am anderen Morgen. »Ich gehe gar nicht ins Geschäft. Und die Wohnung gehört mir. Und wir sind ganz allein. Komm in die Küche.«

Sie goß Kaffee ein, strich Brötchen, klopfte ihm zärtlich auf die Wange, band die Schürze ab und setzte sich zu ihm an den Küchentisch. »Schmeckt's«, fragte sie munter, obwohl er nicht aß. »Blaß siehst du aus, Schatz. Es ist aber auch kein Wunder. Greif tüchtig zu, damit du wieder groß und stark wirst.« Sie legte ihren Kopf an seine Schulter und spitzte wie ein Backfisch die Lippen.

»Du hattest Angst, ich könnte dir das Sofa stehlen oder dir den Bauch aufschlitzen?« fragte Fabian. »Und wie kommen die zwei Betten in dein Schlafzimmer?«

»Ich bin verheiratet«, sagte sie. »Mein Mann reist für eine Trikotagenfirma. Augenblicklich ist er im Rheinland. Dann fährt er nach Württemberg. Er ist mindestens noch zehn Tage unterwegs. Willst du so lange bleiben?«

Er trank Kaffee und gab keine Antwort.

»Ich brauche wen«, erklärte sie heftig, als hätte ihr jemand widersprochen.

»Nie ist er da, und wenn er da ist, lohnt sich's auch nicht. Bleib die zehn Tage bei mir. Mach dir's bequem. Ich koche gut. Geld habe ich auch. Was willst du heute mittag essen?« Sie begann zu wirtschaften und blickte ängstlich zu ihm hin.

»Ißt du gern Kalbsleber mit Bratkartoffeln? Warum antwortest du denn gar nicht?«

»Habt ihr Telefon?« fragte er.

»Nein«, sagte sie. »Willst du fort? Bleib doch. Es war so schön. Es war so schön wie noch nie.« Sie trocknete sich die Hände und fuhr streichelnd über sein Haar.

»Ich bleibe ja«, meinte er. »Aber ich muß telefonieren.« Sie sagte, telefonieren könne man beim Fleischer Rarisch, und ob er ein halbes Pfund frische Kalbsleber mitbringen wolle, ohne Flechsen. Dann gab sie ihm Geld, öffnete vorsichtig die Vorsaaltür, und weil die Treppe leer war, durfte er aus der Wohnung.

»Ein halbes Pfund frische Kalbsleber, aber ohne Flechsen«, sagte er im Fleischerladen. Dann rief er, während man ihn bediente, Zacharias an. Das Telefon war fertig.

»Nein«, erklärte Zacharias, »mir ist nichts eingefallen. Aber ich gebe die Hoffnung nicht auf, das wäre doch gelacht, mein Lieber. Wissen Sie was, kommen Sie morgen wieder mal vorbei. Es geht manchmal schnell. Schlimmstenfalls plaudern wir ein bißchen. Ist es Ihnen recht? Wiedersehen.«

Fabian nahm die Kalbsleber in Empfang. Das Papier blutete. Er zahlte und trug das Fleischpaket vorsichtig ins Haus. Weil die Nachbarin die Türklinke putzte, stieg er bis zur vierten Etage hinauf. Nach einigen Minuten kam er wieder herunter. Die Frau, mit der er die Nacht zusammengewesen war, öffnete, ohne daß er zu klingeln brauchte, und zog ihn in die Wohnung. »Gott sei Dank«, flüsterte sie. »Ich dachte schon, die Klatschtante würde uns erwischen. Setz dich ins Wohnzimmer, Schatz. Willst du Zeitung lesen? Ich räume inzwischen auf.«

Er legte das Geld, das er zurückbekommen hatte, auf den Tisch, setzte sich ins Wohnzimmer und las die Zeitung. Er hörte die Frau singen. Nach einer Weile brachte sie ihm Zigaretten und Kirschwasser und blickte ihm über die Schulter. »Um eins wird gegessen«, sagte sie. »Hoffentlich fühlst du dich recht behaglich.«

Dann verschwand sie wieder und sang draußen weiter. Er

las den Polizeibericht über den Krawall in der Reinickendorfer Straße. Der Wachtmeister, der den Messerstich erhalten hatte, war im Krankenhaus gestorben. Von den Demonstranten waren drei schwer verletzt worden. Einige andere hatte man verhaftet. Die Redaktion schrieb von unverantwortlichen Elementen, welche die Arbeitslosen immer wieder aufzuwiegeln versuchten, und von der bedeutenden Aufgabe, die der Polizei zufalle. Es gehe nicht an, obwohl es von gewissen Kreisen ununterbrochen versucht werde, den Etat für die Schutzpolizei zu senken. Vorkommnisse wie das gestrige führten, hieß es, so recht vor Augen, wie notwendig es sei, prophylaktisch zu denken und zu handeln.

Fabian sah sich in dem kleinen Zimmer um. Die Möbel waren, wo sich dazu Gelegenheit bot, verschnörkelt. Auf dem Vertiko standen drei Leitzordner. Auf dem Tisch prangte ein bunter Glasteller, der schlug Wellen und enthielt Ansichtskarten. Fabian nahm die oberste Karte. Sie zeigte den Kölner Dom, und er dachte an das Zigarettenplakat. »Liebe Mucki«, las er, »geht's dir gut, und reicht das Geld? Ich habe ganz hübsche Aufträge gemacht, morgen geht's nach Düsseldorf. Gruß und Kuß, Kurt.« Er legte die Karte auf den Teller zurück und trank ein Glas Kirschwasser.

Mittags aß er, um Mucki nicht zu verstimmen, den Teller leer. Sie war froh darüber, als habe ein Hund den Napf saubergefressen. Hinterher gab es Kaffee.

»Willst du mir gar nichts von dir erzählen, Schatz?« fragte sie.

»Nein«, sagte er und ging ins Wohnzimmer. Sie lief hinter ihm her. Er stand am Fenster.

»Komm aufs Sofa«, bat sie. »Man könnte dich sehen. Und sei nicht böse.«

Er setzte sich aufs Sofa. Sie brachte den Kaffee herein, nahm neben Fabian Platz und knöpfte die Bluse auf. »Jetzt kommt der Nachtisch«, sagte sie. »Aber nicht wieder beißen.«

Gegen drei Uhr ging er.

»Wirst du auch bestimmt wiederkommen?« Sie stand vor ihm, brachte ihren Rock und die Strümpfe in Ordnung und sah ihn bittend an. »Schwöre, daß du wiederkommst.«

»Wahrscheinlich komme ich«, sagte er. »Versprechen kann ich es nicht.«

»Ich warte mit dem Abendbrot«, erklärte sie, dann öffnete sie die Tür. »Rasch!« flüsterte sie. »Die Luft ist rein.«

Er sprang die Treppe hinunter. ›Die Luft ist rein‹, dachte er und empfand Abscheu vor dem Haus, das er verließ. Er fuhr zum Großen Stern, durchquerte den Tiergarten bis zum Brandenburger Tor, verlor sich wieder in den Anlagen, die Rhododendren blühten. Er geriet in die Siegesallee. Die Dynastie der Hohenzollern und der Bildhauer Begas schienen unverwüstlich.

Vor dem Café Schottenhaml machte Fabian kehrt. Was ließ sich hier noch besprechen? Es war zu spät zum Reden. Er ging weiter, kam auf die Potsdamer Straße, stand unentschlossen auf dem Potsdamer Platz, lief die Bellevuestraße hinauf und befand sich wieder vor dem Café. Und jetzt trat er ein. Cornelia saß da, als warte sie seit Jahren, und winkte ein wenig.

Er setzte sich. Sie nahm seine Hand. »Ich glaubte nicht, daß du kämst«, sagte sie schüchtern. Er schwieg und sah an ihr vorbei. »Es war nicht recht von mir, nicht wahr?« flüsterte sie und senkte den Kopf. Tränen fielen in ihren Kaffee. Sie schob die Tasse beiseite und trocknete sich die Augen.

Er blickte vom Tisch fort. Die Wände zwischen den zwei Treppen, die, barock gedrechselt, in das Obergeschoß führten, waren mit vielen bunten Papageien und Kolibris bevölkert. Die Vögel waren aus Glas. Sie hockten auf gläsernen Lianen und Zweigen und warteten auf den Abend und seine Lampen, damit der zerbrechliche Urwald zu leuchten beginne.

Cornelia flüsterte: »Warum siehst du mich nicht an?«

Dann preßte sie das Taschentuch vor den Mund. Und ihr Weinen klang, als wimmere weit entfernt ein verzweifeltes Kind. Das Lokal war leer. Die Gäste saßen draußen vor dem Haus, unter großen roten Schirmen. Nur ein Kellner stand in der Nähe. Fabian blickte ihr ins Gesicht. Ihre Augen zitterten vor Aufregung. »Sprich endlich ein Wort«, sagte sie mit rauher Stimme. Sein Mund war ausgetrocknet. Die Kehle war zusammengepreßt. Er schluckte mühsam.

»Sprich ein Wort«, wiederholte sie ganz leise und faltete auf dem Tischtuch, zwischen dem Nickelgeschirr, die Hände.

Er saß und schwieg.

»Was soll bloß aus mir werden?« flüsterte sie, als spreche sie zu sich selber und er sei gar nicht mehr da. »Was soll bloß aus mir werden?«

»Eine unglückliche Frau, der es gut geht«, sagte er viel zu laut. »Überrascht dich das? Kamst du nicht deswegen nach Berlin? Hier wird getauscht. Wer haben will, muß hingeben, was er hat.«

Er wartete eine Weile, doch sie schwieg. Sie nahm die Puderdose aus der Tasche, ließ sie dann aber ungeöffnet liegen. Er hatte sich wieder in der Gewalt. Sein leicht ermüdbares Gefühl gab Ruhe und wich dem Drang, Ordnung zu schaffen. Er blickte auf das, was geschehen war, wie auf ein verwüstetes Zimmer und begann, kalt und kleinlich, aufzuräumen. »Du kamst mit Absichten hierher, die sich rascher erfüllt haben, als zu hoffen stand. Du hast einen einflußreichen Menschen gefunden, der dich finanziert. Er finanziert dich nicht nur, er gibt dir eine berufliche Chance. Ich bezweifle nicht, daß du Erfolg haben wirst. Dadurch verdient er das Geld zurück, das er gewissermaßen in dich hineingesteckt hat; dadurch wirst du auch selber Geld verdienen und eines Tages sagen können: Mein Herr, wir sind quitt.« Fabian wunderte sich. Er erschrak vor sich selber und dachte: ›Es fehlt nur, daß ich die Interpunktion mitspreche‹.

Cornelia betrachtete ihn, als sehe sie ihn zum ersten Mal. Dann klappte sie die Puderdose auf, musterte sich in dem kleinen runden Spiegel und fuhr mit der weißen stäubenden Quaste über ihr verweintes, kindlich erstauntes Gesicht. Sie nickte, er möge fortfahren.

»Was dann werden wird«, sagte er, »was dann werden wird, wenn du Makart nicht mehr brauchst, läßt sich nicht vorhersagen, es steht auch nicht zur Debatte. Du wirst arbeiten, und dann bleibt von einer Frau nicht viel übrig. Der Erfolg wird sich steigern, der Ehrgeiz wird wachsen, die Absturzgefahr nimmt zu, je höher man steigt. Wahrscheinlich wird es nicht der einzige bleiben, dem du dich ausliefern wirst. Es findet sich immer wieder ein Mann, der einer Frau den Weg versperrt und mit dem sie sich langlegen muß, wenn sie über ihn hinwegwill. Du wirst dich daran gewöhnen, den Präzedenzfall hast du ja seit gestern hinter dir.«

›Ich weine schon, und er schlägt mich noch‹, dachte sie verwundert.

»Aber die Zukunft ist nicht mein Thema«, sagte er und machte eine abschließende Handbewegung, als erdroßle er den Gedanken. »Zu besprechen bleibt die Vergangenheit. Du fragtest gestern nicht, als du gingst. Warum interessiert dich nun meine Antwort? Du wußtest, daß du mir lästig warst. Du wußtest, daß ich dich los sein wollte. Du wußtest, daß ich darauf brannte, eine Geliebte zu haben, die in anderen Betten das Geld verdient, das ich nicht besitze. Wenn du recht hattest, war ich ein Halunke. Wenn ich kein Halunke war, war alles, was du tatest, falsch.«

»Es war alles falsch«, sagte sie und stand auf. »Leb wohl, Fabian.«

Er folgte ihr und war mit sich sehr zufrieden. Er kränkte sie, weil er ein Recht dazu hatte, aber war das ein Grund? Auf der Tiergartenstraße holte er sie ein. Sie gingen schweigend und taten sich und einander leid. Er dachte noch:

›Wenn sie jetzt fragt, soll ich zu dir zurückkommen, was werde ich antworten? Ich habe noch sechsundfünfzig Mark in der Tasche.‹

»Es war so schrecklich gestern«, sagte sie plötzlich. »Er war so widerwärtig! Was soll erst daraus werden, wenn du mich nicht mehr magst? Nun brauchten wir keine Sorgen zu haben, und sie sind größer als zuvor. Was fange ich an, wenn ich weiß, du willst mich nicht mehr sehen?«

Er faßte ihren Arm. »Vor allem, nimm dich zusammen. Das Rezept ist alt, aber brauchbar. Du hast dir den Kopf abgehackt, gib acht, daß es wenigstens nicht umsonst war. Und entschuldige, daß ich dich vorhin so gekränkt habe.«

»Ja, ja.« Sie war noch traurig und schon wieder froh. »Und darf ich morgen nachmittag zu dir kommen?«

»Es ist gut«, sagte er.

Da umarmte sie ihn mitten auf der Straße, küßte ihn, flüsterte: »Ich danke dir«, und rannte aufschluchzend davon.

Er blieb stehen. Ein Spaziergänger rief: »Sie können lachen!« Fabian wischte mit der Hand über den Mund und ekelte sich. Was hatten Cornelias Lippen inzwischen berührt? Half es ihm, daß sie sich die Zähne geputzt hatte? War seinem Abscheu mit Hygiene beizukommen?

Er überschritt die Straße und trat in den Park. Moral war die beste Körperpflege. Wasserstoffsuperoxyd zum Gurgeln genügte nicht. Und erst jetzt fiel ihm ein, wo er in der vergangenen Nacht gewesen war.

Er wollte nicht in die Müllerstraße zurück. Aber der bloße Gedanke an sein eigenes Zimmer, an die Neugier der Witwe Hohlfeld, an Cornelias leere Stube, an die ganze einsame Nacht, die ihn erwartete, während ihn Cornelia zum zweitenmal betrog, trieb ihn durch die Straßen, dem Norden zu, in die Müllerstraße hinein, in jenes Haus und zu der Frau, die er nicht wiedersehen wollte. Sie strahlte. Sie war stolz, daß er wiederkam, und froh, daß sie ihn wiederhatte. »So

ist's recht«, sagte sie zur Begrüßung. »Komm, du wirst
Hunger haben.« Sie hatte im Wohnzimmer gedeckt. »Wir
essen sonst in der Küche«, sagte sie. »Aber wozu hat man
seine Dreizimmerwohnung?« Es gab Wurst und Schinken
und Camembert. Plötzlich legte sie Messer und Gabel beiseite, murmelte »Hokuspokus!« und brachte eine Flasche
Mosel zum Vorschein. Sie schenkte ein und stieß mit ihm an.
»Auf unser Kind!« rief sie. »Wie du soll es sein, und wenn's
kein Junge wird, mußt du strafexerzieren!« Sie trank das
Glas leer, goß wieder ein und hatte glänzende Augen. »So
ein Glück, daß ich dich traf«, sagte sie und trank weiter.
»Wein regt mich schrecklich auf.« Sie fiel ihm um den Hals.

Da klapperten draußen Schlüssel. Schritte kamen den
Korridor entlang. Die Tür ging auf. Ein mittelgroßer, untersetzter Mann trat ins Zimmer. Die Frau sprang auf. Sein
Gesicht wurde düster. »Wünsche guten Appetit allerseits«,
sagte er und näherte sich der Frau.

Sie schob sich rückwärts, und ehe er sie erreicht hatte, riß
sie die Tür zum Schlafzimmer auf, sprang hinüber, schlug
die Tür zu und riegelte ab.

Der Mann rief: »Du kriegst schon noch den Hintern
voll!« Er drehte sich zu Fabian herum, der sich verlegen
erhoben hatte, und sagte: »Behalten Sie bitte Platz. Ich bin
der Gatte.« Sie saßen einander eine Weile gegenüber, ohne
zu sprechen. Dann nahm der Mann die Moselflasche in die
Hand, betrachtete umständlich das Etikett und schenkte
sich ein Glas voll. Er trank und meinte hinterher: »Die Züge
sind um diese Zeit schrecklich überfüllt.«

Fabian nickte zustimmend.

»Aber der Wein ist gut. Hat er Ihnen geschmeckt?« fragte
der Mann.

»Ich mache mir nicht viel aus Weißwein«, erklärte Fabian
und stand auf.

Der andere folgte ihm. »Sie wollen schon gehen?« fragte
er.

»Ich möchte nicht länger stören«, erwiderte Fabian.

Plötzlich sprang ihm der Reisende an den Hals und würgte ihn. Fabian gab ihm einen Faustschlag in die Zähne. Der Mann ließ los, setzte sich und hielt die Backe.

»Entschuldigen Sie vielmals«, sagte Fabian betrübt. Der Mann winkte ab, spuckte rot ins Taschentuch und war vollauf mit sich beschäftigt.

Fabian verließ die Wohnung. Wo sollte er jetzt noch hingehen? Er fuhr nach Hause.

ACHTZEHNTES KAPITEL

Er geht aus Verzweiflung nach Hause
Was mag die Polizei wollen?
Ein trauriger Anblick

Obwohl Fabian sehr leise aufschloß, empfing ihn Frau Hohlfeld im Korridor. Sie trug, weil es Abend war, einen Morgenrock und war außerordentlich aufgeregt. »Ich habe meine Tür offengelassen, um Sie zu hören«, sagte sie. »Die Kriminalpolizei war da. Man wollte Sie holen.«

»Die Kriminalpolizei?« fragte er überrascht. »Wann war sie da?«

»Vor drei Stunden, und vor einer Stunde wieder. Sie sollen sich unverzüglich melden. Ich habe natürlich erzählt, daß Sie in der vorigen Nacht nicht zu Hause waren und daß Fräulein Battenberg gestern, ohne ein Wort zu sagen, das Zimmer geräumt hat und verschwunden ist.« Die Witwe wollte einen Schritt näher kommen, statt dessen trat sie einen Schritt zurück. »Es ist furchtbar«, flüsterte sie ergriffen, »was haben Sie da angestellt?«

»Liebe Frau Hohlfeld«, antwortete er. »Ihre Phantasie hat die Motten. Das möchte Ihnen passen, ein kleines Liebesdrama mit letalem Ausgang, wie? Frau Hohlfeld als Zeugin in Trauerkleidung, ihre beiden Untermieter in allen Zeitungen abgebildet, der Mörder Fabian auf der Anklagebank, bilden Sie sich keine Schwachheiten ein!«

»Nun«, sagte sie, »mich geht es ja nichts an.« Seine Verstocktheit kränkte sie tief. Zwei Jahre wohnte dieser Mensch bei ihr, hatte sie ihn nicht wie ihren Sohn gehegt und gepflegt? Und jetzt hielt er es nicht einmal für nötig, sein Herz auszuschütten.

»Wo soll ich mich melden?« fragte er.

Sie gab ihm einen Zettel. Er las die Adresse.

»Da haben wir's«, sagte sie triumphierend. »Warum sind Sie denn so blaß geworden?«

Er riß die Tür auf und jagte die Treppe hinunter. Am Nürnberger Platz hielt er ein Auto an, nannte die Adresse und sagte: »Fahren Sie, so schnell Sie können!« Der Wagen war alt und gebrechlich und holperte sogar auf dem Asphalt. Fabian zerrte das Schiebefenster auf: »Fahren Sie doch schneller!« rief er. Dann versuchte er zu rauchen, aber seine Hand zitterte, und der Wind blies ihm die brennenden Streichhölzer aus. Er lehnte sich zurück und schloß die Augen. Von Zeit zu Zeit öffnete er sie und sah nach, wo sie waren. Tiergarten, Tiergarten, Tiergarten, Brandenburger Tor. Unter den Linden. An jeder Straßenecke mußten sie halten. An jeder Verkehrsampel glühte, kurz bevor sie anlangten, das rote Licht auf. Ihm war, als führen sie durch zähen, dickflüssigen Leim. Hinter der Friedrichstraße wurde es besser. Universität, Staatsoper, Dom und Schloß lagen endlich im Rücken. Das Auto bog rechts ein. Es hielt. Fabian zahlte und lief gehetzt ins Haus.

Ein fremder Mann öffnete. Fabian nannte seinen Namen. »Endlich«, sagte der fremde Mann. »Ich bin Kriminalkommissar Donath. Wir kommen ohne Sie nicht weiter.«

Im ersten Zimmer saßen fünf junge Damen, ein Polizist stand dabei. Fabian erkannte die Selow und die Bildhauerin. »Endlich«, sagte die Selow. Das Zimmer war demoliert, Gläser und Flaschen lagen am Boden.

Im nächsten Zimmer stand ein junger Mann vom Schreibtisch auf. »Mein Assistent«, erklärte der Kommissar. Fabian blickte sich um und erschrak. Auf dem Sofa lag Labude, kalkweiß, mit geschlossenen Augen. Labude hatte ein Loch in der Schläfe. Geronnenes Blut verklebte die Haare.

»Stephan«, sagte Fabian leise und setzte sich neben die Leiche. Er legte seine Hand auf die eisigen Hände des Freundes und schüttelte den Kopf. »Aber Stephan«, sagte er, »das macht man doch nicht.« Die zwei Beamten traten ans Fenster.

»Doktor Labude hat für Sie einen Brief hinterlassen«, berichtete der Kommissar. »Wir bitten Sie, den Brief zu lesen und uns über den Inhalt, soweit er uns interessiert, zu unterrichten. Wir teilen Ihre Vermutung, daß es sich um einen Selbstmord handelt, und die fünf jungen Damen, die wir vorläufig in der Wohnung zurückbehalten haben, behaupten, im Nebenzimmer gewesen zu sein, als der Schuß fiel. Aber ganz aufgeklärt scheint der Vorfall nicht. Sie werden vielleicht bemerkt haben, daß das Nebenzimmer demoliert worden ist. Was hat es damit für eine Bewandtnis?«

Der Kriminalassistent reichte Fabian ein Kuvert. »Wollen Sie so freundlich sein und den Brief lesen? Die Damen behaupten, das Zimmer sei im Laufe einer privaten Meinungsverschiedenheit in Unordnung geraten. Doktor Labude habe damit nichts zu tun gehabt. Er sei nicht einmal dabeigewesen, sondern habe gesagt, er wolle einen Brief schreiben, und dann sei er in das Zimmer hier gegangen.«

»Die Damen stehen, wie sich aus Andeutungen entnehmen ließ, in einigermaßen ungewöhnlichen Beziehungen zueinander. Ich vermute, es gab eine Art von Eifersuchtsszene zwischen ihnen«, erläuterte der Kommissar. »Sie haben, und auch das spricht gegen ihre konkrete Mittäterschaft, sofort die Polizei verständigt und uns hier erwartet, anstatt davonzulaufen. Wollen Sie, bitte, den Brief lesen?«

Fabian öffnete das Kuvert und nahm den gefalteten Briefbogen heraus. Dabei fiel ein Banknotenbündel zur Erde. Der Assistent hob es auf und legte es aufs Sofa.

»Wir warten nebenan«, sagte der Kommissar rücksichtsvoll, und sie ließen Fabian allein. Er erhob sich und brannte das Licht an. Dann setzte er sich wieder und sah auf den toten Freund, dessen gelbes, in Müdigkeit gefrorenes Gesicht genau unter der Lampe lag. Der Mund war ein wenig

geöffnet, der Unterkiefer gab nach. Fabian faltete den Briefbogen auseinander und las:

»Lieber Jakob!

Als ich heute mittag im Institut war, um mich wieder einmal zu erkundigen, war der Geheimrat wieder einmal nicht
da. Aber Weckherlin, sein Assistent, war da, und er sagte
mir, meine Habilitationsschrift sei abgelehnt worden. Der
Geheimrat habe sie als völlig ungenügend charakterisiert
und erklärt, sie der Fakultät weiterzugeben, halte er für Be-
lästigung. Außerdem habe es keinen Zweck, meine Blamage
populär zu machen. Fünf Jahre hat mich diese Schrift gekostet, es war die fünfjährige Arbeit an einer Blamage, die man
nur aus Barmherzigkeit im engsten Kreise begraben will.

Ich dachte daran, Dich anzurufen, aber ich schämte mich.
Ich habe kein Talent zum Trostempfänger, auch hierin bin
ich talentlos. Das Gespräch über Leda, das wir vor Tagen
miteinander hatten, überzeugte mich davon. Du hättest
mich über die mikroskopische Bedeutung meines wissenschaftlichen Unfalls aufgeklärt, ich hätte Dir zum Schein
recht gegeben, wir hätten einander belogen.

Die Ablehnung meiner Arbeit ist, faktisch und psychologisch, mein Ruin, vor allem psychologisch. Leda wies
mich zurück, die Universität weist mich zurück, von allen
Seiten erhalte ich die Zensur Ungenügend. Das hält mein
Ehrgeiz nicht aus, das bricht meinem Kopf das Herz und
meinem Herzen das Genick, Jakob. Mir hilft keine historische Statistik, wieviele bedeutende Männer schlechte Schüler und unglückliche Liebhaber waren.

Mein politischer Ausflug nach Frankfurt war auch zum
Bespeien. Am Schluß prügelten wir uns. Als ich gestern
wiederkam, lag die Selow mit der Bildhauerin in meinem
Bett, ein paar andere Frauenzimmer gaben Hilfestellung.
Und jetzt, während ich schreibe, schmeißen sie im Nebenzimmer mit Gläsern und Blumenvasen. Ich kann, wenn ich
meinen augenblicklichen Zustand betrachte, sagen: Die

ganze Richtung paßt mir nicht! Aus den Bezirken, in die ich gehöre, wies man mich aus. Dort, wo man mich aufnehmen will, will ich nicht hin. Sei mir nicht böse, mein Guter, ich haue ab. Europa wird auch ohne mich weiterleben oder zugrunde gehen, es hat mich nicht nötig. Wir stecken in einer Zeit, wo der ökonomische Kuhhandel nichts ändert, er wird den Zusammenbruch nur beschleunigen oder vergrößern. Wir stehen an einem der seltenen geschichtlichen Wendepunkte, wo eine neue Weltanschauung konstituiert werden muß, alles andere ist nutzlos. Ich habe nicht mehr den Mut, mich von den politischen Fachleuten auslachen zu lassen, die mit ihren Mittelchen einen Kontinent zu Tode kurieren. Ich weiß, daß ich recht habe, doch heute genügt mir das nicht mehr. Ich bin eine lächerliche Figur geworden, ein in den Fächern Liebe und Beruf durchgefallener Menschheitskandidat. Laß mich den Kerl umbringen. Der Revolver, den ich neulich am Märkischen Museum dem Kommunisten abnahm, kommt zu neuen Ehren. Ich nahm ihn an mich, damit kein Unglück angerichtet würde. Lehrer hätte ich werden müssen, nur die Kinder sind für Ideale reif.

Also, Jakob, leb wohl. Fast hätte ich ganz ernsthaft hingeschrieben: ich werde oft an dich denken. Aber damit ist es ja nun aus. Trag es mir nicht nach, daß ich uns so enttäusche. Du bist der einzige Mensch, den ich lieb hatte, obwohl ich ihn kannte. Grüße meine Eltern, und vor allem Deine Mutter. Wenn Du Leda zufällig einmal begegnen solltest, sage ihr nicht, wie schwer mich ihr Betrug traf. Sie mag glauben, ich wäre nur gekränkt gewesen. Es braucht nicht jeder alles zu wissen.

Ich würde Dich bitten, meine Angelegenheiten zu regeln, aber es gibt nichts, was der Regelung bedürfte. Die Wohnung Nummer Zwei sollen meine Eltern auflösen, mit den Möbeln können sie tun, was sie wollen. Meine Bücher gehören Dir. Ich fand vorhin in meinem Schreibtisch zweitausend Mark, nimm das Geld, viel ist es nicht, zu einer kleinen Reise wird es reichen.

Leb wohl, mein Freund. Lebe besser als ich. Mach's gut. Dein Stephan.«

Fabian strich dem Toten behutsam über die Stirn. Der Unterkiefer war noch tiefer herabgesunken. Der Mund klaffte auf. »Daß man lebt, ist Zufall; daß man stirbt, ist gewiß«, flüsterte Fabian und lächelte dem Freunde zu, als wolle er ihn jetzt noch trösten.

Der Kommissar öffnete leise die Tür. »Entschuldigen Sie, daß ich schon wieder störe.« Fabian reichte ihm den Brief. Der Beamte las und sagte: »Da kann ich ja die Mädchen nach Hause schicken.« Er gab den Brief zurück und ging ins Nebenzimmer. »Die Sache ist erledigt, ich will Sie nicht länger aufhalten«, rief er.

»Nur noch einen Augenblick«, sagte eine weibliche Stimme. »Ich habe ein Faible für Tote.« Die fünf Frauen drängten sich durch die Tür und standen schweigend vor dem Sofa.

»Man müßte ihm die Kinnlade hochbinden«, sagte schließlich ein Mädchen, das Fabian nicht kannte. Die Bildhauerin lief ins andere Zimmer und kehrte mit einer Serviette wieder. Sie band Labude den Unterkiefer hoch, so daß der Mund sich schloß, und knüpfte die Enden der Serviette auf seinem Kopfhaar zu einem Knoten.

»Ein Toter mit Zahnschmerzen«, bemerkte die Selow und lachte bösartig.

Ruth Reiter sagte: »Es ist eine Schande. Bei mir im Atelier sitzt Wilhelmy und wird von Tag zu Tag gesünder, das Schwein, obwohl die Ärzte jede Hoffnung aufgegeben haben. Und dieser kräftige junge Kerl hier bringt sich um die Ecke.«

Dann schob der Assistent die Frauen aus dem Zimmer. Der Kommissar setzte sich an den Schreibtisch und entwarf einen Polizeibericht. Der Assistent kam zurück. »Ist es nicht das Beste, wenn wir einen Wagen bestellen und den Toten in die Villa der Eltern bringen lassen?« fragte er. Dann bückte er sich. Die Geldscheine waren vom Sofa gefallen und lagen wieder auf der Erde. Er hob sie auf und steckte sie Fabian in die Tasche.

»Sind die Eltern eigentlich schon verständigt?« fragte Fabian.

»Sie sind leider nicht erreichbar«, erwiderte der Assistent. »Justizrat Labude befindet sich auf einer kleinen Reise, das Hauspersonal weiß nichts Näheres. Die Mutter ist in Lugano. Man hat ihr depeschiert.«

»Also gut«, sagte Fabian. »Bringen wir ihn nach Hause!«

Der Assistent telefonierte der nächsten Feuerwache. Dann warteten sie alle drei stumm, bis der Wagen kam. Sanitäter packten Labude auf eine Bahre und trugen ihn die Treppe hinunter. Vor dem Haus standen Neugierige aus der Nachbarschaft. Die Bahre wurde in den Wagen geschoben, Fabian setzte sich neben den ausgestreckten Freund. Die Beamten verabschiedeten sich. Er gab ihnen die Hand. Ein Sanitäter klappte die Leiter hoch und schloß die Tür. Fabian und Labude fuhren zum letzten Mal gemeinsam durch Berlin.

Das Fenster war heruntergelassen, in seinem Rahmen zeigte sich der Dom. Dann wechselte das Bild. Fabian sah die Schinkelsche Wache, die Universität, die Staatsbibliothek. Wie lange war das her, daß sie hier miteinander im Autobus gefahren waren?

Am selben Abend hatten sie, draußen am Märkischen Museum, zwei Raufbolden die Revolver abgenommen. Nun lag Labude auf der Bahre, fuhr durchs Brandenburger Tor und wußte nichts mehr davon. Zwei straffe Gurte hielten ihn fest. Der Kopf rutschte langsam schräg.

»Denkst du nach?« fragte Fabian leise, schob Labudes Kopf auf dem Kissen wieder zurecht und ließ die Hand dort. ›Ein Toter mit Zahnschmerzen‹, hatte die Selow gesagt.

Als das Krankenauto vor der Grunewaldvilla hielt, stand das Dienstpersonal an der Tür. Die Haushälterin schluchzte, der Diener ging würdevoll vor den Sanitätern her, die Mädchen folgten, ihre Füße hielten mit der ernsten Stunde Schritt. Labude wurde in sein Zimmer gebracht und auf das Sofa gelegt. Der Diener öffnete die Fenster weit.

»Die Leichenfrau kommt morgen früh«, sagte die Haushälterin, und nun schluchzten auch die Mädchen. Fabian gab den Sanitätern Geld. Sie grüßten militärisch und gingen.

»Der Herr Justizrat ist noch immer nicht da«, bemerkte der Diener. »Ich habe keine Ahnung, wo er sich aufhält. Aber er wird es ja in der Zeitung lesen.«

»Es steht schon in der Zeitung?« fragte Fabian.

»Jawohl«, entgegnete der Diener. »Die gnädige Frau ist benachrichtigt. Sie dürfte morgen mittag in Berlin eintreffen, wenn ihr Zustand die Reise gestattet. Der FD-Zug ist um diese Stunde in Bellinzona.«

»Gehen Sie schlafen«, sagte Fabian. »Ich bleibe die Nacht über hier.« Er zog einen Stuhl zum Sofa. Die anderen verließen das Zimmer. Er war allein.

In Bellinzona war Labudes Mutter jetzt? Fabian setzte sich neben den Freund und dachte: ›Welch eine Strafe für eine schlechte Mutter!‹

NEUNZEHNTES KAPITEL

Fabian verteidigt den Freund
Ein Lessingporträt geht entzwei
Einsamkeit in Halensee

Labudes Gesicht wurde von der Serviette nur scheinbar zusammengehalten, es veränderte sich. Als werde das Fleisch dickflüssig und als sickere es allmählich ins Körperinnere, so traten die Backenknochen hervor. Die Augen waren tief in die schwärzlichen Höhlen gesunken. Die Nasenflügel fielen ein und wirkten verkniffen.

Fabian beugte sich vor und dachte: ›Warum verwandelst du dich? Willst du mir den Abschied leicht machen? Ich wünschte, du könntest reden, denn ich hätte viel zu fragen, mein Lieber. Ist dir jetzt wohl? Bist du auch jetzt noch, nachdem du starbst, damit zufrieden, daß du tot bist? Oder bereust du, was du tatest? Und möchtest du rückgängig machen, was für ewig geschah? Früher habe ich mir eingebildet, ich könne an der Leiche eines Menschen, den ich liebe, nie begreifen, daß er tot ist. Wie soll man verstehen, daß jemand nicht mehr da ist, obwohl er sichtbar vor einem liegt, mit Schlips und Kragen, im selben Anzug wie kurz vorher? dachte ich. Wie soll man glauben, daß einer, nur weil er zu atmen vergaß, eine Portion Fleisch geworden ist, die man drei Tage später achtlos verscharrt? dachte ich. Wird man, wenn das geschieht, nicht aufschreien: Hilfe, er erstickt! Ich muß dir sagen, Stephan: ich verstehe meine Angst nicht mehr, man könne am Tod und seiner Tragweite zweifeln. Du bist tot, mein Guter, und du liegst da wie eine schlecht fixierte Fotografie von dir, die zusehends vergilbt. Man wird deine Fotografie in einen Ofen werfen, den man Krematorium nennt. Du wirst verbrennen, und niemand wird um Hilfe rufen, und auch ich werde still sein.‹

Fabian trat zum Schreibtisch und nahm aus dem gelben Holzkästchen, das seit Jahren dort stand, eine Zigarette. Ein Kupferstich hing an der Wand, es war ein Porträt von Lessing. »Sie sind schuld daran«, sagte Fabian zu dem Mann mit dem Zopf und zeigte auf Labude. Aber Gotthold Ephraim Lessing übersah und überhörte den Vorwurf, der ihm, hundertfünfzig Jahre nach seinem Tode, gemacht wurde. Er blickte ernst und höchst charaktervoll geradeaus. Sein breites, bäuerisches Gesicht verzog keine Miene. »Schon gut«, sagte Fabian, drehte dem Bild den Rücken und setzte sich wieder neben den Freund.

»Siehst du«, sprach er zu Labude, »das war ein Kerl«, und er wies mit dem Daumen hinter sich. »Der biß zu und kämpfte und schlug mit dem Federhalter um sich, als sei der Gänsekiel ein Schleppsäbel. Der war zum Kämpfen da, du nicht. Der lebte gar nicht seinetwegen, den gab es gar nicht privat, der wollte gar nichts für sich. Und als er sich doch auf sich besann, als er vom Schicksal Frau und Kind verlangte, da brach alles über ihm zusammen und begrub ihn. Und das war in Ordnung. Wer für die anderen da sein will, der muß sich selber fremd bleiben. Er muß wie ein Arzt sein, dessen Wartezimmer Tag und Nacht voller Menschen ist, und einer muß mitten darunter sitzen, der nie an die Reihe kommt und nie darüber klagt: das ist er selber. Hättest du so zu leben vermocht?«

Fabian strich dem Freund übers Knie und schüttelte den Kopf. »Ich wünsche dir Glück, denn du bist tot. Du warst ein guter Mensch, du warst ein anständiger Kerl, du warst mein Freund, aber das, was du vor allem sein wolltest, das warst du nicht. Dein Charakter existierte in deiner Vorstellung, und als die zerstört wurde, blieb nichts mehr übrig als ein Schießeisen und das, was hier auf dem Sofa liegt. Siehst du, nächstens wird ein gigantischer Kampf einsetzen, erst um die Butter aufs Brot, und später ums Plüschsofa; die einen wollen es behalten, die andern wollen es erobern, und sie werden sich wie die Titanen ohrfeigen, und sie werden schließlich das Sofa zerhacken, damit es keiner kriegt. Unter den Anführern werden auf allen Seiten Marktschreier stehen, die stolze Parolen erfinden und die das eigene Gebrüll besoffen macht. Vielleicht werden sogar zwei oder drei wirkliche Männer darunter sein. Sollten sie zweimal hintereinander die Wahrheit sagen, wird man sie aufhängen. Dich hätte man nicht einmal gehängt, dich hätte man totgelacht. Du warst kein Reformator und du warst kein Revolutionär. Mach dir nichts draus.«

Labude lag, als höre er zu. Aber er tat nur so. Die Ansprache verhallte, Fabian wurde müde. ›Warum genügte es dir nicht, schön zu finden, was schön ist?‹ dachte er. ›Dann hätte dich das Pech mit Herrn Lessing nicht so gekränkt. Dann säßest du vielleicht in Paris, statt hier zu liegen. Dann hättest du die Augen offen und blicktest glücklich von Sacré Cœur hinunter auf die schimmernden Boulevards, über denen die Luft kocht. Oder wir beide spazierten durch Berlin. Die Bäume sind ganz frisch gestrichen, der blaue Himmel ist mit Gold ausgelegt; die Mädchen sind appetitlich zubereitet, und wenn die eine bei einem Filmdirektor übernachtet, sucht man sich eine bessere. Mein alter Erfinder, der liebte das Leben! Ich habe dir noch gar nicht erzählt, wie er bei mir im Schranke stand. Er hatte den Hut auf und hielt den Schirm in der Hand, als habe er Angst, es könne im Schrank regnen.‹

Fabian konnte nicht lange geschlafen haben, als er aufschreckte. Er hörte Stimmen auf der Straße und trat ans Fenster. Ein Auto hielt vor der Tür, der Diener kam aus dem Haus und öffnete den Schlag. Der Justizrat stieg aus und hielt dem Diener eine Zeitung entgegen. Der Diener nickte und zeigte zu dem Fenster hinauf, an dem Fabian lehnte.

Fabian

Eine Frau wollte aus dem Wagen, der Justizrat stieß sie auf den Sitz zurück. Der Wagen setzte sich in Bewegung. Die Frau preßte, während das Auto sie wegführte, das Gesicht an die Scheibe. Der Justizrat ging ins Haus. Der Diener folgte und hielt die Arme besorgt angehoben, um, wenn es nötig werde, den Justizrat zu stützen.

Fabian trat auf den Korridor hinaus, denn er wollte nicht zugegen sein, wenn der Vater den Sohn liegen sah. Der Justizrat kam die Treppe herauf, er klammerte sich am Geländer fest, und der alte Diener hinter ihm hielt die Hände schützend vorgestreckt, aber Labudes Vater sank nicht um. Er ging, ohne Fabian anzusehen, in das erleuchtete Zimmer. Der Diener schloß die Tür und neigte den Kopf vor, um zu hören, ob er nötig sei. Doch es blieb still in dem Zimmer. Fabian und der Diener standen davor, jeder auf seinem Fleck, sie sahen einander nicht an und lauschten gespannt. Ihre Bereitschaft zum Mitleid wartete auf einen Klagelaut oder dergleichen. Aber sie vernahmen nichts. Die Szene hinter der Tür ließ sich nicht deuten.

Es klingelte. Der Diener verschwand im Zimmer und kam wieder auf den Korridor. »Der Herr Justizrat möchte Sie sprechen.«

Fabian trat ein. Der alte Labude saß am Schreibtisch und hatte den Kopf in die Hand gestützt. Nach einer Weile richtete er sich hoch, stand auf, um den Freund seines Sohnes zu begrüßen, und lächelte künstlich. »Ich habe keine Beziehung zu tragischen Erlebnissen«, sagte er gepreßt. »Das bißchen Mitgefühl, das mein Egoismus zuläßt, hat durch die vielen Plädoyers, die ich hielt, und durch die prozessuale Routine überhaupt einen unechten Glanz angenommen, in dem sich alles andere eher spiegelt als wahre Teilnahme.« Er drehte sich um, betrachtete seinen Sohn, und es sah aus, als ob er sich bei dem Toten entschuldigen wolle. »Es hat keinen Zweck, sich Vorwürfe zu machen«, fuhr er fort. »Ich war kein Vater, der für den Sohn lebt. Ich bin ein vergnügungssüchtiger älterer Herr, der in das Leben verliebt ist. Und dieses Leben verliert seinen Sinn keineswegs durch diese Tatsache.« Er zeigte mit dem vorgestreckten Arm auf die Leiche. »Er hat gewußt, was er tat. Und wenn er es für das Klügste hielt, brauchen die anderen nicht zu weinen.«

»Man könnte, gerade weil Sie so nüchtern darüber sprechen, vermuten, daß Sie sich Vorwürfe machen«, sagte Fabian. »Das wäre unangebracht. Der sichtbare Anlaß für Stephans Selbstmord liegt außerhalb unserer Sphäre.«

»Was wissen Sie darüber? Hat er Briefe hinterlassen?« fragte der Justizrat.

Fabian verschwieg den Brief. »Eine kurze Notiz gab Auskunft. Der Geheimrat hat Stephans Habilitationsschrift als ungenügend abgelehnt.«

»Ich habe sie nicht gelesen. Man hat nie Zeit. War sie so schlecht?« fragte der andere.

»Es ist eine der besten und originellsten literarhistorischen Arbeiten, die ich kenne«, erwiderte Fabian. »Hier ist sie.« Er nahm eine Kopie des Manuskripts vom Bücherbord und legte sie auf den Schreibtisch.

Der Justizrat blätterte darin, dann klingelte er, ließ das Telefonbuch bringen und suchte eine Nummer. »Es ist zwar sehr spät«, sagte er und ging ans Telefon, »aber das kann nichts helfen.« Er bekam Anschluß. »Kann ich den Geheimrat sprechen?« fragte er. »Dann holen Sie die gnädige Frau an den Apparat. Ja, auch wenn sie schon schläft. Hier spricht Justizrat Labude.« Er wartete. »Entschuldigen Sie die Störung«, sagte er. »Ich höre, daß Ihr Gatte unterwegs ist. In Weimar? So, zur Tagung der Shakespeare-Gesellschaft. Wann kommt er zurück? Ich werde mir erlauben, ihn morgen im Institut aufzusuchen. Sie wissen nicht, ob er die Habilitationsschrift meines Sohnes schon gelesen hat?« Er hörte lange Zeit zu, dann verabschiedete er sich, legte den Hörer auf die Gabel, drehte sich zu Fabian herum und fragte: »Verstehen Sie das? Der Geheimrat hat neulich während des Essens gesagt, die Arbeit über Lessing sei außerordentlich interessant, und er sei auf die Schlußfolgerung, also auf das Ende der Arbeit, sehr gespannt. Von Stephans Tod scheint man noch nichts zu wissen.«

Fabian sprang erregt auf. »Er hat die Arbeit gelobt? Lehnt man Arbeiten ab, die man gelobt hat?«

»Daß man Arbeiten, die man schlecht findet, annimmt, ist jedenfalls häufiger«, antwortete der Justizrat. »Wollen Sie mich jetzt allein lassen? Ich bleibe bei meinem Jungen und werde sein Manuskript lesen. Fünf Jahre hat er daran gesessen, nicht?« Fabian nickte und gab ihm die Hand. »Da hängt ja die Todesursache«, sagte der alte Labude und zeigte auf das Lessingporträt. Er nahm das Bild von der Wand, betrachtete es und zerschlug es, ohne jede sichtbare Aufregung, am Schreibtisch. Dann klingelte er. Der Diener erschien. »Kehre den Dreck fort und bringe Heftpflaster«, befahl der Justizrat. Er blutete an der rechten Hand.

Fabian blickte noch einmal auf den toten Freund. Dann ging er hinaus und ließ die beiden allein.

Er war zu müde zum Schlafen, und er war zu müde, die Trauer aufzubringen, die dieser Tag von ihm forderte. Der Trikotagenreisende aus der Müllerstraße hielt sich die Backe, hieß er nicht Hetzer? Seine Frau lag unbefriedigt im Bett, Cornelia war zum zweitenmal bei Makart, Fabian sah die Erlebnisse wie lebende Bilder, ohne dritte Dimension, weit weg am Horizont seines Gedächtnisses. Und auch, daß Labude in irgendeiner Villa draußen tot auf dem Sofa lag, beschäftigte ihn im Augenblick nur als Gedanke. Der Schmerz war wie ein Zündholz heruntergebrannt und erloschen. Er entsann sich aus seiner Kindheit eines ähnlichen Zustandes: wenn er damals eines Kummers wegen, der ihm riesenhaft und unheilbar erschien, lange Zeit geweint hatte, war das Reservoir, aus dem der Schmerz floß, leer geworden. Das Gefühl starb ab, wie später, nach jedem seiner Herzkrämpfe, das Leben in den Fingern erstarb. Die Trauer, die ihn ausfüllte, war empfindungslos, der Schmerz war kalt.

Fabian ging die Königsallee entlang. Er kam an der Rathenau-Eiche vorbei. Zwei Kränze hingen an dem Baum. An dieser Straßenbiegung war ein kluger Mann ermordet worden. »Rathenau mußte sterben«, hatte ein nationalsozialistischer Schriftsteller einmal zu ihm gesagt. »Er mußte sterben, seine Hybris trug die Schuld. Er war ein Jude und wollte deutscher Außenminister werden. Stellen Sie sich vor, in Frankreich kandidierte ein Kolonialneger für den Quai d'Orsay, das ginge genau so wenig.«

Politik und Liebe, Ehrgeiz und Freundschaft, Leben und Tod, nichts berührte ihn. Er schritt, ganz allein mit sich selber, die nächtliche Allee hinunter. Über dem Lunapark stieg Feuerwerk in den Himmel und sank in bunten feurigen Garben zur Erde. Aber auf halbem Wege lösten sich die Garben auf, sie verschwanden spurlos, und neue Raketen drängten krachend in die Luft. Am Eingang zum Park hing ein Schild: ›Fernando, der Weltmeister im Dauertanzen, überbietet seinen eigenen Rekord. Er will 200 Stunden tanzen. Kein Weinzwang.‹

Fabian setzte sich in ein Bierlokal, dicht vor der Eisenbahnunterführung von Halensee. Die Gespräche der Umsitzenden erschienen ihm vollkommen sinnlos. Ein kleiner illuminierter Zeppelin, auf dem in großer Leuchtschrift »Trumpfschokolade« stand, flog über den Köpfen der Stadt zu. Ein Zug mit hellen Fenstern fuhr unter der Brücke hin. Autobusse und Straßenbahnen passierten in langer Kette die Straße. Am Nebentisch erzählte ein Mann, dem der Nacken über den Kragen gerutscht war, Witze, und ein paar Frauen, die bei ihm saßen, kreischten, als hätten sie Mäuse unterm Rock.

›Was soll das alles?‹ dachte er, zahlte rasch und ging nach Hause.

Auf dem Tisch lagen etliche Briefe. Die Bewerbungsschreiben waren zurückgekommen. Nirgends war ein Posten frei, man bedauerte hochachtungsvoll. Fabian wusch sich. Später ertappte er sich dabei, daß er regungslos, mit dem Handtuch vor dem nassen Gesicht, auf dem Sofa saß und, an der unteren Kante des Tuches vorbei, auf den Teppich stierte. Er trocknete sich ab, warf das Handtuch fort, legte sich um und schlief ein. Das Licht brannte die ganze Nacht.

ZWANZIGSTES KAPITEL

Cornelia im Privatauto
Der Geheimrat weiß von nichts
Frau Labude wird ohnmächtig

Als er am nächsten Morgen erwachte und das Licht brennen sah, waren ihm die Ereignisse des Vortages nicht gegenwärtig. Er fühlte sich bedrückt und elend, doch er wußte noch nicht, warum. Er schloß die Augen, und erst jetzt, und nur ganz allmählich, vergegenständlichte sich sein Kummer. Das, was geschehen war, fiel ihm ein, als werfe es jemand von draußen her durch eine Scheibe. Er wußte wieder, was er vor Müdigkeit vergessen hatte, und vom Bewußtsein aus sanken die Erinnerungen tiefer, wuchsen und verwandelten sich im Fallen, es war, als erhöhe sich ihr spezifisches Gewicht, und dann rollten sie wie Steinschlag auf sein Herz. Er drehte sich zur Wand und hielt sich die Ohren zu. Frau Hohlfeld machte, als sie das Frühstück hereintrug, trotz des brennenden Lichts, und obwohl er statt im Bett auf dem Sofa lag, keinen Skandal. Sie setzte das Tablett auf den Tisch, löschte das Licht und vollzog sämtliche Handlungen nach dem Ritus, der in Krankenzimmern üblich ist. »Ich versichere Sie meines tiefsten Beileids«, sagte sie, »ich las es vorhin in der Zeitung. Ein harter Schlag für Sie. Und die armen Eltern.« Der Ton und die Stimmlage waren gut gemeint. Die Teilnahme war ehrlich. Es war nicht zum Aushalten.

Er überwand sich und murmelte: »Danke.« Bis sie das Zimmer verlassen hatte, blieb er liegen, dann stand er auf und fuhr in die Kleider. Er mußte den Geheimrat sprechen. Seit gestern abend marterte ihn ein Verdacht, der, ohne jedes Zutun, immer quälender wurde. Er mußte in die Universität. Als er aus dem Haus trat, fuhr ein großer Privatwagen vor und hielt.

»Fabian!« rief jemand. Es war Cornelia. Sie saß im Wagen und winkte. Während er näher trat, stieg sie aus.

»Mein armer Fabian«, sagte sie und streichelte seine Hand. »Ich hielt es nicht bis zum Nachmittag aus, und er lieh mir den Wagen. Stör ich dich?« Dann senkte sie die Stimme. »Der Schofför paßt auf.« Lauter fragte sie: »Wo willst du hin?«

»Zur Universität. Er hat sich umgebracht, weil seine Arbeit abgelehnt worden ist. Ich muß den Geheimrat sprechen.«

»Ich bringe dich hin. Darf ich?« fragte sie. »Fahren Sie uns bitte zur Universität«, sagte sie zu dem Schofför, sie stiegen in den Wagen und fuhren stadtwärts.

»Und wie war es gestern abend bei dir?« fragte Fabian.

»Sprich nicht davon«, bat sie. »Ich hatte immer das Gefühl, dir drohe ein Unheil. Makart erzählte mir von der Rolle, die ich spielen soll, ich hörte kaum zu, so bedrängte mich meine Vorahnung. Es war wie vor einem Gewitter.«

»Was für eine Rolle?« Auf Cornelias Vorahnungen ging er nicht ein. Er haßte die Angewohnheit, die Zukunft wie eine Bettdecke zu lüpfen, und noch mehr haßte er den nachträglichen Stolz, schon vorher rechtgehabt zu haben. Wie plumpvertraulich war diese Art des Umgangs mit dem Schicksal! Seine Abneigung hatte damit, ob Vorahnungen möglich seien oder nicht, nichts zu tun. Er empfand es als Anmaßung, sich mit dem, was noch verhüllt war, herumzuduzen. So passiv er auch zu sein pflegte: mit einer Fügung in Unvermeidliches hatte das nichts zu schaffen.

»Eine sehr merkwürdige Rolle«, sagte sie. »Stell dir vor, daß ich in dem Film die Frau eines Mannes zu sein habe, der, um seiner verschrobenen Phantasie Genüge zu tun, von mir verlangt, daß ich mich unablässig verwandle. Er ist ein pathologischer Mensch und nötigt mich, bald ein unerfahrenes

Mädchen und bald eine raffinierte Frau zu spielen, bald ein ordinäres Weib und dann wieder ein hirnloses, elegantes Luxusgeschöpf. Dabei stellt sich, für mich später als für ihn und die Zuschauer, heraus, daß ich ein ganz anderes Wesen bin, als ich selber glaube. Beide, er und ich, werden überrascht sein, denn ich werde mich unaufhaltsam, schließlich gegen seinen Willen, verändern und erst dadurch das geworden sein, was ich schon immer war. Gemein und herrschsüchtig, stellt sich heraus, bin ich im Grunde, und in dem Konflikt, den er durch seine Befehle beschwor, wird er tragisch unterliegen.«

»Ist der Einfall von Makart? Sieh dich vor, Cornelia, der Mann ist gefährlich. Er wird dich diese Verwandlung zwar nur spielen lassen, aber insgeheim wird er mit sich selber wetten, ob du in Wirklichkeit so wirst.«

»Das wäre kein Unglück, Fabian. Solche Männer wollen überfahren werden. Der Film wird ein Privatkursus fürs ganze Leben.« Er kramte in den Taschen, fand das Geldbündel, zählte tausend Mark ab und gab sie Cornelia. »Da, Labude hinterließ mir Geld, nimm die Hälfte. Es beruhigt mich.«

»Wenn wir vor drei Tagen zweitausend Mark gehabt hätten«, sagte sie.

Fabian beobachtete den Schofför, der fortwährend in den kleinen konkaven Sucherspiegel blickte und sie darin überwachte. »Deine Gouvernante wird uns noch an einen Baum fahren. Vorn ist die Musik!« schrie er, und der Schofför ließ sie vorübergehend mit dem Blick los.

»Heute nachmittag komme ich ohne ihn«, sagte sie.

»Ich weiß nicht, ob ich zu Hause bin«, erwiderte er.

Sie lehnte sich flüchtig und schüchtern an ihn. »Ich komme auf alle Fälle, vielleicht kannst du mich brauchen.«

Vor der Universität stieg er aus. Sie fuhr mit ihrem Gefängnisinspektor weiter.

Der Institutsdiener öffnete ihm. Der Geheimrat sei noch nicht da, werde aber jeden Augenblick von der Reise zurückerwartet. Ob der Assistent da sei? Jawohl. Im Vorzimmer saßen Justizrat Labude und seine Frau. Sie sah sehr alt aus, weinte, als Fabian sie begrüßte, und sagte: »Wir haben uns nicht um ihn gekümmert.«

»Es ist sinnlos, sich Vorwürfe zu machen«, entgegnete Fabian.

»War er nicht alt genug?« fragte der Justizrat. Seine Frau schluchzte laut auf, und er verzog die Stirn. »Ich habe heute nacht Stephans Arbeit gelesen«, erzählte er. »Ich verstehe zwar nichts von eurem Fach, und ich weiß nicht, ob die Grundlagen der Untersuchung stimmen. Aber daß die Folgerungen klug und scharfsinnig sind, steht außer allem Zweifel.«

»Auch die Grundlagen der Untersuchungen sind in Ordnung«, meinte Fabian. »Die Arbeit ist meisterhaft. Wenn nur der Geheimrat käme!«

Frau Labude weinte vor sich hin. »Warum wollt ihr ihm, nun er tot ist, die Ursache rauben, deretwegen er starb?« fragte sie. »Kommt, wir wollen von hier fortgehen!« Sie stand auf und packte die zwei Männer. »Laßt ihn in Frieden!«

Aber der Justizrat sagte: »Setz dich hin, Luise.«

Und dann kam der Geheimrat. Er war ein Mann von altväterlicher Eleganz, außerdem standen ihm die Augen etwas zu weit aus dem Kopf. Der Institutsdiener kletterte hinter ihm die Treppe hoch und trug einen Handkoffer. »Das ist ja fürchterlich«, erklärte der Geheimrat und ging, mit seitlich geneigtem Kopf, auf Labudes Eltern zu. Die Frau des Justizrates weinte lauter, als er ihr die Hand drückte, und auch der Justizrat war ergriffen. »Wir kennen uns«, sagte der alte Literaturhistoriker zu Fabian. »Sie waren sein Freund.« Er schloß die Tür zu seinem Zimmer auf, bat, näher zu treten, entschuldigte sich für einen Augenblick und wusch sich, während die andern stumm um den Tisch saßen, die Hände, wie vor einer ärztlichen Ordination. Der Diener hielt das Handtuch bereit.

Der Geheimrat sagte, während er sich abtrocknete: »Ich bin für keinen Menschen zu sprechen.« Der Diener entfernte sich, der Geheimrat nahm Platz. »Ich kaufte mir heute morgen in Naumburg eine Zeitung«, berichtete er, »und das erste, was ich las, war die Meldung von dem tragischen Geschick Ihres Sohnes. Ist es allzu indiskret, wenn ich die nächstliegende Frage an Sie stelle? Was, um des Himmels willen, hat Ihren Sohn zu diesem äußersten Schritt bewogen?«

Der Justizrat ballte die Hand, die auf dem Tisch lag, zur Faust. »Können Sie sich das nicht denken?«

Der Geheimrat schüttelte den Kopf. »Ich habe nicht die geringste Ahnung.«

Labudes Mutter hob die Hände und faltete sie in der Luft. Ihr Blick bat die Männer, innezuhalten.

Aber Labudes Vater beugte sich weit vor. »Mein Sohn hat sich erschossen, weil Sie seine Arbeit abgelehnt haben.«

Der Geheimrat zog das seidene Tuch aus der Tasche und fuhr sich damit über die Stirn. »Was?« fragte er tonlos. Er stand auf und starrte aus seinen vorgewölbten Augen die Umsitzenden an, als befürchte er, sie seien wahnsinnig. »Aber das ist ja gar nicht möglich«, flüsterte er.

»Doch, es ist möglich!« rief der Justizrat. »Nehmen Sie Ihren Mantel, kommen Sie mit, sehen Sie unsern Jungen an! Auf dem Sofa liegt er und ist so tot, wie man nur sein kann.«

Frau Labude blickte aus weitgeöffneten, unbeweglichen Augen und sagte: »Sie töten ihn zum zweiten Male.«

»Das ist ja grauenhaft«, murmelte der Geheimrat. Er packte den Arm des Justizrates. »Ich hätte die Arbeit abgelehnt? Wer hat das behauptet? Wer hat das behauptet?« rief er. »Ich habe die Arbeit mit dem Bemerken bei der Fakultät in Umlauf gesetzt, daß sie die reifste literarhistorische Leistung der letzten Jahre darstelle. Ich habe in meinem Votum geschrieben, Doktor Stephan Labude könne, infolge dieser Arbeit, auf das lebhafteste Interesse der Fachkreise Anspruch erheben. Ich habe geschrieben, Doktor Labude leiste mit diesem Beitrag zur Aufklärung der modernen Forschung unschätzbare Dienste. Ich habe geschrieben, noch nie sei mir aus Schülerkreisen eine Schrift von ähnlicher Bedeutung vorgelegt worden, und ich ließe sie in der Schriftenreihe des Instituts als Sonderdruck erscheinen. Wer hat behauptet, die Arbeit sei von mir abgelehnt worden?« Labudes Eltern saßen regungslos.

Fabian erhob sich. Er zitterte am ganzen Körper. »Einen Augenblick«, sagte er heiser, »ich hole ihn.« Dann rannte er hinaus, die Treppe hinunter, ins Katalogzimmer. Doktor Weckherlin, der wissenschaftliche Gehilfe des Instituts, saß über eine Kartothek gebückt und ordnete Kärtchen ein, auf denen die Neuanschaffungen der Bibliothek verzeichnet waren. Er blickte ungehalten hoch und kniff die kurzsichtigen Augen zusammen.

»Was wollen Sie?« fragte er.

»Sie sollen sofort zum Geheimrat kommen«, sagte Fabian, und als der andere keine Anstalten traf, sondern bloß nickte und in der Kartothek zu blättern fortfuhr, faßte er ihn am Kragen, zerrte ihn vom Stuhl und stieß ihn zur Tür hinaus.

»Was erlauben Sie sich eigentlich?« fragte er. Aber Fabian schlug ihm, statt zu antworten, mit der Faust ins Gesicht. Weckherlin hob den Arm, um sich zu schützen, und stolperte, ohne länger zu widersprechen, die Treppe hinauf. Vor dem Zimmer des Geheimrats zögerte er wieder, aber Fabian riß die Tür auf. Der Geheimrat und Labudes Eltern fuhren zusammen. Der Assistent blutete aus der Nase.

»Ich muß in Ihrer Gegenwart einige Fragen an diesen Herrn richten«, sagte Fabian. »Doktor Weckherlin, haben Sie gestern mittag meinem Freund Labude erzählt, seine Arbeit sei abgelehnt worden? Haben Sie erzählt, der Geheimrat habe geäußert, die Arbeit der Fakultät weitergeben, heiße die Professoren zu belästigen? Haben Sie ihm erzählt, der Geheimrat wolle ihm außerdem durch diese private Ablehnung eine öffentliche Blamage ersparen?«

Frau Labude stöhnte und glitt ohnmächtig vom Stuhl. Keiner der Männer kümmerte sich um sie. Weckherlin war bis zur Tür zurückgewichen. Die drei Männer standen vorgeneigt und warteten auf Antwort.

»Weckherlin«, flüsterte der Geheimrat und stützte sich schwer auf eine Stuhllehne.

Der Assistent verzog das breite, blasse Gesicht, als wolle er lächeln, er öffnete wiederholt den Mund.

»Wird's bald?« fragte der Justizrat drohend.

Weckherlin legte die Hand auf die Klinke und sprach: »Es war nur ein Scherz!«

Da schrie Fabian, es war ein unartikulierter Laut, er klang wie der Schrei eines Tieres. Im nächsten Augenblick sprang er vor und schlug auf den Assistenten ein, mit beiden Fäusten, unablässig, ohne zu überlegen, wohin er traf. Besinnungslos, wie ein automatischer Hammer, schlug er zu, immer wieder. »Du Schuft!« brüllte er und hieb dem anderen beide Fäuste mitten ins Gesicht. Weckherlin lächelte noch immer, als wolle er sich entschuldigen. Er hatte vergessen, daß er die Hand auf der Klinke hielt und aus dem Zimmer fliehen wollte. Er sank unter den Schlägen vorübergehend in die Knie. Er zog sich an der Klinke wieder hoch, die Tür schnappte auf. Jetzt erst besann er sich auf seinen Vorsatz, drängte durch die Tür auf den Korridor, Fabian folgte ihm, sie näherten sich, Schritt für Schritt, der Treppe, die ins Untergeschoß führte, der eine schlug, der andere blutete.

Unten am Fuß der Treppe sammelten sich Studenten, die der Lärm aus den Institutsräumen gelockt hatte. Sie standen stumm und abwartend, als spürten sie, was dort oben geschah, sei gerecht. »Du Hund!« sagte Fabian und traf den

Assistenten unterm Kinn. Weckherlin kippte hintenüber, schlug mit dem Kopf auf eine Stufe und rollte klappernd die Holztreppe hinunter. Fabian lief hinter ihm her und wollte sich über ihn stürzen. Da sprangen ein paar Studenten vor und hielten ihn fest. »Laßt mich los!« schrie er und riß wie ein Tobsüchtiger an den Armen, die ihn umklammerten. »Laßt mich los, ich schlag ihn tot!« Jemand hielt ihm den Mund zu. Der Institutsdiener kniete neben dem Assistenten. Der versuchte sich aufzurichten, sank aber stöhnend zurück. Man schleppte ihn ins Katalogzimmer. Im Obergeschoß, dicht an der Treppe, standen der Geheimrat und Labudes Vater. Durch die geöffnete Tür vernahm man langgezogene Klagelaute, Stephans Mutter war aus der Ohnmacht erwacht.

»Ach so, es war nur ein Scherz!« rief der Justizrat und lachte verzweifelt. Der Geheimrat sagte markig, als habe er endlich einen Ausweg gefunden: »Doktor Weckherlin ist entlassen.« Die Studenten gaben Fabian frei, er senkte den Kopf, vielleicht bedeutete es einen Abschiedsgruß, und verließ das Institut.

Juristin wird Filmstar
Eine alte Bekannte
Die Mutter verkauft Schmierseife

Es war nur ein Scherz gewesen!

Herr Weckherlin hatte einen dummen Witz gemacht, und Labude war daran gestorben. Es war nur scheinbar ein Selbstmord gewesen. Ein Subalternbeamter des Mittelhochdeutschen hatte den Freund umgebracht. Er hatte ihm vergiftete Worte ins Ohr geträufelt, wie Arsenik ins Trinkglas. Er hatte, zum Spaß, auf Labude gezielt und abgedrückt. Und aus der ungeladenen Waffe war ein tödlicher Schuß gefallen.

Fabian sah, während er durch die Friedrichstraße lief, immer noch Weckherlins feig lächelndes Gesicht vor Augen, und er fragte sich nachträglich überrascht: ›Warum habe ich auf den Kerl eingeschlagen, als müsse alles vernichtet werden? Warum war meine Wut auf ihn größer als die Trauer über Labudes unsinniges Ende? Verdient ein Mensch, der, wie jener, unabsichtlich solches Unheil anstiftet, nicht eher Mitleid als Haß? Wird er jemals wieder ruhig schlafen können?‹

Fabian verstand allmählich seinen Instinkt. Weckherlin hatte es nicht unabsichtlich getan. Er hatte Labude treffen wollen, nicht töten, aber verwunden. Der talentlose Konkurrent hatte sich am Begabten gerächt. Seine Lüge war eine Sprengkapsel gewesen. Er hatte sie in Labude hineingeworfen und war davongelaufen, um, aus der Entfernung, schadenfroh die Explosion zu beobachten.

Weckherlin war entlassen, verprügelt worden war er auch. Aber wäre es nicht besser gewesen, er hätte seinen

Posten nicht verloren und die Schläge nicht erhalten? Wäre es nicht besser gewesen, Weckherlins Lüge hätte, wenn Labude schon einmal tot war, weitergelebt? Gestern hatte ihn der Tod des Freundes mit Traurigkeit beseelt, heute erfüllte er ihn mit Unfrieden. Die Wahrheit war an den Tag gekommen, wem war damit gedient? Labudes Eltern etwa, die nun endlich wußten, daß ihr Sohn das Opfer einer Infamie geworden war? Bevor sie erfuhren, was die Wahrheit war, hatte es keine Lüge gegeben. Nun hatte die Gerechtigkeit gesiegt, und aus dem Selbstmord wurde nachträglich ein tragischer Witz. Fabian dachte an Labudes Begräbnis, und ihn schauderte: Er sah sich schon im Trauergefolge, am Sarg erkannte er Labudes Eltern, auch der Geheimrat war in der Nähe, und Labudes Mutter schrie laut auf. Sie riß sich den schwarzen Kreppschleier vom schwarzen Hut und sank jammernd vornüber.

»Obacht!« sagte jemand ärgerlich. Fabian wurde gestoßen und stand still. Hätte er die Sache mit Weckherlin vertuschen sollen, statt sie aufzuklären? Hätte er die Kenntnis des wahren Sachverhalts in sich einschließen sollen, um die Eltern davor zu bewahren? Warum war Labude bis in seine letzten Briefe so gründlich, warum war er so ordnungsliebend gewesen? Warum hatte er sein Motiv beim Namen genannt? Fabian ging weiter. Er bog in die Leipziger Straße ein. Es war Mittag. Die Angestellten der Büros und die Verkäuferinnen umdrängten die Haltestellen und stürmten die Autobusse, die Eßpause war kurz.

Wenn dieser Weckherlin nicht dazwischengekommen wäre, wenn Labude erfahren hätte, wie seine Arbeit wirklich eingeschätzt wurde, wäre er jetzt nicht gestorben, mehr noch, der Erfolg hätte ihn befeuert, hätte ihm die Enttäuschung mit Leda erleichtert und seinem politischen Ehrgeiz Luft gemacht. Warum hatte er denn an der Arbeit fünf Jahre gesessen? Sich selbst hatte er beweisen wollen, daß er leistungsfähig war. Er hatte mit diesem Erfolg gerechnet, er hatte ihn psychologisch abwägend in seine Entwicklung einkalkuliert, und die Kalkulation war richtig gewesen. Und doch hatte er Weckherlins Lüge eher geglaubt als seiner eigenen Überzeugung. Nein, Fabian wollte nicht dabeisein, wenn man den Freund ins Diesseits beförderte. Er mußte fort aus dieser Stadt. Er starrte auf eines der vorüberfahrenden Autos. War es nicht Cornelia? Dort neben dem dicken Mann? Sein Herz setzte aus. Sie war es nicht.

Er mußte fort, keine zehn Pferde hielten ihn länger.

Er ging zum Bahnhof. Er fuhr nicht noch einmal zur Witwe Hohlfeld, er ließ in deren Zimmer alles, wie es stand und lag, stehen und liegen. Er besuchte Zacharias nicht mehr, diesen eitlen, verlogenen Menschen. Er ging zum Bahnhof.

Der D-Zug fuhr in einer Stunde. Fabian besorgte sich eine Fahrkarte, kaufte Tageszeitungen, setzte sich in den Wartesaal und durchflog die Blätter.

Auf einer Wirtschaftstagung waren internationale Abkommen großen Stils gefordert worden. War dergleichen nur Schönrederei? Oder begriff man allmählich, was alle wußten? Erkannte man, daß die Vernunft das Vernünftigste war? Vielleicht hatte Labude recht gehabt? Vielleicht war es wirklich nicht nötig, auf die sittliche Hebung der gefallenen Menschheit zu warten? Vielleicht war das Ziel der Moralisten, wie Fabian einer war, tatsächlich durch wirtschaftliche Maßnahmen erreichbar? War die moralische Forderung nur deswegen uneinlösbar, weil sie sinnlos war? War die Frage der Weltordnung nichts weiter als eine Frage der Geschäftsordnung?

Labude war tot. Ihn hätte so etwas begeistert. In seine Pläne hätte es sich eingefügt. Fabian saß im Wartesaal, dachte des Freundes Gedanken und blieb apathisch. Wollte er die Besserung der Zustände? Er wollte die Besserung der Menschen. Was war ihm jenes Ziel ohne diesen Weg dahin? Er wünschte jedem Menschen pro Tag zehn Hühner in den

Topf, er wünschte jedem ein Wasserklosett mit Lautsprecher, er wünschte jedem sieben Automobile, für jeden Tag der Woche eins. Aber was war damit erreicht, wenn damit nichts anderes erreicht wurde? Wollte man ihm etwa weismachen, der Mensch würde gut, wenn es ihm gut ginge? Dann mußten ja die Beherrscher der Ölfelder und der Kohlengruben wahre Engel sein!

Hatte er nicht zu Labude gesagt: ›Noch in dem Paradies, das du erträumst, werden sich die Menschen gegenseitig die Fresse vollhauen?‹ War das Elysium, mit zwanzigtausend Mark Durchschnittseinkommen pro Barbaren, ein menschenwürdiger Abschluß?

Während er, sitzenderweise, seine moralische Haltung gegen die Konjunkturforscher verteidigte, regten sich wieder jene Zweifel, die seit langem in seinem Gefühl wie Würmer wühlten. Waren jene humanen, anständigen Normalmenschen, die er herbeiwünschte, in der Tat wünschenswert? Wurde dieser Himmel auf Erden, ob er nun erreichbar war oder nicht, nicht schon in der bloßen Vorstellung infernalisch? War ein derartig mit Edelmut vergoldetes Zeitalter überhaupt auszuhalten? War es nicht viel eher zum Blödsinnigwerden? War vielleicht jene Planwirtschaft des reibungslosen Eigennutzes nicht nur der eher zu verwirklichende, sondern auch der eher erträgliche Idealzustand? Hatte seine Utopie bloß regulative Bedeutung, und war sie als Realität ebensowenig zu wünschen wie zu schaffen? War es nicht, als spräche er zur Menschheit, ganz wie zu einer Geliebten: ›Ich möchte dir die Sterne vom Himmel holen!‹ Dieses Versprechen war lobenswert, aber wehe, wenn der Liebhaber es wahrmachte. Was finge die bedauernswerte Geliebte mit den Sternen an, wenn er sie angeschleppt brächte! Labude hatte auf dem Boden der Tatsachen gestanden, hatte marschieren wollen und war gestolpert. Er, Fabian, schwebte, weil er nicht schwer genug war, im Raum und lebte weiter. Warum lebte er denn noch, wenn er nicht wußte, wozu?

Warum lebte der Freund nicht mehr, der das Wort gekannt hatte? Es starben und es lebten die Verkehrten.

Im Feuilleton des Boulevardblattes, das auf seinen Knien lag, sah er Cornelia wieder. »Juristin wird Filmstar«, stand groß unter dem Foto. »Fräulein Dr. jur. Cornelia Battenberg«, war weiterhin zu lesen, »wurde von Edwin Makart, dem bekannten Filmindustriellen, entdeckt und beginnt schon in den nächsten Tagen mit den Aufnahmen zu dem Film: ›Die Masken der Frau Z‹.«

»Alles Gute«, flüsterte Fabian und nickte dem Bild zu. In der anderen Zeitung sah er sie noch einmal. Sie trug einen imposanten Sommerpelz und saß in dem Auto, das er schon kannte, am Steuer. Neben ihr hockte ein dicker, großer Mensch, anscheinend der Entdecker persönlich. Die Unterschrift bestätigte die Vermutung. Der Mann wirkte brutal und verschlagen, wie ein Teufel ohne Gymnasialbildung. Edwin Makart, der Mann mit der Wünschelrute, wurde vom Redakteur behauptet; seine neueste Entdeckung heiße Cornelia Battenberg. Sie repräsentiere als ehemaliger Referendar einen neuen Modetyp, die intelligente deutsche Frau.

»Alles Gute«, wiederholte Fabian und starrte auf das Foto. Wie lange war das her! Er blickte auf das Bild, als betrachtete er ein Grab. Eine unsichtbare gespenstische Schere hatte sämtliche Bande, die ihn an diese Stadt fesselten, zerschnitten. Der Beruf war verloren, der Freund war tot, Cornelia war in fremder Hand, was hatte er hier noch zu suchen?

Er trennte die Fotografien sorgfältig aus den Zeitungen, verwahrte die Ausschnitte im Notizbuch und warf die Zeitungen fort. Nichts hielt ihn zurück, er verlangte dorthin, woher er gekommen war: nach Hause, in seine Vaterstadt, zu seiner Mutter. Er war schon lange nicht mehr in Berlin, obwohl er noch immer auf dem Anhalter Bahnhof saß. Würde er wiederkommen? Als sich ein paar Leute an seinem Tisch breitmachten, stand er auf, durchschritt die Sperre und setzte sich in den Zug, der auf das Signal zur Abfahrt wartete.

Nur fort von hier! Der Minutenzeiger der Bahnhofsuhr rückte weiter. Nur fort!

Fabian saß am Fenster und blickte hinaus. Die Felder und Wiesen schwangen wie auf einer Drehscheibe. Die Telegrafenstangen machten Kniebeugen. Manchmal standen kleine barfüßige Bauernkinder mitten in der tanzenden Landschaft und winkten mechanisch. Auf einer Weide graste ein Pferd. Ein Fohlen hüpfte den Zaun entlang und schwenkte den Kopf. Dann fuhren sie durch einen düsteren Fichtenwald. Die Stämme waren von grauen Flechten bewachsen. Die Bäume standen da, als seien sie aussätzig und als habe man ihnen verboten, den Wald zu verlassen.

Ihm war, als suche jemand seine Augen. Er wandte sich um und blickte ins Abteil. Die Mitreisenden, gleichgültige, gleichgültig dasitzende Leute, waren mit sich beschäftigt. Wer sah ihn an? Da entdeckte er, draußen im Gang, Frau Irene Moll. Sie rauchte eine Zigarette und lächelte ihm zu. Als er sich nicht rührte, winkte sie. Er trat hinaus.

»Es ist skandalös, wie wir beide einander nachlaufen«, sagte sie. »Wo fährst du hin?«

»Nach Hause.«

»Sei höflich«, meinte sie. »Frage mich gefälligst, wo ich hin will.«

»Wo wollen Sie hin?«

Sie lehnte sich an ihn und flüsterte: »Ich türme. Einer der Schlafburschen hat mein Etablissement verpfiffen. Ich erfuhr es heute morgen von einem Polizeibeamten, dessen Monatsgehalt ich verdoppelt habe. Kommst du mit nach Budapest?«

»Nein«, sagte er.

»Ich habe hunderttausend Mark bei mir. Wir brauchen nicht nach Budapest zu fahren. Wollen wir über Prag nach Paris? Wir werden im Claridge wohnen. Oder wir gehen nach Fontainebleau und mieten eine kleine Villa.«

»Nein«, sagte er. »Ich fahre nach Hause.«

»Komm mit«, bat sie. »Ich habe Schmuck bei mir. Wenn wir blank sind, erpressen wir die alten Schachteln, die sich bei mir beschlummern ließen. Ich kenne interessante Einzelheiten, Gucklöcher haben ihr Gutes. Oder willst du lieber nach Italien? Was hältst du von Bellagio?«

»Nein«, sagte er, »ich fahre zu meiner Mutter.«

»Du verdammter Esel«, flüsterte sie ärgerlich. »Soll ich vor dir niederknien und dir eine Liebeserklärung machen? Was hast du gegen mich? Bin ich dir zu aufgeklärt? Ist dir eine dumme Gans lieber? Ich habe es endlich satt, nach der ersten besten Hose zu greifen. Du gefällst mir. Wir begegnen einander immer wieder. Das kann kein Zufall sein.« Sie faßte seine Hand und streichelte seine Finger. »Ich bitte dich, komm mit.«

»Nein«, sagte er. »Ich komme nicht mit. Reisen Sie gut.« Er wollte wieder ins Abteil.

Sie hielt ihn zurück. »Schade, jammerschade. Vielleicht ein andres Mal.« Sie öffnete ihre Handtasche. »Brauchst du Geld?« Sie wollte ihm ein paar Banknoten in die Hand stecken. Er schloß die Hand zur Faust, schüttelte den Kopf und ging ins Kupee.

Sie blieb noch eine Weile vor der Tür des Abteils und sah ihn an. Er blickte durchs Fenster. Man fuhr durch ein Dorf.

Es war gegen sechs Uhr abends, als er ankam. Er trat aus dem Bahnhof und sah die Dreikönigskirche. Ihm schien, sie musterte ihn von oben herunter: Warum holt dich heute niemand ab, und warum kommst du ohne Koffer?

Er ging den Dammweg entlang und durchschritt den alten Viadukt. Ein endloser Güterzug ratterte drüber hin, die Steinwölbung dröhnte. Das Haus, in dem früher der Lehrer Schanze gewohnt hatte, war frisch gestrichen. Die anderen Häuser standen unverändert in ihrer grauen, ihm seit der Kindheit bekannten Front. In dem Eckhaus, das der Hebamme Schröder gehörte, war ein neues Geschäft eröff-

net worden, ein Fleischerladen, noch standen die Blumenstöcke im Schaufenster.

Langsam näherte er sich dem Haus, in dem er geboren
war. Wie vertraut ihm die Straße war. Er kannte die Fassaden, er kannte die Höfe, Keller und Böden, überall war er
hier beheimatet. Aber die Menschen, die aus den Häusern
und in die Häuser traten, waren ihm fremd. Er blieb stehen.
»Seifengeschäft« stand über einem Laden. Ein Zettel klebte
am Fenster. Er las: »Nun auch Feinseifen herabgesetzt.
Hausmarke Lavendel zwanzig statt zweiundzwanzig Pfennige. Torpedoseife fünfundzwanzig statt achtundzwanzig
Pfennige.« Er ging bis zur Tür.

Seine Mutter stand hinter dem Ladentisch, zwei Frauen
standen davor. Die Mutter bückte sich gerade und stellte ein
Paket Waschpulver auf den Tisch, dann schnitt sie einen
Riegel Kernseife mittendurch. Dann nahm sie einen Bogen
Packpapier und einen Holzlöffel, schaufelte Schmierseife
aus dem Faß, wog sie ab und wickelte sie ein. Er spürte den
Seifengeruch bis auf die Straße.

Dann klinkte er die Ladentür auf. Die Glocke bimmelte.
Die alte Frau sah auf und ließ erschrocken die Hände sinken.

Er ging auf sie zu und sagte mit zitternder Stimme: »Mutter, Labude hat sich erschossen.« Und plötzlich liefen ihm
die Tränen aus den Augen. Er öffnete die Tür, die ins Hinterzimmer führte, schloß sie wieder, setzte sich in den Lehnstuhl vorm Fenster, blickte in den Hof hinaus, legte langsam
den Kopf aufs Fensterbrett und weinte.

Besuch in der Kinderkaserne
Kegelschieben im Park
Die Vergangenheit biegt um die Ecke

»Was hat er denn?« fragte der Vater am nächsten Morgen.

»Seine Stellung hat er verloren«, sagte die Mutter. »Und sein Freund hat sich umgebracht, Labude, weißt du, den er seinerzeit in Heidelberg kennenlernte.«

»Ich wußte gar nicht, daß er einen Freund hatte«, meinte der Vater. »Man erfährt ja nichts.«

»Du hörst nur nicht zu«, sagte die Mutter. Da läutete die Ladenglocke. Als Frau Fabian wieder ins Zimmer trat, las der Mann die Zeitung. »Außerdem hat er mit einem jungen Mädchen Pech gehabt«, fuhr sie fort. »Aber darüber spricht er sich nicht näher aus. Sie hat Rechtsanwalt studiert und geht zum Film.«

»Schade um das Geld fürs Studium«, erklärte der Mann.

»Ein hübsches Mädchen«, sagte Fabians Mutter. »Aber sie lebt mit einem dicken Kerl zusammen, einem Filmdirektor, das reinste Brechmittel.«

»Wird er lange hierbleiben?« fragte der Vater.

Die Mutter zuckte die Achseln und goß sich Kaffee ein. »Tausend Mark hat er mir gegeben. Labude hat ihm das Geld hinterlassen. Ich werde es aufheben. Der Junge hat einen Knacks wegbekommen, ich kann mir nicht helfen. Und das hat nichts mit Labude zu tun, und nichts mit der Filmschauspielerin. Er glaubt nicht an Gott, es muß damit zusammenhängen. Ihm fehlt der ruhende Punkt.«

»Als ich so alt war wie er, war ich schon fast zehn Jahre verheiratet«, sagte der Vater.

Fabian lief die Heerstraße entlang, an der Garnisonkirche und den Kasernen vorüber. Der runde kiesbestreute Platz vor der Kirche war leer. Wann war das denn gewesen, daß er hier gestanden hatte, ein Soldat unter Tausenden, die Hosen lang, den Helm auf dem Kopf, gerüstet zur feldgrauen Predigt, siebzehnjährig, bereit zu hören, was der deutsche Gott seinen Armeen mitteilen ließ? Er blieb am Tor der ehemaligen Fußartilleriekaserne stehen und lehnte sich an die Eisenstäbe. Antreten zum Dienstverlesen, Geschützexerzieren, Ausmarsch zum Nachtdienst, Vortrag über Kriegsanleihe, Löhnungfassen, was war alles auf diesem öden Hof geschehen. Hatte er hier nicht gehört, wie die alten Soldaten, ehe sie zum dritten und vierten Male feldmarschmäßig abgeführt wurden, miteinander um ein Kommißbrot wetteten, wer am schnellsten zurück sein werde? Und waren sie nicht, eine Woche später, in lumpiger Uniform wieder aufgetaucht, einen Tripper echt Brüsseler Abstammung am Leibe? Fabian ließ das Gitter los und ging weiter an den alten protzigen Grenadier- und Infanteriekasernen vorbei. Hier war der Park und die Schule, in der er jahrelang gesessen und gelebt hatte, ehe er mit Linksdrall, Scherenfernrohr und Lafettenschwanz bekanntgemacht wurde. Die Straße, die sich zu der Stadt hinuntersenkte, abends war er sie heimlich entlanggerannt, nach Hause, zur Mutter, auf wenige Minuten. Ob Schule, Kadettenanstalt, Lazarett oder Kirche, an der Peripherie dieser Stadt war jedes Gebäude eine Kaserne gewesen.

Noch immer lag das große graue Gebäude mit den schiefergedeckten spitzen Ecktürmen da, als sei es bis unters Dach mit Kindersorgen angefüllt. Die Fenster der Direktionswohnung waren noch immer mit weißen Gardinen geziert, im Gegensatz zu den vielen schwarzen schmucklosen Fenstern, hinter denen die Klassenzimmer, die Wohnräume der Schüler, die Schrankzimmer und die Schlafsäle lagen. Früher hatte er immer geglaubt, das riesige Haus müsse nach der Seite, auf der die Direktorwohnung lag, tief in die

Erde sinken, so schwerwiegend war ihm die Tatsache erschienen, daß hier Gardinen an den Fenstern hingen. Er ging durch das Tor und stieg die Stufen hinauf. Aus den Klassenzimmern drangen dunkle und helle Stimmen. Der leere Korridor war erfüllt davon. Aus der ersten Etage wehten Chorgesang und Klavierspiel. Fabian verschmähte die breite Freitreppe, er kletterte im Seitenflügel die schmalen Stufen hinan, zwei kleine Schüler kamen ihm entgegen.

»Heinrich«, rief der eine, »du sollst sofort zum Storch kommen und die Hefte holen.«

»Der wird's wohl erwarten können«, sagte Heinrich und ging krampfhaft langsam durch die schwankende Glastür.

›Der Storch‹, dachte Fabian, ›es hat sich nichts geändert.‹ Dieselben Lehrer waren noch da, die Spitznamen waren geblieben. Nur die Schüler wechselten. Ein Jahrgang nach dem andern wurde erzogen und gebildet. Früh läutete der Hausmeister. Die Jagd begann: Schlafsaal, Waschsaal, Schrankzimmer, Speisesaal. Die Jüngsten deckten den Tisch, holten die Butterdosen aus dem Eisschrank und die emaillierten Kaffeekannen aus dem Aufzug. Die Jagd ging weiter: Wohnzimmer, Staubwischen, Klassenzimmer, Unterricht, Speisesaal. Die Jüngsten deckten den Tisch fürs Mittagessen. Die Jagd ging weiter: Freizeit, Gartendienst, Fußballspiel, Wohnzimmer, Schularbeiten, Klassenzimmer, Speisesaal. Die Jüngsten deckten den Tisch fürs Abendbrot. Die Jagd ging weiter: Wohnzimmer, Schularbeiten, Waschsaal, Schlafsaal. Die Primaner durften zwei Stunden länger aufbleiben und rauchten im Park Zigaretten. Es hatte sich nichts geändert, nur die Jahrgänge wechselten.

Fabian stand in der dritten Etage und öffnete die Tür zur Aula. Morgenandacht, Abendandacht, Orgelspiel, Kaisers Geburtstag, Sedanfeier, Schlacht bei Tannenberg, Fahnen im Turm, Osterzensuren, Entlassung der Einberufenen, Eröffnung der Kriegsteilnehmerkurse, immer wieder Orgelspiel und Festreden voller Frömmigkeit und Würde. Einigkeit und Recht und Freiheit hatte sich in der Atmosphäre dieses Raumes festgebissen. Ob es noch so wie früher war, daß man, kam ein Lehrer vorüber, strammstehen mußte? Mittwochs gab es zwei und sonnabends drei Stunden Ausgang. Ob man immer noch, wenn der Ausgang entzogen worden war, vom Inspektor angehalten wurde, Zeitungen mit Hilfe einer Schere in Abortpapier zu verwandeln?

War es denn nicht auch manchmal schön gewesen? Hatte er immer nur die Lüge gespürt, die hier umging, und die böse heimliche Gewalt, die aus ganzen Kindergenerationen gehorsame Staatsbeamte und borniert Bürger machte? Es war manchmal schön gewesen, aber nur trotzdem. Er verließ die Aula und stieg die düstere Wendeltreppe zu den Wasch- und Schlafsälen hinauf. In langer Front standen die eisernen Bettstellen. An den Wänden hingen die Nachthemden militärisch ausgerichtet. Ordnung mußte sein. Nachts waren die Primaner aus dem Park heraufgekommen und hatten sich zu erschrockenen Quintanern und Quartanern ins Bett gelegt. Die Kleinen hatten geschwiegen. Ordnung mußte sein. Er trat ans Fenster. Unten im Flußtal schimmerte die Stadt mit ihren alten Türmen und Terrassen. Wie oft war er, wenn die anderen schliefen, hierher geschlichen, hatte hinabgeblickt und das Haus gesucht, in dem die Mutter krank lag. Wie oft hatte er den Kopf an die Scheiben gepreßt und das Weinen unterdrückt. Es hatte ihm nicht geschadet, das Gefängnis nicht und das unterdrückte Heulen nicht, das war richtig. Damals hatte man ihn nicht klein gekriegt. Ein paar hatten sich erschossen. Es waren nicht viele gewesen. Im Krieg hatten schon mehr daran glauben müssen. Später waren noch etliche gestorben. Heute war die Hälfte der Klasse tot. Er stieg die Treppen hinunter, verließ das Gebäude und ging in den Park. Mit Reisigbesen und Schaufeln und spitzen Stöcken waren sie hinter einem Handwagen hergetrabt, hatten welkes Laub zusammengekehrt und Papier, das herumlag, aufgespießt. Der Park war groß, er senkte sich zu einem kleinen Bach hinab.

Fabian lief auf den alten, vertrauten Pfaden, setzte sich auf eine Bank, blickte in die Wipfel der Bäume, ging weiter und wehrte sich vergeblich dagegen, daß ihn das, was er sah, zurückverwandelte. Die Säle und Zimmer und Bäume und Beete, die ihn umgaben, waren keine Wirklichkeit, sondern Erinnerungen. Hier hatte er seine Kindheit zurückgelassen, und nun fand er sie wieder. Sie sank von den Zweigen und Wänden und Türmen auf ihn herab und bemächtigte sich seiner. Er schritt immer tiefer hinein in den melancholischen Zauber. Er kam zur Kegelbahn, die Kegel standen schußfertig. Fabian sah sich um, er war allein, da nahm er eine Kugel aus dem Kasten, holte aus, lief vor und ließ die Kugel über die Bahn rollen. Sie machte ein paar kleine Sprünge. Die Bahn war immer noch uneben. Sechs Kegel fielen klappernd um.

»Was soll denn das?« fragte jemand ärgerlich. »Fremde haben hier nichts zu suchen!« Es war der Direktor. Er hatte sich kaum verändert. Sein assyrischer Bart war nur noch grauer geworden.

»Entschuldigen Sie«, sagte Fabian, zog den Hut und wollte sich entfernen.

»Einen Augenblick«, rief der Direktor. Fabian drehte sich um. »Sind Sie nicht ein ehemaliger Schüler von uns?« fragte der Mann. Dann streckte er die Hand aus. »Natürlich, Jakob Fabian! Herzlich willkommen! Das ist nett. Haben Sie Sehnsucht nach Ihrer alten Schule gehabt?« Sie begrüßten sich.

»Eine böse Zeit«, sagte der Direktor. »Eine gottlose Zeit. Die Gerechten müssen viel leiden.«

»Wer sind die Gerechten?« fragte Fabian. »Geben Sie mir ihre Adresse.«

»Sie sind immer noch der Alte«, meinte der Direktor. »Sie waren immer einer der besten Schüler und einer der frechsten. Und wie weit haben Sie es damit gebracht?«

»Der Staat ist im Begriff, mir eine kleine Pension zu bewilligen«, sagte Fabian.

»Arbeitslos?« fragte der Direktor streng. »Ich hatte mehr von Ihnen erwartet.«

Fabian lachte. »Die Gerechten müssen viel leiden«, erklärte er.

»Hätten Sie nur damals Ihr Staatsexamen gemacht«, sagte der Direktor. »Dann stünden Sie jetzt nicht ohne Beruf da.«

»Ich stünde in jedem Fall ohne Beruf da«, entgegnete Fabian erregt. »Auch wenn ich ihn ausübte. Ich kann Ihnen verraten, daß die Menschheit mit Ausnahme der Pastoren und Pädagogen nicht mehr weiß, wo ihr der Kopf steht. Der Kompaß ist kaputt, aber hier, in diesem Haus, merkt das niemand. Ihr fahrt nach wie vor in eurem Lift rauf und runter, von der Sexta bis zur Prima, wozu braucht ihr einen Kompaß?«

Der Direktor schob die Hände unter die Flügel seines Gehrocks und sagte: »Ich bin entsetzt. Es gäbe keine Aufgabe für Sie? Gehen Sie hin und bilden Sie Ihren Charakter, junger Mensch! Wozu haben wir Geschichte getrieben? Wozu haben wir die Klassiker gelesen? Runden Sie Ihre Persönlichkeit ab!«

Fabian betrachtete den wohlgenährten, selbstgefälligen Herrn und lächelte. Dann sagte er: »Sie mit Ihrer abgerundeten Persönlichkeit!« und ging.

Auf der Straße traf er Eva Kendler. Sie kam mit zwei Kindern daher und war ziemlich dick geworden. Er wunderte sich, daß er sie überhaupt erkannte.

»Jakob!« rief sie und wurde rot. »Du hast dich gar nicht verändert. Sagt dem Onkel Guten Tag!« Die Kinder gaben ihm die Hand und machten Knickse. Es waren zwei Mädchen. Sie sahen ihrer Mutter ähnlicher als sie sich selber.

»Wir sind uns mindestens zehn Jahre nicht begegnet«, sagte er. »Wie geht's dir? Wann hast du geheiratet?«

»Mein Mann ist Oberarzt im Carolahaus«, erzählte sie.
»Da kann man keine großen Sprünge machen. Zu einer eigenen Praxis reicht es nicht. Vielleicht geht er mit Professor Wandsbeck nach Japan. Wenn es sich lohnt, fahre ich mit den Kindern nach.« Er nickte und betrachtete die beiden kleinen Mädchen.

»Damals war es schöner«, sagte sie leise. »Weißt du noch, wie meine Eltern verreist waren? Siebzehn Jahre war ich alt. Wie die Zeit vergeht.« Sie seufzte und strich den kleinen Mädchen die Matrosenkragen glatt. »Ehe man recht dazu kommt, sein eigenes Leben zu haben, trägt man schon wieder Verantwortung für seine Kinder. Dieses Jahr fahren wir nicht einmal an die See.«

»Das ist natürlich schrecklich«, meinte er.

»Ja«, sagte sie, »da wollen wir mal gehen. Auf Wiedersehen, Jakob.«

»Auf Wiedersehen.«

»Gebt dem Onkel die Hand!«

Die kleinen Mädchen machten Knickse, drängten sich an die Mutter und zogen mit ihr davon. Fabian blieb noch eine Weile stehen. Die Vergangenheit bog um die Ecke, mit zwei Kindern an der Hand, fremd geworden, kaum wiederzuerkennen. ›Du hast dich gar nicht verändert‹, hatte die Vergangenheit zu ihm gesagt.

»Wie war's?« fragte die Mutter. Sie standen, nach dem Mittagessen, im Laden und packten eine Kiste mit Bleichpulver aus.

»Ich war oben bei den Kasernen. In der Schule war ich auch. Und dann habe ich die Eva getroffen. Zwei kleine Kinder hat sie. Der Mann ist Arzt.«

Die Mutter zählte die Pakete, die sie ins Regal geräumt hatte. »Die Eva? Das war einmal ein hübsches Mädchen. Wie war das gleich? Du kamst doch damals zwei Tage nicht nach Hause.«

»Ihre Eltern waren verreist, und ich mußte einen mehr-
tägigen Aufklärungskursus abhalten. Es war ihr erster, und
ich löste meine Aufgabe sehr gewissenhaft und mit wahrhaft
sittlichem Ernst.«

»Ich war damals in Sorge«, sagte die Mutter.

»Aber ich schickte dir doch eine Depesche!«

»Depeschen sind etwas Unheimliches«, erklärte sie. »Über
eine halbe Stunde saß ich davor und traute mich nicht, sie zu
öffnen.«

Er reichte die Pakete, die Mutter schichtete auf. »Wäre es
nicht besser, wenn du hier eine Stellung suchtest?« fragte sie.
»Gefällt es dir gar nicht mehr bei uns? Du könntest in die
Wohnstube ziehen. Hier sind auch die Mädchen netter und
nicht so verrückt. Vielleicht findest du doch eine Frau.«

»Ich weiß noch nicht, was ich mache«, sagte er. »Es kann
sein, daß ich hierbleibe. Ich will arbeiten. Und will mich
betätigen. Ich will endlich ein Ziel vor Augen haben. Und
wenn ich keines finde, erfinde ich eines. So geht es nicht
weiter.«

»Zu meiner Zeit gab es das nicht«, behauptete sie. »Da
war Geldverdienen ein Ziel, und Heiraten und Kinderkrie-
gen.«

»Vielleicht gewöhne ich mich daran«, meinte er. »Wie
sagst du immer?«

Sie hielt im Packen inne und sagte mit Nachdruck: »Der
Mensch ist ein Gewohnheitstier.«

Pilsner Bier und Patriotismus
Türkisches Biedermeier
Fabian wird gratis behandelt

Gegen Abend ging Fabian in die Altstadt hinüber. Von der Brücke aus sah er die weltberühmten Gebäude wieder, die er, seit er denken konnte, kannte: das ehemalige Schloß, die ehemalige Königliche Oper, die ehemalige Hofkirche, alles war hier wunderbar und ehemalig. Der Mond rollte ganz langsam von der Spitze des Schloßturms, als gleite er auf einem Draht. Die Terrasse, die sich am Flußufer erstreckte, war mit alten Bäumen und ehrwürdigen Museen bewachsen. Diese Stadt, ihr Leben und ihre Kultur befanden sich im Ruhestand. Das Panorama glich einem teuren Begräbnis. Auf dem Altmarkt traf er Wenzkat. »Nächsten Freitag ist Klassenzusammenkunft im Ratskeller«, erzählte Wenzkat. »Bist du dann noch hier?«

»Ich hoffe«, sagte Fabian. »Wenn es irgend geht, erscheine ich.« Er wollte rasch weiter, aber der andere lud ihn ein. Seine Frau sei seit vierzehn Tagen im Bad. Sie gingen zu Gaßmeier und tranken Pilsner. Nach dem dritten Glas wurde Wenzkat politisch. »So geht das nicht weiter«, schimpfte er. »Ich bin im Stahlhelm. Das Abzeichen trage ich nicht. Ich kann mich, bei meiner Zivilpraxis, öffentlich nicht festlegen. Doch das ändert nichts an der Sache. Es gilt einen Verzweiflungskampf.«

»Zum Kampf kommt es gar nicht erst, wenn ihr anfangt«, sagte Fabian. »Es kommt gleich zur Verzweiflung.«

»Vielleicht hast du recht«, rief Wenzkat und schlug auf die Tischplatte. »Dann gehen wir eben unter, kreuznochmal!«

»Ich weiß nicht, ob das dem ganzen Volk recht ist«, wandte

Fabian ein. »Wo nehmt ihr die Dreistigkeit her, sechzig Millionen Menschen den Untergang zuzumuten, bloß weil ihr das Ehrgefühl von gekränkten Truthähnen habt und euch gern herumhaut?«

»So war es immer in der Weltgeschichte«, sagte Wenzkat entschieden und trank sein Glas leer.

»Und so sieht sie auch aus von vorn bis hinten, die Weltgeschichte!« rief Fabian. »Man schämt sich, dergleichen zu lesen, und man sollte sich schämen, den Kindern dergleichen einzutrichtern. Warum muß es immer so gemacht werden, wie es früher gemacht wurde? Wenn das konsequent geschehen wäre, säßen wir heute noch auf den Bäumen.«

»Du bist kein Patriot«, behauptete Wenzkat.

»Und du bist ein Hornochse«, rief Fabian. »Das ist noch viel bedauerlicher.«

Dann tranken sie noch ein Bier und wechselten vorsichtshalber das Thema.

»Ich habe einen glänzenden Einfall«, meinte Wenzkat. »Wir gehen ein bißchen ins Bordell.«

»Gibt es denn so etwas noch? Ich denke, sie sind gesetzlich verboten.«

»Freilich«, sagte Wenzkat. »Verboten sind sie, aber es gibt noch welche. Das eine hat mit dem andern nichts zu tun. Du wirst dich amüsieren.«

»Ich denke gar nicht daran«, erklärte Fabian.

»Wir trinken eine Flasche Sekt mit den Mädchen. Das übrige ist fakultativ. Sei nett. Komm mit. Gib gut auf mich acht, damit ich meiner Frau keinen Kummer mache.«

Das Haus lag in einer kleinen schmalen Gasse. Fabian erinnerte sich, als sie davorstanden, daß hier die Offiziere der Garnison ihre Orgien gefeiert hatten. Das war zwanzig Jahre her. Das Haus sah unverändert aus. Wenn alles gut ging, wohnten noch dieselben Mädchen drin. Wenzkat läutete. Im Haus näherten sich Schritte. Ein Auge blickte starr durchs Guckloch. Die Tür ging auf. Wenzkat sah sich besorgt um. Die Gasse war leer. Sie traten ein.

Sie gingen an einer alten Frau vorbei, die einen Gruß murmelte, und stiegen eine schmale hölzerne Treppe hinauf. Die Haushälterin erschien und sagte: »Guten Tag, Gustav, läßt du dich auch wieder mal bei uns blicken?«

»Flasche Sekt!« rief Wenzkat. »Ist die Lilly noch bei euch?«

»Nein, aber die Lotte. Ihr Hintern ist breit genug für dich. Nehmt Platz!«

Das Zimmer, in das sie geführt wurden, war sechseckig und in türkischem Biedermeier eingerichtet. Die Lampe gab rotes Licht. Die Wände waren getäfelt und mit ornamentalen Intarsien und nackten Frauen geschmückt, und zu beiden Seiten zogen sich niedrige Polster hin. Die zwei setzten sich.

»Anscheinend schlechter Geschäftsgang«, sagte Fabian.

»Kein Mensch hat Geld«, erklärte Wenzkat. »Außerdem hat sich die Branche überlebt.«

Dann traten Lotte und zwei junge Frauen ins Zimmer und begrüßten den Stammgast. Fabian saß in einer Ecke und betrachtete die Szene. Die Haushälterin brachte einen Kübel, goß Sekt ein, rief »Prost!«, und man trank.

»Lotte«, sagte Wenzkat, »zieht euch aus!«

Lotte war eine dicke Person mit lustigen Augen. »Gut«, erklärte sie und ging mit den anderen aus dem Zimmer. Eine Minute später kamen sie nackt zurück und setzten sich zwischen die Gäste.

Wenzkat sprang auf und schlug mit der flachen Hand auf Lottes Hinterteil. Sie kreischte, küßte ihn und drängte ihn, Beschwörungen murmelnd, aus dem Zimmer. Sie verschwanden.

Nun saß Fabian mit der Haushälterin und zwei nackten Frauen am Tisch, trank Sekt und unterhielt sich. »Ist hier immer so wenig los?« fragte er.

»Neulich, zum Sängerfest, waren wir gut besucht«, sagte die Blondine und spielte nachdenklich mit ihren Brustwarzen. »Da hatte ich an einem Tag achtzehn Männer. Aber sonst ist es zum Sterben langweilig.«

»Wie im Kloster«, meinte die kleine Dunkle verloren und schob sich näher.

»Noch eine Flasche?« fragte die Haushälterin.

»Ich glaube nicht«, sagte er. »Ich habe nur ein paar Mark eingesteckt.«

»Ach Quatsch!« rief die Blondine. »Gustav hat Geld genug. Außerdem hat er hier Kredit.« Die Haushälterin entfernte sich, um die zweite Flasche zu holen.

»Kommst du zu mir rauf?« fragte die Blondine.

»Ich bemerkte schon ganz richtig, daß ich kein Geld habe«, sagte er und war froh, daß er nicht zu lügen brauchte.

»Es ist zum Verzweifeln«, rief die Blondine. »Bin ich dazu in den Puff gegangen, daß ich wieder zuwachse? Komm, und bring das Geld in den nächsten Tagen vorbei!« Fabian lehnte ab.

Wenig später kam Wenzkat wieder ins Zimmer und placierte sich neben die Blondine. »Jetzt brauchst du dich auch nicht zu mir zu setzen«, sagte sie beleidigt. Nun erschien auch Lotte. Sie hielt mit beiden Händen ihre Sitzfläche. »So ein Schwein!« jammerte sie. »Immer diese Prügelei! Jetzt kann ich wieder drei Tage nicht sitzen.«

»Da hast du noch zehn Mark«, sagte Wenzkat. Sie steckte das Geld in den Halbschuh, und er schlug ihr, während sie sich bückte, wieder hintendrauf. Sie machte böse Augen und wollte auf ihn losgehen.

»Setz dich hin!« befahl er. Dann legte er den Arm um die Hüfte der Blondine und fragte: »Na, wollen wir?«

Sie betrachtete ihn prüfend und sagte: »Aber geprügelt wird bei mir nicht. Ich bin für die richtige Machart.« Er nickte. Sie erhob sich und ging, die Anatomie schwenkend, voran.

»Ich sollte auf dich Obacht geben«, meinte Fabian.

»Ach, Mensch«, sagte der andere, »wer Sorgen hat, hat auch Likör.« Dann folgte er der Frau.

Die Haushälterin brachte die zweite Flasche und schenkte ein. Lotte schimpfte auf Wenzkat und zeigte die Striemen. Die kleine Dunkelhaarige zupfte Fabian an der Jacke und flüsterte: »Komm mal mit in mein Zimmer.« Er sah sie an, ihre Augen waren groß und ernst auf ihn gerichtet. »Ich will dir was zeigen«, erklärte sie ruhig, und dann gingen sie zusammen hinaus. Das Zimmer der kleinen nackten Person war genau so türkisch und geschmacklos eingerichtet wie der Salon, aus dem sie kamen. Das Bett war über und über geblümt und mit Spitzen besät. Die Bilder an der Wand waren sehr lächerlich. Ein elektrischer Ofen erwärmte die Luft. Das Fenster war offen. Drei blühende Blumenstöcke standen davor.

Die Frau schloß das Fenster, trat zu Fabian, umarmte ihn und streichelte sein Gesicht.

»Was wolltest du mir denn zeigen?« fragte er. Sie zeigte nichts. Sie sagte nichts. Sie sah ihn an.

Er klopfte ihr freundlich den Rücken. »Ich habe doch aber kein Geld«, sagte er. Sie schüttelte den Kopf, knöpfte ihm die Weste auf, legte sich aufs Bett und betrachtete ihn abwartend, ohne sich zu rühren.

Er zuckte die Achseln, zog den Anzug aus und legte sich zu ihr.

Sie umfing ihn aufatmend. Sie gab sich ganz behutsam hin, und ihre Augen hingen ernst an seinem Gesicht. Er wurde verlegen, als habe er eine Jungfer zur Leichtfertigkeit überredet. Sie blieb stumm. Nur etwas später öffnete sich ihr Mund, und sie stöhnte, doch auch das tat sie voller Zurückhaltung.

Hinterher brachte sie Wasser, träufelte aus zwei Flaschen Chemikalien in die Schüssel und hielt dienstfertig ein Handtuch bereit.

Wenzkat saß zwischen Lotte und der Blondine, nickte
Fabian zu und war müde. Sie tranken die Flasche leer und
verabschiedeten sich. Fabian drückte der kleinen Dunkel-
haarigen zwei Zweimarkstücke in die Hand. »Ich habe nicht
mehr bei mir«, sagte er leise. Sie sah ihn ernst an.

Dann gingen sie alle miteinander zur Treppe. Wenzkat
wurde wieder laut, er war beschwipst. Plötzlich spürte
Fabian eine Hand in seiner Tasche und fand seine zwei
Zweimarkstücke wieder.

»Hältst du das für möglich?« fragte er den anderen. »Ich
habe der Kleinen ein paar Mark gegeben, und nun hat sie
mir das Geld wieder zugesteckt.«

Wenzkat gähnte laut und sagte: »Wo die Liebe hinfällt. Sie
hat es wahrscheinlich nötig gehabt. Übrigens, Jakob, wenn
du zur Klassenzusammenkunft kommen solltest, daß du
nichts erzählst! Und vergiß nicht, Freitag abend im Ratskeller.« Dann ging er.

Fabian machte noch einen Spaziergang. Die Straßen waren
kaum besucht. Die Straßenbahnen fuhren leer in die Depots.
Auf der Brücke blieb er stehen und sah auf den Fluß hinunter. Die Bogenlampen spiegelten sich zitternd und waren
wie eine Serie kleiner ins Wasser gefallener Monde. Der
Fluß war breit. Es mußte im Gebirge geregnet haben. Auf
den Hügeln, welche die Stadt umgaben, brannten viele
zwinkernde Lichter.

Während er hier stand, lag Labude aufgebahrt in einer
Grunewaldvilla, und Cornelia lag bei Herrn Makart im
Himmelbett. Sehr weit weg lagen sie beide. Fabian stand
unter einem anderen Himmel. Hier hatte Deutschland kein
Fieber. Hier hatte es Untertemperatur.

Herr Knorr hat Hühneraugen
Die Tagespost braucht tüchtige Leute
Lernt schwimmen!

Tags darauf war er beim Bäcker und rief von dort aus im Büro von Wenzkat an. Der hatte wenig Zeit. Er mußte aufs Gericht. Fabian fragte, ob er keinen wüßte, der einen Direktionsposten zu vergeben hätte.

»Geh doch mal zu Holzapfel«, meinte Wenzkat. »Der ist in der ›Tagespost‹.«

»Was treibt er denn dort?«

»Erstens ist er Sportredakteur, zweitens schreibt er Musikkritiken. Vielleicht weiß er etwas. Und erinnere ihn an Freitag abend. Auf Wiedersehen.«

Fabian ging nach Hause und erzählte, er wolle mal in die Altstadt zu Holzapfel, der sei bei der »Tagespost« Redakteur. Vielleicht könne ihm der behilflich sein. Die Mutter stand im Laden und wartete auf Kunden. »Das wäre sehr schön, mein Junge«, sagte sie. »Geh mit Gott!«

Auf der Straßenbahn karambolierte er, infolge einer Kurve, mit einem baumlangen Herrn. Sie sahen einander mißgelaunt an. »Wir kennen uns doch«, meinte der Herr und streckte die Hand hin. Es war ein gewisser Knorr, ehemaliger Oberleutnant der Reserve. Ihm hatte die Ausbildung jener Einjährigen-Kompanie obgelegen, der Fabian angehört hatte. Er hatte die Siebzehnjährigen geschunden und schinden lassen, als bezöge er von Tod und Teufel Tantieme.

»Stecken Sie rasch Ihre Hand wieder weg«, sagte Fabian, »oder ich spuck Ihnen drauf.«

Herr Knorr, Spediteur von Beruf, befolgte den ernstgemeinten Rat und lachte betreten. Denn sie waren nicht allein auf der Plattform.

»Was hab ich Ihnen denn getan?« fragte er, obwohl er das wußte.

»Wenn Sie nicht so groß wären, würde ich Ihnen jetzt eine herunterhauen«, sagte Fabian. »Da ich aber nicht bis zu Ihrer geschätzten Wange hinaufreiche, muß ich mich anders behelfen.« Und damit trat er Herrn Knorr derartig auf die Hühneraugen, daß der die Lippen zusammenpreßte und ganz blaß wurde. Die Umstehenden lachten, Fabian stieg ab und lief den Rest des Wegs.

Holzapfel, der Klassenkamerad von einst, wirkte außerordentlich erwachsen, trank Flaschenbier und versah ein paar Bürstenabzüge mit Hieroglyphen. »Setz dich, Jakob«, sagte er. »Ich muß die Vorschau fürs Rennen korrigieren, und einen Sammelbericht über Klavierkonzerte. Lange nicht gesehen. Wo hast du gesteckt? Berlin, wie? Ich führe gern mal wieder hinüber. Man kommt nicht dazu. Dauernd viel zu tun und dauernd Bier. Schwielen im Gehirn, Schwielen am Gesäß, die Kinder werden immer älter, die Freundinnen werden immer jünger, wenn das mal keine Lungenentzündung gibt.« Während er so vor sich hinfaselte, korrigierte und trank er ruhig weiter. »Koppel hat sich scheiden lassen, er kam dahinter, daß ihn seine Frau mit zwei anderen betrog. Er war ja immer schon ein guter Mathematiker. Bretschneider hat die Apotheke verkauft und sich eine Klitsche angeschafft. Er züchtet rote Grütze und Salzkartoffeln. Jedem für sein Geld, was ihm schmeckt. So, die Klavierkonzerte können warten.« Er klingelte nach dem Boten und schickte die Fahne mit der Rennvorschau in die Setzerei. Dann erzählte Fabian, daß er eine Stellung suche, zuletzt habe er Propaganda gemacht. Aber ihm sei schon alles gleich, Hauptsache, er finde hier in der Stadt ein Unterkommen.

»Von Musik verstehst du nichts. Vom Boxen auch nicht«, stellte Holzapfel fest. »Vielleicht kann man dich im Feuilleton brauchen, für die zweite Theaterkritik oder etwas Ähnliches.« Er hängte sich ans Telefon und sprach mit dem Direktor. »Geh mal hin zu dem Kerl«, schlug er vor. »Erzähl ihm was Hübsches. Er ist eingebildet, aber gelehrig.«

Fabian bedankte sich, erinnerte den andern an die Klassenzusammenkunft und ließ sich bei Direktor Hanke melden. »Doktor Holzapfel ist ein Klassenkamerad von Ihnen?« fragte der Direktor. »Sie haben Literaturgeschichte studiert? Augenblicklich ist keine Stellung frei. Doch das besagt nichts. Sollten Sie tüchtig sein, tüchtige Leute kann ich immer brauchen. Arbeiten Sie vierzehn Tage auf eigenes Risiko. Ich mache Sie mit dem Feuilletonchef bekannt. Wenn der Ihre Beiträge ablehnt, haben Sie Pech gehabt. Sonst sind Sie mir als externer Mitarbeiter willkommen.« Er wollte auf die Klingel drücken.

»Einen Moment, Herr Direktor«, sagte Fabian. »Ich danke Ihnen für die Chance. Noch lieber würde ich als Propagandist arbeiten. Man könnte beispielsweise eine Beratungsstelle für Inserenten einrichten, der Kundschaft zugkräftige Texte vorschlagen und eventuell ganze Werbefeldzüge organisieren. Man könnte die Auflageziffer des Blattes durch geschickte und systematische Reklame vorteilhaft beeinflussen. Man könnte, in Kompagnie mit Großinserenten, lohnende Preisausschreiben durchführen. Man könnte für die Abonnenten Boxabende und ähnliche Volksfeste veranstalten.«

Der Direktor hörte aufmerksam zu. Dann sagte er: »Unsere Großaktionäre sind nicht für die Berliner Methoden.«

»Aber die Herren sind dafür, daß die Auflageziffer wächst!«

»Nicht mit Hilfe von Fisimatenten«, erklärte der Direktor. »Immerhin, ich werde mit unserem Insertionschef sprechen. In bescheidener Dosierung sollte man vielleicht doch Maßnahmen ergreifen, denen wir uns auf die Dauer nicht völlig werden entziehen können. Kommen Sie morgen um elf wieder. Ich will sehen, was ich tun kann. Bringen Sie ein paar Arbeiten mit. Und Zeugnisse, falls Sie solches Gemüse auf Lager haben.«

Fabian stand auf und bedankte sich für das erwiesene Interesse.

»Wenn wir Sie engagieren«, sagte der Direktor, »erwarten Sie keine phantastischen Summen. Zweihundert Mark sind heute sehr viel Geld.«

»Für die Angestellten?« fragte Fabian neugierig.

»Nein«, sagte der Direktor, »für die Aktionäre.«

Fabian saß im Café Limberg, trank einen Kognak und machte sich Gedanken. Es war hirnverbrannt, was er plante. Er wollte, falls man die Gnade hatte, ihn zu nehmen, einer rechtsstehenden Zeitung behilflich sein, sich auszubreiten. Wollte er sich etwa einreden, ihn reize die Propaganda schlechthin, ganz gleich, welchen Zwecken sie diente? Wollte er sich so betrügen? Wollte er sein Gewissen, wegen zweier Hundertmarkscheine im Monat, Tag für Tag chloroformieren? Gehörte er zu Münzer und Konsorten?

Die Mutter würde sich freuen. Sie wünschte, daß er ein nützliches Glied der Gesellschaft würde. Ein nützliches Glied dieser Gesellschaft, dieser G.m.b.H.! Es ging nicht. So marode war er noch nicht. Geldverdienen war für ihn noch immer nicht die Hauptsache.

Er beschloß, den Eltern zu verschweigen, daß er bei der »Tagespost« unterkriechen konnte. Er wollte nicht unterkriechen. Zum Donnerwetter. Er kroch nicht zu Kreuze! Er beschloß, dem Direktor abzusagen, und kaum hatte er sich dazu entschieden, wurde ihm wohler. Er konnte die restlichen tausend Mark von Labude nehmen, ins Erzgebirge hinauffahren und in irgendeinem stillen Gehöft bleiben. Das Geld reichte ein halbes Jahr oder länger. Er konnte wandern, soweit sein krankes Herz nichts dagegen hatte. Er

kannte den Gebirgskamm, die Gipfel und die Spielzeug-
städte von Schülerfahrten her. Er kannte die Wälder, die
Bergwiesen, die Seen und die armen geduckten Dörfer. Andere Leute fuhren in die Südsee, das Erzgebirge war billiger.
Vielleicht kam er dort oben zu sich. Vielleicht wurde er dort
oben so etwas Ähnliches wie ein Mann. Vielleicht fand er
auf dem einsamen Waldpfaden ein Ziel, das den Einsatz
lohnte. Vielleicht reichten sogar fünfhundert Mark. Die
andere Hälfte konnte er der Mutter lassen.

Also los, an den Busen der Natur, marschmarsch! Bis
Fabian wiederkehrte, war die Welt einen Schritt vorange-
kommen, oder zwei Schritte zurück. Wohin sie sich auch
drehte, jede andere Lage war richtiger als die gegenwärtige.
Jede andere Situation war für ihn aussichtsreicher, ob es
Kampf galt oder Arbeit. Er konnte nicht mehr danebenste-
hen wie das Kind beim Dreck. Er konnte noch nicht helfen
und zupacken, denn wo sollte er zupacken, und mit wem
sollte er sich verbünden? Er wollte in die Stille zu Besuch
und der Zeit vom Gebirge her zuhören, bis er den Start-
schuß vernahm, der ihm galt und denen, die ihm glichen.

Er trat aus dem Café. Aber war das nicht Flucht, was er
vorhatte? Fand sich für den, der handeln wollte, nicht jederzeit und überall ein Tatort? Worauf wartete er seit Jahren?
Vielleicht auf die Erkenntnis, daß er zum Zuschauer bestimmt und geboren war, nicht, wie er heute noch glaubte,
zum Akteur im Welttheater?

Er blieb an Geschäften stehen, er sah Kleider, Hüte und
Ringe, und er sah doch nichts. An einem Korsettgeschäft
kam er wieder zu sich. Das Leben war eine der interessante-
sten Beschäftigungen, trotz alledem. Die Barockgebäude
der Schloßstraße standen noch immer. Die Erbauer und die
ersten Mieter waren lange tot. Ein Glück, daß es nicht umgekehrt war.

Fabian ging über die Brücke.

Plötzlich sah er, daß ein kleiner Junge auf dem steinernen Brückengeländer balancierte.

Fabian beschleunigte seine Schritte.

Er rannte.

Da schwankte der Junge, stieß einen gellenden Schrei aus, sank in die Knie, warf die Arme in die Luft und stürzte vom Geländer hinunter in den Fluß.

Ein paar Passanten, die den Schrei gehört hatten, drehten sich um. Fabian beugte sich über das breite Geländer. Er sah den Kopf des Kindes und die Hände, die das Wasser schlugen. Da zog er die Jacke aus und sprang, das Kind zu retten, hinterher. Zwei Straßenbahnen blieben stehen. Die Fahrgäste kletterten aus den Wagen und beobachteten, was geschah. Am Ufer rannten aufgeregte Leute hin und wieder.

Der kleine Junge schwamm heulend ans Ufer.

Fabian ertrank. Er konnte leider nicht schwimmen.

Fabian und die Sittenrichter

Die folgenden Ausführungen und ein zweiter Aufsatz,
»Fabian und die Kunstrichter«, waren vom Verfasser
als Nachwort zum Roman gedacht. Auch sie mußten wegfallen.
Der erste Aufsatz erschien daraufhin in der »Weltbühne«,
der zweite ist verlorengegangen.

Dieses Buch ist nichts für Konfirmanden, ganz gleich, wie alt sie sind. Der Autor weist wiederholt auf die anatomische Verschiedenheit der Geschlechter hin. Er läßt in verschiedenen Kapiteln völlig unbekleidete Damen und andre Frauen herumlaufen. Er deutet wiederholt jenen Vorgang an, den man, temperamentloserweise, Beischlaf nennt. Er trägt nicht einmal Bedenken, abnorme Spielarten des Geschlechtslebens zu erwähnen. Er unterläßt nichts, was die Sittenrichter zu der Bemerkung veranlassen könnte: Dieser Mensch ist ein Schweinigel.

Der Autor erwidert hierauf: Ich bin ein Moralist!

Durch Erfahrungen am eignen Leibe und durch sonstige Beobachtungen unterrichtet, sah er ein, daß die Erotik in seinem Buch beträchtlichen Raum beanspruchen mußte. Nicht, weil er das Leben fotografieren wollte, denn das wollte und tat er nicht. Aber ihm lag außerordentlich daran, die Proportionen des Lebens zu wahren, das er darstellte. Sein Respekt vor dieser Aufgabe war möglicherweise ausgeprägter als sein Zartgefühl. Er findet das in Ordnung. Die Sittenrichter, die männlichen, weiblichen und sächlichen, sind wieder einmal sehr betriebsam geworden. Sie rennen, zahllos wie die Gerichtsvollzieher, durch die Gegend und kleben, psychoanalytisch geschult, wie sie sind, ihre Feigenblätter über jedes Schlüsselloch und auf jeden Spazierstock.

Doch sie stolpern nicht nur über die sekundären Geschlechts-
merkmale. Sie werden dem Autor nicht nur vorwerfen, er sei
ein Pornograph. Sie werden auch behaupten, er sei ein Pessi-
mist, und das gilt bei den Sittenrichtern sämtlicher Parteien
und Reichsverbände für das Ärgste, was man einem Menschen nachsagen kann.

Sie wollen, daß jeder Bürger seine Hoffnungen im Topf
hat. Und je leichter diese Hoffnungen wiegen, um so mehr
suchen sie ihm davon zu liefern. Und weil ihnen nichts mehr
einfällt, was, wenn die Leute daran herumkochen, Bouillon
gibt, und weil ihnen das, was ihnen früher einfiel, von der
Mehrheit längst auf den Misthaufen der Geschichte geworfen wurde, fragen sich die Sittenrichter: Wozu haben wir die
Angestellten der Phantasie, die Schriftsteller? Der Autor
erwidert hierauf: Ich bin ein Moralist!

Er sieht eine einzige Hoffnung, und die nennt er. Er sieht,
daß die Zeitgenossen, störrisch wie die Esel, rückwärts laufen, einem klaffenden Abgrund entgegen, in dem Platz für
sämtliche Völker Europas ist. Und so ruft er, wie eine Reihe
anderer vor ihm und außer ihm: Achtung! Beim Absturz
linke Hand am linken Griff!

Wenn die Menschen nicht gescheiter werden (und zwar
jeder höchstselber, nicht immer nur der andere) und wenn
sie es nicht vorziehen, endlich vorwärts zu marschieren,
vom Abgrund fort, der Vernunft entgegen, wo, um alles in
der Welt, ist dann noch eine ehrliche Hoffnung? Eine Hoffnung, bei der ein anständiger Kerl ebenso aufrichtig schwören kann wie beim Haupt seiner Mutter?

Der Autor liebt die Offenheit und verehrt die Wahrheit.
Er hat mit der von ihm geliebten Offenheit einen Zustand
geschildert, und er hat, angesichts der von ihm verehrten
Wahrheit, eine Meinung dargestellt. Darum sollten sich die
Sittenrichter, ehe sie sein Buch im Primäreffekt erdolchen,
dessen erinnern, was er hier wiederholt versicherte.

Er sagte, er sei ein Moralist.

Der Herr ohne Blinddarm

Bei diesem Beitrage handelt es sich um ein Kapitel
des »Fabian«, dessen Aufnahme ins Buch
die Verlagsleitung verweigerte.

Fabian stellte sich vor dem Chef auf. »Sie wollen mir eine
Gehaltszulage aufdrängen?«

»Machen Sie keine Witze. Der Arzt hat mir das Lachen
verboten, weil sonst die Narbe platzen könnte.«

Fischer fand, die Gelegenheit sei günstig. Er kam näher
und erkundigte sich nach dem Befinden.

»Die Geschichte heilt sehr schwer«, bemerkte der Direktor gemessen. »Das liegt am Bauch, lieber Fischer. Seien Sie
froh, daß Sie keinen Bauch haben. Sie mit Ihrer Konstitution können einer Blinddarmentzündung gefaßt ins Auge
sehen.«

Fischer lachte geschmeichelt. Breitkopf wurde rege. Die
Wunde sei noch immer nicht geheilt. Täglich müsse er zum
Arzt. Der Schnitt reiche von hier bis da. Er zeigte die Entfernung auf der Weste. Und dann fragte er die beiden: »Wollen Sie sich die Sache mal ansehen?«

Fischer dienerte. Fabian machte eine einladende Handbewegung. Breitkopf ging zur Tür und schob den Riegel
vor. Dann zog er Jackett und Weste aus, warf sie aufs Sofa,
streifte die Hosenträger ab, ließ die Hosen herunter und
knöpfte die Unterhosen auf. »Sie wissen ja ungefähr, wie ein
Mann aussieht«, sagte er, hob das Hemd hoch und klemmte
es unters Kinn.

»Sie haben ein Korsett an, Herr Direktor!« rief Kollege
Fischer.

»Das trage ich nur, damit der Leib zusammengehalten wird. Sonst hängt er herunter, und dann wäre die Heilung noch schwieriger als jetzt. Los, haken Sie mal die Ösen auf! Aber vorsichtig!«

Fischer waltete seines Amtes. Das Korsett lockerte sich. Breitkopf nahm es fort, schmiß es zu Jackett und Weste und erklärte befehlend: »Nun sehen Sie sich mal die Schweinerei an!«

Die Bezeichnung war nicht unzutreffend. Quer über Breitkopfs Bauch, auf der südlichen Hälfte und dem Inhaber nicht sichtbar, klebten Wattebäusche und ein vergilbter Gazestreifen. Der Direktor entfernte die Dinge und legte die breite, mit Fäden gesteppte, entzündete Narbe bloß. »Sehen Sie sich's nur gründlich an«, sagte er.

Sie gingen vor dem haarigen, nackten Menschen, der noch immer ihr Direktor war, in Kniebeuge. »Donnerwetter!« rief Fischer. Er tat, als sähe er den Pik von Teneriffa oder das achte Weltwunder. Breitkopf warf, soweit die Bemühung, das Hemd mit dem Kinn festzuhalten, das zuließ, stolz den Kopf zurück.

»Toll!« behauptete Fischer. »Und da liegen Sie nicht im Bett? Das ist ja unverantwortlich.«

»Man kennt seine Pflicht«, meinte der Chef.

»Können Sie eigentlich von dort oben aus die Narbe sehen?« erkundigte sich Fabian. Er kauerte noch immer.

Breitkopf schüttelte das Haupt und sagte: »Nur im Spiegel. Ich kann doch nicht um die Ecke gucken.«

Fischer lachte, weil es offensichtlich erwartet wurde, verlor das Gleichgewicht und saß kichernd am Boden. An der Tür klingelte jemand. »Geschlossene Gesellschaft!« rief Fischer. Im Korridor entfernten sich Schritte. »Na, nun aber Schluß der Vorstellung!« sagte Fabian. Der Direktor kehrte ihnen die Rückseite zu und legte die Gaze und die Watte vorsichtig über den Bauch. Die Angestellten holten das Korsett vom Sofa und banden es dem alten Nacktfrosch um.

»Vorsichtig«, meinte er, »oben ins dritte Loch, unten ins zweite!«

Fabian fühlte das dringende Bedürfnis, Herrn Breitkopf einen Klaps auf die doppelbäckige Hängepartie zu geben. Doch so einfach ist das Leben nicht, daß man unbedenklich seinen Regungen frönen dürfte! Selbstbeherrschung ist nötig. Wo kämen wir hin, wollten wir jedem nackten Hinterviertel, das sich uns aufdrängt, eins versetzen! Während Fabian darüber nachdachte, was aus der Weltgeschichte alles hätte werden können, wenn Josephine Beauharnais ihrem Bonaparte, späterem Napoleon I., gelegentlich, wenn nicht gar wiederholt und in regelmäßigen Abständen, den Hintern vollgehauen hätte, zog sich der Direktor wieder an. Fischer hielt Weste und Jackett bereit.

Breitkopf fuhr hinein, dankte flüchtig und fand sich langsam wieder im zugeknöpften Zustande zurecht. Er erwartete Rückäußerungen.

»Es war sehr interessant«, behauptete Fischer.

»Es war geradezu aufschlußreich«, meinte Fabian und lächelte dem dicken Mann ins Gesicht.

»Hoffentlich macht Ihnen nun Ihr Blinddarm nicht mehr zu schaffen«, fügte Fischer im Gratulationston hinzu.

»Aber der ist ja doch raus«, sagte Fabian, »oder sollte man Ihnen das Bauchfell aufgetrennt und zugenäht haben, ohne den Blinddarm herauszuschneiden? Es kommen in dieser Hinsicht schreckliche Sachen vor. Ich weiß von Fällen, wo der Chirurg eine Pinzette und, ein anderes Mal, eine Schere zwischen den Därmen liegenließ. Einem Bekannten meiner Portiersleute passierte das sogar zweimal. Er machte daraufhin eine Eingabe an die Leitung des Krankenhauses: Man solle doch, bequemlichkeitshalber, seinen Bauch zum Auf- und Zuknöpfen einrichten. Das Gesuch wurde abschlägig beschieden.«

»Machen Sie keine Witze mit dem armen Herrn Direktor!« rief Fischer.

Breitkopf blickte Fabian streng an. »Reden wir von etwas anderem.«

»Richtig, Sie waren vorhin so freundlich, eine Gehaltszulage zu erwähnen. Wann kann ich damit rechnen?«

»Wer die Gehaltszulage erwähnte, waren Sie. Ich teilte Ihnen lediglich mit, daß die Firma mit Ihren Werbeentwürfen zufrieden ist. Das ist kein ausreichender Anlaß für Gehaltszulagen. Um so weniger, als Sie häufig zu spät in den Betrieb kommen. Sie verdienen Lob und Tadel gleichzeitig. Mit anderen Worten, Sie verdienen nicht mehr, als Sie verdienen.«

»Ich verdiene zu wenig! Was, glauben Sie, fange ich mit den zweihundertzehn Mark an, die Sie mir monatlich überreichen lassen?«

»Ich bin nicht neugierig«, antwortete Herr Breitkopf gereizt. »Die Privatangelegenheiten unserer Angestellten sind nicht meine Sache. Übrigens, warum kommen Sie so oft zu spät? Haben Sie etwa noch einen Nebenberuf? Dazu bedürfte es unserer ausdrücklichen Genehmigung.«

»Ich habe aber trotzdem einen.«

»Sie, Sie haben einen Nebenberuf? Dacht ich mir's doch! Was tun Sie denn?«

»Ich lebe«, sagte Fabian.

»Leben nennen Sie das?« schrie der Direktor. »In Tanzsälen treiben Sie sich rum! Leben nennen Sie das? Sie haben ja keinen Respekt vorm Leben!«

»Nur vor meinem Leben nicht, mein Herr!« rief Fabian und schlug ärgerlich auf den Tisch. »Aber das verstehen Sie nicht, und das geht Sie nichts an! Es besitzt nicht jeder die Geschmacklosigkeit, die Tippfräuleins über den Schreibtisch zu legen. Verstehen Sie das?«

Fischer hatte sich auf seinen Stuhl gesetzt, war blaß geworden und tat, als schreibe er. Breitkopf hielt mit beiden Händen die Weste fest; er fürchtete offensichtlich, die Narbe könne vor Wut zerspringen. »Wir sprechen uns noch«, stieß er hervor, drehte sich um und wollte die Tür aufreißen. Sie öffnete sich nicht. Er rüttelte daran. Er bekam einen roten Kopf. Der Abgang war verunglückt.

»Sie ist verriegelt«, sagte Fabian. »Sie wurde von Ihnen selber verriegelt, des Blinddarms wegen.«

DER ZAUBERLEHRLING

Ein Fragment

(1936)

Mintzlaff setzte langsam die Tasse nieder, lehnte sich in dem sanftgeblümten Ohrenstuhl zurück und blickte, während er die Lider senkte, hinter den kleinen freundlichen Empfindungen, die in ihm schwebten, drein, als wären es bunte Kinderballons an einem inwendigen Himmel.

›Du müßtest öfter reisen‹, sprach er zu sich selber. ›Nicht aus geographischen Erwägungen; nicht wegen irgendwelcher Fernsichten, Gletscher, Gemäldegalerien, Tropfsteinhöhlen und Ritterburgen. Du müßtest öfter reisen, um zuweilen nicht daheim zu sein. Nur unterwegs erfährt man das Gefühl märchenhafter Verwunschenheit. Nur der Fremdling ist einsam und fröhlich in einem!‹

Ihm war nicht ganz klar, ob diese einigermaßen romantische Deutung des Reisens nur für Menschen Geltung hatte, die, wie er, eigentlich lieber zu Hause blieben; es reizte ihn im Augenblick auch gar nicht, der Frage auf den Grund zu gehen.

Er musterte stattdessen die anheimelnd eingerichtete Teestube, in der er seit zehn Minuten saß, schaute dann durch die Fensterscheiben und nickte anerkennend; denn draußen schneite es still vor sich hin, und er liebte seit seiner Kindheit das schwerelose weiße Zauberballett der Flocken, als werde es von Anbeginn eigens für ihn getanzt. Ach, und niemand konnte in dieser Stadt, wo ihn keiner kannte, kommen, ihm auf die Schulter klopfen und, ob nun klug oder dumm, entbehrliche Mitteilungen machen! Es war, um allein im Chor zu singen!

Belustigt zog er die Brauen hoch. ›Rubrik römisch Eins‹, ging es ihm durch den Kopf. ›Seelischer Tatbestand: Der Mensch im natürlichen Einklang mit Eigenschicksal und

Umwelt. Antwort des Gemüts: Je nach Temperament, Empfindungstiefe und -dauer abgewandelt; alle heiteren Stimmungen von Glückseligkeit bis Zufriedenheit möglich; Nullpunkt, wie in sämtlichen Sparten des Mintzlaffschen Systems, die Indolenz. Künstlerische Antwort: Die apollinische Haltung und das harmonische Werk, vom Hymnischen bis zum Idyllischen.‹

Er griff mit ironischem Schwung in die innere Rocktasche und zog etwas hervor, das einem vielfach gefalteten Stadtplan glich. Es war freilich nichts dergleichen; außer man brächte es zuwege, Seelen und Städte einander für ähnlich zu erachten.

Nein, es war das Mintzlaffsche Schema, und das bedeutet: ein System, in dem die Skala der menschlichen Gemütslagen und das Spektrum gewisser künstlerischer Kategorien – wie beispielsweise des Tragischen, des Komischen, des Satirischen, des Humoristischen – einander rechtwinklig und übersichtlich zugeordnet wurden. Das Ganze war, wenn man so will, eine Klima- und Wetterkarte wichtiger ästhetischer Grundbegriffe; und der Herr Begriffsstutzer, wie Mintzlaff sich selber nannte, tat sich, im Rahmen des Statthaften, mitunter einiges darauf zugute.

Ästhetiker sind seltsame Leute. Sie lieben die Künste und die Ordnung und bringen deshalb Ordnung in die Kunst. Sie rücken der Kultur zu Leibe wie Linné seinerzeit den Blumen und Bäumen. Nun täte man solchen Fanatikern der Ordnung schweres Unrecht, wenn man sie für Pedanten halten wollte. Nein, sie wissen um das Urgeheimnis der ordnenden Tätigkeit, und das lautet: Wer Ordnung schafft, schafft!

Wer Ordnung schafft, gewinnt Einblick in die Zusammenhänge und Einsicht in die Bedeutung der Gegenstände. Indem er die Vielfalt ordnet, findet er ihre Gesetze. Die Kenntnisse kristallisieren sich zur Erkenntnis, und diese zeugt aus sich heraus oft überraschende, vorher nie gewußte, durch bloßes Suchen niemals auffindbare neue

Kenntnisse. Nun, solch ein Kauz war Herr Mintzlaff, der Vater des Mintzlaffschen Schemas. Man sah es ihm nicht an. Seine äußere Erscheinung entsprach kaum der Vorstellung, die man sich unwillkürlich von einem Kunstgelehrten macht. Weit eher glich er einem melancholisch angehauchten Eishockeyspieler.

Er war vor knapp zwei Stunden in München eingetroffen, hatte die Koffer in einem Hotelzimmer untergebracht und wollte am nächsten Tag die Reise, deren Ziel Davos war, über Stuttgart und Zürich fortsetzen.

Er liebte an München besonders, daß er es so gut wie gar nicht kannte. Als Student hatte er während dreier Tage die Münchner Museen heimgesucht. Später, als Dreißigjährigem, war ihm in dieser Stadt, im Verlauf eines halbwöchigen Aufenthaltes, eine Art Braut, ein bildschönes und unkluges Mädchen, mit einem feurigen Bildhauer durchgegangen, und die beiden hatten diesen Schritt sowie die folgenden Schritte später noch sehr bereut.

Weiter kannte Mintzlaff München nicht. So konnte er heute recht von Herzen den ersten Tag der Reise, jenes friedvollen Untertauchens in der Anonymität, auskosten.

Er lehnte sich wieder in den bequemen Ohrenstuhl zurück. Draußen schneite es noch immer. Der Himmel zuckerte die Hüte der Damen und Herren in der Brienner Straße ein, als seien's keine Kleidungsstücke, sondern kandierte Früchte.

Da! Einem würdigen Passanten flog die eingezuckerte Melone vom Kopf! Hatte der Wind Appetit?

Der Passant setzte sich in Trab. Wenn er nun, nach vielen höchst unwilligen Sprüngen, den Hut wiederfände und feststellen müßte, daß ein unsichtbares Wesen ein Stück Krempe abgebissen hätte?

Mintzlaff streckte die Beine von sich. Wie schön, wie unheimlich schön das Leben war, empfand man doch wohl erst, nachdem man erfahren hatte, wie schlimm, wie abgründig schlimm es war, dieses selbe Leben!

Da nahm jemand an Mintzlaffs Tische Platz.

Ausgerechnet in einem so einsichtsvollen Augenblick! Es war ein Mann, schön wie ein Schrank. Mit lackschwarzem, nach hinten gekämmtem Haar und einem jener ein wenig zu eleganten Schnurrbärte, denen man am ehesten in Südamerika und im Film begegnet. Mintzlaff griff hastig nach dem Mintzlaffschen Schema, faltete es zusammen und verstaute es sorgfältig in der inneren Rocktasche. Er beschloß, die Teestube umgehend zu verlassen.

Der Fremde schien davon, daß er störte, nichts zu spüren. Er bestellte etwas zu trinken, rieb sich das Kinn, musterte die manikürten Nägel, schnippte ein Stäubchen von seinem sehr neuen Anzug und blieb eine Weile sinnend sitzen. Dann beugte er sich über den Tisch und fragte: »Haben Sie einen Spiegel bei sich?«

Mintzlaff schüttelte den Kopf und sagte unnötig laut: »Nein!«

»Schade«, erwiderte der Fremdling. »Sie müssen wissen, daß ich bis vor einer halben Stunde einen wunderschönen Vollbart trug. Der Friseur nahm daran Anstoß; und das junge Mädchen, das mir die Nägel kurz schnitt, fand sogar, ich sähe unmöglich aus.«

Mintzlaff schwieg und dachte bitter: ›Daran hat sich mittlerweile nicht das mindeste geändert!‹

Da lachte der Fremde.

Der Kunstgelehrte schaute mißtrauisch auf. In diesem Moment trat die Kellnerin herzu und bediente den neuen Gast. Ehe Mintzlaff den Wunsch zu zahlen geäußert hatte, war sie weitergeglitten.

Der Fremde trank einen Schluck, wandte sich dem gekränkten Nachbarn zu und sagte freundlich: »Entschuldigen Sie, daß ich gelacht habe. Ich halte es auf alle Fälle für angebracht, Ihnen beizeiten mitzuteilen, daß ich Gedanken lesen kann.«

Mintzlaff schaute dem anderen zum ersten Male voll ins

Gesicht und wurde rot. Der Mann hatte große, herrliche Augen; Augen, denen so leicht kein Blick gewachsen war. Mintzlaff war verwirrt. ›Gedankenlesen ist ein höchst unanständiges Talent‹, dachte er noch. Da antwortete der Fremde, als habe der Nachbar den Satz nicht etwa nur gedacht, sondern laut und vernehmlich ausgesprochen: »Sie haben nicht ganz unrecht. Doch man mag von einem Talent, das man hat, halten, was man will – man besitzt es eben! Man kann es nicht fortwerfen, nicht verbrennen und nicht wegschenken. Ein Talent ist kein Vollbart.«

Mintzlaff war rechtschaffen unheimlich zumute. Was war das für ein Mann? Woher kam er? Gab es denn überhaupt Telepathie von solcher Sehschärfe? Noch dazu zwischen einander völlig unbekannten Menschen? Das beste wäre, schnellstens zu zahlen und davonzulaufen!

»Bleiben Sie«, sagte der Fremde. »Der Gedanke, Sie verjagt zu haben, wäre mir recht ärgerlich. Bleiben Sie! Machen Sie mir die Freude!« Ohne eine Antwort abzuwarten, fuhr er fort: »Ich heiße übrigens Lamotte. Baron Lamotte.«

Mintzlaff verbeugte sich und nannte seinen Namen. ›Eigentlich ist es blödsinnig, den Mund aufzutun‹, dachte er währenddem. ›Er weiß ja doch, was man sagen will, ehe man sich um die Erzeugung von Schallwellen bemüht.‹

Baron Lamotte nickte nachdenklich und meinte: »Trotzdem ist ein Zwiegespräch, bei dem nur einer den Mund auftut, eine etwas absurde Angelegenheit. Außerdem fällt derartiges in einem Lokal natürlich auf. Und ich möchte, offen gestanden, keineswegs, daß mein, um mit Ihren Gedanken zu reden, unanständiges Talent bekannt wird.« Er unterbrach sich. »Sie wollten etwas denken«, sagte er. »Sprechen Sie es ruhig aus!«

»Ich habe eine Frage.«

»Bitte?«

»Bin ich, ohne es zu wissen, ein ungewöhnlich telepathisches Medium?«

»Nein, mein Herr.«

»Wenn Ihr Talent dann also wirklich vor keinem Menschen haltmacht ...«

»Vor keinem, mein Herr.«

Mintzlaff griff sich an die Schläfen. »Es ist nicht auszudenken!« Er dämpfte seine Stimme. »Es ist eine überwältigende Vorstellung! Sie könnten in kurzer Zeit die Börsen aller Kontinente beherrschen, vielleicht um Millionär zu werden, vielleicht um die Pest der Spekulation auszurotten! Sie könnten der genialste Diplomat Ihres Landes werden, oder der unfehlbarste Kriminalist!«

»Ich könnte sogar im Varieté auftreten«, sagte der Baron. »Ich weiß. Aber, sehen Sie, ich mag nicht. Ich finde es zweitklassig, aus dem, was andere ängstlich verschweigen, Ruhm oder Geld zu münzen. Überdies besitze ich schon zuviel Geld und sowieso zuwenig Ehrgeiz. Liegenschaften habe ich auch; mit Seen, Wäldern und Tieren. Nicht einmal die Langeweile könnte mich also dazu überreden, ein Genie, ein Milliardär oder noch Schlimmeres zu werden.« Er blickte lächelnd zu seinem verstörten Nachbarn hinüber.

Mintzlaff, der sich schon wieder durchröntgt fühlte, zuckte verlegen die Schultern.

Lamotte kniff belustigt das rechte Auge zu. »Es gibt auch andere Gründe, zu arbeiten, nicht nur die Flucht vor der Langeweile? Gewiß, mein Herr. Aber ich erinnere mich nicht, gesagt zu haben, daß ich ein notorischer Faulenzer bin. Oder habe ich es etwa gedacht?« Er drohte mit dem Zeigefinger. »Sollten Sie mir das Gedankenlesen schon abgeguckt haben?«

»Es ist allen Ernstes schrecklich«, erklärte Mintzlaff. »In Ihrer Gegenwart müßte man sich aus purer Höflichkeit das Denken abgewöhnen! Oder man müßte bereits lügen können, während man denkt – doch das ist ein Ding der Unmöglichkeit.«

»So unzulänglich sind die Menschen«, meinte der Baron.

Doch schien es ihm nicht allzu nahezugehen. »Und von einer Unzulänglichkeit soll ich profitieren?« fragte er. »Man sollte nie durch Schlüssellöcher schauen, auch nicht, wenn sie sich in leeren oder schlecht möblierten Schädeln befinden! – Außer zum eigenen Vergnügen. Da haben Sie recht!« Er lachte entwaffnend.

Mintzlaff stimmte schüchtern ein. »Entschuldigen Sie, Herr Baron«, sagte er dann, »Sie sind der erste Mensch, dem ich den Vorschlag gemacht habe, auf unmoralische Weise vorwärtszukommen.«

»Aber, aber!« Baron Lamotte hob beschwörend beide Hände. »Machen Sie keine Geschichten! Sie brauchen sich nicht zu entschuldigen! Ich weihte Sie in ein Geheimnis ein, und Ihre Phantasie spielte Ihnen einen Streich – das ist doch nur natürlich!« Er schwieg einige Sekunden, beugte sich dann vor und fragte leise: »Sehen Sie den Mann mit der grünen Jägerjoppe?«

»Gewiß.«

»Haben Sie zufällig gehört, was der Kerl eben gedacht hat?«

Ehe Mintzlaff etwas erwidern konnte, schüttelte der andere den Kopf. »Pardon, ich vergaß ganz, daß Sie ja gar nicht... Da sitzt also ein Mann in einer grünen Joppe mit beinernen Knöpfen harmlos am Nebentisch, macht Augen wie ein verfrühtes Veilchen und wird seinem Gegenüber noch heute abend zwanzigtausend Mark abpressen wollen!«

»Man sollte den anderen ins Bild setzen!« meinte Mintzlaff.

»Zu spät«, erklärte Lamotte und betrachtete angelegentlich die Nymphenburger Vase, die, mit Alpenrosen gefüllt, auf dem Nebentisch stand.

»Zu spät?«

»Ja. Er weiß schon Bescheid. Durch die Gemahlin des Mannes in der Joppe. Aha, eine echte Rotblondine.« Der Baron lächelte nachsichtig. »Männer sind komische Leute.

Während sie einander an der Gurgel packen, denkt der eine an die Haarfarbe der Frau des anderen!«

Mintzlaff versank in Schweigen. Über seiner Nasenwurzel erschien eine senkrechte Falte, schmal und tief wie eine Fechternarbe. »Halt!« sagte der Baron hastig. »Vorsicht, mein Herr! Denken Sie rasch etwas anderes! Ich möchte mich unter keinen Umständen in Ihre augenblicklichen Gedanken mischen!«

Der Kunstgelehrte zuckte zusammen. Und eine schlanke Dame namens Hedwig, die eben noch, schön und bloß, durch sein Innenleben geschwebt war, verschwand erschrocken in einer unzugänglichen Dimension, fortgehext wie durch einen Zaubertrick. Und aus Angst, die junge Dame könne, womöglich noch immer unbekleidet, erneut hinter der Wolke des Unterbewußtseins hervorschweben, nicht ahnend, daß die Erinnerung an sie von einem wildfremden Herrn mitgedacht würde, begann Mintzlaff angestrengt das Einmaleins mit der Dreizehn in Gedanken herzubeten. ›13, 26, 39, 52, 65, 88 ...‹

»Falsch«, sagte der Baron. »78!« Er wandte den Kopf und zog die Brauen hoch.

Die beiden Männer am Nebentisch hatten sich erhoben. Eine große elegante Frau trat zu ihnen und gab ihnen die Hand.

»Sie ist tatsächlich rotblond!« flüsterte Mintzlaff.

Der Baron meinte nachlässig: »Aber die Haarfarbe ist nicht echt. Obwohl der Liebhaber es glaubt. Sie sehen, daß man auch durch Gedankenlesen nicht immer die Wahrheit erfährt!«

Die drei am Nebentisch hatten Platz genommen, unterhielten sich leise und lächelten höflich. Der Mann in der grünen Joppe hatte die Hand leicht auf den Arm seiner Gattin gelegt. Der andere Mann reichte ihr sein Zigarettenetui, gab gewandt Feuer, und sie sahen einander dabei flüchtig und scheinbar völlig konventionell in die Augen.

»Großartige Komödianten«, murmelte der Baron. »Artisten der Lüge. Man hat Mühe, ihren lautlosen und unsichtbaren Kunststücken zu folgen. Sie dürfen nicht vergessen, mein Herr, daß die drei zwar nacheinander sprechen, aber gleichzeitig denken.«

»Die Herrschaften pokern ohne Karten«, meinte Mintzlaff.

»Und sie spielen um verflucht hohe Beträge«, erwiderte Lamotte. »Um die Existenz; der eine ums Leben.«

Mintzlaff blickte gespannt zum Nebentisch hinüber. ›Wenn die undurchsichtigen Vorhänge vor diesen Köpfen plötzlich weggezogen würden‹, dachte er, ›und die drei könnten einander in die Köpfe schauen, wie durch gardinenlose Fenster in gespenstische Zimmer, nur eine Minute lang, und dann rauschten die Vorhänge ebenso plötzlich wieder zusammen – was geschähe wohl? Würfen die Männer und die Frau, als hätten sie Feuerbrände in den bloßen Händen, die unsichtbaren Spielkarten von sich?‹

»Sie haben gefährliche Wünsche, mein Herr«, sagte der Baron. »Sie wollen ernstlich, daß drei Menschen sechzig Sekunden lang in die Hölle blicken?«

»Entschuldigen Sie, Herr Baron! Ich dachte nur…«

»Sie dachten nur?«

In diesem Moment fiel ein Stuhl um. Tassen klirrten. Der Mann in der grünen Joppe war aufgesprungen und griff sich langsam an die Kehle. Er starrte aus weit aufgerissenen, glasigen Augen auf die zwei am Tisch.

Der andere beugte sich weit vor, krallte eine Hand ins Tischtuch und wollte sich erheben. Das Tischtuch gab nach. Die Nymphenburger Vase torkelte und fiel ganz langsam um. Das Wasser lief über seine Finger und tropfte lautlos in den Teppich.

Das Gesicht der Frau sah jetzt aus, als sei es mit zerknittertem Seidenpapier überklebt. »Nein!« schrie sie plötzlich und schielte vor Entsetzen. »Nein!« Die übrigen Gäste zuckten zusammen und blickten verständnislos auf das abwegige Schauspiel, das man ihnen bieten zu wollen schien.

Die drei waren jetzt in ihren Bewegungen erstarrt und glichen vorübergehend einer seltsamen Gruppe in einem Wachsfigurenkabinett. Sie atmeten nicht. Sie waren gelähmt.

Dann, mit einem Ruck, fiel der Zauberbann von ihnen ab. Die Frau stand wie eine Nachtwandlerin auf, ergriff ihre Handtasche und wankte aus dem Lokal. Die Tasche war offen. Die Puderdose fiel zu Boden.

Der Mann mit der grünen Joppe brach schwer in seinem Sessel zusammen.

Der andere erhob sich, ging ein paar Schritte, bückte sich nach der Puderdose, hob sie auf, ließ sie wieder fallen und schritt ohne Hut und Mantel hinaus in das Schneetreiben.

Man hörte, als er die Straße überquerte, die Bremsen eines Autos kreischen.

Mintzlaff fuhr sich über die Augen. »Um Gottes willen, Herr Baron!« flüsterte er. Aber der Fremde saß nicht mehr am Tisch.

Die Nacht, die dem einigermaßen seltsamen Tage gefolgt war – zum Überfluß eine erste Reisenacht in einem Hotelbett, das an der verkehrten Zimmerseite stand –, diese Nacht war für Herrn Mintzlaff schlaflos verlaufen.

Am Nachmittag hatte er, nachdem der rätselhafte Baron vom Tisch verschwunden war, noch erleben müssen, daß der Mann in der grünen Joppe von zwei Sanitätern aus der aufgeregten Teestube in einen Krankenwagen getragen worden war. »Linksseitiger Schlaganfall«, hatte vorher ein als Gast zufällig anwesender Arzt festgestellt gehabt.

Es müßte Tage ohne Nacht geben. Es gibt keine Tage ohne Nacht. Es gibt stattdessen Nächte ohne Schlaf ...

Was mochte inzwischen aus der rotblonden Frau, die gellend »Nein!« geschrien hatte, geworden sein? Und was aus dem Mann, der ohne Hut und Mantel auf die Straße gelaufen war?

Wie hatte er nur jenen bösen Wunsch zu Ende denken können! Gewiß, er hatte nicht geglaubt, daß der Wunsch erfüllbar sei; jedenfalls nicht, daß ihn irgendein Gedankenleser in einer Münchner Teestube erfüllen werde! Gedanken lesen zu können, das blieb, so gespenstisch es wirkte, im Rahmen des Vorstellbaren, aber dann, das andere?

Das war viel, viel ärger. Denn das war überhaupt nicht möglich, und es war trotzdem geschehen. Drei fremde Menschen derart zu verhexen, war übernatürlich.

Selbstverständlich gab es Wunder. Im Grunde gab es überhaupt nichts außer Wundern. Doch das waren Wunder anderer Art. Es waren traditionelle, es waren, übertrieben ausgedrückt, natürliche Wunder, ganz gleich, ob es sich nun um Zellteilung, Schneeglöckchen, Lichtjahre, Liebe, Mord oder Elektrizität handelte.

Doch der Vorgang in der Teestube war ein ungehöriges Wunder gewesen. Mintzlaff hatte versucht, das Erlebnis einzuordnen. Es war ihm nicht gelungen. Daß ein Apfelbaum Äpfel trägt, ist ein normales, ein angemessenes Wunder. Daß ein Apfelbaum aber Seil springt oder Klavier spielt, ist, außer im Traum und im Märchen, ganz einfach unzulässig! So etwas schickte sich nicht!

Oder hatte er die Szene zwischen den dreien völlig mißdeutet? Stand sie mit dem geheimnisvollen Baron nur im zeitlichen, nicht in ursächlichem Einklang?

Der junge Mann war zweifellos aus dem Gleichgewicht geraten, und dieser beunruhigende Zustand währte bereits zwanzig Stunden, obwohl Mintzlaff München früh am Morgen verlassen und sowohl Stuttgart als auch Zürich – die Stadt mit der Märchenbrücke, von der aus man den See und die eisige Kette der im Himmelblau liegenden Bergriesen sah – im Rücken hatte.

Der Zug, in dem er nun saß, hatte längst das westliche Ufer des Sees passiert und stürmte dem weißen, stummen Gebirge entgegen. Manchmal blätterte Mintzlaff in Bergsons Untersuchung über »Das Lachen«. Zuweilen schaute er aus dem Zugfenster, als suche er draußen, außer sich, Hilfe und Halt. Doch Landschaften und Bücher, die man bereits kennt, wirkten wohl nicht sensationell genug, um die Erinnerung an ein neues, zudem durchaus unfaßliches Erlebnis fortzuzaubern.

Er schob jetzt seine Gedanken behutsam, förmlich auf Zehenspitzen, in eine andere Bahn. Warum lasen Menschen, wie er einer war, eigentlich immer wieder in den fünfhundert oder tausend Büchern, die sie längst gelesen hatten? Warum reiste er am allerliebsten immer wieder in die gleichen fünf, sechs Landschaften, die er schon kannte? Und nun: War Lesen und Reisen nicht dasselbe? Warum also reiste er, wenn er sich schon dazu aufraffte, in Gebiete, die er bereits entdeckt hatte? Was waren das für seltsam rückläufige Expeditionen?

Andere, die es abenteuernd von einer Neuigkeit zur nächsten und übernächsten lockte und trieb, hatte er zwar nie, fast nie, beneidet, aber besser, fast besser, begriffen als sich und seinesgleichen. Die anderen galoppierten, während der Sand unaufhaltsam durch das allzu kleine Stundenglas ihres Lebens rann, durch die imaginäre Landschaft der erfüllbaren und der unerfüllbaren Wünsche. Es war zu verstehen.

Mintzlaff lächelte schmerzlich. ›Ihre Neugier‹, dachte er, ›gilt dem Drum, die unsere dem Dran.‹ Im Ernst, es war eine Zumutung des Schicksals, daß es den Menschen, kaum geboren, wieder auslöschte! Welcher namenlosen Macht lag daran, die Spanne des Lebens zu kurz zu bemessen? Wem, um alles in oder über der Welt, machte denn diese Unzulänglichkeit Vergnügen? Es war doch wohl nicht anzunehmen, daß das waltende Geschick oder Gesetz schadenfroh zu sein beliebte!

Warum durfte der Mensch nicht zweihundert oder dreihundert Jahre alt werden? Was würde er leisten können und was alles erleben! Die Vorstellung war überwältigend und atemraubend, und der Schmerz darüber, daß dem nicht so war, griff mitten ins Herz. Der Mensch war eine zweibeinige Eintagsfliege. Und wurde einer wirklich einmal neunzig Jahre, verbrachte er gewiß das letzte Jahrzehnt seines Daseins mehr oder weniger verblödet und trostloser als ein wasserköpfiges Kind.

Um nicht verzweifeln zu müssen, durfte man an nichts glauben. So weit war es gekommen.

Da öffnete sich die Tür des Abteils, und Mintzlaff schaute hoch.

Im Türrahmen stand Baron Lamotte!

Er nickte freundlich und fragte: »Ist es heute erlaubt, bei Ihnen Platz zu nehmen, oder störe ich Sie schon wieder?«

Er wartete keinerlei Antwort ab und setzte sich, nachdem er den Koffer ins Gepäcknetz geworfen hatte, Mintzlaff gegenüber ans Fenster.

»Ich fahre auch nach Davos«, erklärte er beiläufig, während er die Handschuhe abstreifte. »Im übrigen sollten Sie sich wegen des gestrigen kleinen Abenteuers wirklich nicht soviele Gedanken machen. Die drei waren, wenn man genau nachrechnet, weniger wert als die Brillantohrringe der Frau.«

»Mag sein.«

»Dabei waren die Ohrringe keineswegs besonders wertvoll.«

»Mag sein«, wiederholte Mintzlaff. »Mich interessiert im Augenblick etwas anderes viel mehr.«

»Warum ich so plötzlich verschwand? Vielleicht wollte ich Ihrem maßlos erstaunten Gesicht entgehen. – Ganz recht, ich war nicht gesonnen, Ihnen auf auch nur gedachte Fragen zu antworten. Das hätte dort in der Teestube zu weit geführt. Außerdem mußte ich den Mann, der ohne Hut und Mantel und, wie ich Ihnen versichern kann, ziemlich von Sinnen auf die Straße hinausgestürzt war, davor bewahren, daß er von einem Automobil überfahren wurde.« Der Baron holte ein goldenes Etui hervor und bot Zigaretten an.

Mintzlaff schüttelte beinahe unhöflich den Kopf.

Lamotte setzte eine Zigarette in Brand, schlug ein Bein über das andere und fuhr plaudernd fort: »Dann wurde der Mann zur Polizeiwache gebracht, und auch ich hatte das Vergnügen, mitkommen zu dürfen. Er sollte angeben, aus welchem Grund er sein kostbares Leben und das von drei Autoinsassen gefährdet habe. Es war kein vernünftiges Wort aus ihm herauszubringen. Er stammelte unzusammenhängendes Zeug, und niemand wurde aus ihm klug. Ein Beamter sprach mir für mein unerschrockenes Verhalten seine uneingeschränkte Anerkennung aus. Er bat mich um meine Adresse. Doch ich hatte es eilig; denn ich mußte zum Schneider, um den neuen Frack abzuholen.« Baron Lamotte versenkte sich in den Anblick seiner manikürten Nägel. »Der Frack sitzt übrigens ausgezeichnet«, fügte er hinzu.

Mintzlaff schwieg. Er hatte die Finger ineinander verkrampft, daß die Gelenke weiß glänzten.

Der Baron lachte kurz auf. »Falsch gedacht, mein Herr! Heute werde ich Sie um keinen Spiegel bitten. Es ist unangenehm, nicht genau zu wissen, wie man aussieht; aber mittlerweile habe ich mich schon an mein neues Gesicht gewöhnt.« Er schaute zum Zugfenster hinaus. »Ich liebe die Berge mehr als die Menschen. Sie sind größer, haben Zeit und Geduld und können schweigen.«

Mintzlaff hatte einen heißen Kopf. Seine Lider zitterten. Er wich dem gelassenen Blick des Fremden aus, dem Blick aus diesen großen herrischen Augen. Er senkte das Gesicht, starrte angelegentlich auf das Muster des Sitzpolsters und begann plötzlich hastig zu sprechen. Seine Stimme klang rauh vor Erregung. »Warum verfolgen Sie mich?« fragte er halblaut. »Haben Sie mich denn noch nicht genug verwirrt? Ich habe Angst vor Ihnen, wenn Sie es nun schon wissen wollen; aber es macht mir keinen Spaß, vor anderen Menschen Angst zu haben, und ich bin es nicht gewöhnt, zum Teufel! Gehen Sie, bitte, ins nächste Abteil! Erschrecken Sie andere Leute, falls Sie ohne nicht leben können! Es gibt dankbareres Publikum für stellungslose Zauberkünstler als ausgerechnet mich.«

»Das glaube ich nicht«, hörte er den Baron sagen.

»Ich weiß, daß ich mich im Ton vergreife«, fuhr er heiser fort. »Ich habe auch nicht vergessen, daß es ausreichen würde, das, was ich Ihnen jetzt mitteile, nur zu denken. Aber ich habe genug davon, Ihnen gegenüber einen Taubstummen zu spielen, der den Mund allenfalls zum Gähnen besitzt. Halten Sie es denn nicht für unter Ihrer Würde, Ihre Überlegenheit an mir auszulassen? Ich will es Ihnen gern schriftlich geben, daß ich Sie für einen ungewöhnlichen Menschen halte, obwohl Ihnen bestimmt an meiner Meinung nichts liegt.«

Er stand auf und ging zur Tür. »Entschuldigen Sie meine Ungezogenheit! Ich habe ein wenig die Nerven verloren. Und da ich Ihnen nicht zumuten will, mir das Feld zu räumen, werde ich selber gehen!« Er wollte die Tür aufreißen.

Doch die Tür öffnete sich nicht, so sehr er an der Klinke rüttelte. Er versuchte es noch einmal. Dann drehte er sich langsam um und sah, mit blassem Gesicht, den Baron an.

Lamotte zuckte die Achseln und lächelte, als wisse er, daß es ja doch vergeblich sein werde, sich herauszureden. »Es stimmt«, sagte er dann. »Die Tür geht tatsächlich nur deshalb nicht auf, weil ich es so wünsche. Ein kleiner, dummer Trick, das gebe ich zu. Aber was soll ein stellungsloser Zauberkünstler wie ich schließlich weiter tun als ein bißchen zaubern? Auch ein Talent kann zur schlechten Angewohnheit werden.« Er schien geradezu verlegen. »Versetzen Sie sich, bitte, in meine Lage! Ich kann Sie doch nicht im Bösen aus dem Abteil laufen lassen! Ich möchte, daß Sie hierbleiben, denn Sie sind mir doch sympathisch! Sagte ich Ihnen das nicht schon in München? Ich wollte Sie wirklich nicht erschrecken, sondern ich wollte Eindruck auf Sie machen, das war es! Rührt Sie dieses Selbstbekenntnis gar nicht?«

Seine Augen strahlten. Er wies auf die Bank. »Nehmen Sie wieder Platz! Immer wollen Sie vor mir davonlaufen. Es wird Ihnen nicht gelingen, das können Sie mir glauben! Denn ich brauche einen Menschen, der weiß, wer ich bin; und der Mensch, der es erfahren soll, sind Sie!«

Mintzlaff stand noch einen Augenblick unschlüssig an der Tür. »Nein«, sagte der Baron, »auch das Einschlagen der Glasscheibe in der Tür wird Ihnen nichts nützen. Sie sollten allmählich einsehen, daß ich mehr kann als Gedankenlesen.«

Mintzlaff setzte sich zögernd in seine alte Ecke am Fenster und ärgerte sich. Wie hatte er sich nur so undiszipliniert aufführen können! Dergleichen widersprach absolut seinem vornehmsten Ziel: der Selbsterziehung. Es stand außer Frage, daß er sich, so betrachtet, schlecht benommen hatte.

»Nicht nur ich, auch Sie sind eitel!« sagte der Baron nicht ohne Genugtuung. »Ein Mensch, der nicht mehr erschrekken kann, ist kein Mensch, sondern ein Narr oder ein Fleischerhund. Davon abgesehen, will ich trotzdem versuchen, Ihnen neue Ängste zu ersparen; denn Sie empfänden sie als Demütigung, und das liegt völlig außer meiner Absicht. Das beste wird sein, wenn ich die Mitteilung, die ich Ihnen machen möchte, vorsichtig dosiere.«

Der junge Kunstgelehrte runzelte die Stirn. »Ich komme mir vor, als sei ich beim Zahnarzt, der eine schmerzhafte Behandlung, aus Rücksicht auf den Patienten, über Wochen ausdehnt.«

»Tun Sie das! Kommen Sie sich wie beim Zahnarzt vor!« bemerkte der andere. »Und nehmen Sie, bitte, die erste Dosis zur Kenntnis: Ich heiße nicht Lamotte, und ich bin kein Baron.«

»Diese Eröffnung«, meinte Mintzlaff, »bestürzt mich keineswegs. Was ich viel mehr als solche Lügen fürchte, ist die Wahrheit.«

Der Fremde fuhr nach einer Pause, anscheinend über sich selber belustigt, fort: »Manchmal ist es ungleich schwerer, zu bekennen, wer man ist, als zu erklären, wer man nicht ist!« Er nagte an der Unterlippe und blickte nachdenklich in den stahlblauen Himmel, der sich über der tiefverschneiten, glitzernden Landschaft wolkenlos heiter ausspannte. In diesem Augenblick fuhr der Zug in einen Berg hinein. Die Lampe an der Decke des Abteils glomm auf. Die Tunnelwände glänzten vor Nässe.

Stumm saßen die beiden Männer einander im Halbdunkel gegenüber. Der Fremde hatte den Kopf gesenkt und starrte auf seine Schuhe.

Allmählich verfärbte sich die künstliche Dämmerung, bis

dann, am Ausgang des Tunnels, die Sonne wieder, und nun mit noch mehr Gewalt, über die Erde herfiel.

Mintzlaff schloß geblendet die Augen. Hinter seinen Lidern kreisten funkelnde Transmissionen, und goldene Garben stiegen wie bei einem phantastischen Feuerwerk empor.

»Sehen Sie den einsamen Baum?« fragte der andere.

Mintzlaff öffnete die Augen halb und blinzelte zum Fenster hinaus. Der Zug fuhr soeben in einer weiten Schleife um eine weiße Bergkuppe herum, auf deren höchstem Punkt eine riesige Tanne stand. »Menschen sind nicht in der Nähe«, sagte der falsche Baron so leise, als spreche er mit sich selber. »Man kann es wohl riskieren.« Lauter fügte er hinzu: »Schenken Sie dem Baum, bitte, eine Minute lang Ihre Aufmerksamkeit!«

Mintzlaff faßte die Tanne fest ins Auge.

Plötzlich war ihm, als zucke ein greller Blitz aus dem wolkenlosen Himmel zur Erde nieder. Konnte das möglich sein?

Und da! Der Tannenwipfel wankte, als komme Sturm auf. Schneewolken stoben aus den Zweigen. Der Riesenbaum neigte sich zur Seite. Die Verbeugung wurde immer tiefer. Und dann fiel er schließlich, als werde er von unsichtbaren Waldarbeitern gefällt, langsam und lautlos in das weiße Feld. Der Schnee stieg wie brauender Nebel hoch und sank wie eine Fontäne, die abgedreht worden ist, zur Erde zurück.

Nach einer Spanne des Schweigens sagte der Baron recht sachlich: »Entschuldigen Sie das kleine Naturschauspiel!«

Mintzlaff versuchte leichthin zu lachen. »O bitte, das macht nichts. Ihre Art, sich dosiert vorzustellen, entbehrt jedenfalls nicht einer gewissen Originalität.«

»Ich hätte Ihnen gern etwas Imposanteres geboten«, erklärte der andere. »Indessen kennt der verantwortungsbewußte Zauberkünstler Grenzen, die er zwar zu überschreiten fähig wäre, die er aber, um nicht fahrlässig zu handeln, nicht ohne Not, sondern nur in Ausnahmefällen verletzt. Unbedachte Eingriffe in den eigengesetzlichen Ablauf des Naturgeschehens können allzu leicht unvorhergesehene Wirkungen haben.«

»Vorausgesetzt, daß ich Sie richtig verstanden habe, hängt also die von Jahrhundert zu Jahrhundert sinkende Effektivquote der Wunder mindestens zum Teil mit der wachsenden Humanisierung der Herren Zauberer zusammen?«

Der Baron zupfte an seinem Schnurrbart. »Wenn ich nicht wüßte, wer Sie sind, zöge ich allmählich strengere Saiten auf!«

»Sie wissen, wer ich bin?«

»Ziemlich genau, mein Herr. Sie sind, trotz Ihres jugendlich ironischen Wesens, Universitätsprofessor, ja, Sie sind es bereits nicht mehr, weil Ihnen, fanden Sie eines Tages, mehr daran liegt, im eigenen Kopf Ordnung zu schaffen als in nicht immer hierzu bestimmten fremden Köpfen.«

Mintzlaff wagte kaum Atem zu holen.

»Sie schreiben Aufsätze und Bücher über grundlegende Kunstbegriffe, und jetzt fahren Sie nach Davos, um vor dem dortigen Kunstverein, auf dessen Einladung hin, einen Vortrag zu halten. Ursprünglich wollten Sie schon vor vierzehn Tagen reisen, doch dann baten Sie um vier Wochen Aufschub, weil Sie, einen Tag vor der Abfahrt, eine hübsche, wirklich sehr hübsche junge Dame, die auf den Vornamen Hedwig hört, zufällig wiedertrafen. Sie empfanden, übrigens zu Recht, daß die neuerliche Begegnung kein Zufall war, und blieben in Berlin, bis Sie vor nunmehr drei Tagen ein merkwürdiges Telegramm erhielten, in dem Ihnen von unbekannter Seite geraten wurde, sich sofort und unangekündigt in Davos einzufinden. Habe ich recht?«

»Wozu fragen Sie noch?« Mintzlaff zögerte. »Stammte die Depesche etwa von Ihnen?«

»Ich kenne Sie doch erst seit gestern. Wie hätte ich Ihnen denn, Tage zuvor, telegrafieren können?«

»Mich nähme auch das nicht wunder«, sagte Mintzlaff. »Und nun, wenn Sie gestatten, eine weitere Frage: Auf welchem ungewöhnlichen Wege verschafften Sie sich Einblick in mein Privatleben? Ich muß bekennen, daß es mich nachgerade eher beruhigen als noch mehr beunruhigen würde, wenn ich nun endlich erführe, mit wem ich das Vergnügen habe! Sie verbieten einer Kupeetür der Schweizer Bundesbahn, sich zu öffnen. Sie zeigen mir einen Baum und fällen ihn, indem Sie ihn im Vorüberfahren anschauen. Sie kennen, obwohl ich Ihnen erst gestern über den Weg gelaufen bin, meinen Lebensweg, als hätten Sie seit Monaten ein Dutzend Detektive hinter mir hergejagt! Gestern noch hielt ich Sie für einen Mann mit ungewöhnlichen Fähigkeiten, aber heute …«

Der Herr, der nicht Baron Lamotte hieß, beugte sich verbindlich vor. »Aber heute?«

»Aber heute glaube ich das nicht mehr. Sondern ich bin, höchst widerwillig, zu einer Überzeugung gelangt, die sich mit meiner Weltanschauung leider nicht vereinen läßt.« Mintzlaff blickte dem anderen beinahe finster ins Gesicht und sah, daß sich dessen Pupillen eng zusammengezogen hatten. »Es liegt mir fern, Sie zu beleidigen. Trotzdem muß ich folgendes behaupten: Herr Baron, Sie sind kein ungewöhnlicher Mensch – Sie sind, so unsinnig das klingen mag, überhaupt kein Mensch!«

Lamotte sagte: »Auch das vorurteilsfreie Denken bringt Vorurteile mit sich. Wer das nicht weiß, ist übel dran. Also, Sie halten auf Grund einiger sonderbarer, aus dem Rahmen fallender Wahrnehmungen für möglich, daß ich, trotz meines menschlichen Äußeren, gar kein Mensch bin. Sie werden sich, will mir scheinen, genötigt sehen, einen Schritt weiterzugehen.«

Mintzlaff nickte traurig. »Ich werde wohl müssen. Denn es ist nicht meine Art, mich übermäßig lange bei negativen Feststellungen aufzuhalten. Da Sie kein Mensch sind, erhebt sich die bedrohliche, aber unausweichliche Frage, wer oder was sonst Sie sein könnten.«

»So will es die Logik«, bemerkte der Baron. »Diese Frage erhebt sich in der Tat. Ich fürchte, daß Ihnen keine andere Wahl bleiben wird, als mutig darauf zu antworten. Kommen Sie mir jedoch nicht mit der Gattung ›Übermensch‹! Ich bin kein Mensch, kein Un- und kein Übermensch. Behalten Sie das tunlichst im Auge!«

Der andere verbeugte sich knapp und murmelte: »Ich werde nicht verfehlen.«

»Darf ich einen Vorschlag machen?« fragte Lamotte. »Sie haben in der letzten halben Stunde erfahren, daß ich unter falschem Namen und Rang reise und daß ich kein Mensch bin. Ich habe Hemmungen, mich Ihnen ohne Umschweife vorzustellen, und schlage ein Verfahren vor, das sich der Spannkraft Ihrer Phantasie anpassen mag. Ich schlage vor, daß Sie täglich drei Mal raten, wer ich sein könnte, und sobald Sie das Richtige raten, ist das Fragespiel zu Ende.«

»Drei Mal raten?«

»Ich bitte darum. Sie brauchen Ihre Vermutungen ja auch gar nicht auszusprechen; es genügt ja, sie nur zu denken.«

»Also gut«, meinte Mintzlaff. »Wollen wir sofort damit beginnen?«

Der Baron stimmte zu.

Der andere dachte: ›Jetzt müßte ich mich nur noch, wie in Kindertagen, mit dem Gesicht zur Wand stellen und warten, bis er Huhu! ruft.‹

»Auch das ist mir recht«, sagte Lamotte.

Mintzlaff wehrte ab. »Wir wollen es kurz machen. Geben Sie bitte acht! Ich fange an.« Er senkte den Kopf.

»Falsch geraten!« erklärte der Baron nach einer Weile. »Wie lautet Ihre zweite Vermutung?«

Der junge Mann schloß, um sich besser zu konzentrieren, die Augen.

»Nein! Auch falsch! Aber nicht uninteressant. – Und drittens?«

In Mintzlaffs Phantasie kreisten Dutzende von halbdeutlich gedachten Namen umeinander. ›Es ist aussichtslos‹, dachte er und zwang, ziemlich wahllos, einen der Namen aus dem Nebel ins klare Bewußtsein.

»Wieder falsch!« erklärte der Herr, der kein Mensch war. »Sehr falsch sogar!« Es klang, als triumphiere er, daß sein Rätsel vorläufig ungelöst blieb. »Morgen werden wir weitersehen!«

Da rüttelte jemand an der Kupeetür. Es war ein Kellner aus dem Speisewagen, mit Fleischbrühe und Kaffee.

»Darf ich Sie darauf aufmerksam machen, daß die Tür noch verhext ist?« flüsterte Mintzlaff.

»Richtig!« sagte der Baron. »Einen Augenblick, Herr Ober!«

Eine Sekunde später flog die Tür auf, und der Kellner wäre beinahe samt dem Tablett voll dampfender Tassen lang hingeschlagen. Das Geschirr klirrte heftig.

Der Mann steckte sein hochrotes Gesicht ins Abteil. »Entschuldigen Sie«, bat er. »Die Tür muß sofort geölt werden. Fleischbrühe gefällig?«

In Davos-Platz, der Endstation der Rhätischen Bahn, verließen die beiden den Zug.

Ganze Rudel sonnengebräunter junger Leute sprangen lachend aus den Abteilen. In das Holzkonzert der klappernden Skibretter, die man aus den Wagen hob und schulterte, mischte sich das Gepolter und Getrampel schwerer Stiefel. Die Metallspitzen von Skistöcken schepperten auf dem Bahnsteig, und ein nahezu babylonisches Sprachengewirr erfüllte die Luft.

Der Baron und Mintzlaff warteten lächelnd, bis die wilde Jagd vorüber war. Dann trugen sie Sorge, daß ihre Koffer im Gepäckraum untergestellt wurden, und erst, nachdem das zu ihrer Zufriedenheit erledigt war, traten sie ins Freie.

Noch schien die Nachmittagssonne. Blaue Schatten lagen auf den meterhohen Schneematratzen. Die kalte, klare Gebirgsluft ließ sich merkwürdig leicht atmen. Von irgendwoher drang Walzermusik. Wahrscheinlich war eine Eisbahn in der Nähe.

Sie spazierten, am Rathaus vorbei, bergan, bis sie eine Straße erreicht hatten, auf der sich Autos und Autobusse hupend ihren Weg bahnten. Es unterlag keinem Zweifel: Sie befanden sich, obwohl sechzehnhundert Meter hoch, in einer Stadt!

Vielfenstrige Hotelpaläste lehnten an den weißen Hängen. Geschäftshäuser und Konsulatsgebäude flankierten die Straße. Bunte Plakate kündigten für den Abend amerikanische Filme an. In den Schaufenstern gab es Pariser Abendkleider und Fracks nach dem neuesten Schnitt zu bewundern. Eine Kavalkade von zehn Schlitten kam daher. Mit Peitschenknall, fröhlich klingenden Glöckchen und schnaubenden Rössern.

Der Baron war stehengeblieben und schaute hinterdrein. »So viele schöne Frauen!« sagte er begeistert. »Es war eine gute Idee, hierherzufahren.«

Mitten in dem vergnügten Gewimmel der heimkehrenden Sportler standen drei Neger. Sie umrahmten einen in einem Eisbärenfell steckenden Einheimischen, zeigten ihre weißen Zähne und ließen sich von dem Bärenführer fotografieren. Der Eisbär sprach Deutsch, Englisch und Französisch. Mintzlaff atmete die kühle Luft so selig ein, daß es klang, als ob er seufzte. Hoch über dem Gebirgstal und der Stadt, die sich langsam in Dämmerung hüllten, funkelten sonnige Eisgipfel. Es war wie im Märchen.

»Nun, Sie Traumprinz!« meinte Lamotte gutmütig. »Dort drüben sehe ich das Büro des Verkehrsvereins. Wenn ich nicht irre, werden Sie sich melden wollen.« Sie überquerten die Straße.

»Ich werde vor der Tür auf Sie warten«, sagte der Baron.

Doch Mintzlaff blieb, statt das Haus zu betreten, wie angewurzelt davor stehen und starrte entgeistert auf ein Plakat, das an der Hauswand klebte. Auf dem Plakat war folgendes zu lesen:

Mittwoch!   Mittwoch!
Auf Einladung der Kunstgesellschaft
und des Verkehrsvereins Davos findet
im Großen Saal des Kurhauses
ein einmaliger Vortrag des bekannten Kunstgelehrten
Prof. Dr. Alfons Mintzlaff statt.
Das Thema des Vortrags lautet
›DER HUMOR ALS WELTANSCHAUUNG‹
Anschließend Diskussion!
Kartenverkauf in den Geschäftsstellen
der veranstaltenden Vereine.
Beginn des Vortrags 9 Uhr abends
Mittwoch!   Mittwoch!

Mintzlaff rieb sich die Augen und trat einen Schritt näher. Dann las er das Plakat, das ihn so in Erstaunen gesetzt hatte, noch einmal. Darnach sagte er nur: »Das verstehe, wer will.«

Der Baron führte den Fassungslosen die Stufen zum Kurhauscafé hinauf, schob ihn durch die Tür, half ihm sogar aus dem Mantel und drückte ihn in einen Stuhl.

Nachdem er zwei Hennessy bestellt hatte, sagte er: »So, und nun erleichtern Sie Ihr vom Donner gerührtes Gemüt!«

»Das Plakat!« murmelte der andere.

»Ganz recht, das Plakat!«

Mintzlaff riß sich zusammen und holte tief Luft, ehe er fortfuhr: »Hier glaubt man doch, daß ich erst in vierzehn Tagen eintreffe! Wenn dem aber so ist – wie kann man dann meinen Vortrag für Mittwoch ansetzen?« Er sah dem Baron mißtrauisch in die Augen.

Dieser schüttelte belustigt den Kopf. »Nein, nein! Ich habe mit dem Plakat ebensowenig zu schaffen wie mit der Depesche!«

»Richtig, die Depesche!« Mintzlaff fröstelte. »Davos entpuppt sich als Rätselecke! Oder sollte ich dem Verkehrsbüro versehentlich ein falsches Datum mitgeteilt haben?«

»Das glaube ich nicht«, sagte der Baron.

Die Kellnerin brachte die Kognaks.

Nachdem sie getrunken hatten, fragte Mintzlaff: »Könnten Sie mich über meine mir völlig unübersichtliche Lage aufklären? Sie wissen vermutlich ungefähr, wie die Dinge zusammenhängen.« Lamotte wehrte entschieden ab. »Ich werde Ihnen, obwohl ich in der Tat einiges weiß, kein Wort im voraus verraten.«

»Und weswegen nicht?«

»Sie lehnen es doch sonst ab, der Zukunft in die Karten zu sehen! Bleiben Sie standhaft, junger Mann!«

»Auch gut, Herr Baron. Dann werde ich, da Sie mich so taktvoll im Stich lassen, zunächst einmal versuchen, die Gefechtslage zu skizzieren. Ich komme, auf Grund einer

Depesche, die keinen Absender nennt, unangemeldet und zwei volle Wochen vor dem hier bekannten Termin nach Davos. Da sehe ich ein Plakat und muß feststellen, daß mein Vortrag bereits in drei Tagen stattfindet und daß ich, der ja sozusagen am Mittwoch noch gar nicht da sein wird, über ein Thema zu sprechen gedenke, über das ich gar nicht sprechen will.«

Plötzlich stand er auf.

»Gehen Sie nur!« meinte der Baron. »Es wird das beste sein. Ich warte.«

Mintzlaff lief ohne Hut und Mantel aus dem Café.

Der Baron ließ sich noch einen Hennessy bringen und schaute sich geruhsam um.

In der Mitte der großen Raums spielten ältere Holländer und Engländer Billard. Sie waren zwar schon im Abenddreß, hatten jedoch die Smokingjacken ausgezogen und an Garderobeständern aufgehängt. Nun standen sie, hemdsärmelig und die Queues pflegend, ernst und schweigsam den Kellnern im Wege oder beugten sich, merkwürdig verrenkt und wie zielende Wilddiebe dreinblickend, über die mit grünem Tuch bezogenen Tische und stießen zu. Die Elfenbeinkugeln klapperten; manchmal gehorchten sie, manchmal nicht.

Wer aufhören mußte, räumte dem Gegner wortlos und gottergeben das Feld, markierte den Punktgewinn und verlegte sich von neuem aufs Warten.

»Da bin ich wieder«, sagte Mintzlaff und nahm Platz.

Lamotte sah ihn prüfend an. »Wenn ich nicht irre, machen Sie ein noch verdutzteres Gesicht als vorher.«

»Machen Sie sich über mich lustig?«

»Nein.«

Mintzlaff lachte ärgerlich. »Der Direktor des Verkehrsvereins war nicht im Büro. Ich fragte einen der Angestellten, seit wann der Herr Professor Mintzlaff in Davos weile.«

»Und was wurde Ihnen geantwortet?«

»Darf ich vorher eine Frage stellen?«

»Ich bitte darum.«

»Wissen Sie ganz sicher, daß ich, mit Ihnen gemeinsam, erst vor knapp einer Stunde in Davos eingetroffen bin?«

»Ich kann es beschwören«, sagte der Baron.

»Trotzdem befinden wir uns beide in einem grundlegenden Irrtum. Es ist nicht wahr, daß ich eben erst in Davos eingetroffen bin. Ich bin bereits seit einer Woche hier!« Mintzlaff runzelte die Stirn. »Man gab mir bereitwilligst nähere Auskünfte. So wohne ich – dies nur als Beispiel – im Grandhotel Belvedere. Ich habe ein Zimmer mit Bad sowie einen Balkon nach der Südseite.«

»Das ist doch großartig.«

»Tagsüber macht man mit mir Schlittenausflüge in romantisch abgelegene Täler, frühstückt dort in Sonne und Schnee und fotografiert mich nach Herzenslust. Wenn ich allein sein will, um in Ruhe nachzudenken, kann ich, mit Freifahrkarten ausgestattet, die Drahtseilbahnen benützen und von dort aus einsame Skitouren unternehmen.«

»Was wollen Sie mehr?« fragte der Baron. »Die Leute geben sich doch wirklich alle erdenkliche Mühe.«

»Abends bin ich sehr viel eingeladen. Denn die gebildeten Kreise hierorts sind künstlerisch ungewöhnlich interessiert. Und außerdem gelte ich als guter Gesellschafter.«

»Welch angenehme Überraschung!« sagte der Baron. »Und was gedenken Sie nun zu tun?«

»Genau weiß ich das noch nicht. Aber wenn mich nicht alles trügt, gedenke ich auf der Stelle ins Grandhotel zu gehen, um mir dort selber einen Besuch abzustatten und bei dieser Gelegenheit eins hinter die Ohren zu hauen!«

»Das dürfen Sie nicht! Gerade Sie dürfen das nicht!«

»Weshalb nicht?«

»Weil Sie, als berufener Erforscher der Komik, des Witzes und des Humors, die verdammte Pflicht und Schuldigkeit haben, über der Situation zu stehen.«

»Sie verlangen ein bißchen viel von mir!« Mintzlaff schlug

mit dem Zeigefinger mehrmals auf die Tischkante. »Sie müssen wissen ... «

»Daß Sie, weil Sie vom Davoser Verkehrsverein eingeladen worden sind, nur wenig Geld bei sich haben.« Der Baron klopfte dem anderen auf die Schulter. »Wenn Sie jetzt zum Verkehrsverein stürzten und den Direktor aufklärten, verdürben Sie sich selber und auch mir den Spaß. Stellen Sie sich doch vor, wie lustig das sein wird, wenn wir am Mittwoch, hier im Kurhaus, oben im Großen Saal, unter den Zuschauern sitzen und den lichtvollen Ausführungen Ihres anderen Ichs lauschen werden!«

»Aber ... «

»Es gibt kein Aber«, erklärte Lamotte kategorisch. »Da ich ein Zauberer bin, spielt Geld keine Rolle. Sie können sich im nobelsten Hotel einquartieren – ich hexe Ihnen jeden Betrag in die Brieftasche.« Er streckte die Hand über den Tisch.

Mintzlaff schlug ein. »Ich nehme Ihren Vorschlag an.«

»Bravo!«

»Gilt gezaubertes Geld eigentlich als Falschgeld?«

»Jawohl.«

»Können Sie denn kein echtes Geld zaubern?«

»Ob Geld echt oder falsch ist, richtet sich nur darnach, wer es hergestellt hat. Wenn es der Staat druckt oder prägt, ist es echt.«

»Aber dann sind Sie ja ein Falschmünzer!«

»Ich? Wieso?«

»Haben Sie denn ein Münzprivileg?«

»Ich brauche kein Privileg. Denn ich bin keinem Staat und keinem Gesetz untertan.«

»Richtig!« Mintzlaff rieb sich befriedigt die Hände. »Es ist mir lieb, daß die Angelegenheit, wenn auch auf außergewöhnliche Art, ihre Ordnung hat. Ich schwärme für beides: für das Außergewöhnliche und für die Ordnung.«

»Ich weiß«, sagte der Baron.

»Dann kann die Stegreifkomödie ihren Anfang nehmen!«

»Nachdem wir uns Quartiere gesucht und zu Abend gegessen haben werden, wollen wir versuchen, die flüchtige Bekanntschaft des falschen Herrn Mintzlaff zu machen. Ich glaube, daß uns das unschwer gelingen wird.«

»Ich bin gespannt, wie ich aussehe.«

Der Baron winkte der Kellnerin und zahlte. Dann gingen sie. Die hemdsärmeligen Herren aus Holland und England spielten noch immer Billard.

Draußen war es mittlerweile dunkel geworden. Laternen brannten. Die Straße lag fast menschenleer. In den Hotels und Pensionen waren, in langen schimmernden Reihen, die Zimmerfenster erleuchtet. Die Gäste kleideten sich wohl zum Dinner um. Der Schnee knirschte ärgerlich. Es war so kalt, daß die Nasenflügel engfroren.

»Ehe wir es vergessen«, sagte der Baron plötzlich, »wie werden Sie denn nun heißen?«

»Was?« Mintzlaff blieb stehen. Unmittelbar darauf lachte er schallend. »Tatsächlich! Ich muß mir ja einen anderen Namen beilegen!«

»Zwei Professoren Mintzlaff sind für Davos entschieden zuviel. Was halten Sie von dem klangvollen Namen Kilian Perathoner?«

»Kilian Perathoner? Ein bißchen zu bombastisch, finden Sie nicht?«

»Suchen wir weiter! Wie wäre es mit Erwin Jennewein?«

»Jennewein ist gut«, sagte Mintzlaff. »Aber Erwin geht leider nicht. Ich habe nämlich eine Freundin, das heißt, ich hatte eine Freundin …«

»Und diese Freundin, die Sie haben oder hatten, heißt unglücklicherweise Erwin?« meinte Lamotte und blinzelte.

»Nein, sie heißt Hallo.«

»Das ist doch kein Name!«

»Eigentlich heißt sie Sumatra. Sie wurde nämlich dort geboren. Sie fand, schon als Kind, daß eine Insel kein Vorname ist. Und wenn man nach ihr rief, kam sie nicht zum Vorschein; es sei denn, man rief sie nicht beim Namen, sondern ›Hallo!‹ Und so heißt sie Hallo, bis auf den heutigen Tag.«

»Mir soll es recht sein«, meinte der Baron.

»Und wenn Hallo und ich mit dem Rucksack auf dem Rücken durch das, was man Gottes freie Natur nennt, pilgerten oder, wie eben jetzt Sie und ich, unter dem nächtlichen, sternbesäten Himmelsgewölbe standen und nicht wußten, wer an Gut und Böse schuld ist, nannten wir diese verborgene Macht nicht Gott, nicht Schicksal und nicht das Unbekannte, sondern – Erwin! Vielleicht, um jener Macht näher zu sein; vielleicht, weil wir uns vor großen Worten noch mehr fürchteten als vor dem Unbegreiflichen; vielleicht, um trotz allem lächeln zu können.«

»Aha«, sagte der Baron. »Nun, über Hallo und Erwin sprechen wir ein andermal. Dann taufen wir Sie Ludwig Jennewein?«

Mintzlaff war in Gedanken versunken.

»Oder ist der Vorname Ludwig auch schon in Ihrem weltanschaulichen System verankert?«

»Nein, nein. Ludwig Jennewein ist mir recht. Vorausgesetzt, daß ich nicht bis an mein Lebensende so heißen muß.«

»Das verspreche ich Ihnen«, erklärte der Baron. »Kommen Sie, Herr Jennewein! Und heute abend besuchen wir Herrn Mintzlaff, falls Ihr sogenannter Erwin nichts dagegen einzuwenden hat.«

Eine Sternschnuppe fiel aus dem glitzernden Himmel heraus, beschrieb eine geheimnisvolle Bahn und löste sich im Nichts auf.

»Bei Erwin weiß man nie, woran man ist«, sagte der junge Kunstgelehrte.

Der Baron, der kein Baron war, hatte es sich nicht nehmen lassen, Mintzlaff, der nun Jennewein hieß, in ein ruhiges Hotel, das vorwiegend von Engländern und Engländerinnen bewohnt schien, zu begleiten und dort in einem netten Zimmer unterzubringen, zu dem eine geräumige Südloggia und ein Bad gehörten.

Dann erst hatten sich die Herren getrennt, nicht ohne sich für später in der Bar des Hotels, das zu Ehren der langlebigen englischen Königin ›Hotel Victoria‹ hieß, verabredet zu haben.

Nachdem Lamotte seinen Schützling hinreichend versorgt wußte, war er mit einem Pferdeschlitten davongefahren. Näheres hatte er nicht mitgeteilt, und Mintzlaff hatte nicht weiter gefragt; denn seine Neugier war vorläufig besänftigt. Die Rätsel der letzten Tage und Stunden beschäftigten ihn vollauf.

Außerdem mußte er die Koffer auspacken, den Smoking zum Bügeln geben, dem Schweizer Stubenmädchen klarmachen, daß er erstaunlicherweise kein Angelsachse sei, und baden mußte er auch. Schließlich erwuchs ihm die keineswegs leichte Aufgabe, den Anmeldezettel auszufüllen. So schwer es ihm ein Leben lang gefallen war, sich mit dem Namen Mintzlaff abzufinden, so viel Mühe machte es nun wieder, plötzlich anders zu heißen.

Endlich war das Formular vollgelogen.

Er war nun also ein Dr. phil. Ludwig Jennewein, von Beruf Verlagsbuchhändler, in Leipzig wohnhaft. Er nahm sich noch vor, falls das Gespräch gelegentlich auf den Zweck seiner Reise kommen sollte, beiläufig zu erklären, daß er Davos besuche, um, wenn möglich, neues Material über

Robert Louis Stevenson zu sammeln, dessen bündige Bio-
graphie herauszugeben ihn seit langem beschäftige. Stevenson war, das wußte Mintzlaff, in den achtziger Jahren des
vorigen Jahrhunderts wiederholt in Davos gewesen, hatte
hier, hoch oben im Gebirge, Heilung gesucht und ›The
Silverado Squatters‹ zu schreiben begonnen. Daß ein gründlicher Verleger nach Davos kam, um Ermittlungen anzustellen, mochte durchaus plausibel erscheinen.

Als er später, auf dem Weg zum Speisesaal, von dem
freundlichen Hotelier begrüßt wurde, brachte er kurz entschlossen die Sprache auf die angebliche Absicht seiner Reise.

Kaum daß ihm vom Oberkellner ein kleiner Tisch angewiesen worden war, tauchte der Herr des Hauses von neuem
auf und legte ihm strahlend ein Buch neben den Suppentel-
ler. Das Buch hieß: ›Robert Louis Stevenson at Davos‹ und
stammte von einem Mann namens Lockett, der über dreißig
Jahre in Davos als englischer Konsul gelebt hatte.

Mintzlaff tat natürlich so, als ob er diese Quelle längst
kenne, versprach aber, gelegentlich darin zu blättern.

Das besorgte er dann auch schleunigst, und zwar wäh-
rend der ganzen Mahlzeit. Denn wenn er schon für einen
Kenner Stevensons gelten wollte, konnte ihm eine solche
Lektüre nur nützlich sein.

Er blätterte noch darin, als er in der Bar saß und auf
Lamotte wartete.

Die englischen Gäste – die meisten in Abendkleidern,
andere noch im Sportdreß – tranken Whisky und warfen
mit spitzen Metallbolzen nach einer an der Wand hängen-
den hölzernen Scheibe. Das Spiel schien, so einfach es aussah, nicht ganz leicht zu sein.

Die Gattin und der Sohn des Hoteliers kamen, um zu fragen, ob Herr Doktor Jennewein an der Tischtenniskonkur-
renz des Hotels teilnehmen wolle. Nachmeldungen würden
noch angenommen. Seiner Versicherung, daß er für einen
Wettbewerb zu schlecht spiele, wurde wenig Glauben ge-

schenkt. Sie erkundigten sich anschließend höflich nach den sonstigen sportlichen Absichten des neuen Gastes.

Als er ihnen erklärt hatte, daß er wegen eines organischen Herzleidens nicht skifahren, höchstens eislaufen dürfe und sich am ehesten darauf freue, allein durch verschneite Wälder zu spazieren oder irgendwo in der Sonne zu liegen, maßen sie seine große, kräftige Gestalt mit unverhohlener Anteilnahme. Nun verstanden sie wohl, daß er Bücher verlegte.

Endlich kam Lamotte.

Er wirkte, im gutsitzenden zweireihigen Smoking, wie ein eleganter Riese, wie ein Jason oder Theseus der Neuzeit.

Die in der Bar anwesenden Damen waren fasziniert. Sie nahmen ihm mit den Blicken förmlich Maß. Er hatte nichts dagegen, aber es interessierte ihn auch nicht über Gebühr.

»Sind Sie gut untergebracht, Doktor?« fragte er, während er sich in einem der bequemen Sessel niederließ.

»Ausgezeichnet, Herr Baron. Man ist nur nicht ganz damit einverstanden, daß ich wie ein Sportsmann wirke, ohne einer zu sein!«

Lamotte blickte einer großen blonden Engländerin, die auf einem Barhocker saß und ihn kühl musterte – es sah eher aus, als sei sie auf dem Pferdemarkt und schätze einen Zuchthengst ab – streng in die eisblauen Augen.

Jetzt beugte sie sich weit vor. Ihr Nachbar sprach auf sie ein. Sie nahm keine Notiz davon.

»Ein Verleger aus Leipzig ist nicht verpflichtet, Wintersport zu treiben«, erklärte der Baron. »Noch dazu, wenn der Ärmste einen Herzfehler hat. Ihr Herz ist übrigens nicht nur organisch in Unordnung; es ist überhaupt nicht in Ordnung.«

Mintzlaff wollte fragen, was Lamotte meine, aber er kam nicht dazu.

Denn die Engländerin glitt von ihrem Barhocker herunter, ging zwei Schritte auf den Baron zu und blieb dann, wie angenagelt, mitten im Raum stehen. Ihre Augen waren starr auf Lamotte gerichtet. Sie trug ein silbernes Abendkleid und sah aus wie eine Amazone.

»So«, sagte der Baron halblaut. »Dort mag sie stehen bleiben! – Ich kann diese Sorte Frauen nicht leiden, müssen Sie wissen. Dafür, daß sie keinen Funken Gefühl im Leibe haben, kann man sie vielleicht nicht verantwortlich machen. Doch daß sie sogar noch stolz darauf sind und ihre kalte Lebensgier staunend bewundern, statt sich ein wenig zu schämen, erbost mich stets von neuem.«

»Ihre Fähigkeit, Gedanken zu lesen, hat zu dieser Abneigung gewiß nicht wenig beigetragen.«

»Es sind Menschenfresserinnen«, sagte der Baron. Dann erhob er sich. »Wir wollen gehen. Lots Weib mag sich noch ein Weilchen als Salzsäule betätigen.«

Sie verließen die Bar und nahmen draußen im Flur ihre Mäntel vom Haken. Als sie, wenig später, auf die Hoteltür zuschritten, hörten sie noch, wie der Hotelier zu seiner Frau sagte: »Was ist denn in der Bar geschehen? Sie sitzen und stehen herum wie im Dornröschenschlaf!«

»Und Mrs. Gaunt weint!« ergänzte die Frau.

Der Mann schüttelte ratlos das international erfahrene Haupt. »Mrs. Gaunt weint? Das ist doch unmöglich!«

Und die Frau erwiderte: »Vielleicht weint sie nur aus Versehen?«

Lamotte und Mintzlaff spazierten seit einer Viertelstunde die Hauptstraße auf und ab. Die kalte Nachtluft und der klare Sternhimmel taten gut. Der Schnee war jetzt glatter als Parkett. Die beiden Herren mußten einander unterhaken.

Schlittenglöckchen klingelten. Tanzmusik drang aus verschiedenen Himmelsrichtungen in die Nacht, so daß sich die Tonarten und Rhythmen bunt vermischten. Seltsamerweise störte es nicht.

»Wollen Sie mir einen Gefallen tun?« fragte der Baron.

»Achten Sie, bitte, darauf, daß ich mich etwas mehr beherrsche. Ich zaubere zuviel!« Es klang fast zerknirscht. »Ich hatte mir fest vorgenommen, mich weitgehend im Rahmen des Menschlichen zu halten. Ob es nun Gewohnheit oder, was ich eher vermute, Eitelkeit ist – ich benehme mich falsch. Die Szene in der Bar war überflüssig.«

»Steht die kühle Dame aus England eigentlich immer noch auf dem gleichen Fleck?« fragte Mintzlaff. »Und weint sie noch immer?«

»Da haben wir es«, meinte der Baron ärgerlich. »Es ist ein wahres Glück, daß Sie mir begegnet sind!« Er schwieg einen Augenblick, dann fuhr er fort: »So, das wäre erledigt! Nun kann die kleine Gesellschaft aufwachen und tun, als sei nichts gewesen.«

»Warum haben Sie die Dame weinen lassen?«

»Damit sie endlich einmal traurig wurde«, erklärte Lamotte.

»Mit mir scheinen Sie auch nicht zufrieden zu sein«, sagte Mintzlaff. »Mein Herz, meinten Sie vorhin, sei nicht nur organisch, sondern in keiner Weise in Ordnung.«

»Sie haben die letzten zehn Jahre Ihres bisherigen Lebens sorgfältig darauf verwendet, Ihr wahres Wesen zugrunde zu richten.« Die Stimme des Barons klang ernst. »Ihre Energie ist bewundernswert. Sie wollten sich erziehen. Und Sie haben sich erzogen! Sie waren einmal ein empfindsamer Mensch und konnten lieben. Wenn anderen Leid widerfuhr, litten Sie mit ihnen. Sie halfen, ob man Sie gerufen hatte oder nicht. Sie hatten keine Angst, sich selber zu verlieren. Damals hatten Sie noch Gefühl im Leibe und spürten, daß man nicht ärmer wird, wenn man sich verschenkt.«

Mintzlaff ging schweigend neben Lamotte her.

»Welcher Teufel ritt Sie, sich zu verleugnen?« fragte der Baron heftig. »Warum hielten Sie Menschlichkeit für Schwäche, warum Gemüt für Unzulänglichkeit? Sie errichteten zwischen sich und dem Leben eine Chinesische Mauer aus unzerbrechlichem Glas und beschlossen, ein Charakter zu werden. Als ob die Welt ein Schaufenster wäre!«

»Es war nicht leicht.«

»Das hätte noch gefehlt, junger Mann! Sie treiben mutwillig Ihr Gefühl in die Verbannung – und das sollte auch noch leicht sein? War es denn für die leicht, die Ihnen nahestanden? Die Ihnen vielmehr nahestehen wollten und es nicht durften, weil Ihre verdammte gläserne Mauer zwischen denen und Ihnen stand? Die sich an der Mauer den Kopf einrannten, wenn sie trotz allem versuchten, zu Ihnen zu kommen? Sie haben Ihr Herz erwürgt. Sie haben Ihre Seele amputiert. Ebensogut hätten Sie sich, um ein bedeutender Mann zu werden, ein Bein abhacken können, Sie deutscher Fakir! Aber freilich, ein Bein wächst nicht nach, nicht wahr? Glauben Sie nur nicht, daß es die Seele anders hält!«

»Sie haben gut reden! Sie sind kein Mensch!« Mintzlaff blieb stehen. »Sie können unsere Gedanken lesen und sich über uns lustig machen. Haben Sie sich schon einmal vorgestellt, wie das wohl sein mag, wenn man weiß, daß man sechzig Jahre atmen darf und dann zu Staub zerfällt? Wie das ist, wenn man eines Tages dreißig Jahre alt wird und auf die beiden Wege blickt, die der Mensch gehen muß – den Weg aus dem Nichts und den Weg in das Nichts? Da steht man dann, auf der Anhöhe des Lebens, betrachtet seine Pläne und mustert seine Wünsche. Da steht man dann, bedenkt seine Ziele und schlägt die Hände vors Gesicht!« Mintzlaffs Augen funkelten zornig. »Jawohl, ich habe mich erzogen! Ich wollte mein Leben nicht vertun wie einen Sonntagnachmittag! Ich wollte keinen Ruhm, kein Geld und auch kein Glück, aber ich wollte werden, was ich war, weiter nichts, aber auch nicht weniger! Was ich versuchte, war dumm und sinnlos? Daß ich anderen weh tat, war niederträchtig? Und daß ich selber nicht glücklich war, hatte seine Richtigkeit?« Er lachte bitter. »Sie haben sicher ausgezeichnete Beziehungen zu Instanzen, die es sich zur Ehre anrechnen, die Erdkugel mit Vollkommenheit und Segen tapeziert zu haben. Bestellen Sie den Herrschaften meine Grüße.«

»Na, na«, sagte Lamotte. »Beruhigen Sie sich, bitte. Den Sie und Ihre kleine Freundin Erwin nennen, den kenne auch ich nicht. Sie überschätzen meine Beziehungen.« Er hielt Mintzlaff am Ärmel fest. »Ich lasse Sie jetzt nicht gehen!«

Mintzlaff wollte sich losreißen.

Der Baron lächelte. »Aber Herr Professor! Sie werden doch einen stellungslosen Zauberkünstler nicht schlagen wollen! Geben Sie den Gedanken schnell wieder auf!«

»Lassen Sie mich in Frieden!«

»Ich bin Ihr Freund, ob Sie wollen oder nicht. Darum habe ich das Recht, Sie zu kränken. Ich tue es, damit Sie merken, daß Sie noch leben. Jetzt sind Sie außer sich, und außer sich zu sein, ist schon etwas! Es war notwendig, Sie zu quälen; denn das Notwendige muß geschehen.«

»Soll ich, alten Bräuchen folgend, ins Kloster gehen, damit ich niemanden mehr enttäuschen kann? Hinter die Mauer aus Stein, statt hinter die aus Glas?«

»Sie sollen nichts als leben«, sagte der Baron ruhig. »Es ist ganz einfach, und Sie müssen es wieder lernen. Verlangen Sie meinetwegen zu viel von den anderen, nie wieder zu wenig! Sperren Sie das Vorhängeschloß zu Ihrem Herzen auf, bevor es zu spät ist! Sie sind Ihrem Ziel bedenklich nahe gekommen. Das Weinen haben Sie schon verlernt, das war ein schweres Stück Arbeit. Nun ist das Lachen an der Reihe. Das verlernt sich schon leichter. Nicht mehr lange, und Sie werden noch atmen wie ein Mensch, aber fühllos sein wie Ihre Fotografie.«

»Sie ärgern mich nur, obwohl Sie mich eigentlich erschrekken wollen. Sie haben nicht recht, und Sie wissen, daß Sie nicht recht haben. Was habe ich, bei Licht besehen, getan? Ich habe, meiner Arbeit zuliebe, die Professur aufgegeben und mein Privatleben abgebaut. So liegen die Dinge.«

»So liegen die Dinge«, wiederholte Lamotte spöttisch. »Der Herr Professor hat zum Lachen und Weinen leider keine Zeit, weil er über diese und ähnliche lästige Angewohnheiten des Menschen Bücher schreiben muß.« Er lachte vor sich hin. »Vielleicht können wir den Herrn, der am Mittwoch in Ihrem Namen einen Vortrag hält, dazu überreden, daß er Ihnen, außer dem Namen, auch noch das Nachdenken und das Bücherschreiben abnimmt! Dann könnten Sie sich unbesorgt wieder Ihrem geschätzten Privatleben widmen, Herr Doktor Jennewein!«

»Diesen Hochstapler habe ich ganz vergessen«, sagte Mintzlaff. »Wo finden wir ihn?«

»Es wird mir ein Vergnügen sein, die Herren miteinander bekannt zu machen«, antwortete der Baron. »Kommen Sie, Sie Gemütsathlet!«

Im Grandhotel Belvedere fand, zugunsten eines Wohltätigkeitsfonds, ein Galaball statt.

Die in Davos amtierenden Konsuln saßen mit ihren Landsleuten an großen blumengeschmückten Tafeln, deren jede, im Meer des gemeinsamen Vergnügens, eine besondere Sprachinsel bildete. Juwelen glänzten. Perlen schimmerten. Ordensbänder grüßten vom Schwarz der Fräcke, wie zierlich angelegte bunte Beete. Bronzebraune Frauenköpfe, ausgesuchte Ware aus allen exportfähigen Ländern der Erde, saßen selbstbewußt auf schlanken Hälsen und mattgetönten, bloßen Schultern.

Maurice Chevalier, der berühmte französische Schauspieler, der seit Wochen im Grandhotel wohnte, hatte sich bereit erklärt, den Abend durch den Vortrag einiger seiner Pariser Chansons zu beleben. Und er entledigte sich dieser Aufgabe mit all dem übermütig frechen und verschmitzten Charme, der ihm zur Beliebtheit in der Welt und zu einem stattlichen Besitztum bei Cannes verholfen hatte.

Da der Künstler sein ständiges Requisit, seinen Strohhut, begreiflicherweise nicht in den Alpenwinter mitgebracht hatte, bediente er sich, nachdem er reizend auf die erforderliche Umbesetzung hingewiesen hatte, eines grünen Tiroler Hütchens. Die für ihn ungewöhnliche Kopfbedeckung tat der Wirkung des Vortrags im übrigen nicht den geringsten Abbruch.

Als man zu tanzen begann, stiegen der Baron und Mintzlaff selbander in die große, geräumige Bar hinunter. Der Raum war noch ziemlich leer. Nachdem sie einen gemütlichen Ecktisch gefunden hatten, bestellte der Baron Irroy. »Schon der Champagner allein«, sagte er, »würde ausreichen, die

Existenz Frankreichs als lebensnotwendig erscheinen zu lassen!«

»Ich trinke Sekt nur aus Gesundheitsgründen«, meinte Mintzlaff. »Er ist dem Herzen zuträglich.«

»Sie Lügner«, erwiderte der Baron, und dann tranken sie einander zu.

Später ging er zu dem Oberkellner hinüber, der königlich an einer Säule lehnte, und plauderte leise mit ihm. Da der Mann zu zögern schien, drückte er ihm mehrere Banknoten in die Hand. Mintzlaff konnte es ganz deutlich sehen. Der Oberkellner wurde einsichtiger, und Lamotte kehrte an den Tisch zurück.

Kurz darauf nahm das fest angestellte Tanzpaar am Parkett Platz. Außerdem erkletterten die Mitglieder eines kleinen Orchesters das Podium und packten ihre Instrumente aus.

Im Hintergrund des großen Raums, an der langen Theke, hockte amerikanische Jugend, lärmte unbekümmert und hielt den Mixer und den rundlichen Kellermeister in Atem. Die Gespräche drehten sich vornehmlich um die Bestzeiten der Parsennstrecke und um den grundsätzlichen Unterschied zwischen schottischem Whisky und Bourbon.

Mintzlaff wollte sich gerade mit einer Frage an seinen Nachbarn wenden. Doch als er in dessen Gesicht blickte, zog er es vor zu schweigen.

Lamotte schaute zum Eingang, wo eine Dame stand, und seine braunen Pupillen leuchteten jetzt wie von der Sonne angestrahltes Gold. Er beugte sich kaum merklich vor, und es sah aus, als ducke er sich zum Sprung.

Die Dame, die seine Aufmerksamkeit beanspruchte, war zweifellos eine Südländerin. Sie trat zögernd ein. Blauschwarzes Haar, in der Mitte gescheitelt und tief im Nacken geknotet, umgab ihr ernstes Gesicht wie ein schmaler Ebenholzrahmen.

Der Oberkellner eilte auf einen der reservierten Tische zu. Dort erwartete er sie respektvoll.

Sie schritt langsam und gedankenverloren über die Tanzfläche.

Der Oberkellner schob einen Sessel zurecht.

Sie setzte sich und dankte ihm, indem sie den Kopf ein
wenig neigte.

Er stellte eine halblaute Frage.

Wieder neigte sie den Kopf.

Nun entfernte er sich geräuschlos.

Sie faltete ihre schmalen ringlosen Hände und blickte
gleichgültig zu den Musikern hinüber, die ihre Instrumente
stimmten. Der Eintänzer erhob sich, verdrehte die Augen
und machte eine kolossale Verbeugung. Da sie es nicht
bemerkte, nahm er schnell wieder neben seiner Partnerin
Platz, die ihn ironisch von der Seite musterte.

Mintzlaff sah abwechselnd den Baron und die Frau an. Sie
blickte auf ihre Hände, ohne sie eigentlich zu betrachten.
Lamotte aber saß aufrecht da und hatte die Arme auf die
Sessellehne gestützt. Man konnte meinen, er sitze auf einem
Thron und erteile stumme Befehle.

Plötzlich tauchte ein kleiner livrierter Boy im Saal auf. Er
trug eine große weiße Porzellanvase vor sich her, aus der eine
einzige rote Rose ragte, und näherte sich dem Tisch der einsamen Dame. Dort angekommen, hob er sich auf die Zehenspitzen und stellte die Vase behutsam in die Tischmitte.

Die Dame sah ihn fragend an.

Er wurde rot wie die Rose, die er gebracht hatte, zuckte
die Achseln und entfernte sich schweigend. Er ging dabei
noch immer auf Zehenspitzen. Er hatte wohl vor Verlegenheit vergessen, die Fersen wieder zu senken.

Als das kurze, zierliche Schauspiel vorbei war, fragte
Mintzlaff leise: »Wer ist sie?«

Der Baron griff in die Brusttasche und reichte ihm ein zu-
sammengefaltetes Papier. Es war ein Ausschnitt aus einer
Zeitschrift, ein wundervolles Lichtbild, ein Damenporträt.
Es war eine Fotografie ihrer Nachbarin!

Unter dem Bild stand: »Juana Fernandez, die berühmte argentinische Schauspielerin, verbringt ihren Winterurlaub in Davos.«

›Deswegen ist er nach Davos gefahren‹, dachte Mintzlaff. Der Baron nickte.

Die Bar begann sich mit Ballgästen zu füllen, denen es oben im Saal zu heiß geworden war. Das Tanzpaar begab sich, weil die Kapelle den ersten Tanz spielte, gehorsam aufs Parkett und schwebte lächelnd an den Tischen vorüber. Hinten, an der Theke, wo die Amerikaner saßen, wurde es immer lebhafter.

»Ich fand das Bild zufällig, als ich in einer Zeitschrift blätterte, und packte auf der Stelle die Koffer. Mir blieb gar keine andere Wahl«, sagte der Baron. Nach einer Pause fuhr er fort: »Es ist eine unvermeidliche Begegnung. Aber sie weiß davon noch nichts.«

Der Kellner goß der Dame, von der die Rede war, gerade aus einer alten Flasche goldgelben Wein ins Glas.

. Da tauchte der Boy schon wieder auf. Sein kleines braunes Kindergesicht war von staunendem Ernst erfüllt. In der Hand hielt er eine zweite langstielige rote Rose, die er, sich wieder auf die Zehen hebend, ehrfürchtig in die weiße Vase steckte. Juana Fernandez sah ihn prüfend an.

Er zuckte wie beim ersten Mal mit den Schultern und entfernte sich schnell.

Sie blickte, bevor sie den Kopf wieder sinken ließ, sinnend auf die zwei Rosen. Ihre Gesichtszüge verrieten nicht, was sie dachte.

»Warum ist sie traurig?« fragte Mintzlaff.

»Sie ist traurig, daß sie so traurig ist!« erwiderte der Baron. »Sie hat Unglück gehabt; nicht eigentlich viel mehr als mancher andere Mensch; aber sie ist darüber unglücklicher als andere. Sie weiß nicht, ob sie sich je wieder wird freuen können. Und das macht sie ratlos.«

»Eine empfindsame Seele zu haben, ist sehr anstrengend.«

»Sie hätte, um sich zu erholen, arbeiten müssen«, meinte Lamotte. »Eine Schauspielerin muß abends, wenn die Rolle es befiehlt, ihre Melancholie verbergen. Das hätte ihr gutgetan.«

»Und sie ist ganz allein in Europa?«

»Sie ist immer allein. Sie lehnt jede Annäherung ab. Das einzige, wozu sie sich zwingt, ist, daß sie abends zuweilen unter Menschen geht. Da sitzt sie dann, so wie jetzt, einsam am Tisch und blickt stumm vor sich hin.«

»Sie haben heute schon zuwege gebracht, daß eine herzlose Dame zu Stein erstarrte und weinte – es wird Ihnen auch gelingen, unserer unglücklichen Nachbarin ein Lächeln zu entlocken.«

»Ein Lächeln vielleicht. Ich will es versuchen. Zu einem Lachen ist es leider noch zu früh.«

»Ich verstehe Sie nicht«, knurrte Mintzlaff. »Warum bringen Sie eine Frau, die schon zum Frühstück drei Herren verspeisen möchte, zum Weinen? Wem helfen Sie damit? Und was wollen Sie von mir? Zu welchem Behufe reden Sie mir ein, daß die Mauer aus Glas, hinter der ich mich, aller Welt sichtbar, verberge, mein Verderben sei?«

»Wer nicht lacht, doch auch wer nicht weint, ist nur ein halber Mensch«, antwortete der Baron. »Beides können, lachen und weinen – das ist die Summe des Lebens.«

»Sie sind also ein Menschenfreund«, sagte Mintzlaff und fuhr spöttisch fort: »Wer ist denn der Unbekannte, der unsere ebenso schöne wie traurige Dame mit roten Rosen unterhält?«

Als Lamotte nicht antwortete, lachte er und meinte: »Sehen Sie, nun kann auch ich schon Gedanken lesen!«

Anderthalb Stunden später brachte der Boy, der in der Zwischenzeit nicht müßig gewesen war, die zweiundzwanzigste rote Rose und, da die erste voller Blumen war, eine zweite Vase.

Auf dem Parkett hatten Ballonschlachten stattgefunden. Und einer der jungen Amerikaner, die an der Theke getrunken hatten, war, nachdem er mit Gläsern nach dem Mixer geworfen hatte, ins Freie getragen und in den heilsam kühlen Schnee gesetzt worden.

Juana Fernandez saß noch immer in sich versunken. Nur sooft sie das Weinglas zum Mund führte, streifte ihr Blick die Rosen.

Die meisten Gäste der Bar schienen sie zu kennen und trotz des nächtlichen Übermuts zu begreifen, daß sich die Schauspielerin von dem geheimnisvollen Rosenzauber nicht gestört oder gar ernstlich belästigt fühlte.

Deshalb verbarg man die keineswegs geringe Neugierde hinter dem Schein einer wohlwollenden Interesselosigkeit.

Am Tisch Lamottes saß jetzt, außer ihm und Mintzlaff, eine lebhafte Gesellschaft; und zwar der Direktor des Verkehrsvereins, der leitende Arzt eines Sanatoriums, ein Maler aus Basel, ein Flugkapitän der Swissair und ein kleiner, brünetter Herr mit einem amüsanten Vogelgesicht und einem ungefaßten Monokel.

Der Baron hatte die Korona, da sonst kein Platz gewesen war, an seinen Tisch gebeten, und schon bei der gegenseitigen Vorstellung war deutlich geworden, daß er richtig gehandelt hatte.

Denn eben dieser kleine, schlanke, brünette Herr mit dem Monokel hatte, sich verbindlich verbeugend, gesagt: »Mein Name ist Mintzlaff.« Und der Herr, der erst seit Stunden Jennewein hieß, hatte lächelnd erwidert: »Sehr erfreut, Herr Professor!«

Aber auch die anderen Herrschaften hatten ihre verborgenen Reize. Der Chefarzt war zugleich der Vorsitzende der Kunstgesellschaft und sammelte Bilder. Der Flugkapitän war im Nebenberuf ein nicht unbekannter Schriftsteller. Und der Direktor des Verkehrsvereins war von Haus aus eigentlich surrealistischer Maler und veröffentlichte unter einem wohlklingenden Pseudonym seltsam schöne Gedichte, in denen, größerem Beispiel folgend, keine großen Buchstaben vorkamen.

Zunächst sprach man über einen Ausflug, den man am Vormittag mit einigen Züricher Journalisten und Herren vom dortigen Rundfunk unternommen hatte. Die Schlittenfahrt hatte in ein schweigsames, winters nahezu unbewohntes Tal geführt, das sich das Sertig nannte und dessen Stimmungsgehalt von den Anwesenden außerordentlich gepriesen wurde.

Dann wechselte das Thema. Man begann, mitten im heiter wogenden Trubel übermütiger Tanzpaare, die bange Frage zu diskutieren, ob die wirklich große Kunst und das Urteil des jeweils zeitgenössischen Publikums einander wesentlich beeinflußt hätten und ob sich, im Laufe der überschaubaren Kunstgeschichte, das Verhältnis zwischen den beiden Faktoren grundsätzlich und inwieweit es sich graduell gewandelt habe.

Der wirkliche Mintzlaff verhielt sich schweigsam und hatte Muße, den falschen sorgfältig zu beobachten und, da dieser dem Gespräch ganz und gar nicht fernblieb, ein bißchen abzuschätzen. Eines stand sehr bald fest: ein zufällig dahergelaufener, üblicher Hochstapler war der Mann unter keinen Umständen! Was er beispielsweise zur Debatte beitrug, verriet mindestens eine überdurchschnittliche Belesenheit sowie eine beachtliche Erfahrung, auf dem Gebiete der Kunst recht zu behalten.

Endgültige Schlüsse ließen sich naturgemäß nicht ziehen. Derartige Tischgespräche geben selten Aufschluß über die tatsächliche Urteilskraft und Überzeugung der Debatteredner.

›Schade‹, dachte Mintzlaff. ›Mir wäre einer von den Burschen lieber gewesen, bei deren Anblick mir die Ohrfeigen in der Tasche wachsen!‹

Der Baron sah ihn verweisend an.

›Keine Sorge, Herr Baron‹, dachte er belustigt. ›Ich tu ihm nichts.‹

»Das möchte ich mir auch ausgebeten haben«, sagte Lamotte daraufhin.

Die Unterhaltung am Tisch stockte. Man hatte Lamottes Satz laut und deutlich gehört, wußte aber gar nicht, worauf er sich hätte beziehen können.

»Entschuldigen Sie, meine Herren«, meinte der Baron. »Ich war in Gedanken. Lassen Sie sich in Ihrer komplizierten Unterhaltung nicht stören!« Damit wandte er den Kopf zu dem Tisch der schönen Nachbarin.

Juana Fernandez legte gerade ihre schmale rechte Hand behutsam auf die vielen roten Rosen in der einen Vase, als wolle sie die Blumen streicheln. Es war eine vollendet zärtliche Bewegung. Dann stand sie auf, ergriff die eine halberblühte Knospe, die einsam aus der zweiten Vase ragte, und schritt, die Rose mit sich nehmend, langsam durch den Saal.

Alle blickten zu ihr hin. Sie hielt den Kopf ein wenig gesenkt und lächelte!

Es war ein winziges, schüchternes Lächeln, das, noch ungläubig, um ihren ernsten Mund spielte. Doch es war und blieb unzweifelhaft ein Lächeln.

Als die Argentinierin den Saal verlassen hatte, löste sich die stille Verblüffung in allgemeines Gemurmel auf.

»Ein Wunder ist geschehen«, erklärte der erstaunte Direktor des Verkehrsvereins. »Sie hat gelächelt.«

»Es gibt keine Wunder«, brummte der Arzt. »Wahrscheinlich liegt es an unserer guten Luft.« Der Usurpator des Namens Mintzlaff wandte sich an den Direktor: »Sie sollten nicht versäumen, in Ihrer hübschen kleinen Wochenzeitschrift auf die südamerikanische Heloise und das mit zwei Dutzend Rosen und Ihrer guten Luft zusammenhängende Wunder gebührend hinzuweisen.«

Der Maler aus Basel, ein noch jugendlich wirkender Mann mit grauem Haar, sagte nachdenklich: »Eine merkwürdige Frau. Ich verstehe nicht, warum es mich nicht drängt, sie zu malen. Vielleicht schlüge sie es nicht einmal ab. Aber mir ist, als sei es völlig überflüssig und als sei sie schon jetzt ihr Gemälde. Möglich, daß sie lebt. Natürlich muß sie leben; denn sie bewegt sich ja. Aber im Grunde, ich kann mir nicht helfen, ist sie ein Bild!«

Da nun sagte Lamotte, der noch immer wie gebannt hinter ihr dreinsah, einen Satz, der die Herren am Tisch erschrecken ließ und sie auf den naheliegenden Gedanken brachte, der Herr Baron scheine im Kopf nicht ganz richtig zu sein.

Lamotte sagte nämlich: »Es ist die schönste Frau, die ich seit zweihundert Jahren gesehen habe.«

Kurz darauf zahlte die Gesellschaft und ging ziemlich bestürzt ihrer Wege.

Da Mintzlaff am nächsten Morgen, trotz der anstrengenden Ereignisse des Vortags, früh erwacht war, ließ er sich Zeit und frühstückte mit angemessener Sorgfalt auf der sonnenüberfluteten Terrasse des Hotels.

Von dieser Terrasse aus sah man zu den weitläufigen Eisplätzen hinüber, wo sich die Davoser Schuljugend tummelte. Ein paar Jungen übten unermüdlich an einem schwierigen Sprung. Und kleine Mädchen drehten auf ihren überlangen Kinderbeinen Pirouetten, daß die Zöpfe waagrecht vom Kopf abstanden.

Auch ein Stück der Straße ließ sich überblicken. Die Autobusse und Schlitten, die nach Davos-Dorf fuhren, hatten Überfracht. Hunderte und Aberhunderte wurden zur Talstation der Parsennbahn transportiert. Hundertvierzig Menschen hißte die Seilbahn mit jeder Fracht elfhundert Meter höher. Siebenhundert Menschen konnten in einer Stunde maschinell himmelan in den ewigen Schnee befördert werden!

Mintzlaff folgte, nachdem er gefrühstückt hatte, diesem Strome nicht, sondern schlug die entgegengesetzte Richtung ein und kraxelte, nicht ohne zuvor einen handfesten eisenbeschlagenen Stock erworben zu haben, in aller Gemütlichkeit zur Schatzalp hinauf.

Der Weg wand sich in Serpentinen durch hochstämmige, dick zugeschneite Tannenwälder. Hier war die Luft, da die Sonne nicht durch die Wipfel drang, frisch wie kühle Seide.

Manchmal trat der Wald zurück und machte kleinen Aussichtspunkten mit grünen Bänken Platz.

Im Tal lag Davos, rings von Bergen eingekesselt, ein Paradies aus Sonnenschein und Schnee.

Manchmal kreuzte der Weg eine Abfahrt. Nicht frei von Neid blickte Mintzlaff hinter den Skifahrern her, die wie Pfeile angeflogen kamen und, sich in die Kurve schwingend, talwärts verschwanden.

Die wenigen Spaziergänger, denen er begegnete, machten in einer Gegend, wo man gewöhnt war, mit Bahnen bergauf und auf Brettern bergab zu sausen, den Eindruck, als seien sie aus Museen heimlich entwichene Restbestände.

Einer der musealen Wanderer, die ihm entgegenkamen, war übrigens ›Herr Professor Mintzlaff‹, der sich, nachdem er kurz des gestrigen Abends gedacht hatte, angelegentlich nach Jenneweins Verlagsplänen erkundigte.

Das veranlaßte wiederum den ›Verleger Ludwig Jennewein aus Leipzig‹, dem Professor Fragen zu stellen, deren Beantwortung dem Herrn mit dem Einglas, so wenig er es sich anmerken ließ, nicht gerade lieb und angenehm sein konnte.

Man verabschiedete sich lächelnd und gab der Hoffnung auf ein baldiges Wiedersehen lebhaften Ausdruck.

Hinter der Schatzalp gab es zwar noch Wegweiser, aber keine Wege mehr. Und als Mintzlaff einige Male metertief im Schnee eingesunken war, brach er das unwirtliche Unternehmen ab, kehrte um und setzte sich vor ein kleines anheimelndes Wirtshaus, das am Berghang klebte. Er trank einen Schoppen Roten und schaute den Skiläufern zu, die vom Strelapaß herunterpreschten, auf der Schatzalp bremsten und sich gegen Entgelt von dem sogenannten Skilift wieder zum Strelapaß hinaufbugsieren ließen, um dann erneut herunterzupreschen.

Der Skilift war eine fröhliche Erfindung: Er war nichts weiter als ein über mehrere Masten laufendes Band mit in Abständen angebrachten schaukelähnlichen Sitzgelegenheiten. Wenn einer der Sitze die Fußstation des Lifts passierte, griff der Skifahrer zu, setzte sich rasch, behielt die Skier auf der Erde und fuhr nun, ohne weitere Mühewaltung, steil bergan. Die Bergwelt war wirklich mit jeglichem Komfort ausgestattet! Wer hier, in den höchsten Bezirken, etwa ein Bein brach, wurde umgehend von eigens zu diesem Zweck angestelltem Personal auf Sanitätsschlitten bis zum Krankenhaus gerodelt. Nur die Tabletten, die man einnehmen mußte, um die Beine überhaupt nicht zu brechen, waren noch nicht erfunden. Aber auch da handelte es sich vermutlich nur um eine Frage der Zeit.

Mintzlaffs Tisch stand an der glühend heißen Hauswand, und an der Hauswand hing ein Thermometer, das vierzig Wärmegrade anzeigte.

Wenige Minuten später segelte eine weiße Wolke sonnenwärts. Nun sank das Quecksilber rasch auf achtundzwanzig, dann bis auf siebzehn Grad. Und als die Wolke die Sonne verdeckte, waren gar nur noch acht Grad. Doch die Wolke mußte glücklicherweise weiter, und jetzt kletterte die Temperatur schnell wieder empor, bis die Sonne von neuem unbehelligt am Firmament erstrahlte, das Thermometer wieder vierzig Grad meldete und Mintzlaff die Jacke auszog.

»Da fährt ja einer wie der Teufel«, sagte der Wirt und blickte fachmännisch den Berg hinan. »Wer kann denn das sein?« Er meinte einen Skiläufer, der schnurgerade den Steilhang herunterschoß, pfeilschnell näherkam, als wolle er mitten in das friedliche Wirtshaus hineinfahren. Erst im vorletzten Moment schwang er sich herum und stand.

»Den kenn ich nicht«, sagte der Wirt. »Wie kann ein Mensch, der die Strecke noch nie gefahren ist, so leichtsinnig sein!«

Der leichtsinnige Mensch, den der Wirt nicht kannte, schnallte die Bretter ab und kam auf die Tische zu.

Es war Baron Lamotte!

Er lachte über das ganze Gesicht, klopfte Mintzlaff auf die Schulter, setzte sich und bestellte einen Teller Suppe.

»Sie sind doch die Strecke zum ersten Mal gefahren?« fragte der Wirt.

»Warum?«

»Schade, daß Sie die Zeit nicht haben abstoppen lassen. Sie haben sicher den Streckenrekord gebrochen.«

»Rekord?« fragte der Baron. »Was gehen mich denn Ihre Rekorde an! Ich fahre schnell, weil es mir Spaß macht.«

»So einen unmodernen Menschen habe ich lange nicht gesehen«, erklärte der Wirt. »Sie gefallen mir.« Dann ging er die Suppe holen.

»Daß Sie alles übertreiben müssen«, meinte der Kunstgelehrte vorwurfsvoll. »Ich denke, Sie wollen nicht auffallen?«

Lamotte nickte. »Ich gebe mir große Mühe, aber es ist so schwer, das menschliche Maß einzuhalten! Sie ahnen gar nicht, wie schwer!«

»Sie Ärmster«, erwiderte Mintzlaff. Dann berichtete er von seiner Begegnung mit dem Hochstapler. »Ich fühlte ihm ein bißchen auf den Zahn und muß ehrlich sagen, daß er seine Rolle gründlich studiert hat. Er weiß, wo ich, das heißt er, geboren bin und an welchen Universitäten ich war. Er kennt meine, das heißt, seine Bücher und Aufsätze. Er weiß, daß ich unverheiratet bin. Er weiß sogar, in welchem Berliner Café ich täglich verkehre. Anfangs freute er sich über das rege Interesse, das ich, als Mensch und Verleger, an ihm nahm. Als ich ihn aber über die Auflagenhöhen seiner meisterlichen Werke auszuholen begann, wurde er nervös. Er scheint kein Fachmann zu sein, sondern eher ein kenntnisreicher Dilettant.«

Der Wirt brachte die Suppe, und Lamotte machte sich darüber her. »Darf man fragen, wie sich die schönste Frau, die Sie seit zweihundert Jahren gesehen haben, heute befindet?«

Der Baron verzog das Gesicht. »Erinnern Sie mich nicht an meine vorlaute Bemerkung von gestern abend! Ein Glück, daß keiner der Herren am Tisch Verdacht schöpfte.«

»Was für Gedanken rief denn eigentlich Ihre Äußerung in den Köpfen der anderen hervor?«

»Sie schoben es mehr oder weniger auf den Champagner.«
Lamotte löffelte die Suppe. Nach einer Weile sagte er: »Die
Dame meines Herzens fuhr heute früh in einem Pferde-
schlitten nach Klosters hinüber.«

»Und an ihrer Jacke steckte eine rote Rose?«

»Nein, nicht an der Jacke und nicht am Nerzmantel, sondern in der Handtasche. Im übrigen möchte ich Sie rechtzeitig davor warnen, spöttische Reden über Juana Fernandez
zu führen. Es könnte sonst geschehen, daß ich Sie in einem
unvorhersehbaren Anfall von Ärger in ein Kamel oder einen
Lorbeerbaum verwandle. Oder haben Sie, falls ich Sie ver-
zaubern werde, besondere Wünsche?«

Mintzlaff lachte leise. »Nein, nein! Als Kamel hier oben
im Schnee herumzustehen, wäre mir schon recht.«

»Wie Sie wollen. Sie können sich die Sache noch in Ruhe
überlegen. Was nun die schöne Argentinierin anlangt, so
werde ich sie heute abend zu einem argentinischen Tango
auffordern.«

»Und sie wird ablehnen.«

»Erraten. Und dann werde ich mich an ihren Tisch setzen.
Nein, das wird sie nicht ablehnen! Sie dürfen den Zauber
meiner Persönlichkeit nicht unterschätzen! Und noch ehe
sie einen Entschluß fassen kann, werde ich ihre rechte Hand
ergriffen haben und ihr aus den Handlinien wahrsagen.«

»Aha!«

»Sie wird staunen, was ich über sie weiß.«

»Das glaube ich auch.«

»Und später werde ich dann doch einen argentinischen
Tango mit ihr tanzen.«

»Ich zweifle nicht daran. Sollte sie noch Schwierigkeiten
machen, werden Sie die Mitglieder des Tanzorchesters in
Zwerge verwandeln und die Bar des Hotels in eine diaman-
tene Grotte! Die Frau müßte ja ein Herz aus verchromtem
Stahl haben, wenn sie einer so zart und dezent vorgetrage-
nen Werbung widerstehen wollte!«

Der Baron blickte lächelnd den Berg hinan, den soeben eine Kavalkade von Skiläufern herabkam. Die ersten Fahrer bremsten nicht weit vom Gasthaus. Als letzte folgte, in größerem Abstand, ein junges Mädchen, das eine lustige Kapuze trug.

Plötzlich sprang Mintzlaff in die Höhe und schrie aus Leibeskräften: »Hallo! Hallo!«

Die Skiläufer und die vor dem Wirtshaus sitzenden Gäste drehten sich hastig um. Was war denn geschehen? Warum schrie denn der Mann in einem fort »Hallo!«?

Auch das junge Mädchen hatte den Kopf gewendet. Dadurch verlor sie das Gleichgewicht und fiel jetzt, mit einem Juchzer, in den Schnee.

»Hallo!« schrie Mintzlaff. Er wedelte dabei mit beiden Armen.

Da entdeckte ihn das Mädchen. Das vom Sturz eben noch verdutzte Gesicht leuchtete auf. Sie winkte mit den Skistökken, strampelte sich lachend hoch und schnallte die Bretter ab.

Einer ihrer Begleiter kam zurück und fragte etwas.

Aber sie schüttelte entschieden den Kopf, gab ihm eine kurze Antwort und stapfte, während er, offensichtlich enttäuscht, weiterfuhr, auf Mintzlaff zu, der ihr mit Riesenschritten entgegenlief.

Sie pflanzte die Bretter und Stöcke in den Schnee, stellte sich, trotz der schweren Stiefel, auf die Zehenspitzen und gab Mintzlaff einen Kuß.

»So«, meinte sie dann erleichtert. »Das wäre erledigt! Gott zum Gruß, alter Junge!«

»Hallo!« sagte er, noch völlig verblüfft. »Ich wußte ja gar nicht, daß du in Davos bist!«

»Das liegt an deiner verdammten Halbbildung«, erklärte sie. »Außerdem weile ich erst ein paar Tage in diesen Mauern. Es gefiel mir nicht in Spezia. Der Großvater war zufällig selber guter Laune, und da konnte er mich nicht gebrauchen.«

Sie war eine zierliche Person und sah, mit den dicken Wollhandschuhen und unter der drolligen Zipfelkapuze, die sie trug, am ehesten wie ein Osterhase aus. »Bist du allein in Davos?« fragte sie streng. »Oder hast du ein Weib bei dir?«

»Ich bin allein hier.«

»Dein Glück!« Sie hakte bei ihm unter und zog ihn zu dem kleinen Wirtshaus hinüber. »Ich gedenke, mich von dir zu irgendeiner Art Getränk invitieren zu lassen.«

»Und deine Begleiter?«

»Das junge Volk wartet an der Seilbahn, bis die Dame erscheint. Fragst du aus Mitgefühl mit ihnen, oder hast du Angst, du könntest mich nicht wieder loswerden?«

»Ich frage aus Angst«, sagte er fröhlich.

»Dann ist ja alles in Ordnung.«

Sie näherten sich dem Tisch, an dem sich jetzt Lamotte erhob und das Paar erwartete.

»Darf ich die Herrschaften miteinander bekanntmachen?« sagte Mintzlaff. »Baron Lamotte – Fräulein Sumatra Hoops.«

Lamotte ergriff die Hand des Mädchens. »Das ist also die junge Dame, die ›Hallo‹ heißt!«

Sie streifte die von einem Eishäubchen gekrönte Kapuze ab. Aschblondes Lockengekräusel kam zum Vorschein. »Alfons hat also geplaudert«, meinte sie und setzte sich.

Nun nahmen auch die Herren Platz. »Ja«, erklärte Mintzlaff. »Wir hatten zufällig ein Gespräch über Vornamen.«

»Und eines über anonyme Telegramme«, fügte der Baron hinzu.

Das junge Mädchen musterte Lamotte mit einem Blick, der, so flüchtig er schien, an Gründlichkeit wenig zu wünschen übriglieβ.

»Natürlich!« rief Mintzlaff. »So ist es! Du hast die Depesche geschickt!«

»Ich war so frei«, sagte sie. »Als ich in Davos ankam, las ich das Plakat. Nun hattest du mich doch aber dahin informiert, daβ du erst in etwa vierzehn Tagen einträfst! Ich freute mich, dich wieder einmal beim Lügen ertappt zu haben, erkundigte mich im Verkehrsverein nach deiner Adresse und trabte ins Grandhotel. Der Portier behauptete, daß du auf deinem Zimmer wärst, und setzte sich, um dir meinen holden Besuch anzukündigen, mit dem Appartement zwölf in telefonische Verbindung. Diesen Moment benutzte ich, spontan wie ich bin, und erklomm das erste Stockwerk des Hotels.«

»Jetzt wird es spannend«, vermutete Mintzlaff.

»Ich klopfte an die Tür mit der Nummer zwölf. Eine Männerstimme rief ›Herein!‹ Ich riß die Tür auf, wollte irgendeine der zwischen uns ortsüblichen unpassenden Bemerkungen machen und stand einem mir durchaus fremden Herrn gegenüber. Er war erstaunt. Trotzdem war seine Verblüffung, mit der meinen verglichen, ein Kinderspiel für Dreijährige. Gut, wir hatten uns ein paar Wochen nicht gesehen – aber daß du dich in der Zwischenzeit derartig verändert haben könntest, hielt ich von vornherein für ausgeschlossen. Er fragte nach meinem Begehr. Daraufhin fragte ich höflich, ob er auch ganz bestimmt wisse, daß er ein gewisser Herr Professor Mintzlaff sei. Er replizierte, daß es darüber gar keinen Zweifel geben könne.«

»So ein frecher Hund!«

»Ich dachte das gleiche, versicherte ihm jedoch, wie glücklich ich sei, ihn, dessen Bücher zu verschlingen ich die Gewohnheit hätte, endlich von Angesicht zu Angesicht zu schauen. Er behauptete, von unserer Begegnung nicht minder ergriffen zu sein, und wollte wissen, ob ich allein reise. ›O nein‹, sagte ich. ›Ich bin mit meiner Großmutter unterwegs. Und die Gute glaubt, ich sei in der Klavierstunde!‹ Na ja. Und dann empfahl ich mich, ließ mir von ihm die Hand küssen und eilte hurtigen Fußes zum Telegraphenamt!«

»Warum depeschiertest du aber anonym?«

Hallo hängte die vereiste Jacke an den Fensterriegel. »Mein teurer Freund«, erklärte sie dann, »mir lag daran,

dich neugierig zu stimmen. Neugierde kleidet dich so gut.«
Sie wandte sich an Lamotte. »Kennen Sie Alfons näher?«

»Nein«, erwiderte der Baron bescheiden. »Leider nicht.«

»Er ist der Psalmist des seelischen Gleichgewichts«, sagte
sie. »Und ich lasse seit Jahren nichts unversucht, sein Gemüt
zum Schaukeln zu bringen. Aber es ist ein Versuch am
untauglichen Subjekt.« Das junge Mädchen lachte. Es war
kein besonders frohes Lachen. »Herr Wirt!«

Der Wirt kam. Sie bestellte ein Skiwasser. Dann fragte sie
den Freund: »Wie gefällt eigentlich dir der Herr, der in deinem Namen Vorträge hält? Oder ist er dir noch gar nicht
über den Weg gelaufen?«

»Doch. Gestern nacht in der Bar.«

»Nun, und?«

»Zu meinem Leidwesen muß ich feststellen, daß er mir
nicht völlig mißfällt!«

»Er ist nicht der Dümmste«, sagte sie. »Und er trägt hübsche Krawatten.«

»Kannst du dir vorstellen, warum und wozu sich dieser
Mensch der Mühe unterzieht, meine Rolle zu spielen?«

Hallo schüttelte den Kopf, daß die Locken flogen. »Nein.
Vielleicht ist er verrückt?« Der Wirt brachte das Skiwasser,
und sie trank das Glas in einem Zuge leer.

»Du kommst doch am Mittwoch abend mit uns zu seinem Vortrag? Ich besorge rechtzeitig Karten. Oder hast du
keine Zeit?«

»Sechs Jahre lang habe ich mir deine Vorträge mit einer
wahren Lammsgeduld angehört, und nun, wo so ein Abend
endlich einmal interessant und allgemeinverständlich zu
werden verspricht, sollte ich keine Zeit haben?«

Mintzlaff lachte. »Was sagen Sie zu der burschikosen
jungen Dame, Herr Baron?«

Lamotte blickte den anderen nachdenklich an. »Fräulein
Hoops ist wundervoll tapfer.«

Hallos braune Augen wurden dunkel vor Ernsthaftigkeit.

Sie sprang auf, griff nach ihrer Jacke und meinte leichthin: »So, jetzt muß sich das tapfere kleine Fräulein verabschieden! Wie ist das, Alfons? Lädst du mich für heute abend zu einem Whisky ein? Oder willst du lieber allein sein? Du kannst es dir überlegen. Ich wohne in der Pension Edelweiß.« Sie gab beiden Herren die Hand.

»Ich hole dich nach dem Abendessen ab«, sagte Mintzlaff. »Wundere dich übrigens nicht, wenn man dir meldet, daß dich ein Herr Doktor Jennewein in der Halle erwartet. So heiße ich bis auf weiteres.«

»Ach richtig! Und an welchen Vornamen muß ich mich bis auf weiteres gewöhnen?«

»An den schönen Namen Ludwig«, teilte der Baron mit.

Sie warf Lamotte wieder einen prüfenden Blick zu. Dann schaute sie Mintzlaff lächelnd an und sagte: »Hoffentlich wirst du nicht eifersüchtig, wenn ich dich versehentlich einmal Alfons nenne. Auf heute abend, du Scheusal!« Sie nickte ihm zu, schnitt eine Grimasse und stapfte in den Schnee hinüber, zu ihren Brettern. Eine Minute später verschwand sie talwärts.

Mintzlaff, der an die Holzbrüstung getreten war, um hinter ihr herzuschauen, setzte sich wieder, nachdem sie seinem Gesichtskreis entschwunden war, und blickte versonnen auf die blankgescheuerte Tischplatte.

Lamotte beugte sich zu ihm und sagte leise: »Unbeschadet meiner hochgradigen Fähigkeit, Gedanken zu lesen, erscheint mir Ihr Verhalten diesem bezaubernden jungen Geschöpf gegenüber einigermaßen rätselhaft.«

Mintzlaff sah den Baron an und senkte den Kopf von neuem. »Wir sind seit sechs Jahren befreundet. Als wir uns kennenlernten, war Hallo neunzehn Jahre alt.«

»Und heute«, meinte Lamotte, »sieht sie aus, als sei sie siebzehn. Es gibt solche mädchenhaften Frauen.«

Mintzlaff nickte. »Sie wird immer jünger. Trotz des Kummers, den sie mit mir hat.«

»Sie hätten sie heiraten sollen. Sie könnten schon zwei oder drei Kinder haben.«

»Ich wollte nicht.«

»Die gläserne Mauer war wieder einmal im Wege! Das Glück, das Ihnen bevorstand, hätte Sie zu sehr abgelenkt!«

»Sie blieb trotzdem bei mir; und sie würde immer bei mir bleiben, wenn ich sie hielte. Doch ich weiß nicht ein noch aus. Früher war ich grenzenlos in sie verliebt, ohne sie schon zu lieben. Und jetzt, da ich nicht mehr in sie verliebt bin, liebe ich sie wie mein eigenes Leben.«

»Und an Tagen, an denen Sie zufällig eine Viertelstunde übrig haben, benutzen Sie diese freie Zeit, um unglücklich zu sein. Selbstverständlich nur ein ganz klein wenig unglücklich! Weil eine stärkere Inanspruchnahme Ihres ausgewogenen Innenlebens unbekömmlich wäre!«

»Ich bin in meinen freien Viertelstunden darüber nicht unglücklich, sondern böse«, sagte Mintzlaff.

»Auf jene Instanz, die Sie Erwin nennen.«

»Jawohl! Er läßt zwei Menschen jahrelang miteinander glücklich sein, und dann stiehlt er auf einmal dem einen das Verlangen nach dem anderen! Warum tut er das? Wenn er es schon tun will oder muß – warum bestiehlt und plündert er nicht alle zwei? Zur selben Zeit? Ich finde es niederträchtig!«

»Das ist der zweite große Vorwurf, den Sie der Schöpfung machen.«

»Nicht der letzte!«

»Sie möchten drei- bis vierhundert Jahre alt werden. Mindestens so alt wie ein größerer Lindenbaum. Nun, in dieser Beziehung kann ich mich nicht beklagen. Was nun die erotische Wankelmütigkeit betrifft, so teile ich zwar diese Eigenschaft mit Ihnen, nicht aber die Abneigung davor.«

»Meine Glückwünsche!« sagte Mintzlaff. »Sie haben es also auch erlebt, daß Sie die Frau, die Sie lieben, ins Pfefferland und sich irgendeine unterhaltsam gebaute Person, die

Ihnen im übrigen womöglich völlig gleichgültig ist, in die Arme wünschen?«

»Erlauben Sie!« erwiderte Lamotte. »Schon oft! Sie müssen nicht vergessen, daß ich sehr viel länger lebe!«

»Und Sie haben sich deswegen noch nie geschämt?«

»Ich denke gar nicht daran!«

»Sie finden es in Ordnung?«

»Ich finde alles, was natürlich ist, in Ordnung.«

»Sind Sie verheiratet?«

Der Baron mußte lachen. Er nickte lebhaft.

»Und Sie hatten nie ein schlechtes Gewissen?«

»Ich werde mich hüten! Das schlechte Gewissen ist eine ebenso christliche wie überflüssige Erfindung. Mich hat nie das Gewissen, statt dessen aber immer die Eifersucht meiner Frau gequält.«

»Die Eifersucht ist doch auch etwas Natürliches!«

»Leider. Aber selbstverständlich nur dort, wo Monogamie herrscht.«

»Ihre Lebensauffassung ist mir allzu natürlich«, meinte Mintzlaff. »Am Ende verteidigen Sie auch Raub und Mord!«

»Ich verteidige sie nicht. Aber sie sind natürlich, und die Strafe dafür ist es auch.«

»Sie halten es also mit Zenon, der einen diebischen Sklaven sagen läßt, er sei vom Schicksal zum Stehlen bestimmt, und dem darauf die Antwort zuteil wird, er sei aber auch vom Schicksal ausersehen, dafür Schläge zu bekommen.«

»Ja«, erwiderte Lamotte. »Zenon war meiner Meinung.«

»Dann lehnen Sie das ab, was man die Entwicklung der Menschheit genannt hat?«

»Sie wollen mich heute, scheint mir, dauernd zum Lachen bringen«, bemerkte der Baron. »Ich lehne die Entwicklung der Menschheit keineswegs ab. Ich werde doch nicht etwas ablehnen, was es nicht gibt. Sie sind ein Idealist, und Idealisten sind schreckliche Leute. Sie rauben, noch dazu aus Sentimentalität, nicht nur sich selber, sondern auch, was schlimmer ist, den anderen den Sinn für die ewige Wirklichkeit und stiften neue, überflüssige Schmerzen. Als ob es nicht ohnedies genügend Konflikte gäbe. Ich erinnere Sie nur an die Eifersucht meiner Frau!«

Der Baron legte Geld auf den Tisch und erhob sich. »So, und jetzt mache ich mir noch ein wenig Bewegung. Die alten Knochen haben es nötig.« Er hielt dem jungen Mann die Hand hin. »Es hat nicht den geringsten Sinn, sich über mich zu ärgern!«

»Obwohl es ein ziemlich natürlicher Seelenvorgang wäre!« sagte Mintzlaff und nahm die Hand.

»Ehe ich es vergesse«, erklärte der Baron, »– am Sonnabend findet im Grandhotel ein Kostümball statt. Das kleine Fräulein Hallo und Sie sind meine Gäste. Ich sage es Ihnen heute schon, damit Sie rechtzeitig überlegen, wie Sie sich verkleiden wollen.«

»Als was werden Sie denn erscheinen?«

»Ich?« Lamotte lächelte. »Ich komme als Zeus!«

Mintzlaffs Gesicht und Blick froren ein. Er hatte sich weit vorgebeugt und starrte den anderen außer sich an.

Der Baron tat, als merke er Mintzlaffs Erschütterung nicht. Er zog die dicken Fausthandschuhe an und sagte währenddem: »Aber sprechen Sie nicht darüber!«

Dann ging er mit großen, ruhigen Schritten davon.

Solange Mintzlaff noch herumgerätselt hatte, wer eigentlich der Baron sei, war er nicht entfernt so beunruhigt gewesen wie jetzt. Seine Gedanken kreisten fieberhaft um den Fremden und das nun gelüftete absurde Geheimnis.

Ob er krank sei, hatte der Wirt des Hotels beim Mittagessen gefragt. Er sehe angegriffen aus. Mintzlaff hatte Kopfschmerzen vorgeschützt und war auf seine Loggia geflüchtet.

Hier ruhte er nun in einem bequemen Liegestuhl und schlief. Sein Gesicht sah aus, als strenge ihn das Schlafen an. Manchmal flatterten die Augenlider, und der linke Mundwinkel zuckte ungeduldig.

Er träumte ...

Der Traum hatte ihn in eine weite, karg bewachsene Ebene entführt. Mitten in dieser Ebene weidete eine große Schafherde, und neben der Herde stand ein schwarzlockiger, antik gewandeter Hirt. Er hatte beide Hände auf einen hohen Krummstab gestützt und blickte in ruhiger Melancholie über die grauwollige Welle der grasenden Tiere hin.

Von fern dröhnte die Erde.

Am Horizont tauchte ein Reiter auf und näherte sich in einer wallenden Staubwolke.

Der Hirt blickte hoch. Schützend legte er eine Hand über die Augen.

Es war kein Reiter. Es war ein Kentaur!

Er sprengte in gestrecktem Galopp auf die Herde zu, parierte sich scharf durch und stand. Merkwürdigerweise trug er auf dem Bronzeschädel eine schöne blaue Postmütze; und quer über den nackten, zottigen Oberkörper spannte sich ein roter Ledergurt, an dem eine rote Tasche hing. Es war offensichtlich eine Depeschentasche.

»Ist das der richtige Weg zum Olymp?« fragte der atemlose, nervös mit den Hufen stampfende Kentaur.

Der Hirt hob wortlos den Krummstab und zeigte auf einen im Hintergrund mächtig emporragenden Berg, der silbergrün bewaldet und dessen Gipfel von einer unbeweglichen Purpurwolke verhüllt war.

»Aha«, sagte der Kentaur, salutierte kurz, gab sich dann einen aufmunternden Schlag auf die Flanke, sprengte davon und verschwand in einer graubraunen Staubwolke.

Die Schafe blökten hinterdrein.

»Laßt das!« sagte der thessalische Hirt streng, und die Schafe gehorchten.

Mittlerweile galoppierte der Kentaur schon bergan, durch silbergrüne Olivenhaine.

Aus den Wäldern und Hainen wurden Büsche und aus den Büschen trockenes Gestrüpp. Weiter oben wuchsen Steine durch das Gestrüpp. Dann wichen die harten, kantigen Steine und Blöcke dem weichen, dämpfenden Schnee. Und schließlich trabte das zottige, schwitzende Fabelwesen in die unbewegliche Purpurwolke hinein, die den Gipfelbezirk wie eine schwebende Mauer umgab. Das Hämmern der Hufe wurde unhörbar, und erst später, als der Kentaur die Wolke durchquert hatte, wurde das Hufgeklapper wieder laut. Die von Hephaistos erbaute Residenz der attischen Götter war erreicht.

»Uff«, sagte der Kentaur, nahm die blaue Postmütze ab und fuhr sich mit dem Handrücken über die dampfende Stirn. Der Olymp erinnerte, mindestens in der Anlage, an die Akropolis; freilich sah man keine Tempel, sondern mykenisch anmutende Burgen. »Lauter Marmor«, knurrte der Kentaur etwas mißgünstig. »Die Leute leben!« Dann trabte er, beinahe kokett tänzelnd, auf das nächstliegende Schloß zu, dessen Tor von Hermen flankiert war und sich soeben öffnete. Die Stufen herab stieg, braungebrannt, schlank und spitzbärtig, Hermes, der Bote der Götter. Der Kentaur holte, nachdem er durch Anlegen der Hand an die Kopfbedeckung gebührend gegrüßt hatte, aus seiner roten Depeschentasche ein vollgekritzeltes Wachstäfelchen und sagte: »Ein Eilbrief, göttliche Hoheit!«

Hermes nahm die Post entgegen, las, indessen sich seine kohlschwarzen Augenbrauen immer höher zogen, die Nachricht und nickte kurz. »Laß dir drüben in den Ställen etwas zu fressen geben«, erklärte er abschließend.

Der Kentaur salutierte wieder, machte auf der Hinterhand kehrt und galoppierte, seinem Pferdeverstand folgend, in die Richtung der Stallungen davon.

Hermes aber überquerte, von seinen berühmten Schuhen beflügelt, schwebend den sanft ansteigenden Platz, auf dessen höchstem Punkt sich die größte, die väterliche Burg erhob.

Er federte leichtfüßig die Stufen hinan, schwebte durch eine Säulenhalle und gelangte nun in einen weiten, einfach gehaltenen Saal mit hohen Fenstern.

An einem der Fenster saß eine Frau. Sie spann Schafwolle. Ohne sonderlich aufzusehen, fragte sie: »Neuigkeiten?«

Hermes reichte ihr wortlos das bekritzelte Wachstäfelchen.

Nachdem sie die Botschaft gelesen hatte, stand sie auf und schritt langsam auf dem Marmorparkett hin und her. Sie war eine königliche Erscheinung und eine gute Dreißigerin. Jetzt blieb sie vor Hermes stehen und blickte ihn zornig an. »Es ist ein Skandal!« sagte sie, wobei ihr Busen wogte. »Es wird mir zu bunt. Ich lasse mich scheiden.«

Hermes lächelte verhalten in seinen köstlich gesalbten Spitzbart. »Aber liebste Stiefmutter«, erklärte er, »was Sie vorhaben, ist ein sogenanntes Ding der Unmöglichkeit! Hera läßt sich von Zeus scheiden – nein, und nochmals nein! Sie können doch den Olymp vor der Geschichte nicht lächerlich machen!«

»Dein Vater macht mich seit etlichen tausend Jahren vor der Geschichte lächerlich!«

»Das ist es eben! Kein Mensch würde Ihren so verspäteten Entschluß, sich von Papa zu trennen, verstehen. Nicht einmal die Historiker unter ihnen.«

Hera ballte ihre klassisch schönen Hände zur Faust. »Was gehen mich denn die Menschen und die Historiker unter ihnen an?« rief sie entrüstet. »Ich bin eine Göttin außer Dienst, dazu verurteilt, fünfunddreißig Jahre alt zu bleiben ...«

»Siebenunddreißig, liebste Stiefmutter!«

»... fünfunddreißig Jahre alt zu bleiben und nicht sterben zu dürfen. Was wissen denn die Menschen und die Historiker unter ihnen von den Qualen der Götter!«

»Auch die Menschen und die Historiker unter ihnen kennen die Eifersucht im allgemeinen wie auch die Ihrige, liebste Stiefmutter. Sie kennen übrigens auch Ihre aus Eifersucht entstandenen Greueltaten.«

»Warum hat uns die unbekannte Macht dazu verdammt, daß wir nicht altern dürfen? Warum konnten wir nicht wie Tithonos älter und älter werden und trotzdem unsterblich sein?«

»Leider kann ich Ihre Frage nicht beantworten. Aber daß eine Scheidung im vorliegenden Fall unmöglich ist, glaube ich Ihnen versichern zu können. Im übrigen können wir, wenn Sie wollen, gern einmal Apollon um seine Meinung befragen.«

»Seinen Lieblingssohn? Den Sohn dieser Leto?« Hera lachte bitter. »Du bist nicht bei Trost.«

»Wir können es auch unterlassen«, sagte Hermes. »Ich bin sicher, daß er sich meiner Ansicht vollinhaltlich anschlösse.«

»Natürlich! Ihr standet immer auf eures Vaters Seite. Auch meine eigenen Kinder, sogar meine Töchter!« Sie trat zum Fenster. »Wo liegt dieses Davos eigentlich?«

»Gen Abend, auf halbem Weg zu den Säulen des Herakles. Hoch oben in einem Gebirge.«

»Ich hasse Zeus«, murmelte die Herrin des Olymps. »Ich verachte ihn.«

»Und Sie lieben ihn«, fügte Hermes sorgfältig hinzu. »Man soll das Wichtigste nicht vergessen.«

»Nein, ich liebe ihn nicht mehr. – Wie nannte er sich, als er das letztemal auf Reisen war?«

»Graf von Cagliostro.«

»Cagliostro, richtig! Und diesmal tritt er nun also als ein Baron Lamotte auf, der alte Taschenspieler!«

»Sie müssen zugeben, daß Papa im Laufe der Jahrhunderte merklich ruhiger geworden ist und nicht mehr so viel reist. Wenn man bedenkt, daß er früher als Stier, Schwan, Doppelgänger, Goldregen und dergleichen auftrat …«

»Ich muß gar nichts zugeben«, erklärte Hera ungnädig. »Es liegt ja auch nicht an ihm, sondern daran, daß die Menschen keine Phantasie mehr haben!«

»Das mag noch hinzukommen.«

»Ich werde ihm nachreisen und seinem neuen Schwarm, dem er den Kopf verdreht hat, den Hals umdrehen!«

»Aber liebste Stiefmutter, Sie wissen doch gar nicht, ob es sich auch diesmal um eine Frau handelt!«

Hera lachte kurz durch die griechische Nase. Jede weitere Antwort schien sich für sie zu erübrigen.

Hermes versuchte langsam auf und ab zu gehen, doch da er seine Flügelschuhe trug, mißlang das Unterfangen, und er schwebte stattdessen mit lautlosen Riesenschritten von einer Ecke des großen Saals in die andere.

Hera schüttelte ärgerlich das Haupt und sagte streng: »Laß den Unsinn! Wenn du das nächstemal zu mir kommst, ziehe dir gefälligst langsamere Schuhe an! Mich macht das Gehüpfe ganz krank.«

Hermes blieb stehen und öffnete bereits den Mund.

Aber der Familienstreit, der in der Luft lag, wurde durch das Erscheinen der jugendfrischen Hebe eben noch abgewendet. Sie trug ein goldenes Tablett mit allerlei Tischgerät und rief mit fröhlicher Stimme: »Das zweite Frühstück, Mama!«

»Was gibt es denn?« fragte Hera.

Hebe antwortete, während sie das Tablett auf den steinernen Tisch setzte: »Nektar und Ambrosia!«

Heras Gesicht verdüsterte sich von neuem. »Schon wieder!« meinte sie unwirsch. »Ich kann das Zeug nicht mehr sehen! Außerdem war es früher besser.«

»Es ist aber sehr gesund«, erklärte die praktisch denkende Tochter. »Und es erhält uns ewig jung.«

Hera nickte grimmig. »Oh, diese ewige Jugend! Weißt du, wo sich dein Vater zur Zeit aufhält?«

»Wollte er nicht nach Dodona?«

»Argloses Kind! Nein, er ist nicht im Hain von Dodona, nicht unter den heiligen Eichen, ganz und gar nicht! Er ist in Davos, einem Wintersportplatz, und streicht wieder einmal hinter einem hübschen Frauenzimmer her!«

»Wie interessant!« rief die Tochter. »Weiß man schon Genaueres?«

»Hebe!« sagte die Mutter streng. »Laß dich nicht so gehen!«

»Ach, du tust immer, als sei ich noch ein Backfisch von fünf-, sechshundert Jahren!«

Hermes lachte und schwebte mit zwei großen Sätzen aus der väterlichen Burg.

Hera blickte vorwurfsvoll hinter ihm drein. »Dieser Hermes«, sagte sie, und es klang wie eine Beleidigung. »Seit er seinem Vater half, Alkmene zu verführen, kann ich ihn nicht mehr leiden.«

Hebes reizendes Gesicht überzog sich mit dunkler Röte. »Mutter«, meinte sie leise und warnend, »du sollst nicht abfällig über meine Schwiegermutter reden. Du weißt, daß Herakles und ich das nicht besonders mögen.«

»Ich verbitte mir derartige Zurechtweisungen von dir auf das entschiedenste, mein Kind! Von deinem Manne übrigens auch. Ihr wollt mir untersagen, so über diesen Skandal zu reden, wie mir ums Herz ist? Sei still! Nicht genug, daß Zeus eine anderweitig verheiratete Frau mit einem Sohn beglückte – nein, er mußte auch noch seinen Bastard mit seiner und meiner Tochter Hebe verehelichen!« Die Stimme Heras war recht laut geworden.

»Das werde ich Herakles erzählen!« rief Hebe weinerlich. »Er hat ganz recht.«

»Womit, wenn ich fragen darf?«

»Damit, daß du keinen vornehmen Charakter hättest! ›Deine Mutter‹, sagte er gestern nacht vor dem Einschlafen, ›hat mir Schlangen in die Wiege gelegt. Wer so etwas tut, ist keine Dame!‹«

»Das ist ja großartig! Dein außerehelicher Stiefbruder Herakles, den du geheiratet hast, äußert Ansichten! Das hat mir noch gefehlt! Ein Schlagetot und Muskelpaket wie er hat recht, weil er deine Mutter beschimpft! Schämst du dich denn gar nicht?«

»Du solltest ganz still sein!« rief Hebe, und ihre süße Stimme überschlug sich leider. »Du bist ja nicht nur meine Mutter, sondern auch noch meine Tante! Denn du hast meinen Vater geheiratet, und der ist dein Bruder. Du hast Papa zu meinem Onkel gemacht! Und da soll ausgerechnet ich Grund zum Schämen haben?«

»Hebe!«

»Tantchen!«

Die Stimmen der beiden göttlichen Frauen brachten die Wände des Burgsaals zum Erzittern.

Ob es aber nur daran lag?

Jedenfalls hatte sich der Haken gelockert, an dem hoch oben an der Wand der Schild des Zeus hing. Jetzt glitt der Haken aus dem Dübel, und Aegis, das einzigartige Werk des Hephaistos, fiel krachend auf die Marmorfliesen!

Da wurde die Purpurwolke, die den Olymp umschirmte, tintenschwarz! Grelle Blitze zuckten gebündelt durch die

Luft, und höllisches Donnergebrüll erfüllte die überirdischen Bezirke! In den Ställen des Zeus entstand Tumult, und mitten durch eine splitternde Türfüllung sprang häßlich fluchend ein Kentaur!

Er hielt sich die niedrige zerbeulte Stirn mit beiden Händen und galoppierte fassungslos durch die jaulende Finsternis. Er hatte vollkommen die Herrschaft über sich verloren. Er ging sich selber durch!

Die schöne blaue Briefträgermütze riß ihm, während er über den unheimlich dunklen Platz dahinraste, der Sturm vom Schädel. Schwarze Wolken schlugen ihm wie schwere, nasse Lappen ins Gesicht. Er spuckte. Heu hing ihm aus dem Mund.

»Meine schöne blaue Mütze!« brüllte er. Doch der Schrei ging im Toben der Elemente unter. Blitz und Donner, die Waffen des Zeus, regierten die Stunde.

Sie wollten die Götter daran erinnern, wer ihr Herr war. Denn zuweilen sind auch Götter vergeßlich.

Fräulein Hallo Hoops saß, in ein taubengraues glockiges Taftkleid gehüllt, in ihrem Zimmer und tippte auf der Schreibmaschine.

Obwohl sie sich schon seit ein paar Jahren ganz wacker damit durchs Leben schlug, daß sie merkwürdige Geschichten erfand und diese an Zeitungen und Zeitschriften verkaufte, tippte sie noch immer mit nur zwei Fingern, und die kleine rote Zungenspitze bewegte sich zwischen den Lippen genau von links nach rechts wie die Walze der Schreibmaschine. Jedesmal, wenn am Ende einer Zeile das dünne Glockenzeichen ertönte, huschte die Zungenspitze in den linken Mundwinkel zurück.

Hallo hatte sich schön gemacht. Sie hatte die blonden Locken gezähmt, die Fingernägel mit einem sanften Rosa bestrichen und sogar die langen Wimpern ein bißchen getuscht.

Dem Stubenmädchen, das darüber erstaunt gewesen war, hatte sie salbungsvoll gesagt: »Das gnädige Fräulein haben heute einen besonders malerischen Tag.« Nun hockte sie also, zierlich und bunt wie ein zarter Sommerfalter, auf einem Hotelstuhl und schrieb, während sie auf Alfons Mintzlaff wartete, an einer Kurzgeschichte, die sie sich vor ein paar Tagen auf einem Spaziergang stirnrunzelnd ausgedacht hatte.

Plötzlich drang das Stubenmädchen, ohne angeklopft zu haben, ins Zimmer und sagte aufgeregt: »Der Herr, der auf Ihrem Nachttischchen steht, wartet im Salon!« Dabei zeigte sie auf eine gerahmte Fotografie. »Ich habe ihn gleich wiedererkannt, Doktor Jennewein heißt er. Er sieht sich sehr ähnlich.«

»Das tut er«, bestätigte Hallo. »Nur ist er in Wirklichkeit etwas größer.« Dann stieg sie eifrig in die dicken Pelzschuhe; und kaum daß sie in den Bibermantel geschlüpft war, hüpfte sie treppab.

Als sie in den Salon trat, stand Mintzlaff auf und stellte sich, breitbeinig und den Hut seitlich in die Luft streckend, vor Hallo hin.

Sie ging darauf ein, legte eine Hand nach hinten, krümmte den Rücken, als sei er alt und gichtig, und kam nun, wie wenn sie sich an einem Krückstock fortbewege, auf den Freund zu. Sie blieb dicht vor ihm stehen, blickte, mit den Augen blinzelnd, zu ihm hoch, hüstelte und fragte heiser: »Kennt Er mich, Kerl?«

»Jawohl!«

»Wer bin ich?«

»Fräulein Sumatra Hoops, Majestät!«

»Und wer ist Er, Kerl?«

»Keine Ahnung!«

Da entledigte sie sich ihrer königlichen Haltung und stemmte die Arme wie eine Marketenderin in die Hüften. »Soll ich dir's sagen?«

Er antwortete: »Ich bitte darum.«

Sie hob flüchtig die Arme und stemmte sie, diesmal noch energischer, in die Seiten. »Du bist das ekelhafteste, scheusäligste, unmöglichste ...«

»Vorsicht, Majestät!« unterbrach er.

»Du willst mich hindern ...?«

»Ich sehe mich genötigt.«

»Weswegen?«

»Die Kammerjungfer braucht nicht zu wissen, was für feine Bekannte du hast.«

Hallo fuhr herum!

Richtig, da stand das Stubenmädchen, hatte einen roten Kopf und zuckte verlegen mit den Achseln.

»Merken Sie sich eins, mein Kind«, sagte Hallo würdevoll, »und handeln Sie darnach. Blödsinn treiben erhält jung. Das sehen Sie an uns.« Dann wandte sie sich an Mintzlaff: »Und jetzt komm, du fröhlicher Landmann!«

Sie verschleppte ihn in die Kurhaus-Bar.

»Du kennst ja meinen unverwüstlichen Hang zur Offenheit«, meinte sie, als sie den kleinen, beinahe verstohlen erleuchteten Raum betraten. »Ich werde dir also auch gestehen, warum ich mit dir hierhergegangen bin. Bei näherem Hinsehen wirst du merken, daß es hier Logen gibt. Wenn es dich also drängen sollte, eines meiner niedlichen Patschhändchen zu halten, so stünde einer derartigen Aufdringlichkeit nichts im Wege.«

Sie nahmen in einer der Logen Platz und bestellten etwas zu trinken.

Er sah sich schweigend in dem Raum um.

Sie blickte ihn prüfend von der Seite an. »Sprich nicht soviel!« mahnte sie dann. »Es könnte deiner Stimme schaden.«

»Sehr viel rotes Licht«, brummte er.

Sie nickte. »Schön, nicht? Fast wie vor sechs Jahren auf unserer ersten Reise.«

›Deswegen hat sie mich hierhergelockt‹, dachte er. »Ich war vorgestern wieder in München«, fuhr er laut fort. »In den Teestuben auf der Brienner Straße.«

›Er ist mit seinen Gedanken sonstwo‹, dachte sie betrübt.

»Dort lernte ich übrigens Baron Lamotte kennen, mit dem du mich auf der Schatzalp trafst.«

»Das ist ein seltsamer Riese. Er ist auf so hübsche Art unheimlich.«

Der Kellner brachte den Whisky und zog sich wieder zurück.

»Denkst du noch manchmal daran?« fragte sie. »An den Fasching? Die Sonne schien so schön ins Hotelzimmer …«

»Natürlich denke ich noch manchmal daran!« sagte Mintzlaff. »Was schreibst du jetzt?«

»Ach, wieder eine meiner berühmten Kurzgeschichten. Ich war gerade an der Arbeit. Aber du störtest mich leider. Du störst mich überhaupt in einem fort. Manchmal dadurch, daß du bei mir bist, und meistens dadurch, daß du nicht bei mir bist.«

»Kurz, du hast es schwer.«

»Freilich habe ich es schwer!« erklärte sie energisch. »Alle Frauen haben es schwer. Weil ich ein kluges Mädchen bin, weiß ich sogar, woran es liegt.«

»Woran liegt es?«

»Wir können, im Gegensatz zu den Männern, nicht allein sein.«

»Und ihr könnt es auch nicht erlernen.«

»Nein. Wahrscheinlich hat uns die allgütige Mutter Natur dazu bestimmt, daß wir nicht allein sein sollen!«

Er sah sie ernst an.

Sie seufzte. »Ich gehe dir schon wieder auf die Nerven. Entschuldige! Wir wollen von etwas anderem sprechen. Wie geht es deinen Eltern?«

»Gut. Sie fragten im letzten Brief, wie es dir geht.«

»Gut. Doch wir wollten von etwas anderem sprechen.«

»Beispielsweise von der Geschichte, an der du schreibst.«

»Damit du nicht zu reden brauchst! Aber meinetwegen.« Hallo trank einen Schluck, nahm sich eine Zigarette und begann: »Es war einmal eine bezaubernde junge Dame. Ja, man hätte sie beinahe herzig nennen können. Diese junge, beinahe herzige Dame hatte eine Abdullah-Zigarette in der Hand. Aber der böse Prinz, der neben ihr saß, gab ihr leider kein Feuer.«

Mintzlaff lächelte. »Entschuldige!« Dann zündete er ein Streichholz für sie an.

Sie rauchte einige Züge. Dann sagte sie: »Meine Geschichte handelt von einem jungen Mann, der mit Fug und Recht melancholisch geworden war. Nicht, daß das Glück ihn gemieden hätte. Man kommt bei einiger Charakterfestigkeit auch ohne Glück zurecht. Nein, das Glück mied ihn nicht, es neckte ihn. Und das ist auf die Dauer ein schier unerträglicher Zustand, o Herr. Siehe, das Glück streckte ihm bei jeder Gelegenheit die Hand entgegen. Doch sooft er zufassen wollte, zog es die Hand zurück.

Schließlich kam mein junger Mann zu einer entscheidenden Einsicht. Das Glück war ohne Frage ein schadenfrohes Kind, das in einem zoologischen Garten eine Mohrrübe an ein Gitter hielt. Hinter dem Gitter hockte ein kleiner gutgläubiger Affe, der eifrig nach der Mohrrübe griff – doch jedesmal zog das schadenfrohe Kind die mehrfach erwähnte Mohrrübe wieder zurück und lachte affektiert.

Als sich der junge Mann zu der Auffassung durchgerungen hatte, daß er selber mit dem kleinen gutgläubigen Affen identisch sei und daß er dem grundlos boshaften Kinde, Glück genannt, nicht an den Hals könne, da die Direktion des Zoos vorsorglich Eisengitter hatte anbringen lassen – als der junge Mann das begriff, beschloß er in seinem traurigen Herzen, ein Engel zu werden.«

Hallo trank einen Schluck und drückte die Zigarette aus. »Er wollte sich umbringen. Mochte das schadenfrohe Glück andere Leute ärgern. Auf ihn würde es künftig verzichten müssen! Er kaufte sich für das letzte Geld, das ihm geblieben war, eine Fahrkarte nach Neapel! ›Ich will Neapel sehen‹, dachte er, ›und sterben! Der Anblick des blauen Golfs und des dicke Zigarren rauchenden Vesuvs wird mich glücklich stimmen, und ehe Fortuna zu einer ihrer berüchtigten Backpfeifen ausgeholt haben kann, werde ich nicht mehr sein.‹ So also dachte der junge Mann. Er freute sich auf den Tod. Er konnte ihn und es gar nicht erwarten. Aber es wurde nichts daraus.«

»Warum wurde nichts daraus?« fragte Mintzlaff.

Hallo strich sich eine Locke aus der Stirn. »Er verlor die Fahrkarte«, sagte sie. »Er suchte und suchte, doch er fand sie nicht wieder. Und es war doch das letzte Geld gewesen!

Nun war es mit seiner Geduld zur Melancholie endgültig
vorbei. Jetzt wurde er wütend! Er hatte noch zwanzig Pfennige und fuhr, gegen Abend, mit der Stadtbahn in die Vor-
orte hinaus. Später, als es dunkel war, kletterte er über Zäune
auf das Gleisgelände und versteckte sich bis zur Nacht in
einem Schuppen. Dann war es soweit. Denn nun mußte bald
der Nachtexpreß, mit dem er nach Neapel hatte fahren wollen, daherbrausen. Der junge Mann schlich sich aus dem
Schuppen und legte sich auf die Schienen. Über ihm glänzten die Sterne. Er lag und wartete. Ihm fiel sein alter Ge-
schichtslehrer ein, der ihnen begeistert die Abschiedsworte
einer vorbildlich spartanischen Mutter vorgetragen hatte,
deren Sohn sich von ihr trennte, um in den Peloponnesi-
schen Krieg zu ziehen. Sie hatte ihm den Schild gereicht und
geäußert: ›Mit ihm oder auf ihm!‹

Jetzt lag nun ein Schüler dieses alten Lehrers auf den
Schienen, um eben jenen Schnellzug zu erwarten, mit dem
er eigentlich nach Neapel hatte fahren wollen. ›Mit ihm oder
unter ihm!‹ dachte der junge Mann und lächelte grimmig zu
den Sternen hinauf, die ihm zuzwinkerten, als seien sie gute
Bekannte. Da ertönte das Läutwerk! Der Nachtexpreß
tauchte in der Ferne auf. Seine Lampen glühten wie die Augen
einer schwarzen Katze. Er brauste donnernd näher. Der
junge Mann legte beide Hände vor das müde Gesicht und
wartete ergeben.«

»Und?« fragte Mintzlaff, weil Hallo schwieg.

»Der Zug brauste pünktlich daher und verschwand, wie
eine Rakete fauchend, in der Nacht. ›Nun bin ich also endlich tot‹, dachte der junge Mann und atmete erleichtert auf.
Doch dann stutzte er. Unterschied sich der Tod so wenig
vom Leben? Er kniff sich in den Arm. Es tat noch weh. Er
lebte noch! Er setzte sich erschrocken hoch. Die Sterne
zwinkerten ihm noch immer zu. Ihm war nichts geschehen!«

»Ein Wunder?« fragte Mintzlaff.

»Nein«, sagte Hallo. »Gar kein Wunder!«

»Was sonst?«

»Der junge Mann hatte auf dem falschen Gleis gelegen.«

Was der Baron mittags auf der Schatzalp vorhergesagt hatte, traf am Abend in der Bar des Grandhotels ein.

Er bat Juana Fernandez, kaum daß sie einsam an ihrem gewohnten Tisch Platz genommen hatte, um einen Tanz. Und sie lehnte das Ansinnen ab.

Er verbeugte sich, allerdings nicht, wie sie und die neugierig starrenden Gäste dachten, um sich zurückzuziehen. Er setzte sich stumm neben sie und ergriff ihre rechte Hand. Es gelang ihr, trotz allen Sträubens nicht, sich zu befreien. Er drehte die schmale braune Frauenhand so, daß er deren Innenfläche zu Gesicht bekam.

Die schöne Argentinierin war blaß geworden. Sie flüsterte: »Gehen Sie! Lassen Sie mich los!«

Lamotte schüttelte, über ihre Handlinien gebeugt, schweigend den Kopf. Sie blickte sich ratlos im Saal um.

Einige Herren hatten sich erhoben und wollten ihr helfen, doch sie kamen nicht vom Fleck. Sie standen, verwundert auf ihre eigensinnigen Füße sehend, an ihren Tischen und sanken, einer nach dem andern, in die Stühle zurück.

Der Baron schien die Bewegung im Saal überhaupt nicht bemerkt zu haben. Jetzt hob er den Kopf und sagte mit gedämpfter Stimme: »Sie befinden sich in einem verhängnisvollen Irrtum. Sie quälen sich und sollten es nicht tun. Sie glauben, am Tod eines Mannes schuld zu sein, doch Sie sind nicht daran schuld.«

Juana Fernandez zog entsetzt ihre Hand zurück und wollte aufstehen. Er ergriff ihre Hand von neuem und fuhr ruhig fort: »Sie haben jahrelang, ohne es zu ahnen, unter einer Lüge gelitten. Es war übrigens ein Mann, der Sie so belog.« Er machte eine Pause. Dann sagte er: »Ein anderer Mann.«

»Weshalb hätte er lügen sollen?« Sie fragte gegen ihren Willen. Sie schämte sich, daß sie fragte.

»Weshalb er die Unwahrheit sagte? Weil er wollte, daß Sie unglücklich würden. Und das wollte er, weil Sie nicht ihm, sondern seinem Freund gehörten.«

Die Argentinierin atmete mühsam.

»Dieser zweite ließ Ihre Handschrift fälschen, um den andern zu täuschen. Und er fälschte dessen Handschrift, um Sie zu verwirren.« Lamotte blickte die Frau an. »Glauben Sie mir nicht?«

Ihre dunklen Augen glänzten. »Es könnte wahr sein«, flüsterte sie. »So könnte es gewesen sein.«

»Es war so. Als die gefälschten Briefschaften nichts nützten, ging er einen Schritt weiter. Auch der Selbstmord war eine Lüge.«

»Der zweite ...« Ihre Stimme zitterte und versagte.

»Erschoß den anderen.«

»Sie waren Freunde.«

Lamotte nickte. »So entstand kein Verdacht.«

Sie schüttelte benommen den Kopf. Und ihre linke Hand schwebte wie im Traum zur Stirn. »Ich sollte nicht am Tode Diegos schuld sein?«

»Da Sie den einen Mann nicht mehr liebten, hoffte der andere, Sie zu gewinnen, wenn er jenen erst beseitigt hätte. Er bedachte nicht, daß es ihm dann noch weniger gelingen konnte. Er sah nicht voraus, daß der vermeintliche Selbstmord des Mannes, den Sie nicht mehr liebten, Ihr Herz der ganzen Welt entfremden würde.«

Ihr schönes Antlitz war bleich und außer Atem.

»Es waren schlimme Jahre für Sie«, sagte der Baron. »Tödliche, vergebliche Jahre. Sie haben sich, um einer fremden Schuld willen, viel Leid zugefügt.«

Sie hob hilflos die Schultern.

Er hielt noch immer ihre Hand in der seinen und schwieg. So saßen sie lange.

Endlich schaute sie ihn zögernd an und fragte leise: »Was soll nun werden?«

»Sie sollten es noch einmal mit dem Leben versuchen.«

Ihr Mund verzog sich zu einem schwachen Lächeln, das ihn rührte. Sie entzog ihm die Hand und griff nach der kleinen goldenen Handtasche.

»Nein«, sagte er. »Ich will, daß Sie bleiben. Ich lasse Sie jetzt nicht allein. Oder haben Sie nach der Tasche gegriffen, um mir die Rose zu zeigen, die sich darin befindet?«

Sie errötete. Nach einer Weile fragte sie ernst: »Woher glauben Sie zu wissen, daß alles so gewesen ist?«

»Aus Ihrer Hand.«

»Jetzt lügen Sie.«

»Ja. Aber vorhin habe ich nicht gelogen.«

»Sie sind unheimlich.«

»Ich weiß, daß Sie das nicht schreckt.«

»Und wenn wirklich Diego von dem andern ermordet wurde – bin ich nicht auch dann noch schuldig?«

»Man muß dem Schuldgefühl Grenzen ziehen. Sonst bestünde ja das Leben bloß aus unvermeidlicher Schuld und hoffnungsloser Sühne. Es wäre eine unheilbare Krankheit, die mit der Geburt beginnt und erst mit dem Tode stirbt.«

»Vielleicht glaube ich Ihnen nur, weil ich Ihnen glauben möchte?«

»Nicht nur deshalb, man spürt, was wahr ist.«

Ihr Gesicht erfüllte sich mit lauter Schüchternheit. Und das war ein rührendes Schauspiel. Denn dieses Antlitz war dazu erschaffen, der Spiegel für größere, bedeutendere Empfindungen zu sein. Sie legte die Hand, die sie ihm entzogen hatte, auf das Tischtuch, in die Nähe seiner Hände, und sagte: »Können Sie nur die Vergangenheit erraten, oder wissen Sie auch die Zukunft?«

»Ich kenne auch die Zukunft.«

Sie schwieg und schaute ihn erwartungsvoll an.

»Ich kenne auch Ihre Zukunft«, fuhr er fort. »Sie werden mich lieben.«

Ihre Augen blieben ungläubig. »Ich habe den Männern und mir immer nur Unglück gebracht.«

Er lächelte. »Sie werden mich lieben, und wir werden ganz gewiß nicht unglücklich sein.«

Sie senkte den Kopf, griff in die kleine goldene Handtasche und legte die rote Rose auf den Tisch. »Das ist eine seltsame Blume«, meinte sie leise. »Sie verwelkt nicht.«

»Sie gleicht der Zukunft«, erwiderte der Baron.

Ihr Blick haftete auf der Rose. »Ich werde bald nach Argentinien zurückmüssen.«

»Wir werden zusammen fahren«, sagte er. »Wir werden den Mörder zwingen, die Wahrheit zu sagen, und dann wird er sterben. Nein, nicht durch den Henker. Er wird die Rechnung selber begleichen. Er hat die Wahl zwischen dem Tod und einem Leben, in dem ich ihm die Jahre, die Sie ertragen mußten, vergelten würde.«

»Dann bleibt ihm keine Wahl.« Sie fröstelte in der Erinnerung. »Es waren furchtbare Jahre.«

»Sie werden wieder atmen und lachen, als wäre die Vergangenheit nie gewesen.«

»Ich habe das Lachen verlernt.«

»Das Lachen verlernt man nicht«, sagte Lamotte freundlich. »So wenig wie das Schwimmen und das Tanzen.« Er machte eine kleine Pause. »Sie glauben mir nicht?«

Im gleichen Augenblick intonierte die Kapelle einen Tango. Der Baron beugte sich vor. »Nun?«

»Tanzen?« Sie erschrak und hob abwehrend die Hände.

»Kommen Sie!« Er nahm ihre Hand. Juana Fernandez sträubte sich eine Sekunde. Dann gab sie nach.

Die anderen Gäste schauten entgeistert auf das Parkett. Die Argentinierin tanzte! Mit einem fremden Mann, der erst gestern eingetroffen war! Man hatte sich so daran gewöhnt, sie einsam am Tisch sitzen zu sehen, daß man ihr

Tanzen, so leichtlebig man selber war, geradezu als anstößig empfand.

Eine Dame aus Stockholm, die den Eintänzern internationaler Plätze Frackperlen zu schenken pflegte – als Gegenleistung für nicht nur auf dem Parkett erwiesene Dienste –, senkte angewidert die langen, angeklebten Wimpern und sagte zu ihrem jugendlichen Begleiter: »Sie sollte sich schämen!«

»Sehr richtig«, antwortete er. »Wenn diese Frau einen Tanz akzeptiert, so bedeutet das mehr, als wenn eine andere …« Dann schwieg er. »Ich gehe nach oben.«

Die Dame aus Stockholm erhob sich. »Du kommst in zehn Minuten nach.«

Hallo und Mintzlaff waren aus dem Kurhaus in eine Bar übersiedelt, die ›Chez nous‹ hieß und in der eine aus Negern und Mulatten bestehende Tanzkapelle am Werke war. Der Geiger benutzte als Fiedelbogen einen mit Wollfäden umwickelten Kleiderbügel.

Im ›Chez nous‹ saßen vorwiegend Angelsachsen. Man sagt ihnen bekanntlich nach, daß sie wegen des nebligen Klimas ihrer Heimat, also aus Gesundheitsrücksichten, viel Alkohol trinken müssen. Auch hier oben, fern vom Inselnebel, betreiben sie ihre traditionelle Vorsorge mit Bewunderung abnötigender Gewissenhaftigkeit.

Die Trinkpausen benutzten sie zum Tanzen. Manche von ihnen, auch weibliche Vertreter Albions, hatten die übermenschliche Fähigkeit, bis weit nach Mitternacht energisch gegen die bedenklichen Folgen des heimatlichen Nebels anzukämpfen und dennoch früh um acht wie ausgeruhte Teufel vom Weißfluhjoch nach Küblis abzufahren. Es war wohl Übungssache. Das Wort ›Training‹ ist nicht zufällig englischen Ursprungs.

Hallo und Mintzlaff tanzten natürlich auch. Sie hatten seit Jahren die liebe Gewohnheit, immer wieder unübliche

Schritte und Tanzfiguren zu erfinden und ernsten Gesichts auf dem Parkett vorzutragen. Das versetzte erfahrungsgemäß andere Paare in helle Aufregung, weil sie glaubten, ihnen noch nicht bekannte Tänze zu sehen, und sie ruhten nicht eher, als bis sie wenigstens die eine oder andere Figur begriffen und in ihr Repertoire aufgenommen hatten. Und sie konnten sicher sein, daß die Freunde in Birmingham, Kalkutta und Oslo später große Augen machen würden.

Als Mintzlaff und Hallo ihre dankenswerte Aufklärungsarbeit für vorläufig beendet ansahen, gingen sie heim. Der Wind schnitt wie ein schartiges Rasiermesser, und Hallo kuschelte sich zähneklappernd an den frierenden Freund.

»Kommst du noch ein wenig mit zu mir?« fragte sie vor der Tür der Pension Edelweiß. »Ich lege mich hin, und du kraulst mir wie in alten Zeiten den Lockenkopf. Dabei erzählst du mir ein neues Märchen.«

»Einverstanden«, sagte er. »Aber nur, wenn wir nicht heimlich wie die Diebe über die Stiegen schleichen müssen. Dazu bin ich zu alt.«

»Komm nur!« erwiderte sie. »Erstens habe ich einen Hausschlüssel. Und zweitens werde ich, falls uns jemand begegnet, schlagfertig erklären, du seiest mein soeben wiedergefundener Großvater.«

Sie gerieten unangefochten in Hallos Zimmer.

Das Mädchen ging, kaum daß sie Licht gemacht hatte, zu dem Nachttischchen, auf dem eine gerahmte Fotografie stand. Sie nahm das Bild und schob es, so unauffällig wie möglich, in die Schublade.

Er sah, was sie tat. Aber er wußte nicht, wessen Bild sie versteckte. Und sie hätte sich eher die Zunge abgebissen, als zuzugeben, daß es sein Bild war.

Daß Herr Mintzlaff am späten Vormittag im Smoking und in Lackschuhen durch den Davoser Schnee spazierte, hatte nichts mit professoraler Zerstreutheit zu schaffen. Um ehrlich zu sein: Er war in der Pension Edelweiß, wohin er sich in der Nacht vorher begeben hatte, um ein frei erfundenes Märchen zu erzählen, eingeschlafen und erst am Morgen aufgewacht.

Es ist kein ausgemachtes Vergnügen, einen internationalen Wintersportplatz am hellichten Tag in Smoking und Lackschuhen zu durchqueren. Dergleichen grenzt an Spießrutenlaufen.

Doch was sonst hätte er tun sollen?

Hallo hatte ihm, hinter der Fenstergardine verborgen, mit einem beinahe mütterlichen Lächeln nachgeblickt.

Mintzlaff hielt den Kopf wie ein gereizter Stier gesenkt, marschierte darauflos und war finster entschlossen, Passanten, die sich eine vorlaute Bemerkung gestatten sollten, kurzerhand in Klump zu schlagen und im kühlen Schnee zu verscharren.

Da lachte auch schon jemand neben ihm!

Mintzlaff blickte wütend hoch.

Aber es war Baron Lamotte. »Ihre Uhr geht wohl falsch?« fragte er belustigt. Dann packte er den Bedauernswerten am Arm und zog ihn, ohne weitere Worte zu verlieren, eilig in den nächsten Laden. Es war ein Geschäft, das Herrenartikel führte.

»Was haben Sie denn mit mir vor?« fragte Mintzlaff.

»Ihr Herr Stellvertreter kam gerade in Sicht. Ich fürchte, daß er uns gesehen hat.«

Ein Verkäufer tauchte auf. »Womit kann ich dienen?«

»Meinem Freund«, erklärte der Baron, »sind über Nacht sämtliche Anzüge gestohlen worden. Bis auf den Smoking, den er trug.«

»Entsetzlich!« sagte der Verkäufer.

»Ganz recht«, entgegnete Lamotte. »Irgend etwas muß geschehen. Zeigen Sie uns einmal, was Sie an englischen Sportanzügen vorrätig haben.«

»Sofort, meine Herren! Darf ich vorausgehen? Sie werden bestimmt etwas Passendes finden.«

Der Verkäufer hatte richtig prophezeit. Eine Viertelstunde später glich Mintzlaff einem englischen Sportsmann.

So kletterte er, mit einem großen Paket versehen, in sein Hotelzimmer, riegelte ab, packte den Smoking aus und hängte ihn in den Schrank.

Als er erleichtert in die Halle zurückkehrte, drückte er dem Baron die Hand und sagte: »Ich danke Ihnen aus voller Kehle. Sie haben Ruf und Ehre eines deutschen Jünglings gerettet.«

Lamotte winkte lächelnd ab. »Kommen Sie, mein Bester. Wir wollen zum Eisplatz bummeln und den Skandinaviern zusehen, die für die Eislaufweltmeisterschaft am Sonntag trainieren. Ich liebe den Sport, und ich liebe die Geschwindigkeit.«

Kurze Zeit darauf saßen die zwei auf der Tribüne des großen Eisplatzes und tranken, weil es sehr heiß war, kühle Limonade.

Auf der spiegelnden Fläche zu ihren Füßen jagten tiefgebeugte junge Männer dahin. Sie hielten die Hände auf dem Rücken verschränkt, als gingen sie nachdenklich spazieren. Doch spazierten sie keinesweg. Sie fegten stattdessen wie besessen und unaufhaltsam über das Eis. In den Kurven benutzten sie die Hände als Ruder. Dann wurden diese wieder hinter dem Rücken gefaltet. Es sah aus, als ob diese Schweden und Norweger hinterrücks beteten.

Nach einer Weile sagte Mintzlaff zögernd: »Übrigens, ich habe gestern von Ihnen geträumt.«

»So?« Der Baron tat, als interessiere ihn das Eislaufen mehr als alle Träume der Welt.

»Genaugenommen habe ich nicht von Ihnen, sondern von Ihrer Gattin geträumt. Doch es war viel von Ihnen die Rede.«

Lamotte grinste verlegen.

»Ihre Frau Gemahlin war ziemlich ungehalten über diesen Ausflug nach Davos.« Da keine Antwort erfolgte, wurde Mintzlaff unsicher. »Ich weiß natürlich nicht, ob mein Traum der … Wirklichkeit entsprach.«

Der Baron sagte: »Was die schlechte Laune meiner Frau anlangt, haben Sie sicher zutreffend geträumt.«

»Schließlich fiel ein Schild aus Ziegenfell von der Wand.«

»Ich mußte ein bißchen blitzen und donnern lassen. Es ist zuweilen nötig, die Damen daran zu erinnern, wer der Herr im Hause ist.«

»Ich bin nicht kleinlich. Immerhin habe ich, als ich erwacht war, aus dem Gedächtnis eine Bilanz Ihres Liebeslebens aufzustellen versucht; natürlich nur, soweit die Quellen darüber Aufschluß geben, und ich muß sagen …«

»Sie dürfen nicht alles glauben«, sagte der Baron bescheiden. »Auch Historiker sind eitle Geschöpfe. Sie übertreiben freilich auf sublime Art. Sie renommieren mit ihren Gegenständen.«

»Trotzdem …«

»Trotzdem habe ich einiges auf dem Kerbholz. Da haben Sie schon recht.«

Mintzlaff begann die Namen etlicher Damen an den Fingern aufzuzählen: »Leda, Antiope, Io, Alkmene, Danae, Lamia, Demeter …« Er holte Luft und blickte den Baron fragend an.

»Ja, ja«, meinte dieser und zuckte ergeben die Achseln.

Der andere fuhr ungerührt fort: »Semele, Kallisto, Leto, Metis, Maia, Persephone, Themis, Mnemosyne ...«

Lamotte hob beschwörend die Hände. »Hören Sie, bitte, auf! Ich finde es nicht sehr fein, daß man in Ihren Schulen derartige Dinge ausplaudert. Was sollen denn die Gymnasiasten von mir denken! Aber freilich, mit einem pensionierten Gott kann man machen, was man will!«

Mintzlaff ließ sich nicht beirren. »In Ihrer Eigenschaft als Gott mögen Sie sich ja im Ruhestand befinden«, sagte er, »doch als Mann, verzeihen Sie, sind Sie noch recht rüstig.«

»Was wollen Sie!« erwiderte Lamotte. »Wer sich in der zweifelhaften Lage befindet, unbegrenzt fortleben zu müssen, ohne, außer in Büchern, seit nahezu zweitausend Jahren noch etwas zu gelten, hat es nicht leicht. Schon gar nicht, wenn er dazu verurteilt ist, ewig jung zu bleiben.«

»So hat jeder seine Sorgen«, meinte Mintzlaff. »Sie waren in diesen letzten zweitausend Jahren oft ... verreist?«

»Gewiß! Man interessiert sich ja schließlich für den Planeten, auf dem man früher einmal einige Zeit angebetet wurde. Es ist eine Art Heimweh. Und ich will es nicht erst lange leugnen – wenn ich die europäische Geschichte studienhalber aufsuchte, ging ich den Frauen nicht gerade aus dem Wege. Bitten Sie mich nicht um Namen und andere Einzelheiten! Ich wäre imstande, Indiskretionen zu begehen. Es waren Königinnen darunter! Lassen Sie mich nur ganz allgemein feststellen: Es stimmt, daß sich die Menschen im Grunde wenig verändert haben, und das mag betrüblich sein. Doch auch die Frauen haben sich nicht verändert, und das, mein Lieber, ist höchst erfreulich.«

Sie schwiegen und blickten, jeder in seine besonderen Gedanken versunken, zu den Läufern hinunter, die noch immer vornübergebeugt die Bahn umrundeten. Die scharfen Kufen der Schlittschuhe schnitten wie Messerklingen in das unwillig knirschende Eis.

Mintzlaff sagte: »Es liegt mir fern, Sie über Ihre Erlebnisse mit dem weiblichen Nachwuchs der irdischen Geschichte auszuholen.«

»Bravo!«

»Aber etwas ganz anderes, was mich seit langem beschäftigt, wüßte ich brennend gern.«

»Das wäre?«

»Haben Sie auf Ihren Reisen auch andere Sterne des Weltalls kennengelernt?«

»Gelegentlich schon.«

»Und«, Mintzlaff zögerte, als habe er Angst weiterzufragen, »– sind auch andere Sterne bewohnt?«

Der Baron fragte erstaunt: »Warum denn nicht?«

»Wie schön!« murmelte der junge Kunstgelehrte. Er sah mit einem Male aus wie ein frommer Mönch, trotz der karierten Sportjacke und trotz der Skistiefel. Er schluckte ein paarmal, ehe er zu reden fortfuhr. »Obwohl es Milliarden Sterne gibt und obwohl die Menschen es wissen, glauben die meisten von ihnen nach wie vor, nur unser Planet sei bevölkert. Ich habe das nie einsehen können.«

»Es ist auch nicht einzusehen.«

»Nicht wahr? Das Feuerwerk der Gestirne durchfunkelt die Unendlichkeit, und nur ein einziges winziges Lichtpünktchen sollte belebt sein?«

»Es ist nicht nötig, daß Sie sich ereifern. Sie haben recht.«

Mintzlaffs Gesicht glänzte. Nach einer Weile umwölkte sich seine Stirn. »Und auf allen Sternen, soweit sie belebt sind, herrscht die gleiche halbe Vollkommenheit? Überall gibt es dieselben Zwei- und Vierbeiner? Ist das Weltall ein unendliches Klischee?«

»Wo denken Sie hin!« entgegnete Lamotte aufgebracht. »Daß die unbekannte Macht an Phantasiemangel leide, kann wahrhaftig niemand behaupten!«

»Und es gibt vollkommene Sterne?«

»Soweit ich es beurteilen kann: Nein!«

»Nein?«

»Ich bin freilich nur wenig im Weltall herumgekommen«, sagte der Baron. »Auch die Götter Griechenlands wissen nicht alles. Auch sie sind Geschöpfe. Das dürfen Sie nicht vergessen. Auf dem Olymp, zwischen all unseren Burgen, steht ein einziger Tempel. Seine Inschrift lautet: ›Dem unbekannten Gott.‹ Und die Götter opfern ihm.«

»Es läßt sich verstehen«, sagte Mintzlaff. »Wenn alle Götter der historischen Religionen selber erst erschaffen worden sind und nun in dem jeweils von ihnen gepriesenen Paradies, auf unsterbliches Ruhegehalt gesetzt, weiterleben, ist es kein Wunder, daß sie nicht alles wissen können.«

»So ist es.«

»Da Sie nun aber doch ein paar Jahrtausende älter und erfahrener sind als wir – was für Gedanken machen Sie und Ihresgleichen sich über das, was sich sogar Ihrer Kenntnis entzieht?«

»Was ich Ihnen darüber erzählen kann, wird Ihrer Neugier nicht viel nützen. Aber meinetwegen! Wir gelangten zu der Auffassung, daß die unbekannte Macht verschiedene Möglichkeiten des Lebens ausprobiert.«

»Als Junge«, sagte Mintzlaff, »schlug ich zuweilen mit nur einer Peitsche auf zwei Kreisel los und war gespannt, welcher der beiden zuerst umfiele.«

»Es ist zwecklos«, entgegnete Lamotte, »sich mit Vergleichen einer unvorstellbaren Vorstellung nähern zu wollen.«

»Trotzdem bleibe ich dabei: Ihre und unsere unbekannte Macht…«

»Ihr Erwin…«

»Wenn er die Welt sich selber überläßt, ist Erwin nichts weiter als ein kleiner kreiselnder Junge! Nur mit dem Unterschied, daß er noch mehr Arme hat als Wischnu und daß er Milliarden Kreisel peitscht! Man könnte, wenn Ihnen das besser gefällt, auch behaupten, er sei ein leichtsinniger Pyrotechniker, der das kostspielige Feuerwerk, ›Welt‹ genannt abbrennt, nur um zu sehen, was aus den glühenden und erkaltenden Funken wird!«

»Seien Sie nicht so beleidigt! Lassen Sie Ihre Gefühle aus dem Spiel! Es handelt sich um kompliziert angelegte Versuchsreihen. Den Experimentator ...«

»Den Versucher!«

»Den Experimentator interessieren, obgleich auch das nicht gewiß ist, die Resultate. Um den Ablauf der Versuche kümmert er sich wohl nicht. Jedenfalls greift er nicht ein.«

»Und die von ihm erschaffenen Götter? Auch sie, seine Filialdirektoren, greifen nicht ein?«

»Sie kennen zwar die Zukunft, doch sie haben keine Macht, sie abzuwandeln. Glauben Sie im Ernst, die Götter Griechenlands hätten Ödipus blind in sein Schicksal hineinstolpern lassen, wenn sie das Unheil, das sie doch voraussahen, hätten ändern können?«

»Aber Ihre Zauberkunststücke?«

»Sie denken an den Vorfall in der Münchener Teestube? Nun, daß drei Menschen eine Minute lang erkannten, was in jedem von ihnen vorging, wird das Ende, das sie erwartet, nicht abwenden. Und ein Wunder, das keinen Wandel schafft, ist nicht viel mehr als ein Taschenspielertrick.«

Mintzlaff blickte auf die Eisbahn und die unermüdlich dahinjagenden Läufer. »Auch die Götter sind nicht zu beneiden«, murmelte er.

»Weiß Gott!« sagte der Baron. »Das hätten Sie schon früher merken können! ›Götter und Menschen sind desselben Ursprungs‹, steht bei Hesiod.«

»Was soll man wünschen?« fragte der junge Mann. »Der Dichter möchte vielleicht ein Schmetterling sein. Der Buddhist will überhaupt nicht sein. Der Tatmensch möchte ein Held werden, und der fromme Christ ein Engel, eine Art Schmetterling im Honigkuchenhimmel seiner Phantasie. Ich bin kein Buddhist, kein Dichter, kein frommer Christ und kein Held.«

»Werden Sie, was Sie sind!«

»Sie wissen ganz gut, daß ich nichts anderes will. Doch ich bekam bis jetzt nur Vorwürfe zu hören.«

»Nicht des Ziels wegen.«

»Ich weiß, wegen der Mauer aus Glas.«

»Durch Mauern, auch durch gläserne, führt kein Weg, kein richtiger, nicht einmal ein falscher.«

›Zu werden, was man ist‹, dachte Mintzlaff, ›wäre ein wenig leichter, wenn ich wüßte, wer ich bin.‹

»Mit Wissen«, meinte der Baron, »hat das nichts zu tun. Es läßt sich nur erleben.«

»Sie wollen mich seit Tagen zur Planlosigkeit überreden. Ich wiederhole Ihnen, daß ich mir keine Umwege leisten kann. Die Zeit, die mir Ihr Experimentator läßt, ist zu knapp dafür.«

»Es gibt keine Umwege«, erklärte Lamotte.

Unten auf dem Eisplatz stolperte einer der Läufer in einer Kurve, fiel hin und schoß, mit allen vieren strampelnd, weithin über die spiegelglatte Fläche. Endlich blieb er liegen. Andere Läufer eilten ihm hastig zu Hilfe. Sein Trainer kam besorgt über das Eis gerannt, glitt wenige Schritte vor seinem Schützling gleichfalls aus und rutschte nun auf dem Bauch in die Gruppe der ahnungslosen Olympioniken hinein. Es sah aus, als rolle eine Kugel mitten in aufgestellte Kegel, und es wirkte auch so. Die Eisläufer wankten, hielten sich noch eine Weile taumelnd aufrecht, dann fiel einer nach dem anderen langsam, beinahe gemütlich, um. Sie lagen und saßen völlig verdutzt in einem unentwirrbaren Knäuel beisammen, und als sich ihre erste Verwunderung gelegt hatte, brachen sie in Gelächter aus.

»Alle neune!« sagte Mintzlaff.

Lamotte erhob sich plötzlich. »Entschuldigen Sie, daß ich mich jetzt verabschiede.«

»Sie wollen schon wieder nach Griechenland zurück?«

»Nein, nein. So war es nicht gemeint. Ich fahre nur bis morgen abend nach St. Moritz hinüber.«

Mintzlaff sah Juana Fernandez auf dem Weg, der die Eisfläche unterteilte, zögernd daherkommen. Jetzt blieb sie stehen und hob die Hand ein wenig, als wolle sie winken. Doch sie schien sich nicht recht zu trauen.

»Da werden Sie meinen Vortrag, den der andere hält, gar nicht hören können?« fragte der junge Mann.

»Wo denken Sie hin!« Der Baron klopfte ihm auf die Schulter. »Diesen Spaß lasse ich mir nicht entgehen! Ich bin pünktlich zurück.«

Nach einem Händedruck lief er mit großen Schritten auf die Argentinierin zu, die lächelnd den lachenden Eisläufern zuschaute.

»Wer ist dieser Mann?« fragte eine Frauenstimme.

Mintzlaff schrak auf und wandte sich um.

Es war Mrs. Gaunt. Jene Engländerin, die der Baron in der Bar des Hotels Victoria zum Weinen gebracht hatte.

»Welcher Mann?« Er stand auf.

Sie richtete ihre kalten wasserfarbenen Augen starr auf ihn und zeigte in die Richtung, in der Lamotte verschwunden war.

»Eine Reisebekanntschaft. Ein Baron Lamotte. Mehr weiß ich auch nicht.«

»Sie sind infam«, sagte sie gelassen. »Sie wissen, wer er ist?«

»Das vernünftigste wäre, Sie fragten ihn selber.«

»Er hat mich gedemütigt. Wissen Sie, warum er es getan hat?«

»Es mag sich um ein Vorurteil gehandelt haben.«

»Um eine Verurteilung. Und ich wüßte gern, wer sich zu meinem Richter aufgeworfen hat.«

»Sollten Sie dem kleinen Vorfall nicht doch zuviel Gewicht beimessen, gnädige Frau?«

»Ich habe Sie nicht um Ihre Meinung, sondern um eine Auskunft ersucht.«

»Es tut mir außerordentlich leid, aber ich bin nicht in der Lage, Ihnen die gewünschte Auskunft zu erteilen.«

»Sie sind kein Kavalier, mein Herr.«

Mintzlaff machte ein zerknirschtes Gesicht. »So ist es im Leben«, sagte er. »Sie baten mich um eine Auskunft, die ich Ihnen nicht geben konnte, und ich erhalte eine Auskunft, um die ich Sie nicht gebeten habe.«

Mrs. Gaunt erwiderte nichts. Sie drehte sich um und schritt davon.

Es war Mittwoch abend, und die Stuhlreihen im Theatersaal des Kurhauses reichten, zu Mintzlaffs Verwunderung, kaum aus. »Kannst du das verstehen?« fragte er Hallo, die neben ihm stand.

»Nein«, erwiderte sie. »Die Ärmsten werden nicht wissen, was sie sonst anfangen sollen.«

»Oder sie denken, daß ich, weil auf dem Plakat von Humor die Rede ist, Militärhumoresken und kitzlige Gedichte vortragen werde.«

»Du? Wieso denn du?«

»Natürlich er.«

»Vielleicht tut er's!«

Sie hatten Plätze in der ersten Reihe, genau vor dem Rednerpult. Der Direktor des Verkehrsvereins schüttelte Mintzlaff im Vorbeigehen die Hand. »Grüß Gott, Herr Doktor! Sie interessieren sich auch für den Humor und ähnlich ausgefallene Gegenstände?«

Neben den zwei Herren versuchte jemand ein Lachen zu unterdrücken. Es war selbstverständlich Hallo.

Als der Direktor gegangen war, flüsterte Mintzlaff: »Willst du dich gleich zusammennehmen?«

Sie schüttelte ablehnend den Kopf. Dann nickte sie grüßend.

Er suchte ihren Blick zu verfolgen. »Ein Bekannter?« fragte er leichthin.

»Nein. Ich grüße grundsätzlich nur Fremde«, antwortete sie. »Bist du eifersüchtig?«

»Möchtest du das?«

»Es wäre wunderbar. Obwohl es freilich nichts bewiese. Denn die Eifersucht, sagt Kaschmirutti, wird doppelt so alt wie die Liebe!«

»Kaschmirutti? Wer ist denn das nun wieder?«

»Kaschmirutti war ein weiser Parse, der eine entzückende Art hatte, banale Wahrheiten knapp und doch blumig auszudrücken.«

»Aha, wieder eine deiner dreisten Erfindungen!«

»Du sagst es, großer Häuptling. Meine neueste Schöpfung.«

»Kennst du noch andere seiner Aussprüche?«

»Aber Alfons! Ich bin doch die einzige Expertin! Ich besitze sogar einige seiner in parsischer Stenographie geschriebenen Manuskripte! Von ihm stammt auch der fundamentale Satz: Wenn es keine hohen Berge gäbe, gäbe es keine tiefen Täler!«

»Ein offener Kopf, dein Kaschmirutti.«

Hallo nickte seriös. Aber weitere Lebensweisheiten des stenographierenden Parsen konnte sie nicht mehr vorbringen. Denn auf dem Podium erschien der Vorsitzende der Davoser Kunstvereinigung. Man setzte sich. Stühle wurden gerückt. Man hustete. Ganz allmählich wurde es still.

Mintzlaff blickte bedauernd auf den leeren Stuhl zu seiner Linken.

»Dein Baron wird schon noch kommen«, murmelte Hallo. »Alfons, bist auch du so aufgeregt?«

Zärtlich drückte er ihre Hand.

Und dann begann der Vorsitzende der Kunstvereinigung die Begrüßungsworte abzuwickeln. Der Mann hatte ein barsches Gesicht mit einem buschigen Schnurrbart.

Es sei eine Freude – so behauptete er –, zu sehen, welches Interesse die Veranstaltungen der Kunstvereinigung fänden. Sogar der Vortrag eines im Trubel der heutigen Welt denkbar überflüssigen Menschen, eines Kunsttheoretikers, habe den Saal gefüllt. Das bereite ihm eine besondere Genugtuung. Denn einem internationalen Publikum vom Humor zu sprechen, erscheine ihm, dem Mediziner, keineswegs überflüssig. Die Menschheit habe den Humor, diese vitaminreichste Frucht der Heiterkeit, bitter nötig. Vielleicht seien sogar theoretische Erörterungen brauchbar, den Sinn für Humor bei Anfängern zu wecken und bei Fortgeschrittenen zu pflegen. Er hoffe es jedenfalls von Herzen und erteile nunmehr Herrn Professor Mintzlaff das Wort. Mintzlaff wollte sich, als er seinen Namen hörte, feierlich erheben. Erst als Hallo flüsterte: »Daß du mir sitzen bleibst«, und ihn am Rockärmel festhielt, besann er sich.

Der buschige Chefarzt verbeugte sich kurz, weil die Anwesenden freundlich applaudiert hatten. Dann öffnete er die Tür im Hintergrund. Im Türrahmen erschien der kleine elegante Herr ›Professor‹. Er trug einen Cutaway. Im Knopfloch befand sich eine weiße Nelke und in dem schmalen Vogelgesicht das anscheinend unvermeidliche Einglas.

Es wurde geklatscht.

Der Professor schüttelte dem Chefarzt die Hand. Dann schritt er federnd zum Rednerpult. Dort verbeugte er sich, lächelte eine Sekunde, legte, sich aufstützend, die Fingerspitzen gegeneinander und blickte, da es an der Saaltür laut wurde, mit hochgezogenen Brauen über die Stuhlreihen hinweg. Der Nachzügler war Baron Lamotte. »Sie sehen, ich halte Wort«, sagte er, als er sich neben Mintzlaff niederließ.

Dann wurde es still, und der Redner knüpfte an das abgebrochene Lächeln wieder an. »Meine Damen und Herren«, begann er und klemmte das Monokel fester, »erschrecken Sie, bitte, nicht, wenn ich, statt unmittelbar auf den Humor zu sprechen zu kommen, mit etwas ganz anderem beginne, und zwar mit dem, was man in der optischen Physik und in der Kunst die Perspektive nennt. Es gibt – im Hinblick etwa auf eine mit gleichartigen Bäumen bepflanzte Allee – zwei einander diametral entgegengesetzte Gesichtspunkte, die beide gültig sind. Erstens sind alle Bäume dieser Allee gleich groß. Zweitens sind die dem Betrachter am nächsten stehenden Bäume am größten und die am Ende der Allee am kleinsten. Beide Feststellungen sind richtig. Doch der Künstler muß sich für eine von ihnen entscheiden, sonst ergeht es ihm wie jenem Esel, dem die Wahl zwischen zwei Heubündeln so schwerfiel, daß er aus purer Unentschlossenheit verhungerte.«

Ein paar der Anwesenden, die von dem sagenhaften Esel noch nichts gehört zu haben schienen, lachten gutwillig.

»Keinem von Ihnen«, fuhr der falsche Professor fort, »dürfte es völlig unbekannt sein, daß sich die verschiedenen Malergenerationen zur Perspektive verschieden verhielten. In manchen Kunstepochen wurde die Wirklichkeit so darzustellen versucht, wie sie ist. Das bedeutet, um bei unserer eben erwähnten Allee zu bleiben: alle Bäume waren gleich groß. In anderen Zeiten wurde dagegen die Wirklichkeit so abgebildet, wie sie vom Standpunkt des Betrachters aus erscheint, und das heißt: die Bäume im Vordergrund waren groß, die am Horizont jedoch klein. Nun kann man auch heute noch die Meinung hören, das perspektivische Malen sei ein Zeichen künstlerischen Fortschritts. Demnach wäre die unperspektivische Malweise die Folge einer noch unentwickelten Sehweise. Denn niemand wird mir einreden können, daß ein Maler, der perspektivisch sieht, nicht imstande sei, die Gegenstände des Bildvordergrunds größer darzustellen als die im Hintergrund! Das perspektivische Sehen mag ein in prähistorischen Zeiten langsam errungener Fortschritt des Menschen sein. Und vielleicht teilte der Zeitgenosse der Saurier noch nicht die Auffassung des Alleebaums im Epigramm eines meiner Freunde, das ›Mitleid und Perspektive oder die Ansichten eines Baumes‹ überschrieben ist und folgendermaßen lautet:

Hier, wo ich stehe, sind wir Bäume,
die Straße und die Zwischenräume
so unvergleichlich groß und breit.
Mein Gott, mir tun die kleinen Bäume
am Ende der Allee entsetzlich leid!

Mögen alle unsere Voreltern im Tertiär oder im Diluvium, soweit sie schon Alleen besaßen, der Meinung dieses Alleebaumes gewesen sein oder nicht – die Maler des Mittelalters jedenfalls malten unperspektivisch, obwohl sie perspektivisch sahen. Es war der bedeutsame Entschluß, künstlerisch eher der Wirklichkeit selber als einer physiologisch bedingten Ansicht davon nahezukommen. Es war der bedeutsame Weg vom Anschein zur Anschauung. Und die Triebfeder war der Wille zum bewußt unperspektivischen Sehen!«

Hallo flüsterte: »Vielleicht ist er Augenarzt?«

Mintzlaff beugte sich zu ihr. »Er will unter meinem Namen eine Theorie starten.«

Der Redner blickte mißvergnügt auf das in der ersten Reihe tuschelnde Paar.

Hallo konnte es sich nicht verkneifen, ihm eine Grimasse zu schneiden.

Er verlor für einen Augenblick die Fassung. Dann fuhr er fort: »Wenn Sie mir bis hierher überzeugt folgen konnten – daß nämlich das unperspektivische Sehen eine bewußte Leistung sein kann –, so ist die Grundlage für meine weiteren Ausführungen geschaffen. Für diejenigen unter Ihnen, die meine bislang erschienenen Arbeiten kennen, möchte ich anmerken, daß ich meine neueste Theorie heute zum ersten Male vor der Öffentlichkeit entwickle. Es braucht Sie also nicht wunderzunehmen, daß sich der Vortrag von meinen früheren Deutungsversuchen wesentlich unterscheidet. Arbeitshypothesen sind keine ewigen Werte. Sie dienen der Ordnung, und sobald sich ein geeigneteres Ordnungsprinzip gefunden hat, hat man die wissenschaftliche Pflicht, die überlebten Systeme zum alten Eisen zu werfen. Stillstand heißt auch hier Rückgang.«

Der Baron rutschte unruhig auf seinem Stuhl hin und her. »Geht das nicht ein bißchen weit?« flüsterte er.

Mintzlaff lächelte. »Stören Sie ihn nicht«, bat er. »Wenn er so fortmacht, kann es noch sehr lustig werden.«

»Na meinetwegen!« knurrte der Baron.

Der Redner nahm das Einglas aus dem Auge und ein seidenes Tuch aus dem Jackett. Dann putzte er das Monokel und schwieg, ohne den Blick von den Störenfrieden abzuwenden. Auch als er Tuch und Glas wieder ordnungsgemäß untergebracht hatte, schwieg er noch. Seine Lippen waren vor Ärger ganz schmal geworden.

Plötzlich blitzte es in seinen Augen boshaft auf. »Es wäre möglich«, sagte er, »daß ich, trotz der Bemühung, allgemeinverständlich zu sein, noch nicht von allen verstanden worden bin. Deshalb will ich versuchen, mich dem gesteckten Ziel von einer anderen Seite aus zu nähern. Ich werde diesmal einen ausgesprochen konkreten Weg wählen, der Sie dem Wesen des Humors zuführen soll.«

Seine Stimme hatte sich wieder gesenkt und klang nun niederträchtig salbungsvoll. Er hob sich auf die Zehenspitzen und beugte sich weit vor. »Beispiele für Humor«, sagte er, »sind schwer beizubringen, da sich der Humor, so wie er verstanden sein will, nicht in der Anekdote, der Replik oder der Situation darstellt. Insofern ist der Humor beispiellos. Da ich nun aber genötigt bin, mit Beispielen zu arbeiten, werde ich von anderen Kategorien der Heiterkeit ausgehen. Vielleicht gelingt es mir, Ihnen durch Beispiele, die nichts mit Humor zu tun haben, näherungsweise klarzumachen, inwiefern sie das Komische, das Satirische oder das Witzige exemplarisch vertreten und, von hier aus, wie im Gegensatz dazu der Humor wesentlich beschaffen ist. Doch ich verliere mich schon wieder in für nicht alle Anwesenden verständliche Abstraktionen.«

Hallo fragte leise: »Soll ich ein Pfund faule Äpfel besorgen?«

»Zu spät«, flüsterte Mintzlaff. »Die Geschäfte haben schon geschlossen.«

»Oder soll ich ihm das Monokel aus dem Auge spucken?«

»Sei schön brav!« mahnte Mintzlaff.

»Das erste Beispiel, das ich Ihnen geben will, betrifft das spezifisch Komische!« sagte der falsche Professor. »Stellen Sie sich, bitte, folgendes vor: Morgen früh würde Ihnen, die Sie samt und sonders unterwegs sein werden, um in Sonne und Schnee Sport zu treiben, auf der Straße ein verlegen dreinblickender Herr in Smoking und Lackschuhen begegnen.«

Durch Mintzlaff ging ein Ruck.

»Wenn dieser Herr am hellen Morgen in Smoking und Lackschuhen absichtlich über die sonnenbeschienenen Straßen von Davos spazierte, wäre er vielleicht ein Narr, und somit hätte die Situation gar nichts Komisches an sich.«

Hallo krampfte die Hände ineinander. Ihr frisches, lustiges Gesicht war blaß geworden.

»Doch wenn der Herr in der Nacht vorher, sagen wir, versehentlich in ein falsches Hotel gegangen und dort in einem fremden Zimmer, wiederum aus Versehen, eingeschlafen wäre, wenn er sich am Morgen darauf wohl oder übel entschließen müßte, in sein eigenes Hotel zu spazieren, und zwar in Smoking und Lackschuhen, – dann wären die Voraussetzungen für eine komische Situation gegeben. Denn der Widerspruch zwischen dem Erwartungsgemäßen und dem Unangemessenen ...«

Der Sprecher stockte plötzlich, als halte ihm jemand den Mund zu.

Mintzlaff blickte den Baron an. Lamotte hatte sich bequem im Stuhl zurückgelehnt und schlug gelassen ein Bein über das andre.

Der Redner bewegte den Mund, ohne daß ein Ton über seine Lippen kam. Er riß verwundert die Augen auf. Dann preßte er den begonnenen Satz noch einmal hervor. »Dieser Widerspruch zwischen dem Erwartungsgemäßen und dem Unangemessenen ...« stammelte er, und dann war es wieder aus. Er schüttelte, mit sich höchst unzufrieden, den Kopf, legte das Einglas auf das Pult und glotzte geistesabwesend auf die Zuhörer.

Im Saal entstand eine leichte Unruhe.

›O weh‹, dachte Mintzlaff, ›das kann ja heiter werden!‹

Lamottes Mund umspielte ein mokantes Lächeln. »Strafe muß sein«, flüsterte er. Dann richtete er den Blick geduldig auf den sprachlosen Sprecher.

Wieder bewegte dieser die Lippen. Wie ein Fisch im Aquarium. Plötzlich gurgelten Töne aus der gelähmten Kehle. Und schon brüllte er: »Dieser Widerspruch zwischen dem Erwartungsgemäßen und dem Unangemessenen ...« Dann war es von neuem vorbei.

Er zuckte resigniert die Schultern, machte kehrt und wollte gehen. Aber es war, als packe ihn eine große unsichtbare Hand am Kragen und zwinge ihn zum Bleiben. Es zog ihn, so sehr er sich sträubte, zum Pult zurück. »Entschuldigen Sie«, stotterte er. »Ich muß Ihnen ... muß Ihnen ein Geständnis machen.« Doch dann bäumte sich sein Stolz auf, und er schrie: »Nein! Ich denke gar nicht daran! Dieser Widerspruch zwischen dem Unangemessenen ... und ... und dem bewußt Unper ...«

Mitten im Wort blieb ihm der Mund sperrangelweit offen. Schweiß trat ihm auf die Stirn. Er zitterte heftig. Ganz langsam hob sich der Unterkiefer. Die Lippen schlossen sich schmerzlich. Er senkte die Lider und sagte laut und deutlich: »Ich bin gar nicht Professor Mintzlaff!«

Die Zuhörer sahen einander verblüfft an. Der Abend versprach also doch noch interessant zu werden. Nun, um so besser.

»Ich bin«, begann der Redner, »– nein, ich sag es nicht!« Doch da zuckte er zusammen, fast als habe er hinterrücks einen kräftigen Tritt erhalten. Er drehte sich um. Aber es stand niemand hinter ihm. In seinen Augen tauchte Angst auf. »Also meinetwegen«, sagte er kläglich. »Ich bin ein Schwindler.« Er hatte endlich jeden Widerstand aufgegeben.

»Das ist ja großartig!« zischte die Dame, die neben Hallo

saß. Es war eine Frau Splettstößer aus Cannstatt. »Wir sind bis auf die Knochen blamiert! Wir gehen, Gudrun! Komm!« Das junge Mädchen, das sich in ihrer Begleitung befand, flüsterte: »Ja, Mama!« und schaute betrübt in ihren Schoß aus Crêpe maroquain. Fräulein Gudrun Splettstößer war auf den Herrn hinter dem Rednerpult sehr, sehr böse. Sie hatte ihn bei dem Bemühen, zarte Bande um sie und sich zu weben, in der letzten Woche nach Kräften unterstützt. Mama war auch nicht gerade kleinlich gewesen. Und nun lohnte er ihnen ihr Entgegenkommen so! Er war gar kein Professor! Was, um alles in der Welt, mochte er in Wirklichkeit sein? Womöglich ein Hoteldieb oder ein Straßenbahnschaffner!

»Komm!« zischte die empörte Mutter.

»Verzeihen Sie mir tausendmal!« sagte der Schwindler. »Ich bin nicht Professor Mintzlaff, sondern Prinz Friedrich von Ofterdingen.«

»Haha!« meinten einige der Anwesenden.

»Lügt er schon wieder?« fragte Mintzlaff seinen Nachbarn.

»Nein«, erwiderte der Baron.

Der Redner trocknete sich die Stirn mit dem seidenen Tuch. »Es ist verständlich, daß Sie mir nicht glauben. Aber diesmal sage ich die volle Wahrheit. Ich bin Friedrich XXXXVII. von Ofterdingen.«

Fräulein Splettstößer wollte aufstehen.

»Willst du gleich sitzen bleiben, du dummes Ding?« zischte die Mutter.

»Das Ganze begann«, erzählte der Prinz müde, »in einem Berliner Café, wo ich mich mit einem Freund getroffen hatte. Am Nebentisch saßen zwei junge Damen. Und die eine, die meines Wissens von der anderen Hedwig genannt wurde, berichtete, daß ihr vor Tagen Mintzlaff wiederbegegnet sei. Eigentlich müsse er übermorgen in Davos einen Vortrag über Humor halten. Nun habe er aber geschrieben, daß er erst in vier Wochen kommen könne.«

Hallo zog ein Gesicht, als habe sie Essig getrunken. Mintzlaff wußte das, ohne sie anzusehen. Warum mußte auch dieser Trottel von einem Prinzen ausgerechnet dabeigewesen sein, als Hedwig einer Freundin, wahrscheinlich Lotte Kirbach, diese Sache erzählte! Und warum mußte der Kerl hier, wo Hallo zuhörte, davon anfangen! Nun würde sie wieder traurig sein und das hinter einem Galgenhumor zu verbergen suchen, der ihm das Herz umdrehte. Und in ein paar Tagen würde sie, ganz nebenbei, fragen, wer denn Hedwig sei. Und dann würde er sie anlügen, um sie nicht noch mehr zu kränken. Und sie würde tun, als ob sie ihm Glauben schenke, nur um ihn nicht völlig zu verlieren. Es war ein schandbarer Zustand!

»Sie wissen schwerlich«, sagte Friedrich XXXXVII., »wie unangebracht einem Prinzen zumute ist, der mindestens ein Jahrhundert zu spät auf die Welt gekommen ist. So etwa muß sich ein Fleischermeister fühlen, der unter Vegetariern lebt. Man wird skeptisch bestaunt wie eine nicht zu entziffernde etruskische Vaseninschrift und ist überflüssiger als eine Stubenfliege. Kaum daß ich jenes Berliner Café verlassen hatte, beschloß ich, dem Abenteuer, das sich bot, nicht aus dem Wege zu gehen. Es schien alles sehr einfach. Professor Mintzlaff wurde erst in vier Wochen in Davos erwartet. Wissenschaftler sind keine Filmstars. Wer weiß schon, wie ein junger Gelehrter namens Mintzlaff aussieht! Wenn ich also etliche Tage nach dem Brief des wirklichen Professors hier auftauchen und erklären würde, ich sei Mintzlaff und hätte wider Erwarten nun doch früher abkommen können, so war mit ziemlicher Sicherheit anzunehmen, daß keine nennenswerten Schwierigkeiten entstünden. Auch hinsichtlich des Vortrags hatte ich wenig zu befürchten. Ich habe zehn Semester Literatur- und Kunstgeschichte studiert, kenne mich einigermaßen in den alten und neuen Kunsttheorien aus und darf sagen, daß ich mir überdies in mancher Hinsicht eigene Gedanken gemacht und eigene Ansichten gewonnen habe ...«

»Der Widerspruch zwischen dem Erwartungsgemäßen und dem Unangemessenen!« rief jemand aus einer Ecke des Saals, und einige lachten.

Der Prinz tat, als überhöre er den Einwurf. »Ich kam hierher«, fuhr er fort, »wurde mit vorbildlicher Gastfreundschaft aufgenommen und war entschlossen, Ihnen meine Hypothese über den Humor als bewußt unperspektivische Erlebnisweise zu entwickeln. Was man einem dilettierenden Prinzen aus einem mediatisierten Hause niemals abgenommen hätte – einem Professor der Ästhetik hätte man es mühelos geglaubt.«

»Haha!« meinte ein Zweifler.

»Doch, doch«, versicherte der Prinz. »Leider brach ich, aus mir unerfindlichen Gründen, den Vortrag ab, auf den ich mich wie ein Kind gefreut hatte, und demaskierte mich. Nun rettet mich nichts davor, daß Sie mich für einen kleinen Hochstapler halten, dem daran lag, ein paar Wochen kostenlos und gut verpflegt hier herumzulungern. Dieser Gedanke ist mir außerordentlich peinlich. Um einen solchen Verdacht zu beseitigen, werde ich der Kurverwaltung einen angemessenen Betrag für wohltätige Zwecke aushändigen.«

Frau Splettstößer aus Cannstatt klatschte, während sie gnädig nickte, in die Hände.

Der Prinz lächelte resigniert. Dann sagte er: »Ein zweiter Verdacht ist schwerer aus der Welt zu schaffen. Ich meine die naheliegende Vermutung, ich hätte Sie aus Langeweile oder Mißachtung düpieren wollen. Nun, ich wies schon darauf hin, wie sehr ich gewünscht hätte, mich einmal zu bestätigen, und zwar nicht als Nachkomme von sechsundvierzig Vorvätern namens Friedrich, sondern als Fachmann meines Interessengebietes. Der Versuch wurde zu einem Fiasko. Ich hatte vor, Sie gut zu unterhalten ...«

»Das ist Ihnen doch aber gelungen!« rief jemand lachend.

Der Prinz zuckte zusammen.

»Lassen Sie ihn doch endlich im Erdboden versinken!« flüsterte Mintzlaff mitleidig.

»Ich denke nicht daran!« meinte der Baron. »Dem Herrn wird nichts geschenkt. Er hat sich schlecht benommen. Jetzt mag er sich gefälligst den Direktor des Verkehrsvereins anhören. Das schadet ihm gar nichts.«

Richtig, der Direktor des Verkehrsvereins erhob sich, verbeugte sich ironisch vor dem erschöpften Prinzen und sagte: »Durchlaucht! Ich bin im Zweifel, ob der unprogrammäßige Verlauf des Abends den Beifall aller Anwesenden findet oder ob nicht doch vielen unter ihnen der von uns eigentlich geplante Vortrag lieber gewesen wäre. Ihre Absicht, Durchlaucht, war, die Versammlung zum Narren zu halten. Plötzlich besannen Sie sich anders und machten, aus unbegreiflichen Gründen, sich selber, wenn ich mir die Bemerkung gestatten darf ...«

»Sie dürfen«, sagte der Prinz mürrisch.

»Danke ergebenst. Also, stattdessen machten Sie sich selber zum Narren.«

»Ich weiß nicht, warum ich es tat«, erklärte der Prinz und starrte unausgesetzt zu Fräulein Gudrun Splettstößer. Sein von Haus aus gescheites Gesicht wirkte jetzt, von ungewohnter Befangenheit erfüllt, namenlos töricht.

»Vielleicht schlug Ihr Gewissen?« erkundigte sich der Direktor freundlich. »Das wäre ein schöner Zug.«

Friedrich XXXXVII. schüttelte unwillig den Kopf.

»Wie dem auch sei«, fuhr der andere fort, »– ich jedenfalls bin in einen Gewissenskonflikt geraten, der mir sehr zu schaffen macht. Als Direktor des Verkehrsvereins freue ich mich, den Prinzen von Ofterdingen in unserem schönen Davos zu wissen. Das ist meine Pflicht. Als Mann mit Sinn für Späße muß ich sagen, daß ich mich bis jetzt nicht übel unterhalten habe. Das ist meine Privatangelegenheit. Als verantwortlicher Mitveranstalter dieses Abends endlich wäre ich nicht abgeneigt, den falschen Professor Mintzlaff ohne großes Federlesen der Polizei zu übergeben. Und das ...«

»Bitte nicht!« rief Fräulein Splettstößer und wurde dann rot wie Klatschmohn.

Aller Augen hatten sich auf sie gerichtet.

»Bitte nicht«, wiederholte sie, diesmal freilich nur noch ganz leise.

»Einer so reizenden Fürsprecherin ist schwer zu widerstehen«, meinte der Redner. »Ich hoffe, daß die übrigen Anwesenden, wenn auch nicht mit der gleichen Begeisterung, derselben Ansicht sind wie die junge Dame. Wer unter den Herrschaften anders denkt, möge sich, bitte, von seinem Platz erheben!« Er sah sich abwartend um.

Es erhob sich niemand.

Der Direktor lächelte verbindlich. »Besten Dank. Das beweist nur, in wie vorbildlichem Maße Sie schon mit jenem Humor vertraut sind, über den heute abend ein Berufener sprechen sollte. Nun, aus einer theoretischen Einführung wurde eine praktische Vorführung, und am Ende war das nicht einmal ein schlechter Tausch.« Er sah auf die Armbanduhr. »Was aber beginnen wir mit dem angebrochenen Abend?« Sich wieder an den Prinzen wendend, fragte er: »Wollen Durchlaucht vielleicht in Ihren Ausführungen über das bewußt unperspektivische Sehen fortfahren?«

»Nein!« rief der Prinz voller Entsetzen.

Der Direktor des Verkehrsvereins wandte sich an den Vorsitzenden der Kunstvereinigung. »Was soll geschehen, lieber Doktor? Wissen Sie einen Rat? Wir sind den verehrten Anwesenden noch eine gute Stunde Unterhaltung schuldig.«

Der Chefarzt rupfte an seinem buschigen Schnurrbart. »Ich könnte«, sagte er, »allenfalls über die hiesigen Heilerfolge bei Asthma und chronischer Bronchitis sprechen. Aber das Thema hat, muß ich zugeben, verdammt wenig mit Humor zu tun.«

Ein nett aussehender kleiner älterer Herr erhob sich zögernd. Es war der in Davos ansässige Besitzer eines international bekannten Schlittschuhgeschäftes. »Wenn sich gar nichts Passendes finden sollte«, meinte er bescheiden, »so könnte ich meinen Vortrag über die Entwicklungsgeschichte des Schlittschuhs wiederholen, den ich vorige Woche im Rotaryklub gehalten habe. Ich müßte nur vorher schnell einmal heimspringen und die verschiedenen Schlittschuhmodelle holen. Denn ohne diese Beispiele würde der Vortrag zu unanschaulich.« Er blickte sich fragend um. Die Gäste lächelten verlegen. »Es war natürlich nur ein Vorschlag«, sagte er dann kleinlaut und setzte sich schnell.

Diesen Moment hielt Prinz Friedrich von Ofterdingen für geeignet, um sich aus dem Staube zu machen. Er kletterte hastig vom Podium herunter und schob sich an der ersten Stuhlreihe entlang.

Doch schon hielt ihn der Baron am Ärmel fest. »Sie wollen uns verlassen?« fragte er. »Gerade jetzt, wo ich so eine aparte Überraschung für Sie habe?«

»Um Himmels willen!« murmelte der Prinz erschöpft. »Eine Überraschung?«

»Ganz recht.« Der Baron steigerte seine Stimme. »Der Höhepunkt des Abends steht Ihnen allen noch bevor!« rief er gutgelaunt. »Sie sind hier zusammengekommen, um Professor Mintzlaff zu hören. Der Herr nun, der seit einiger Zeit unter diesem Namen in Davos weilt, hat uns vorhin gestanden, daß er gar nicht der Professor Mintzlaff sei, sondern ein Prinz. Was würden Sie nun sagen, wenn der Professor trotzdem im Saal anwesend wäre?«

Die Zuhörer rissen die Augen auf.

»Professor Mintzlaff ist im Saal!« rief Lamotte. »Er erfuhr telegrafisch von dem Vortrag, der offensichtlich ohne ihn stattfinden sollte, und kam eigens aus Berlin hierher, um das Schwindelmanöver aus der Nähe zu beobachten! Meine Damen und Herren, neben mir sitzt ein Herr, der sich in der

Kurliste als ein Doktor Jennewein aus Leipzig eintrug. Dieser Doktor Jennewein ist der wirkliche Professor Mintzlaff!«

Das Publikum sprang von den Stühlen auf, um Mintzlaff zu sehen.

»So eine Niedertracht«, knurrte der Prinz wütend.

Der Baron musterte ihn kalt. Dann sagte er befehlend: »So, jetzt können Sie gehen!«

»Was fällt Ihnen denn ein?« fragte der Prinz. »Ich lasse mir von Ihnen keine Vorschriften machen. Ich bleibe!« Doch da lief er schon, so sehr er sich auch sträuben mochte, mit hastigen Schritten auf die Saaltür zu! Es gelang ihm eben noch, den Kopf zurückzuwenden und Lamotte entgeistert anzustarren. Dabei fiel ihm das Einglas aus dem Auge. Und dann war er aus der Tür!

DREI MÄNNER
IM SCHNEE

(1934)

»Drei Männer im Schnee« und die folgende
»Verschwundene Miniatur« sind zwei »humoristische«
Romane, die in sehr ernsten Zeiten entstanden sind.
Das amtliche Schreibverbot des auch damals in Deutschland
lebenden Autors erstreckte sich zunächst nicht
auf Publikationen im Auslande. Er schrieb also unter
Kontrolle und versuchte sich mit einigem Glück als
harmlos heiterer Erzähler. Die beiden Bücher wurden,
bald nach ihrem Erscheinen, von der Metro Goldwyn
Mayer zur Verfilmung erworben.

Der Millionär als künstlerisches Motiv

Millionäre sind aus der Mode gekommen. Sogar die Filmkritiker behaupten es. Und das gibt zu denken.

Sie schreiben, man könnte betreßte Diener, parkähnliche Gärten und pompöse Villen nicht länger sehen. Man habe genug von echten Tizians an den Wänden, genug auch von Aktienpaketen in den Tresoren – und Festlichkeiten mit mehr als zwanzig, womöglich elegant gekleideten Gästen zu zeigen, sei eine Zumutung ohnegleichen.

Nun las ich neulich im Blatt, es gebe immer noch Millionäre. Ich habe keine Gelegenheit, die Glaubwürdigkeit dieser Nachricht nachzuprüfen. Unter meinen Bekannten befindet sich jedenfalls kein Millionär. Doch das kann Zufall sein. Es beweist noch nichts. In England, so stand in der Zeitung, gebe es mehr als zweihundert ordnungsgemäß gemeldete Einwohner, deren jeder über mindestens eine Million Pfund Sterling verfüge. Und in anderen Ländern sei es ähnlich.

Aus welchem Grunde sind dann aber die Millionäre aus der Mode gekommen? Weshalb ist man dagegen, daß sie und ihre kostspielige Umgebung sich auf der Leinwand und im Roman widerspiegeln?

Ja, wenn sich's um gefährliche Wesen und um verbotene Dinge handelte, ließe sich die Abneigung verstehen! Das Radfahren auf der verkehrten Straßenseite beispielsweise ist gefährlich und verboten; und so wäre es in der Tat höchst unpassend, als Maler oder Schriftsteller etwas Derartiges zu wiederholen, indem man's darstellt. Das leuchtet ein.

Einbrüche und Raubüberfälle sind als künstlerische Motive ebenfalls ungeeignet. Denn auch in der Wirklichkeit sind sie, außer bei den Dieben selber, kaum erwünscht.

Aber die Millionäre? Sind sie verboten? Oder sind sie gar gefährlich? Weit gefehlt! Sie zahlen Steuern. Sie beschaffen Arbeit. Sie treiben Luxus. Sie sind wesentliche Bestandteile von Staat und Gesellschaft.

Als ich neulich las, daß es noch immer Millionäre gebe, las ich aber auch, ihre Zahl sei im Schwinden begriffen. Und vielleicht führt dieser Hinweis zu jener Antwort, die ich suche. – Sicher hat der Leser gelegentlich zum Himmel emporgesehen, während die Sonne hinterm Horizont versank. Wenige Minuten, nachdem sie untergegangen ist, beginnen plötzlich die westlichen Wolken zu glühen. Sie erröten. Einsam leuchten sie über der grauen, dämmernden Welt.

Die Wolken schimmern rosarot, aber die Sonne versank. Sollten die Millionäre jenen Wolken gleichen? Sollten sie der Abglanz einer Zeit sein, die schon untergegangen ist? Sollten sie deshalb aus der Mode gekommen sein?

Um es kurz zu machen: Ich weiß es nicht.

Der Verfasser gibt die Quellen an

Obwohl die Millionäre aus der Mode gekommen sind und obwohl ich nicht einmal genau weiß warum, ist, dessenungeachtet, die Hauptfigur dieses Buchs ein Millionär. Das ist nicht meine Schuld. Sondern es kam so:

Mein Freund Robert und ich fuhren vor einigen Monaten nach Bamberg, um uns den dortigen Reiter anzusehen. Den Bamberger Reiter.

Elfriede, eine junge Kunsthistorikerin, hatte Robert mitgeteilt, daß sie nur einen Mann heiraten werde, der den Bamberger Reiter kenne.

Ich hatte meinem Freunde daraufhin einen ausgezeichneten Rat gegeben. Hätte er ihn beherzigt, wären wir billiger davongekommen. Aber er war dagegen gewesen. Vor der Hochzeit dürfe man seine Frau nicht schlagen. Eine veraltete Ansicht, wie man zugeben wird. Doch er bestand darauf. Und schließlich war es seine Braut, nicht meine. So fuhren wir nach Bamberg.

(Ich möchte an dieser Stelle vorausschicken, daß sich die Kunsthistorikerin Elfriede während unserer Abwesenheit mit einem Zahnarzt verlobte. Er kannte den Bamberger Reiter übrigens auch nicht. Statt dessen verabfolgte er ihr eine Maulschelle. Man nennt das, glaube ich, seelische Kompensation. Daraufhin war ihm Elfriede um den Hals gefallen. So sind die Frauen. Doch das wußten wir damals noch nicht.)

In unserem Abteil saß ein älterer Herr. Er hatte Gallensteine. Man sah es ihm nicht an. Aber er sprach darüber. Er sprach überhaupt sehr viel. Und bevor er, hinter Leipzig, aufstand, um im Speisewagen eine Tasse Kaffee zu trinken, erzählte er uns haarklein jene wahre Geschichte, die den

Inhalt des vorliegenden Buches bilden wird und deren Hauptfigur, es ist nicht zu ändern, ein Millionär ist.

Als der ältere Herr das Abteil verlassen hatte, sagte Robert: »Übrigens ein ausgezeichneter Stoff.«

»Ich werde einen Roman daraus machen«, entgegnete ich.

»Du irrst«, meinte er gelassen. »Den Roman schreibe ich.«

Wir musterten einander streng. Dann erklärte ich herrisch: »Ich mache einen Roman daraus und du ein Theaterstück. Der Stoff eignet sich für beide Zwecke. Außerdem ist ein Lustspiel halb so umfangreich wie ein Roman. Du siehst, ich will dir wohl.«

Nein. Das Stück möge gefälligst ich schreiben.

Nein. Ich verstünde nichts von Lustspielen.

Das stimmte, sei aber kein Hindernis.

Wir schwiegen. Dann sagte mein Freund Robert: »Wir werden einen Groschen hochwerfen. Ich nehme Wappen.« Er warf die Münze hoch. Sie fiel auf die Bank. »Hurra!« rief ich. »Zahl!« Nun hatten wir jedoch vergessen, vorher auszumachen, was eigentlich entschieden werden solle. »Wir wiederholen das Experiment«, schlug ich vor. »Wer gewinnt, schreibt den Roman.«

»Diesmal nehme ich Zahl«, sagte Robert. (Er hat seine Schattenseiten.)

Ich warf den Groschen hoch. Er fiel zu Boden. »Hurra!« rief ich. »Wappen!«

Robert blickte tieftraurig zum Fenster hinaus. »Ich muß ein Lustspiel schreiben«, murmelte er. Er tat mir fast leid. Nun kam der ältere Herr mit den Gallensteinen wieder ins Abteil. »Eine Frage, mein Herr«, sagte ich. »Wollen Sie die Geschichte von dem Millionär künstlerisch gestalten? Was sind Sie von Beruf?«

Er antwortete, er sei Geflügelhändler. Und er denke nicht daran, Bücher oder Schriftstücke zu verfassen. Möglicherweise könne er's gar nicht.

Dann wollten wir es für ihn tun, erklärten wir.

Er bedankte sich. Später fragte er, ob wir es ihm gestatteten, die Geschichte nach wie vor in Eisenbahnkupees zu erzählen. Ich sagte: »Wir gestatten es.«

Er bedankte sich noch einmal. An der nächsten Station stieg er aus. Er winkte uns nach.

Nachdem wir den Bamberger Reiter eingehend besichtigt hatten, kehrten wir nach Berlin zurück. Die Kunsthistorikerin Elfriede stand am Anhalter Bahnhof und stellte uns ihren neuen Bräutigam vor. Robert war erschüttert. Der Zahnarzt sagte, er sei ihm eine Revanche schuldig, und lud uns zu einem Umtrunk ein. Seine Braut schickte er nach Hause. Das Weib gehörte an den Herd, meinte er streng. Elfriede sagte einiges über den Stilwandel in der Ehe und über die zyklische Polarität. Dann erklomm sie den Autobus. Und das war die Hauptsache. Wenn eine Frau gehorcht, darf sie sogar gebildet sein.

Wir drei Männer stiegen in eine unterirdische Weinkneipe, und nach vier Stunden hatten wir zahlreiche Zacken in der Krone. Ich weiß nur noch, daß wir dem Zahnarzt versprachen, zu seiner Hochzeit Blumen zu streuen. Da begann er laut zu weinen.

Später heulte auch Robert. »Ich muß ein Lustspiel schreiben«, stammelte er. »Und der Dentist heiratet Elfriede und hat nicht einmal den Bamberger Reiter gesehen.«

»Du bist eben ein Glückspilz«, sagte der Zahnarzt schlagfertig. Und dann brachten wir Robert nach Hause. Ich legte ihm Papier und Bleistift zurecht, damit er am nächsten Morgen unverzüglich mit dem Theaterstück beginnen könne. »Sublimiere den Schmerz, o Robert, und dichte!« schrieb ich auf einen Zettel. Nichts weiter. Wir Künstler sind kalte, hartherzige Naturen.

Seitdem ging die Zeit ins Land. Der Zahnarzt hat Elfriede geheiratet. Robert hat das Stück geschrieben. Und ich den

Roman. Gern hätten wir dem Herrn mit den Gallensteinen
unsere Werke gewidmet. Denn ihm verdanken wir ja den
Stoff. Aber wir vergaßen damals in der Eisenbahn, nach seinem Namen zu fragen. Deshalb:

Sehr geehrter Herr! Sollten Sie Roberts Stück sehen oder
dieses Buch lesen, so erinnern Sie sich unser bitte nicht ohne
Wohlwollen! Und wenn Sie wieder einmal einen hübschen
Stoff wissen, schreiben Sie ganz einfach eine Karte! Ja?

Eigne Einfälle sind so selten. Wir kommen ins Haus.

NB. Das Porto würden wir Ihnen selbstverständlich
rückvergüten.

Dienstboten unter sich und untereinander

»Machen Sie nicht so viel Krach!« sagte Frau Kunkel, die Hausdame. »Sie sollen kein Konzert geben, sondern den Tisch decken.« Isolde, das neue Dienstmädchen, lächelte fein. Frau Kunkels Taftkleid knisterte. Sie schritt die Front ab. Sie schob einen Teller zurecht und zupfte an einem Löffel.

»Gestern gab es Nudeln mit Rindfleisch«, bemerkte Isolde melancholisch. »Heute weiße Bohnen mit Würstchen. Ein Millionär sollte eigentlich einen eleganteren Appetit haben.«

»Der Herr Geheimrat ißt, was ihm schmeckt«, sagte Frau Kunkel nach reiflicher Überlegung.

Das neue Dienstmädchen verteilte die Mundtücher, kniff ein Auge zu, das getroffene Arrangement zu überprüfen, und wollte sich entfernen.

»Einen Augenblick noch!« meinte Frau Kunkel. »Mein Vater, Gott hab ihn selig, pflegte zu sagen: ›Auch wer morgens dreißig Schweine kauft, kann mittags nur ein Kotelett essen.‹ Merken Sie sich das für Ihren ferneren Lebensweg! Ich glaube kaum, daß Sie sehr lange bei uns bleiben werden.«

»Wenn zwei Personen dasselbe denken, darf man sich etwas wünschen«, sagte Isolde verträumt.

»Ich bin keine Person!« rief die Hausdame. Das Taftkleid zitterte. Dann knallte die Tür.

Frau Kunkel zuckte zusammen und war allein. – Was mochte sich Isolde gewünscht haben? Es war nicht auszudenken!

Das Gebäude, von dessen Speisezimmer soeben die Rede war, liegt an jener alten, ehrwürdigen Allee, die von Halensee nach Hundekehle führt. Jedem, der die Straße auch nur einigermaßen kennt, wird die Villa aufgefallen sein. Nicht weil sie noch größer wäre, noch feuervergoldeter und schwungvoller als die anderen.

Sie fällt dadurch auf, daß man sie überhaupt nicht sieht. Man blickt durch das zweihundert Meter lange Schmiedegitter in einen verschneiten Wald, der jegliche Aussage verweigert. Wenn man vor dem von ergrauten Steinsäulen flankierten Tore steht, sieht man den breiten Fahrweg und dort, wo er nach rechts abbiegt, ein schmuckloses, freundliches Gebäude: das Gesindehaus. Hier wohnen die Dienstmädchen, die Köchin, der Chauffeur und die Gärtnersleute. Die Villa selber, die toten Tennisplätze, der erfrorene Teich, die wohltemperierten Treibhäuser, die unterm Schnee schlafenden Gärten und Wiesen bleiben unsichtbar.

An der einen grauen Säule, rechts vom Torgitter, entdeckt man ein kleines Namensschild. Man tritt näher und liest: Tobler. Tobler? Das ist bestimmt der Millionär Tobler. Der Geheimrat Tobler. Der Mann, dem Banken, Warenhäuser und Fabriken gehören. Und Bergwerke in Schlesien, Hochöfen an der Ruhr und Schiffahrtslinien zwischen den Kontinenten.

Die Epoche der Wirtschaftskonzerne ist vorbei. Der Toblerkonzern lebt noch. Tobler hat sich, seit er vor fünfzehn Jahren den Herrn Onkel beerbte, um nichts gekümmert. Vielleicht liegt es daran. – Konzerne gleichen Lawinen. Sie werden größer und größer: Soll man ihnen dabei helfen? Sie enden im Tal: Kann man's verhindern?

Tobler besitzt viele Millionen. Aber er ist kein Millionär.

Frau Kunkel studierte die Morgenzeitung.

Johann, der Diener, trat ins Speisezimmer. »Tun Sie nicht

so, als ob Sie lesen könnten!« sagte er unwillig. »Es glaubt Ihnen ja doch kein Mensch.«

Sie schoß einen vergifteten Blick ab. Dann wies sie auf die Zeitung. »Heute stehen die Preisträger drin! Den ersten Preis hat ein Doktor aus Charlottenburg gekriegt und den zweiten ein gewisser Herr Schulze. Für so 'n paar kurze Sätze werden nun die beiden Männer auf vierzehn Tage in die Alpen geschickt!«

»Eine viel zu geringe Strafe«, erwiderte Johann. »Sie gehörten nach Sibirien. Um was handelt sich's übrigens?«

»Um das Preisausschreiben der Putzblank-Werke.«

»Ach so«, sagte Johann, nahm die Zeitung und las das halbseitige Inserat. »Dieser Schulze! Er hat keine Adresse. Er wohnt postlagernd!«

»Man kann postlagernd wohnen?« fragte Frau Kunkel. »Ja, geht denn das?«

»Nein«, erwiderte der Diener. »Warum haben Sie sich eigentlich nicht an dem Preisausschreiben beteiligt? Sie hätten bestimmt einen Preis gekriegt.«

»Ist das Ihr Ernst?«

»Man hätte Sie auf zwei Wochen in die Alpen geschickt. Vielleicht hätten Sie sich einen Fuß verstaucht und wären noch länger weggeblieben.« Er schloß genießerisch die Augen.

»Sie sind ein widerlicher Mensch«, meinte sie. »Ihretwegen bräche ich mir nicht einmal das Genick.«

Johann fragte: »Wie macht sich das neue Dienstmädchen?«

Frau Kunkel erhob sich. »Sie wird bei uns nicht alt werden. Warum heißt die Person eigentlich Isolde?«

»Die Mutter war eine glühende Verehrerin von Richard Wagner«, berichtete Johann.

»Was?« rief die Hausdame. »Unehelich ist diese Isolde auch noch?«

»Keine Spur. Die Mutter war verheiratet.«

»Mit Richard Wagner?«

»Aber nein.«

»Warum wollte er denn, daß das Kind Isolde heißen sollte? Was ging ihn das an?«

»Richard Wagner hatte doch keine Ahnung von der Geschichte. Fräulein Isoldes Mutter wollte es.«

»Und der Vater wußte davon?«

»Selbstverständlich. Er liebte Wagner auch.«

Frau Kunkel ballte die gepolsterten Hände. »Ich lasse mir allerlei gefallen«, sagte sie dumpf. »Aber das geht zu weit!«

Herr Schulze und Herr Tobler

Es schneite. Vor dem Postamt in der Lietzenburger Straße hielt eine große, imposante Limousine.

Zwei Jungen, die mit Schneebällen nach einer Laterne warfen, unterbrachen ihre aufreibende Tätigkeit.

»Mindestens zwölf Zylinder«, sagte der Größere.

»Eine klotzige Karosserie«, meinte der Kleinere.

Dann pflanzten sie sich vor dem Fahrzeug auf, als handle sich's mindestens um den Sterbenden Gallier oder den Dornauszieher.

Der pelzverbrämte Herr, welcher der klotzigen Karosserie entstieg, glich etwa einem wohlhabenden Privatgelehrten, der regelmäßig Sport getrieben hat. »Einen Moment, Brandes«, sagte er zu dem Chauffeur.

Dann trat er in das Gebäude und suchte den Schalter für postlagernde Sendungen.

Der Beamte fertigte gerade einen Jüngling ab. Er reichte ihm ein rosafarbenes Briefchen. Der Jüngling strahlte, wurde rot, wollte den Hut ziehen, unterließ es und verschwand hastig. Der Herr im Gehpelz und der Oberpostsekretär lächelten einander an. »Das waren noch Zeiten«, sagte der Herr.

Der Beamte nickte. »Und nun sind wir alte Esel geworden. Ich jedenfalls.«

Der Herr lachte: »Ich möchte mich nicht ausschließen.«

»So alt sind Sie noch gar nicht«, meinte der Beamte.

»Aber schon so ein Esel!« sagte der Herr vergnügt. »Ist übrigens ein Brief für Eduard Schulze da?«

Der Oberpostsekretär suchte. Dann reichte er einen dicken Brief heraus. Der Herr steckte den Brief in die Manteltasche, bedankte sich, nickte heiter und ging.

Die zwei Jungen standen noch immer vor dem Auto. Sie verhörten den Chauffeur. Er schwitzte bereits. Sie erkundigten sich, ob er verheiratet sei.

»Da hätte ich doch 'n Trauring um«, bemerkte er zurechtweisend. Die Jungen lachten. »Mensch, der nimmt uns auf die Rolle«, meinte der Größere.

»So was dürfen Sie mit uns nicht machen«, sagte der Kleinere vorwurfsvoll. »Mein Vater hat ihn auch in der Westentasche.« Als der Herr aus dem Postamt trat, stieg der Chauffeur rasch aus und öffnete den Schlag. »So 'ne Bengels können einen alten Mann glatt ins Krankenhaus bringen«, sagte er verstört. Herr Schulze musterte die Knirpse. »Sollen wir euch einmal ums Viereck fahren?« Sie nickten und schwiegen. »Na, dann rin in die gute Stube!« rief er. Sie kletterten stumm in den Fond. Die Fahrt ging los. »Dort kommt Arthur!« sagte der Große. Der Kleine klopfte an die Scheibe. Beide winkten stolz. Arthur blieb stehen, blickte den Kameraden verständnislos nach und winkte erst, als das Auto um die Ecke gebogen war. »Wie viele Kilometer ist Ihr Wagen schon gefahren?« fragte der Kleinere.

»Keine Ahnung«, sagte Herr Schulze.

»Gehört er Ihnen denn nicht?« fragte der Größere.

»Doch, doch.«

»Hat 'n Auto und weiß nicht, wieviel Kilometer es gelaufen ist!« meinte der Größere kopfschüttelnd.

Der Kleinere sagte nur: »Allerhand.«

Herr Schulze zog das Schiebefenster auf. »Brandes, wieviel Kilometer ist der Wagen gefahren?«

»60 350 Kilometer!«

»Dabei sieht er noch wie fabrikneu aus«, meinte der kleine Junge fachmännisch. »Wenn ich groß bin, kauf ich mir genau denselben.«

»Du wirst niemals groß«, bemerkte der andere. »Du wächst nicht mehr.«

»Ich werde so groß wie mein Onkel Gotthold. Der geht nicht durch die Türe.«

»So siehst du aus! Du bleibst 'n Zwerg.«

»Ruhe!« sagte Herr Schulze. »Brandes, halten Sie mal!« Der Herr ging mit den zwei Jungen in ein Schokoladengeschäft. Sie durften sich etwas aussuchen. – Der kleinere bekam Marzipanbruch, der größere Drops mit Fruchtgeschmack.

Und für sich selber kaufte Herr Schulze eine Rolle Lakritzen. Die Verkäuferin rümpfte die Nase.

Dann transportierte Brandes die kleine Gesellschaft in die Lietzenburger Straße zurück. Die beiden Jungen dankten für alles Gebotene, stiegen aus und machten tiefe Verbeugungen.

»Kommen Sie hier öfter vorbei?« fragte der Größere.

»Da würden wir nämlich jeden Tag aufpassen«, sagte der Kleinere.

»Das fehlte noch«, brummte Brandes, der Chauffeur, und gab Gas. Die zwei Jungen sahen dem Wagen lange nach. Dann griffen sie in ihre Zuckertüten.

»Ein feiner Kerl«, sagte der Kleinere, »aber von Autos hat er keinen Schimmer.«

Das Essen hatte geschmeckt. Isolde, das neue Dienstmädchen, hatte abgeräumt, ohne Frau Kunkel eines Blickes zu würdigen. Johann, der Diener, brachte Zigarren und gab dem Herrn des Hauses Feuer. Fräulein Hilde, Toblers Tochter, stellte Mokkatassen auf den Tisch. Die Hausdame und der Diener wollten gehen. An der Tür fragte Johann: »Irgendwelche Aufträge, Herr Geheimrat?«

»Trinken Sie eine Tasse Kaffee mit uns! Die Kunkel auch. Und stecken Sie sich eine Zigarre ins Gesicht!«

»Sie wissen doch, daß ich nicht rauche«, sagte Frau Kunkel. Hilde lachte, Johann nahm eine Zigarre. Der Geheimrat setzte sich. »Nehmt Platz, Kinder! Ich habe euch etwas

mitzuteilen.« Hilde meinte: »Sicher wieder etwas Originelles.«

»Entsetzlich«, stöhnte die Hausdame. (Sie litt an Ahnungen.)

»Ruhe!« befahl Tobler. »Entsinnt ihr euch, daß ich vor
Monaten den Putzblank-Werken schrieb, man solle ein
Preisausschreiben machen?« Die anderen nickten.

»Ihr wißt aber nicht, daß ich mich an eben diesem Preisausschreiben, nachdem es veröffentlicht worden war, aktiv
beteiligte! Und was ich bis heute früh selber noch nicht
wußte, ist die erstaunliche Tatsache, daß ich in dem Preisausschreiben meiner eigenen Fabrik den zweiten Preis gewonnen habe!«

»Ausgeschlossen«, sagte die Kunkel. »Den zweiten Preis
hat ein gewisser Herr Schulze gewonnen. Noch dazu postlagernd. Ich hab's in der Zeitung gelesen.«

»Aha«, murmelte Fräulein Hilde Tobler.

»Kapieren Sie das nicht?« fragte Johann.

»Doch«, sagte die Kunkel. »Der Herr Geheimrat verkohlt uns.«

Jetzt griff Hilde ein. »Nun hören Sie einmal gut zu! Mein
Vater erzählt uns, er habe den Preis gewonnen. Und in der
Zeitung steht, der Gewinner heiße Schulze. Was läßt sich
daraus schließen?«

»Dann lügt eben die Zeitung«, meinte Frau Kunkel. »Das
soll es geben.«

Die anderen bekamen bereits Temperatur.

»Es gibt noch eine dritte Möglichkeit«, sagte Tobler. »Ich
könnte mich unter dem Namen Schulze beteiligt haben.«

»Auch das ist möglich«, gab Frau Kunkel zu. »Da kann
man leicht gewinnen! Wenn man der Chef ist!« Sie wurde
nachdenklich und schließlich streng. »Dann konnten Ihnen
Ihre Direktoren aber den ersten Preis geben.«

»Kunkel, man sollte Sie mit dem Luftgewehr erschießen«,
rief Hilde.

»Und dann mit Majoran und Äpfeln füllen«, ergänzte Johann.

»Das habe ich nicht verdient«, sagte die dicke alte Dame mit tränenerstickter Stimme.

Johann ließ den Mut noch nicht sinken. »Die Direktoren gaben doch den Preis einem ihnen vollkommen fremden Menschen!«

»Ich denke, dem Herrn Geheimrat!«

»Das wußten sie doch aber nicht!« rief Hilde ärgerlich.

»Schöne Direktoren sind das«, meinte Frau Kunkel. »So etwas nicht zu wissen! Ha!« Sie schlug sich aufs Knie.

»Schluß der Debatte!« rief der Geheimrat. »Sonst klettre ich auf die Gardinenstange.«

»Da haben Sie's«, sagte die Kunkel zu Johann. »Den armen Herrn Geheimrat so zu quälen!« Johann verschluckte vor Wut eine größere Menge Zigarrenrauch und hustete. Frau Kunkel lächelte schadenfroh.

»Worin besteht denn dieser zweite Preis?« fragte Hilde.

Johann gab hustend Auskunft. »Zehn Tage Aufenthalt im Grandhotel Bruckbeuren. Hin- und Rückfahrt 2. Klasse.«

»Ich ahne Fürchterliches«, sagte Hilde. »Du willst als Schulze auftreten.«

Der Geheimrat rieb sich die Hände. »Erraten! Ich reise diesmal nicht als der Millionär Tobler, sondern als ein armer Teufel namens Schulze. Endlich einmal etwas anderes. Endlich einmal ohne den üblichen Zinnober.« Er war begeistert. »Ich habe ja fast vergessen, wie die Menschen in Wirklichkeit sind. Ich will das Glashaus demolieren, in dem ich sitze.«

»Das kann ins Auge gehen«, meinte Johann.

»Wann fährst du?« fragte Hilde.

»In fünf Tagen. Morgen beginne ich mit den Einkäufen. Ein paar billige Hemden. Ein paar gelötete Schlipse. Einen Anzug von der Stange. Fertig ist der Lack!«

»Falls sie dich als Landstreicher ins Spritzenhaus sperren, vergiß nicht zu depeschieren«, bat die Tochter.

Der Geheimrat schüttelte den Kopf. »Keine Bange, mein Kind. Johann fährt ja mit. Er wird die zehn Tage im gleichen Hotel verleben. Wir werden einander allerdings nicht kennen und kein einziges Wort wechseln. Aber er wird jederzeit in meiner Nähe sein.«

Johann saß niedergeschlagen auf seinem Stuhl.

»Morgen lassen wir Ihnen bei meinem Schneider mehrere Anzüge anmessen. Sie werden wie ein pensionierter Großherzog aussehen.«

»Wozu?« fragte Johann. »Ich habe noch nie etwas anderes sein wollen als Ihr Diener.«

Der Geheimrat erhob sich. »Wollen Sie lieber hierbleiben?«

»Aber nein«, erwiderte Johann. »Wenn Sie es wünschen, reise ich als Großherzog.«

»Sie reisen als wohlhabender Privatmann«, entschied Tobler. »Warum soll es immer nur mir gut gehen! Sie werden zehn Tage lang reich sein.«

»Ich wüßte nicht, was ich lieber täte«, sagte Johann tieftraurig. »Und ich darf Sie während der ganzen Zeit nicht ansprechen?«

»Unter gar keinen Umständen. Mit einem so armen Mann wie mir haben Herrschaften aus Ihren Kreisen nichts zu schaffen. Statt dessen dürfen Sie sich aber mit Baronen und internationalen Sportgrößen unterhalten. Richtig, eine Skiausrüstung werden Sie übrigens auch brauchen!«

»Ich kann nicht Ski fahren«, entgegnete der Diener.

»Dann werden Sie es lernen.«

Johann sank in sich zusammen. »Darf ich wenigstens manchmal in Ihr Zimmer kommen und aufräumen?« – »Nein.«

»Ich werde bestimmt nur kommen, wenn niemand auf dem Korridor ist.«

»Vielleicht«, sagte der Geheimrat.

Johann blühte wieder auf.

»Ich bin sprachlos«, sagte die Kunkel.

»Wirklich?« fragte Hilde. »Im Ernst?«

Tobler winkte ab. »Leere Versprechungen!«

»Über fünfzehn Jahre bin ich in diesem Hause«, sagte die Kunkel. »Und es war dauernd etwas los. Der Herr Geheimrat hat immer schon zuviel Phantasie und zuviel Zeit gehabt. Aber so etwas ist mir denn doch noch nicht passiert! Herr Geheimrat, Sie sind das älteste Kind, das ich kenne. Es geht mich nichts an. Aber es regt mich auf. Dabei hat mir der Doktor jede Aufregung verboten. Was hat es für einen Sinn, wenn Sie mich ein Jahr ums andere ins Herzbad schicken, und kaum bin ich zurück, fängt das Theater von vorne an? Ich habe jetzt mindestens hundertzwanzig Pulsschläge in der Sekunde. Und der Blutdruck steigt mir bis in den Kopf. Das hält kein Pferd aus. Wenn ich wenigstens die Tabellen einnehmen könnte. Nein, die Tabletten. Aber ich kriege sie nicht hinunter. Sie sind zu groß. Und im Wasser auflösen darf man sie nicht. Denke ich mir wenigstens. Weil sie dann nicht wirken.« Sie hielt erschöpft inne.

»Ich fürchte, Sie sind vom Thema abgekommen«, meinte Hilde. Der Geheimrat lächelte gutmütig. »Hausdamen, die bellen, beißen nicht«, sagte er.

Mutter Hagedorn und Sohn

Am selben Tage, ungefähr zur gleichen Stunde, klopfte Frau Hagedorn in der Mommsenstraße an die Tür ihres Untermieters Franke. Es ist nicht sehr angenehm, in der eigenen Wohnung an fremde Türen klopfen zu müssen. Aber es läßt sich nicht immer vermeiden. Am wenigsten, wenn man eine Witwe mit einem großen Sohn und einer kleinen Rente ist und wenn der große Sohn keine Anstellung findet.

»Herein!« rief Herr Franke. Er saß am Tisch und korrigierte Diktathefte. »Saubande!« murmelte er. Er meinte seine Schüler. »Die Lausejungen scheinen manchmal auf den Ohren zu sitzen statt auf ...«

»Vorsicht, Vorsicht«, äußerte Frau Hagedorn. »Ich will das nicht gehört haben, was Sie beinah gesagt hätten. Wollen Sie eine Tasse Kaffee trinken?«

»Zwei Tassen«, sagte Herr Franke.

»Haben Sie schon die Zeitung gelesen?« Die Apfelbäckchen der alten Dame glühten. Franke schüttelte den Kopf. Sie legte eine Zeitung auf den Tisch. »Das Rotangestrichene«, meinte sie stolz.

Als sie mit dem Kaffee zurückkam, sagte der Untermieter: »Ihr Sohn ist ein Mordskerl! Schon wieder einen ersten Preis! In Bruckbeuren ist es sehr schön. Ich bin auf einer Alpenwanderung durchgekommen. Wann geht die Reise los?«

»Schon in fünf Tagen. Ich muß rasch ein paar Hemden für ihn waschen. Das ist bestimmt wieder so ein pompöses Hotel, wo jeder einen Smoking hat. Nur mein Junge muß im blauen Anzug herumlaufen. Vier Jahre trägt er ihn nun. Er glänzt wie Speckschwarte.«

Der Lehrer schlürfte seinen Kaffee. »Das wievielte Preisausschreiben ist das eigentlich, das der Herr Doktor gewonnen hat?«

Frau Hagedorn ließ sich langsam in einen ihrer abvermieteten roten Plüschsessel nieder. »Das siebente! Da war erstens vor drei Jahren die große Mittelmeerreise. Die bekam er für zwei Zeilen, die sich reimten. Na, und dann die zwei Wochen im Palace Hotel von Château Neuf. Das war kurz bevor Sie zu uns zogen. Dann die Norddeutsche Seebäderreise. Beim Preisausschreiben der Verkehrsvereine. Dann die Gratiskur in Pystian. Dabei war der Junge gar nicht krank. Aber so etwas kann ja nie schaden. Dann der Flug nach Stockholm. Hin und zurück. Und drei Tage Aufenthalt an den Schären. Im letzten Frühjahr vierzehn Tage Riviera. Wo er Ihnen die Karte aus Monte Carlo schickte. Und jetzt die Reise nach Bruckbeuren. Die Alpen im Winter, das ist sicher großartig. Ich freue mich so. Seinetwegen. Für tagsüber hat er ja den Sportanzug. Er muß wieder einmal auf andere Gedanken kommen. Könnten Sie ihm vielleicht Ihren dicken Pullover leihen? Sein Mantel ist ein bißchen dünn fürs Hochgebirge.«

Franke nickte. Die alte Frau legte ihre abgearbeiteten Hände, an denen sie die sieben Erfolge ihres Sohnes hergezählt hatte, in den Schoß und lächelte. »Den Brief mit den Freifahrscheinen brachte der Postbote heute früh.«

»Es ist eine bodenlose Schweinerei!« knurrte Herr Franke. »Ein so talentierter Mensch findet keine Anstellung! Man sollte doch tatsächlich …«

»Vorsicht, Vorsicht!« warnte Frau Hagedorn. »Er ist heute zeitig fort. Ob er's schon weiß? Er wollte sich wieder einmal irgendwo vorstellen.«

»Warum ist er denn nicht Lehrer geworden?« fragte Franke. »Dann wäre er jetzt an irgendeinem Gymnasium, würde Diktathefte korrigieren und hätte sein festes Einkommen.«

»Reklame war schon immer seine Leidenschaft«, sagte sie. »Seine Doktorarbeit handelte auch davon. Von den psychologischen Gesetzen der Werbewirkung. Nach dem Studium hatte er mehrere Stellungen. Zuletzt mit achthundert Mark im Monat. Weil er tüchtig war. Aber die Firma ging bankrott.«

Frau Hagedorn stand auf. »Nun will ich aber endlich die Hemden einweichen.«

»Und ich werde die Diktate zu Ende korrigieren«, erklärte Herr Franke. »Hoffentlich reicht die rote Tinte. Mitunter habe ich das dumpfe Gefühl, die Bengels machen nur so viele Fehler, um mich vor der Zeit ins kühle Grab zu bringen. Morgen halte ich ihnen eine Strafrede, daß sie denken sollen …«

»Vorsicht, Vorsicht!« sagte die alte Dame, steckte die Zeitung wieder ein und segelte in die Küche.

Als Doktor Hagedorn heimkam, dämmerte es bereits. Er war müde und verfroren. »Guten Abend«, sagte er und gab ihr einen Kuß.

Sie stand am Waschfaß, trocknete rasch die Hände und reichte ihm den Brief der Putzblank-Werke.

»Bin im Bilde«, sagte er. »Ich las es in der Zeitung. Wie findest du das? Ist das nicht, um aus der nackten Haut zu fahren? Mit der Anstellung war es übrigens wieder Essig. Der Mann geht erst in einem halben Jahr nach Brasilien. Und den Nachfolger haben sie auch schon. Einen Neffen vom Personalchef.« Der junge Mann stellte sich an den Ofen und wärmte die steifen Finger.

»Kopf hoch, mein Junge!« sagte die Mutter. »Jetzt fährst du erst einmal zum Wintersport. Das ist besser als gar nichts.«

Er zuckte die Achseln. »Ich war am Nachmittag in den Putzblank-Werken draußen. Mit der Stadtbahn. Der Herr Direktor freute sich außerordentlich, den ersten Preisträger persönlich kennenzulernen, und beglückwünschte mich zu den markanten Sätzen, die ich für ihr Waschpulver und ihre Seifenflocken gefunden hätte. Man verspreche sich einen beachtlichen Werbeerfolg davon. Ein Posten sei leider nicht frei.«

»Und warum warst du überhaupt dort?« fragte die Mutter.

Er schwieg eine Weile. Dann sagte er: »Ich machte dem Direktor einen Vorschlag. Seine Firma solle mir statt der Gratisreise eine kleine Barvergütung gewähren.«

Die alte Frau hielt mit Waschen inne.

»Es war das übliche Theater«, fuhr er fort. »Es sei unmöglich. Die Abmachungen seien bindend. Überdies sei Bruckbeuren ein entzückendes Fleckchen Erde. Besonders im Winter. Er wünsche mir viel Vergnügen. Ich träfe dort die beste internationale Gesellschaft und solle ihm eine Ansichtskarte schicken. Er habe keine Zeit, im Winter zu reisen. Er hänge an der Kette. Und ich sei zu beneiden.«

»Es war das übliche Theater?« fragte die Mutter. »Du hast das schon öfter gemacht?«

»Ich habe dir nichts davon erzählt«, sagte er. »Du zerbrichst dir wegen deiner paar Groschen den Hinterkopf! Und ich gondle in einem fort quer über die Landkarte. Gratis und franko nennt man das! Jawohl, Kuchen! Jedesmal bevor ich losfahre, wandert die Witwe Hagedorn stehenden Fußes zur Städtischen Sparkasse und hebt fünfzig Mark ab. Weil sonst der Herr Sohn kein Geld hat, unterwegs eine Tasse Kaffee oder ein kleines Helles zu bezahlen.«

»Man muß die Feste feiern, wie sie fallen, mein Junge.«

»Nicht arbeiten und nicht verzweifeln«, sagte er. »Eine Variation über ein altes Thema.«

Er machte Licht. »Diese Putzblank-Werke gehören dem Tobler, einem der reichsten Männer, die der Mond bescheint. Wenn man diesen alten Onkel einmal zu fassen kriegte!«

»Nun weine mal nicht«, meinte die Mutter.

»Oder wenn wenigstens du auf meine Fahrkarte verreisen könntest! Du bist dein Leben lang nicht über Schildhorn und Werder hinausgekommen.«

»Du lügst wie gedruckt«, sagte die Mutter. »Mit deinem Vater war ich vor dreißig Jahren in Swinemünde. Und mit dir 1910 im Harz. Als du Keuchhusten hattest. Wegen der Luftveränderung. Ferner möchte ich dir mitteilen, daß wir noch heute abend ins Kino gehen. Es läuft ein Hochgebirgsfilm. Wir nehmen zweites Parkett und werden uns einbilden, wir säßen auf dem Matterhorn.«

»Ich nehme die Einladung dankend an«, entgegnete er. »Und wenn ich jemals König von England werden sollte, verleihe ich dir den Hosenbandorden. Das soll meine erste Regierungstat sein. Eventuell erhebe ich dich in den erblichen Adelsstand. Das hängt allerdings davon ab, was es heute abend zu essen gibt.«

»Sülze mit Bratkartoffeln«, sagte die Mutter.

»Oha!« rief Herr Doktor Hagedorn. »Dann wirst du sogar Herzogin von Cumberland. Das ist eine alte, gute Familie. Einer ihrer Vorfahren hat die englische Sauce entdeckt.«

»Vielen Dank«, sagte Frau Hagedorn. »Werden Majestät den blauen Anzug mitnehmen?«

»Natürlich«, meinte er. »Es ist einer der glänzendsten Anzüge, die es je gegeben hat.«

Später zog die Mutter, vom Fensterriegel bis zum oberen Türscharnier, eine Leine und hängte die Oberhemden des siebenfachen Preisträgers zum Trocknen auf. Dann aßen sie, am Küchentisch, im Schatten der tropfenden Hemden, Sülze mit Bratkartoffeln. Dann brachte die alte Dame dem Lehrer Franke Tee, Teller und Besteck. Und schließlich gingen Mutter und Sohn ins Kino. Es lag in einer verschneiten Seitenstraße und nannte sich großspurig Viktoria-Palast.

»Zweimal Fremdenloge«, verlangte Hagedorn.

»Fremdenloge gibt es leider bei uns nicht«, sagte das Fräulein an der Kasse.

»Wie dumm, wie dumm!« meinte er. »Nein, ist uns das peinlich! Das verändert die Sachlage gewaltig! Was meinst du, liebe Tante, wollen wir unter diesen Umständen lieber wieder nach Hause gehen?«

»Ach nein«, sagte die Mutter. »Nun bin ich schon in Berlin zu Besuch. Nun will ich auch etwas erleben.« Währenddem drückte sie ihm heimlich eine Mark fünfzig Pfennig in die Hand.

Das Fräulein dachte nach. »Nehmen Sie doch Orchestersitz.«

»Das geht nicht. Wir sind unmusikalisch«, sagte er. »Wissen Sie was, geben Sie zweimal zweites Parkett!«

»Das ist aber ganz vorn«, sagte das Fräulein.

»Das wollen wir hoffen«, bemerkte die alte Dame hoheitsvoll.

»Im Perleburger Stadttheater sitzen wir auch in der ersten Reihe. Wir nehmen stets die vordersten Plätze.«

»Mein Onkel ist nämlich Feuerwehrhauptmann«, sagte Doktor Hagedorn erklärend und nickte dem Fräulein zu. »Er kann sich's leisten.« Dann reichte er seiner Mutter den Arm, und sie traten gemessenen Schritts in den dunklen Zuschauerraum.

Gelegenheitskäufe

An den folgenden Tagen ließ sich Geheimrat Tobler wiederholt im Auto nach dem Norden und Osten Berlins fahren. Er besorgte seine Expeditionsausrüstung. Die Schlipse, es waren Stücke von prähistorischem Aussehen, erstand er in Tempelhof. Die Hemden kaufte er in der Landsberger Allee. Drei impertinent gestreifte Flanellhemden waren es. Dazu zwei vergilbte Makohemden, etliche steife Vorhemdchen, zwei Paar Röllchen und ein Paar vernickelter Manschettenknöpfe, deren jeder ein vierblättriges Kleeblatt vorstellte.

In der Neuen Königstraße kaufte er – besonders billig, wegen Aufgabe des Geschäfts – eine Partie Wollsocken. Und in der Münzstraße derbe rindslederne Stiefel. Am Tag der Abreise erwarb er endlich den Anzug! Das ging hinter dem Schlesischen Bahnhof vor sich. In der Fruchtstraße. Der Laden lag im Keller. Man mußte sechs Stufen hinunterklettern.

Der Trödler, ein bärtiger Greis, breitete einige seiner Schätze auf dem Ladentisch aus. »So gut wie nicht getragen«, sagte er unsicher. Tobler erblickte zunächst einen verwitterten Cutaway aus Marengo und hatte nicht übel Lust, ihn zu nehmen. Andrerseits war ein Cutaway doch wohl nicht das geeignetste Kostüm für dreißig Zentimeter Neuschnee. Daneben lag ein hellbrauner Jackettanzug. Mit kleinen Karos und großen Fettflecken. Und neben diesem der Anzug, den Tobler schließlich wählte. Die Farbe war vor Jahren violett gewesen. Mit hellen Längsstreifen. Die Zeit vergeht.

»Scheußlich schön«, sagte Tobler. »Was kostet das Gewand?«

»Achtzehn Mark«, entgegnete der Alte. »Es ist der äußerste Preis.« Der Geheimrat nahm das Jackett vom Bügel und zog es an. Der Rücken spannte. Die Ärmel waren viel zu kurz. »Nehmen Sie den Cutaway!« riet der alte Mann. »Er kostet zweiundzwanzig Mark, aber die vier Mark Unterschied lohnen sich. Der Stoff ist besser. Sie werden es nicht bereuen.«

»Haben Sie keinen Spiegel?« fragte Tobler.

»Im Hinterzimmer«, sagte der Greis. Sie gingen in das Hinterzimmer. Es roch nach Kohl. Der Geheimrat starrte in den Spiegel, erkannte sich dann doch und mußte lachen. »Gefalle ich Ihnen?« fragte er.

Der Ladenbesitzer griff, einen Halt suchend, in seinen Bart. »Nehmen Sie den Cutaway!«

Tobler blieb standhaft. »Ich nehme das violette Modell«, antwortete er. »Es soll eine Überraschung sein.«

»Insofern haben Sie recht«, meinte der Alte.

Tobler zog sich wieder an und zahlte. Der Trödler wickelte den Anzug in braunes Packpapier und brachte den Kunden zur Tür. Bevor er öffnete, befühlte er Toblers Gehpelz, pustete fachmännisch in den Otterkragen und sagte: »Wollen Sie den Mantel verkaufen? Ich würde ihn vielleicht nehmen. Für hundertzwanzig Mark.«

Der Geheimrat schüttelte den Kopf.

»Der Cutaway war Ihnen zu teuer«, fuhr der alte Mann fort. »Sie haben kein Geld. Das kommt bei reichen Leuten öfter vor, als arme Leute denken. Na schön. Hundertfünfzig Mark. Bar in die Hand. Überlegen Sie sich's?«

»Es ist ein Andenken«, sagte Tobler freundlich und ging. Der Trödler blickte ihm nach und sah den schweren Wagen und den Chauffeur, der beflissen den Schlag öffnete. Das Auto fuhr ab. Der alte Mann legte ein Brikett nach und trat vor ein Vogelbauer, das hinterm Ladentisch an der Wand hing. »Verstehst du das?« fragte er den kleinen gelben Kanarienvogel. »Ich auch nicht.«

In Toblers Arbeitszimmer sah es beängstigend aus. Neben den Neuanschaffungen lagen Gegenstände, die der Geheimrat auf dem Oberboden in staubigen Truhen und knarrenden Schränken entdeckt hatte. Ein Paar verrostete Schlittschuhe. Ein warmer Sweater, der aussah, als habe er die Staupe. Eine handgestrickte knallrote Pudelmütze. Ein altmodischer Flauschmantel, graukariert und mindestens aus der Zeit der Kreuzzüge. Eine braune Reisemütze. Ein Paar schwarzsamtene Ohrenklappen mit einem verschiebbaren Metallbügel. Ein Spankorb, der längst ausgedient hatte. Und ein Paar wollene Pulswärmer, die man seinerzeit dem Leutnant der Reserve in den Schützengraben geschickt hatte.

Tobler konnte sich kaum von dem Anblick losreißen. Schließlich ging er ins grüne Eckzimmer hinüber, in dem Johann verdrossen die Anzüge probierte, die ihm vor vier Tagen der beste Zuschneider Berlins angemessen hatte. Die letzten kleinen Schönheitsfehler waren beseitigt worden, und der Geschäftsführer der weltbekannten Firma, der sich persönlich in die Grunewaldvilla bemüht hatte, ließ es an begeisterten Zwischenrufen nicht fehlen.

Johann stand wie ein unschuldiger Angeklagter vor dem Pfeilerspiegel. Er ließ sich nacheinander die Jacketts, den Smoking, die Skijoppe und den Frack anziehen, als seien es lauter Zwangsjacken.

Als der biedere grauhaarige Diener zum Schluß im Frack dastand, breitschultrig und schmalhüftig, riß es den Millionär hin. »Johann«, rief er, »Sie gleichen einem Botschafter! Ich glaube nicht, daß ich mich je wieder trauen werde, mir von Ihnen die Schuhe putzen zu lassen.«

Der Diener wandte sich um. »Es ist eine Sünde, Herr Geheimrat. Sie werfen das Geld zum Fenster hinaus. Ich bin verzweifelt.« Der Schneider meinte, das sei ihm, wenn man ihm die Bemerkung gestatten wolle, noch nicht vorgekommen.

»Sie reden, wie Sie es verstehen«, sagte der Diener.

Das konnte der Herr nicht abstreiten, und dann empfahl er sich.

Als er draußen war, fragte Johann den Geheimrat: »Gibt es in Bruckbeuren eigentlich Kostümfeste?«

»Selbstverständlich. In solchen Wintersporthotels ist dauernd etwas los.«

Johann zog den Frack aus.

»Wollen Sie sich denn kostümieren?« fragte Tobler erstaunt. »Als was denn?«

Johann zog die Livreejacke an und sagte sehnsüchtig: »Als Diener!«

Nach dem Abendessen bat der Geheimrat die anderen, ihm zu folgen. Seine Tochter, Frau Kunkel und Johann begleiteten ihn zögernd. Er öffnete die Tür des Arbeitszimmers und schaltete das Licht ein. Anschließend herrschte minutenlanges Schweigen. Die Schreibtischuhr tickte.

Die Kunkel wagte sich als erste ins Zimmer. Langsam näherte sie sich dem violett gewesenen Anzug aus der Fruchtstraße. Sie befühlte ihn so vorsichtig, als fürchte sie, er könne beißen. Sie schauderte und wandte sich den gestreiften Flanellhemden zu. Von einem der Stühle hob sie die steifen Manschetten und blickte entgeistert auf die vierblättrigen Manschettenknöpfe. Die gestärkten Vorhemden gaben ihr den Rest. Sie fiel ächzend in einen Klubsessel, setzte sich wuchtig auf die dort liegenden Schlittschuhe, fuhr gehetzt in die Höhe, blickte verwirrt um sich und sagte: »Das überlebe ich nicht!«

»Halten Sie das, wie Sie wollen!« meinte Tobler. »Aber vorher packen Sie, bitte, sämtliche Sachen in den Spankorb!«

Sie warf die Arme empor. »Niemals, niemals!«

Er ging zur Tür. »Dann werde ich eines der Dienstmädchen rufen.«

Frau Kunkel gab sich geschlagen. Sie zerrte den Korb auf den Tisch und packte. »Die Pudelmütze auch?«

Der Geheimrat nickte roh.

Mehrmals schloß sie sekundenlang die Augen, um nicht zusehen zu müssen, was sie tat.

Hilde sagte: »Übermorgen bist du wieder daheim, lieber Vater.«

»Wieso?«

»Sie werden dich hochkantig hinauswerfen.«

»Ich bin froh, daß ich mitfahre«, sagte Johann. »Vielleicht sollten wir uns Revolver besorgen. Wir könnten uns dann besser verteidigen.«

»Macht euch nicht lächerlich«, meinte Tobler. »Den Preis, den ich gewann, konnte ebensogut einer gewinnen, der zeitlebens so angezogen ist, wie ich mich zehn Tage lang anziehen werde! Was wäre dann?«

»Den würfen sie auch hinaus«, sagte der Diener. »Aber der würde sich nicht darüber wundern.«

»Nun habt ihr mich erst richtig neugierig gemacht«, erklärte der Geheimrat abschließend. »Wir werden ja sehen, wer recht behält.«

Es klopfte.

Isolde, das neue Dienstmädchen, trat ein. »Herr Generaldirektor Tiedemann wartet unten im Salon.«

»Ich komme gleich«, sagte Tobler. »Er will einen Vortrag halten. Als ob ich eine Weltreise machte.« Isolde ging.

»Wo du doch übermorgen wieder zu Hause bist!« meinte Hilde.

Der Vater blieb an der Tür stehen. »Wißt ihr, was ich tue, wenn man mich hinauswirft?«

Sie blickten ihn gespannt an.

»Dann kaufe ich das Hotel und schmeiße die andern hinaus!«

Als auch Johann gegangen war, meldete Hilde hastig ein dringendes Gespräch mit Bruckbeuren an. »Es bleibt kein andrer Ausweg«, sagte sie zur Kunkel. »Sonst geht morgen abend die Welt unter.«

»Ihr Herr Vater ist leider übergeschnappt«, meinte die Hausdame. »Womöglich schon seit langem, und es ist uns nur nicht aufgefallen. Diese Schlipse! Hoffentlich geht es wieder vorüber.«

Hilde zuckte die Schultern. »Sobald das Gespräch da ist, lassen Sie keinen Menschen ins Zimmer! Außer über Ihre Leiche.«

»Auch dann nicht!« versicherte Frau Kunkel tapfer und stopfte den alten, widerwärtigen Flauschmantel in den Korb. Der Raum nahm langsam wieder sein übliches, vornehmes Aussehen an. »Man ist ja allerlei von ihm gewöhnt«, sagte die Hausdame. »Wissen Sie noch, wie er vor zwei Jahren in der Oper, wie hieß sie doch gleich, dem Dirigenten den Taktstock wegnahm? Der Geheimrat saß genau hinter dem Kapellmeister, der so schön dirigierte. Und oben auf der Bühne lag ein krankes Fräulein im Bett, und die Freundin brachte einen Muff, weil sie an den Händen fror – und fort war das Stöckchen! Der Dirigent drehte sich erschrocken um, und die Zuschauer lachten furchtbar. Dabei war es gar kein Lustspiel! Und das alles wegen einer Wette.«

Hilde blickte ungeduldig aufs Telefon. »Hoffentlich hält ihn der Generaldirektor lange genug fest.«

»Telefonieren Sie doch erst, wenn der Herr Geheimrat abgereist ist!«

»Jetzt oder nie«, sagte Hilde. »Im Grunde geht es mich überhaupt nichts an. Mein Vater ist alt genug. Ich mache mir Vorwürfe.«

Die Kunkel schnallte die Korbriemen fest. »Ein kleines Kind ist er! Ich weiß nicht, woran es liegt. Im Grunde ist er doch ein gescheiter Mensch. Nicht? Und so nett und nobel. Aber plötzlich kriegt er den Rappel. Vielleicht liest er zuviel. Das soll sehr schädlich sein. Nun haben wir die Bescherung. Nun fährt er als armer Mann in die Alpen.«

Das Telefon klingelte.

Hilde eilte an den Schreibtisch. Es war Bruckbeuren. Die

Hotelzentrale meldete sich. Hilde verlangte den Direktor. Es dauerte einige Zeit. Dann sagte Hilde: »Sie sind der Direktor des Grandhotels? Sehr angenehm. Hören Sie, bitte, zu! Morgen abend trifft der Preisträger des Putzblank-Ausschreibens bei Ihnen ein.«

Der Direktor erklärte, er sei orientiert, und es werde ihm ein Vergnügen sein.

»Die Vorfreude ist die schönste Freude«, sagte sie. »Dieser Gast wird Ihnen leider Kopfschmerzen verursachen. Er tritt als armer Mann auf, obwohl er Millionär ist. Ein Multimillionär sogar.«

Der Hoteldirektor dankte tausendmal für den Hinweis. Dann erkundigte er sich, weswegen ein Multimillionär als armer Mann auftrete.

»Es ist eine Marotte von ihm«, sagte Hilde. »Er will die Menschen studieren. Er will ihre Moral auf Herz und Nieren prüfen. Ich stehe ihm sehr nahe, und mir liegt daran, daß man ihm nicht weh tut. Er ist ein Kind, verstehen Sie? Er darf auf keinen Fall erfahren, daß Sie Bescheid wissen. Er muß sich davon überzeugen, daß man ihn für einen armen Teufel hält und trotzdem behandelt, wie er's gewöhnt ist.«

Der Direktor sagte, das werde sich schon machen lassen. Er fragte dann noch, ob der geheimnisvolle Gast Gepflogenheiten habe, die man auf dezente Weise berücksichtigen könne.

»Eine gute Idee«, meinte sie. »Also passen Sie auf! Er läßt sich jeden zweiten Tag massieren. Er sammelt Briefmarken. Abends muß ein warmer Ziegelstein in seinem Bett liegen. Am liebsten ißt er Nudeln mit Rindfleisch oder andere Hausmannskost. Mit Getränken ist er wählerischer. Französischen Kognak liebt er besonders. Was noch?«

»Katzen!« sagte Frau Kunkel, welche die Tür fanatisch bewachte.

»Haben Sie siamesische Katzen?« fragte Hilde. »Nein? Besorgen Sie ihm einige! Für sein Zimmer. Ich überweise Ihnen morgen tausend Mark.«

Der Hoteldirektor meinte, er habe alles notiert. Bezahlung kommt natürlich nicht in Frage. Sie seien ein großzügiges Hotel. Bis auf die siamesischen Katzen sei außerdem das Programm kinderleicht zu verwirklichen. Doch auch die siamesischen Katzen … »Der Geheimrat kommt«, flüsterte Frau Kunkel aufgeregt.

»Guten Tag«, sagte Hilde und legte den Hörer auf.

Brandes fuhr sie zum Anhalter Bahnhof. Hilde und die Kunkel kamen mit. Tobler liebte es, wenn seinetwegen Taschentücher geschwenkt wurden.

»Lieber Johann«, meinte er im Auto, »vergessen Sie nicht, was ich angeordnet habe. Wir wohnen in München ein paar Stunden im ›Regina‹. Morgen mittag verwandle ich mich in Herrn Schulze. Sie besorgen einen Karton und bringen den Anzug, den ich jetzt anhabe, die Wäsche, Strümpfe und Schuhe zur Post. Ich verlasse das Münchner Hotel im Gehpelz. Wir nehmen ein Taxi. Im Taxi ziehe ich Schulzes Flauschmantel an. Und Sie übernehmen Toblers Pelz. Als den Ihrigen. Vom Starnberger Bahnhof ab kennen wir uns nicht mehr.«

»Darf ich wenigstens Ihren Spankorb zum Zug tragen?« fragte Johann.

»Das kann ich selber«, sagte Tobler. »Im übrigen werden wir ab München in getrennten Kupees reisen.«

»Die reinste Kriminalgeschichte«, erklärte Hilde.

Nach einer Weile fragte Frau Kunkel: »Wie werden Sie das nur aushalten, Herr Geheimrat? Ohne Massage. Ohne Kognak. Ohne den warmen Ziegelstein. Ohne bürgerliche Küche. Und ohne Ihre Katzen im Schlafzimmer!« Sie zwickte Hilde schelmisch in den Arm. Tobler erklärte: »Hören Sie bloß damit auf! Mir hängen die alten, lieben Gewohnheiten längst zum Hals heraus. Ich bin heilfroh, daß ich denen endlich einmal entwischen kann.«

»So, so«, sagte Frau Kunkel und machte eines ihrer dümmsten Gesichter.

Sie kamen ziemlich spät auf den Bahnsteig. Es war gerade noch Zeit, einige überflüssige Ermahnungen anzubringen. Und Johann mußte, bevor er einstieg, Hilde hoch und heilig versprechen, mindestens jeden zweiten Tag einen ausführlichen Bericht zu schicken. Er versprach's und kletterte in den Wagen. Dann fuhr der Zug an. Hilde und Frau Kunkel zückten ihre Taschentücher und winkten. Der Geheimrat nickte vergnügt. Schon glitten die nächsten Waggons an den Zurückbleibenden vorüber. Und eine kleine, alte Frau, die neben dem Zug hertrippelte, stieß mit Hilde zusammen. »Willst du dich wohl vorsehen!« rief ein junger Mann, der sich aus einem der Fenster beugte.

»Komm du nur wieder nach Hause, mein Junge!« antwortete die alte Frau und drohte ihm mit dem Schirm. »Auf Wiedersehen!« rief er noch. Hilde und er sahen einander flüchtig ins Gesicht.

Dann rollte der letzte Wagen vorbei. Der D-Zug Berlin–München begab sich, stampfend und schimpfend, auf die nächtliche Reise. Es schneite wieder. Man konnte es vom Bahnsteig aus ganz deutlich sehen.

Grandhotel Bruckbeuren

Das Grandhotel in Bruckbeuren ist ein Hotel für Stammgäste. Man ist schon Stammgast, oder man wird es. Andre Möglichkeiten gibt es kaum.

Daß jemand überhaupt nicht ins Grandhotel gerät, ist natürlich denkbar. Daß aber jemand ein einziges Mal hier wohnt und dann nie wieder, ist so gut wie ausgeschlossen.

So verschieden nun diese Stammgäste sein mögen, Geld haben sie alle. Jeder von ihnen kann sich's leisten, die Alpen und ein weißgekacheltes Badezimmer – das gewagte Bild sei gestattet – unter einen Hut zu bringen. Schon im Spätsommer beginnt der Briefwechsel zwischen Berlin und London, zwischen Paris und Amsterdam, zwischen Rom und Warschau, zwischen Hamburg und Prag. Man fragt bei den vorjährigen Bridgepartnern an. Man verabredet sich mit den altgewohnten Freunden vom Skikurs. Und im Winter findet dann das Wiedersehen statt.

Den Stammgästen entspricht ein außerordentlich dauerhaftes Stammpersonal. Die Skilehrer bleiben selbstverständlich die gleichen. Sie leben ja immerzu in Bruckbeuren. Sie sind im Hauptberuf Bauernsöhne oder Drechsler oder Besitzer von schummrigen Läden, in denen Postkarten, Zigaretten und seltsame Reiseandenken verkauft werden.

Doch auch die Kellner und Köche, Kellermeister und Barkeeper, Chauffeure und Buchhalter, Tanzlehrer und Musiker, Stubenmädchen und Hausburschen kehren zu Beginn der Wintersaison, so gewiß wie der Schnee, aus den umliegenden Städten ins Grandhotel zurück. Nur der eigene Todesfall gilt als einigermaßen ausreichende Entschuldigung.

Der Geschäftsführer, Herr Direktor Kühne, hat seinen

Posten seit zehn Jahren inne. Er zieht zwar den Aufenthalt in Gottes freier Natur dem Hotelberuf bei weitem vor. Aber hat er damit unrecht? Er ist ein vorzüglicher Skitourist. Er verschwindet nach dem Frühstück in den Bergen und kommt mit der Dämmerung zurück. Abends tanzt er mit den Damen aus Berlin, London und Paris. Er ist Junggeselle. Die Stammgäste würden ihn sehr vermissen. Er wird wohl Direktor bleiben. Mindestens solange er tanzen kann. Und vorausgesetzt, daß er nicht heiratet.

Der Hotelbetrieb funktioniert trotzdem tadellos. Das liegt an Polter, dem ersten Portier. Er liebt das Grandhotel wie sein eignes Kind. Und was das Alter anlangt, könnte er tatsächlich der Vater sein.

Er hat, außer dem tressenreichen Gehrock, einen weißen Schnurrbart, ausgebreitete Sprachkenntnisse und beachtliche Plattfüße. Sein hochentwickeltes Gerechtigkeitsgefühl hindert ihn daran, zwischen den Gästen und den Angestellten nennenswerte Unterschiede zu machen. Er ist zu beiden gleichermaßen streng.

So liegen die Dinge. – Nur die Liftboys werden des öfteren gewechselt. Das hat nichts mit ihrem Charakter zu tun, sondern lediglich damit, daß sie, beruflich gesehen, zu rasch altern. Vierzigjährige Liftboys machen einen ungehörigen Eindruck.

Zwei Dinge sind für ein Wintersporthotel geradezu unentbehrlich: der Schnee und die Berge. Ohne beides, ja sogar schon ohne eines von beiden, ist der Gedanke, ein Wintersporthotel sein zu wollen, absurd.

Außer dem Schnee und den Bergen gehören, wenn auch weniger zwangsläufig, natürlich noch andere Gegenstände hierher. Beispielsweise ein oder mehrere Gletscher. Ein zugefrorener und möglichst einsam gelegener Gebirgssee. Mehrere stille Waldkapellen. Hochgelegene, schwer zu erreichende Almhöfe mit Stallgeruch, Liegestühlen, Schankkonzession und lohnendem Rundblick. Schweigsame, verschneite Tannenwälder, in denen dem Spaziergänger Gelegenheit geboten wird, anläßlich herunterstürzender Äste zu erschrecken. Ein zu Eis erstarrter, an einen riesigen Kristallüster erinnernder Wasserfall. Ein anheimelndes, gut geheiztes Postamt unten im Ort. Und, wenn es sich machen läßt, eine Drahtseilbahn, die den Naturfreund bis über die Wolken hinaus auf einen strahlenden Gipfel befördert. Dort oben verliert dann der Mensch, vor lauter Glück und Panorama, den letzten Rest von Verstand, bindet sich Bretter an die Schuhe und saust durch Harsch und Pulverschnee, über Eisbuckel und verwehte Weidezäune hinweg, mit Sprüngen, Bögen, Kehren, Stürzen und Schußfahrten zu Tale.

Unten angekommen, gehen die einen ins Wintersporthotel zum Fünfuhrtee. Die anderen bringt man zum Arzt, der die gebrochenen Gliedmaßen eingipst und die Koffer der Patienten aus dem Hotel in eine sonnig gelegene Privatklinik bringen läßt. Erstens verdienen hierdurch die Ärzte ihren Unterhalt. Und zweitens werden Hotelzimmer für neueingetroffene Gäste frei. Natura non facit saltus.

Jene Touristen, die wohlbehalten ins Hotel zurückgekommen sind, bestellen Kaffee und Kuchen, lesen Zeitungen, schreiben Briefe, spielen Bridge und tanzen. All dies verrichten sie, ohne sich vorher umgekleidet zu haben. Sie tragen noch immer ihre blauen Norwegeranzüge, ihre Pullover, ihre Schals und die schweren, beschlagenen Stiefel. Wer gut angezogen ist, ist ein Kellner. Tritt man abends, zur Essenszeit oder noch später, in das Hotel, so wird man sich zunächst überhaupt nicht auskennen. Die Gäste sind nicht mehr dieselben. Sie heißen nur noch genauso wie vorher.

Die Herren paradieren in Fracks und Smokings. Die Damen schreiten und schweben in Abendkleidern aus Berlin, London und Paris, zeigen den offiziell zugelassenen Teil ihrer Reize und lächeln bestrickend. So mancher blonde Jüngling, den man droben am Martinskogel die Schneeschuhe wachsen sah, stellt sich, bei elektrischem Licht besehen, als aufregend schönes, bewundernswert gekleidetes Fräulein heraus.

Dieser märchenhafte Wechsel zwischen Tag und Abend, zwischen Sport und Bal paré, zwischen schneidender Schneeluft und sanftem Parfüm ist das seltsamste Erlebnis, das die Wintersporthotels dem Gast gewähren. Die lange entbehrte Natur und die nicht lange zu entbehrende Zivilisation sind in Einklang gebracht.

Es gibt Menschen, die das nicht mögen. Insofern handelt es sich um eine Frage des Geschmacks. Und es gibt Menschen, die es nicht können. Das ist eine Geldfrage.

Im Grandhotel Bruckbeuren erwartete man den telefonisch angekündigten, geheimnisvollen Multimillionär. In wenigen Stunden würde er dasein. Herr Kühne, der Direktor, hatte eine Skipartie nach dem Stiefel-Joch abgesagt. Außerordentliche Umstände verlangen ungewöhnliche Opfer. Und die Mareks, Sohn und Tochter eines böhmischen Kohlenmagnaten, waren mit Sullivan – einem englischen Kolonialoffizier, der jeden Europaurlaub in Bruckbeuren verbrachte – allein losgezogen. Ohne ihn! Ohne Karl den Kühnen, wie ihn die Stammgäste nannten! Es war schauderhaft.

Er rannte seit dem Lunch, vom Portier Polter mißbilligend betrachtet, aus einer Ecke des Hotels in die andere. Er schien allen Eifer, den er dem Unternehmen schuldig geblieben war, in einem Tag abdienen zu wollen.

Schon am frühen Morgen hatte er das gesamte Personal informiert. (Im Verandasaal, wo die Angestellten, bevor die ersten Gäste aus den Zimmern kommen, ihr Frühstück einnehmen.) »Mal herhören!« hatte er geäußert. »Heute abend trifft ein ziemlich schwerer Fall ein. Ein armer Mann, der ein Preisausschreiben gewonnen hat. Dafür kriegt er von uns Kost und Logis. Andrerseits ist er aber gar kein armer Mann. Sondern ein hochgradiger Millionär. Und außerdem ein großes Kind. Nicht außerdem. Er selber ist das Kind. Aus diesem Grunde will er die Menschen kennenlernen. Einfach tierisch! Aber wir werden ihm seine Kindereien versalzen. Ist das klar?«

»Nein«, hatte der Kellermeister kategorisch erklärt. Und die anderen hatten gelacht.

Karl der Kühne war versuchsweise deutlicher geworden. »Unser armer Millionär wird im Appartement 7 untergebracht. Bitte, sich das einzuprägen! Er wird fürstlich behandelt, und Nudeln und Rindfleisch mag er am liebsten. Trotzdem darf er nicht merken, daß wir wissen, wer er ist. Wissen wir ja auch nicht. Verstanden?«

»Nein«, hatte Jonny, der Barmixer, geantwortet.

Der Direktor war rot angelaufen. »Damit wir uns endlich besser verstehen, schlage ich folgendes vor: Wer Quatsch macht, fliegt raus!« Damit war er gegangen.

Die siamesischen Katzen trafen am Nachmittag ein. Aus einer Münchner Tierhandlung. Expreß und mit einer ausführlichen Gebrauchsanweisung. Drei kleine Katzen! Sie hüpften fröhlich im Appartement 7 hin und wider, balgten sich zärtlich, tätowierten die Stubenmädchen und hatten, bereits nach einer Stunde, zwei Gardinen und einen Gobelinsessel erlegt.

Onkel Polter, der Portier, sammelte Briefmarken. Der ausgebreitete Briefwechsel der Stammgäste erleichterte dieses Amt. Schon hatte er Marken aus Java, Guinea, Kapstadt, Grönland, Barbados und Mandschukuo in der Schublade aufgestapelt.

Der Masseur war für den nächsten Vormittag bestellt. Eine Flasche Kognak, echt französisches Erzeugnis, schmückte die marmorne Nachttischplatte. Der Ziegelstein, der abends warm und, in wollene Tücher gehüllt, am Fußende des Betts liegen würde, war auch gefunden. Die Vorstellung konnte beginnen! Während des Fünfuhrtees in der Hotelhalle erfuhr Karl der Kühne eine ergreifende Neuigkeit: Die Stammgäste wußten schon alles! Erst hielt Frau Stilgebauer, die wuchtige Gattin eines Staatssekretärs, den Direktor fest und wollte den Namen des armen Reichen wissen. Dann wurde Kühne, beim Durchqueren des Bridge-salons, von sämtlichen Spielern überfallen und nach unge-ahnten Einzelheiten ausgefragt. Und schließlich verstellte ihm, auf der Treppe zum ersten Stock, Frau von Mallebré, eine eroberungslustige, verheiratete Wienerin, den Weg und interessierte sich für das Alter des Millionärs.

Kühne machte unhöflich kehrt und rannte zum Portier Polter, der, hinter seiner Ladentafel am Hoteleingang, ge-rade einen größeren Posten Ansichtskarten verkaufte. Der Direktor mußte warten. Endlich kam er an die Reihe. »Ein-fach tierisch!« stieß er hervor. »Die Gäste wissen es schon! Das Personal muß getratscht haben.«

»Nein, das Personal nicht«, sagte Onkel Polter. »Sondern Baron Keller.«

»Und woher weiß es der Baron?«

»Von mir natürlich«, sagte Onkel Polter. »Ich habe ihn aber ausdrücklich gebeten, es nicht weiterzuerzählen.«

»Sie wissen ganz genau, daß er tratscht«, meinte Kühne wütend. »Deswegen habe ich's ihm ja mitgeteilt«, erwiderte der Portier. Der Direktor wollte antworten. Aber Mister Bryan kam gerade vollkommen verschneit und mit Eiszap-fen im Bart von draußen und verlangte Schlüssel, Post und Zeitungen. Onkel Polter war noch langsamer als sonst. Als Bryan weg war, knurrte Kühne:

»Sind Sie wahnsinnig?«

»Nein«, bemerkte der Portier und machte sorgfältig eine Eintragung in seinem Notizbuch.

Karl der Kühne schnappte nach Luft. »Wollen Sie die Güte haben und antworten?«

Onkel Polter reckte sich. Er war größer als der Direktor. Das heißt: in Wirklichkeit war er kleiner. Aber hinter seiner Portiertheke befand sich ein Podest. Und vielleicht war Polter nur deswegen so streng. Vielleicht wäre er ohne Podest ein andrer Mensch geworden. (Das ist freilich nur eine Vermutung.) »Die Stammgäste mußten informiert werden«, sagte er. »Da gibt's gar keinen Streit. Erstens sinkt das Barometer, und wenn die Leute ein paar Tage nicht Ski fahren können, werden sie rammdösig. Der Millionär ist eine großartige Abwechslung. Zweitens sind nun Beschwerden unmöglich gemacht worden. Stellen Sie sich gefälligst vor, die Gäste würden den Mann hinausekeln, weil sie ihn für einen armen Teufel hielten! Er könnte unser Hotel glatt zugrunde richten. Geld genug hat er ja.«

Karl der Kühne drehte sich um und ging ins Büro.

Der Portier begrüßte jetzt den Skikursus für Fortgeschrittene. Sie waren mit dem Murner Alois vom Pichelstein nach St. Kilian abgefahren und hatten den letzten Autobus versäumt, weil die Marchesa di Fiori versehentlich gegen ein Wildgatter gesaust war. Es war zwar nichts passiert. Aber die Dame hatte auf freiem Felde einen Weinkrampf gekriegt. Und nun kamen sie alle, verfroren und müde, angestolpert.

Der Murner Alois zwinkerte zum Portier hinüber, und Onkel Polter nickte ein wenig. Sie waren sich einig: Diese Leute hatten eine einzige Entschuldigung.

Sie waren reich.

Zwei Mißverständnisse

Der Münchner Abendschnellzug hielt in Bruckbeuren. Zirka dreißig Personen stiegen aus und versanken, völlig überrascht, bis an die Knie im Neuschnee. Sie lachten. Aus dem Gepäckwagen wurden Schrankkoffer gekippt. Der Zug fuhr weiter. Dienstleute, Hotelchauffeure und Hausburschen übernahmen das Gepäck und schleppten es auf den Bahnhofsplatz hinaus. Die Ankömmlinge stapften hinterher und kletterten vergnügt in die wartenden Autobusse und Pferdeschlitten.

Herr Johann Kesselhuth aus Berlin blickte besorgt zu einem ärmlich gekleideten älteren Mann hinüber, der einsam im tiefen Schnee stand und einen lädierten Spankorb trug. »Wollen Sie ins Grandhotel?« fragte ein Chauffeur. Zögernd stieg Herr Kesselhuth in den Autobus. Hupen und Peitschen erklangen. Dann lag der Bahnhofsplatz wieder leer.

Nur der arme Mann stand auf dem alten Fleck. Er blickte zum Himmel auf, lächelte kindlich den glitzernden Sternen zu, holte tief Atem, hob den Spankorb auf die linke Schulter und marschierte die Dorfstraße entlang. Es gab weder Fußsteig noch Fahrweg, es gab nichts als Schnee. Zunächst versuchte der arme Mann in den breiten glatten Reifenspuren der Autobusse zu laufen. Doch er rutschte aus. Dann steckte er den rechten Fuß in eine Schneewehe – vorsichtig, als steige er in ein womöglich zu heißes Bad – und stiefelte nun, zum Äußersten entschlossen, vorwärts. Hierbei pfiff er.

Die Straßenlaternen trugen hohe weiße Schneemützen. Die Gartenzäune waren zugeweht. Auf den verschneiten Dächern der niedrigen Gebirgshäuser lagen große Steine

Herr Schulze glaubte die Berge zu spüren, die ringsum unsichtbar in der Dunkelheit lagen. Er pfiff übrigens »Der Mai ist gekommen«.

Der Autobus bremste und stand still. Etliche Hausdiener bugsierten die Koffer vom Verdeck. Ein Liftboy öffnete einen Türflügel und salutierte. Die späten Gäste betraten das Hotel. Onkel Polter und der Direktor verbeugten sich und sagten: »Herzlich willkommen!« Die Halle war von Neugierigen erfüllt. Sie warteten auf das Abendessen und auf den Sonderling und boten einen festlichen Anblick. Ein sächsisches Ehepaar, Chemnitzer Wirkwaren, und eine rassige Dame aus Polen wurden, da sie ihre Zimmer vorausbestellt hatten, sofort vom Empfangschef zum Fahrstuhl geleitet. Herr Johann Kesselhuth und ein junger Mann mit einem schäbigen Koffer und einem traurigen Herbstmäntelchen blieben übrig. Kesselhuth wollte dem jungen Mann den Vortritt lassen.

»Unter gar keinen Umständen«, sagte der junge Mann. »Ich habe Zeit.«

Herr Kesselhuth dankte und wandte sich dann an den Portier. »Ich möchte ein schönes sonniges Zimmer haben. Mit Bad und Balkon.«

Der Direktor meinte, die Auswahl sei nicht mehr allzu groß. Onkel Polter studierte den Hotelplan und glich einem leberkranken Strategen. »Der Preis spielt keine Rolle«, erklärte Herr Kesselhuth. Dann wurde er rot.

Der Portier überhörte die Bemerkung. »Zimmer 31 ist noch frei. Es wird Ihnen bestimmt gefallen. Wollen Sie, bitte, das Anmeldeformular ausfüllen?«

Herr Kesselhuth nahm den dargebotenen Tintenstift, stützte sich auf die Theke und notierte voller Sorgfalt seine Personalien. Nun hefteten sich die Blicke aller übrigen endgültig auf den jungen Mann und prüften seinen trübseligen Mantel. Karl der Kühne hüstelte vor Aufregung.

»Womit können wir Ihnen dienen?« fragte der Direktor. Der junge Mann zuckte die Achseln, lächelte unentschlossen und sagte: »Tja, mit mir ist das so eine Sache. Ich heiße Hagedorn und habe den ersten Preis der Putzblank-Werke gewonnen. Hoffentlich wissen Sie Bescheid.«

Der Direktor verbeugte sich erneut. »Wir wissen Bescheid«, sagte er beziehungsvoll. »Herzlich willkommen unter unserem Dach! Es wird uns eine Ehre sein, Ihnen den Aufenthalt so angenehm wie möglich zu machen.«

Hagedorn stutzte. Er sah sich um und merkte, daß ihn die abendlich gekleideten Gäste neugierig anstarrten. Auch Herr Kesselhuth hatte den Kopf gehoben.

»Welches Zimmer war doch gleich für Herrn Hagedorn vorgesehen?« fragte Kühne.

»Ich denke, wir geben ihm das Appartement 7«, sagte der Portier.

Der Direktor nickte. Der Hausdiener ergriff Hagedorns Koffer und fragte: »Wo ist das große Gepäck des Herrn?«

»Nirgends«, erwiderte der junge Mann. »Was es so alles gibt!« Der Direktor und der Portier lächelten lieblich. »Sie werden sich jetzt gewiß vom Reisestaub reinigen wollen«, sagte Karl der Kühne. »Dürfen wir Sie nachher zum Abendessen erwarten? Es gibt Nudeln mit Rindfleisch.«

»Das allein wäre kein Hinderungsgrund«, sagte der junge Mann. »Aber ich bin satt.«

Herr Kesselhuth sah wieder vom Anmeldeformular hoch und machte große Augen. Der Hausdiener nahm den Schlüssel und ging mit dem Koffer zum Lift.

»Aber wir sehen Sie doch nachher noch?« fragte der Direktor werbend.

»Natürlich«, sagte Hagedorn. Dann suchte er eine Ansichtskarte aus, ließ sich eine Briefmarke geben, bezahlte beides, obwohl der Portier anzuschreiben versprach, und wollte gehen. »Ehe ich's vergesse«, sagte Onkel Polter hastig »Interessieren Sie sich für Briefmarken?« Er holte das

Kuvert heraus, in dem er die ausländischen Marken aufbewahrt hatte, und breitete die bunte Pracht vor dem jungen Mann aus.

Hagedorn betrachtete das Gesicht des alten Portiers. Dann unterzog er höflich die Briefmarken einer flüchtigen Musterung. Er verstand nicht das geringste davon. »Ich habe keine Kinder«, sagte er. »Aber vielleicht kriegt man welche.«

»Darf ich also weitersammeln?« fragte Onkel Polter.

Hagedorn steckte die Marken ein. »Tun Sie das«, meinte er. »Es ist ja wohl ungefährlich.« Dann ging er, vom strahlenden Direktor geführt, zum Fahrstuhl. Die Stammgäste, an deren Tischen er vorbei mußte, glotzten ihn an. Er steckte die Hände in die Manteltaschen und zog ein trotziges Gesicht.

Herr Johann Kesselhuth legte, völlig geistesabwesend, sein ausgefülltes Formular beiseite.

»Wieso sammeln Sie für diesen Herrn Briefmarken?« fragte er.

»Und warum gibt es seinetwegen Nudeln mit Rindfleisch?«

Onkel Polter gab ihm den Schlüssel und meinte: »Es gibt komische Menschen. Dieser junge Mann zum Beispiel ist ein Millionär. Würden Sie das für möglich halten? Es stimmt trotzdem. Er darf nur nicht wissen, daß wir es wissen. Denn er will als armer Mann auftreten. Er hofft, schlechte Erfahrungen zu machen. Das wird ihm aber bei uns nicht gelingen. Haha! Wir wurden telefonisch auf ihn vorbereitet.«

»Ein reizender Mensch«, sagte der Direktor, der vom Lift zurückgekehrt war. »Außerordentlich sympathisch. Und er spielt seine Rolle gar nicht ungeschickt. Ich bin gespannt, was er zu den siamesischen Katzen sagen wird!«

Herr Kesselhuth klammerte sich an der Theke fest. »Siamesische Katzen?« murmelte er.

Der Portier nickte stolz. »Drei Stück. Auch das wurde uns gestern per Telefon angeraten. Genau wie das Briefmarkensammeln.«

Herr Kesselhuth starrte bloß zur Hoteltür hinüber. Sollte er ins Freie stürzen und den zweiten armen Mann, der im Anmarsch war, zur Umkehr bewegen?

Ein Schwarm Gäste kam angerückt. »Ein bezaubernder Bengel«, rief Frau Casparius, eine muntere Bremerin. Frau von Mallebré warf ihr einen Blick zu. Die Dame aus Bremen erwiderte ihn.

»Wie heißt er denn nun eigentlich?« fragte Herr Lenz, ein dicker Kölner Kunsthändler.

»Doktor Fritz Hagedorn«, sagte Johann Kesselhuth automatisch. Daraufhin schwiegen sie alle.

»Sie kennen ihn?« rief Direktor Kühne begeistert. »Das ist ja großartig! Erzählen Sie mehr von ihm!«

»Nein. Ich kenne ihn nicht«, sagte Herr Johann Kesselhuth. Die anderen lachten. Frau Casparius drohte schelmisch mit dem Finger.

Johann Kesselhuth wußte nicht aus noch ein. Er ergriff seinen Zimmerschlüssel und wollte fliehen. Man versperrte ihm den Weg. Hundert Fragen schwirrten durch die Luft. Man stellte sich vor und schüttelte ihm die Hand. Er nannte in einem fort seinen Namen.

»Lieber Herr Kesselhuth«, sagte schließlich der dicke Herr Lenz. »Es ist gar nicht nett von Ihnen, daß Sie uns so zappeln lassen.«

Dann erklang der Gong. Die Gruppe zerstreute sich. Denn man hatte Hunger.

Kesselhuth setzte sich gebrochen an einen Tisch in der Halle, hatte Falten der Qual auf der Stirn und wußte keinen Ausweg. Eins stand fest. Fräulein Hilde und die dämliche Kunkel hatten gestern abend telefoniert. Siamesische Katzen in Hagedorns Zimmer! Das konnte reizend werden.

Der arme Mann, der, Volkslieder pfeifend, seinen Spankorb durch den Schnee schleppte, hatte kalte, nasse Füße. Er blieb stehen und setzte sich ächzend auf den Korb. Drüben au dem Hügel lag ein großes schwarzes Gebäude mit zahllosen erleuchteten Fenstern. ›Das wird das Grandhotel sein‹, dachte er. ›Ich sollte lieber in einen kleinen verräucherten Gasthof ziehen, statt in diesen idiotischen Steinbaukasten dort oben.‹ Dann aber fiel ihm ein, daß er ja die Menschen kennenlernen wollte. »So ein Blödsinn!« sagte er ganz laut. »Ich kenne die Brüder doch längst.« Dann bückte er sich und machte einen Schneeball. Er hielt ihn lange in beiden Händen. Sollte er ihn nach einer Laterne werfen? Wie vor einigen Tagen die beiden Knirpse in der Lietzenburger Straße? Oder wie er selber, vor vierzig Jahren? Herr Schulze fror an den Fingern. Er ließ den kleinen weißen Schneeball unbenutzt fallen. ›Ich träfe ja doch nicht mehr‹, dachte er melancholisch.

Verspätete Skifahrer kamen vorüber. Sie strebten hügel-wärts. Zum Grandhotel. Er hörte sie lachen und stand auf. Die rindsledernen Stiefel drückten. Der Spankorb war schwer. Der violette Anzug aus der Fruchtstraße kniff unter den Armen. »Ich könnte mir selber eine runterhauen«, sagte er gereizt und marschierte weiter.

Als er in das Hotel trat, standen die Skifahrer bei dem Portier, kauften Zeitungen und betrachteten ihn befremdet. Aus einem Stuhl erhob sich ein elegant gekleideter Herr. Ach nein. Das war ja Johann!

Kesselhuth näherte sich bedrückt. Flehend sah er zu dem armen Mann hin. Aber die Blicke prallten ab. Herr Schulze setzte den Spankorb nieder, drehte dem Hotel den Rücken und studierte ein Plakat, auf dem zu lesen war, daß am übernächsten Abend in sämtlichen Räumen des Grand-hotels ein »Lumpenball« stattfinden werde. ›Da brauch ich mich wenigstens nicht erst umzuziehen‹, dachte er voller Genugtuung.

Die Skifahrer verschwanden polternd und stolpernd im Fahrstuhl.

Der Portier musterte die ihm dargebotene Kehrseite des

armen Mannes und sagte: »Hausieren verboten!« Dann
wandte er sich an Kesselhuth und fragte nach dessen Wünschen.

Kesselhuth sagte: »Ich muß ab morgen Ski fahren. Ich
weiß nicht, wie man das macht. Glauben Sie, daß ich's noch
lernen werde?«

»Aber natürlich!« meinte Onkel Polter. »Das haben hier
noch ganz andere gelernt. Sie nehmen am besten beim Graswander Toni Privatstunden. Da kann er sich Ihnen mehr
widmen. Außerdem ist es angenehmer, als wenn Ihnen, im
großen Kursus, bei dem ewigen Hinschlagen dauernd dreißig Leute zuschauen.«

Johann Kesselhuth wurde nachdenklich. »Wer schlägt
hin?« fragte er zögernd.

»Sie!« stellte der Portier fest. »Der Länge nach.«

Der Gast kniff die Augen klein. »Ist das sehr gefährlich?«

»Kaum«, meinte der Portier. »Außerdem haben wir ganz
hervorragende Ärzte in Bruckbeuren! Der Sanitätsrat Doktor Zwiesel zum Beispiel ist wegen seiner Heilungen kom-
plizierter Knochenbrüche geradezu weltberühmt. Die Beine,
die in seiner Klinik waren, schauen hinterher viel schöner
aus als vorher!«

»Ich bin nicht eitel«, sagte der Gast.

Hierüber mußte der arme Mann, der inzwischen sämtliche Anschläge studiert hatte, laut lachen.

Dem Portier, der den Kerl vergessen hatte, trat nunmehr,
Schritt für Schritt, die Galle ins Blut. »Wir kaufen nichts!«

»Sie sollen gar nichts kaufen«, bemerkte der arme Mann.

»Was wollen Sie denn dann hier?«

Der aufdringliche Mensch trat näher und sagte sonnig:
»Wohnen!«

Der Portier lächelte mitleidig: »Das dürfte Ihnen um ein
paar Mark zu teuer sein. Gehen Sie ins Dorf zurück, guter
Mann! Dort gibt es einfache Gasthäuser mit billigen Touri-
stenlagern.«

»Vielen Dank«, entgegnete der andere. »Ich bin kein Tourist. Sehe ich so aus? Übrigens ist das Zimmer, das ich bei Ihnen bewohnen werde, noch viel billiger.«

Der Portier blickte Herrn Kesselhuth an, schüttelte, dessen Einverständnis voraussetzend, den Kopf und sagte, gewissermaßen abschließend: »Guten Abend!«

»Na endlich!« meinte der arme Mann. »Es wurde langsam Zeit, mich zu begrüßen. Ich hätte in diesem Hotel bessere Manieren erwartet.«

Onkel Polter wurde dunkelrot und zischte: »Hinaus! Aber sofort! Sonst lasse ich Sie expedieren!«

»Jetzt wird mir's zu bunt!« erklärte der arme Mann entschieden. »Ich heiße Schulze und bin der zweite Gewinner des Preisausschreibens. Ich soll zehn Tage im Grandhotel Bruckbeuren kostenlos verpflegt und beherbergt werden. Hier sind die Ausweispapiere!«

Onkel Polter begann, ohne es selber zu merken, leichte Verbeugungen zu machen. Er verstand die Welt nicht mehr. Anschließend kam er hinter seiner Ladentafel hervor, stieg von seinem Podest herab, wurde auffallend klein, murmelte: »Einen Augenblick, bitte!« und trabte zum Büro, um den Direktor zu holen. ›Einfach tierisch!‹ würde Kühne sagen.

Schulze und Kesselhuth waren, vorübergehend, allein. »Herr Geheimrat«, meinte Johann verzweifelt, »wollen wir nicht lieber wieder abreisen?« Schulze war offenbar taub.

»Es ist etwas Schreckliches geschehen«, flüsterte Johann. »Stellen Sie sich vor: als ich vorhin ankam …«

»Noch ein Wort«, sagte der Geheimrat, »und ich erschlage Sie mit der bloßen Hand!« Es klang absolut überzeugend.

»Auf die Gefahr hin …«, begann Johann.

Doch da öffnete sich die Fahrstuhltür, und Herr Hagedorn trat heraus. Er steuerte auf die Portierloge zu und hielt eine Postkarte in der Hand.

»Fort mit Ihnen!« flüsterte Schulze. Herr Kesselhuth ge-

horchte und setzte sich, um in der Nähe zu bleiben, an einen
der Tische, die in der Halle standen. Er sah schwarz. Gleich
würde der Millionär, den man hier für einen armen Teufel
hielt, und der arme Mann, den man hier für einen Millionär
hielt, aufeinandertreffen! Die Mißverständnisse zogen sich
über dem Hotel wie ein Gewitter zusammen! Der junge
Mann bemerkte Herrn Schulze und machte eine zuvorkom-
mende Verbeugung. Der andere erwiderte den stummen
Gruß. Hagedorn sah sich suchend um. »Entschuldigen Sie«,
sagte er dann. »Ich bin eben erst angekommen. Wissen Sie
vielleicht, wo der Hotelbriefkasten ist?«

»Auch ich bin eben angekommen«, erwiderte der arme
Mann. »Und der Briefkasten befindet sich hinter der zweiten Glastüre links.«

»Tatsächlich!« rief Hagedorn, ging hinaus, warf die Karte
an seine Mutter ein, kam zufrieden zurück und blieb neben
dem andern stehen. »Sie haben noch kein Zimmer?«

»Nein«, entgegnete der andere. »Man scheint im unkla-
ren, ob man es überhaupt wagen kann, mir unter diesem be-
scheidenen Dach eine Unterkunft anzubieten.«

Hagedorn lächelte. »Hier ist alles möglich. Wir sind,
glaube ich, in ein ausgesprochen komisches Hotel geraten.«

»Falls Sie den Begriff Komik sehr weit fassen, haben Sie
recht.« Der junge Mann betrachtete sein Gegenüber lange.
Dann sagte er: »Seien Sie mir nicht allzu böse, mein Herr!
Aber ich möchte für mein Leben gern raten, wie Sie heißen.«

Der andere trat einen großen Schritt zurück.

»Wenn ich beim erstenmal daneben rate, geb ich's auf«,
erklärte der junge Mann. »Ich habe aber eine so ulkige Vermutung.« Und weil der Ältere nicht antwortete, redete er
weiter. »Sie heißen Schulze! Stimmt's?«

Der andere war ehrlich betroffen. »Es stimmt«, sagte er.
»Ich heiße Schulze. Aber woher wissen Sie das? Wie?«

»Ich weiß noch mehr«, behauptete der junge Mann. »Sie
haben den zweiten Preis der Putzblank-Werke gewonnen.

Sehen Sie! Ich gehöre nämlich zu den kleinen Propheten! Und jetzt müssen Sie raten, wie ich heiße.«

Schulze dachte nach. Dann erhellte sich sein Gesicht. Er strahlte förmlich und rief: »Ich hab's! Sie heißen Hagedorn!«

»Jawohl ja«, sagte der Jüngere. »Von uns kann man lernen.« Sie lachten und schüttelten einander die Hand.

Schulze setzte sich auf seinen Spankorb und bot auch Hagedorn ein Plätzchen an. So saßen sie, im trauten Verein, und gerieten umgehend in ein profundes Gespräch über Reklame. Und zwar über die Wirkungsgrenze origineller Formulierungen. Es war, als kennten sie einander bereits seit Jahren.

Herr Johannes Kesselhuth, der sich eine Zeitung vors Gesicht hielt, um an dem Blatt vorbeischauen zu können, staunte. Dann fing er an, einen Plan zu schmieden. Und schließlich begab er sich mit dem Lift ins zweite Stockwerk, um zunächst sein Zimmer, mit Bad und Balkon, kennenzulernen und die Koffer auszupacken.

Damit die neuen Anzüge nicht knitterten.

Als Kühne und Polter, nach eingehender Beratung, die Halle durchquerten, saßen die beiden Preisträger noch immer auf dem durchnäßten, altersschwachen Spankorb und unterhielten sich voll Feuer. Der Portier erstarrte zur Salzsäule und hielt den Direktor am Smoking fest.

»Da!« stieß er hervor. »Sehen Sie sich das an! Unser verkappter Millionär mit Herrn Schulze als Denkmal! Als Goethe und Schiller!«

»Einfach tierisch!« behauptete Karl der Kühne. »Das hat uns noch gefehlt! Ich transportiere den Schulze in die leerstehende Mädchenkammer. Und Sie deuten dem kleinen Millionär an, wie peinlich es uns ist, daß er ausgerechnet in unserem Hotel einen richtiggehend armen Mann kennenlernen mußte. Daß wir den Schulze nicht einfach hinausschmeißen können, wird er einsehen. Immerhin, vielleicht geht der Bursche morgen oder übermorgen freiwillig. Hoffentlich! Er vergrault uns sonst die anderen Stammgäste!«

»Der Herr Doktor Hagedorn ist noch ein Kind«, sagte der Portier nicht ohne Strenge. »Das Fräulein, das aus Berlin anrief, hat recht gehabt. Bringen Sie schnell den Schulze außer Sehweite! Bevor die Gäste aus den Speisesälen kommen.« Sie gingen weiter.

»Willkommen!« sagte Direktor Kühne zu Herrn Schulze. »Darf ich Ihnen Ihr Zimmer zeigen?« Die beiden Preisträger erhoben sich. Schulze ergriff den Spankorb. Hagedorn sah Schulze freundlich an. »Lieber Herr Schulze, ich sehe Sie doch noch?«

Der Direktor griff ein. »Herr Schulze wird von der langen Reise müde sein«, behauptete er.

»Da irren Sie sich aber ganz gewaltig«, meinte Schulze. Und zu Hagedorn sagte er: »Lieber Hagedorn, wir sehen uns noch.« Dann folgte er dem Direktor zum Lift.

Der Portier legte sehr viel väterliche Güte in seinen Blick und sagte zu dem jungen Mann: »Entschuldigen Sie, Herr Doktor! Es tut uns leid, daß ausgerechnet dieser Gast der erste war, den Sie kennenlernten.«

Hagedorn verstand nicht ganz. »Mir tut es gar nicht leid!«

»Herr Schulze paßt, wenn ich so sagen darf, nicht in diese Umgebung.«

»Ich auch nicht«, erklärte der junge Mann.

Onkel Polter schmunzelte: »Ich weiß, ich weiß.«

»Noch etwas«, sagte Hagedorn. »Gibt es hier in allen Zimmern Tiere?« Er legte seine Hände auf die Theke. Sie waren zerkratzt und rotfleckig.

»Tiere?« Der Portier starrte versteinert auf die beiden Handrücken. »In unserem Hotel gibt es Tiere?«

»Sie haben mich offenbar mißverstanden«, erwiderte Hagedorn. »Ich rede von Katzen.«

Onkel Polter atmete auf. »Haben wir Ihren Geschmack getroffen?«

»Doch, doch. Die kleinen Biester sind sehr niedlich. Sie kratzen zwar. Aber es scheint ihnen Spaß zu machen. Und das ist die Hauptsache. Ich meine nur: Haben auch die anderen Gäste je drei Katzen im Zimmer?«

»Das ist ganz verschieden«, meinte der Portier und suchte nach einem anderen Thema. Er fand eines. »Morgen früh kommt der Masseur auf Ihr Zimmer.«

»Was will er denn dort?« fragte der junge Mann.

»Massieren.«

»Wen?«

»Sie, Herr Doktor.«

»Sehr aufmerksam von dem Mann«, sagte Hagedorn. »Aber ich habe kein Geld. Grüßen Sie ihn schön.«

Der Portier schien gekränkt. »Herr Doktor!«

»Massiert werde ich auch gratis?« fragte Hagedorn. »Also gut. Wenn es durchaus sein muß! Was verspricht man sich davon?«

Der kleine Millionär verstellte sich vorbildlich. »Massage hält die Muskulatur frisch«, erläuterte Polter. »Außerdem wird die Durchblutung der Haut enorm gefördert.«

»Bitte«, sagte der junge Mann. »Wenn es keine schlimmen Folgen hat, so soll es mir recht sein. Haben Sie wieder Briefmarken?«

»Noch nicht«, sagte der Portier bedauernd. »Aber morgen bestimmt.«

»Ich verlasse mich darauf«, entgegnete Hagedorn ernst und ging in die Halle, um in Ruhe lächeln zu können.

Im vierten Stock stiegen Schulze und Karl der Kühne aus. Denn die Liftanlage reichte nur bis hierher.

Sie kletterten zu Fuß ins fünfte Stockwerk und wanderten dann einen langen, schmalen Korridor entlang. An dessen äußerstem Ende sperrte der Direktor eine Tür auf, drehte das Licht an und sagte: »Das Hotel ist nämlich vollständig besetzt.«

»Drum«, meinte Schulze und blickte, fürs erste fassungslos, in das aus Bett, Tisch, Stuhl, Waschtisch und schiefen

Wänden bestehende Kämmerchen. »Kleinere Zimmer haben Sie nicht?«

»Leider nein«, sagte der Direktor.

Schulze setzte den Spankorb nieder. »Schön kalt ist es hier!«

»Die Zentralheizung geht nur bis zum vierten Stock. Und für einen Ofen ist kein Platz.«

»Das glaube ich gern«, sagte der arme Mann. »Glücklicherweise hat mir der Arzt streng verboten, in geheizten Räumen zu schlafen. Ich danke Ihnen für Ihre ahnungsvolle Rücksichtnahme.«

»Oh, bitte sehr«, erwiderte Kühne und biß sich auf die Unterlippe. »Man tut, was man kann.«

»Die übrige Zeit werde ich mich nun freilich völlig in den Gesellschaftsräumen aufhalten müssen«, meinte Herr Schulze. »Denn zum Erfrieren bin ich natürlich nicht hergekommen.«

Karl der Kühne sagte: »Sobald ein heizbares Zimmer frei wird, quartieren wir Sie um!«

»Es hat keine Eile«, meinte der arme Mann versöhnlich. »Ich liebe schiefe Wände über alles. Die Macht der Gewohnheit, verstehen Sie?«

»Ich verstehe vollkommen«, antwortete der Direktor. »Ich bin glücklich, Ihren Geschmack getroffen zu haben.«

»Wahrhaftig«, sagte Schulze. »Das ist Ihnen gelungen. Auf Wiedersehen!« Er öffnete die Tür. Während der Direktor über die Schwelle schritt, überlegte sich Schulze, ob er ihm mit einem wohlgezielten Tritt nachhelfen sollte.

Er beherrschte sich aber, schloß die Tür, öffnete das Dachfenster und sah zum Himmel hinauf. Große Schneeflocken sanken in die kleine Kammer und setzten sich behutsam auf die Bettdecke.

»Der Tritt wäre verfrüht«, sagte Geheimrat Tobler. »Der Tritt kommt in die Sparbüchse.«

Siamesische Katzen

Dieser Abend hatte es in sich. Das erste Mißverständnis sollte nicht das letzte bleiben. (Echte Mißverständnisse vervielfältigen sich durch Zellteilung. Der Kern des Irrtums spaltet sich, und neue Mißverständnisse entstehen.)

Während Kesselhuth den Smoking anzog und Schulze, dicht unterm Dach, den Spankorb auskramte, saß Hagedorn, im Glanze seines blauen Anzugs, in der Halle, rauchte eine der Zigaretten, die ihm Franke, der Untermieter, auf die Reise mitgegeben hatte, und zog die Stirn kraus. Ihm war unbehaglich zumute. Hätte man ihn schief angesehen, wäre ihm wohler gewesen. Schlechte Behandlung war er gewöhnt. Dagegen wußte er sich zu wehren. Aber so? Er glich einem Igel, den niemand reizen will. Er war nervös. Weswegen benahmen sich die Menschen mit einem Male derartig naturwidrig? Wenn plötzlich die Tische und Stühle in die Luft emporgeschwebt wären, mitsamt dem alten Portier, Hagedorn hätte nicht überraschter sein können. Er dachte: ›Hoffentlich kommt dieser olle Schulze bald wieder. Bei dem weiß man doch, woran man ist!‹ Zunächst kamen aber andere Gäste. Denn das Abendessen näherte sich dem Ende.

Frau Casparius ließ die Nachspeise unberührt und segelte hastig durch den großen Speisesaal.

»Eine widerliche Person«, sagte die Mallebré.

Baron Keller blickte vom Kompotteller hoch, verschluckte einen Kirschkern und machte Augen, als versuche er in sein Inneres zu blicken. »Inwiefern?« fragte er dann.

»Wissen Sie, warum die Casparius so rasch gegessen hat?«

»Vielleicht hat sie Hunger gehabt«, meinte er nachsichtig.

Frau von Mallebré lachte böse. »Besonders scharfsichtig sind Sie nicht.«

»Das weiß ich«, antwortete der Baron.

»Sie will sich den kleinen Millionär kapern«, sagte die Mallebré.

»Wahrhaftig?« fragte Keller. »Bloß weil er schlecht angezogen ist?«

»Sie wird es romantisch finden.«

»Romantisch nennt man das?« fragte er. »Dann muß ich Ihnen allerdings beipflichten: Frau Casparius ist wirklich eine widerliche Person.« Kurz darauf lachte er.

»Was gibt's?« fragte die Mallebré.

»Mir fällt trotz meines notorischen Mangels an Scharfsinn auf, daß auch Sie besonders rasch essen.«

»Ich habe Hunger«, erklärte sie ungehalten.

»Ich weiß sogar, worauf«, sagte er.

Frau Casparius, die fesche Blondine aus Bremen, hatte ihr Ziel erreicht. Sie saß neben Hagedorn am Tisch. Onkel Polter sah manchmal hinüber und glich einem Vater, der seinen Segen kaum noch zurückhalten kann.

Hagedorn schwieg. Frau Casparius beschrieb unterdessen die Zigarrenfabrik ihres Mannes. Sie erwähnte, der Vollständigkeit halber, daß Herr Casparius in Bremen geblieben sei, um sich dem Tabak und der Beaufsichtigung der beiden Kinder zu widmen.

»Darf ich auch einmal etwas sagen, gnädige Frau?« fragte der junge Mann bescheiden.

»Bitte sehr!«

»Haben Sie siamesische Katzen im Zimmer?«

Sie sah ihn besorgt an.

»Oder andere Tiere?« fragte er weiter.

Sie lachte. »Das wollen wir nicht hoffen!«

»Ich meine Hunde oder Seelöwen. Oder Meerschweinchen. Oder Schmetterlinge.«

»Nein«, erwiderte sie. »Bedaure, Herr Doktor. In meinem Zimmer bin ich das einzige lebende Wesen. Wohnen Sie auch in der dritten Etage?«

»Nein«, sagte er. »Ich möchte nur wissen, weswegen sich in meinem Zimmer drei siamesische Katzen aufhalten.«

»Kann man die Tierchen einmal sehen?« fragte sie. »Ich liebe Katzen über alles. Sie sind so zärtlich und bleiben einem doch fremd. Es ist ein aufregend unverbindliches Verhältnis. Finden Sie nicht auch?«

»Ich habe wenig Erfahrung mit Katzen«, sagte er unvorsichtigerweise.

Sie machte veilchenblaue Augen und erklärte mit dichtverschleierter Stimme: »Dann hüten Sie sich, lieber Doktor. Ich bin eine Katze.«

Glücklicherweise setzten sich Frau von Mallebré und Baron Keller an den Nebentisch. Und wenige Minuten später war der Tisch, an dem Hagedorn saß, rings von neugierigen Gästen und lauten Stimmen umgeben.

Frau Casparius beugte sich vor. »Schrecklich, dieser Lärm! Kommen Sie! Zeigen Sie mir Ihre drei kleinen Katzen!«

Ihm war das Tempo neu. »Ich glaube, sie schlafen schon«, sagte er.

»Wir werden sie nicht aufwecken«, sagte sie. »Wir werden ganz leise sein. Ich verspreche es Ihnen.«

Da kam der Kellner und überreichte ihm eine Karte. Auf dieser Karte stand: »Der Unterzeichnete, der zum Toblerkonzern Beziehungen hat, würde Herrn Doktor Hagedorn gern auf einige Minuten in der Bar sprechen. Kesselhuth.«

Der junge Mann stand auf. »Seien Sie mir nicht böse, gnädige Frau«, sagte er. »Mich will jemand sprechen, der mir von größtem Nutzen sein kann. Das ist ein seltsames Hotel!« Nach diesen Worten und einer Verbeugung ging er.

Frau Casparius versah ihr schönes Gesicht mit einem diffusen Dauerlächeln.

Frau von Mallebré ließ sich nichts vormachen. Sie kniff

vor Genugtuung in die Sessellehne. Da sie sich aber vergriff und den Ärmel des Barons erwischte, stöhnte Keller auf und sagte: »Muß das sein, gnädige Frau?«

Herr Kesselhuth erinnerte zunächst daran, daß Hagedorn und er gemeinsam im Grandhotel eingetroffen wären, und gratulierte zu dem ersten Preis der Putzblank-Werke. Dann lud er den jungen Mann zu einem Genever ein. Sie setzten sich in eine Ecke.

Auf den Hockern vor der Theke saßen die Geschwister Marek mit Sullivan, dem indischen Kolonialoffizier, tranken Whisky und sprachen englisch.

Auf einem Sofa von äußerst geringem Fassungsvermögen kuschelte sich das Chemnitzer Ehepaar. Die übrigen Barbesucher hatten das Vergnügen, dem zärtlichen Zwiegespräch zuhören zu dürfen. Die sächsische Mundart eignet sich bekanntlich wie keine zweite zum Austausch lieblicher Gefühle. Sogar Jonny, der Barmixer, verlor die Selbstbeherrschung. Er grinste übers ganze Gesicht. Schließlich bückte er sich und hackte, ohne Sinn und Verstand, im Eiskasten herum. Denn es geht nicht an, daß Hotelangestellte die Gäste auslachen.

»Wenn man unsere deutsche Sprache mit einem Gebäude vergleichen wollte«, meinte Hagedorn, »so könnte man sagen, in Sachsen habe es durchs Dach geregnet.«

Kesselhuth lächelte, bestellte noch zwei Genever und sagte: »Ich will mich deutlich ausdrücken, Herr Doktor. Ich will Sie fragen, ob ich Ihnen behilflich sein kann. Entschuldigen Sie, bitte.«

»Ich bin nicht zimperlich«, antwortete der junge Mann. »Es wäre großartig, wenn Sie mir helfen würden. Ich kann's gebrauchen.« Er trank einen Schluck. »Das Zeug schmeckt gut. Ja, ich bin also seit Jahren stellungslos. Der Direktor der Putzblank-Werke hat mir, als ich mich nach einem Posten erkundigte, gute Erholung in Bruckbeuren gewünscht.

Wenn ich bloß wüßte, von welcher Anstrengung ich mich erholen soll! Arbeiten will ich, daß die Schwarte knackt! Und ein bißchen Geld verdienen! Statt dessen helfe ich meiner Mutter ihre kleine Rente auffressen. Es ist scheußlich.«

Kesselhuth blickte ihn freundlich an. »Der Toblerkonzern hat ja auch noch einige andere Fabriken außer den Putzblank-Werken«, meinte er. »Und nicht nur Fabriken. Sie sind Reklamefachmann?«

»Jawohl«, sagte Hagedorn. »Und keiner von den schlechtesten, wenn ich diese kühne Behauptung aufstellen darf.«

Herr Kesselhuth nickte. »Sie dürfen!«

»Was halten Sie von folgendem?« fragte der junge Mann eifrig. »Ich könnte meiner Mutter noch heute abend eine zweite Karte schreiben. Daß ich unverletzt angekommen bin, habe ich ihr nämlich schon mitgeteilt. Sie könnte meine Arbeiten in einen kleinen Karton packen; und in spätestens drei Tagen sind Hagedorns Gesammelte Werke in Bruckbeuren. Verstehen Sie etwas von Reklame, Herr Kesselhuth?«

Johann schüttelte wahrheitsgemäß den Kopf. »Ich möchte mir die Arbeiten trotzdem ansehen, und dann gebe ich«, er verbesserte sich hastig, »dann schicke ich sie mit ein paar Zeilen an Geheimrat Tobler. Das wird das beste sein.«

Hagedorn setzte sich kerzengerade und wurde blaß. »An wen wollen Sie den Kram schicken?« fragte er.

»An Geheimrat Tobler«, erklärte Kesselhuth. »Ich kenne ihn seit zwanzig Jahren!«

»Gut?«

»Ich bin täglich mit ihm zusammen.«

Der junge Mann vergaß vorübergehend Atem zu holen. »Das ist ein Tag«, sagte er dann, »um den Verstand zu verlieren. Sehr geehrter Herr, machen Sie, bitte, keine Witze mit mir. Jetzt wird's ernst. Geheimrat Tobler liest Ihre Briefe?«

»Er hält große Stücke auf mich«, erklärte Herr Kesselhuth stolz.

»Wenn er sich die Sachen ansieht, gefallen sie ihm bestimmt«, sagte der junge Mann. »In dieser Beziehung bin ich größenwahnsinnig. Das kostet nichts und erhält bei Laune.«

Er stand auf. »Darf ich meiner Mutter rasch eine Eilkarte schicken? Sehe ich Sie dann noch?«

»Ich würde mich sel r freuen«, entgegnete Kesselhuth. »Grüßen Sie Ihre Frau Mutter unbekannterweise von mir.«

»Das ist eine patente Frau«, sagte Hagedorn und ging. An der Tür kehrte er noch einmal um. »Eine bescheidene Frage, Herr Kesselhuth. Haben Sie Katzen im Zimmer?«

»Ich habe nicht darauf geachtet«, meinte der andere. »Aber ich glaube kaum.«

Als Hagedorn die Halle durchquerte, lief er Frau Casparius in die Arme. Sie war in Nerz gehüllt und trug hohe pelzbesetzte Überschuhe. Neben ihr schritt, im Gehpelz, der Kunsthändler Lenz.

»Kommen Sie mit?« fragte die Bremerin. »Wir gehen ins Esplanade. Zwecks Reunion. Darf ich bekannt machen? Herr Doktor Hagedorn – Herr Lenz.«

Die Herren begrüßten sich.

»Kommen Sie mit, Herr Doktor!« sagte der dicke Lenz. »Unsere schöne Frau tanzt leidenschaftlich gern. Übrigens auch gern leidenschaftlich. Und ich eigne mich figürlich nicht besonders zum Anschmiegen. Ich bin zu konvex.«

»Entschuldigen Sie mich«, sagte der junge Mann. »Ich muß einen Brief schreiben.«

»Post kann man während des ganzen Tages erledigen«, meinte Frau Casparius. »Tanzen kann man nur abends.«

»Der Brief muß noch heute fort«, sagte Hagedorn bedauernd. »Leidige Geschäfte!« Dann entfernte er sich eiligst. Frau von Mallebré, die ihn kommen sah, gab dem Baron einen Wink. Keller erhob sich, vertrat dem jungen Mann lächelnd den Weg, stellte sich vor und fragte: »Darf ich Sie mit einer charmanten Frau bekannt machen?« Hagedorn erwiderte ärgerlich: »Ich bitte darum«, und ließ die übliche

Zeremonie über sich ergehen. Keller setzte sich. Der junge Mann blieb ungeduldig stehen.

»Ich fürchte, wir halten Sie auf«, sagte Frau von Mallebré. Sie sprach, auf Wirkung bedacht, eine Terze tiefer als sonst. Keller lächelte. Er kannte Frau von Mallebrés akustische Taktik.

»Es tut mir leid, Ihnen recht geben zu müssen«, meinte Hagedorn. »Post! Leidige Geschäfte!«

Die Mallebré schüttelte mißbilligend die schwarzen Wasserwellen. »Sie sind doch hier, um sich zu erholen.«

»Das ist ein Irrtum«, antwortete er. »Ich bin gekommen, weil ich, infolge eines gewonnenen Preisausschreibens, hergeschickt wurde.«

»Nehmen Sie Platz!« sagte die Mallebré. Die Gäste an den Nebentischen blickten gespannt herüber.

»Sehr freundlich«, meinte Hagedorn. »Aber ich muß auf mein Zimmer. Guten Abend.« Er ging.

Baron Keller lachte. »Sie hätten nicht so rasch zu essen brauchen, gnä' Frau.«

Frau von Mallebré betrachtete ihr Gesicht im Spiegel der Puderdose, tupfte Puder auf ihre adlige Nase und sagte: »Wir wollen's abwarten.«

Auf der Treppe traf Hagedorn Herrn Schulze. »Ich friere wie ein Schneider«, sagte Schulze. »Ist Ihr Zimmer auch ungeheizt?«

»Aber nein«, meinte Hagedorn. »Wollen Sie sich bei mir einmal umschauen? Ich muß eine Karte nach Hause schreiben. Ich habe eben ein unglaubliches Erlebnis gehabt. Raten Sie! Nein, darauf kommt keiner. Also denken Sie an: Ich habe eben mit einem Herrn gesprochen, der den alten Tobler persönlich kennt! Der jeden Tag mit ihm zusammen ist! Was sagen Sie dazu?«

»Man sollte es nicht für möglich halten«, behauptete Schulze und folgte dem jungen Mann ins erste Stockwerk.

Hagedorn schaltete das elektrische Licht ein.

Schulze glaubte zu träumen.

Er erblickte einen Salon, ein Schlafzimmer und ein gekacheltes Bad.

›Was soll denn das heißen?‹ dachte er. ›So viel besser ist ja nun seine Lösung des Preisausschreibens nicht, daß man mir die Bruchbude unterm Dach angedreht hat und ihm so 'ne Zimmerflucht.‹

»Trinken Sie einen Schnaps?« fragte der junge Mann. Er schenkte französischen Kognak ein. Sie stießen an und sagten: »Prost!« Da klopfte es. Hagedorn rief: »Herein!«

Es erschien ein Zimmermädchen. »Ich wollte nur fragen, ob der Herr Doktor schon schlafen gehen. Es ist wegen des Ziegelsteins.«

Hagedorn runzelte die Stirn. »Weswegen?«

»Wegen des Ziegelsteins«, wiederholte das Mädchen. »Ich möchte ihn nicht zu früh ins Bett tun, damit er nicht auskühlt.«

»Verstehen Sie das?« fragte Hagedorn.

»Noch nicht ganz«, erwiderte Schulze. Und zu dem Mädchen sagte er: »Der Herr Doktor geht noch nicht schlafen. Bringen Sie Ihren Ziegelstein später!« Das Mädchen ging.

Hagedorn sank verstört in einen Klubsessel. »Haben Sie auch ein Zimmermädchen mit geheizten Ziegelsteinen?«

»Keineswegs«, meinte Schulze. »Französischen Kognak übrigens auch nicht.« Er grübelte.

»Auch keine siamesischen Katzen?« fragte der andere und zeigte auf ein Körbchen.

Schulze griff sich an die Stirn. Dann ging er in die Kniebeuge und betrachtete die drei kleinen schlafenden Tiere. Dabei kippte er um und setzte sich auf den Perserteppich. Ein Kätzchen erwachte, reckte sich, stieg aus dem Korb und nahm auf Schulzes violetter Hose Platz.

Hagedorn schrieb die Karte an seine Mutter.

Schulze legte sich auf den Bauch und spielte mit der kleinen Katze. Dann wurde die zweite wach, schaute anfangs faul über den Rand des Korbes, kam dann aber nach längerer Überlegung ebenfalls auf den Teppich spaziert. Schulze hatte alle Hände voll zu tun.

Hagedorn sah flüchtig von seiner Karte hoch, lächelte und sagte: »Vorsicht! Lassen Sie sich nicht kratzen!«

»Keine Sorge«, erklärte der Mann auf dem Teppich. »Ich verstehe mit so etwas umzugehen.«

Die zwei Katzen spielten auf dem älteren Herrn Haschen. Wenn er sie festhielt, schnurrten sie vor Wonne. ›Ich fühle mich wie zu Hause‹, dachte er. Und nachdem er das gedacht hatte, ging ihm ein großes Licht auf.

Als Hagedorn mit der Eilkarte zu Rande war, legte Schulze die zwei Katzen zu der dritten in den Korb zurück. Sie sahen ihn aus ihren schwarzmaskierten Augen fragend an und bewegten die Schwänze vergnügt hin und her. »Ich besuche euch bald wieder«, sagte er. »Nun schlaft aber, wie sich das für so kleine artige Katzen gehört!« Dann überredete er den jungen Mann, die Karte dem Stubenmädchen zur Besorgung anzuvertrauen. »Ich bin Ihnen Revanche schuldig. Sie müssen sich mein Zimmer ansehen. Kommen Sie!«

Sie gaben dem Mädchen die Karte und stiegen in den Fahrstuhl. »Der nette Herr, der den alten Tobler so gut kennt, heißt Kesselhuth«, erzählte Hagedorn. »Er kam gleichzeitig mit mir im Hotel an. Und vor einer Viertelstunde hat er mich gefragt, ob er mir beim Toblerkonzern behilflich sein soll. Halten Sie es für möglich, daß er das überhaupt kann?«

»Warum schließlich nicht?« meinte Schulze. »Wenn er den ollen Tobler gut kennt, wird er's schon zuwege bringen.«

»Aber wie kommt ein fremder Mensch eigentlich dazu, mir helfen zu wollen?«

»Sie werden ihm sympathisch sein«, sagte Schulze.

Dem anderen schien diese Erklärung nicht zu genügen. »Wirke ich denn sympathisch?« fragte er erstaunt.

Schulze lächelte. »Außerordentlich sympathisch sogar!«

»Entschuldigen Sie«, meinte der junge Mann. »Ist das Ihre persönliche Ansicht?« Er war richtig rot geworden. Schulze erwiderte: »Es ist meine feste Überzeugung.« Nun war auch er verlegen.

»Fein«, sagte Hagedorn. »Mir geht's mit Ihnen ganz genauso.«

Sie schwiegen, bis sie im vierten Stock ausstiegen. »Sie wohnen wohl auf dem Blitzableiter?« fragte der junge Mann, als der andere die Stufen betrat, die zur fünften Etage führten.

»Noch höher«, erklärte Schulze.

»Herr Kesselhuth will dem Tobler meine Arbeiten schikken«, berichtete Hagedorn. »Hoffentlich versteht der olle Millionär etwas von Reklame. Schrecklich, daß ich schon wieder davon anfange, was? Aber es geht mir nicht aus dem Kopf. Da rennt man sich in Berlin seit Jahren die Hacken schief. Fast jeden Tag wird man irgendwo anders abgewiesen. Dann kutschiert man in die Alpen. Und kaum ist man dort, fragt einen ein wildfremder Herr, ob man im Toblerkonzern angestellt zu werden wünscht.«

»Ich werde die Daumen halten«, sagte der andere.

Sie schritten den schmalen Korridor entlang. »Ich möchte, wenn ich wieder Geld verdiene, mit meiner Mutter eine größere Reise machen«, erklärte Hagedorn. »Vielleicht an die oberitalienischen Seen. Sie kennt nur Swinemünde und den Harz. Das ist für eine sechzigjährige Frau zu wenig, nicht?« Das sei auch seine Meinung, entgegnete Schulze. Und während der junge Mann von den sieben gewonnenen Preisausschreiben und den damit verbundenen geographischen Erfahrungen erzählte, schloß der andere die Tür zu dem Dachstübchen auf. Er öffnete und machte Licht. Hagedorn blieben Stockholm und die Schären im Halse stecken. Er starrte verständnislos in die elende Kammer. Nach längerer Zeit sagte er: »Machen Sie keine Witze!«

»Treten Sie näher!« bat Schulze. »Setzen Sie sich, bitte, aufs Bett oder in die Waschschüssel! Was Ihnen lieber ist!«

Der andere klappte den Jackettkragen hoch und steckte die Hände in die Taschen.

»Kälte ist gesund«, meinte Schulze. »Schlimmstenfalls werde ich die Pantoffeln anbehalten, wenn ich schlafen gehe.«

Hagedorn blickte sich suchend um. »Nicht einmal ein Schrank ist da«, sagte er. »Können Sie sich das Ganze erklären? Mir gibt man ein feudales Appartement. Und Sie sperrt man in eine hundekalte Bodenkammer!«

»Es gibt eine einzige Erklärung«, behauptete Schulze. »Man hält Sie für einen andern! Irgendwer muß sich einen Scherz erlaubt haben. Vielleicht hat er verbreitet, Sie seien der Thronfolger von Albanien. Oder Sohn eines Multimillionärs.«

Hagedorn zeigte den Glanz auf den Ellenbogen seines Anzuges und hielt einen Fuß hoch, um das biblische Alter seiner Schuhe darzulegen. »Sehe ich so aus?«

»Gerade darum! Es gibt genug extravagante Personen unter denen, die sich Extravaganzen pekuniär leisten können.«

»Ich habe keinen Spleen«, sagte der junge Mann. »Ich bin kein Thronfolger und kein Millionär. Ich bin ein armes Luder. Meine Mutter war auf der Sparkasse, damit ich mir ein paar Glas Bier leisten kann.« Er schlug wütend auf den Tisch. »So! Und jetzt gehe ich zu dem Hoteldirektor und erzähle ihm, daß man ihn veralbert hat und daß ich sofort hier oben, neben Ihnen, eine ungeheizte Hundehütte zu beziehen wünsche!« Er war schon an der Tür.

Tobler sah sein eigenes Abenteuer in Gefahr. Er hielt den andern am Jackett fest und zwang ihn auf den einzigen Stuhl. »Lieber Hagedorn, machen Sie keine Dummheiten! Davon, daß Sie neben mir eine Eisbude beziehen, haben wir alle beide nichts. Seien Sie gescheit! Bleiben Sie der geheimnisvolle Unbekannte! Behalten Sie Ihre Zimmer, damit ich weiß, wohin ich gehen soll, wenn mir's hier oben zu kalt wird! Lassen Sie sich in drei Teufels Namen eine Flasche

Kognak nach der andern bringen und eine ganze Ziegelei ins Bett legen! Was schadet es denn?«

»Schrecklich!« sagte der junge Mann. »Morgen früh kommt der Masseur.«

Schulze mußte lachen. »Massage ist gesund!«

»Ich weiß«, erwiderte Hagedorn. »Sie fördert die Durchblutung der Haut.« Er schlug sich vor die Stirn. »Und der Portier sammelt Briefmarken! Diese Mystifikation ist gewissenhaft durchdacht! Und ich Rindvieh bildete mir ein, die Leute hier seien von Natur aus nett.« Er warf das Kuvert mit den Briefmarken beleidigt auf den Tisch. Schulze prüfte den Inhalt fachmännisch und steckte das Kuvert ein. »Ich habe eine großartige Idee«, sagte Hagedorn. »Sie beziehen mein Zimmer, und ich werde hier wohnen. Wir erzählen dem Direktor, er habe sich geirrt. Der Thronfolger von Albanien seien Sie! Ist das gut?«

»Nein«, erwiderte Schulze. »Für einen Thronfolger bin ich zu alt.«

»Es gibt auch alte Thronfolger«, wandte der junge Mann ein.

»Und den Millionär glaubt man mir erst recht nicht!« sagte Schulze. »Stellen Sie sich das doch vor! Ich als Millionär! Lächerlich!«

»Sehr überzeugend würden Sie allerdings nicht wirken«, gab Hagedorn offen zu. »Aber ich will niemand anders sein!«

»Tun Sie's mir zuliebe«, bat Schulze. »Mir haben die drei kleinen Katzen so gut gefallen.«

Der junge Mann kratzte sich am Kopf. »Also schön«, erklärte er. »Aber bevor wir abreisen, geben wir durch Anschlag am Schwarzen Brett bekannt, daß das Hotel von irgendeinem Spaßmacher hereingelegt worden ist. Ja?«

»Das eilt nicht«, sagte Schulze. »Bis auf weiteres bleiben Sie, bitte, ein Rätsel!«

Der Schneemann Kasimir

Als die beiden miteinander durch die Halle gingen, war die Empörung groß. Das Publikum fand sich brüskiert. Wie konnte der geheimnisvolle Millionär mit dem einzigen armen Teufel, den das Hotel zu bieten hatte, gemeinsame Sache machen! So realistisch brauchte er seine Rolle wirklich nicht zu spielen!

»Einfach tierisch!« sagte Karl der Kühne, der beim Portier stand. »Dieser Schulze! Das ist das Letzte!«

»Die Casparius und die Mallebré machen schon Jagd auf den Kleinen«, erzählte Onkel Polter. »Er könnte es haben wie in Abrahams Schoß!«

»Der Vergleich stimmt nur teilweise«, meinte der Direktor. (Er neigte gelegentlich zur Pedanterie.)

»Ich sehe schon«, sagte der Portier, »ich werde für Herrn Schulze eine kleine Nebenbeschäftigung erfinden müssen. Sonst geht er dem Millionär nicht von der Seite.«

»Vielleicht reist er bald wieder ab«, bemerkte Herr Kühne. »Die Dachkammer, die wir ihm ausgesucht haben, wird ihm auf die Dauer kaum zusagen. Dort oben hat es noch kein Stubenmädchen und kein Hausdiener ausgehalten.«

Onkel Polter kannte die Menschen besser. Er schüttelte das Haupt. »Sie irren sich. Schulze bleibt. Schulze ist ein Dickkopf.« Der Hoteldirektor folgte den beiden seltsamen Gästen in die Bar.

Die Kapelle spielte. Etliche elegante Paare tanzten. Sullivan, der Kolonialoffizier, trank den Whisky aus alter Gewohnheit pur und war bereits hinüber. Er hing auf seinem Barhocker, stierte vor sich hin und schien Bruckbeuren mit einer nordindischen Militärstation zu verwechseln.

»Darf ich vorstellen?« fragte Hagedorn. Und dann machte er Geheimrat Tobler und Johann, dessen Diener, miteinander bekannt. Man nahm Platz. Herr Kesselhuth bestellte eine Runde Kognak.

Schulze lehnte sich bequem zurück, betrachtete, gerührt und spöttisch zugleich, das altvertraute Gesicht und sagte: »Dr. Hagedorn erzählte mir eben, daß Sie den Geheimrat Tobler kennen.« Herr Kesselhuth war nicht mehr ganz nüchtern. Er hatte nicht des Alkohols wegen getrunken. Aber er war ein gewissenhafter Mensch und hatte nicht vergessen, daß er täglich mindestens hundert Mark ausgeben mußte. »Ich kenne den Geheimrat sogar ausgezeichnet«, erklärte er und blinzelte vergnügt zu Schulze hinüber. »Wir sind fast dauernd zusammen!«

»Sie sind vermutlich Geschäftsfreunde?« fragte Schulze.

»Vermutlich?« sagte Kesselhuth großartig. »Erlauben Sie mal! Mir gehört eine gutgehende Schiffahrtslinie! Wir sitzen zusammen im Aufsichtsrat. Direkt nebeneinander!«

»Donnerwetter!« rief Schulze. »Welche Linie ist das denn?«

»Darüber möchte ich nicht sprechen«, sagte Kesselhuth vornehm. »Aber es ist nicht die kleinste, mein Herr!«

Sie tranken. Hagedorn setzte sein Glas nieder, zog die Oberlippe hoch und meinte: »Ich verstehe nichts von Schnaps. Aber der Kognak schmeckt, wenn ich nicht irre, nach Seife.«

»Das muß er tun«, erklärte Schulze. »Sonst taugt er nichts.«

»Wir könnten ja auch etwas anderes trinken«, sagte Kesselhuth. »Herr Ober, was schmeckt bei Ihnen nicht nach Seife?«

Es war aber gar nicht der Kellner, der an den Tisch getreten war, sondern der Hoteldirektor. Er fragte den jungen Mann, ob ihm die Zimmer gefielen.

»Doch, doch«, sagte Hagedorn, »bin soweit ganz zufrieden.«

Herr Kühne behauptete, daß er sich glücklich schätze. Dann winkte er; und Jonny und ein Kellner brachten einen Eiskübel mit einer Flasche Champagner und zwei Gläser. »Ein kleiner Begrüßungsschluck«, sagte der Hoteldirektor lächelnd.

»Und ich kriege kein Glas?« fragte Schulze unschuldsvoll. Kühne lief rot an. Der Kellner brachte ein drittes Glas und goß ein. Der Versuch, Schulze zu ignorieren, war mißlungen.

»Auf Ihr Wohl!« rief dieser fidel. Der Direktor verschwand, um dem Portier sein jüngstes Leid zu klagen.

Schulze stand auf, schlug an sein Glas und hob es hoch. Die anderen Gäste blickten unfreundlich zu ihm hin. »Trinken wir darauf«, sagte er, »daß Herr Kesselhuth für meinen jungen Freund beim ollen Tobler etwas erreichen möge!«

Johann kicherte vor sich hin. »Mach ich, mach ich!« murmelte er und trank sein Glas leer.

Hagedorn sagte: »Lieber Schulze, wir kennen uns noch nicht lange. Aber vielleicht sollten wir in diesem Augenblick fragen, ob Herr Kesselhuth auch für Sie etwas unternehmen kann?«

»Keine schlechte Idee«, meinte Schulze.

Johann Kesselhuth sagte amüsiert: »Ich werde Geheimrat Tobler nahelegen, auch Herrn Schulze anzustellen. Was sind Sie denn von Beruf?«

»Auch Werbefachmann«, antwortete Schulze.

»Schön wär's, wenn wir in derselben Abteilung arbeiten könnten«, meinte Hagedorn. »Wir verstehen uns nämlich sehr gut, Schulze und ich. Wir würden den Toblerkonzern propagandistisch gründlich aufmöbeln. Er kann's gebrauchen. Was ich da in der letzten Zeit an Reklame gesehen habe, war zum Heulen.«

»So?« fragte Schulze.

»Grauenhaft dilettantisch«, erklärte der junge Mann. »Bei dem Reklameetat, den so ein Konzern hat, kann man ganz anders losgehen. Wir werden dem Tobler zeigen, was für knusprige Kerle wir sind! Ist er übrigens ein netter Mensch?«

»Ach ja«, sagte Johann Kesselhuth. »Mir gefällt er. Aber das ist natürlich Geschmackssache.«

»Wir werden ja sehen«, meinte Hagedorn. »Trinken wir auf ihn! Der olle Tobler soll leben!«

Sie stießen an. »Das soll er«, sagte Kesselhuth und blickte Herrn Schulze liebevoll in die Augen.

Nachdem die von Karl dem Kühnen gestiftete Flasche leergetrunken war, bestellte der Schiffahrteibesitzer Kesselhuth eine weitere Flasche. Sie wunderten sich, daß sie, trotz der langen Reise, noch immer nicht müde waren. Sie schoben es auf die Höhenluft. Dann kletterten sie ins Bräustübl hinunter, aßen Weißwürste und tranken Münchner Bier.

Aber sie blieben nur kurze Zeit. Denn die rassige Dame aus Polen, die abends eingetroffen war, saß mit Mister Bryan in einer schummrigen Ecke, und Hagedorn sagte: »Ich fürchte, wir sind der internationalen Verständigung im Wege.«

Die Bar war, als sie zurückkamen, noch voller als vorher. Frau von Mallebré und Baron Keller saßen an der Theke, tranken Cocktails und knabberten Kaffeebohnen. Frau Casparius und der dicke Herr Lenz waren aus dem Esplanade zurück und knobelten. Eine stattliche Schar rotwangiger Holländer lärmte an einem großen runden Tisch. Und das sächsische Ehepaar mokierte sich über die phonetische Impertinenz der holländischen Sprache.

Später verdrängte einer der Holländer den Klavierspieler. Sofort erhoben sich seine temperamentvollen Landsleute und veranstalteten, ungeachtet ihrer Smokings und mondänen Abendkleider, echt holländische Volkstänze. Sullivan rutschte von seinem Barhocker und nahm, da sich Fräulein Marek sträubte, als Solist und gefährlich taumelnd, an dem ländlichen Treiben teil. Das währte rund zwanzig Minuten. Dann eroberte der Klavierspieler seinen angestammten

Drehsessel zurück. »Nun tanzen Sie schon endlich mit einer Ihrer Verehrerinnen!« sagte Schulze zu Hagedorn. »Es ist ja kaum noch zum Aushalten, wie sich die Weiber die Augen verrenken!«

Der junge Mann schüttelte den Kopf.

»Man meint ja gar nicht mich, sondern den Thronfolger von Albanien.«

»Wenn's weiter nichts ist!« erwiderte Schulze. »Das würde mich wenig stören. Der Effekt ist die Hauptsache.«

Hagedorn wandte sich an Kesselhuth. »Man hält mich hier im Hotel unbegreiflicherweise für den Enkel von Rockefeller oder für einen verkleideten Königssohn. Dabei bin ich keines von beiden.«

»Unglaublich!« sagte Herr Kesselhuth. Er bemühte sich, ein überraschtes Gesicht zu ziehen. »Was es so alles gibt!«

»Das bleibt aber, bitte, unter uns!« bat Hagedorn. »Ich hätte das Mißverständnis gerne richtiggestellt. Aber Schulze hat mir abgeraten.«

»Herr Schulze hat recht«, sagte Kesselhuth. »Ohne Spaß gibt's nichts zu lachen!«

Plötzlich spielte die Kapelle einen Tusch. Herr Heltai, Professor der Tanzkunst und Arrangeur von Kostümfesten, trat aufs Parkett, klatschte in die Hände und rief: »Damenwahl, meine Herrschaften!« Er wiederholte die Ankündigung noch in englischer und französischer Sprache. Die Gäste lachten. Mehrere Damen erhoben sich. Auch Frau Casparius. Sie steuerte auf Hagedorn los. Frau von Mallebré wurde blaß und engagierte, verzerrt lächelnd, den Baron.

»Nun aber ran an den Speck!« befahl Schulze.

Frau Casparius machte einen übertriebenen Knicks und sagte: »Sie sehen, Herr Doktor, mir entgeht man nicht.«

»Da werden Weiber zu Hyänen!« deklamierte Schulze, der sich auskannte. Doch die Bremerin und Hagedorn waren schon außer Hörweite. Der Tanz begann.

Schulze beugte sich vor. »Ich gehe in die Halle«, flüsterte

er. »Folgen Sie mir unauffällig! Bringen Sie aber 'ne anständige Zigarre mit!« Dann verließ er die Bar.

Geheimrat Tobler saß nun mit seinem Diener Johann in
der Halle. Die meisten Tische waren leer. Kesselhuth
klappte sein Zigarrenetui auf und fragte: »Darf ich Sie zu
einem Kognak einladen?«

»Fragen Sie nicht so blöd!« meinte Tobler.

Der andere bestellte. Die Herren rauchten und blickten
einander belustigt an. Der Kellner brachte die Kognaks.
»Nun haben wir uns also doch kennengelernt«, sagte Johann
befriedigt. »Noch dazu am ersten Abend! Wie habe ich das
gemacht?«

Tobler runzelte die Stirn. »Sie sind ein Intrigant, mein
Lieber. Eigentlich sollte ich Sie entlassen.«

Johann lächelte geschmeichelt. Dann sagte er: »Ich kriegte
ja, als ich ankam, einen solchen Schreck! Der Hoteldirektor
und der Portier krochen doch dem Doktor Hagedorn in
sämtliche Poren! Am liebsten wäre ich Ihnen entgegenge-
laufen, um Sie zu warnen.«

»Ich werde meiner Tochter die Ohren abschneiden«,
erklärte Tobler. »Sie hat natürlich angerufen.«

»Fräulein Hildegards Ohren sind so niedlich«, meinte
Johann. »Ich wette, die Kunkel hat telefoniert.«

»Wenn ich nicht so guter Laune wäre, würde ich mich
ärgern«, gestand Tobler. »So eine Frechheit! Ein wahres
Glück, daß dieses verrückte Mißverständnis dazwischen-
kam!«

»Hat man Ihnen ein nettes Zimmer gegeben?« fragte der
Diener.

»Ein entzückendes Zimmer«, behauptete Tobler. »Sonnig, luftig. Sehr luftig sogar.«

Johann nahm dem Geheimrat ein paar Fusseln vom Anzug und bürstete mit der flachen Hand besorgt auf den violetten Jackettschultern herum.

»Lassen Sie das!« knurrte Tobler. »Sind Sie verrückt?«

»Nein«, meinte Johann. »Aber froh, daß ich neben Ihnen sitze. Na ja, und ein klein bißchen besoffen bin ich natürlich auch. Ihr Anzug sieht zum Fürchten aus. Ich werde morgen auf Ihr Zimmer kommen und Ordnung machen. Welche Zimmernummer haben Sie, Herr Geheimrat?«

»Unterstehen Sie sich!« sagte Tobler streng. »Das fehlte gerade noch, daß man den Besitzer einer gutgehenden Schiffahrtslinie dabei erwischt, wie er bei mir Staub wischt. Haben Sie Bleistift und Papier bei sich? Sie müssen einen geschäftlichen Brief erledigen. Beeilen Sie sich! Ehe unser kleiner Millionär eintrifft. Wie gefällt er Ihnen?«

»Ein reizender Mensch«, sagte Johann. »Wir werden zu dritt noch sehr viel Spaß haben.«

»Lassen Sie uns arme Leute ungeschoren!« meinte der Geheimrat. »Widmen Sie sich gefälligst dem Wintersport und der vornehmen Gesellschaft!«

»Die Hoteldirektion glaubt, daß ich Doktor Hagedorn von Berlin aus kenne und es nur nicht zugeben will«, erzählte Johann. »Man wird also nichts dabei finden, wenn ich oft mit ihm zusammen bin. Im Gegenteil, ohne mich wäre er nie so schnell Millionär geworden!« Er blickte an Tobler herunter. »Ihre Schuhe sind auch nicht geputzt!« sagte er. Man sah es ihm an, wie er darunter litt. »Es ist zum Verzweifeln!«

Der Geheimrat, dem die Zigarre außerordentlich schmeckte, meinte: »Kümmern Sie sich lieber um Ihre Schiffahrtslinie!«

So oft die Kapelle eine Atempause machen wollte, klatschten die Tanzpaare wie besessen. Frau Casparius sagte leise: »Sie tanzen wirklich gut.« Ihre Hand lag auf Hagedorns Schulter und übte einen zärtlichen Druck aus. »Was tun Sie morgen? Fahren Sie Ski?«

Er verneinte. »Als kleiner Junge hatte ich Schneeschuhe. Jetzt ist mir die Sache zu teuer.«

»Wollen wir eine Schlittenpartie machen? Nach Sankt Veit? Den Lunch nehmen wir mit.«

»Ich bin mit meinen beiden Bekannten verabredet.«

»Sagen Sie ab!« bat sie. »Wie können Sie überhaupt diesen Mann, der wie eine Vogelscheuche aussieht, meiner bezaubernden Gesellschaft vorziehen?«

»Ich bin auch so eine Vogelscheuche«, sagte er zornig. »Schulze und ich gehören zusammen!«

Sie lachte und zwinkerte eingeweiht. »Freilich, Doktor. Ich vergesse das immer wieder. Aber Sie sollten trotzdem mit mir nach Sankt Veit fahren. Im Pferdeschlitten. Mit klingenden Glöckchen. Und mit warmen Decken. So etwas kann sehr schön sein.« Sie schmiegte sich noch enger an ihn und fragte: »Mißfalle ich Ihnen denn so?«

»O nein«, sagte er. »Aber Sie haben so etwas erschreckend Plötzliches an sich.«

Sie rückte ein wenig von ihm ab und rümpfte die Lippen. »So sind die Männer. Wenn man redet, wie einem zumute ist, werdet ihr fein wie ein Schock Stiftsdamen.« Sie sah ihm kerzengerade in die Augen. »Seien Sie doch nicht so zimperlich, zum Donnerwetter! Sind wir jung? Gefallen wir einander? Wie? Wozu das Theater! Hab ich recht oder stimmt's?«

Die Kapelle hörte zu spielen auf.

»Sie haben recht«, sagte er. »Aber wo sind meine Bekannten?«

Er begleitete sie an ihren Tisch, verbeugte sich vor ihr und vor dem dicken Herrn Lenz und entfernte sich eilends, um die Herren Schulze und Kesselhuth zu suchen.

»Stecken Sie die Notizen weg!« sagte Geheimrat Tobler zu seinem Diener. »Dort kommt unser kleiner Millionär.«

Hagedorn strahlte. Er setzte sich und ächzte. »Das ist eine Frau!« meinte er benommen. »Die hätte Kavalleriegeneral werden müssen!«

»Dafür ist sie entschieden zu hübsch«, behauptete Schulze. Hagedorn dachte nach. »Nun ja«, sagte er. »Aber man

kann doch nicht mit jeder hübschen Frau etwas anfangen!
Dafür gibt es schließlich viel zu viele hübsche Frauen!«

»Ich kann dem Doktor nur beipflichten«, meinte Herr
Kesselhuth. »Ober! Drei Korn!« Und als der Kellner wieder
da war – und der Korn auch – rief er: »Allerseits frohe Pfing-
sten!«

Sie kippten den farblosen Inhalt der drei Gläser. Dann
fragte Hagedorn neugierig: »Was tun wir jetzt? Es ist noch
nicht einmal Mitternacht.«

Schulze drückte die Zigarre aus und sagte: »Meine Herren, Silentium! Ich erlaube mir, eine Frage an Sie zu richten,
die Sie verblüffen wird. Und die Frage lautet: Wozu sind wir
nach Bruckbeuren gekommen? Etwa in der Absicht, uns zu
betrinken?«

»Es scheint so«, bemerkte Kesselhuth und kicherte.

»Wer dagegen ist, bleibt sitzen!« sagte Schulze. »Zum
ersten! Zum zweiten! Zum – dritten!«

»Einstimmig angenommen«, meinte Hagedorn.

Schulze fuhr fort. »Wir sind also nicht hierhergekommen,
um zu trinken.«

Kesselhuth hob die Hand und sagte: »Nicht nur, Herr
Lehrer!«

»Und so fordere ich die Anwesenden auf«, erklärte
Schulze, »sich von den Plätzen zu erheben und mir in die
Natur zu folgen.«

Sie erhoben sich mühsam und gingen, leise schwankend,
aus dem Hotel hinaus. Die klare, kalte Gebirgsluft verschlug
ihnen den Atem. Sie standen verwundert im tiefen Schnee.
Über ihnen wölbte sich die dunkelblaue, mit goldenen und
grünen, silbernen und rötlichen Brillantsplittern übersäte
Riesenkuppel des Sternhimmels. Am Mond zog ein verlas-
senes weißes Wölkchen vorüber.

Sie schwiegen minutenlang. Aus dem Hotel klang ferne
Tanzmusik. Herr Kesselhuth räusperte sich und sagte: »Morgen wird's schön.«

Männer neigen ergreifenden Eindrücken gegenüber zur Verlegenheit. So kam es, daß Hagedorn erklärte: »So, meine Herrschaften! Jetzt machen wir einen großen Schneemann!«

Und Schulze rief: »Ein Hundsfott, wer sich weigert! Marsch, marsch!«

Anschließend setzte eine rege Tätigkeit ein. Baumaterial war ja genügend vorhanden. Sie buken und kneteten eine Kugel, rollten sie kreuz und quer durch den Schnee, klatschten fanatisch auf ihr herum, deformierten sie ins Zylindrische, rollten den unaufhörlich wachsenden Block noch einige Male hin und her und stellten ihn schließlich, als er ausreichend imposant erschien, vor die kleinen Silbertannen, die gegenüber vom Hoteleingang, jenseits des Fahrweges, den Park flankierten.

Die drei Männer schwitzten. Aber sie waren unerbittlich und begannen nun den zweiten Teil des Schneemannes, seinen Rumpf, zu bilden. Der Schnee wurde knapp. Sie drangen in den Park vor. Die Tannenbäume stachen mit Nadeln nach den erhitzten Gesichtern.

Schließlich war auch der Rumpf fertig, und schwer atmend hoben sie ihn auf den Schneesockel hinauf. Es gelang ohne größere Zwischenfälle. Herr Kesselhuth fiel allerdings hin und sagte: »Der teure Smoking!« Aber es focht ihn nicht weiter an. Wenn erwachsene Männer etwas vorhaben, dann setzen sie es durch. Sogar im Smoking.

Schließlich kam auch ein Kopf zustande. Er wurde auf den Rumpf gepflanzt. Dann traten sie ehrfurchtsvoll einige Schritte zurück und bewunderten ihr Werk.

»Der Gute hat leider einen Eierkopf«, stellte Schulze fest.

»Das macht nichts«, sagte Hagedorn. »Wir nennen ihn ganz einfach Kasimir. Wer Kasimir heißt, kann sich das leisten.« Es erhob sich kein Widerspruch.

Dann zückte Schulze ein Taschenmesser und wollte sich die Knöpfe vom violetten Anzug schneiden, um sie Kasimir in den Schneebauch zu drücken. Aber Herr Kesselhuth ließ es nicht zu und erklärte, das gehe keinesfalls. Deshalb nahm Hagedorn Herrn Schulze das Messer weg, schnitt mehrere Tannenzweige ab und besetzte Kasimirs Brust damit, bis er wie ein Gardehusar aussah.

»Kriegt er keine Arme?« fragte Kesselhuth.

»O nein«, sagte Hagedorn. »Kasimir ist ein Torso!«

Dann verliehen sie ihm ein Gesicht. Als Nase verwandten sie eine Streichholzschachtel. Der Mund wurde von kurzen Zweigstücken dargestellt. Und als Augen benutzten sie Baumrinde. Kesselhuth bemerkte kritisch: »Kasimir braucht einen Tschako, damit man seine Glatze nicht sieht.«

»Sie sind ein grauenhafter Naturalist«, sagte Schulze empört. »Wenn Sie Bildhauer geworden wären, hätten Sie Ihren Plastiken Perücken aufgesetzt!«

»Ich besorge morgen früh aus der Küche einen Konfitüreneimer«, versprach Hagedorn. »Den setzen wir unserem Liebling verkehrt auf. Da kann er den Henkel gleich als Kinnkette benutzen.« Der Vorschlag wurde gebilligt und angenommen.

»Kasimir ist ein schöner, stattlicher Mensch«, meinte Schulze hingerissen.

»Kunststück«, rief Kesselhuth. »Er hat ja auch drei Väter!«

»Zweifellos einer der beachtlichsten Schneemänner, die je gelebt haben«, sagte Hagedorn. »Das ist meine ehrliche Überzeugung.« Dann riefen sie im Chor: »Gute Nacht, Kasimir!«

Und der Schneemann antwortete ganz laut: »Gute Nacht, meine Herren.«

Es war aber gar nicht der Schneemann, sondern ein Gast aus dem ersten Stock, der wegen des Lärms vor dem Hotel nicht hatte einschlafen können. Wütend knallte er das Fenster zu. Und die drei Väter Kasimirs gingen auf den Zehenspitzen ins Haus.

Herr Schulze zog, als er schlafen ging, seinen Flauschmantel an. Er lächelte vergnügt zum Dachfenster empor und sagte: »Der alte Tobler friert, aber er ergibt sich nicht!« Dann schlummerte er ein. Auch Hagedorn schlief sehr bald. Anfangs störten ihn zwar die elegante Umgebung und der warme Ziegelstein. Doch er war, was den Schlaf anbelangt, eine Naturbegabung. Sie setzte sich auch in Bruckbeuren durch.

Nur Herr Kesselhuth wachte. Er saß in seinem Zimmer und erledigte Post. Nachdem der Geschäftsbrief fertig war, den ihm der Geheimrat zu schreiben aufgetragen hatte, begann er ein privates, außerordentlich geheimes Schreiben. Und das lautete so:

»Liebes Fräulein Hildegard!

Wir sind gesund und munter angekommen. Sie hätten aber trotzdem nicht hintenrum mit dem Hotel telefonieren sollen. Der Herr Geheimrat wird Ihnen die Ohren abschneiden. Es war ja auch ein Schreck! Man hat den andern Preisträger, Herrn Doktor Hagedorn, für den verkleideten Millionär gehalten. Ich kam gerade dazu. Und nun hatte Hagedorn die Katzen im Zimmer. Nicht der Herr Geheimrat.

Wir haben uns angefreundet. Ich mich mit Hagedorn. Er sich mit Ihrem Vater. Und dadurch der Geheimrat mit mir. Ich bin sehr froh. Vorhin haben wir zu dritt einen großen Schneemann gemacht. Er heißt Kasimir und hat einen Eierkopf. Und einen Torso.

Das Hotel ist sehr vornehm. Das Publikum auch. Der Herr Geheimrat sieht natürlich zum Fürchten aus. Von dem Schlips kann einem schlecht werden. Aber rausgeschmissen hat man ihn nicht. Morgen gehe ich in sein Zimmer und mache Ordnung. Mein elektrisches Bügeleisen habe ich mitgenommen. Wegen dem Schneemann wollte er sich die Jackenknöpfe abschneiden. Man muß kolossal auf ihn aufpassen. Die Frauen sind mächtig hinter Doktor

Hagedorn her. Sie halten ihn für einen Thronfolger. Dabei ist er stellungslos und sagt, man könnte sich nicht in jede hübsche Frau verlieben. Das ginge zu weit. Morgen lerne ich Skifahren. Privatim. Es brauchen nicht alle zu sehen, wenn ich lang hinschlage. Der Portier dachte erst, der Herr Geheimrat sei ein Hausierer. Das hat er davon.

Aber er findet so was ja nur komisch. Nun darf ich ihn wenigstens kennen und mit ihm sprechen. Ich bin sehr froh. Aber das schrieb ich schon einmal, wie ich gerade bemerke. Ich bin trotzdem sehr froh. Wir waren in der Bar und haben einiges gehoben. Aber vom Sternhimmel sind wir dann wieder nüchtern geworden. Und vom Schneemann. Er steht vorm Hoteltor. Die Gäste werden morgen staunen.

Ich schreibe Ihnen bald wieder. Hoffentlich breche ich nichts Wesentliches. Skifahren ist ziemlich gefährlich. Wer soll sich um den Herrn Geheimrat kümmern, wenn ich bei irgendeinem Arzt in Gips liege! Na, ich werde schon aufpassen, daß ich ganz bleibe. Hoffentlich geht es Ihnen gut, liebes Fräulein Hilde. Haben Sie keine Sorgen um Ihren Vater. Auf mich können Sie sich verlassen. Das wissen Sie ja.

Grüßen Sie die Kunkel von mir. Und der Einfall mit dem Telefonieren sehe ihr ähnlich. Mehr habe ich ihr nicht zu sagen. Von ganzem Herzen hochachtungsvoll und Ski Heil!
Ihr alter Johann Kesselhuth.«

Drei Männer im Schnee

Früh gegen sieben Uhr polterten die ersten Gäste aus ihren Zimmern. Es klang, als marschierten Kolonnen von Tiefseetauchern durch die Korridore.

Der Frühstückssaal hallte wider von den Gesprächen und vom Gelächter hungriger, gesunder Menschen. Die Kellner balancierten üppig beladene Tabletts. Später schleppten sie Lunchpakete herbei und überreichten sie den Gästen, die erst am Nachmittag von größeren Skitouren zurückkehren wollten.

Heute zog auch Hoteldirektor Kühne wieder in die Berge. Als er, gestiefelt und gespornt, beim Portier vorüberkam, sagte er: »Herr Polter, sehen Sie zu, daß dieser Schulze keinen Quatsch macht! Der Kerl ist heimtückisch. Seine Ohrläppchen sind angewachsen. Und kümmern Sie sich um den kleinen Millionär!«

»Wie ein Vater«, erklärte Onkel Polter ernst. »Und dem Schulze werde ich irgendeine Nebenbeschäftigung verpassen. Damit er nicht übermütig wird.«

Karl der Kühne musterte das Barometer. »Ich bin vor dem Diner wieder da.« Fort war er.

»Na, wenn schon«, sagte der Portier und sortierte anschließend die Frühpost.

Herr Kesselhuth saß noch in der Wanne, als es klopfte. Er meldete sich nicht. Denn er hatte Seife in den Augen. Und Kopfschmerzen hatte er außerdem. »Das kommt vom Saufen«, sprach er zu sich selber. Und dann ließ er sich kaltes Wasser übers Genick laufen.

Da wurde die Badezimmertür geöffnet, und ein wilder, lockiger Gebirgsbewohner trat ein. »Guten Morgen wünsch

ich«, erklärte er. »Entschuldigen Sie, bittschön. Aber ich bin
der Graswander Toni.«

»Da kann man nichts machen«, sagte der nackte Mann in
der Wanne. »Wie geht's?«

»Danke der Nachfrage. Es geht.«

»Das freut mich«, versicherte Kesselhuth in gewinnender
Manier. »Und worum handelt sich's? Wollen Sie mir den
Rücken abseifen?«

Anton Graswander zuckte die Achseln. »Schon, schon.
Aber eigentlich komm ich wegen dem Skiunterricht.«

»Ach so!« rief Kesselhuth. Dann steckte er einen Fuß aus
dem Wasser, bearbeitete ihn mit Bürste und Seife und fragte:
»Wollen wir mit dem Skifahren nicht lieber warten, bis ich
abgetrocknet bin?«

Der Toni sagte: »Please, Sir!« Er war ein internationaler
Skilehrer. »Ich warte drunten in der Halle. Ich hab dem
Herrn ein Paar Bretteln mitgebracht. Prima Eschenholz.«
Dann ging er wieder.

Auch Hagedorns morgendlicher Schlummer erlitt eine Störung. Er träumte, daß ihn jemand rüttele und schüttele, und
rollte sich gekränkt auf die andre Seite des breiten Betts.
Aber der Jemand ließ sich nicht entmutigen. Er wanderte
um das Bett herum, schlug die Steppdecke zurück, zog ihm
den Pyjama vom Leibe, goß aus einer Flasche kühles Öl auf
den Rücken des Schläfers und begann ihn mit riesigen Händen zu kneten und zu beklopfen.

»Lassen Sie den Blödsinn!« murmelte Hagedorn und
haschte vergeblich nach der Decke. Dann lachte er plötzlich
und rief: »Nicht kitzeln!« Endlich wachte er ein wenig auf,
drehte den Kopf zur Seite, bemerkte einen großen Mann mit
aufgerollten Hemdsärmeln und fragte erbost: »Sind Sie des
Teufels, Herr?«

»Nein, der Masseur«, sagte der Fremde. »Ich bin bestellt.
Mein Name ist Masseur Stünzner.«

»Ist Masseur Ihr Vorname?« fragte der junge Mann.

»Eher der Beruf«, antwortete der andre und verstärkte seine handgreiflichen Bemühungen. Es schien nicht ratsam, Herrn Stünzner zu reizen. ›Ich bin in seiner Gewalt‹, dachte der junge Mann. ›Er ist ein jähzorniger Masseur. Wenn ich ihn kränke, massiert er mich in Grund und Boden.‹

Alle Knochen taten ihm weh. Und das sollte gesund sein?

Geheimrat Tobler wurde nicht geweckt. Er schlief, in seinen uralten warmen Mantel gehüllt, turmhoch über allem irdischen Lärm. Fern von Masseuren und Skilehrern. Doch als er erwachte, war es noch dunkel.

Er blieb lange Zeit, im friedlichen Halbschlummer, liegen. Und er wunderte sich, in regelmäßigen Abständen, daß es nicht heller wurde.

Endlich kletterte er aus dem Bett und blickte auf die Taschenuhr. Die Leuchtziffern teilten mit, daß es zehn Uhr sei.

›Offensichtlich eine Art Sonnenfinsternis‹, dachte er und ging kurzentschlossen wieder ins Bett. Es war hundekalt im Zimmer. Aber er konnte nicht wieder einschlafen. Und, vor sich hindösend, kam ihm eine Idee. Er stieg wieder aus dem Bett heraus, zündete ein Streichholz an und betrachtete das nahezu waagrechte Dachfenster. Das Fenster lag voller Schnee. ›Das ist also die Sonnenfinsternis!‹ dachte er. Er stemmte das Fenster hoch. Der größere Teil des auf dem Fenster liegenden, über Nacht gefallenen Schnees prasselte das Dach hinab. Der Rest, es waren immerhin einige Kilo, fiel in und auf Toblers Pantoffeln.

Er schimpfte. Aber es klang nicht sehr überzeugend.

Draußen schien die Sonne. Sie drang wärmend in die erstarrte Kammer. Herr Geheimrat Tobler zog den alten Mantel aus, stellte sich auf den Stuhl, steckte den Kopf durchs Fenster und nahm ein Sonnenbad. Die Nähe und der Horizont waren mit eisig glänzenden Berggipfeln und rosa schimmernden Felsschroffen angefüllt.

Schließlich stieg er wieder vom Stuhl herunter, wusch und rasierte sich, zog den violetten Anzug an, umgürtete die langen Hosenbeine mit einem Paar Wickelgamaschen, das aus dem Weltkrieg stammte, und ging in den Frühstückssaal hinunter. Hier traf er Hagedorn. Sie begrüßten einander aufs herzlichste. Und der junge Mann sagte: »Herr Kesselhuth ist schon auf der Skiwiese.« Dann frühstückten sie gründlich.

Durch die großen Fenster blickte man in den Park. Die Bäume und Büsche sahen aus, als ob auf ihren Zweigen Schnee blühe, genau wie Blumen blühen. Darüber erhoben sich die Kämme und Gipfel der winterlichen Alpen. Und über allem, hoch oben, strahlte wolkenloser, tiefblauer Himmel.

»Es ist so schön, daß man aus der Haut fahren könnte!« sagte Hagedorn. »Was unternehmen wir heute?«

»Wir gehen spazieren«, meinte Schulze. »Es ist vollkommen gleichgültig, wohin.« Er breitete sehnsüchtig die Arme aus. Die zu kurzen Ärmel rutschten vor Schreck bis an die Ellbogen. Dann sagte er: »Ich warne Sie nur vor einem: Wagen Sie es nicht, mir unterwegs mitzuteilen, wie die einzelnen Berge heißen!«

Hagedorn lachte. »Keine Sorge, Schulze! Mir geht's wie Ihnen. Man soll die Schönheit nicht duzen!«

»Die Frauen ausgenommen«, erklärte Schulze aufs entschiedenste.

»Wie Sie wünschen!« sagte der junge Mann. Dann bat er einen Kellner, er möge ihm doch aus der Küche einen großen leeren Marmeladeneimer besorgen. Der Kellner führte den merkwürdigen Auftrag aus, und die beiden Preisträger brachen auf.

Onkel Polter überlief eine Gänsehaut, als er Schulzes Wickelgamaschen erblickte. Auch über Hagedorns Marmeladeneimer konnte er sich nicht freuen. Es sah aus, als ob zwei erwachsene Männer fortgingen, um im Sand zu spielen.

Sie traten aus dem Hotel. »Kasimir ist über Nacht noch schöner geworden!« rief Hagedorn begeistert aus, lief zu dem Schneemann hinüber, stellte sich auf die Zehenspitzen und stülpte ihm den goldgelben Marmeladeneimer aufs Haupt.

Dann übte er, schmerzverzogenen Gesichts, Schulterrollen und sagte: »Dieser Stünzner hat mich völlig zugrunde gerichtet!«

»Welcher Stünzner?« fragte Schulze.

»Der Masseur Stünzner«, erklärte Hagedorn. »Ich komme mir vor, als hätte man mich durch eine Wringmaschine gedreht. Und das soll gesund sein? Das ist vorsätzliche Körperverletzung!«

»Es ist trotzdem gesund«, behauptete Schulze.

»Wenn er übermorgen wiederkommt«, sagte Hagedorn, »schicke ich ihn in Ihre Rumpelkammer. Soll er sich bei Ihnen austoben!« Da öffnete sich die Hoteltür, und Onkel Polter stapfte durch den Schnee. »Hier ist ein Brief, Herr Doktor. Und in dem anderen Kuvert sind ein paar ausländische Briefmarken.«

»Danke schön«, sagte der junge Mann. »Oh, ein Brief von meiner Mutter! Wie gefällt Ihnen übrigens Kasimir?«

»Darüber möchte ich mich lieber nicht äußern«, erwiderte der Portier.

»Erlauben Sie mal!« rief der junge Mann. »Kasimir gilt unter Fachleuten als der schönste Schneemann zu Wasser und zu Lande!«

»Ach so«, sagte Onkel Polter. »Ich dachte, Kasimir sei der Vorname von Herrn Schulze.« Er verbeugte sich leicht und ging zur Hoteltür zurück. Dort drehte er sich noch einmal um. »Von Schneemännern verstehe ich nichts.«

Sie folgten einem Weg, der über verschneites, freies Gelände führte. Später kamen sie in einen Tannenwald und mußten steigen. Die Bäume waren uralt und riesengroß. Manchmal löste sich die schwere Schneelast von einem der

Zweige und stäubte in dichten weißen Wolken auf die zwei Männer herab, die schweigend durch die märchenhafte Stille spazierten. Der Sonnenschein, der streifig über dem Bergpfad schwebte, sah aus, als habe ihn eine gütige Fee gekämmt. Als sie einer Bank begegneten, machten sie halt. Hagedorn schob den Schnee beiseite, und sie setzten sich. Ein schwarzes Eichhörnchen lief eilig über den Weg.

Nach einer Weile erhoben sie sich wortlos und gingen weiter. Der Wald war zu Ende. Sie gerieten auf freies Feld. Ihr Pfad schien im Himmel zu münden. In Wirklichkeit bog er rechts ab und führte zu einem baumlosen Hügel, auf dem sich zwei schwarze Punkte bewegten.

Hagedorn sagte: »Ich bin glücklich! Bis weit über die Grenzen des Erlaubten!« Er schüttelte befremdet den Kopf. »Wenn man's so bedenkt: Vorgestern noch in Berlin. Seit Jahren ohne Arbeit. Und in vierzehn Tagen wieder in Berlin …«

»Glücklichsein ist keine Schande«, sagte Schulze, »sondern eine Seltenheit.«

Plötzlich entfernte sich der eine der schwarzen Punkte von dem anderen. Der Abstand wuchs. Der Punkt wuchs auch. Es war ein Skifahrer. Er kam mit unheimlicher Geschwindigkeit näher und hielt sich mit Mühe aufrecht.

»Da gehen jemandem die Schneeschuhe durch«, meinte Hagedorn. Ungefähr zwanzig Meter von ihnen tat der Skifahrer einen marionettenhaften Sprung, stürzte kopfüber in eine Schneewehe und war verschwunden.

»Spielen wir ein bißchen Feuerwehr!« rief Schulze. Dann liefen sie querfeldein, versanken wiederholt bis an die Hüften im Schnee und halfen einander, so gut es ging, vorwärts.

Endlich erblickten sie ein Paar zappelnde Beine und ein Paar Skibretter und zogen und zerrten an dem fremden Herrn, bis er, dem Schneemann Kasimir nicht unähnlich, zum Vorschein kam. Er hustete und prustete, spuckte pfundweise Schnee aus und sagte dann tieftraurig: »Guten

Morgen, meine Herren.« Es war Johann Kesselhuth. Herr Schulze lachte Tränen. Doktor Hagedorn klopfte den Schnee vom Anzug des Verunglückten. Und Kesselhuth befühlte mißtrauisch seine Gliedmaßen. »Ich bin anscheinend noch ganz«, meinte er dann.

»Weshalb sind Sie denn in diesem Tempo den Hang heruntergefahren?« fragte Schulze.

Kesselhuth sagte ärgerlich: »Die Bretter sind gefahren. Ich doch nicht!«

Nun kam auch der Graswander Toni angesaust. Er fuhr einen eleganten Bogen und blieb mit einem Ruck stehen. »Aber, mein Herr!« rief er. »Schußfahren kommt doch erst in der fünften Stunde dran!«

Nach dem Mittagessen gingen die drei Männer auf die Hotelterrasse hinaus, legten sich in bequeme Liegestühle, schlossen die Augen und rauchten Zigarren. Die Sonne brannte heißer als im Sommer.

»In ein paar Tagen werden wir wie die Neger aussehen«, meinte Schulze. »Braune Gesichtsfarbe tut Wunder. Man blickt in den Spiegel und ist gesund.« Die anderen nickten zustimmend.

Nach einiger Zeit sagte Hagedorn: »Wissen Sie, wann meine Mutter den Brief geschrieben hat, der heute ankam? Während ich in Berlin beim Fleischer war, um Wurst für die Reise zu holen.«

»Wozu diese Überstürzung?« fragte Kesselhuth verständnislos.

»Damit ich bereits am ersten Tage Post von ihr hätte!«

»Aha!« sagte Schulze. »Ein sehr schöner Einfall.«

Die Sonne brannte. Die Zigarren brannten nicht mehr. Die drei Männer schliefen. Herr Kesselhuth träumte vom Skifahren. Der Graswander Toni stand auf dem einen Turm der Münchner Frauenkirche. Und er, Kesselhuth, auf dem andern Turm.

»Und jetzt eine kleine Schußfahrt«, sagte der Toni. »Über das Kirchendach, bitte schön. Und dann, mit einem stilreinen Sprung, in die Brienner Straße. Vorm Hofgarten, beim Annast, machen S' einen Stemmbogen und warten auf mich.«

»Ich fahre nicht«, erklärte Kesselhuth. »Das würde mir nicht einmal im Traum einfallen!« Hierbei fiel ihm ein, daß er träumte! Da wurde er mutig und sagte zum Toni: »Rutschen Sie mir in stilreinen Stemmbögen den Buckel runter!« Anschließend lächelte er im Schlaf.

Herrn Kesselhuths Aufregungen

Als Hagedorn erwachte, waren Schulze und Kesselhuth verschwunden. Aber an einem der kleinen Tische, nicht weit von ihm, saß Frau von Mallebré und trank Kaffee. »Ich habe Sie beobachtet, Herr Doktor«, sagte sie. »Sie haben Talent zum Schlafen!«

»Das will ich meinen!« gab er stolz zur Antwort. »Habe ich geschnarcht?«

Sie verneinte und lud ihn zu einer Tasse Kaffee ein. Er setzte sich zu ihr. Sie sprachen zunächst über das Hotel und die Alpen und über das Reisen. Dann sagte sie: »Ich habe das Gefühl, mich bei Ihnen entschuldigen zu müssen, daß ich eine so oberflächliche Frau bin. Ja, ja, ich bin oberflächlich. Es stimmt leider. Aber ich war nicht immer so. Mein Wesen wird jeweils von dem Manne bestimmt, mit dem ich zusammenlebe. Das ist bei vielen Frauen so. Wir passen uns an. Mein erster Mann war Biologe. Damals war ich sehr gebildet. Mein zweiter Mann war Rennfahrer, und in diesen zwei Jahren habe ich mich nur für Autos interessiert. Ich glaube, wenn ich mich in einen Turner verliebte, würde ich die Riesenwelle können.«

»Hoffentlich heiraten Sie niemals einen Feuerschlukker«, meinte Hagedorn. »Überdies soll es Männer geben, denen das Anpassungsbedürfnis der Frau auf die Nerven geht.«

»Es gibt überhaupt nur solche Männer«, sagte sie. »Aber ein, zwei Jahre lang findet es jeder reizend.« Sie machte eine Kunstpause. Dann fuhr sie fort: »Ich habe große Angst, daß meine Oberflächlichkeit chronisch wird. Aber ohne fremde Hilfe finde ich nicht heraus.«

»Wenn ich Sie richtig verstehe, halten Sie mich für einen besonders energischen und wertvollen Menschen.«

»Sie verstehen mich richtig«, erwiderte sie und sah ihn zärtlich an.

»Ihre Ansicht ehrt mich«, sagte er. »Aber ich bin doch schließlich kein Gesundbeter, gnädige Frau!«

»Das ist falsch ausgedrückt«, meinte sie leise. »Ich will doch nicht mit Ihnen beten!«

Er stand auf. »Ich muß leider fort und meine Bekannten suchen. Wir werden das Gespräch ein andermal fortsetzen.«

Sie gab ihm die Hand. Ihre Augen blickten verschleiert. »Schade, daß Sie schon gehen, lieber Doktor. Ich habe sehr großes Vertrauen zu Ihnen.«

Er machte sich aus dem Staube und suchte Schulze, um sich auszuweinen. Er suchte Schulze, fand aber Kesselhuth. Dieser sagte: »Vielleicht ist er in seinem Zimmer.« Sie begaben sich also ins fünfte Stockwerk. Sie klopften. Weil niemand antwortete, drückte Hagedorn auf die Klinke. Die Tür war nicht verschlossen. Sie traten ein. Das Zimmer war leer.

»Wer wohnt hier?« fragte Kesselhuth.

»Schulze«, antwortete der junge Mann. »Das heißt, von Wohnen kann natürlich gar keine Rede sein. Es ist seine Schlafstelle. Er kommt am späten Abend, zieht seinen Mantel an, setzt die rote Pudelmütze auf und legt sich ins Bett.«

Herr Kesselhuth schwieg. Er konnte es nicht fassen.

»Na, gehen wir wieder!« meinte Hagedorn.

»Ich komme nach«, sagte der andere. »Das Zimmer interessiert mich.«

Als der junge Mann gegangen war, begann Herr Kesselhuth aufzuräumen. Der Spankorb stand aufgeklappt auf dem Fußboden. Die Wäsche war durchwühlt. Der Mantel lag auf dem Bett. Schlipse, Röllchen und Socken häuften sich auf dem Tisch. Im Krug und im Waschbecken war kein frisches Wasser. Johann hatte Tränen in den Augen.

Nach zwanzig Minuten war Ordnung! Der Diener holte aus seinem eleganten Jackett ein Etui hervor und legte drei Zigarren und eine Schachtel Streichhölzer auf den Tisch.

Dann eilte er treppab, durchstöberte seine Koffer und Schränke und kehrte, über die Dienstbotentreppe schleichend, in die Dachkammer zurück. Er brachte ein Frottierhandtuch, einen Aschenbecher, eine Kamelhaardecke, eine Vase mit Tannengrün, eine Gummiwärmflasche und drei Äpfel angeschleppt. Nachdem er die verschiedenen Gaben aufgestellt und hingelegt hatte, blickte er sich noch einmal prüfend um, notierte einiges in seinem Notizbuch und ging, wieder über die Hintertreppe, in sein vornehm eingerichtetes Zimmer zurück. Er war niemandem begegnet.

Hagedorn, der im Spielsalon, im Spielzimmer, in der Bar, in der Bibliothek und sogar auf der Kegelbahn gesucht hatte, wußte sich keinen Rat mehr. Das Hotel lag wie ausgestorben. Die Gäste waren noch in den Bergen. Er ging in die Halle und fragte den Portier, ob er eine Ahnung habe, wo Herr Schulze stecke.

»Er ist auf der Eisbahn, Herr Doktor«, sagte Onkel Polter. »Hinterm Haus.«

Der junge Mann verließ das Hotel. Die Sonne ging unter. Es schimmerten nur noch die höchsten Gipfel. – Die Eisbahn befand sich auf dem Tennisgelände. Aber es lief niemand Schlittschuh. Die Eisfläche war hoch mit Schnee bedeckt. Am anderen Ende der Bahn schippten zwei Männer. Hagedorn hörte sie reden und lachen. Er ging an dem hohen Drahtgitter entlang, um den Platz herum. Als er nahe genug war, rief er: »Entschuldigen Sie, haben Sie einen großen Herrn gesehen, der Schlittschuh laufen wollte?«

Einer der beiden Arbeiter rief laut zurück: »Jawohl, mein Lieber! Der große ältere Herr schippt Schnee!«

»Schulze?« fragte Hagedorn. »Sind Sie's wirklich? Ihnen ist wohl die Sicherung durchgebrannt?«

»Keineswegs!« antwortete Schulze heiter. »Ich treibe

Ausgleichsgymnastik!« Er hatte die rote Pudelmütze auf dem Kopf sitzen, trug die schwarzen Ohrenklappen, die dicken Strickhandschuhe und zwei Paar Pulswärmer. »Der Portier hat mich als technische Nothilfe eingesetzt.«

Hagedorn betrat, tastenden Schritts, die gekehrte Eisfläche und lief vorsichtig zu den beiden Männern hinüber.

Schulze schüttelte ihm die Hand.

»Aber das gibt's doch gar nicht«, meinte der junge Mann verstört. »So eine Unverschämtheit! Das Hotel hat doch Angestellte genug!«

Sepp, der Gärtner und Skihallenwächter, spuckte in die Hände, schippte weiter und sagte: »Freilich hat es das. Es dürfte eine Schikane sein.«

»Ich kann das nicht finden«, erklärte Schulze. »Der Portier ist um meine Gesundheit besorgt.«

»Kommen Sie sofort hier weg!« sagte Hagedorn. »Ich werde den Kerl ohrfeigen, bis er weiße Mäuse sieht!«

»Mein Lieber«, sagte Schulze. »Ich bitte Sie noch einmal, sich nicht in diese Angelegenheit hineinzumischen.«

»Ist noch eine Schippe da?« fragte der junge Mann.

»Das schon«, meinte der Sepp. »Aber der halbe Platz ist gekehrt. Das andere schaff ich allein. Gehen S' jausen, Herr Schulze!«

»War ich sehr im Wege?« fragte der ältere Herr schüchtern.

Der Sepp lachte. »Leicht! Studiert haben S' nicht auf das Schippen.«

Schulze lachte auch. Er verabschiedete sich kollegial, drückte dem Einheimischen ein paar Groschen in die Hand, lehnte sein Handwerkszeug ans Gitter und ging mit Hagedorn durch den Park ins Hotel zurück. »Morgen lauf ich Schlittschuh«, sagte er. »Aber vielleicht kann ich's gar nicht mehr. Zu dumm, daß keine Wärmebude da ist. Das war immer das Schönste am Eislaufen.«

»Ich ärgere mich«, gestand Hagedorn. »Wenn Sie jetzt

keinen Krach machen, werden Sie spätestens übermorgen die Treppen scheuern. Beschweren Sie sich wenigstens beim Direktor!«

»Der Direktor steckt doch auch dahinter. Man will mich hinausekeln. Ich finde es sehr spannend.« Schulze schob seinen Arm unter den des jungen Mannes. »Es ist eine Marotte von mir. Knurren Sie nicht! Vielleicht verstehen Sie mich später einmal!«

»Das glaube ich kaum«, antwortete Hagedorn. »Sie sind zu gutmütig. Deshalb haben Sie's in Ihrem Leben zu nichts gebracht.«

Der andere mußte lächeln. »Genauso ist es. Ja, es kann nicht jeder Mensch Thronfolger von Albanien sein.« Er lachte. »Und nun erzählen Sie mir ein bißchen von Ihren Liebesaffären! Was wollte denn die dunkle Schönheit, die auf die Terrasse kam, um Ihren Schlaf zu bewachen?«

»Es ist eine Frau von Mallebré. Und ich soll sie unbedingt retten. Sie gehört nämlich zu den Frauen, die das Niveau des Mannes annehmen, in den sie gerade verliebt sind. Auf diesem Wege hat sie sich nun eine Oberflächlichkeit zugezogen, die sie endlich wieder loswerden will. Zu dieser Kur braucht sie umgehend einen gebildeten, geistig hochstehenden Menschen. Und der bin ich!«

»Sie Ärmster«, sagte Schulze. »Wenn die Person nur nicht so hübsch wäre! Na, und die Blondine aus Bremen, will die auch gerettet werden?«

»Nein. Frau Casparius ist für die einfachere Methode. Sie behauptet, wir zwei seien jung und unbeschäftigt; und es sei eine Sünde, wenn wir einander etwas abschlügen. Sie wollte sich bereits gestern abend die drei siamesischen Katzen ansehen.«

»Vorsicht, Vorsicht!« sagte Schulze. »Welche gefällt Ihnen besser?«

»Ich bin für Flirts zu schwerfällig. Und ich möchte so bleiben. Auf Erlebnisse, über die man sich hinterher ärgert, bin ich nicht mehr neugierig. Andererseits: Wenn sich Frauen etwas in den Kopf gesetzt haben, führen sie es meistens durch. Sagen Sie, Schulze, können Sie nicht ein bißchen auf mich aufpassen?«

»Wie eine Mutter«, erklärte der andere pathetisch. »Die bösen Frauen dürfen Ihnen nichts tun.«

»Verbindlichen Dank«, sagte Hagedorn.

»Als Belohnung kriege ich aber jetzt in Ihrem Salon einen Kognak. Schneeschippen macht durstig. Außerdem muß ich den kleinen Katzen Guten Tag sagen. Wie geht's ihnen denn?«

»Sie haben schon nach Ihnen gefragt«, erklärte der junge Mann.

Währenddessen saß der angebliche Schiffahrtslinienbesitzer Kesselhuth in seinem Zimmer und verfaßte einen verzweifelten Brief. Er schrieb:

»Liebes Fräulein Hildegard!

Ich habe mich wieder einmal zu früh gefreut. Ich dachte schon, es wäre alles soweit gut und schön. Aber als Doktor Hagedorn und ich heute nachmittag den Herrn Geheimrat suchten, fanden wir ihn nicht. Hagedorn hat natürlich keine blasse Ahnung, wer Herr Schulze in Wirklichkeit ist.

Wir suchten den Herrn Geheimrat in seinem Zimmer. Und das ist das Verheerendste, was sich denken läßt. Dieses Zimmer liegt im fünften Stock, hat lauter schiefe Wände und ist überhaupt kein Zimmer, sondern eine Rumpelkammer mit Bett. Es gibt keinen Ofen und nichts. Das Fenster ist direkt überm Kopf. Der Schnee tropft herein und wird zu kleinen Eiszapfen. Ein Schrank ist keiner da. Sondern die Wäsche liegt auf dem Tisch und in dem Spankorb, den Sie ja kennen.

Wenn Sie diese hundekalte, elende Bude sehen würden, fielen Sie sofort um. Von Frau Kunkel gar nicht zu reden.

Ich habe selbstverständlich sofort aufgeräumt. Und Zigarren und Äpfel auf den Tisch gelegt. Nebst einer Vase mit Tannenzweigen drin. Als Schmuck. Morgen kauf ich eine elektrische Heizsonne im Ort. Hoffentlich gibt es eine solche. Die stelle ich heimlich hin. Ein Kontakt ist da. Heute hat mich niemand gesehen. Das ist ein Glück. Denn der Geheimrat will nicht, daß ich hinaufkomme. Weil ich ein reicher Mann sein muß. Und weil ich nicht merken soll, wie er wohnt. Er hat mir nämlich erzählt, sein Zimmer sei reizend und luftig. Luftig ist es ja wirklich. Wenn er uns bloß nicht krank wird!

Nicht einmal die Zimmernummer hat er mir gesagt! Das Zimmer hat gar keine Nummer. Aber er verschwieg sie nicht nur deswegen, sondern auch, damit ich die Rumpelkammer nicht finde. Er hätte sie allerdings auch nicht sagen können, wenn er gewollt hätte. Doch er wollte ja gar nicht.

Ich weiß kaum, was ich machen soll. Denn wenn ich ihn bitte, umzuziehen oder abzureisen, wird er mich wieder beschimpfen. Oder ich muß sofort nach Berlin zurück, und was soll dann werden? Sie kennen ihn ja. Wenn auch nicht so lange wie ich. In dieser Rumpelkammer würde bestimmt kein Diener wohnen bleiben, sondern beim Arbeitsgericht klagen.

Über mich ist nichts weiter zu erzählen. Heute früh hatte ich die erste Skistunde. Die Bretteln sind sehr teuer. Doch mir kann es nur recht sein. Ich soll ja das Geld hinauswerfen. Der Skilehrer heißt Toni Graswander. Toni ist Anton. Ich habe ihn gefragt. – Er hat mir auf einer Übungswiese gezeigt, wie man's machen soll. Das Absatzheben und die Stöcke und andere Dinge. Leider lag die Wiese auf einem Berg. Und plötzlich fuhr ich ab, obwohl ich gar nicht wollte. Es hat sicher sehr komisch ausgesehen. Trotzdem hatte ich Angst, weil es so rasch fuhr. Ich bin, glaube ich, bloß vor Schreck nicht hingefallen. Zum Glück waren keine Bäume in der Gegend. Ich sauste sehr lange bergab. Dann fuhr ich über eine große Wurzel. Und sprang hoch. Und fiel mit dem

Kopf in den Schnee. Mindestens einen Meter tief. Später wurde ich von zwei Herren herausgezogen. Sonst wäre ich vielleicht erstickt. Die zwei Herren waren der Geheimrat und der Doktor Hagedorn. Das war sicher Schicksal. Finden Sie nicht auch? Morgen habe ich die zweite Stunde. Da hilft nun alles nichts. Liebes Fräulein Hilde, jetzt ziehe ich den Smoking an und gehe zum Abendessen. Vorläufig die herzlichsten Grüße. Ich lasse das Kuvert offen. Womöglich ist schon wieder etwas Neues eingetreten. Hoffentlich nein. Also bis nachher.«

Das Abendessen verlief ohne Störungen. Hagedorn bekam Nudeln mit Rindfleisch. Die Herrschaften, die an den Nachbartischen saßen und Hors d'œuvres und gestowte Rebhühner verzehrten, blickten auf Hagedorns Terrine, als sei Nudelsuppe mit Rindfleisch die ausgefallenste Delikatesse.

Schulze bekam einen Teller ab, weil er sagte, er esse es für sein Leben gern. Dann ging er schlafen. Er war müde. Als er in seine Dachkammer kam, staunte er nicht wenig. Er kannte sich nicht mehr aus, bewunderte die Ordnung, beschnupperte die Zigarren und Äpfel und streichelte die Tannenzweige. Die Gummiwärmflasche schob er verächtlich beiseite. Aber die Kamelhaardecke breitete er übers Bett. Er war über Johanns heimliche Fürsorge gerührt, nahm sich jedoch vor, Herrn Kesselhuth am nächsten Tag auszuzanken. Dann kleidete er sich zum Schlafengehen an, holte einen der Äpfel vom Tisch, kroch ins Bett, löschte das Licht aus und biß begeistert in den Apfel hinein. Es war fast wie in der Kindheit.

Hagedorn und Kesselhuth saßen noch in der Halle und rauchten Zigarren. Sie schauten dem eleganten Treiben zu. Karl der Kühne kam an den Tisch und erkundigte sich, ob die Herren den Tag angenehm verbracht hätten. Dann entfernte er sich wieder, um andere Gäste zu begrüßen und um sich in der Bar als Tänzer zu betätigen. Fräulein Marek tanzte mit ihm am liebsten. Hagedorn erzählte sein Erlebnis von der Eisbahn. Herr Kesselhuth geriet vollkommen außer sich. Er war unfähig, sich noch zu unterhalten, entschuldigte sich und ging stracks in sein Zimmer.

Hagedorn wurde etwas später von einem schlesischen Fabrikanten ins Gespräch gezogen, der herausfinden wollte, ob der junge Millionär geneigt sei, sich mit etlichen hunderttausend Mark an der Wiedereröffnung einer vor Jahren stillgelegten Großspinnerei zu beteiligen. Hagedorn betonte unentwegt, daß er keinen Pfennig Geld besitze. Aber Herr Spalteholz hielt das für Ausflüchte und pries die Gewinnmöglichkeiten in immer glühenderen Farben. Schließlich lud er den Herrn Doktor in die Bar ein. Hagedorn lief geduldig mit. Um den reichlich zwecklosen Gesprächen zu entgehen, tanzte er abwechselnd mit Frau von Mallebré und Frau Casparius. Herr Spalteholz aus Gleiwitz saß meistens allein am Tisch und lächelte gewinnend.

Hagedorn merkte allmählich, daß es sich lohnte, bald mit der einen, bald mit der anderen Dame zu tanzen. Die Eifersucht wuchs. Die Rivalin trat in den Vordergrund. Und der Mann, um den sich's drehte, wurde Nebensache. Er verschwand, ohne sich lange zu verabschieden, besuchte rasch noch den Schneemann Kasimir, verschönte ihn durch einen Schnurrbart aus zwei Raubvogelfedern, die er im Walde gefunden hatte, und ging in sein Appartement. Auch er war müde.

Inzwischen beendete Johann den Brief an Fräulein Tobler. Der Schluß lautete folgendermaßen:

»Ich habe schon wieder etwas erfahren. Etwas Entsetzliches, gnädiges Fräulein! Am Nachmittag hat der Portier, ein widerlicher Kerl, den Herrn Geheimrat auf die Eisbahn geschickt. Dort mußte er mit einem gewissen Sepp Schnee schippen. Ist es nicht grauenhaft, daß ein so gebildeter Mann wie Ihr Herr Vater in einem Hotel als Straßenkehrer be-

schäftigt wird? Der Herr Geheimrat soll allerdings sehr gelacht haben. Und er hat dem Doktor Hagedorn verboten,
etwas dagegen zu unternehmen. Dabei könnte der Herr
Doktor sehr viel erreichen, da man ihn ja für den Millionär
hält.

Ich bin restlos durcheinander, liebes Fräulein Hilde! Soll
ich mich nicht hineinmischen? Ihr Herr Vater tut ja trotzdem, was er will. Schreiben Sie mir bitte doch umgehend!
Falls Sie es für richtig halten sollten, werde ich mich mit dem
Herrn Geheimrat furchtbar zanken und verlangen, daß er
ein anderes Zimmer nimmt oder abreist oder sich zu erkennen gibt. Der Herr Doktor sagt selber: Wenn das so weitergeht, muß Schulze nächstens die Treppen scheuern und Kartoffeln schälen. Glauben Sie das auch? Der Herr Geheimrat
soll in Bruckbeuren scheuern? Er hat doch keine Ahnung,
wie das gemacht wird! Ich warte dringend auf Nachricht
von Ihnen und verbleibe mit den besten Grüßen

Ihr unverbrüchlicher Johann Kesselhuth.«

Der einsame Schlittschuhläufer

Am nächsten Morgen frühstückten die drei Männer gemeinsam. Der Tag war noch schöner als der vorige. Es hatte nachts nicht geschneit. Die Luft war frostklar. Die Sonne malte tiefblaue Schatten in den Schnee. Und der Oberkellner teilte mit, daß soeben vom Wolkenstein herrlichste Fernsicht gemeldet worden sei. Die Gäste wimmelten im Frühstückssaal wie ein Nomadenstamm, der zur Völkerwanderung aufbricht.

»Was unternimmt man heute?« fragte Schulze. Dann holte er, mit gespielter Umständlichkeit, eine Zigarre hervor, zündete sie an und musterte, über das brennende Streichholz hinweg, den edlen Spender.

Johann wurde rot. Er griff in die Tasche und legte drei Billetts auf den Tisch. »Wenn es Ihnen recht ist«, sagte er, »fahren wir mit der Drahtseilbahn auf den Wolkenstein. Ich habe mir erlaubt, Fahr- und Platzkarten zu besorgen. Der Andrang ist sehr groß. In einer halben Stunde sind wir dran. Allein möchte ich nicht fahren. Haben Sie Lust mitzukommen? Mittags muß ich allerdings wieder zurück. Wegen der zweiten Skistunde.«

Dreißig Minuten später schwebten sie in einem rhombischen Kasten, der fünfzehn Personen faßte, über den waldigen Hügeln, die dem Wolkenstein vorgelagert sind, und fuhren in einem ziemlich steilen Winkel in den Himmel empor. So oft sie einen der betonierten Riesenmasten passierten, schwankte der Kasten bedenklich, und einige der eleganten Sportsleute wurden unter der braunen Gesichtsfarbe blaß. Die Landschaft, auf die man hinunterblickte, wurde immer gewagter. Und der Horizont wich immer weiter zurück. Die Abgründe vertieften sich. Die Baumgrenze wurde überquert. Sturzbäche fielen an schroffen Felswänden hinab ins Ungewisse. Im Schnee sah man Wildspuren.

Endlich, nach dem siebenten Pfeiler, waren die Abgründe überwunden. Die Erde kam wieder näher. Die Landschaft nahm, auf einer höheren Ebene, wieder gemäßigte Formen an. Und die sonnenüberglänzten, weißen Hänge wimmelten von Skifahrern. »Es sieht aus wie weißer Musselin mit schwarzen Tupfen«, sagte eine Frau. Die meisten Fahrgäste lachten. Aber sie hatte recht. Kurz darauf gab es einen letzten herzhaften Ruck, und die Endstation, zwölfhundert Meter über Bruckbeuren, war erreicht. Die Passagiere stolperten, von der Fahrt und der dünnen Luft benommen, ins Freie, bemächtigten sich ihrer Schneeschuhe, schulterten sie und kletterten zum Berghotel Wolkenstein hinauf, um von dort aus eine der gepriesenen fünfundvierzig Abfahrten in Angriff zu nehmen. Wohin man sah, zogen Schneeschuhkarawanen. Noch an den fernsten Steilhängen sausten winzige Skirudel zu Tale. Vor den Veranden des Hotels standen Touristen in Scharen und bohnerten ihre Bretter; denn hier oben hatte es nachts Neuschnee gegeben.

Nur auf der großen hölzernen Sonnenterrasse ging es friedlich zu. Hier gab es lange Reihen von Liegestühlen. Und in diesen Liegestühlen schmorten eingeölte Gesichter und Unterarme. »Fünfzehn Grad unter Null«, sagte das eine Gesicht. »Und trotzdem kriegt man den Sonnenstich.«

»Tun Sie, was Sie nicht lassen können«, erklärte ein anderes krebsrotes Gesicht.

Schulze hielt seine Begleiter fest. »Meine Herren«, meinte er, »jetzt kaufen wir uns ein Fläschchen Nußöl, salben alles, was aus dem Anzug herausguckt, und pflanzen uns hin.«

Hagedorn verschwand im Haus und besorgte Öl. Kesselhuth und Schulze annektierten drei Liegestühle. Dann fetteten sie sich ein und ließen sich rösten.

»Der reinste Grill-Room«, behauptete Schulze.

Wenn man die Augen halb öffnete, erblickte man unabsehbare Gipfelketten, in vielen Zackenreihen hintereinander geschichtet, und dort, wo sie mit dem Firmament zusammenstießen, blitzte, durch die gesenkten Wimpern, ein eisiges Feuerwerk aus Gletschern und Sonne.

Eine Stunde hielten sie das Gebratenwerden aus, dann erhoben sie sich. Sie lobten wechselseitig ihre Hautfarbe, tranken Limonade und ergingen sich.

Kesselhuth ließ sich von einem steinalten Fernrohrbesitzer die bekanntesten Berge zeigen und ruhte nicht, bis er Gemsen gesehen hatte. Es konnte auch ein Irrtum gewesen sein.

Die unermüdliche Drahtseilbahn spie immer neue Skifahrer aus. Die schmalen, von hohen Schneemauern eingesäumten Wege waren belebter als die Straßen der Weltstädte. Und nachdem es einer schicken jungen Dame, die ihre Schneeschuhe geschultert trug, mit Hilfe einer unbedachten Wendung gelungen war, Herrn Schulze die Pudelmütze vom Kopf zu schlagen, gaben sie die Wanderung durch die Stille der Natur auf. Der Verkehr war lebensgefährlich.

Als sie in den Wagen der Drahtseilbahn steigen wollten, stießen sie mit Frau Casparius zusammen. Sie war eben angekommen.

Der dicke Herr Lenz schleppte seine und ihre Schneeschuhe und dampfte.

Die Bremer Blondine trat zu Hagedorn und brachte ihren schwungvollen Jumper zur Geltung. »Sie kommen doch heute abend zu dem Kostümfest?« sagte sie. Dann nickte sie und stiefelte betont burschikos bergan.

Nach dem Mittagessen wurde Kesselhuth feierlich vom Graswander Toni abgeholt.

»Bittschön«, sagte der Toni. »Es ist wegen der Regelmäßigkeit. Gehn wir!«

Johann nickte, trank einen Schluck Kaffee und zog an seiner Zigarre.

»Sie sollten über Tag nicht rauchen«, erklärte der Toni. »Das ist unsportlich, bittschön.«

Kesselhuth legte folgsam die Zigarre beiseite und stand auf.

»Please, Sir«, sagte der Toni und trollte sich.

Herr Kesselhuth verabschiedete sich traurig und trabte hinter dem Skilehrer her.

»Als ob er zur Schlachtbank geführt würde«, meinte Hagedorn.

»Aber der Skianzug ist fabelhaft!«

»Kein Wunder«, sagte Schulze stolz. »Er ist ja auch bei meinem Schneider gearbeitet worden.«

Hagedorn lachte herzlich und fand die Bemerkung großartig. Geheimrat Tobler war froh, daß seine unbedachte Äußerung als Witz aufgenommen worden war, und lachte, allerdings ein bißchen krampfhaft, mit. Dann blieb er jedoch nicht mehr lange sitzen und sagte: »Mahlzeit! Jetzt geht Papa Schlittschuh laufen.«

»Darf ich mitkommen?«

Schulze hob abwehrend die Hand. »Lieber nicht! Sollte sich wider Erwarten herausstellen, daß ich es überhaupt noch kann, führe ich morgen vor geladenem Publikum etliche Eistänze vor. Das mag Ihnen zum Trost gereichen.«

Der junge Mann wünschte Hals- und Beinbruch und zog sich ins Schreibzimmer zurück, um seiner Mutter einen ausführlichen Brief zu schreiben.

Herr Schulze holte seine Schlittschuhe aus der fünften Etage und begab sich zur Eisbahn. Er hatte Glück, er war der einzige Fahrgast. Mühsam schnallte er die rostigen Schlittschuhe an die schweren rindsledernen Stiefel. Dann stellte er sich auf die blitzblanke Fläche und wagte die ersten Schritte.

Es ging.

Er verschränkte die Hände auf dem Rücken und lief, noch etwas zaudernd, einmal rund um die Bahn. Dann blieb er aufatmend stehen und freute sich. Man war eben doch ein verfluchter Kerl. Nun wurde er wagemutiger. Er begann Bogen zu fahren. Der Rechtsbogen klappte besser als der linke. Aber das war schon so gewesen, als er noch in die Schule ging. Das war nicht mehr zu ändern.

Er überlegte sich, was er damals alles gekonnt hatte. Er holte mit dem linken Bein Schwung und fuhr eine Drei. Erst einen Auswärtsbogen, dann eine winzige Schleife und abschließend einen Rückwärtsbogen.

»Donnerwetter«, sagte er hochachtungsvoll zu sich selber. »Gelernt ist gelernt.«

Und nun riskierte er eine aus rechten Auswärts- und Einwärtsbögen zusammengestellte Acht. Das klappte auch! Die beiden Ziffern waren groß und deutlich in die Eisfläche graviert.

»Und jetzt eine Pirouette«, sagte er laut, holte mit dem linken Bein und beiden Armen Schwung, drehte sich etwa zehnmal wie ein Kreisel um sich selber, lachte übermütig, da zog ihm eine unsichtbare Macht die Füße vom Eis! Er gestikulierte, es half nichts, er schlug lang hin, der Hinterkopf dröhnte, das Eis knisterte, die Rippen schmerzten, Schulze lag still. Er lag mit offenen Augen und blickte verwundert himmelwärts.

Minutenlang rührte er sich nicht. Dann schnallte er die Schlittschuhe ab. Ihn fröstelte. Er stellte sich auf die Füße, hinkte übers Eis zur Gittertür, drehte sich noch einmal um, lächelte wehmütig und sagte: »Wenn's dem Esel zu wohl wird ...«

Am späten Nachmittag saßen die drei Männer im Lesezimmer, studierten die Zeitungen und sprachen über wichtige Ereignisse der letzten Zeit. Sie wurden von Professor Heltai, dem Tanzlehrer des Hotels, unterbrochen. Er trat an den Tisch und bat Herrn Schulze, ihm zu folgen. Schulze ging mit.

Nach einer Viertelstunde fragte Kesselhuth: »Wo bleibt eigentlich Schulze?«

»Vielleicht läßt er sich Unterricht in modernen Tänzen geben?«

»Nicht sehr wahrscheinlich«, meinte Kesselhuth. (Er hatte Hagedorns Bemerkung ernst genommen.)

Nach einer weiteren Viertelstunde brachen sie auf, Schulze zu entdecken. Sie fanden ihn, ohne größere Schwierigkeiten, in einem der Speisesäle.

Er stand spreizbeinig auf einer hohen Leiter, schlug gerade einen Nagel in die Wand und verknotete an diesem eine Wäscheleine. Dann kletterte er herunter und schleppte die Leiter voller Eifer an die Nebenwand.

»Haben Sie Fieber?« fragte Hagedorn besorgt.

Schulze stieg auf die Leiter, nahm einen Nagel aus dem Mund und den Hammer aus der Anzugtasche. »Ich bin gesund«, sagte er.

»Ihr Benehmen spricht dagegen.«

»Ich dekoriere«, erklärte Schulze und schlug mit dem Hammer auf seinen Daumen. Dann knotete er das andere Ende der Leine fest. Sie hing jetzt quer durch den Saal. »Eine allerliebste Beschäftigung«, meinte er und kletterte wieder herunter. »Ich bin dem Professor der Tanzkunst behilflich.«

Da rückte Heltai mit zwei Stubenmädchen an, die einen großen Korb trugen. Die Mädchen reichten Schulze alte, zerlöcherte Wäschestücke hinauf, und er hängte sie dekorativ über die Leine. Der Professor betrachtete die herabhängenden Hemden, Hosen, Strümpfe und Leibchen, kniff ein Auge zu, zwirbelte sein schwarzes Schnurrbärtchen und rief: »Sehr fesch, mein Lieber!«

Schulze schob in einem fort die Leiter durch den Saal, kletterte hinauf und herunter und hängte unermüdlich die dekorativen Fetzen auf. Die Stubenmädchen kicherten über die zerlöcherte, vorsintflutliche Unterwäsche. Sogar ein riesiges Fischbeinkorsett war dabei. Der Professor rieb sich die Hände. »Sie sind ein Künstler, mein Lieber. Wann haben Sie das gelernt?«

»Soeben, mein Lieber«, sagte Schulze.

Der Professor ließ, ob dieser burschikosen Entgegnung, seinen Schnurrbart los. »Andere Saalseite gleichfalls!« rief er. »Ich hole Luftschlangen und Ballons.« Er verschwand.

Schulze schäkerte mit den Zimmermädchen und tat überhaupt, als seien Hagedorn und Kesselhuth längst fort. Johann ertrug den Anblick nicht länger. Er trat auf die Leiter zu und sagte: »Lassen Sie mich hinauf!«

»Für zwei ist kein Platz«, erwiderte Schulze.

»Ich will allein hinauf«, sagte Kesselhuth.

»Das könnte Ihnen so passen«, antwortete Schulze hochmütig. »Spielen Sie lieber Bridge! Feine Leute können wir hier nicht gebrauchen!«

Kesselhuth ging zu Hagedorn. »Wissen Sie keinen Rat, Herr Doktor?«

»Ich hab's ja kommen sehen«, meinte der junge Mann. »Passen Sie auf: Morgen läßt man ihn Kartoffeln schälen!« Dann gingen die beiden, betrübt und im Gleichschritt, ins Lesezimmer zurück.

Der Lumpenball

Nach dem Abendessen, das eine Stunde früher als sonst stattgefunden hatte, eilten die Gäste in ihre Zimmer und verkleideten sich. Gegen zehn Uhr abends füllten sich die Säle, die Halle, die Bar und die Korridore mit Apachen, Bettlern, Zigeunerinnen, Leierkastenmännern, Indianerinnen, Einbrechern, Wilddieben, Zofen, Negern, Schulmädchen, Prinzessinnen, Schutzleuten, Menschenfressern, Spanierinnen, Vagabunden, hochbeinigen Pagen und Trappern.

Es trafen übrigens auch auswärtige Verbrecher, Gepäckträger und Wahrsagerinnen ein. Gäste anderer Hotels. Sie unterschieden sich von den andern dadurch, daß sie Eintritt zahlen mußten. Sie taten es gern. Die Kostümbälle im Grandhotel dauerten bis zum Morgengrauen.

Die Direktion hatte zwei dörfliche Kapellen engagiert. In sämtlichen Sälen erscholl Tanzmusik. Scharen von Einheimischen waren da, in ihren wunderschönen alten Trachten. Die Bauern sollten gegen Mitternacht bodenständige Tänze vorführen, Schuhplattler, Watschentänze und andere international berühmte Sitten und Gebräuche.

Die Tanzweisen vermischten sich, da in jedem Saal etwas anderes gespielt wurde, zu einem wilden, ohrenbetäubenden Lärm. Papierschlangen und Konfetti flogen durch die Luft. Bauernburschen trieben etliche Ziegen und ein schreckhaftes Schwein durch die Säle. Das Ferkel und die zur Lustigkeit entschlossenen Damen quiekten um die Wette.

In der Halle war eine Tombola errichtet. Alles, was überflüssig und entbehrlich ist, war in Pyramidenform vereinigt worden. (Die Lose und die Gewinne bezog der Tanzlehrer seit Jahren von einer Münchner Firma. Und der Reingewinn der Lotterie fiel auf Grund eines Gewohnheitsrechtes an ihn.)

Kesselhuth hatte während des Abendessens mitgeteilt, daß im Großen Saal ein Tisch mit drei Stühlen reserviert sei. Schulze und Hagedorn saßen, von verkleideten Menschen umgeben, an dem für sie bestellten Tisch und warteten auf den Besitzer der gutgehenden Schiffahrtslinie. Doktor Hagedorn war hemdsärmlig. Den Hals umschlang ein großes rotes Taschentuch. Auf dem Kopf trug er eine schief und tief ins Gesicht gezogene Reisemütze. Er stellte ganz offensichtlich einen Apachen dar. Schulze hatte sich noch weniger verwandelt. Er trug, diesmal allerdings innerhalb des Hotels, seine übliche sportliche Ausrüstung: den violetten Anzug, die Wickelgamaschen, die kleeblättrigen Manschettenknöpfe, die schwarzsamtenen Ohrenklappen und die feurig rote Pudelmütze. Ihm wurde langsam heiß.

»Wo sind die Schlittschuhe?« fragte Hagedorn.

»Hören Sie auf!« bat Schulze. »Erinnern Sie mich nicht an meinen Hinterkopf! Ich hatte völlig vergessen, wie hart so eine Eisbahn sein kann. Als Schlittschuhläufer werde ich nicht mehr auftreten.«

»Und Sie hatten sich so darauf gefreut«, sagte Hagedorn mitleidig.

»Das ist nicht weiter schlimm«, erklärte Schulze. »Ich hatte mich vorübergehend in meinem Alter geirrt.« Er lächelte freundlich. »Wie gefallen Ihnen aber meine Dekorationen, junger Freund?« Er schaute sich zufrieden um. Hagedorn erklärte, hingerissen zu sein. »Das ist recht«, sagte Schulze. »Doch wo steckt unser lieber Kesselhuth?«

In diesem Augenblick füllte jemand, der hinter ihnen stand, die drei Weingläser.

»Wir haben keinen Wein bestellt«, sagte Hagedorn erschrocken. »Ich möchte ein helles Bier haben.«

»Ich meinerseits auch«, meinte Schulze.

Da lachte der Kellner. Und als sie sich erstaunt umdrehten, war es gar kein Kellner, sondern Herr Johann Kesselhuth. Er trug die Toblersche Livree, seinen altgewohnten, geliebten Anzug, und blickte Herrn Schulze, um Entschuldigung bittend, in die Augen. »Großartig!« rief Hagedorn. »Ich will Sie nicht kränken, Herr Kesselhuth, aber Sie sehen wie der geborene herrschaftliche Diener aus!«

»Ich fühle mich nicht gekränkt, Herr Doktor«, sagte Kesselhuth. »Wenn ich nicht Alexander wäre, möchte ich Diogenes sein.«

Die drei Männer amüsierten sich königlich. Jeder auf seine Weise. Herr Kesselhuth beispielsweise stand, obwohl er schließlich Besitzer einer Schiffahrtslinie war, glückselig lächelnd hinter dem Stuhl, auf dem Schulze saß, und nannte den armen Kerl, der die Eisbahn hatte kehren müssen, bei jeder Gelegenheit »gnädiger Herr«. Und Schulze rief den Reeder Kesselhuth unentwegt beim Vornamen. »Johann, bitte Feuer!« und: »Johann, Sie trinken zuviel!« Und: »Johann, besorgen Sie uns drei Schinkenbrote!«

Hagedorn meinte: »Kinder, das klappt, als ob ihr die Rollen jahrelang einstudiert hättet.«

»Sie sind ein Schlaumeier«, sagte Schulze. Und Kesselhuth lachte geschmeichelt. Später kam der dicke Herr Lenz an den Tisch. Er hatte sich als Kaschemmenwirt verkleidet, trug eine halbleere Flasche Danziger Goldwasser unterm Arm und fragte Schulze, ob er sich denn nicht an der Prämiierung der drei gelungensten Lumpenkostüme vormerken lassen wollte. »Sie kriegen todsicher den ersten Preis«, sagte er. »So echt wie Sie können wir andern gar nicht aussehen! Wir sind ja bloß verkleidet.« Schulze ließ sich überreden und ging mit Lenz zu Professor Heltai, der die Startnummern für den Wettbewerb zu verteilen hatte. Doch der Tanzlehrer zwirbelte den Schnurrbart und sagte: »Tut mir leid, mein Lieber. Sie fallen nicht unter die Bestimmungen. Sie sind nicht kostümiert. Sie sehen nur so aus. Sie sind ein Professional.«

Lenz war, weil er Rheinländer war, leicht erregbar. Aber der Professor blieb hart. »Ich habe meine Anweisungen«, erklärte er abschließend.

»Na denn nicht, liebe Tante!« sagte Schulze und machte kehrt. Als er zum Tisch zurückkam, war Hagedorn verschwunden.

Johann hockte solo und sprach dem Alkohol zu. »Ein kleines Schulmädchen, in einem kurzen Rock und mit einem Ranzen auf dem Rücken, hat ihn weggeholt«, berichtete er. »Es war die Dame aus Bremen.«

Sie gingen auf die Suche und gerieten versehentlich an die Tombola. Johann kaufte, auf Toblers leisen Befehl, dreißig Lose. Acht Gewinne waren darunter! Und zwar eine gerahmte Alpenlandschaft, die von einem einheimischen Ölmaler stammte. Ein großer Teddybär, der »Muh!« sagen konnte. Eine Flasche Kölnischwasser. Noch ein Teddybär. Eine Rolle Papierschlangen. Ein Karton Briefpapier. Und noch eine Flasche Kölnischwasser. Sie beluden sich mit den Gewinnen und ließen im Nebenraum eine Blitzlichtaufnahme machen. »Des Jägers Heimkehr«, meinte der Geheimrat. Und dann drängten sie sich weiter durch das Gewühl. Von Saal zu Saal. Durch alle Korridore. Aber Hagedorn war nicht zu finden.

»Wir müssen ihn finden, Johann«, sagte der Geheimrat. »Das Bremer Schulmädchen hat ihn natürlich verschleppt. Dabei hat er mich auf beiden Knien beschworen, ihm eine Art Mutter zu sein.« In der Bar war der verlorene Sohn auch nicht. Johann nahm die Gelegenheit wahr und begann, die Gewinne wegzuschenken. Das Kölnischwasser fand bei den Bauernmädchen reißenden Absatz. Eine der Holländerinnen bekam ungefragt die ölgemalte Alpenlandschaft in die Hand gedrückt und bedankte sich holländisch. »Wir verstehen dich ja doch nicht«, erwiderte Johann unwillig, gab ihr den Karton mit dem Briefpapier als Zugabe und sagte: »Kein Wort weiter!«

Sie kehrten an ihren Tisch zurück. Hagedorn war noch immer nicht da. Johann setzte die zwei Teddybären auf den dritten Stuhl. Der Geheimrat nahm die schwarzen Ohrenklappen ab. »Es ist merkwürdig«, erklärte er. »Aber ohne Ohrenklappen schmeckt der Wein besser. Was, um alles in der Welt, hat das Gehör mit den Geschmacksnerven zu tun?«

»Nichts«, sagte Johann.

Anschließend begannen sie zu experimentieren. Sie hielten sich die Ohren zu und tranken. Sie hielten sich die Augen zu und tranken. »Fällt Ihnen etwas auf?« fragte Tobler.

»Jawohl«, antwortete Johann. »Sämtliche Leute starren herüber und halten uns für blödsinnig.«

»Was fällt Ihnen sonst noch auf?«

»Man kann machen, was man will – der Wein schmeckt großartig. Prosit!«

Währenddem saß Frau Casparius, eine große Schleife im Haar, und auch sonst als halbwüchsiges Schulmädchen verkleidet, mit dem Apachen Fritz Hagedorn in dem verqualmten, überfüllten Bierkeller. An ihrem Tisch saßen außerdem noch viele andere Gäste. Sie waren ebenfalls kostümiert, aber sie litten darunter.

Das rund dreißigjährige Schulkind klappte den Ranzen auf, holte eine Puderdose heraus und betupfte sich die freche Nase mit einer rosa Quaste.

Der junge Mann sah ihr zu. »Was machen die Schularbeiten, Kleine?«

»Ich brauche dringend ein paar Nachhilfestunden. Vor allem in Menschenkunde. Da tauge ich gar nichts.«

»Du mußt warten, bis du größer wirst«, rief er. »Auf diesem Gebiet lernt man nur durch Erfahrung.«

»Falsch«, sagte sie. »Wenn es danach ginge, müßte ich die Beste in der ganzen Klasse sein. Aber es geht nicht danach.«

»Schade. Dann war dein ganzer Fleiß vergeblich. Oh, du armes Kind!«

Sie nickte.

»Was willst du denn mal werden, wenn du aus der Schule kommst?«

»Straßenbahnschaffner«, sagte sie. »Oder Blumenförster. Oder, am allerliebsten, Spazierführer.«

»Aha. Das ist aber auch ein interessanter Beruf! Ich wollte eigentlich Schneemann werden. Schneeleute haben über ein halbes Jahr Ferien.«

»Heißt es nicht Schneemänner?«

»Es heißt Schneeleute. Aber als Schneemann braucht man das Abitur.«

»Und was sind Sie statt dessen geworden?« fragte sie.

»Erst war ich Tortenzeichner«, antwortete er. »Und jetzt bin ich Selbstbinder. Man hat sein Auskommen. Ich besitze einen eigenen Wagen. Einen Autobus. Wegen der großen Verwandtschaft. Wenn du einmal in Berlin bist, fahr ich dich herum. Ich habe Blumenkästen am Chassis.« Das Schulmädchen klatschte in die Hände. »Schön!« rief sie. »Mit Pelargonien?«

»Natürlich«, sagte er. »Andere Blumen passen überhaupt nicht zu Autobussen.«

Nun wurde es den anderen Leuten am Tisch endgültig zuviel. Sie zahlten und gingen fluchtartig ihrer Wege.

Das Schulkind freute sich und sagte: »Wenn wir noch lauter sprechen, haben wir in zehn Minuten das Lokal ganz für uns allein.«

Der Plan zerschlug sich. Erst kam Lenz, der Kaschemmenwirt. Seine Flasche Goldwasser war leer. Er bestellte Burgunder und sang rheinische Lieder. Und dann erschien Frau von Mallebré. Mit Baron Keller. Sie ging, weil sie schöne, schlanke Beine hatte, als Palastpage gekleidet. Keller trug seinen Frack. Man begrüßte einander so freundlich wie möglich.

»Im Frack?« fragte Hagedorn erstaunt.

Keller klemmte das Monokel noch fester. »Ich kostümiere mich nie. Es liegt mir nicht. Ich kann so was nicht komisch finden.«

»Aber im Frack zum Lumpenball!« meinte das kleine Schulmädchen.

»Warum denn nicht?« bemerkte der dicke Lenz. »Es gibt auch Lumpen im Frack!« Und dann lachte er ausschweifend.

Der Baron verzog den Mund. Und Hagedorn erklärte, leider gehen zu müssen.

»Bleiben Sie doch noch«, bat der Page. Und das Schulmädchen begann laut zu schluchzen.

»Ich habe mein Wort verpfändet«, meinte der junge Mann. »Wir Apachen sind ein emsiges Volk. Es handelt sich um einen Einbruch.«

»Was wollen Sie denn stehlen?« fragte Lenz.

»Einen größeren Posten linker Handschuhe«, sagte Hagedorn geheimnisvoll. Er legte einen Finger an den Mund und entfernte sich schnell.

Die beiden älteren Herren winkten, als sie ihn kommen sahen. »Wo waren Sie mit dem Schulmädchen?« fragte Schulze sittenstreng. »Habt ihr gut gefolgt?«

»Lieber, mütterlicher Freund«, sagte der junge Mann. »Wir haben nur davon gesprochen, was die Kleine, wenn sie aus der Schule kommt, werden will.«

»Pfui, Herr Doktor!« rief Kesselhuth.

»Na, und was will sie werden?« fragte Schulze.

»Sie weiß es noch nicht genau. Entweder Blumenförster oder Spazierführer.«

Die beiden älteren Herren versanken in Nachdenken. Dann sagte Kesselhuth, der sich wieder hinter Schulzes Stuhl gestellt hatte: »Na, denn Prost!« Sie tranken. Und er fuhr fort: »Gnädiger Herr, darf ich mir eine Bemerkung erlauben?«

»Ich bitte darum, Johann«, sagte Schulze.

»Wir sollten jetzt vors Hotel gehen und auf Kasimirs Wohl trinken.«

Der Vorschlag wurde einstimmig angenommen. Kesselhuth belud sich mit einer Flasche und drei Gläsern. Schulze übernahm die Teddybären. Dann spazierten die drei Männer im Gänsemarsch durch die Säle. Hagedorn schritt voran.

Im Grünen Saal störten sie die Preisverteilung für die gelungensten Kostüme. Im kleinen Saal behinderten sie durch ihren Vorbeimarsch die von Professor Heltai arrangierten Tanz- und Pfänderspiele. Würdig und ein wenig im Zickzack marschierend, bahnten sie sich unbeirrt ihren Weg.

Der Portier, den besonders waghalsige Ballbesucher mit Konfetti und Papierschlangen verziert hatten, verbeugte sich vor Hagedorn und blickte giftig zu Schulze hinüber, der die Teddybären emporhob und laut zu ihnen sagte: »Schaut euch einmal den bösen Onkel an! So etwas gibt's wirklich.«

Kasimir, der Husaren-Schneemann, sah wieder ganz reizend aus. Die drei Männer betrachteten ihn voller Liebe. Es schneite. Schulze trat vor. »Bevor wir auf das Wohl unseres gemeinsamen Sohnes anstoßen«, sagte er feierlich, »möchte ich ein gutes Werk tun. Es ist bekanntlich nicht gut, daß der Mann allein sei. Auch der Schneemann nicht.« Er ging langsam in die Kniebeuge und setzte die Teddybären, einen zur Rechten und einen zur Linken Kasimirs, in den kalten Schnee. »Nun hat er wenigstens, auch wenn wir fern von ihm weilen, Gesellschaft.« Dann füllte Herr Kesselhuth die Gläser. Aber der Rest Wein, der in der Flasche war, reichte nicht aus. Und Johann verschwand im Hotel, um eine volle Flasche zu besorgen.

Nun standen Schulze und Hagedorn allein unterm Nachthimmel. Jeder hatte ein halbvolles Glas in der Hand. Sie schwiegen. Der Abend war sehr lustig gewesen. Aber die beiden Männer waren plötzlich ziemlich ernst. Ein sich leise bewegender Vorhang von Schneeflocken trennte sie.

Schulze hustete verlegen. Dann sagte er: »Seit ich im

Krieg war, habe ich keinen Mann mehr geduzt. Frauen, na ja. Da gibt es Situationen, wo man schlecht Sie sagen kann. Ich möchte, wenn es dir recht ist, mein Junge, den Vorschlag machen, daß wir jetzt Brüderschaft trinken.«

Der junge Mann hustete gleichfalls. Dann antwortete er: »Ich habe seit der Universität keinen Freund mehr gehabt. Ich hätte mich nie getraut, Sie um Ihre Freundschaft zu bitten. Menschenskind, ich danke dir.«

»Ich heiße Eduard«, bemerkte Schulze.

»Ich heiße Fritz«, sagte Hagedorn.

Dann stießen sie mit den Gläsern an, tranken und drückten einander die Hand.

Kesselhuth, der, eine neue Flasche unterm Arm, aus der Tür trat, sah die beiden, ahnte die Bedeutung dieses Händedrucks, lächelte ernst, machte behutsam kehrt und ging in das lärmende Hotel zurück.

Der große Rucksack

Mutter Hagedorns Paket traf am nächsten Tag ein. Es enthielt die Reklamearbeiten, die der Sohn verlangt hatte, und einen Brief.

»Mein lieber guter Junge!« schrieb die Mutter. »Vielen Dank für die zwei Ansichtskarten. Ich bin auf dem Sprunge und will das Paket zum Bahnhof bringen, damit Du es schnell kriegst. Hoffentlich knicken die Ecken nicht um. Ich meine, bei den Paketen und Kunstdrucksachen. Und sage diesem Herrn Kesselhuth, wir möchten Deine Arbeiten gelegentlich zurückhaben. Solche Herrschaften sind meistens vor lauter Großartigkeit vergeßlich.

Herr Franke sagt, wenn es mit den Toblerwerken klappt, das wäre zum Blödsinnigwerden. Du weißt ja, daß er sich stets so ausschweifend ausdrückt. Er will für Dich die Daumen halten. Das finde ich, wo er nur zur Untermiete bei uns wohnt, sehr anständig von ihm. Ich halte nicht nur die Daumen, sondern auch die großen Zehen. Wenn trotzdem aus der Anstellung nichts werden sollte, haben wir uns wenigstens keine Vorwürfe zu machen. Das ist die Hauptsache. Man darf sich nicht aus der Ruhe bringen lassen. Und wer sich ein Bein ausreißt, hat es sich selber zuzuschreiben.

Daß der andere Preisträger ein netter Mensch ist, freut mich. Grüße ihn schön. Natürlich unbekannterweise. Und laßt Euch von den feinen Leuten nichts vormachen. Viele können sowieso nichts dafür, daß sie reich sind. Viele haben, glaube ich, nur deswegen Geld, weil der liebe Gott ein weiches Herz hat. Besser als gar nichts, hat er bei ihrer Erschaffung gedacht. Wirst du übrigens mit der Wäsche reichen? Sonst schicke mir rasch die schmutzige in einem Karton. In drei Tagen hast du sie wieder. Bei Heppners liegen sehr schöne Oberhemden im Fenster. Ich werde eins zurücklegen lassen. Ein blaues mit vornehmen Streifen. Wir holen es, wenn Du wieder zu Hause bist. Ich könnte Dir's mitschicken. Aber wer weiß, ob es Dir gefällt.

So mein Junge. Jetzt fahre ich mit dem Zug bis zum Potsdamer Bahnhof. Dann laufe ich bis zum Anhalter. Schneeluft ist gesund. Man kommt überhaupt zu wenig aus der Stube. Die Ansichtskarten gefallen mir gut. So ähnlich wie neulich im Kino, wo Du Fremdenloge verlangtest. Ich habe es Herrn Franke erzählt. Er hat gelacht.

Vergiß nicht, wenn Du im Wald bist, acht- bis zehnmal tief Atem zu holen. Nicht öfter. Sonst kriegt man Kopfschmerzen. Und was soll das.

Mir geht es ganz ausgezeichnet. Ich singe viel. In der Küche. Wenn ich esse, steht Deine Fotografie auf dem Tisch. Denn allein schmeckt's mir nicht. Hab ich recht? Hoffentlich kommt morgen ein Brief von Dir. Wo Du ausführlich schreibst. Vorläufig versteh ich nämlich manches noch nicht. Vielleicht bin ich mit der Zeit ein bißchen dumm geworden. Durch die Arterienverkalkung. Wieso hast Du zum Beispiel drei kleine Katzen im Zimmer? Und wieso hast Du zwei Zimmer und ein extra Bad? Und was soll das mit dem Ziegelstein? Das ist mir völlig unklar, mein lieber Junge. Herr Franke sagt, hoffentlich wäre es wirklich ein Hotel. Und nicht etwa ein Irrenhaus. Er ist ein schrecklicher Mensch. Hat denn der andere Preisträger auch so viele Räumlichkeiten und Katzen und einen Ziegelstein?

Der Roman in der Zeitung ist diesmal sehr spannend. Viel besser als der letzte. Besonders seit gestern. Herr Franke und ich sind ganz verschiedener Ansicht, wie die Geschichte weitergehen wird. Er versteht nichts von Romanen. Das wissen wir ja nun schon.

Und dann: mach keine Dummheiten! Ich meine Ausflüge auf gefährliche Berggipfel. Gibt es in Bruckbeuren Lawinen? Dann sieh Dich besonders vor! Sie fangen ganz harmlos an und plötzlich sind sie groß. Ausweichen hat dann keinen Zweck mehr. Passe, bitte, gut auf! Ja? Auch mit den weiblichen Personen im Hotel. Entweder ist es nichts Genaues oder in festen Händen. Daß nicht wieder so ein Krach wird wie damals in der Schweiz. Da sitzt Du wieder da mit dem dicken Kopf. Sei so lieb. Sonst habe ich keine Ruhe.

Ich schreibe wieder einmal einen Brief, der nicht alle wird. Also Schluß! Antworte auf meine Fragen. Du vergißt es oft. Und nun zum Bahnhof.

Bleibe gesund und munter! Kein Tag, der vorüber ist, kommt wieder. Und benimm Dich! Du bist manchmal wirklich frech. Viele Grüße und Küsse von Deiner Dich über alles liebenden Mutter.«

Nach dem Lunch saßen die drei Männer auf der Terrasse, und Doktor Hagedorn zeigte seine Gesammelten Werke. Schulze betrachtete sie eingehend. Er fand sie sehr gelungen, und sie unterhielten sich lebhaft darüber. Herr Kesselhuth rauchte eine dicke schwarze Zigarre, schenkte allen Kaffee ein und sonnte sich in jeder Beziehung. Schließlich meinte er: »Also, heute abend schicke ich das Paket an Geheimrat Tobler.«

»Und vergessen Sie, bitte, nicht, bei ihm anzufragen, ob er auch für Herrn Schulze einen Posten hat«, bat Hagedorn. »Es ist dir doch recht, Eduard?«

Schulze nickte. »Gewiß, mein Junge. Der olle Tobler soll sich mal anstrengen und was für uns beide tun.«

Kesselhuth nahm die Arbeiten an sich. »Ich werde nichts unversucht lassen, meine Herren.«

»Und er soll die Sachen, bitte, bestimmt zurückgeben«, erklärte der junge Mann. »Meine Mutter ist diesbezüglich sehr streng.«

»Selbstverständlich«, sagte Schulze, obwohl ihn das ja eigentlich nichts anging.

Kesselhuth zerdrückte den Rest seiner Zigarre im Aschenbecher, erhob sich ächzend, murmelte einiges und ging traurig davon. Denn im Rahmen der Hoteltür stand der Graswander Toni und hatte zwei Paar Schneeschuhe auf der Schulter. Die dritte Lehrstunde nahte. Das Geheimnis des Stemmbogens sollte enträtselt werden.

Eduard und Fritz brachen etwas später auf. Sie planten einen Spaziergang. Zunächst statteten sie jedoch ihrem Schneemann einen kurzen Besuch ab. Der Ärmste taute.

»Kasimir weint«, behauptete Hagedorn. »Das weiche Gemüt, Eduard, hat er von dir.«

»Er weint nicht«, widersprach Schulze. »Er macht eine Abmagerungskur.«

»Wenn wir Geld hätten«, meinte Hagedorn, »könnten wir ihm einen großen Sonnenschirm schenken, in den Boden stecken und über ihm aufspannen. Ohne Schirm wird er zugrunde gehen.«

»Mit dem Geld ist das so eine Sache«, meinte Schulze. »Auch wenn wir welches hätten – spätestens Anfang März stünde hier nur noch ein Schirm herum, und Kasimir wäre verschwunden. Die Vorteile des Reichtums halten sich sehr in Grenzen.«

»Du sprichst, als ob du früher ein Bankkonto gehabt hättest«, sagte Hagedorn und lachte gutmütig. »Meine Mutter behauptet, Besitz sei häufig nichts anderes als ein Geschenk der Vorsehung an diejenigen, die im übrigen schlecht weggekommen sind.«

»Das wäre allzu gerecht«, erklärte Schulze.

»Und allzu einfach.«

Dann wanderten sie, in beträchtliche Gespräche vertieft, nach Schloß Kerms hinaus, sahen den Bauern beim Eisschießen zu, folgten quellwärts einem zugefrorenen Gebirgsbach, mußten steil bergan klettern, glitten aus, schimpften, lachten, atmeten schwer, schwiegen, kamen durch weiße Wälder und entfernten sich mit jedem Schritt mehr von allem, was an den letzten Schöpfungstag erinnert.

Schließlich war die Welt zu Ende. Es gab keinen Ausweg. Hohe Felswände behoben den letzten Zweifel. Dahinter befand sich, sozusagen offensichtlich, das leere Nichts.

Und von einem dieser Felsen stürzte ein Wasserfall herab. Nein, er stürzte nicht. Der Frost hatte ihn mit beiden Armen im Sturz aufgehalten. Er war vor Schreck erstarrt. Das Wasser hatte sich in Kristalle verwandelt. »Im Baedeker vergleicht man diesen Wasserfall mit einem Kronleuchter«, bemerkte Hagedorn.

Schulze setzte sich auf eine eisgekühlte Baumwurzel und sagte: »Ein Glück, daß die Natur nicht lesen kann.«

Nach dem Kaffeetrinken ging Hagedorn auf sein Zimmer. Schulze versprach bald nachzukommen. Wegen der kleinen Katzen und wegen eines großen Kognaks. Aber als er aus dem Lesesaal trat und auf die Treppe zusteuerte, wurde er von Onkel Polter gestört. »Sie sehen aus, als ob Sie sich langweilen«, meinte der Portier.

»Machen Sie sich meinetwegen kein Kopfzerbrechen!« bat Schulze. »Ich langweile mich niemals.« Er wollte gehen. Onkel Polter tippte ihm auf die Schulter. »Hier ist eine Liste! Den Rucksack bekommen Sie in der Küche.«

»Ich brauche keinen Rucksack«, meinte Schulze.

»Sagen Sie das nicht!« erklärte der Portier und lächelte grimmig. »Das Kind der Botenfrau hat die Masern.«

»Gute Besserung! Aber was hat das arme Kind in dem Rucksack zu suchen, den ich in der Küche holen soll?«

Der Portier schwieg und legte Briefe und Zeitungen in verschiedene Schlüsselfächer.

Schulze betrachtete die Liste, die vor ihm lag, und las staunend:

100 Karten Wolkenstein-Panorama à 15
  2 Tuben Gummiarabikum
  1 Rolle dunkelrote Nähseide

50 Briefmarken à 25
3 Dutzendpackungen Rasierklingen
2 Meter schmales weißes Gummiband
5 Riegel Wasserglasseife
1 Packung Pyramidon, große Tabl.
1 Flasche Füllfedertinte
1 Paar Sockenhalter, schwarz
1 Paar Schuhspanner, Größe 37
1 Tüte Pfefferminztee
1 Stahlbürste für Wildlederschuhe
3 Schachteln Mentholdragees
1 Hundeleine, grün, Lack
4 Uhrreparaturen abholen
1 Dutzend Schneebrillen
1 kl. Flasche Birkenwasser
1 Aluminiumbrotkapsel für Touren

Die Liste war keineswegs zu Ende. Aber Schulze hatte fürs erste genug. Er sah erschöpft hoch, lachte und sagte: »Ach, so ist das gemeint!«

Der Portier legte einige Geldscheine auf den Tisch. »Schreiben Sie hinter jeden Posten den Preis. Am Abend rechnen wir ab.« Schulze steckte die Liste und das Geld ein. »Wo soll ich das Zeug holen?«

»Im Dorf«, befahl Onkel Polter. »In der Apotheke, beim Friseur, auf der Post, beim Uhrmacher, in der Drogerie, beim Kurzwarenhändler, im Schreibwarengeschäft. Beeilen Sie sich!«

Der andere zündete sich eine Zigarre an und sagte, während er sie in Zug brachte: »Ich hoffe, es hier noch weit zu bringen. Daß ich jemals Botenfrau würde, hätte ich noch vor einer Woche für ausgeschlossen gehalten.« Er nickte dem Portier freundlich zu. »Hoffentlich bilden Sie sich nicht ein, daß Sie mich auf diese Weise vor der Zeit aus Ihrem Hotel hinausgraulen.«

Onkel Polter antwortete nicht.

»Darf man schon wissen, was Sie morgen mit mir vorhaben?« fragte Schulze. »Wenn es Ihnen recht ist – ich möchte für mein Leben gern einmal Schornstein fegen! Wäre es Ihnen möglich zu veranlassen, daß der Schornsteinfeger morgen Zahnschmerzen kriegt?« Er ging strahlend seiner Wege.

Onkel Polter nagte über eine Stunde an der Unterlippe. Später fand er keine Zeit mehr dazu. Die Gäste kehrten in Scharen von den Skiwiesen und von Ausflügen heim. Schließlich kam sogar der Hoteldirektor Kühne nach Hause.

»Was ist denn mit Ihnen los?« fragte er besorgt. »Haben Sie die Gelbsucht?«

»Noch nicht«, sagte der Portier. »Aber es kann noch werden. Dieser Schulze benimmt sich unmöglich. Er wird immer unverschämter.«

»Streikt er?« fragte Karl der Kühne.

»Im Gegenteil«, meinte der Portier. »Es macht ihm Spaß!« Der Direktor öffnete wortlos den Mund.

»Morgen möchte er Schornstein fegen!« berichtete Polter. »Es sei ein alter Traum von ihm.«

Karl der Kühne sagte: »Einfach tierisch!« und ließ Herrn Polter in trübe Gedanken versunken zurück.

Geheimrat Tobler alias Herr Schulze brauchte zwei Stunden, bis er, von der Last des Rucksacks gebeugt, ins Hotel zurückkehrte. Er hatte sich übrigens nie so gut unterhalten wie während dieser von seltsamen Einkäufen ausgefüllten Zeit. Der Uhrmacher hatte ihn beispielsweise über die politische Lage in Ostasien weitestgehend aufgeklärt und über die wachsende wirtschaftliche Einflußnahme Japans auf dem Weltmarkt. Der Provisor in der Apotheke hatte die Homöopathie verteidigt und ihn für einen der nächsten Abende zu einem Viertel Roten in die Dorfschenke eingeladen. Das blonde Ladenfräulein beim Friseur hatte ihn für den Ehemann der Botenfrau gehalten. Und der Drogist hatte ihm, im Flüsterton, bei künftigen größeren Einkäufen Prozente in Aussicht gestellt.

Er lud den Rucksack in der Hotelküche ab und begab sich in den fünften Stock, um die Abrechnung für den Portier fertigzumachen. Er öffnete die Tür zu seinem Zimmer und mußte feststellen, daß er Besuch hatte! Ein fremder, gutgekleideter Herr lag, mit dem Kopf vorneweg, unter dem Waschtisch, hämmerte emsig und hatte anscheinend keine Ahnung, daß er nicht mehr allein war. Jetzt begann er sogar zu pfeifen. »Sie wünschen?« fragte Schulze laut und streng.

Der Eindringling fuhr hoch, stieß mit dem Hinterkopf gegen die Tischkante und kam, rückwärts kriechend, ans Tageslicht. Es war Herr Kesselhuth! Er hockte auf dem Fußboden und machte ein schuldbewußtes Gesicht.

»Sie sind wohl nicht bei Troste!« sagte Schulze. »Stehen Sie gefälligst auf!«

Kesselhuth erhob sich und klopfte seine Beinkleider sauber. Mit der Hand, die übrigblieb, massierte er den Hinterkopf.

»Was haben Sie unter meinem Waschtisch zu suchen?« fragte Schulze energisch.

Der andere wies auf einen großen Karton, der auf dem Stuhl lag. »Es ist wegen der Steckdose, Herr Geheimrat«, sagte er verlegen. »Die war nicht ganz in Ordnung.«

»Ich brauche keine Steckdosen!«

»Doch, Herr Geheimrat«, antwortete Johann und öffnete den Karton. Es kam eine nickelglänzende elektrische Heizsonne zum Vorschein. »Sie erkälten sich sonst zu Tode.«

Er stellte das Gerät auf den Tisch, kroch erneut unter den Waschtisch, fügte den Stecker in den Kontakt, kam wieder hervor und wartete gespannt.

Allmählich begann das Drahtgitter zu erglühen, erst rosa, dann rot; und schon spürten sie, wie sich die eisige Dachkammer mit sanfter Wärme füllte. »Das Wasser in der

Waschschüssel taut auf«, sagte Johann und schaute selig zu seinem Gebieter hinüber. Tobler empfand diesen Blick, aber er erwiderte ihn nicht.

»Und hier ist ein Kistchen Zigarren«, erklärte Kesselhuth schüchtern. »Ein paar Blumen habe ich auch besorgt.«

»Nun aber nichts wie raus!« meinte der Geheimrat. »Sie hätten Weihnachtsmann werden sollen!«

Inzwischen hatte auch Doktor Hagedorn Besuch erhalten. Es hatte geklopft. Er hatte, müde auf dem Sofa liegend, »Herein!« gerufen und gefragt: »Warum kommst du so spät, Eduard?« Aber der Besucher hatte geantwortet: »Ich heiße nicht Eduard, sondern Hortense.« Kurz und gut, es war Frau Casparius! Sie war erschienen, um mit den drei siamesischen Katzen zu spielen. Und das tat sie denn auch. Sie saß auf dem Teppich und stellte Gruppen. Schließlich fand sie, daß sie sich lange genug als Tierfreundin betätigt hatte, und wandte sich dem eigentlichen Zweck ihrer Anwesenheit zu. »Sie sind nun schon drei Tage hier«, sagte sie vorwurfsvoll. »Wollen wir morgen einen Ausflug machen? Wir nehmen den Lunch mit und gehen bis zur Lamberger Au. Dort legen wir uns in die Sonne. Und wer zuerst den Sonnenstich hat, darf sich was wünschen.«

»Ich wünsche mir gar nichts«, erklärte der junge Mann. »Nicht einmal den Sonnenstich.«

Sie hatte sich in einen geräumigen Lehnstuhl gesetzt, zog die Beine hoch und legte die Arme um die Knie. »Wir könnten auch folgendes unternehmen«, meinte sie leise. »Wir könnten die Koffer packen und ausreißen. Was halten Sie von Garmisch?«

»Garmisch ist meines Wissens ein reizender Ort«, sagte er. »Aber Eduard wird es wahrscheinlich nicht erlauben.«

»Was geht uns denn Eduard an?« fragte sie ärgerlich.

»Er vertritt Mutterstelle an mir.«

Sie wiegte mit dem Kopf. »Wir könnten mit dem Nachtzug fahren. Kommen Sie. Jede Stunde ist kostbar. An ein Fortleben nach dem Tode glaube ich nämlich nicht recht.«

»Also deswegen haben Sie's so eilig!« meinte er. Es klopfte. Er rief: »Herein!«

Die Tür ging auf. Schulze trat ein. »Entschuldige, Fritz. Ich hatte ein paar Besorgungen zu machen. Bist du allein?«

»Sofort!« sagte Frau Hortense Casparius, sah durch Herrn Schulze hindurch, als sei er aus Glas, und ging.

Die Liebe auf den ersten Blick

Am nächsten Nachmittag geschah etwas Außergewöhnliches: Hagedorn verliebte sich! Er tat dies im Hotelautobus, der neue Gäste vom Bahnhof brachte und den er, von einem kleinen Ausflug kommend, unterwegs bestieg. Einer der Passagiere war ein junges, herzhaftes Mädchen. Sie hatte eine besonders geradlinige Art, die Menschen anzuschauen. (Womit nicht nur gesagt werden soll, daß sie nicht schielte.) Neben ihr saß eine dicke, verstört gutmütige Frau, die von dem Mädchen »Tante Julchen« genannt wurde.

Hagedorn hätte Tante Julchens Nichte stundenlang anstarren können. Außerdem wurde er das Gefühl nicht los, das junge Mädchen schon einmal gesehen zu haben. Tante Julchen war ziemlich umständlich. Daß die Koffer auf dem Autobus verstaut worden waren, beschäftigte ihr Innenleben aufs lebhafteste. Bei jeder Kurve griff sie sich ans Herz und jammerte vor Schreck. Außerdem war ihr kein Berg zu niedrig – sie wollte seinen Vor- und Zunamen wissen. Hagedorn machte sich nützlich und log zusammen, was ihm gerade einfiel. Einige Fahrgäste, welche die Gegend von früher her zu kennen schienen, musterten ihn mißtrauisch. Sie nahmen ihm seine frei erfundene Geographie ein bißchen übel.

Tante Julchen hingegen sagte: »Vielen Dank, mein Herr. Man kommt sich sonst vor wie in einer fremden Stadt bei Nacht. Jede Straße heißt anders, aber man kann die Schilder nicht lesen. Dabei war ich noch nie in den Alpen.«

Das junge Mädchen sah ihn, um Nachsicht bittend, an, und dieser Blick gab ihm den Rest. Er lächelte blöde, hätte sich ohrfeigen können und erwog den Plan, aufzustehen und während der Fahrt abzuspringen.

Er blieb natürlich sitzen.

Vorm Hotel half er den beiden beim Aussteigen. Und da Tante Julchen das Abladen der Koffer aufs strengste überwachte, waren das junge Mädchen und er plötzlich allein.

»Das ist aber ein schöner Schneemann«, rief sie.

»Gefällt er Ihnen?« fragte er stolz. »Den haben Eduard und ich errichtet. Und ein Bekannter, der eine große Schiffahrtslinie besitzt. Eduard ist mein Freund.«

»Aha!« sagte sie.

»Er hat leider seit gestern abgenommen.«

»Der Besitzer der Schiffahrtslinie oder Ihr Freund Eduard?«

»Der Schneemann«, erwiderte er. »Weil die Sonne so sehr schien.«

Sie betrachteten den Schneemann und schwiegen verlegen.

»Wir haben ihn Kasimir getauft«, erklärte er später. »Er hat nämlich einen Eierkopf. Und in solch einem Fall ist es ein wahres Glück, Kasimir zu heißen.«

Sie nickte verständnisvoll und zeigte auf die Teddybären, die neben Kasimir hockten. »Es sind Eisbären geworden. Ganz weiß. Wie nennt man das gleich?«

»Mimikry«, gab er zur Antwort.

»Ich bin so vergeßlich«, sagte sie. »Was die Bildung anbelangt.«

»Werden Sie lange hierbleiben?« fragte er.

Sie schüttelte den Kopf. »Ich muß bald wieder nach Berlin zurück.«

»Ich bin auch aus Berlin«, meinte er. »Welch ein Zufall.«

Geheimrat Tobler hielt, oben im fünften Stock, sein Nachmittagsschläfchen. In Bruckbeuren hatte er sich eigentlich, aus Hochachtung vor den Schönheiten der Natur, dieses Brauches entäußern wollen. Aber man war eben doch nicht mehr der jüngste. Und so hatte er Johanns Heizsonne in Betrieb gesetzt, sich ins Bett gelegt und schlief. Dann aber

wurde die Tür aufgerissen. Er erwachte und blickte mißmutig auf. Hagedorn stand vor ihm, setzte sich aufs Bett
und sagte: »Wo hast du denn die Heizsonne her, Eduard?«

»Das ist 'ne Stiftung«, bemerkte Schulze mit verschlafe-
ner Stimme. »Solltest du gekommen sein, um mich das zu
fragen, so nennen wir uns wieder Sie!«

»Mensch! Schulze!« stieß Hagedorn hervor. »Ich muß es
dir sofort sagen. Ich bin verloren. Ich habe mich soeben verliebt!«

»Ach, bleib mir mit deinen albernen Weibern vom Halse«,
befahl Eduard und drehte sich zur Wand. »Gute Nacht,
mein Junge!«

»Sie ist kein albernes Weib«, sagte Fritz streng. »Sie ist
enorm hübsch. Und gescheit! Und Humor hat sie. Und ich
glaube, ich gefalle ihr auch.«

»Du bist größenwahnsinnig!« murmelte Schulze. »Welche ist es denn? Die Mallebré oder die Circe aus Bremen?«

»Höre schon endlich mit denen auf!« rief Hagedorn entrüstet. »Es ist doch eine ganz andere! Sie ist doch nicht verheiratet! Das wird sie doch erst sein, wenn ich ihr Mann bin!
Eine Tante ist mit dabei. Die hört auf den Namen Julchen.«

Schulze war nun wach geworden. »Du bist ein Wüstling!« sagte er. »Warte mit dem Heiraten wenigstens bis
morgen! Du wirst dich doch nicht etwa in eine Gans vergaffen, die mit einer Tante namens Julchen auf Männerfang
geht! Wir werden schon wen für dich finden.«

Hagedorn stand auf. »Eduard, ich verbiete dir, in einem
derartigen Ton von meiner zukünftigen Gemahlin zu sprechen. Sie ist keine Gans. Und sie fängt keine Männer. Sehe
ich vielleicht wie eine gute Partie aus?«

»Gott bewahre!« sagte Schulze. »Aber sie hat doch natürlich davon gehört, daß du ein Thronfolger bist!«

»Diesen Quatsch kann sie noch gar nicht gehört haben«,
meinte der junge Mann. »Sie ist nämlich eben erst aus Berlin
eingetroffen.«

»Und ich erlaube es ganz einfach nicht«, erklärte Schulze kategorisch. »Ich vertrete Mutterstelle an dir. Ich verbiete es dir. Damit basta! Ich werde dir schon eines schönen Tages die richtige Frau aussuchen.«

»Geliebter Eduard«, sagte Fritz. »Schau sie dir erst einmal an. Wenn du sie siehst, wird dir die Luft wegbleiben!«

Hagedorn setzte sich in die Halle und behielt den Lift und die Treppe im Auge. Seine erste Begeisterung wich, während er ungeduldig auf das junge Mädchen und auf die Zukunft wartete, einer tiefen Niedergeschlagenheit. Ihm war plötzlich eingefallen, daß man zum Heiraten Geld braucht und daß er keines hatte. Früher, als er Geld verdiente, war er an die verkehrten Fräulein geraten. Und jetzt, wo er Tante Julchens Nichte liebte, war er stellungslos und wurde für einen Thronfolger gehalten! »Sie sehen aus, als wollten Sie ins Kloster gehen«, sagte jemand hinter ihm. Er fuhr hoch. Es war Tante Julchens Nichte. Er sprang auf. Sie setzte sich und fragte: »Was ist denn mit Ihnen los?« Er blickte sie so lange an, bis sie die Lider senkte. Er hustete und meinte dann: »Außer Herrn Kesselhuth und Eduard weiß es in dem Hotel noch kein Mensch. Ihnen muß ich es aber sagen. Man hält mich für einen Millionär, oder, wie Eduard behauptet, für den Thronfolger von Albanien. Wieso, weiß ich nicht. In Wirklichkeit bin ich ein stellungsloser Akademiker.«

»Warum haben Sie denn das Mißverständnis nicht aufgeklärt?« fragte sie.

»Nicht wahr?« meinte er. »Ich hätte es tun sollen. Ich wollte es ja auch! Ach, ich bin ein Esel! Sind Sie mir sehr böse? Eduard meinte nämlich, ich solle den Irrtum auf sich beruhen lassen. Vor allem wegen der drei siamesischen Katzen. Weil er so gern mit ihnen spielt.«

»Wer ist denn nun eigentlich dieser Eduard?« fragte sie.

»Eduard und ich haben ein Preisausschreiben gewonnen. Dafür lassen wir uns hier gratis durchfüttern.«

»Von dem Preisausschreiben habe ich in der Zeitung gelesen«, meinte sie. »Es handelt sich um ein Ausschreiben der Toblerwerke, ja?« Er nickte.

»Dann sind Sie Doktor Hagestolz?«

»Hagedorn«, verbesserte er. »Mein Vorname ist Fritz.«

Anschließend schwiegen sie. Dann wurde sie rot. Und dann sagte sie: »Ich heiße Hildegard.«

»Sehr angenehm«, antwortete er. »Der schönste Vorname, den ich je gehört habe!«

»Nein«, erklärte sie entschieden. »Fritz gefällt mir besser!«

»Ich meine die weiblichen Vornamen.«

Sie lächelte. »Dann sind wir uns ja einig.«

Er faßte nach ihrer Hand, ließ sie verlegen wieder los und sagte:

»Das wäre wundervoll.«

Endlich trat Schulze aus dem Lift. Hagedorn nickte ihm schon von weitem zu und meinte zu Tante Julchens Nichte: »Jetzt kommt Eduard!«

Sie drehte sich nicht um. Der junge Mann ging dem Freund entgegen und flüsterte: »Das ist sie.«

»Was du nicht sagst!« erwiderte Schulze spöttisch. »Ich dachte, es wäre schon die nächste.« Er trat an den Tisch. Das junge Mädchen hob den Kopf, lächelte ihm zu und meinte: »Das ist gewiß Ihr Freund Eduard, Herr Doktor. So hab ich ihn mir vorgestellt.«

Hagedorn nickte fröhlich. »Jawohl. Das ist Eduard. Ein goldnes Herz in rauher Schale. Und das ist ein gewisses Fräulein Hildegard.«

Schulze war wie vor den Kopf geschlagen und hoffte zu halluzinieren. Das Mädchen lud zum Sitzen ein. Er kam der Aufforderung völlig geistesabwesend nach und hätte sich beinahe neben den Stuhl gesetzt. Hagedorn lachte. »Sei nicht so albern, Fritz!« sagte Schulze mürrisch. Aber Fritz lachte weiter. »Was hast du denn, Eduard? Du siehst wie ein Schlafwandler aus, den man laut beim Namen gerufen hat.«

»Gar kein übler Vergleich«, meinte das junge Mädchen beifällig. Sie erntete einen vernichtenden Blick von Schulze. Hagedorn erschrak und dachte: ›Das kann ja heiter werden!‹ Anschließend redete er, fast ohne Atem zu holen, über den Lumpenball und weswegen Schulze keinen Kostümpreis erhalten hätte, und über Kesselhuths erste Skistunde, und über Berlin einerseits und die Natur andererseits, und daß seine Mutter geschrieben habe, ob es in Bruckbeuren Lawinen gebe, und – »Tu mir einen Gefallen, mein Junge«, bat Eduard. »Hole mir doch aus meinem Zimmer das Fläschchen mit den Baldriantropfen! Ja? Es steht auf dem Waschtisch. Ich habe Magenschmerzen.«

Hagedorn sprang auf, winkte dem Liftboy und fuhr nach oben.

»Sie haben Magenschmerzen?« fragte Tante Julchens Nichte.

»Halt den Schnabel!« befahl der Geheimrat wütend. »Bist du plötzlich übergeschnappt? Was willst du hier?«

»Ich wollte nur nachsehen, wie dir's geht, lieber Vater«, sagte Fräulein Hilde. Der Geheimrat trommelte mit den Fingern auf der Tischplatte. »Dein Benehmen ist beispiellos! Erst informierst du, hinter meinem Rücken, die Hoteldirektion, und vier Tage später kommst du selber angerückt!«

»Aber Papa«, entgegnete seine Tochter. »Der Anruf nützte doch nichts. Man hielt doch Herrn Hagedorn für den Millionär!«

»Woher weißt du das?«

»Er hat mir's eben erzählt.«

»Und weil er dir das eben erzählt hat, bist du vorgestern in Berlin weggefahren?«

»Das klingt tatsächlich höchst unwahrscheinlich«, meinte sie nachdenklich.

»Und seit wann hast du eine Tante, die Julchen heißt?«

»Seit heute früh, lieber Vater. Willst du sie kennenlernen? Dort kommt sie gerade!«

Tobler wandte sich um. In ihrem zweitbesten Kleid kam, dick und kordial, Frau Kunkel treppab spaziert. Sie suchte Hilde und entdeckte sie. Dann erkannte sie den violett gekleideten Mann neben ihrer Nichte, wurde blaß, machte kehrt und steuerte schleunigst wieder auf die Treppe zu.

»Schaffe mir auf der Stelle diese idiotische Person herbei!« knurrte der Geheimrat. Hilde holte die Kunkel auf den ersten Stufen ein und schleppte sie an den Tisch. »Darf ich die Herrschaften miteinander bekannt machen?« fragte das junge Mädchen belustigt. »Herr Schulze – Tante Julchen.«

Tobler mußte sich, aus Rücksicht auf den neugierig herüberschauenden Portier, erheben. Die Kunkel reichte ihm, ängstlich und glücklich zugleich, die Hand. Er verbeugte sich förmlich, setzte sich wieder und fragte: »Bei euch piept's wohl? Was?«

»Nur bei mir, Herr Geheimrat«, erwiderte Tante Julchen. »Gott sei Dank, Sie leben noch! Aber schlecht sehen Sie aus. Na, es ist ja auch kein Wunder.«

»Ruhe!« befahl Hilde.

Doch Frau Kunkel trat bereits aus den Ufern. »Auf Leitern klettern, die Eisbahn kehren, Kartoffeln schälen, in einer Rumpelkammer schlafen …«

»Kartoffeln habe ich nicht geschält«, bemerkte Tobler. »Noch nicht.«

Die Kunkel war nicht mehr aufzuhalten. »Die Treppen scheuern, schiefe Wände haben Sie auch, und keinen Ofen im Zimmer, ich habe es ja kommen sehen! Wenn Sie jetzt eine doppelseitige Lungenentzündung hätten, kämen wir vielleicht schon zu spät, weil Sie schon tot wären! Es dreht sich einem das Herz im Leibe um. Aber natürlich, ob wir inzwischen in Berlin sitzen und jede Minute darauf warten, daß der Blitz einschlägt, Ihnen kann das ja egal sein. Aber uns nicht, Herr Geheimrat! Uns nicht! Ein Mann wie Sie macht hier den dummen August!« Sie hatte echte Tränen in den Augen. »Soll ich Ihnen einen Umschlag machen? Haben Sie irgendwo Schmerzen, Herr Geheimrat? Ich könnte das Hotel anzünden! Oh!« Sie schwieg und putzte sich geräuschvoll die Nase. Tobler sah Tante Julchen unwillig an. »So ist das also«, meinte er und nickte wütend. »Herr Kesselhuth hat geklatscht. Mit mir könnt ihr's ja machen.«

Seine Tochter sah ihn an. »Papa«, sagte sie leise. »Wir hatten solche Sorge um dich. Du darfst es uns nicht übelnehmen. Wir hatten keine ruhige Minute zu Hause. Verstehst du das denn nicht? Die Kunkel und der Johann und sogar ich, wir haben dich doch lieb.« Der Kunkel rollte aus jedem Auge je eine Träne über die knallroten Bäckchen. Sie schluchzte auf.

Geheimrat Tobler war unbehaglich zumute. »Lassen Sie die blöde Heulerei!« brummte er. »Ihr benehmt euch ja noch kindischer als ich!«

»Ein großes Wort«, behauptete seine Tochter.

»Kurz und gut«, sagte Tobler, »ihr macht hier alles kaputt. Daß ihr's nur wißt! Ich habe einen Freund gefunden. So etwas braucht ein Mann! Und nun kommt ihr angerückt. Er stellt mich meiner eigenen Tochter vor! Kurz vorher hat er oben in meinem Zimmer erklärt, daß er dieses Mädchen unbedingt heiraten wird!«

»Welches Mädchen?« erkundigte sich Hilde.

»Dich!« sagte der Vater. »Wie sollen wir dem Jungen nun auseinanderposamentieren, wie sehr wir ihn beschwindelt haben? Wenn er erfährt, wer Tante Julchen und deren Nichte und der Schiffahrtslinienbesitzer Kesselhuth und sein Freund Schulze in Wirklichkeit sind, guckt er uns doch überhaupt nicht mehr an!«

»Wer will Fräulein Hildegard heiraten?« fragte die Kunkel. Ihre Tränen waren versiegt.

»Fritz«, sagte Hilde hastig. »Ich meine, der junge Mann, der Ihnen im Autobus die Namen der Berge aufgezählt hat.«

»Aha«, bemerkte Tante Julchen. »Ein reizender Mensch. Aber Geld hat er keins.«

Drei Fragen hinter der Tür

Als Hagedorn mit den Baldriantropfen anrückte, saßen die drei einträchtig beisammen. Sie einte die Besorgnis, er könne hinter ihr Geheimnis kommen.

»Tante Julchen ist auch da!« sagte er erfreut. »Sind die Koffer ausgepackt? Und wie gefällt Ihnen mein Freund Eduard?«

»Vorzüglich!« antwortete sie aus tiefster Seele.

»Eduard, hier sind die Tropfen«, meinte Hagedorn.

»Was für Tropfen?« fragte Schulze.

»Die Baldriantropfen natürlich!« erklärte Fritz. »Menschenskind, ich denke, du hast Magenschmerzen?«

»Ach richtig«, murmelte der andere, und dann mußte er wohl oder übel Baldriantropfen einnehmen. Mittels eines Kaffeelöffels. Hagedorn bestand darauf.

Hilde freute sich über die Gesichter, die ihr Vater schnitt. Tante Julchen, die nicht begriffen hatte, daß es sich um erfundene Magenschmerzen handelte, war schrecklich aufgeregt und wollte dem Kranken einen heißen Wickel machen. Schulze schwor, daß es ihm bereits viel, viel besser gehe.

»Das kennen wir!« sagte Tante Julchen mißtrauisch. »Das machen Sie immer so!«

Der Geheimrat und seine Tochter zuckten vor Schreck zusammen.

»Das machen sie immer so, die Männer!« fuhr die Tante geistesgegenwärtig fort. »Sie geben nie zu, daß ihnen etwas fehlt.«

Die Situation war gerettet. Frau Kunkels Gesicht grenzte an Größenwahn. So geschickt hatte sie sich noch nie aus der Affäre gezogen.

Ja, und dann kehrte Herr Kesselhuth von der vierten Skistunde zurück. Er hinkte aus Leibeskräften. Denn er war auf der Übungswiese versehentlich in den Graswander Toni hineingefahren. Und beide waren, als unentwirrbares Knäuel, in einem Wildbach gelandet. Besonders tiefen Eindruck hatten dem grauhaarigen Skischüler die zahllosen ordinären Redensarten gemacht, mit denen er anschließend vom Herrn Anton Graswander belegt worden war. Sie waren auf keine Kuhhaut gegangen. Onkel Polter erkundigte sich teilnahmsvoll, wie der Unglücksfall verlaufen war, und empfahl eine Firma, die den zerrissenen Sportanzug wieder ins Geschick bringen würde.

Kesselhuth sah sich suchend um. »Herr Doktor Hagedorn sitzt in der Halle«, sagte der Portier.

Kesselhuth humpelte weiter. Er entdeckte den Tisch, an dem Schulze und Hagedorn saßen. Als er, nur noch wenige Schritte entfernt, sah, wer die beiden Frauen waren, begann er leise mit den Zähnen zu klappern. Er fuhr sich entsetzt über die Augen. Das war doch wohl nicht möglich! Er blickte noch einmal hin. Dann wurde ihm übel. Er wäre für sein Leben gern im Boden versunken. Doch es gab weit und breit keine Versenkung. Er humpelte hinüber. Tante Julchen grinste schadenfroh.

»Was ist denn mit Ihnen geschehen?« fragte Schulze.

»Es ist nicht sehr gefährlich«, meinte Kesselhuth. »Es gab einen Zusammenstoß. Das ist alles. Ich habe aber das Gefühl, daß ich keinen Sport mehr treiben werde.«

Tante Julchen sah Hagedorn hypnotisch an. »Wollen Sie uns nicht vorstellen?«

Der junge Mann machte die Herrschaften miteinander bekannt. Händedrücke wurden getauscht. Es ging sehr förmlich zu. Kesselhuth wagte nicht zu sprechen. Jede Bemerkung konnte grundverkehrt sein.

»Sie sind bestimmt der Herr, dem die Schiffahrtslinie gehört?« fragte Hilde.

»So ist es«, sagte Kesselhuth betreten.

»Was gehört ihm?« fragte Tante Julchen und hielt, als sei sie schwerhörig, eine Hand hinters Ohr.

»Eine Schiffahrtslinie«, meinte Herr Schulze streng. »Sogar eine sehr große Linie! Nicht wahr?«

Kesselhuth war nervös. »Ich muß mich umziehen. Sonst hole ich mir den Schnupfen.« Er nieste dreimal. »Darf ich die Anwesenden bitten, nach dem Abendbrot in der Bar meine Gäste zu sein?«

»Genehmigt«, sagte Schulze. »Wir wollen sehen, wieviel Tante Julchen verträgt.«

Sie plusterte sich. »Ich trinke euch alle unter den Tisch. Als meine Schwester 1905 Hochzeit hatte, habe ich zwei Flaschen Johannisbeerwein ganz allein ausgetrunken.«

»Hoffentlich kriegen Sie Ihren Schwips diesmal etwas schneller«, meinte Kesselhuth, »sonst wird mir der Spaß zu teuer.« Dann hinkte er zur Treppe. Er glich einer geschlagenen Armee. Hagedorn verzehrte Hilde mittlerweile mit seinen Blicken. Plötzlich lachte er auf. »Es ist zwar unwichtig – aber ich weiß Ihren Familiennamen noch gar nicht.«

»Nein?« fragte sie. »Komisch, was? Stellen Sie sich vor: Ich heiße genauso wie Ihr Freund Eduard!«

»Eduard«, sagte der junge Mann, »wie heißt du? Ach so, entschuldige, ich glaube, bei mir ist heute ein Schräubchen locker. Sie heißen Schulze?«

»Seit wann siezt du mich denn wieder?« fragte Eduard.

»Er meinte doch mich«, erklärte Hilde. »Es stimmt schon, Herr Doktor. Ich heiße genau wie Ihr Freund.«

»Nein, so ein Zufall!« rief Hagedorn.

»Schulze ist ein sehr verbreiteter Name«, bemerkte Eduard und musterte Hilde ärgerlich.

»Trotzdem, trotzdem«, meinte Fritz gefühlvoll. »Dieser Zufall berührt mich merkwürdig. Es ist, als stecke das Schicksal dahinter. Vielleicht seid ihr miteinander verwandt und wißt es gar nicht?« An dieser Gesprächsstelle bekam

Tante Julchen einen Erstickungsanfall und mußte von Fräulein Hildegard schleunigst aufs Zimmer transportiert werden. Auf der Treppe sagte sie erschöpft: »Das ist die reinste Pferdekur. Konnten Sie sich denn keinen anderen Namen aussuchen?«

Hilde schüttelte energisch den Kopf. »Ich konnte ihn nicht belügen. Daß ich genauso wie sein Freund Eduard heiße, ist doch wahr.«

»Wenn das mal gut geht«, sagte die Kunkel.

»Ist das Mädchen nicht wundervoll?« fragte Fritz.

»Doch«, meinte Eduard mürrisch.

»Hast du gesehen, daß sie, wenn sie lacht, ein Grübchen hat?«

»Ja.«

»Und in den Pupillen hat sie golden schimmernde Pünktchen.«

»Das ist mir an ihr noch nie aufgefallen«, sagte Schulze.

»Für wie alt hältst du sie eigentlich?«

»Im August wird sie einundzwanzig Jahre.«

Fritz lachte. »Laß deine Witze, Eduard! Aber ungefähr wird es schon stimmen. Findest du nicht auch, daß ich sie heiraten muß?«

»Na ja«, sagte Schulze. »Meinetwegen.« Er bemerkte endlich, daß er faselte, und nahm sich zusammen. »Vielleicht hat sie keinen Pfennig Geld«, warf er ein.

»Höchstwahrscheinlich sogar«, sagte Hagedorn. »Ich habe ja auch keins! Ich werde sie morgen fragen, ob sie meine Frau werden will. Dann können wir uns umgehend verloben. Und sobald ich eine Anstellung gefunden habe, wird geheiratet. Willst du Trauzeuge sein?«

»Das ist doch selbstverständlich!« erklärte Schulze.

Hagedorn begann zu schwärmen. »Ich bin wie neugeboren. Menschenskind, werde ich jetzt aber bei den Berliner Firmen herumsausen! Ich werde sämtliche Generaldirektoren in Grund und Boden quatschen. Sie werden gar nicht auf die Idee kommen, mich hinauszuwerfen.«

»Vielleicht klappt es mit den Toblerwerken.«

»Wer weiß«, sagte Fritz skeptisch. »Mit Empfehlungen habe ich noch nie Glück gehabt. Nein, das machen wir anders. Wenn wir in Berlin sind, rücken wir dem ollen Tobler auf die Bude! Hast du 'ne Ahnung, wo er wohnt?«

»Irgendwo im Grunewald.«

»Die Adresse werden wir schon herauskriegen. Wir gehen ganz einfach hin, klingeln, schieben das Dienstmädchen beiseite, setzen uns in seine gute Stube und gehen nicht eher weg, bis er uns angestellt hat. Schlimmstenfalls übernachten wir dort. Ein paar Stullen nehmen wir mit. Ist das gut?«

»Eine grandiose Idee«, sagte Schulze, »ich freue mich schon jetzt auf Toblers Gesicht. Wir zwei werden's dem ollen Knaben schon besorgen, was?«

»Worauf er sich verlassen kann!« bemerkte Hagedorn begeistert. »Herr Geheimrat – werden wir sagen – Sie besitzen zwar viele Millionen und verdienen jedes Jahr noch ein paar dazu, und somit ist es eigentlich überflüssig, daß zwei so talentierte Werbefachleute wie wir ausgerechnet zu Ihnen kommen. Wir sollten lieber für Werke arbeiten, denen es schlecht geht, damit sie wieder auf die Beine kommen. Aber, Herr Geheimrat, keine Reklame ist so gut, daß sie nicht mit Kosten verbunden wäre. Wir Propagandisten sind Feldherren; aber unsre Armeen liegen, sauber gebündelt, in Ihrem Geldschrank. Ohne Truppen kann der beste Stratege keine Schlacht gewinnen. Und Reklame ist Krieg! Es gilt, die Köpfe von Millionen Menschen zu erobern. Es gilt, diese Köpfe zum besetzten Gebiet zu machen! Herr Geheimrat Tobler! Man darf die Konkurrenz nicht erst auf dem Markt, man muß sie bereits im Gedankenkreis derer besiegen, die morgen kaufen wollen. Wir Werbefachleute bringen es fertig, aus einem Verkaufsartikel, der dem freien Wettbewerb unterliegt, mit Hilfe der Psychologie einen Monopolartikel zu machen! Geben Sie uns Bewegungsfreiheit, Sire!« Hagedorn holte Atem.

»Großartig!« meinte Schulze. »Bravo, bravo! Wenn uns der Tobler auch dann noch nicht engagiert, verdient er sein Glück überhaupt nicht.«

»Du sagst es«, erklärte Fritz pathetisch. »Aber so dämlich wird er ja nicht sein.«

Schulze zuckte zusammen.

»Vielleicht frag ich sie schon heute abend«, sagte Fritz entschlossen.

»Wen?«

»Hilde.«

»Was?«

»Ob sie meine Frau werden will.«

»Und wenn sie nicht will?«

»Auf diesen Gedanken bin ich noch gar nicht gekommen«, sagte Hagedorn. Er war ehrlich erschrocken. »Mach mir keine Angst, Eduard!«

»Und wenn die Eltern nicht wollen?«

»Vielleicht hat sie keine mehr. Das wäre das bequemste.«

»Sei nicht so roh, Fritz! Na, und wenn der Bräutigam nicht will? Was dann?«

Hagedorn wurde blaß. »Du bist übergeschnappt. Meine Hilde hat doch keinen Bräutigam!«

»Ich verstehe dich nicht«, sagte Schulze. »Warum soll so ein hübsches, kluges, lustiges Mädchen, das ein Grübchen hat und in der Iris goldene Pünktchen – warum soll sie denn keinen Bräutigam haben? Meinst du, sie hat dich seit Jahren vorgeahnt?«

Fritz sprang auf. »Ich bringe dich um! Aber vorher gehe ich auf ihr Zimmer. Bleib sitzen, Eduard! Solltest du recht gehabt haben, werde ich dich nachher aufs Rad flechten. Besorge, bitte, inzwischen ein passendes Rad!« Und dann rannte Doktor Hagedorn treppauf.

Geheimrat Tobler sah ihm lächelnd nach.

Einige Minuten später kam Herr Johann Kesselhuth, bereits im Smoking, in die Halle zurück. Er hinkte noch immer ein bißchen. »Sind Sie mir böse, Herr Geheimrat?« fragte er bekümmert. »Ich hatte Fräulein Hildegard versprochen, jeden Tag über unser Befinden zu berichten. Wer konnte denn ahnen, daß sie hierherkämen? Daran ist aber nur die Kunkel schuld, dieser Trampel.«

»Schon gut, Johann«, sagte Tobler. »Es ist nicht mehr zu ändern. Wissen Sie schon das Neueste?«

»Ist es etwas mit der Wirtschaftskrise?«

»Nicht direkt, Johann. Nächstens gibt es eine Verlobung.«

»Wollen Sie sich wieder verheiraten, Herr Geheimrat?«

»Nein, Sie alter Esel. Doktor Hagedorn wird sich verloben!«

»Mit wem denn, wenn man fragen darf?«

»Mit Fräulein Hilde Schulze!«

Johann begann wie die aufgehende Sonne zu strahlen. »Das ist recht«, meinte er. »Da werden wir bald Großvater.«

Nach längerem Suchen fand Hagedorn die Zimmer von Tante Julchen und deren Nichte.

»Das gnädige Fräulein hat einundachtzig«, sagte das Stubenmädchen und knickste.

Er klopfte.

Er hörte Schritte. »Was gibt's?«

»Ich muß Sie dringend etwas fragen«, sagte er gepreßt.

»Das geht nicht«, antwortete Hildes Stimme. »Ich bin beim Umziehen.«

»Dann spielen wir die drei Fragen hinter der Tür«, meinte er.

»Also, schießen Sie los, Herr Doktor!« Sie legte ein Ohr an die Türfüllung, aber sie vernahm nur das laute, aufgeregte Klopfen ihres Herzens. »Wie lautet die erste Frage?«

»Genau wie die zweite«, sagte er.

»Und wie ist die zweite Frage?«

»Genau wie die dritte«, sagte er.

»Und wie heißt die dritte Frage?«

Er räusperte sich. »Haben Sie schon einen Bräutigam, Hilde?«

Sie schwieg lange. Er schloß die Augen. Dann hörte er, es schien eine Ewigkeit vergangen zu sein, die drei Worte: »Noch nicht, Fritz.«

»Hurra!« rief er, daß es im Korridor widerhallte. Dann rannte er davon.

Die Tür des Nebenzimmers öffnete sich vorsichtig. Tante Julchen spähte aus dem Spalt und murmelte: »Diese jungen Leute! Wie im Frieden!«

Auf dem Wolkenstein

Frau Kunkel hatte sich hinsichtlich ihrer Trinkfestigkeit geirrt. Vielleicht vertrug sie nichts, weil sie seit der Hochzeit ihrer Schwester, Anno 1905, aus der Übung gekommen war. Tatsache ist, daß sie am Tage nach ihrer Ankunft in Bruck-beuren mit einem katastrophalen Ölkopf aufwachte. Sie konnte sich an nichts mehr erinnern, und ihr Frühstück bestand aus Pyramidon. »Wie war das eigentlich gestern nacht?« fragte sie. »Habe ich sehr viel Blödsinn geredet?«

»Das wäre nicht so schlimm gewesen«, meinte Hilde. »Aber Sie begannen die Wahrheit zu sagen! Deswegen mußte ich ununterbrochen mit Doktor Hagedorn tanzen.«

»Sie Ärmste!«

»Das nun wieder nicht. Aber meine weißen Halbschuhe drückten entsetzlich. Und das durfte ich mir nicht anmerken lassen. Sonst hätte er nicht mehr tanzen wollen, und dann wären sämtliche Geheimnisse, die wir vor ihm haben, herausgekommen.«

»Eines Tages wird er sie ja doch erfahren müssen!«

»Gewiß, meine Dame. Aber weder am ersten Abend, noch von meiner angetrunkenen Tante, die gar nicht meine Tante ist.«

Frau Kunkel rümpfte die Stirn. Sie fühlte sich beleidigt. »Und was geschah dann?« fragte sie unwillig.

»Dann hat Johann Sie ins Bett gebracht.«

»Um des Himmels willen!« rief Tante Julchen. »Das hat mir noch gefehlt!«

»Das hat Johann auch gesagt. Aber es mußte sein. Sie forderten nämlich einen Herrn nach dem andern zum Tanzen auf. Erst tanzten Sie mit Herrn Spalteholz, einem Fabrikanten aus Gleiwitz; dann mit Mister Sullivan, einem englischen Kolonialoffizier; dann mit Herrn Lenz, einem Kunsthändler aus Köln, schließlich machten Sie sogar vor dem Oberkellner einen Knicks, und da fanden wir's an der Zeit, Sie zu beseitigen.«

Frau Kunkel sah puterrot aus. »Habe ich schlecht getanzt?« fragte sie leise.

»Im Gegenteil. Sie haben die Herren mit Bravour herumgeschwenkt. Man war von Ihnen begeistert.«

Die alte, dicke Dame atmete auf. »Und hat sich der Doktor erklärt?«

»Wollen Sie sich deutlicher ausdrücken?« fragte Hilde.

»Hat er die vierte Frage hinter der Tür gestellt?«

»Ach so! Sie haben gestern nachmittag gehorcht! Nein, die vierte Frage hat er nicht gestellt.«

»Warum denn nicht?«

»Vielleicht war keine Tür da«, meinte Fräulein Tobler. »Außerdem waren wir ja nie allein.«

Frau Kunkel sagte: »Ich verstehe Sie ja nicht ganz, Fräulein Hilde.«

»Meines Wissens verlangt das auch kein Mensch.«

»So ein arbeitsloser Doktor, das ist doch kein Mann für Sie. Wenn ich bedenke, was für Partien Sie machen könnten!«

»Werden Sie jetzt nicht ulkig!« sagte Hilde. »Partien machen! Wenn ich das schon höre! Eine Ehe ist doch kein Ausflug!«

Sie stand auf, zog die Norwegerjacke an und ging zur Tür. »Kommen Sie! Sie sollen Ihren Willen haben. Wir werden eine Partie machen!«

Tante Julchen schusselte hinterher. Auf der Treppe mußte sie umkehren, weil sie die Tasche vergessen hatte. Als sie in der Halle eintraf, standen die andern schon vor der Hoteltür und warfen nach dem schönen Kasimir mit Schneebällen.

Sie trat ins Freie und fragte: »Wo soll denn die Reise hingehen?«

Herr Schulze zeigte auf die Berge. Und Hagedorn rief:
»Auf den Wolkenstein!«

Tante Julchen schauderte. »Gehen Sie immer voraus!« bat
sie. »Ich komme gleich nach. Ich habe die Handschuhe vergessen.«

Herr Kesselhuth lächelte schadenfroh und sagte: »Bleiben Sie nur hier. Ich borge Ihnen meine.«

Als Frau Kunkel die Talstation der Drahtseilbahn erblickte,
riß sie sich los. Die Männer mußten sie wieder einfangen. Sie
strampelte und jammerte, als man sie in den Wagen schob.
Es war, als würde Vieh verladen. Die andern Fahrgäste lachten sie aus.

»Dort hinauf soll ich?« rief sie. »Wenn nun das Seil reißt?«

»Dieserhalb sind zwei Reserveseile da«, meinte der
Schaffner.

»Und wenn die Reserveseile reißen?«

»Dann steigen wir auf freier Strecke aus«, behauptete
Hagedorn.

Sie randalierte weiter, bis Hilde sagte: »Liebe Tante, willst
du denn, daß wir andern ohne dich abstürzen?«

Frau Kunkel verstummte augenblicklich, blickte ihre
Nichte und Herrn Schulze treuherzig an und schüttelte den
Kopf. »Nein«, sagte sie sanft wie ein Lamm, »dann will ich
auch nicht weiterleben.«

Der Wagen hob sich und glitt aus der Halle. Während der
ersten zehn Minuten hielt Tante Julchen die Augen fest zu-
gekniffen. Jedesmal, wenn man, schaukelnd und schwankend, einen der Pfeiler passierte, bewegte sie lautlos die
Lippen.

Die Hälfte der Strecke war ungefähr vorüber. Sie hob vorsichtig die Lider und blinzelte durchs Fenster. Man schwebte
gerade hoch über einem mit Felszacken, Eissäulen und
erstarrten Sturzbächen reichhaltig ausgestatteten Abgrund.
Die andern Fahrgäste schauten andächtig in die grandiose

Tiefe. Tante Julchen stöhnte auf, und ihre Zähne schlugen gegeneinander.

»Sie sind aber ein Angsthase!« meinte Schulze ärgerlich.

Sie war empört. »Ich kann Angst haben, soviel ich will! Warum soll ich denn mutig sein? Wie komme ich dazu? Mut ist Geschmackssache. Habe ich recht, meine Herrschaften? Wenn ich General wäre, meinetwegen! Das ist etwas anderes. Aber so? Als meine Schwester und ich noch Kinder waren – meine Schwester ist in Halle an der Saale verheiratet, recht gut sogar, mit einem Oberpostinspektor, Kinder haben sie auch, zwei Stück, die sind nun auch schon lange aus der Schule, was wollte ich eigentlich sagen? Richtig, ich weiß schon wieder – damals waren wir in den großen Ferien auf einem Gut – es gehörte einem entfernten Onkel von unserem Vater, eigentlich waren sie nur Jugendfreunde und gar nicht verwandt, aber wir Mädchen nannten ihn Onkel, später mußte er das Gut verkaufen, denn die Landwirte haben es sehr schwer, aber das wissen Sie ja alle, vielleicht ist er auch schon tot, wahrscheinlich sogar, denn ich bin heute – natürlich muß er tot sein, denn hundertzwanzig Jahre alt wird doch kein Mensch, es gibt natürlich Ausnahmen, vor allem in der Türkei, habe ich gelesen. Oh, mein Kopf! Ich hätte gestern nacht nicht soviel trinken sollen, ich bin es nicht gewöhnt, außerdem habe ich fremde Herren zum Tanz engagiert. Sie können mich totschlagen, ich habe keine Ahnung mehr, es ist schauderhaft, was einem in so einem Zustande alles passieren kann …«

Bums! Die Drahtseilbahn hielt. Man war an der Gipfelstation angelangt. Die Fahrgäste stiegen laut lachend aus. »Die alte Frau hat den Höhenrausch«, sagte ein Skifahrer.

»Ach wo«, antwortete ein anderer. »Sie ist noch von gestern abend besoffen!«

Tante Julchen und die beiden älteren Herren machten es sich in den Liegestühlen bequem.

»Willst du nicht erst das Panorama bewundern, liebe Tante?« fragte Hilde. Sie stand neben Hagedorn an der Brüstung und blickte in die Runde.

»Laßt mich mit euren Bergen zufrieden!« knurrte die Tante, faltete die Hände überm Kostümjackett und sagte: »Ich liege gut.«

»Ich glaube, wir stören«, flüsterte Hagedorn.

Schulze hatte scharfe Ohren. »Macht, daß ihr fortkommt!« befahl er. »Aber in einer Stunde seid ihr zurück, sonst raucht's! Kehrt, marsch!« Dann fiel ihm noch etwas ein. »Fritz! Vergiß nicht, daß ich Mutterstelle an dir vertrete!«

»Mein Gedächtnis hat seit gestern sehr gelitten«, erklärte der junge Mann. Dann folgte er Hilde. Doch er wurde noch einmal aufgehalten. Aus einem Liegestuhl streckte sich ihm eine Frauenhand entgegen. Es war die Mallebré.

»Servus, Herr Doktor!« sagte sie und ließ hierbei ihre schöne Altstimme vibrieren. Sie sah resigniert in seine Augen. »Darf ich Sie mit meinem Mann bekannt machen? Er kam heute morgen an.«

»Welch freudige Überraschung!« meinte Hagedorn und begrüßte einen eleganten Herrn mit schwarzem Schnurrbart und müdem Blick.

»Ich habe schon von Ihnen gehört«, sagte Herr von Mallebré. »Sie sind der Gesprächsstoff dieser Saison. Meine Verehrung!«

Hagedorn verabschiedete sich rasch und folgte Hilde, die am Fuß der Holztreppe im Schnee stand und wartete. »Schon wieder eine Anbeterin?« fragte sie.

Er zuckte die Achseln. »Sie wollte von mir gerettet werden«, berichtete er. »Sie leidet an chronischer Anpassungsfähigkeit. Da ihre letzten Liebhaber mehr oder weniger oberflächlicher Natur waren, entschloß sie sich, die Verwahrlosung ihres reichen Innenlebens befürchtend, zu einer

Radikalkur. Sie wollte sich an einem wertvollen Menschen emporranken. Der wertvolle Mensch sollte ich sein. Aber nun ist ja der Gatte eingetroffen!«

Sie kreuzten den Weg, der zur Station hinunterführte. Der nächste Wagen war eben angekommen. Allen Fahrgästen voran kletterte Frau Casparius ins Freie. Dann steckte sie burschikos die Hände in die Hosentaschen und stiefelte eifrig zum Hotel empor. Hinter ihr, mit zwei Paar Schneeschuhen bewaffnet, ächzte Lenz aus Köln.

Die blonde Bremerin entdeckte Hagedorn und Hilde, kriegte böse Augen und rief: »Herr Doktor! Was machen Ihre kleinen Katzen? Grüßen Sie sie von mir!« Sie verschwand mit Riesenschritten im Hotel.

Hildegard ging schweigend neben Fritz her. Erst als sie, nach einer Wegbiegung, allein waren, fragte sie: »Wollte diese impertinente Person ebenfalls gerettet werden?«

Hagedorns Herz klopfte. ›Sie ist schon eifersüchtig‹, dachte er gerührt. Dann sagte er: »Nein, sie hatte andere Pläne. Sie erklärte, daß wir jung, blühend und gesund seien. So etwas verpflichtet. Platonische Vorreden seien auf ein Mindestmaß zu beschränken.«

»Und was wollte sie mit Ihren Katzen?«

»Vor einigen Tagen klopfte es an meiner Tür. Ich rief ›Herein!‹, weil ich dachte, es sei Eduard. Es war aber Frau Casparius. Sie legte sich auf den kostbaren Perserteppich und spielte mit den Kätzchen. Später kam dann Eduard, und da ging sie wieder. Sie heißt Hortense.«

»Das ist ja allerhand«, meinte Hildegard. »Ich glaube, Herr Doktor, auf Sie müßte jemand aufpassen. Sie machen sonst zuviel Dummheiten.«

Er nickte verzweifelt. »So geht es auf keinen Fall weiter. Das heißt: Eduard paßt ja auf mich auf.«

»Eduard?« fragte sie höhnisch. »Eduard ist nicht streng genug. Außerdem ist das keine Aufgabe für einen Mann!«

»Wie recht Sie haben!« rief er. »Aber wer soll es sonst tun?«

»Versuchen Sie's doch einmal mit einem Inserat«, schlug sie vor. »Kinderfrau gesucht!«

»Kinderfräulein«, verbesserte er gewissenhaft. »Kost und Logis gratis. Liebevolle Behandlung zugesichert.«

»Jawohl!« sagte sie zornig. »Mindestens sechzig Jahre alt! Besitz eines Waffenscheins Vorbedingung!« Sie verließ den Weg und stolperte, vor sich hin schimpfend, über ein blütenweißes Schneefeld. Er hatte Mühe, einigermaßen Schritt zu halten.

Einmal drehte sie sich um. »Lachen Sie nicht!« rief sie außer sich. »Sie Wüstling!« Dann rannte sie gehetzt weiter.

»Wollen Sie gleich stehenbleiben!« befahl er.

In demselben Augenblick brach sie im Schnee ein. Sie versank bis an die Hüften. Erst machte sie ein erschrockenes Gesicht. Dann begann sie wild zu strampeln. Aber sie glitt immer tiefer in den Schnee. Es sah aus, als gehe sie unter. Hagedorn eilte zu Hilfe. »Fassen Sie meine Hand an!« sagte er besorgt. »Ich ziehe Sie heraus.«

Sie schüttelte den Kopf. »Unterstehen Sie sich! Ich bin keine von denen, die sich retten lassen.« In ihren Augen standen Tränen.

Nun war er nicht mehr zu halten. Er bückte sich, packte zu, zog sie aus der Schneewehe, umfing sie mit beiden Armen und küßte sie auf den Mund.

Später sagte sie: »Du Schuft! Du Kanaille! Du Halunke! Du Mädchenhändler!« Und dann gab sie ihm den Kuß, ohne Abzüge, zurück. Hierbei hämmerte sie anfangs mit ihren kleinen Fäusten auf seinen Schultern herum. Später öffneten sich die Fäuste. Dafür schlossen sich, ganz allmählich, ihre Augen. Noch immer hingen kleine Tränen in den langen dunklen Wimpern.

»Na, wie war's«, fragte Schulze, als sie wiederkamen.

»Das läßt sich schwer beschreiben«, sagte Hagedorn.

»Ja, ja«, meinte Herr Kesselhuth verständnisvoll. »Diese

Gletscher und Durchblicke und Schneefelder überall! Da fehlen einem die Worte.«

»Vor allem die Schneefelder!« bestätigte der junge Mann. Hilde sah ihn streng an.

Tante Julchen erwachte gerade. Ihr Gesicht war rot gebrannt. Sie gähnte und rieb sich die Augen.

Hilde setzte sich und sagte: »Komm, Fritz! Neben mir ist noch ein Platz frei.«

Die Tante fuhr elektrisiert hoch. »Was ist denn passiert?«

»Nichts Außergewöhnliches«, meinte das junge Mädchen.

»Aber du duzt ihn ja!« rief die alte Frau.

»Ich nehme das Ihrer Nichte nicht weiter übel«, bemerkte Hagedorn.

»Er duzt mich ja auch!« sagte Hilde.

»Es ist an dem«, erklärte Fritz, »Hilde und ich haben beschlossen, während der nächsten fünfzig Jahre zueinander du zu sagen.«

»Und dann?« fragte Tante Julchen.

»Dann lassen wir uns scheiden«, behauptete die Nichte.

»Meine herzlichsten Glückwünsche!« rief Herr Kesselhuth erfreut. Während die Tante immer noch nach Luft rang, fragte Schulze: »Liebes Fräulein, haben Sie zufällig irgendwelche Angehörigen?«

»Ich bin so frei«, erklärte das junge Mädchen. »Ich bin zufällig im Besitz eines Vaters.«

Hagedorn fand das sehr gelungen. »Ist er wenigstens nett?« fragte er.

»Es läßt sich mit ihm auskommen«, meinte Hilde. »Er hat glücklicherweise sehr viele Fehler. Das hat seine väterliche Autorität restlos untergraben.«

»Und wenn er mich nun absolut nicht leiden kann?« fragte der junge Mann bekümmert. »Vielleicht will er, daß du einen Bankdirektor heiratest. Oder einen Tierarzt aus der Nachbarschaft. Oder einen Studienrat, der ihm jeden Morgen in der Straßenbahn gegenübersitzt. Das ist alles schon vorgekommen. Na, und wenn er erst hört, daß ich nicht einmal eine Anstellung habe!«

»Du wirst schon eine finden«, tröstete Hilde. »Und wenn er dann noch etwas dagegen hat, grüßen wir ihn auf der Straße nicht mehr. Das kann er nämlich nicht leiden.«

»Oder wir machen ihn so rasch wie möglich zum zehnfachen Großvater«, erwog Fritz. »Und dann stecken wir alle zehn Kinder in seinen Briefkasten. Das wirkt immer.«

Tante Julchen riß den Mund auf und hielt sich die Ohren zu.

Schulze sagte: »So ist's recht! Ihr werdet ihn schon kleinkriegen, den ollen Kerl!«

Herr Kesselhuth hob abwehrend die Hand. »Sie sollten von Herrn Schulze nicht so abfällig sprechen, Herr Schulze!«

Tante Julchen wurde es zuviel. Sie stand auf und wollte nach Bruckbeuren zurück. »Aber mit der Drahtseilbahn fahre ich nicht!«

»Zu Fuß ist die Strecke noch viel gefährlicher«, sagte Hagedorn. »Außerdem dauert es vier Stunden.«

»Dann bleibe ich hier oben und warte bis zum Frühling«, erklärte die Tante kategorisch.

»Ich habe doch aber schon die Rückfahrkarten gelöst«, meinte Herr Kesselhuth. »Soll denn Ihr Billett verfallen?«

Tante Julchen rang mit sich. Es war ergreifend anzusehen. Endlich sagte sie: »Das ist natürlich etwas anderes.« Und dann schritt sie als erste zur Station.

Sparsamkeit macht Helden.

Hoffnungen und Entwürfe

Am frühen Nachmittag, während die älteren Herrschaften je ein Schläfchen absolvierten, gingen Hildegard und Fritz in den Wald. Sie faßten sich bei den Händen. Sie blickten einander von Zeit zu Zeit lächelnd an. Sie blieben manchmal stehen, küßten sich und strichen einander zärtlich übers Haar. Sie spielten Haschen. Sie schwiegen meist und hätten jede Tanne umarmen mögen. Das Glück lastete auf ihren Schultern wie viele Zentner Konfekt.

Fritz meinte nachdenklich: »Eigentlich sind wir doch zwei ziemlich gescheite Lebewesen. Ich unterstelle es jedenfalls als wahr. Wie kommt es dann, daß wir uns genauso albern benehmen wie andere Liebespaare? Wir halten uns an den Händchen. Wir stolpern Arm in Arm durch die kahle Natur. Wir bissen einander am liebsten die Nasenspitzen ab. Ist das nicht idiotisch! Frollein, ich bitte um Ihre unmaßgebliche Stellungnahme!«

Hilde kreuzte die Arme vor der Brust, verneigte sich dreimal und sagte: »Erhabener Sultan, gestatte deiner sehr unwürdigen Dienerin die Bemerkung, daß die Klugheit im Liebeskonzert der Völker noch nie die erste Geige spielte.«

»Stehen Sie auf, teuerste Gräfin!« rief er pathetisch, obwohl sie gar nicht kniete. »Stehen Sie auf! Wer so klug ist, daß er die Grenzen der Klugheit erkennt, muß belohnt werden. Ich ernenne Sie hiermit zu meiner Kammerzofe à la suite!«

Sie machte einen Hofknicks. »Ich werde sogleich vor Rührung weinen, Majestät, und bitte, in meinen Tränen baden zu dürfen.«

»Es sei!« erklärte er königlich. »Erkälten Sie sich aber nicht!«

»Keineswegs, Meister«, sagte sie. »Die Temperatur meiner Zähren pflegt erfahrungsgemäß zwischen sechsundzwanzig und achtundzwanzig Grad Celsius zu schwanken.«

»Wohlan!« rief er. »Und wann treten Sie Ihren Dienst an meinem Hofe an?«

»Sobald du willst«, erklärte sie. Dann begann sie plötzlich, trotz der Nagelschuhe, zu tanzen. »Es handelt sich um den sterbenden Schwan«, fügte sie erläuternd hinzu. »Ich bitte, besonders auf meinen langen Hals zu achten.«

»Tanzen Sie weiter!« meinte er. »Ich hole Sie abends wieder ab.«

Er ging. Sie kam laut heulend hinter ihm her und gab vor, sich zu fürchten. Er nahm sie bei der Hand und sagte: »Törichtes Kind!«

»Aber der Schwan ist doch gestorben«, erklärte sie eifrig. »Und mit einem so großen toten Vogel allein im Wald – huhuhu!«

Er gab ihr einen Klaps, und dann setzten sie den Weg fort. Nach einiger Zeit wurde er ernst. »Wieviel Geld muß ich verdienen, damit wir heiraten können? Bist du sehr anspruchsvoll? Was kostet der Ring, den du am Finger hast?«

»Zweitausend Mark.«

»Ach du grüne Neune«, rief er.

»Das ist doch schön«, meinte sie. »Den können wir versetzen!«

»Ich werde dich gleich übers Knie legen! Wir werden nicht von dem leben, was du versetzt, sondern von dem, was ich verdiene.«

Sie stemmte die Hände in die Hüften. »Aha! Das könnte dir so passen! Du widerwärtiger Egoist! Alle Männer sind Egoisten. Ich habe ein Buch gelesen. Da stand es drin. ›Das Wirtschaftsgeld und die Monogamie‹ hieß das Buch. Ihr seid ein heimtückisches, kleinliches Geschlecht, brrr!« Sie schüttelte sich wie ein nasser Pudel. »Vier Monate lang könnten wir von dem Ring leben! In einer Dreizimmerwohnung mit indirekter Beleuchtung! Zentralheizung und Fahrstuhl inklusive! Und sonntags könnten wir miteinander zum Fenster hinausgucken! Aber nein! Lieber stopfst du mich in eine Konservenbüchse wie junges Gemüse. Bis ich einen grauen Bart kriege. Ich bin aber kein junges Gemüse!«

»Doch«, wagte er zu bemerken.

»Ich schmeiße den blöden Ring in den Schnee!« rief sie. Und sie tat es wirklich. Anschließend krochen sie auf allen vieren im Wald umher. Endlich fand er den Ring wieder.

»Ätsch!« machte sie. »Nun gehört er dir!«

Er steckte ihn an ihren Finger und sagte: »Ich borge ihn dir bis auf weiteres.« Nach einer Weile fragte er: »Du glaubst also, daß wir mit fünfhundert Mark im Monat auskommen?«

»Na klar.«

»Und wenn ich weniger verdiene?«

»Dann kommen wir mit weniger aus«, meinte sie überzeugt. »Du darfst das Geld nicht so ernst nehmen, Fritz. Wenn alle Stränge reißen, pumpen wir meinen Vater an. Damit er weiß, wozu er auf der Welt ist.«

»Du bist wahnwitzig«, sagte er. »Du verstehst nichts von Geld. Und von Männern verstehst du noch weniger. Dein Vater könnte der Schah von Persien sein – ich nähme keinen Pfennig von ihm geschenkt.«

Sie hob sich auf Zehenspitzen und flüsterte ihm ins Ohr: »Liebling, mein Vater ist doch aber gar nicht der Schah von Persien!«

»Da haben wir's«, sagte er. »Da siehst du wieder einmal, daß ich immer recht habe.«

»Du bist ein Dickschädel«, erwiderte sie. »Zur Strafe fällt Klein-Hildegard nunmehr in eine tiefe Ohnmacht.« Sie machte sich stocksteif, kippte in seine ausgebreiteten Arme, blinzelte vorsichtig durch die gesenkten Lider und spitzte die Lippen. (Nicht etwa, um zu pfeifen.)

Inzwischen hatten die älteren Herrschaften das Nachmittagsschläfchen erfolgreich beendet. Johann stieg, über die
Dienstbotentreppe, ins fünfte Stockwerk und brachte Blumen, eine Kiste Zigarren, frische Rasierklingen sowie Geheimrat Toblers violette Hose, die er gebügelt hatte. Der
Geheimrat stand ohne Beinkleider in seinem elektrisch geheizten Dachstübchen und sagte: »Deswegen suche ich wie
ein Irrer! Ich wollte gerade in Unterhosen zum Fünfuhrtee
gehen!«

»Ich habe die Hose, während Sie schliefen, aus Ihrem
Zimmer geholt. Sie sah skandalös aus.«

»Hauptsache, daß sie Ihnen jetzt gefällt«, meinte Tobler.
Er kleidete sich an. Johann bürstete ihm Jackett und Schuhe.
Dann gingen sie und klopften unterwegs an Frau Kunkels
Zimmer. Tante Julchen rauschte imposant in den Korridor.

»Sie haben sich ja geschminkt!« meinte Johann.

»Ein ganz kleines bißchen«, sagte sie. »Man fällt sonst aus
dem Rahmen. Wir können schließlich nicht alle miteinander
wie die Vagabunden herumlaufen! Herr Geheimrat, ich
habe ein paar Anzüge mitgebracht. Wollen Sie sich nicht
endlich umziehen? Heute früh haben die Leute oben auf
dem hohen Berg gräßliche Bemerkungen gemacht.«

»Halten Sie den Mund, Kunkel!« befahl Tobler. »Es ist
egal!«

»Ein Herr mit einer Hornbrille hat gesagt: ›Wenn man
den Kerl ins Kornfeld stellt, fliegen die Vögel fort!‹ Und
eine Dame …«

»Sie sollen den Mund halten!« knurrte Johann.

»Die Dame sagte: ›So etwas müßte der Verkehrsverein
narkotisieren und heimschicken.‹«

»Ein rohes Frauenzimmer!« meinte der Geheimrat.
»Aber so sind die Menschen.«

Dann tranken sie in der Halle Kaffee. Frau Kunkel aß
Torte und sah den Tanzpaaren zu. Die beiden Männer lasen
Zeitung und rauchten schwarze Zigarren.

Plötzlich trat ein Boy an den Tisch und sagte: »Herr Schulze, Sie sollen mal zum Portier kommen!«

Tobler, der, in Gedanken versunken, Zeitung las, meinte: »Johann, sehen Sie nach, was er will!«

»Schrecklich gern«, flüsterte Herr Kesselhuth. »Aber das geht doch nicht.«

Der Geheimrat legte das Blatt beiseite. »Das geht wirklich nicht.« Er blickte den Boy an. »Einen schönen Gruß, und ich läse Zeitung. Wenn der Herr Portier etwas von mir will, soll er herkommen.«

Der Junge machte ein dämliches Gesicht und verschwand. Der Geheimrat griff erneut zur Zeitung. Frau Kunkel und Johann blickten gespannt zur Portiersloge hinüber. Kurz darauf kam Onkel Polter an. »Ich höre, daß Sie sehr beschäftigt sind«, meinte er mürrisch.

Tobler nickte gleichmütig und las weiter. »Wie lange kann das dauern?« fragte der Portier und bekam rote Backen.

»Schwer zu sagen«, meinte Tobler. »Ich bin erst beim Leitartikel.«

Der Portier schwitzte schon. »Die Hoteldirektion wollte Sie um eine kleine Gefälligkeit bitten.«

»Oh, darf ich endlich den Schornstein fegen?«

»Sie sollen für ein paar Stunden die Skihalle beaufsichtigen. Bis die letzten Gäste herein sind. Der Sepp ist verhindert.«

»Hat er die Masern?« fragte der andere. »Sollte ihn das Kind der Botenfrau angesteckt haben?«

Der Portier knirschte mit den Zähnen. »Die Gründe tun nichts zur Sache. Dürfen wir auf Sie zählen?«

Herr Schulze schüttelte den Kopf. Er schien die Absage selber zu bedauern. »Ich mag heute nicht. Vielleicht ein andermal.«

Die Umstehenden spitzten die Ohren. Frau Casparius, die an einem der Nebentische saß, reckte den Hals.

Onkel Polter senkte die Stimme. »Ist das Ihr letztes Wort?«

»In der Tat«, versicherte Schulze. »Sie wissen, wie gern ich Ihrem offensichtlichen Personalmangel abhelfe. Aber heute bin ich nicht in der richtigen Stimmung. Ich glaube, das Barometer fällt. Ich bin ein sensibler Mensch. Guten Abend!«

Der Portier trat noch einen Schritt näher. »Folgen Sie mir endlich!« Hierbei legte er seine Rechte auf Schulzes Schulter. »Ein bißchen plötzlich, bitte!«

Da aber drehte sich Schulze herum und schlug dem Portier energisch auf die Finger. »Nehmen Sie sofort Ihre Hand von meinem Anzug!« fügte er drohend hinzu. »Ich möchte Sie darauf aufmerksam machen, daß ich jähzornig bin.«

Der Portier bekam Fäuste. Sein Atem pfiff.

Er erinnerte an eine Kaffeemaschine, die den Siedepunkt erreicht hat. Aber er sagte nur: »Wir sprechen uns noch.« Dann ging er. An den Nebentischen wurde erregt geflüstert. Die Augen der Bremer Blondine schillerten giftig.

»Hätten Sie ihm doch eine geklebt«, meinte Tante Julchen. »Es ist immer dasselbe, Herr Geheimrat. Sie sind zu gutmütig.«

»Ruhe!« flüsterte Tobler. »Die Kinder kommen.«

Als sich Doktor Hagedorn fürs Abendessen umkleidete, brachte der Liftboy einen Einschreibebrief und, mit Empfehlungen vom Portier, ein paar ausländische Briefmarken. Fritz quittierte. Dann öffnete er den Umschlag. Wer schickte ihm denn Einschreibebriefe nach Bruckbeuren? Er stolperte lesend über den Teppich. Er fiel aufs Sofa, mitten zwischen die drei spielenden Katzen, und starrte hypnotisiert auf das Schreiben. Dann drehte er das Kuvert um. Ein Stück Papier rutschte heraus. Ein Scheck über fünfhundert Mark! Er fuhr sich aufgeregt durchs Haar.

Eine der Katzen kletterte auf seine Schulter, rieb ihren Kopf an seinem Ohr und schnurrte. Er stand auf, hielt sich, weil ihm schwindelte, am Tisch fest und trat langsam zum Fenster. Vor ihm lagen der verschneite Park, die spiegelglatte Eisbahn, die Skihalle mit dem weißen Dach. Ein paar Liegestühle waren vergessen worden. Hagedorn sah nichts von alledem.

Die Katze krallte sich ängstlich in dem blauen Jackett fest. Sie machte einen Buckel. Er lief kreuz und quer durchs Zimmer. Sie miaute kläglich. Er nahm sie von seiner Schulter, setzte sie auf den Rauchtisch und ging weiter. Er bückte sich, nahm den Scheck hoch, den Brief auch. Dann sagte er: »Nun ist der Bart ab!« Etwas Passenderes fiel ihm nicht ein.

Plötzlich rannte er aus dem Zimmer. Im Korridor begegnete ihm das Stubenmädchen. Sie blickte ihn lächelnd an, wünschte Guten Abend und fragte: »Haben der Herr Doktor absichtlich keine Krawatte umgebunden?«

Er blieb stehen. »Wie bitte? Ach so. Nein. Danke schön.« Er ging in seine Gemächer zurück. Hier begann er zu pfeifen. Etwas später begab er sich, die Tür weit offenlassend, zum Portier hinunter und verlangte ein Telegrammformular.

»Entschuldigung, Herr Doktor. Haben Sie absichtlich keine Krawatte umgebunden?«

»Wieso?« fragte Hagedorn. »Ich war doch extra deswegen noch einmal in meinem Zimmer!« Er griff sich an den Hemdkragen und schüttelte den Kopf. »Tatsächlich! Na, erst muß ich depeschieren.« Er beugte sich über das Formular und adressierte es an: »Fleischerei Kuchenbuch, Charlottenburg, Mommsenstraße 7.« Dann schrieb er: »Anrufe Dienstag 10 Uhr stop erbitte Mutter ans Telefon stop vorbereitet freudige Mitteilung. Fritz Hagedorn.«

Er reichte das Formular über den Tisch. »Wenn meine Mutter eine Depesche kriegt, denkt sie, ich bin unter eine Lawine gekommen. Drum depeschiere ich dem Fleischer von nebenan. Der Mann hat Gemüt.« Der Portier nickte höflich, obwohl er nicht verstand, worum es sich handelte.

Hagedorn ging in den Speisesaal. Die anderen saßen schon bei Tisch. Er sagte: »Mahlzeit!« und nahm Platz.

»Haben Sie absichtlich keine Krawatte umgebunden?« fragte Tante Julchen.

»Ich bitte um Nachsicht«, meinte er. »Ich habe heute einen Webfehler.«

»Wovon denn, mein Junge?« erkundigte sich Schulze.

Hagedorn klopfte mit einem Löffel ans Glas. »Wißt ihr, was los ist? Ich bin engagiert! Ich habe vom nächsten Ersten ab eine Anstellung! Mit achthundert Mark im Monat! Es ist zum Überschnappen! Eduard, hast du noch keinen Brief bekommen? Nein? Dann kriegst du ihn noch. Verlaß dich drauf! Man schreibt mir, wir zwei hätten künftig geschäftlich miteinander zu tun! Freust du dich, oller Knabe? Hach, ist das Leben schön!« Er blickte den Schiffahrtsbesitzer Johann Kesselhuth an. »Haben Sie vielen Dank! Ich bin so glücklich!« Er drückte dem soignierten alten Herrn gerührt die Hand. »Eduard, bedanke dich auch!«

Schulze lachte. »Das hätte ich fast vergessen. Also, besten Dank, mein Herr!«

Kesselhuth rutschte verlegen auf seinem Stuhl hin und her. Tante Julchen sah verständnislos von einem zum anderen.

Hagedorn griff in die Tasche und legte den Scheck über fünfhundert Mark neben Hildes Teller. »Eine Sondergratifikation! Kinder, ist das eine noble Firma! Fünfhundert Mark, noch ehe man den kleinen Finger krumm gemacht hat! Der Abteilungschef schreibt, ich möge mich im Interesse des Unternehmens bestens erholen. Bestens! Was sagt ihr dazu?«

»Prächtig, prächtig«, meinte Hilde. »Da kannst du morgen gleich deiner Mutter etwas schicken, nicht?«

Er nickte. »Jawohl! Zweihundert Mark! Außerdem kommt sie früh zu Kuchenbuchs. Ich erzähle ihr alles am Telefon.«

»Kuchenbuchs?« fragte Eduard.

»Das ist der Fleischer, bei dem wir kaufen. Ich habe ihm

eben eine Depesche geschickt. Er soll meine Mutter schonend vorbereiten. Sonst erschrickt sie zu Tode.«

Hilde sagte: »Ich gratuliere dir zu deiner Anstellung von ganzem Herzen.«

»Ich dir auch«, antwortete er fröhlich. »Nun kriegst du endlich einen Mann.«

»Wen denn?« fragte Tante Julchen. »Ach so, ich weiß schon. Na ja. Damit Sie's wissen, Herr Doktor, ich bin nicht sehr dafür.«

»Es tut mir leid«, sagte er. »Aber ich kann leider auf Hildes Tanten keine Rücksicht nehmen. Das würde zu weit führen. Liebling, ob dein Vater einverstanden sein wird? Achthundert Mark sind doch 'ne Stange Geld?« Frau Kunkel lachte despektierlich.

»Paß mal auf«, sagte Hilde. »Wir werden sogar sparen. Wir brauchen kein Dienstmädchen, sondern ich lasse dreimal in der Woche eine Aufwartefrau kommen.«

»Aber wenn der Junge da ist, nehmen wir ein Dienstmädchen«, erklärte Hagedorn besorgt.

»Welcher Junge«, fragte die Tante.

»Unser Junge!« sagte Hilde stolz.

»Wir werden ihn Eduard nennen«, bemerkte der künftige Papa. »Im Hinblick auf meinen Freund.«

»Und wenn es ein Mädchen ist?« fragte Schulze besorgt.

»Für diesen Fall möchte ich Eduardine vorschlagen«, erklärte Herr Kesselhuth.

»Sie sind ein findiger Kopf«, sagte Schulze anerkennend.

»Es wird bestimmt ein Junge«, versicherte Hagedorn.

Hilde meinte: »Ich habe auch so das Gefühl.« Und dann wurde sie rot bis über die Ohren.

Tante Julchen rang nach neuem Gesprächsstoff. Sie fragte: »Welche Firma hat Sie denn engagiert?«

Hagedorn warf sich in die Brust: »Sie werden staunen, Tantchen. Die Toblerwerke!«

Tante Julchen staunte wirklich. Sie staunte so sehr, daß ihr ein Hühnerknochen in die Speiseröhre geriet. Die Augen traten ihr faustdick aus dem Kopf. Sie hustete aus tiefster Seele.

Man flößte ihr Wasser ein. Man hielt ihr die Arme hoch. Sie riß sich los, warf einen gequälten Blick auf Herrn Schulze und entwich.

»Hat sie das häufig?« fragte Fritz, als sie fort war.

›Seit sie meine Tante ist‹, wollte Hilde eigentlich sagen. Aber sie sah die Augen ihres Vaters und die des Dieners Johann auf sich gerichtet und erklärte: »Die Freude wird sie überwältigt haben.«

Am gleichen Abend fand, eine Stunde später, ein Gespräch statt, das nicht ohne Folgen bleiben sollte. Frau Casparius kam zu Onkel Polter, der hinter seinem Ladentisch saß und eine englische Zeitung überflog. »Ich habe mit Ihnen zu reden«, erklärte sie. Er stand langsam auf. Die Füße taten ihm weh.

»Wir kennen einander seit fünf Jahren, nicht wahr?«

»Jawohl, gnädige Frau. Als Sie das erstemal bei uns waren, wohnten gerade die akademischen Skiläufer im Hotel.« Das klang etwas anzüglich.

Sie lächelte, griff in ihre kleine Brokattasche und gab ihm ein Bündel Banknoten. »Es sind fünfhundert Mark«, erklärte sie obenhin. »Ich habe die Summe gerade übrig.«

Er nahm das Geld. »Gnädige Frau, verfügen Sie über mich!«

Sie holte eine Zigarette aus dem goldenen Etui. Er gab ihr Feuer. Sie rauchte und blickte ihn prüfend an. »Hat sich eigentlich noch keiner der Gäste über Herrn Schulze beschwert?«

»O doch«, sagte er. »Man hat sich wiederholt erkundigt, wieso ein derart abgerissen gekleideter Mensch ausgerechnet in unserem Hotel wohnt. Dazu kommt ja noch, daß sich der Mann im höchsten Grade unverschämt aufführt. Ich selber hatte heute nachmittag einen Auftritt mit ihm, der jeder Beschreibung spottet.«

»Diese Beschreibung wäre zudem überflüssig«, erklärte sie. »Ich saß am Nebentisch. Es war skandalös! Sie sollten sich eine solche Unverfrorenheit nicht bieten lassen. Das untergräbt den guten Ruf Ihres Hotels.«

Der Portier zuckte die Schultern. »Was kann ich dagegen tun, gnädige Frau? Gast bleibt Gast.«

»Hören Sie zu! Mir liegt daran, daß Herr Schulze umgehend verschwindet. Die Gründe tun nichts zur Sache.«

Er verzog keine Miene.

»Sie sind ein intelligenter Mensch«, sagte sie. »Beeinflussen Sie den Hoteldirektor! Übertreiben Sie die Beschwerden, die gegen Schulze geführt wurden. Fügen Sie hinzu, daß ich niemals wieder hierherkomme, falls nichts unternommen wird. Herr Lenz geht übrigens mit mir d'accord.«

»Und was soll praktisch geschehen?«

»Herr Kühne soll morgen dem Schulze vorschlagen, im Interesse der Gäste und des Hotels abzureisen. Der Mann ist offensichtlich sehr bedürftig. Bieten Sie ihm eine pekuniäre Entschädigung an! Die Höhe der Summe ist mir gleichgültig. Geben Sie ihm dreihundert Mark. Das ist für ihn ein Vermögen.«

»Ich verstehe«, meinte der Portier.

»Um so besser«, meinte sie hochmütig. »Was Sie von den fünfhundert Mark übrigbehalten, gehört selbstverständlich Ihnen.«

Er verbeugte sich dankend. »Ich werde tun, was in meinen Kräften steht, gnädige Frau.«

»Noch eins«, sagte sie. »Wenn dieser Herr Schulze morgen nachmittag nicht verschwunden sein sollte, reise ich mit dem Abendzug nach Sankt Moritz. Auch das wollen Sie, bitte, Ihrem Direktor ausrichten!« Sie nickte flüchtig und ging in die Bar. Das Abendkleid rauschte. Es klang, als flüstere es in einem fort seinen Preis.

Zerstörte Illusionen

Am nächsten Morgen kurz nach acht Uhr klingelte es bei Frau Hagedorn in der Mommsenstraße. Die alte Dame öffnete.

Draußen stand der Lehrling vom Fleischermeister Kuchenbuch. Er war fast zwei Meter groß und wurde Karlchen genannt.

»Einen schönen Gruß vom Meister«, sagte Karlchen. »Und um zehn Uhr würde der Doktor Hagedorn aus den Alpen anrufen. Sie brauchten aber nicht zu erschrecken.«

»Da soll man nicht erschrecken?« fragte die alte Dame.

»Nein. Er hat uns gestern abend ein Telegramm geschickt, und wir sollten Sie, bitte, auf ein freudiges Ereignis vorbereiten.«

»Das sieht ihm ähnlich«, sagte die Mutter. »Ein freudiges Ereignis? Ha! Ich komme gleich hinunter. Moment mal, ich hole Ihnen einen Sechser. Für den Weg.«

Sie verschwand, brachte ein Fünfpfennigstück und gab es Karlchen. Er bedankte sich und rannte polternd treppab.

Punkt neun Uhr erschien Frau Hagedorn bei Kuchenbuchs im Laden.

»Karlchen hat natürlich wieder einmal Quatsch gemacht«, meinte die Frau des Fleischermeisters. »Sie kommen eine Stunde zu früh.«

»Ich weiß«, sagte Mutter Hagedorn. »Aber ich habe zu Hause keine Ruhe. Vielleicht telefoniert er früher. Ich werde Sie gar nicht stören.«

Frau Kuchenbuch lachte gutmütig. Von Stören könne keine Rede sein.

Dann gab sie der alten Dame die Depesche und lud sie zum Sitzen ein.

»Wie er sich hat!« meinte Frau Hagedorn gereizt. »Er tut ja gerade, als ob ich eine Zimttüte wäre. So schnell erschrecke ich nun wirklich nicht.«

»Was mag er nur wollen?« fragte die Meistersfrau.

»Ich bin schrecklich aufgeregt«, stellte die alte Dame fest. Dann kamen Kunden, und sie mußte den Mund halten. Sie blickte jede Minute dreimal auf die Wanduhr, die über den Zervelat- und Salamiwürsten hing. Kalt war's im Laden. Und die Steinfliesen waren feucht. Draußen war Matschwetter.

Als kurz nach zehn Uhr das Telefon klingelte, war sie bereits völlig aufgelöst. Sie lief zittrig hinter den Ladentisch, schob sich am Hackblock vorbei, preßte den Hörer krampfhaft ans Ohr und sagte zu Frau Kuchenbuch: »Hoffentlich verstehe ich ihn deutlich. Er ist so weit weg!« Dann schwieg sie und lauschte angespannt. Plötzlich erstrahlte ihr Gesicht. Wie ein Festsaal, der eben noch im Dunkeln lag. »Ja?« rief sie mit heller Stimme. »Hier Hagedorn! Fritz, bist du's? Hast du dir ein Bein gebrochen? Nein? Das ist recht. Oder einen Arm? Auch nicht? Da bin ich aber froh, mein Junge. Bist du bestimmt gesund? Wie? Was sagst du? Ich soll ruhig zuhören? Fritz, benimm dich. So spricht man nicht mit seiner Mutter. Nicht einmal telefonisch. Was gibt's?«

Sie schwieg ziemlich lange, hörte angespannt zu und tat unvermittelt einen kleinen Luftsprung.

»Junge, Junge! Mache keine Witze! Achthundert Mark im Monat? Hier in Berlin? Das ist aber schön. Stelle dir vor, du müßtest nach Königsberg oder Köln, und ich säße in der Mommsenstraße und finge Fliegen. Was soll ich mich? Sprich lauter, Fritz! Es ist jemand im Laden. Ach so, festhalten soll ich mich! Gern, mein Junge. Wozu denn? Was hast du dich? Du hast dich verlobt? Schreck, laß nach! Hildegard Schulze? Kenne ich nicht. Weshalb denn gleich verloben?

Dazu muß man sich doch erst näher kennen. Widersprich nicht. Das weiß ich besser. Ich war schon verlobt, da warst du noch gar nicht auf der Welt. Wieso willst du das hoffen? Ach so!« Sie lachte.

»Na, ich werde das Fräulein mal unter die Lupe nehmen. Wenn sie mir nicht gefällt, erlaube ich's nicht. Abwarten und Tee trinken. Tee trinken, habe ich gesagt. Lade sie zum Abendessen bei uns ein! Ist sie verwöhnt? Nein? Dein Glück! Was hast du abgeschickt? Zweihundert Mark? Ich brauche doch nichts. Also gut. Ich kaufe ein paar Oberhemden und was du sonst noch brauchst. Müssen wir nicht aufhören, Fritz? Es wird sonst zu teuer. Was ich noch fragen wollte: Reicht die Wäsche? Habt ihr schönes Wetter? Dort taut es auch? Das ist aber schade. Und grüße das Mädchen von mir. Nicht vergessen! Und deinen Freund. Du, der heißt doch auch Schulze! Sie ist wohl seine Tochter? Gar nicht miteinander verwandt? Soso.«

Nun hörte die alte Dame wieder längere Zeit zu. Dann fuhr sie fort: »Also, mein lieber Junge, auf frohes Wiedersehen! Bleib mir gesund! Komme nicht unter die Straßenbahn. Weiß ich ja. Es gibt gar keine in eurem Kuhdorf.« Sie lachte. »Mir geht's ausgezeichnet. Und vielen Dank für den Anruf. Das war sehr lieb von dir. Weißt du schon, ob du günstige Fahrverbindung zum Büro hast? Weißt du noch nicht? Aha. Wie heißt denn die Firma? Toblerwerke? Die dir den Preis verliehen haben? Da wird sich aber Herr Franke freuen. Natürlich grüß ich ihn. Selbstverständlich. So, nun wollen wir hinhängen. Sonst kostet es das Doppelte. Auf Wiedersehen, mein Junge. Ja. Natürlich. Ja, ja. Ja! Auf Wiedersehen!«

»Das waren aber gute Nachrichten«, meinte Frau Kuchenbuch anerkennend.

»Achthundert Mark im Monat«, sagte die alte Dame. »Und vorher jahrelang keinen Pfennig!«

»Achthundert Mark und eine Braut!«

Frau Hagedorn nickte. »Ein bißchen viel aufs Mal, wie? Aber dazu sind die Kinder ja schließlich da, daß sie später Eltern werden.«

»Und wir Großeltern.«

»Das wollen wir stark hoffen«, meinte die alte Dame. Sie musterte den Ladentisch.

»Geben Sie mir, bitte, ein Viertelpfund Hochrippe. Und ein paar Knochen extra. Und ein Achtel gekochten Schinken. Der Tag muß gefeiert werden.«

Fritz war früh auf der Bank gewesen und hatte den Scheck eingelöst. Dann hatte er im Postamt das Telefongespräch mit Berlin angemeldet und, während er auf die Verbindung wartete, für seine Mutter zweihundert Mark eingezahlt.

Jetzt, nach dem Gespräch, bummelte er guter Laune durch den kleinen, altertümlichen Ort und machte Einkäufe. Das ist, wenn man jahrelang jeden Pfennig zehnmal hatte umdrehen müssen, ein ergreifendes Vergnügen. Jahrelang hatte man die Zähne zusammengebissen. Und nun das Glück wie der Blitz eingeschlagen hat, möchte man am liebsten heulen. Na, Schwamm drüber!

Für Herrn Kesselhuth, seinen Gönner, besorgte Doktor Hagedorn eine Kiste kostbarer Havannazigarren. Für Eduard kaufte er in einem Antiquitätengeschäft einen alten Zinnkrug. Für Hilde erstand er ein seltsam traubenförmiges Ohrgehänge. Es war aus Jade, mattem Gold und Halbedelsteinen. Im Blumenladen bestellte er schließlich für Tante Julchen einen imposanten Strauß und bat die Verkäuferin, die Geschenke ins Hotel zu schicken. Sich selber schenkte er nichts.

Anderthalb Stunden war er im Ort. Als er zurückkam, lag Kasimir, der unvergleichliche Schneemann, in den letzten Zügen. Der Konfitüreneimer, Kasimirs Helm, saß auf den Schultern. Augen, Nase, Mund und Schnurrbart waren dem geliebten Husaren auf die Heldenbrust gerutscht. Aber noch stand er aufrecht. Er starb im Stehen, wie es sich für einen Soldaten geziemt.

»Fahr wohl, teurer Kasimir!« sagte Hagedorn. »Ohne Kopf kann keiner aus dem Fenster gucken.« Dann betrat er das Grandhotel. Hier war inzwischen mancherlei geschehen.

Das Unheil hatte harmloserweise damit begonnen, daß Geheimrat Tobler, seine Tochter, die Kunkel und Johann frühstückten.

Sie saßen im Verandasaal, aßen Brötchen und sprachen über das Tauwetter. »Wenn wir einen Wagen mithätten«, sagte Hilde, »könnten wir nach München fahren.«

»Du darfst nicht vergessen, daß ich ein armer Mann bin«, meinte ihr Vater. »Wir werden eine Stunde Kegelschieben. Das beruhigt die Nerven. Wo steckt übrigens mein Schwiegersohn?«

»Auf der Bank und auf der Post«, berichtete Hilde. »Wie haben Sie geschlafen, Kunkel?«

»Miserabel«, sagte Tante Julchen. »Ich habe entsetzlich geträumt. Das hätten Sie aber auch nicht mit mir machen dürfen!«

»Was denn?« fragte Johann.

»Als Doktor Hagedorn erzählte, daß ihn die Toblerwerke engagiert hätten, ihn und den Herrn Schulze dazu, und der Hühnerknochen war so spitz, ich habe oben im Zimmer Tafelöl getrunken, es war abscheulich.«

»Wenn wir wieder einmal eine Überraschung für Sie haben«, sagte Johann, »kriegen Sie Haferflocken.«

»Das hat alles keinen Zweck«, erklärte der Geheimrat. »Dann verschluckt sie den Löffel.«

»Den Löffel legen wir vorher an die Kette«, meinte Hilde. Frau Kunkel war wieder einmal gekränkt.

Aber viel Zeit blieb ihr nicht dazu. Denn der Portier und der Direktor Kühne traten feierlich in den Saal und näherten sich dem Tisch.

»Die beiden sehen wie Sekundanten aus, die eine Duellforderung überbringen«, behauptete der Geheimrat.

Johann konnte eben noch »Dicke Luft!« murmeln. Da machte Karl der Kühne schon seine Verbeugung und sagte: »Herr Schulze, wir möchten Sie eine Minute sprechen.«

Schulze meinte: »Eine Minute? Meinetwegen.«

»Wir erwarten Sie nebenan im Schreibzimmer«, erklärte der Portier.

»Da können Sie lange warten«, behauptete Schulze.

Hilde sah auf ihre Armbanduhr. »Die Minute ist gleich um.«

Herr Kühne und Onkel Polter wechselten Blicke. Dann gestand der Direktor, daß es sich um eine delikate Angelegenheit handle.

»Das trifft sich großartig«, sagte Tante Julchen. »Für so etwas schwärme ich. Hildegard, halte dir die Ohren zu!«

»Wie Sie wünschen«, meinte der Direktor. »Ich wollte Herrn Schulze die Gegenwart von Zeugen ersparen. Kurz und gut, die Hotelbetriebsgesellschaft, deren hiesiger Direktor ich bin, ersucht Sie, unser Haus zu verlassen. Einige unserer Stammgäste haben Anstoß genommen. Seit gestern haben sich die Beschwerden gehäuft. Ein Gast, der begreiflicherweise nicht genannt sein will, hat eine beträchtliche Summe ausgeworfen. Wieviel war es?«

»Zweihundert Mark«, sagte Onkel Polter gütig.

»Diese zweihundert Mark«, meinte der Direktor, »werden Ihnen ausgehändigt, sobald Sie das Feld räumen. Ich nehme an, daß Ihnen das Geld nicht ungelegen kommt.«

»Warum wirft man mich eigentlich hinaus?« fragte Schulze. Er war um einen Schein blasser geworden. Das Erlebnis ging ihm nahe.

»Von Hinauswerfen kann keine Rede sein«, sagte Herr Kühne. »Wir ersuchen Sie, wir bitten Sie, wenn Sie so wollen. Uns liegt daran, die anderen Gäste zufriedenzustellen.«

»Ich bin ein Schandfleck, wie?« fragte Schulze.

»Ein Mißton«, erwiderte der Portier.

Geheimrat Tobler, einer der reichsten Männer Europas, meinte ergriffen: »Armut ist also doch eine Schande.«

Aber Onkel Polter zerstörte die Illusion. »Sie verstehen das Ganze falsch«, erklärte er. »Wenn ein Millionär mit drei Schrankkoffern ins Armenhaus zöge und dort dauernd im Frack herumliefe, wäre Reichtum eine Schande! Es kommt auf den Standpunkt an.«

»Alles zu seiner Zeit und am rechten Ort«, behauptete Herr Kühne.

»Und Sie sind nicht am rechten Ort«, sagte Onkel Polter.

Da erhob sich Tante Julchen, trat dicht an Onkel Polter heran, wedelte unmißverständlich mit der rechten Hand und meinte: »Machen Sie, daß Sie fortkommen, sonst knallt's!«

»Lassen Sie den Portier in Ruhe!« befahl Schulze. Er stand auf. »Also gut. Ich reise. Herr Kesselhuth, würden Sie die Güte haben und ein Leihauto bestellen? In zwanzig Minuten fahre ich.«

»Ich komme natürlich mit«, sagte Herr Kesselhuth. »Portier, meine Rechnung. Aber ein bißchen plötzlich!« Er verschwand im Laufschritt.

»Mein Herr!« rief der Direktor hinterher. »Warum wollen Sie uns denn verlassen?«

Tante Julchen lachte böse. »Sie sind ja wirklich das Dümmste, was raus ist! Hoffentlich hebt sich das mit der Zeit. Für meine Nichte und mich die Rechnung! Aber ein bißchen plötzlich!« Sie rauschte davon und stolperte über die Schwelle.

Der Direktor murmelte: »Einfach tierisch!«

»Wo sind die zweihundert Mark?« fragte Herr Schulze.

»Sofort!« murmelte der Portier, holte die Brieftasche heraus und legte zwei Scheine auf den Tisch.

Schulze nahm das Geld, winkte dem Ober, der an der Tür stand, und gab ihm die zweihundert Mark. »Die Hälfte davon bekommt der Sepp, mit dem ich die Eisbahn gekehrt habe«, sagte er. »Werden Sie das nicht vergessen?«

Der Kellner hatte die Sprache verloren. Er schüttelte nur den Kopf.

»Dann ist's gut«, meinte Schulze. Er sah den Direktor und den Portier kalt an. »Entfernen Sie sich!« Die beiden folgten wie die Schulkinder. Geheimrat Tobler und Hilde waren allein.

»Und was wird mit Fritz?« fragte Fräulein Tobler.

Ihr Vater blickte den entschwindenden Gestalten nach. Er sagte: »Morgen kaufe ich das Hotel. Übermorgen fliegen die beiden hinaus.«

»Und was wird mit Fritz?« fragte Hilde weinerlich.

»Das erledigen wir in Berlin«, erklärte der Geheimrat. »Glaub mir, es ist die beste Lösung. Sollen wir ihm in dieser unmöglichen Situation erzählen, wer wir eigentlich sind?«

Zwanzig Minuten später fuhr eine große Limousine vor. Sie gehörte dem Lechner Leopold, einem Fuhrhalter aus Bruckbeuren, und er saß persönlich am Steuer. Die Hausdiener brachten aus dem Nebeneingang des Hotels mehrere Koffer und schnallten sie auf dem Klapprost des Wagens fest.

Der Direktor und der Portier standen vor dem Portal und waren sich nicht im klaren.

»Einfach tierisch«, sagte Herr Kühne. »Der Mann schmeißt zweihundert Mark zum Fenster hinaus. Er läßt seine Freifahrkarte verfallen und fährt im Auto nach München. Drei Gäste, die er erst seit ein paar Tagen kennt, schließen sich an. Ich fürchte, wir haben uns da eine sehr heiße Suppe eingebrockt.«

»Und das alles wegen dieser mannstollen Casparius!« meinte Onkel Polter. »Sie will den Schulze doch nur forthaben, damit sie besser an den kleinen Millionär heran kann.«

»Ja, warum haben Sie mir denn das nicht früher mitgeteilt?« fragte Karl der Kühne empört.

Der Portier dachte an die dreihundert Mark, die er bei der Transaktion eingesteckt hatte, und steckte den Vorwurf dazu.

Dann kamen Tante Julchen und ihre Nichte. Sie waren mit Hutschachteln, Schirmen und Taschen beladen. Der Direktor wollte ihnen beispringen. »Lassen Sie die Finger davon!« befahl die Tante. »Ich war nur zwei Tage hier. Aber mir hat's genügt. Ich werde Sie, wo ich kann, weiterempfehlen.«

»Ich bin untröstlich«, erklärte Herr Kühne.

»Mein Beileid«, sagte die Tante. Der Portier fragte: »Meine Damen, warum verlassen Sie uns denn so plötzlich?«

»Er kommt aus dem Mustopf«, meinte Tante Julchen.

»Hier ist ein Brief für Doktor Hagedorn«, sagte Hilde. Onkel Polter nahm ihn ehrfürchtig in Empfang. Das junge Mädchen wandte sich an den Direktor. »Ehe ich's vergesse: wir haben vor sechs Tagen miteinander telefoniert.«

»Nicht daß ich's wüßte, gnädiges Fräulein!«

»Ich bereitete Sie damals auf einen verkleideten Millionär vor.«

»Sie waren das?« fragte der Portier. »Und jetzt lassen Sie Herrn Doktor Hagedorn allein?«

»Wie kann ein einzelner Mensch nur so dämlich sein!« meinte Tante Julchen und schüttelte das Haupt.

Hilde sagte: »Tantchen, jetzt keine Fachsimpeleien! Guten Tag, die Herren. Ich glaube, Sie werden lange an den Fehler denken, den Sie heute gemacht haben.« Die beiden Damen stiegen in Lechners Limousine.

Bald danach erschienen Schulze und Kesselhuth. Schulze legte einen Brief für Fritz auf den Portierstisch.

Der Direktor und Onkel Polter verbeugten sich. Sie wurden aber übersehen. Das Auto füllte sich. Johann hielt die elektrische Heizsonne auf dem Schoß. Die Koffer waren voll gewesen.

Der Lechner Leopold wollte schon anfahren, als Sepp,

der Skihallenhüter, angaloppiert kam. Er gab gutturale Laute der Rührung von sich, ergriff Schulzes Hand und schien entschlossen, sie abreißen zu wollen.

»Schon gut, Sepp«, sagte Schulze. »Es ist gern geschehen. Sie waren beim Eisbahnkehren sehr nett zu mir.«

Kesselhuth zeigte auf die kläglichen Reste des getauten Schneemanns. »Der schöne Kasimir ist hin.«

Schulze lächelte. Er entsann sich jener gestirnten Nacht, in der Kasimir zur Welt gekommen war. »Schön war's doch«, murmelte er. Dann fuhr der Wagen davon. Die Schneepfützen spritzten.

Als Hagedorn ins Hotel zurückkam, übergab ihm der Portier zwei Briefe. »Nanu«, sagte Fritz, setzte sich in die Halle und riß die Kuverts auf.

Das erste Schreiben lautete: »Mein lieber Junge! Ich muß, unerwartet und sofort, nach Berlin zurück. Es tut mir leid. Auf baldiges Wiedersehen. Herzliche Grüße. Dein Freund Eduard.«

Auf dem zweiten Briefbogen stand: »Mein Liebling! Wenn Du diese Zeilen liest, ist Dein Fräulein Braut durchgegangen. Sie wird es bestimmt nicht wieder tun. Sobald Du sie gefunden hast, darfst Du sie so lange an den Ohren ziehen, bis diese rechtwinklig abstehen. Vielleicht ist es kleidsam. Komme, bitte, bald nach Berlin, wo nicht nur meine Ohren auf Dich warten, sondern auch der Mund Deiner zukünftigen Gattin Hilde Hagedorn.«

Fritz stieß einen gräßlichen Fluch aus und rannte zum Portier hinüber. »Was soll das denn bedeuten?« fragte er fassungslos. »Schulze ist abgereist! Meine Braut ist abgereist! Und Tante Julchen?«

»Abgereist«, sagte der Portier.

»Und Herr Kesselhuth?«

»Abgereist«, flüsterte der Portier.

Hagedorn musterte das Armesündergesicht Onkel Polters. »Hier stimmt doch etwas nicht! Warum sind die vier fort? Erzählen Sie mir jetzt keine Märchen! Sonst könnte ich heftig werden!«

Der Portier sagte: »Warum die beiden Damen und Herr Kesselhuth fort sind, weiß ich nicht.«

»Und Herr Schulze?«

»Einige Gäste haben sich beschwert. Herr Schulze störe die Harmonie. Die Direktion bat ihn, abzureisen. Er trug der Bitte sofort Rechnung. Daß zu guter Letzt vier Personen abfuhren, hatten wir nicht erwartet.«

»Nur vier?« fragte Doktor Hagedorn. Er trat vor den Fahrplan, der an der Wand hing. »Ich fahre natürlich auch. In einer Stunde geht mein Zug.« Er rannte zur Treppe. Der Portier war dem Zusammenbruch nahe. Er schleppte sich ins Büro, sank dort in einen Stuhl und meldete Karl dem Kühnen das neueste Unglück.

»Hagedorns Abreise muß verhindert werden!« behauptete der Direktor. »So ein verstimmter Millionär kann uns derartig in Verruf bringen, daß wir in der nächsten Saison die Bude zumachen können.«

Sie stiegen ins erste Stockwerk und klopften an Appartement 7. Aber Hagedorn antwortete nicht. Herr Kühne drückte auf die Klinke. Die Tür war abgeriegelt. Sie hörten es bis auf den Korridor hinaus, wie im Zimmer Schubkästen aufgezogen und Schranktüren zugeknallt wurden. »Er packt sehr laut«, sagte der Portier beklommen. Sie gingen traurig in die Halle hinunter und warteten, daß der junge Mann erschiene.

Er erschien. »Den Koffer bringt der Hausdiener zur Bahn. Ich gehe zu Fuß.«

Die beiden liefen neben ihm her. »Herr Doktor«, flehte Karl der Kühne, »das dürfen Sie uns nicht antun.«

»Strengen Sie sich nicht unnötig an!« sagte Hagedorn.

An der Tür stieß er mit der Verkäuferin aus dem Blumenladen zusammen. Sie brachte die Geschenke, die er vor knapp zwei Stunden eingekauft hatte. »Ich habe mich etwas verspätet«, meinte sie.

»Ein wahres Wort«, sagte er.

»Der Strauß ist dafür besonders schön geworden«, versicherte sie.

Er lachte ärgerlich. »Das Bukett können Sie sich ins Knopfloch stecken! Behalten Sie das Gemüse!« Sie staunte, knickste und entfernte sich eilends.

Nun stand Fritz mit einem Zinnkrug, einer Kiste Zigarren und einem originellen Ohrgehänge allein in Bruckbeuren.

Der Direktor fragte: »Dürfen wir Sie wenigstens bitten, in Ihren Kreisen über den höchst bedauerlichen Zwischenfall zu schweigen?«

»Der Ruf unseres Hotels steht auf dem Spiele«, bemerkte Onkel Polter ergänzend.

»In meinen Kreisen?« meinte Hagedorn verwundert. Dann lachte er. »Ach richtig! Ich bin Ihnen noch eine Erklärung schuldig! Sie halten mich ja für einen Millionär, nicht wahr? Damit ist es allerdings Essig. Vor meinen Kreisen ist Bruckbeuren zeitlebens sicher. Ich war bis gestern arbeitslos. Da staunen Sie! Irgend jemand hat Sie zum Narren gehalten. Guten Tag, meine Herren!« Das Portal schloß sich hinter ihm.

»Er ist gar kein Millionär?« fragte der Direktor heiser.

»Glück muß der Mensch haben, Polter! Menschenskind, das junge Mädchen hat uns verkohlt? Gott sei Dank! Wir waren bloß die Dummen? Einfach tierisch!«

Der Portier winkte aufgeregt ab. Plötzlich schlug er sich vor die Stirn. Es sah aus, als wolle er einen Ochsen töten. »Grauenhaft! Grauenhaft!« rief er. »Das beste ist, wir bringen uns um!«

»Gern«, erklärte der Direktor, noch immer obenauf. »Aber wozu, bittschön? Es sind einige Gäste vor der Zeit weggefahren. Und? Ein junges Mädchen hat uns auf den Besen geladen. Das kann ich verschmerzen.«

»Die Geschichte bricht uns das Genick«, sagte der Portier. »Wir waren komplette Idioten!«

»Na, na«, machte Karl der Kühne. »Sie tun mir unrecht.«

Onkel Polter erhob lehrhaft den Zeigefinger. »Hagedorn war kein Millionär. Aber das junge Mädchen hat nicht gelogen. Es war ein verkleideter Millionär hier! Oh, das war furchtbar. Wir sind erschossen.«

»Nun wird mir's zu bunt!« rief der Direktor nervös. »Drücken Sie sich endlich deutlicher aus!«

»Der verkleidete Millionär wurde von uns vor einer Stunde hinausgeworfen«, sagte der Portier mit Grabesstimme. »Er hieß Schulze!«

Herr Kühne schwieg.

Der Portier verfiel zusehends. »Und diesen Mann habe ich die Eisbahn kehren lassen! Mit dem Rucksack mußte er ins Dorf hinunter, weil das Kind der Botenfrau die Masern hatte! Der Heltai hat ihn auf die Bockleiter geschickt! Oh.«

»Einfach tierisch!« murmelte der Hoteldirektor. »Ich muß mich legen, sonst trifft mich der Schlag im Stehen.«

Am Nachmittag wurde der bettlägerige Herr Kühne von einem Boy gestört.

»Eine Empfehlung vom Herrn Portier«, sagte der Junge. »Ich soll Ihnen mitteilen, daß Frau Casparius mit dem Abendzug fährt.«

Der Direktor stöhnte weidwund.

»Sie käme nie wieder nach Bruckbeuren, läßt der Portier sagen. Ach so, und Herr Lenz aus Köln reist auch.«

Der Direktor drehte sich ächzend um und biß knirschend ins Kopfkissen.

Vielerlei Schulzes

In München hatte Doktor Hagedorn volle sechs Stunden Aufenthalt. Er gab seinen Vulkanfiberkoffer am Handgepäckschalter ab. Dann ging er über den Stachus, die Kaufingerstraße entlang, bog links ein und nahm gegenüber der Theatinerkirche Aufstellung. Damit begann jeder seiner Münchner Besuche. Er liebte diese Kirchenfassade seit der Studentenzeit.

Heute stand er hier wie die Kuh vorm neuen Tor. Er dachte immerzu an Hilde. An Eduard natürlich auch. Das Bild der Kirche drang nur bis zur Netzhaut.

Er steckte die Hände in den abgeschabten Mantel, lief in die Stadt zurück, saß, ehe er sich dessen versah, in einem Münchner Postamt und blätterte im Berliner Adreßbuch. Er studierte die Rubrik »Schulze«. Neben ihm lagen Notizblock und Bleistift.

Einen Werbefachmann Eduard Schulze gab es nicht. Vielleicht hatte sich Eduard als »Kaufmann« eingetragen? Hagedorn schrieb sich die einschlägigen Adressen auf. Was Hildegard anbetraf, war der Fall noch schwieriger. Welchen Vornamen hatte, um alles in der Welt, sein künftiger Schwiegervater? Und welchen Beruf? Man konnte doch unmöglich zu allen in Berlin wohnhaften Schulzes laufen und fragen: »Haben Sie erstens eine Tochter, und ist diese zweitens meine Braut?« Das war ja eine Lebensaufgabe!

Später sah sich Hagedorn ein Filmlustspiel an. So oft er lachte, ärgerte er sich. Glücklicherweise bot der Film nur wenige Möglichkeiten zum Lachen. Sonst wäre der junge Mann bestimmt innerlich mit sich zerfallen.

Anschließend aß er in einem Bräu Rostwürstchen mit

Kraut. Dann begab er sich zum Bahnhof zurück und hockte, Paulaner trinkend, im Wartesaal. Er war entschlossen, kühne Einfälle für künftige Reklamefeldzüge zu finden. Es fiel ihm aber auch nicht das mindeste ein. Immerzu dachte er an Hilde. Wenn er sie nun nicht fand? Und wenn sie nichts mehr von sich hören ließ? Was dann?

Der Zug war nur schwach besetzt. Fritz hatte ein Abteil für sich allein. Bis Landshut lief er in dem Kupee wie in einem Käfig hin und her. Dann legte er sich lang, schlief sofort ein und träumte wilde Sachen. Einer der Träume spielte auf dem Berliner Einwohnermeldeamt.

An den Türen standen, alphabetisch geordnet, alle möglichen Familiennamen. Vor dem Türschild »Schnabel bis Schütze« machte Hagedorn halt, klopfte an und trat ein. Hinter der Barriere saß der Schneemann Kasimir. Er trug einen Schupohelm und fragte: »Sie wünschen?« Hierbei strich er sich den Schnurrbart und sah überhaupt sehr streng aus.

»Haben Sie die Schulzes unter sich?« fragte Fritz.

Kasimir sagte: »Alle Schulzen.«

»Wie kommen Sie zu diesem Plural?« fragte Fritz.

»Verfügung des Präsidiums«, meinte Kasimir barsch.

»Verzeihung«, sagte Fritz. »Ich suche ein Fräulein Hildegard Schulze. Wenn sie lacht, kriegt sie ein Grübchen. Nicht zwei, wie andere Mädchen. Und in ihren Pupillen hat sie goldene Pünktchen.«

Kasimir blätterte umständlich in etlichen Karteikästen. Dann nickte er. »Die gibt's. Sie hat früher auf dem Funkturm gewohnt. Dann hat sie sich nach den Alpen abgemeldet.«

»Sie muß aber wieder in Berlin sein«, behauptete Fritz.

»Dem Funkturm ist davon nichts bekannt«, sagte der Schneemann. »Sie scheint überhaupt nicht zu wohnen. Vielleicht ist sie abgegeben worden. Folgen Sie mir unauffällig!«

Sie stiegen in den Keller. Hier standen in langen Reihen

viele Schränke. Kasimir schloß einen nach dem anderen auf. In jedem Schrank waren vier Fächer. Und in jedem Fach stand ein Mensch. Das waren die Leute, die polizeilich nicht gemeldet waren, und andere, die total vergessen hatten, wo sie wohnten. Und schließlich Kinder, die nicht mehr wußten, wie sie hießen.

»Das ist ja allerhand«, meinte Hagedorn erschrocken. Die Erwachsenen standen verärgert oder auch versonnen in ihren Fächern. Die Kinder weinten. Es war ein ausgesprochen trauriger Anblick. In einem Fach stand ein alter Gelehrter, ein Historiker übrigens; der hielt sich für einen vergessenen Regenschirm und verlangte von Kasimir, man solle ihn endlich zumachen. Er hatte die Arme ausgebreitet und die Beine gespreizt. Und er sagte fortwährend: »Es regnet doch gar nicht mehr!« Fritz schlug die Tür zu.

Sie hatten schon fast in alle Schränke geguckt. Aber Hildegard hatten sie noch immer nicht gefunden.

Fritz hielt plötzlich die Hand hinters Ohr. »Im letzten Schrank heult ein Fräulein!«

Der Schneemann schloß die Tür auf. In der äußersten Ecke, mit dem Rücken zum Beschauer, stand ein junges Mädchen und weinte heftig.

Hagedorn stieß einen Freudenschrei aus. Dann sagte er gerührt: »Herr Schneepo, das ist sie.«

»Sie steht verkehrt«, knurrte Kasimir. »Ich sehe keine Grübchen.«

»Hilde!« rief Fritz. »Schau uns, bitte, an! Sonst mußt du hierbleiben.« Hilde drehte sich um. Das kleine hübsche Gesicht war total verheult.

»Ich sehe keine Grübchen«, sagte der Schneemann. »Ich schließe wieder zu.«

»Hildchen!« rief Fritz. »Lach doch mal! Der Onkel will nicht glauben, daß du ein Grübchen hast. Tanze ihm den sterbenden Schwan vor! Stehen Sie auf, teuerste Gräfin! Morgen versetzen wir deinen Ring und fahren für zweitausend Mark Achterbahn! Aber lache! Lache!« Es war vergebens. Hilde erkannte ihn nicht. Sie lächelte nicht und lachte nicht. Sie stand in der Ecke und weinte. Kasimir steckte den Schlüssel ins Türschloß. Fritz fiel ihm in den Arm. Der Schneemann packte den jungen Mann am Schopf und schüttelte ihn.

»Unterlassen Sie das!« rief Hagedorn wütend.

»Na, na, na«, sagte jemand. »Kommen Sie zu sich!«

Vor ihm stand der Zugschaffner. »Bitte, die Fahrkarten!« Und draußen dämmerte der Tag.

Am Morgen klingelte es bei Frau Hagedorn in der Mommsenstraße. Die alte Dame öffnete. Draußen stand Karlchen, der Lehrling des Fleischermeisters Kuchenbuch.

»Hallo!« sagte sie. »Telefoniert mein Sohn schon wieder?«

Karlchen schüttelte den Kopf. »Einen schönen Gruß von meinem Meister, und heute wäre die Überraschung noch größer als vorgestern. Und Sie sollen, bitte, nicht erschrecken. Sie bekommen Besuch.«

»Besuch?« meinte die alte Dame. »Über Besuch erschrickt man nicht! Wer kommt denn?«

Von der Treppe her rief es: »Kuckuck! Kuckuck!«

Mutter Hagedorn schlug die Hände überm Kopf zusammen. Sie lief ins Treppenhaus und blickte um die Ecke. Eine Etage tiefer saß ihr Junge auf den Stufen und nickte ihr zu.

»Da hört sich doch alles auf!« sagte sie. »Was willst du denn in Berlin, du Lausejunge? Du gehörst doch nach Bruckbeuren! Steh auf, Fritz! Die Stufen sind zu kalt.«

»Muß ich gleich wieder zurückfahren?« fragte er. »Oder kriege ich erst 'ne Tasse Kaffee?«

»Marsch in die gute Stube«, befahl sie. Er kam langsam herauf und schlich mit seinem Koffer an ihr vorbei, als habe er Angst. Karlchen lachte naiv und verzog sich. Mutter und Sohn spazierten Arm in Arm in die Wohnung. Während sie frühstückten, berichtete Fritz ausführlich von den Ereignissen des Vortags. Dann las er die beiden Abschiedsbriefe vor.

»Da stimmt etwas nicht, mein armer Junge«, meinte die Mutter tiefsinnig. »Du bist mit deiner Vertrauensseligkeit wieder einmal hineingefallen. Wollen wir wetten?«

»Nein«, erwiderte er.

»Du bildest dir immer ein, man merke auf den ersten Blick, ob an einem Menschen etwas dran ist oder nicht«, sagte sie. »Wenn du recht hättest, müßte die Welt ein bißchen anders aussehen. Wenn alle ehrlichen Leute ehrlich ausschauten und alle Strolche wie Strolche, dann könnten wir lachen. Die schöne Reise haben sie dir verdorben. Am nächsten Ersten mußt du ins Büro. Eine Woche zu früh bist du abgereist. Man könnte mit dem Fuß aufstampfen!«

»Aber gerade deswegen hat sich Eduard wahrscheinlich nicht von mir verabschiedet!« rief er. »Er fürchtete, ich käme mit, und er wollte, ich solle in Bruckbeuren bleiben! Er dachte doch nicht, daß ich erführe, wie abscheulich man ihn behandelt hat.«

»Dann konnte er wenigstens seine Berliner Adresse dazuschreiben«, sagte die Mutter. »Ein Mann mit Herzensbildung hätte das getan. Da kannst du reden, was du willst. Und warum hat sich das Fräulein nicht von dir verabschiedet? Und warum hat denn sie keine Adresse angegeben? Von einem Mädchen, das du heiraten willst, können wir das verlangen! Alles, was recht ist.«

»Du kennst die zwei nicht«, entgegnete er. »Sonst würdest du das alles ebensowenig verstehen wie ich. Man kann sich in den Menschen täuschen. Aber so sehr in ihnen täuschen, das kann man nicht.«

»Und was wird nun?« fragte sie. »Was wirst du tun?« Er stand auf, nahm Hut und Mantel und sagte: »Die beiden suchen!«

Sie schaute ihm vom Fenster aus nach. Er ging über die Straße. ›Er geht krumm‹, dachte sie. ›Wenn er krumm geht, ist er traurig.‹ Während der nächsten fünf Stunden hatte Doktor Hagedorn anstrengenden Dienst. Er besuchte

Leute, die Eduard Schulze hießen. Es war eine vollkommen blödsinnige Beschäftigung. So oft der Familienvorstand selber öffnete, mochte es noch angehen. Dann wußte Fritz wenigstens sofort, daß er wieder umkehren konnte. Er brauchte nur zu fragen, ob etwa eine Tochter namens Hildegard vorhanden sei. Wenn aber eine Frau Schulze auf der Bildfläche erschien, war die Sache zum Auswachsen. Man konnte schließlich nicht einfach fragen: »War Ihr Herr Gemahl bis gestern in Bruckbeuren? Haben Sie eine Tochter? Ja? Heißt sie Hilde? Nein? Guten Tag!«

Er versuchte es auf jede Weise. Trotzdem hatte er den Eindruck, überall für verrückt gehalten zu werden. Besonders schlimm war es in der Prager Straße und auf der Masurenallee.

In der Prager Straße rief die dortige Frau Schulze empört: »Also in Bruckbeuren war der Lump? Mir macht er weis, er käme aus Magdeburg. Hatte er ein Frauenzimmer mit? Eine dicke Rotblonde?«

»Nein«, sagte Fritz. »Es war gar nicht Ihr Mann. Sie tun ihm unrecht.«

»Und wieso kommen Sie dann hierher? Nein, nein, mein Lieber! Sie bleiben hübsch hier und warten, bis mein Eduard nach Hause kommt! Dem werde ich helfen!«

Hagedorn mußte sich mit aller Kraft losreißen. Er floh. Sie schimpfte hinter ihm her, daß das Treppenhaus wackelte.

Ja, und bei den Schulzes auf der Masurenallee existierte eine Tochter, die Hildegard hieß! Sie war zwar nicht zu Hause. Aber der Vater war da. Er bat Fritz in den Salon.

»Sie kennen meine Tochter?« fragte der Mann.

»Ich weiß nicht recht«, sagte Fritz verlegen. »Vielleicht ist sie's. Vielleicht ist sie's nicht. Haben Sie zufällig eine Fotografie der jungen Dame zur Hand?«

Herr Schulze lachte bedrohlich. »Ich will nicht hoffen, daß Sie meine Tochter nur im Dunkeln zu treffen pflegen!«

»Keineswegs«, erklärte Fritz. »Ich möchte nur feststellen, ob Ihr Fräulein Tochter und meine Hilde identisch sind.«

»Ihre Absichten sind doch ernst?« fragte Schulze streng.

Der junge Mann nickte.

»Das freut mich«, sagte der Vater. »Haben Sie ein gutes Einkommen! Trinken Sie?«

»Nein«, meinte Fritz. »Das heißt, ich bin kein Trinker. Das Gehalt ist anständig. Bitte, zeigen Sie mir eine Fotografie!«

Herr Schulze stand auf. »Nehmen Sie mir's nicht übel! Aber ich glaube, Sie haben einen Stich.« Er trat zum Klavier, nahm ein Bild herunter und sagte: »Da!«

Hagedorn erblickte ein mageres, häßliches Fräulein. Es war eine Aufnahme von einem Kostümfest. Hilde Schulze war als Pierrot verkleidet und lächelte neckisch. Daß sie schielte, konnte am Fotografen liegen. Aber daß sie krumme Beine hatte, war nicht seine Schuld. »Allmächtiger!« flüsterte er. »Hier liegt ein Irrtum vor. Verzeihen Sie die Störung!« Er stürzte in den Korridor, geriet statt auf die Treppe in ein Schlafzimmer, machte kehrt, sah Herrn Schulze wie einen rächenden Engel nahen, öffnete glücklicherweise die richtige Tür und raste die Treppe hinunter.

Nach diesem Erlebnis fuhr er mit der Straßenbahn heim. Dreiundzwanzig Schulzes hatte er absolviert.

Er hatte noch gute fünf Tage zu tun.

Seine Mutter kam ihm aufgeregt entgegen: »Was glaubst du, wer hier war?«

Er wurde lebendig. »Hilde?« fragte er. »Oder Eduard?«

»Ach wo«, entgegnete sie.

»Ich gehe schlafen«, meinte er müde. »Spätestens in drei Tagen nehme ich einen Detektiv.«

»Tu das, mein Junge. Aber heute abend gehen wir aus. Wir sind eingeladen. Ich habe dir ein bildschönes Oberhemd besorgt. Und eine Krawatte. Blau und rot gestreift.«

»Vielen Dank«, sagte er und sank auf einen Stuhl. »Wo sind wir denn eingeladen?«

Sie faßte seine Hand. »Bei Geheimrat Tobler.«

Er zuckte zusammen.

»Ist das nicht großartig?« fragte sie eifrig. »Denke dir an! Es klingelte dreimal. Ich gehe hinaus. Wer steht draußen? Ein Chauffeur in Livree. Er fragt, wann du aus Bruckbeuren zurückkämst? ›Mein Sohn ist schon da‹, sage ich. ›Er kam heute früh an.‹ Er verbeugt sich und sagt: ›Geheimrat Tobler bittet Sie und Ihren Herrn Sohn, heute abend seine Gäste zu sein. Es handelt sich um ein einfaches Abendbrot. Der Geheimrat möchte seinen neuen Mitarbeiter kennenlernen.‹ Dann druckste er ein bißchen herum. Endlich meinte er: ›Kommen Sie, bitte, nicht in großer Toilette. Der Herr Geheimrat mag das nicht besonders. Ist Ihnen acht Uhr abends recht?‹ Ein reizender Mensch. Er wollte uns im Auto abholen. Ich habe aber gesagt, wir führen lieber mit der Straßenbahn. Die 176 und die 76 halten ja ganz in der Nähe. Und große Toiletten, habe ich gesagt, hätten wir sowieso nicht, da brauchten sie keine Bange zu haben.« Sie sah ihren Sohn erwartungsvoll an.

»Da müssen wir ja wohl hingehen«, meinte er.

Frau Hagedorn traute ihren Ohren nicht. »Deinen Kummer in allen Ehren, mein Junge«, sagte sie dann. »Aber du solltest dich wirklich ein bißchen zusammennehmen!« Sie fuhr ihm sanft übers Haar. »Kopf hoch, Fritz! Heute gehen wir zu Toblers! Ich finde es sehr aufmerksam von dem Mann. Eigentlich hat er es doch gar nicht nötig, wie? Ein Multimillionär, der einen Konzern besitzt, sicher hat er tausend Angestellte. Wenn der mit allen Angestellten Abendbrot essen wollte! Es ist schließlich eine Ehre. Heute erledigen wir das Geschäftliche. Ich ziehe das Schwarzseidene an. Eine alte Frau braucht nicht modern herumzulaufen. Wenn ich ihm nicht fein genug bin, kann ich ihm auch nicht helfen.«

»Natürlich, Muttchen«, sagte er.

»Siehst du wohl«, meinte sie. »Zerbrich dir wegen deiner zwei Schulzes nicht den Kopf, mein Junge! Morgen ist auch noch ein Tag.«

Er lächelte bekümmert. »Und was für ein Tag!« sagte er. Dann ging er aus dem Zimmer.

Das dicke Ende

Fritz Hagedorn und seine Mutter folgten dem Diener, der ihnen das Parktor geöffnet hatte. Zwischen den kahlen Bäumen schimmerten in regelmäßigen Abständen große Kandelaber. Auf der Freitreppe flüsterte die Mutter: »Du, das ist ja ein Schloß!«

In der Halle nahm ihnen der Diener die Hüte und die Mäntel ab. Er wollte der alten Dame beim Ausziehen der Überschuhe behilflich sein. Sie setzte sich, drückte ihm den Schirm in die Hand und sagte: »Das fehlte gerade noch!«

Sie stiegen ins erste Stockwerk. Er schritt voraus. In einer Treppennische stand ein römischer Krieger aus Bronze. Mutter Hagedorn deutete hinüber.

»Der paßt auf, daß nichts wegkommt.«

Der Diener öffnete eine Tür. Sie traten ein. Die Tür schloß sich geräuschlos. Sie standen in einem kleinen Biedermeiersalon. Am Fenster saß ein Herr. Jetzt erhob er sich.

»Eduard!« rief Fritz und stürzte auf ihn los. »Gott sei Dank, daß du wieder da bist! Der olle Tobler hat dich auch eingeladen? Das finde ich ja großartig. Mutter, das ist er! Das ist mein Freund Schulze. Und das ist meine Mutter.«

Die beiden begrüßten sich. Fritz war aus dem Häuschen. »Ich habe dich wie eine Stecknadel gesucht. Sag mal, stehst du überhaupt im Adreßbuch? Und weißt du, wo Hilde wohnt? Schämst du dich denn gar nicht, daß du mich in Bruckbeuren hast sitzenlassen? Und wieso sind Hilde und Tante Julchen mitgefahren? Und Herr Kesselhuth auch? Einen schönen Anzug hast du an. Auf Verdacht oder auf Vorschuß, wie?« Der junge Mann klopfte seinem alten Freund fröhlich auf die Schulter.

Eduard kam nicht zu Worte. Er lächelte unsicher. Sein Konzept war ihm verdorben worden. Fritz hielt ihn noch immer für Schulze! Es war zum Davonlaufen!

Mutter Hagedorn setzte sich und zog einen Halbschuh aus. »Es gibt anderes Wetter«, sagte sie erläuternd. »Herr Schulze, ich freue mich, Sie kennenzulernen. Einen hätten wir also, mein Junge. Das Fräulein Braut werden wir auch noch finden.«

Es klopfte. Der Diener trat ein. »Fräulein Tobler läßt fragen, ob die gnädige Frau vor dem Essen ein wenig mit ihr plaudern möchte.«

»Was denn für eine gnädige Frau?« erkundigte sich die alte Dame.

»Wahrscheinlich sind Sie gemeint«, sagte Eduard.

»Das wollen wir aber nicht einführen«, knurrte sie. »Ich bin Frau Hagedorn. Das klingt fein genug. Na schön, gehen wir plaudern. Schließlich ist das Fräulein die Tochter eures Chefs.« Sie zog ihren Schuh wieder an, schnitt ein Gesicht, nickte den zwei Männern vergnügt zu und folgte dem Diener.

»Warum bist du denn schon wieder in Berlin?« fragte Eduard.

»Erlaube mal!« sagte Fritz beleidigt. »Als mir der Türhüter Polter mitteilte, was vorgefallen war, gab es doch für Hagedorn kein Halten mehr.«

»Die Casparius ließ mir durch den Direktor zweihundert Mark anbieten, falls ich sofort verschwände.«

»So ein freches Frauenzimmer«, meinte Fritz. »Sie wollte mich verführen. Das liegt auf der Hand. Du warst ihrem Triebleben im Wege. Menschenskind, die wird Augen gemacht haben, als ich weg war!« Er sah seinen Freund liebevoll an. »Daß ich dich erwischt habe! Nun fehlt mir nur noch Hilde. Dann ist das Dutzend voll. – Warum ist sie eigentlich auch getürmt? Hat sie dir ihre Adresse gegeben?«

Es klopfte. Die Tür zum Nebenzimmer öffnete sich. Der

Diener erschien und verschwand. Eduard stand auf und ging hinüber. Fritz folgte vorsichtig.

»Aha!« sagte er. »Der Arbeitsraum des Wirtschaftsführers. Da wird er wohl bald persönlich auftauchen. Eduard, mach keine Witze! Gleich setzt du dich auf einen anderen Stuhl!«

Eduard hatte sich nämlich hinter den Schreibtisch gesetzt.

Fritz war ärgerlich. »Wenn der olle Tobler keinen Spaß versteht, fliegen wir raus! Setz dich woanders hin! Ich will doch heiraten, Eduard!«

Aber der andere blieb hinterm Schreibtisch sitzen. »Nun höre, bitte, mal zu«, bat er. »Ich habe dich in Bruckbeuren ein bißchen belogen. Es war mir gar nicht angenehm. Ich lüge ungern. Höchst ungern! Aber in dem verdammten Hotel hatte ich nicht die Courage zur Wahrheit. Ich hatte Angst, du könntest mich mißverstehen.«

»Eduard«, sagte der junge Mann. »Nun wirst du albern! Quatsch keine Opern! Heraus mit der Sprache! Inwiefern hast du mich beschwindelt? Setze dich aber, ehe du antwortest, auf einen anderen Stuhl. Es macht mich nervös.«

»Die Sache ist die«, fing Eduard an. »Mit dem Stuhl hängt es auch zusammen. Es fällt mir schrecklich schwer. Also …«

Da klopfte es wieder einmal. Der Diener trat ein, sagte: »Es ist serviert, Herr Geheimrat!« und ging.

»Was ist los?« fragte Hagedorn und stand auf. »Was hat der Lakai zu dir gesagt? Geheimrat?«

Eduard zuckte verlegen die Achseln. »Stell dir vor!« meinte er. »Ich kann's nicht ändern, Fritz. Sei mir nicht böse, ja? Ich bin der olle Tobler.«

Der junge Mann faßte sich an den Kopf. »Du bist Tobler? Du warst der Millionär, für den man mich gehalten hat? Deinetwegen hatte ich drei Katzen im Zimmer und Ziegelsteine im Bett?«

Der Geheimrat nickte. »So ist es. Meine Tochter hatte hinter meinem Rücken telefoniert. Und als du und ich ankamen, wurden wir verwechselt. Ich konnte mein Inkognito nicht aufgeben. Ich hatte das Preisausschreiben doch unter dem Namen Schulze gewonnen! Siehst du das ein?«

Hagedorn machte eine steife Verbeugung. »Herr Geheimrat, unter diesen Umständen möchte ich Sie bitten …«

Tobler sagte: »Fritz, sprich nicht weiter! Ich bitte dich darum. Rede jetzt keinen Unsinn, ja? Ich verbiete es dir!«

Er trat zu dem jungen Mann, der ein störrisches Gesicht machte. »Was fällt dir eigentlich ein? Ist dir unsere Freundschaft so wenig wert, daß du sie ganz einfach wegwerfen willst? Bloß, weil ich Geld habe? Das ist doch keine Schande!« Er packte den jungen Mann am Arm und ging mit ihm im Zimmer auf und ab. »Schau her! Daß ich mich als armer Mann verkleidete, das war wenig mehr als ein Scherz. Ich wollte einmal ohne den fatalen Nimbus des Millionärs unter Menschen gehen. Ich wollte ihnen näherkommen. Ich wollte erleben, wie sie sich zu einem armen Mann benehmen. Nun, der kleine Scherz ist erledigt. Was ich erleben wollte, hat wenig zu bedeuten, wenn ich's mit dem vergleiche, was ich erlebt habe. Ich habe einen Freund gefunden. Endlich einen Freund, mein Junge! Komm, gib dem ollen Tobler die Hand!« Der Geheimrat streckte Fritz die Hand entgegen. »Donnerwetter noch einmal, du Dickschädel! Wird's bald?« Fritz ergriff die dargebotene Hand. »Geht in Ordnung, Eduard«, sagte er. »Und nichts für ungut!«

Als sie das Speisezimmer betraten, meinte der Geheimrat: »Wir sind natürlich die ersten. Daß die Frauen immer so lange klatschen müssen!«

»Ja, richtig«, sagte Hagedorn. »Du hast eine Tochter. Wie alt ist denn das Ganze?«

Tobler schmunzelte. »Sie befindet sich im heiratsfähigen Alter und ist seit ein paar Tagen verlobt.«

»Fein«, meinte Fritz. »Ich gratuliere. Nun aber ernsthaft: Weißt du wirklich nicht, wo Hilde wohnt?«

»Sie hat mir keine Adresse angegeben«, erwiderte der

Geheimrat diplomatisch. »Aber du wirst sie schon noch kriegen. Die Hilde und die Adresse.«

»Ich habe auch so das Gefühl«, sagte der junge Mann. »Aber wenn ich sie erwische, kann sie was erleben! Sonst denkt sie womöglich, ich lasse mich in der Ehe auf den Arm nehmen. Da muß man rechtzeitig durchgreifen. Findest du nicht auch?«

Durch eine Tür, die sich öffnete, rollte ein Servierwagen. Ein grauhaariger Diener folgte. Er schob den mit Schüsseln beladenen Wagen vor sich her und hielt den Kopf gesenkt. Als das Fahrzeug stillstand, hob er das Gesicht und sagte: »Guten Abend, Herr Doktor.«

»'n Abend«, entgegnete Hagedorn. Dann aber sprang er hoch.

»Herr Kesselhuth!«

Der Diener nickte. »In der Tat, Herr Doktor.«

»Und die Reederei?«

»War Rederei«, erklärte der Geheimrat. »Johann ist mein alter Diener. Ich wollte nicht allein nach Bruckbeuren fahren. Deshalb mußte er den Schiffahrtsbesitzer spielen. Er hat seine Rolle glänzend gespielt.«

»Es war nicht leicht«, sagte Johann bescheiden.

Fritz fragte: »Widerspricht es Ihrer Berufsauffassung, wenn ich Ihnen herzhaft die Hand schüttle?«

Johann sagte: »Im vorliegenden Fall darf ich, glaube ich, eine Ausnahme machen.«

Fritz drückte ihm die Hand. »Jetzt begreife ich erst, warum Sie über Eduards Zimmer so entsetzt waren. Ihr habt mich ja schön angeschmiert!«

Johann sagte: »Es war kein Zimmer, sondern eine Zumutung.«

Fritz setzte sich wieder. Der alte, vornehme Diener tat die Schüsseln auf den Tisch. Der junge Mann meinte lachend: »Wenn ich bedenke, daß ich mich deinetwegen habe massieren lassen müssen, dann müßte ich von Rechts wegen unversöhnlich sein. Ach, ich habe dir übrigens einen alten Zinnkrug gekauft. Und Ihnen, Johann, eine Kiste Havanna. Und für Hilde ein Paar Ohrgehänge. Die kann ich mir jetzt durch die Nase ziehen.«

»Vielen Dank für die Zigarren, Herr Doktor«, meinte Johann.

Hagedorn schlug auf den Tisch. »Ach, das wißt ihr ja noch gar nicht! Bevor ich wegfuhr, habe ich doch dem Hoteldirektor und dem Portier mitgeteilt, daß ich gar kein verkleideter Millionär wäre! So lange Gesichter, wie es da zu sehen gab, sind selten.«

Tobler fragte: »Johann, hat Generaldirektor Tiedemann angerufen?«

»Noch nicht, Herr Geheimrat.« Der Diener wandte sich an Hagedorn. »Der Toblerkonzern wird heute oder morgen das Grandhotel Bruckbeuren kaufen. Und dann fliegen die beiden Herren hinaus.«

»Aber Eduard«, sagte Fritz. »Du kannst doch zwei Angestellte nicht für den Hochmut der Gäste büßen lassen! Es waren zwei Kotzbrocken, zugegeben. Doch dein Einfall, als eingebildeter Armer in einem Luxushotel aufzutreten, war auch reichlich schwachsinnig.«

»Johann, hat er recht?« fragte der Geheimrat.

»So ziemlich«, gab der Diener zu. »Der Ausdruck ›schwachsinnig‹ erscheint mir allerdings etwas hart.«

Die Herren lachten.

Da kam Hagedorns Mutter hereinspaziert. »Wo man lacht, da laß dich ruhig nieder«, sagte sie. Fritz sah sie fragend an. »Ich weiß Bescheid, mein Junge, Fräulein Tobler hat mich eingeweiht. Sie hat große Angst vor dir. Sie ist daran schuld, daß du ein paar Tage Millionär warst. Übrigens ein bezauberndes Mädchen, Herr Geheimrat!«

»Ich heiße Tobler«, erwiderte er. »Sonst nenne ich Sie gnädige Frau!«

»Ein bezauberndes Mädchen, Herr Tobler!« meinte die

alte Dame. »Schade, daß ihr beiden schon verlobt seid, Fritz!«

»Wir könnten ja Doppelhochzeit feiern«, schlug Hagedorn vor.

»Das wird sich schlecht machen lassen«, sagte der Geheimrat.

Plötzlich klatschte Fritzens Mutter dreimal in die Hände. Daraufhin öffnete sich die Tür. Ein junges Mädchen und eine alte Dame traten ein. Der junge Mann stieß unartikulierte Laute aus, riß einen Stuhl um, rannte auf das Fräulein los und umarmte sie. »Endlich«, flüsterte er nach einer Weile. »Mein Liebling«, sagte Hildegard. »Bist du mir sehr böse?« Er preßte sie noch fester an sich.

»Machen Sie Ihre Braut nicht kaputt«, meinte die Dame neben ihm. »Es nimmt sie Ihnen ja keiner weg.«

Er trat einen Schritt zurück. »Tante Julchen? Wie kommt ihr denn eigentlich hierher? Ach so, Eduard hat euch eingeladen, um mich zu überraschen.«

Das junge Mädchen sah ihn an. Mit ihrem kerzengeraden Blick.

»Es liegt anders, Fritz. Erinnerst du dich, was ich dir in Bruckbeuren antwortete, als du mich nach meinem Namen fragtest?«

»Klar«, meinte er. »Du sagtest, du heißt Schulze.«

»Du irrst dich. Ich sagte, ich hieße genauso wie dein Freund Eduard.«

»Na ja! Eduard hieß doch Schulze!«

»Und wie heißt er jetzt?«

Fritz blickte von ihr zu dem Tisch hinüber. Dann sagte er: »Du bist seine Tochter? Ach, du liebes bißchen!«

Sie nickte. »Wir hatten solche Angst. Und da fuhr ich mit Frau Kunkel los. Wir wußten durch Johanns Briefe, wie sehr Vater schikaniert wurde.«

»So ist das«, meinte er. »Und Tante Julchen ist gar nicht deine Tante?«

»O nein«, sagte die Kunkel. »Ich bin die Hausdame. Mir genügt's.«

»Mir auch«, meinte Hagedorn. »Keiner war der, der er schien. Und ich Riesenroß habe alles geglaubt. Ein Glück, daß ich nicht Detektiv geworden bin!« Er gab der Kunkel die Hand. »Ich bin sehr froh, daß Sie nicht die Tante sind. Die Übersicht könnte darunter leiden. Ich habe bereits einen Freund, der mein Schwiegervater wird. Und meine zukünftige Frau ist die Tochter meines Schwiegervaters, nein, meines Freundes. Und außerdem ist mein Freund mein Chef.«

»Vergiß nicht, dir deine Arbeiten wiedergeben zu lassen«, mahnte die Mutter.

»Sie liegen schon in meinem Büro«, sagte Tobler. »Ich kann dir nicht helfen, mein Junge. Du wirst Direktor unserer Propagandazentrale. Später mußt du dich auch in die übrige Materie einarbeiten. Ich brauche einen Nachfolger. Und zwar einen, der sich mehr um den Konzern kümmert, als ich es getan habe. Ich werde nur noch Briefmarken sammeln und mich mit deiner Mutter für unsere Enkelkinder interessieren.«

»Nur nicht drängeln«, sagte Hilde. »Wenn du Fritz mit dem Konzern verheiratest, gehe ich ins Kloster. Dann könnt ihr sehen, wo ihr bleibt.«

»Die Enkel sind mir wichtiger«, meinte Mutter Hagedorn. Der Geheimrat tröstete die alte Dame. »Abends hat er Zeit.«

Sie setzten sich alle. Hilde und Fritz rückten eng zusammen. Johann öffnete die dampfende Terrine.

»Was gibt's denn?« fragte Tobler.

Die Kunkel faltete die Hände überm Kleid und sagte: »Nudeln mit Rindfleisch.«

Als sie nach dem Essen Kaffee und Kognak tranken, klingelte das Telefon. Johann ging an den Apparat. »General-direktor Tiedemann möchte Sie sprechen, Herr Geheimrat.« Er hielt Tobler den Hörer entgegen. »Es ist sicher wegen des Hotelkaufs.«

»Eduard!« rief Fritz. »Sei so lieb und schmeiße den Portier und den Direktor nicht hinaus!«

»Wozu hat er denn dann das Hotel kaufen lassen?« fragte Frau Kunkel. »Die Kerls fliegen. Wurst wider Wurst.«

Der Geheimrat stand am Telefon. »'n Abend, Tiedemann. Ich dachte mir's schon. Ja, wegen des Hotels. Nun und? Was? Der Besitzer will es nicht verkaufen? Zu gar keinem Preis?«

Die anderen saßen am Tisch und lauschten gespannt.

Der Geheimrat zog ein erstauntes Gesicht. »Nur mir will er's nicht verkaufen? Ja, warum denn nicht?« Eine Sekunde später begann Tobler laut zu lachen. Er legte den Hörer auf die Gabel, kam lachend zum Tisch zurück, setzte sich und lachte weiter.

Die anderen wußten nicht, was sie davon halten sollten.

»Nun rede schon!« bat Fritz. »Warum kannst du das Hotel nicht kaufen?«

Der Geheimrat sagte: »Weil es mir schon gehört.«

DIE
VERSCHWUNDENE
MINIATUR

(1935)

Papa Külz ißt einen Aufschnitt

Jener Platz in Kopenhagen, an dem die Königliche Oper steht, heißt der Kongens Nytorv. Es ist ein außerordentlich freundlicher, geräumiger Platz. Und will man ihn mit der Muße betrachten, auf die er Anspruch hat, setzt man sich am besten vors Hotel d'Angleterre.

Unter freiem Himmel, vor der Front des Hotels, stehen in langen Reihen Stühle und Tische. Gäste aus aller Welt sitzen nebeneinander, lassen sich sorgfältig bedienen und finden sich notgedrungen mit den Annehmlichkeiten des Lebens ab. Übrigens kehren kein Stuhl und kein Gast dem Platz den Rücken. Man sitzt wie im Parterre eines vornehm bewirtschafteten Freilichttheaters, blickt gemeinschaftlich zur Fassade des Opernhauses hinüber und ergötzt sich an dem heiteren Treiben, das die Kopenhagener Bürger ihren Fremden darzubieten gewohnt sind.

Es ist schon recht sonderbar mit diesem Kongens Nytorv! Man mag jahrelang nicht mehr in Dänemark gewesen sein, und inzwischen gab's auf jeden Fall in etlichen Staaten Revolution, vielleicht wurde der Usurpator von Afghanistan von den Parteigängern seines Cousins aufgeknüpft, und in Japan stürzten bei einem Erdbeben mindestens zehntausend Häuser ein, als seien sie aus Altenburger Skatkarten erbaut gewesen – wenn man dann wieder aus der Amagergade herauskommt, sich nach links wendet und zum d'Angleterre blickt, sitzen noch immer jene eleganten Frauen und distinguierten Fremden, in fünf Reihen gestaffelt, vorm Hotel, unterhalten sich in einem Dutzend Sprachen, mustern geduldig das fröhliche Treiben und verbergen mühsam hinter der Gelassenheit ihrer Mienen, wie gut die dänische Küche schmeckt.

Am Kongens Nytorv steht die Zeit still.

Infolge dieses Umstandes erübrigt es sich begreiflicherweise, den Zeitpunkt näher zu bestimmen, an dem Fleischermeister Oskar Külz den Platz überquerte und aufs
Hotel d'Angleterre zusteuerte.

Külz trug einen grünen imprägnierten Lodenanzug,
einen braunen Velourhut und einen buschigen, graumelier-
ten Schnurrbart. In der rechten Hand hielt er einen knorri-
gen Spazierstock, in der linken Griebens Reiseführer für
»Kopenhagen und Umgebung«.

Vor der Balustrade, hinter der die vordersten Tische
standen, machte er halt und blickte nachdenklich und
zögernd über die an den Stuhlketten aufgereihten Gäste
hin. Hierbei bemerkte er, daß sich eine sehr geputzte und
lackierte Dame flüsternd zu ihrem Begleiter beugte, und
daß dieser ihn musterte und milde belächelte, als gelte es
etwas zu verzeihen.

Das war entscheidend. Hätte jener Herr nicht gelächelt,
so wäre Fleischermeister Külz weitergegangen. Und dann
hätte die Geschichte, die jetzt allmählich beginnt, einen anderen Verlauf nehmen müssen, als sie schließlich und tatsächlich nahm.

So aber murmelte Külz das Wort »Schafszipfel« und
setzte sich protzig und breitspurig an ein freies Tischchen.
Damit geriet er in das Räderwerk von Ereignissen, die ihn
zwar nichts angingen und die ihn doch in kürzester Zeit fünf
Pfund seines Lebendgewichts kosten sollten.

Als Külz sich setzte, stöhnte der zierliche Stuhl vor
Schmerz auf. Ein Pikkolo flitzte herbei und fragte: »Please,
Sir?«

Der Gast schob den Velourhut ins Genick. »Menschenskind, ich kann kein Dänisch. Bring mir ein Töpfchen Helles! Aber ein großes Töpfchen.«

Der Pikkolo verstand nichts, verneigte sich und verschwand im Hotel. Külz rieb sich die Hände. Dann tauchte

ein befrackter Kellner auf. »Womit kann ich Ihnen dienen, mein Herr?«

Der Gast blickte mißtrauisch hoch. »Mit einem großen Pilsner«, erklärte er. »Schicken Sie mir nun noch den Geschäftsführer auf den Hals, oder ist es Ihnen lieber, wenn ich ein schriftliches Gesuch einreiche?«

»Ein Pilsner, sehr wohl!«

»Und was zum Essen. Einen kleinen Aufschnitt, wenn's nicht zuviel Umstände macht. Mit verschiedenen Wurstsorten. Mich interessiert eure dänische Wurst beruflich. Ich bin ein Berliner Fleischermeister.«

Der Kellner verriet nicht, was er dachte, verneigte sich statt dessen und verschwand.

Külz stellte seinen Spazierstock an die Balustrade, stülpte den braunen Velourhut auf den vergilbten Horngriff und lehnte sich wohlgemut zurück.

Die Stuhllehne ächzte.

Er betrachtete Stuhl und Tisch und sagte bekümmert: »Die reinsten Konfirmandenmöbel!«

Diese Bemerkung brachte es mit sich, daß ein Fräulein, das allein am Nebentisch saß, lachen mußte.

Oskar Külz war überrascht. Er drehte den Oberkörper halbrechts, machte eine ungeschickte Verbeugung und sagte: »Entschuldigen Sie vielmals!«

Das Fräulein nickte ihm munter zu. »Wieso? Ich bin auch aus Berlin.«

»Aha!« erwiderte er. »Deshalb sprechen Sie deutsch!« Anschließend wurde ihm die bodenlose Tiefsinnigkeit seiner Schlußfolgerung klar. Er schüttelte, ärgerlich über sich selber, den Kopf und stellte sich, da ihm nichts Klügeres einfiel, vor. »Mein Name ist Külz«, sagte er.

Sie schlug die Hände zusammen. »Sie sind Herr Külz? Nein, das ist lustig! Dann kaufen wir ja unser Fleisch bei Ihnen!«

»Bei Oskar Külz?«

»Das weiß ich nicht. Gibt es denn mehrere Külze?«

»Das kann man wohl sagen.«

»Am Kaiserdamm.«

»Das ist Otto, mein Jüngster.«

»Eine ausgezeichnete Fleischerei«, versicherte sie.

»Doch, doch. Aber von Leberwurst versteht er nichts. Da sollten Sie mal bei Hugo Leberwurst kaufen! Das ist mein zweiter Junge. In der Schloßstraße in Steglitz. Der macht Leberwurst! Meine Herren!«

»Ein bißchen weit, wenn man am Kaiserdamm wohnt«, meinte sie. »Trotz seiner Leberwurst.«

»Dafür hat Hugo nun wieder keine blasse Ahnung von Fleischsalat. Der ist ihm nicht beizubringen!« erklärte Vater Külz streng.

»So, so«, sagte das Fräulein.

»Fleischsalat, das ist die Spezialität von Erwin. Dem Mann meiner ältesten Tochter. In der Landsberger Allee. Erwin macht Ihnen eine Mayonnaise – dafür lassen Sie alles andere stehen und liegen, Fräulein!«

»Und wo ist Ihr eigenes Geschäft?« fragte sie eingeschüchtert. Die vielen Fleischermeister begannen ihr langsam über den Kopf zu wachsen.

»In der Yorckstraße«, sagte er. »Im vorigen Oktober hatte ich das dreißigjährige Jubiläum. Mein Bruder Karl hat's im nächsten Jahr. Im April. Nein, im Mai.«

»Ihr Bruder ist auch Fleischer?« fragte sie besorgt.

»Natürlich! Mit drei Schaufenstern! Am Spittelmarkt. Und Arno, mein Ältester, auch. Der hat seinen Laden am Breitenbachplatz. Na, und Georg, mein andrer Schwiegersohn, hat sein Geschäft in der Uhlandstraße. Dabei wollte Hedwig, meine zweite Tochter, alles andre eher heiraten – einen Lehrer oder einen Klavierspieler oder einen Feuerwehrmann, nur keinen Fleischer! Und dann hat sie doch den Georg genommen. Der war bei mir zwei Jahre lang erster Geselle.«

»Um alles in der Welt!« sagte das Fräulein erschöpft. »Lauter Fleischer! Davon kann man ja träumen!«

»Es ist Schicksal!« meinte Külz. »Mein Großvater war Fleischer. Mein Vater war Fleischer. Mein Schwiegervater war Fleischer. Uns liegt das Wurstmachen gewissermaßen im Blut.«

»Ein schönes Bild«, behauptete das Fräulein.

In diesem Augenblick kam der Oberkellner. Er schob einen Rolltisch, behutsam wie einen Kinderwagen für Zwillinge, vor sich her. Auf dem Rolltisch befanden sich ein Glas Bier und eine Platte mit Wurst und Braten.

Wenn ein Fleischermeister beim Anblick einer Wurstplatte erschrickt, muß das besondere Gründe haben.

Külz erschrak sehr. »Das ist wohl ein Mißverständnis«, sagte er. »Ich habe einen kleinen Aufschnitt bestellt, und Sie bringen eine Platte für zwölf Personen!«

Der Kellner zuckte die Achseln. »Der Herr wollte die dänische Wurst studieren.«

»Aber doch nicht bis Weihnachten!« knurrte Külz.

Seine Nachbarin lachte und meinte: »Sie sind ein Opfer Ihres Berufs. Beißen Sie die Zähne zusammen, lieber Herr Külz, und lassen Sie sich's gut schmecken!«

Auf dem Kongens Nytorv trippelten Tauben. Blau, grau und silbergrün war ihr Gefieder. Sie nickten eifrig mit den Köpfen. Weswegen sie mit den Köpfen nickten, läßt sich schwer beurteilen. Vielleicht war es nur eine schlechte Angewohnheit? Wenn ein Auto des Wegs kam, flogen sie auf. Wie Wolken, die zum Himmel heimkehren.

Fleischermeister Külz ergriff Messer und Gabel. »Dazu bin ich nun ausgerissen«, murmelte er erschüttert.

Etliche Reihen weiter hinten, neben dem Hoteleingang, saßen zwei Herren und lasen. Vielleicht hielten sie die Zeitungen auch aus anderen Gründen vors Gesicht. Man hat sich seit Gutenbergs epochaler Erfindung zu sehr daran gewöhnt, anzunehmen, daß alle Leute, die etwas Gedrucktes vors Gesicht halten, tatsächlich lesen. Ja, wenn das so wäre!

Im vorliegenden Falle war es jedenfalls nicht so. Die beiden Herren lasen keineswegs, sondern benutzten die Zeitungen als Versteck. Über den Rand der Blätter hinweg beobachteten sie Fleischermeister Külz und das Berliner Fräulein. Der eine der Herren sah ungefähr wie ein Heldentenor aus, der sich seit seinem vierzigsten Jahre mit Rotwein statt mit Gesang beschäftigt hat. Nicht mit dem Anbau des Rotweins, sondern mit dessen Verbrauch. Die Nase konnte – will man sich eines musikalischen Ausdrucks bedienen – ein Lied davon singen. Sie war blaurot und erinnerte an Frostbeulen.

Der andere Herr war klein und unterernährt. Auch sein Gesicht war nicht mehr ganz neu. Die Ohren saßen ungewöhnlich hoch am Kopf. Wie bei einer Eule. Zudem standen sie ab, und der Sonnenschein machte sie transparent.

»Sicher eine bestellte Sache«, meinte der Tenor. Seine Stimme klang genau so, wie seine Nase aussah.

Der Kleine schwieg.

»Es soll wie ein zufälliges Zusammentreffen wirken«, fuhr der andere fort. »Ich glaube nicht an Zufälle.«

Der kleine Herr mit den verrutschten Ohren schüttelte den Kopf. »Es ist trotzdem Zufall«, meinte er. »Daß der alte Steinhövel dem Mädchen jemanden schickt, ist denkbar. Daß er einen Riesen schickt, der in Kopenhagen als Tiroler auftritt, ist Blödsinn. Ebenso gut könnte er dem Kerl ein Schild umhängen und draufschreiben, worum sich's handelt.«

»Wäre mir entschieden lieber«, sagte der Rotweinspezialist. »Immer diese Unklarheiten.«

Der Kleine lachte. »Du kannst ja rübergehen und fragen.«

Der andere knurrte, trank sein Glas leer und füllte es wieder. »Und warum hat sie ihr Hotelzimmer noch nicht gekündigt?«

»Weil sie erst morgen abreist.«

»Und weil sie auf den Tiroler gewartet hat! Paß auf, ich habe recht! So wahr ich Philipp Achtel heiße!«

»Ach, du himmlische Güte!« Der Kleine kicherte. »So wahr du Philipp Achtel heißt? Nur genau so wahr?«

Herr Achtel wurde ärgerlich. »Laß deine Anspielungen!« sagte er. Seine Stimme klang noch verrosteter als vorher. Und er fuhr sich nervös mit der Hand übers Haar.

»Es ist schon ganz hübsch nachgewachsen«, erklärte der Kleine und zwinkerte belustigt. »Man sieht dir wirklich nicht an, daß du noch gar nicht lange aus dem Sanatorium zurück bist.«

»Halte deine Schandschnauze!« sagte Herr Achtel. »Der Tiroler frißt übrigens wie ein Scheunendrescher.«

Der Kleine stand auf. »Ich rufe den Chef an. Mal hören, was er von Scheunendreschern hält.«

Beharrlich vertilgte Fleischermeister Külz eine Scheibe Wurst nach der andern. Aber es war eine Sisyphusarbeit. Schließlich legte er Besteck und Serviette beiseite, blickte unfreundlich auf die Platte, die noch reich beladen war, und zuckte die Achseln. »Ich geb's auf!« murmelte er und lächelte dem hübschen Fräulein zu.

»Hat's geschmeckt?«

Er nickte ermattet. »Alles, was recht ist. Die Dänen verstehen was von Wurst.«

Der Oberkellner kam und räumte ab.

Külz holte eine Zigarre hervor und rauchte sie voller Empfindung an. Dann schlug er ein Bein übers andre und meinte:

»Wenn mich meine Alte hier sitzen sähe!«

»Warum haben Sie denn Ihre Frau Gemahlin nicht mitgebracht?« erkundigte sich das Fräulein. »Mußte sie im Geschäft bleiben?«

»Nein, es war eigentlich anders«, erwiderte Külz elegisch. »Sie weiß gar nicht, daß ich in Kopenhagen bin.«

Das Fräulein blickte ihn erstaunt an.

»Meine Söhne wissen auch nichts davon«, fuhr er verlegen fort. »Meine Töchter auch nicht. Meine Schwiegersöhne auch nicht. Meine Schwiegertöchter auch nicht. Meine Geschwister auch nicht. Meine Enkel auch nicht.« Er machte eine Atempause. »Ich bin einfach getürmt. Schrecklich, was?«

Das Fräulein hielt mit ihrem Urteil zurück.

»Ich konnte plötzlich nicht mehr«, gestand Herr Külz. »Am Sonnabend abend ging's los. Wieso, weiß ich selber nicht. Wir hatten im Laden viel zu tun. Ich ging über den Hof und wollte im Schlachthaus einen Spieß Altdeutsche holen. Ich blieb vor den Schlachthausfenstern stehen. Der zweite Geselle drehte Rindfleisch durch den Wolf. Wir verkaufen nämlich sehr viel Geschabtes. Ja, und da sang eine Amsel.« Er strich sich den buschigen Schnurrbart. »Vielleicht war gar nicht die Amsel daran schuld. Aber mit einem Male fiel mir mein Leben ein. Als hätte der liebe Gott auf einen Knopf gedrückt. Zentnerschwer legten sich alle Kalbslenden, Rollschinken, Hammelkeulen und Schweinsfüße der letzten dreißig Jahre auf meine Seele. Mir blieb die Luft weg!« Er zog nachdenklich an der Zigarre. »Mein Leben ist natürlich nichts Besondres. Aber mir hat's genügt. Immer wenn man dachte: ›Nun hast du dir ein paar Groschen gespart‹, wollte eines der Kinder heiraten. Und dann mußte man einem der Jungen oder einem der Schwiegersöhne ein Geschäft kaufen. Oder es kam der Bruder oder ein Schwager und hielt die Hand hin. Nie habe ich für mich selber Zeit gehabt.« Er senkte den grauen Schädel. »Na ja, und gerade als mir das einfiel, sang dieses Mistvieh von einer Amsel. Sehen Sie, Fräulein, so ein langes Leben – und weit und breit nichts als Wurstspeiler, Eisschränke, Hackklötze, Darmbestellungen und Pökelfässer! Das hält kein Schwein aus, geschweige ein Fleischer!« Der alte Mann hob müde die Hände und ließ sie wieder sinken. Und sein treuherziges Gesicht war voller Trauer.

»Und dann?« fragte das Fräulein behutsam.

»Dann holte ich erst einmal den Spieß Altdeutsche nach vorn. Und nach Geschäftsschluß rechneten wir ab. Es war genau wie an jedem Sonnabend. Aber ich tat alles wie ein aufgezogener Automat. Und später fuhren wir zu Hedwig und Georg. Otto und seine Frau waren auch da. Und wir sprachen vom Umsatz, von den Engrospreisen und von den Kindern. Fritz hätte aus der Schule den Keuchhusten mitgebracht. Und der kleine Kurt hätte gesagt, wenn er erst groß wäre, würde er Obermeister der Fleischerinnung.«

Oskar Külz zog sein Taschentuch hervor und trocknete sich die Stirn, auf der sich die Längsfalten wie unbeschriebene Notenlinien ausnahmen. »Ich liebe meine Familie«, sagte er, »und meinen Beruf liebe ich auch. Aber plötzlich hing mir das alles zum Hals heraus. Die Wurstmaschine, die ich geworden bin, blieb mit einem Ruck stehen. Kurzschluß! Aus! Soll man wirklich nur arbeiten? Und soll man wirklich nur an andere denken? Ist die Welt dazu da, damit man, ohne sich umzudrehen, vom Schlachthof geradenwegs auf den Friedhof galoppiert? Jeder Mensch denkt gelegentlich einmal an sich selber. Und nur der olle Külz soll das nicht dürfen?«

Er schüttelte den Kopf. »Vielleicht sollte man den Amseln polizeilich das Singen verbieten. Kann sein. Kann sein, auch nicht. Das ist nicht mein Gebiet. Am Sonntag morgen, früh um fünf Uhr, stand ich jedenfalls auf. Sagte Emilie, meiner Frau, ich wolle in Bernau Selbmann besuchen. (Er und ich, wir waren seinerzeit miteinander bei Schmitz in Potsdam Gesellen.) Dann steckte ich mir Geld ein und fuhr auf den Stettiner Bahnhof. Dort sah ich nach, wann ein Schnellzug führe. Möglichst weit weg. Und am Sonntag nachmittag war ich in Kopenhagen.« Er lächelte in der Erinnerung an seine Flucht. Er lächelte wie ein Junge, der die Schule geschwänzt hat. Das wirkte, vor allem im Hinblick auf seinen buschigen grauen Schnurrbart, wie ein Lächeln mit sehr, sehr viel Verspätung.

»Herr Külz«, meinte das Fräulein, »Sie sind ein alter Sünder.«

»Nicht doch!«

»Haben Sie sich wenigstens tüchtig umgeschaut?« fragte sie.

»O ja«, sagte er. »Es reicht. Ich war im Roeskilde. Ich war drüben in Malmö. Ich war an Hamlets Grab. Obwohl es sehr zweifelhaft ist, ob er drinliegt. Ich war oben in Gilleleje und habe im Meer gebadet. Liebes Fräulein, daß man nicht früher angefangen hat, sich die Welt anzusehen – ich könnte mich stundenlang backpfeifen.«

»Und wie oft«, fragte sie, »haben Sie Ihrer Familie geschrieben?«

»Überhaupt nicht«, erklärte er. »Die werden sich wundern, wie lange ich in Bernau bleibe!«

»Entschuldigen Sie«, sagte das Fräulein ernst, »aber das geht entschieden zu weit! Ihre Frau hat doch spätestens am Montag früh in Bernau angerufen und erfahren, daß Sie gar nicht dort waren!«

»Glauben Sie?« fragte er. »Das sähe Emilie ähnlich.«

»Vielleicht glaubt man, daß Ihnen ein Unglück zugestoßen ist! Ihre Familie wird in tausend Ängsten schweben.«

»Soll sie schweben!« bemerkte er gelassen. »Külz will auch mal seine Ruhe haben. Man ist ja schließlich kein Weihnachtsmann!« Das Fräulein schwieg eine Weile. Dann sagte sie: »Ich weiß natürlich nicht genau, wie einem als Fleischermeister und Großvater zumute ist.«

»Eben«, meinte er.

»Aber eines weiß ich. Daß Sie jetzt schleunigst eine Ansichtskarte besorgen und Ihrer Frau schreiben. In der Hotelhalle gibt es Karten.«

Külz blickte das Fräulein von der Seite an.

Sie sagte: »Ich bitte darum.«

Er gab sich einen Ruck, stand auf, schritt ins Hotel und murmelte: »Schon wieder unterm Pantoffel!«

In der Hotelhalle war ein Kiosk. Külz holte die Lesebrille aus dem Futteral, setzte sie auf und musterte die Ansichtskarten. Nach längerem Suchen entschied er sich für eine prachtvolle Hafenansicht, hielt die Karte der Verkäuferin entgegen und sagte: »Dazu eine Sechspfennigmarke. Oder kostet es nach Deutschland mehr?« Die Verkäuferin hing an seinen Lippen.

»Eine Sechspfennigmarke«, knurrte er. »Ein bißchen dalli!«

Da meinte neben ihm ein kleiner Herr, der sich durch viel zu hoch gelegene Ohren auszeichnete: »Sechspfennigmarken werden Sie hier kaum bekommen. Sie würden Ihnen auch nicht viel nützen.«

»Dann muß sie mir eben eine Zwölf- oder Fünfzehnpfennigmarke geben!«

Der kleine Herr schüttelte den Kopf. »Die gibt's hier auch nicht.«

»Das ist mir unverständlich. Wer Postkarten verkauft, hat auch Briefmarken zu haben.«

Der kleine Herr lächelte, und dabei rutschten seine Ohren noch höher. »Marken gibt's hier schon«, sagte er. »Aber keine deutschen. – Vielleicht versuchen Sie's mal mit dänischen?«

Irene Trübner hat Angst

Der kleine Herr war sehr hilfsbereit gewesen. Guten Menschen bereitet es ja immer Vergnügen, anderen zu helfen. Sie sind Epikuräer und befriedigen, indem sie Gutes tun, ihre moralische Lust.

Wie dem auch sei – Fleischermeister Külz hatte die angemessen frankierte prächtige Hafenansicht in der Hand und unterhielt sich mit dem kleinen Herrn. Sie sprachen schon seit fünf Minuten miteinander. Es geht nichts über die Sympathie zwischen reifen Männern.

Schließlich zeigte Külz dem fremden Herrn seine Brieftasche und ließ sich über die Kaufkraft der dänischen Banknoten, besonders im Vergleich zum deutschen Geld, ausführlich unterrichten. Der kleine Herr hätte fast vergessen, die Brieftasche zurückzugeben. Darüber mußten beide Männer herzlich lachen.

»Nun muß ich aber wieder an meinen Tisch«, meinte der Berliner. »Mein Name ist Külz. Es hat mich sehr gefreut.«

»Ganz meinerseits«, erwiderte der kleine Herr. »Ich heiße Storm.« Sie schüttelten einander die Hand. Im selben Augenblick fuhr vorm Hotel ein Zeitungsbote vor, sprang vom Rad und rannte mit einem Packen Zeitungen durchs Portal in die Halle. Das Fräulein im Kiosk blickte auf die Schlagzeilen und bekam auf den Backen runde rote Flecke. Der Bote lief rasch zu seinem Rad zurück und fuhr hastig weiter. Auf der Straße blieben die Passanten stehen und blickten gemeinsam in die neuen Blätter.

Die Gäste in der Halle spürten, daß etwas los war. Sie drängten zum Kiosk und kauften Zeitungen. Sie lasen die

Nachrichten und redeten in sämtlichen Weltsprachen durcheinander.

»Es ist wie beim Turmbau zu Babel«, stellte Külz fest. »Ich bin eigentlich gar nicht böse darüber, daß ich kein Wort von diesem Spektakel verstehe.«

Der kleine Herr nickte höflich. »Zweifellos. Unkenntnis ist eine Gabe Gottes. Wer viel weiß, hat viel Ärger.« Er kaufte eine Zeitung und überflog die erste Seite.

»Nun werde ich doch neugierig«, sagte Külz. »Was ist denn geschehen? Gibt's Krieg?«

»Nein«, meinte Storm. »Es sind Kunstgegenstände verschwunden. Im Werte von einer Million Kronen.«

»Aha«, sagte Külz. »Na, dann will ich mal meine Ansichtskarte schreiben.« Er gab Herrn Storm freundlich die Hand und ging.

Der kleine Herr blickte ihm verdutzt nach. Dann trat er vors Portal und setzte sich zu Herrn Philipp Achtel. Auch dieser las das eben erschienene Blatt. Er studierte die erste Seite aufs genaueste. Dann sagte er: »Was es so alles gibt!«

»Von den Tätern fehlt vorläufig jede Spur«, meinte Herr Storm.

»Hoffentlich erwischt man sie bald.«

»Bevor sie noch mehr mausen.«

»Eben.«

Sie lächelten dezent und schwiegen eine Weile. Dann fragte Herr Achtel: »Und was ist mit dem Tiroler?«

Storm blinzelte unwirsch zu Külz hinüber, der den Rükken beugte und seine Karte schrieb. »Erst dachte ich, der Mann sei dumm. Aber ich glaub's nicht mehr. So dumm kann man ja gar nicht sein! Er verstellt sich. Ich finde es übrigens ausgesprochen plump, sich derartig dämlich zu stellen.«

»Nicht die schlechteste Taktik! Und was meint der Chef?«

»Ich soll ihm folgen. Und dir schickt er den Karsten!«

Storm wies mit dem Kopf zu Külz hin. »Er fragte mich, was in der Zeitung stünde. Ich sagte es ihm. Er antwortete: ›Aha! Na, da will ich mal meine Ansichtskarte schreiben.‹ Merkwürdig, was?«

»Ein gefährlicher Großvater«, entgegnete Herr Achtel. »Die Harmlosen sind die Schlimmsten.«

Oskar Külz schob die Ansichtskarte beiseite, steckte den Bleistift ins Notizbuch zurück und atmete erleichtert auf. Dann wandte er sich dem Fräulein zu. »Würden Sie hier unterschreiben?« fragte er. »Dann wird nämlich meine Emilie eifersüchtig, und das wirkt immer so komisch.« Er lachte gutmütig.

Das Fräulein schrieb eine Zeile und legte die Karte wieder auf den Tisch zurück.

Er nahm die Karte und las, was seine Nachbarin geschrieben hatte. »Besten Dank!« sagte er dann. »Besten Dank, Fräulein Trübner.«

»Bitte sehr.«

»Sie müssen bald heiraten«, meinte er nachdenklich.

»Warum denn?«

»Weil Sie einen so traurigen Namen haben! Ich kannte einen Mann, der hieß Schmerz. Das war einer der unglücklichsten Menschen, die es jemals gegeben hat.«

»Weil er Schmerz hieß?«

»Sicher! Dem hat nicht einmal das Heiraten geholfen!«

»Wahrscheinlich weil er auch noch nach der Hochzeit Schmerz hieß«, bemerkte sie scharfsinnig. »Aber davon abgesehen: Ich kann doch nicht den ersten besten Mann heiraten, bloß weil er Fröhlich oder Lustig heißt!«

Der alte Fleischermeister wiegte den grauen Schädel.

Sie meinte: »Außerdem bin ich nicht entfernt so trübsinnig, wie mein Name es verlangt.«

»Doch«, sagte er. »Doch, doch! Besonders seit ich die Ansichtskarte besorgt habe. Wieso eigentlich?«

Über ihrer Nasenwurzel bildete sich eine schmale senkrechte Falte. »Das hat seinen guten Grund, Herr Külz.«

»Haben Sie Ärger?«

»Nein«, sagte sie. »Aber Angst.« Sie tippte mit einem Finger auf die erschienene Zeitung. »In dem Blatt steht eine Nachricht, die mich sehr erschreckt hat.«

»Doch nicht etwa die Geschichte von dem geraubten Kunstkram? Und von der Million?«

»Ganz recht. Diese Geschichte!«

»Ja, was geht denn das Sie an?« fragte er leise.

Sie blickte sich behutsam um. Dann zuckte sie die Achseln. »Das kann ich Ihnen hier nicht erzählen.«

In demselben Augenblick schritt ein junger Mann an ihnen vorüber. Er war groß und schlank und schien viel Zeit zu haben. Er machte vor dem Portier, der an der Treppe stand, halt, legte zum Gruß einen Finger an die Hutkrempe und fragte: »Wohnt hier im Hotel ein Fräulein Trübner aus Berlin?«

»Jawohl«, erwiderte der Portier. »Sie sitzt gerade dort vorn an der Balustrade. Neben dem großen, dicken Touristen.«

»Das trifft sich ja großartig!« meinte der schlanke Herr. »Dankeschön!« Er legte zum Gruß einen Finger an die Hutkrempe und kehrte um. Der Portier salutierte und blickte hinter ihm her.

Der junge Mann ging auf die Balustrade zu. Aber er blieb keineswegs an dem Tisch Fräulein Trübners stehen. Er sah die Dame, nach der er sich eben erst erkundigt hatte, nicht einmal an! Sondern er schlenderte gleichgültig an ihr vorüber, trat auf die Straße hinaus und verschwand im Gewühl.

Der Portier riß die Augen auf. Und obwohl er von Berufs wegen so manches verstand – das verstand er ganz und gar nicht.

»Würden Sie mir einen großen Gefallen erweisen?« fragte Fräulein Trübner.

»Für eine Kundin von meinem Otto tu ich alles«, erklärte Fleischermeister Külz. »Mit Ausnahme von Mord und Totschlag.«

»Das wird sich hoffentlich vermeiden lassen«, sagte sie ernst. »Begleiten Sie mich, bitte! Ich muß etwas besorgen. Und unterwegs will ich Ihnen erzählen, worum sich's handelt. Ich habe das Gefühl, daß man uns beobachtet.«

»Das sind die Nerven«, bemerkte er. »Hedwig, meine zweite Tochter, hat das früher auch gehabt. Nach dem ersten Kind verliert sich das für gewöhnlich.«

»So lange kann ich unmöglich warten«, meinte Fräulein Trübner. »Kommen Sie! Lassen Sie uns gehen!«

»Na schön!« brummte der alte Külz. Er winkte dem Oberkellner und bezahlte.

»Eure Wurst ist großartig«, sagte er anerkennend. »Besonders die Dauerwurst.«

Der Ober verneigte sich. »Sehr liebenswürdig. Ich werde es dem Küchenchef mitteilen.«

»Wissen Sie zufällig, woher Sie die Fettdärme beziehen?«

»Ich weiß es zufällig nicht«, sagte der Ober. »Als Kellner hat man mit Wurst nur flüchtig zu tun.«

»Sie Glücklicher«, meinte Külz.

Fräulein Trübner zahlte auch.

Dann standen die beiden auf und traten gemeinsam auf die Straße. Es war ein seltsames Paar: die junge, schlanke, schneidig gekleidete Dame und der dicke, breite, kolossale Lodentourist.

Die vorm Hotel sitzenden Gäste starrten neugierig hinter ihnen her.

Herr Storm und Herr Philipp Achtel erhoben sich eilig, legten ein paar Münzen auf den Tisch und steuerten dem Ausgang zu.

Külz blieb an der Bordkante stehen und deutete auf einige

Tauben, die über das Pflaster trippelten. »Das sind Koburger Lerchen«, erklärte er. »Mein Bruder züchtet Tauben. Ich habe ihm gesagt, er soll das lassen. Ein Mensch, der Kälber totschlagen muß, sollte keine Tauben streicheln. Das ist geschmacklos. Aber er läßt es sich nicht ausreden.«

»Kommen Sie, Herr Külz!« bat sie leise.

Achtel und Storm schoben sich durch die Tischreihen. An der Balustrade stieß der Kleine den andern mit dem Ellbogen an und trat zu dem Tisch, an dem Külz gesessen hatte.

Er beugte sich über den Tisch und entnahm dem Streichholzständer ein Zündholz. Dann brannte er sich eine Zigarette an. Dann legte er das niedergebrannte Zündholz in den Aschenbecher.

Achtel wartete ungeduldig. Auf der Straße fragte er ärgerlich: »Was war denn los?«

Storm zog lächelnd eine Ansichtskarte hervor. »Mein Freund Külz hat das da auf dem Tisch liegenlassen.«

Sie beugten sich über die Karte und lasen sie.

Auf der Karte stand: »Liebe Emilie! Entschuldige mein plötzliches Verschwinden. Ich erkläre es Dir, wenn ich wieder zu Hause bin. Habe eben eine Kundin von Otto getroffen. So ein Zufall, was? Na ja, wenn Gott will, schießt ein Besen. Macht Euch wegen mir keine Sorge. Unkraut verdirbt nicht. – Herzlichst Dein Oskar.«

Und unter dieser ungelenken Handschrift stand in schlanken, flotten Buchstaben: »Unbekannterweise grüßt Irene Trübner.«

Die beiden Herren sahen einander unschlüssig an.

»Hat der Kerl die Karte aus Versehen liegenlassen?« fragte Storm.

»Blödsinn!« sagte Achtel. »Schau dir doch den Text an! Dieser Tiroler ist ein ganz ausgekochter Junge. Er hat 'ne Kundin von Otto getroffen! Das ist natürlich eine Anspielung. Erst mimt er den Dummen. Und dann macht er sich mit Hilfe einer Ansichtskarte über uns lustig. Eine unglaublliche Frechheit!«

Herrn Storms zu weit oben angebrachte Ohren, die von der Hutkrempe herabgedrückt und rechtwinklig abgebogen wurden, sahen aus, als wollten sie sich sträuben.

»Wenn Gott will, schießt ein Besen«, wiederholte Philipp Achtel böse. »Und da kommt Karsten.«

Sie begrüßten ihren Kollegen und schritten in gemessenem Abstand hinter Fräulein Trübner und Herrn Külz her. Storm zerriß die an Frau Emilie Külz in Berlin adressierte Kopenhagener Hafenansicht in viele kleine Stücke und streute sie aufs Pflaster. Die junge Dame und Fleischermeister Oskar Külz hatten keine Ahnung, daß ihnen drei Männer folgten, die sich außerordentlich für sie interessierten.

Den drei Männern folgte, wiederum in gemessenem Abstand, ein großer, junger Mann.

Die drei Männer hatten keine Ahnung, daß auch ihnen jemand folgte, der sich außerordentlich für sie interessierte.

Wie das Leben so spielt!

Von Kunst ist die Rede

»Die Sache ist die«, begann Fräulein Trübner. Sie saßen in einem Hof der Amalienborg auf einer Bank. Zwischen den Steinplatten vor den ehrwürdig freundlichen Fassaden der Schloßgebäude wuchs Gras. Im Hafen drüben tuteten Dampfer, die in den Sund gelotst wurden. Sonst war es still.

Eine hohe alte Mauer trennte den Schloßhof von der Straße draußen. Nur in der Mitte war die Mauer unterbrochen. An dieser Stelle befand sich ein mächtiges eisenge-schmiedetes Gittertor, das gewiß seit Jahrzehnten nicht mehr geöffnet worden war. Wer die Straße entlang kam, der konnte hier stehenbleiben und zwischen kunstvoll verrank-ten eisernen Ornamenten, Figürchen und Rosetten hin-durch in den altertümlichen Hof blicken.

So, wie gerade jetzt ein gewisser Herr Karsten!

Zwei gute Bekannte von ihm gingen auf der andern Seite der Straße langsam auf und ab. Sie sprachen wenig und war-teten auf ihn.

Fräulein Trübner und Herr Külz hatten keine Ahnung, daß man sie beobachtete. Sie kehrten der Straße den Rücken und betrachteten die Fenster und Tore des Schlosses.

»Die Sache ist die«, sagte das Fräulein. »Ich bin bei einem reichen und in der ganzen Welt anerkannten Kunstsammler, der in Berlin wohnt und Steinhövel heißt, Privatsekretärin. Vorige Woche war nun in Kopenhagen die Versteigerung einer der größten Sammlungen, die es gibt. Die Sammlung gehörte ursprünglich einem Amerikaner, der seinen Lebens-abend in Dänemark verbrachte und kürzlich gestorben ist. Wissen Sie, was eine Kunstauktion ist?«

»Nicht direkt«, sagte Külz. »Aber es wird dabei wohl genau so zugehen wie auf andren Versteigerungen. Es wird dauernd gebrüllt und mit dem Hammer geklopft. Und bei wem dreimal geklopft worden ist, der muß den Kitt behalten.«

Sie nickte. »Herr Steinhövel sammelt vor allem Miniaturen. Miniaturen sind winzige Gemälde. Oft sind sie aufs kostbarste eingefaßt. Alte Miniaturen sind sehr teuer. Herr Steinhövel zahlt für Miniaturen jede Summe.«

»So hat jeder seinen Klaps«, stellte Herr Külz fest. »Es ist genau wie mit meinem Bruder und seinen Tauben. Was sie dem schon alles angedreht haben! Und zu welchen Preisen! Einer alleine glaubt das gar nicht! Einmal hat er ein Taubenpärchen gekauft, weil es so merkwürdig gezeichnet war. Er wollte es auf der Geflügelausstellung prämieren lassen. Aber kurz vorher regnete es leider. Und in dem Regen ging den Biestern die Farbe aus. Sie waren angemalt gewesen, und mein Bruder war angeschmiert worden.«

»Kennen Sie Holbein den Jüngeren?«

»Wenn ich ehrlich sein soll: nein! Den Älteren auch nicht.«

»Holbein der Jüngere war einer der berühmtesten deutschen Maler. Er lebte eine Zeitlang am Hofe Heinrichs VIII.«

»Den kenn ich«, meinte Külz erfreut. »Das ist der, der einen Tag lang barfuß im Schnee stand.«

»Nein. Das war Heinrich der IV.«

»Aber ungefähr hat's gestimmt, was?«

»Ziemlich. Heinrich IV. war ein deutscher Kaiser und Heinrich VIII. war König von England. – Am bekanntesten wurde er dadurch, daß er häufig heiratete und etliche seiner Frauen hinrichten ließ.«

»Das waren Zeiten!« sagte Herr Külz und schnalzte mit der Zunge.

»Er ließ seine Frauen aber nicht nur hinrichten, sondern auch malen.«

»Hoffentlich vorher!« Külz lachte laut und schlug sich auf die grüne imprägnierte Hose.

»Jawohl«, sagte Fräulein Trübner. »Vorher! Die erste Frau, die er köpfen ließ, hieß Ann Boleyn. Holbein malte sie, ohne Wissen des Königs, kurz vor der Hochzeit, und sie schenkte ihm diese Miniatur, von wundervollen Edelsteinen umrahmt, zum Geburtstag.«

»Heute läßt man sich fotografieren«, meinte Külz. »Das geht schneller und ist billiger.«

»Auf der Rückseite der Miniatur steht eine liebevolle Widmung von Ann Boleyns eigner Hand.«

»Aha«, sagte Külz. »Jetzt geht mir ein Seifensieder auf. Diese Miniatur wurde in Kopenhagen versteigert, und Herr Steinhövel hat sie gekauft.«

»So ist es. Für die Kleinigkeit von sechshunderttausend Kronen.«

»Schreck, laß nach!«

»Herr Steinhövel fuhr gestern nach Brüssel weiter, um dort eine Miniatur Karls IV. zu besichtigen. Ein Kinderbild des Luxemburgers, als er am französischen Hofe lebte. Und mich hat der Chef beauftragt, die englische Miniatur von Kopenhagen nach Berlin zu bringen.«

»Mein herzlichstes Beileid!«

»Herr Steinhövel wollte sie nicht nach Brüssel mitnehmen. Und überdies dachte er, bei mir sei sie sicherer aufgehoben. Denn ihn kennt man. Seine Privatsekretärin kennt man nicht. – Und nun kommt die heutige Zeitungsmeldung!«

Herr Külz kratzte sich am Kopf.

»Kunstgegenstände im Werte von einer Million sind geraubt worden.« Sie war außer sich. »Es handelt sich ausnahmslos um Gegenstände, die auf der Auktion versteigert worden sind. Und von den Tätern fehlt jede Spur. Wenn ich nun morgen mit der Miniatur Ann Boleyns nach Berlin fahre, kann es mir passieren, daß die Miniatur verschwindet. Es wird mir sogar todsicher passieren! Ich fühle das schon seit heute mittag. Sie behaupten zwar, daß meine Ahnungen nach dem ersten Kind verschwinden würden. Aber ich sagte Ihnen bereits …«

»Daß Sie unmöglich so lange warten können. Das leuchtet mir langsam ein. Was soll nun aber werden? Hierbleiben können Sie nicht. Fortfahren können Sie nicht. Und etwas Drittes gibt es nicht.«

»Doch«, sagte Fräulein Trübner leise. »Ich habe mir folgendes gedacht!«

Karsten entfernte sich vorsichtig von dem eisernen Portal und ging über die Straße. Seine zwei Freunde blieben stehen und blickten ihn erwartungsvoll an.

»Es hat keinen Sinn«, brummte Karsten. »Man versteht kein Wort.«

»Ich gratuliere«, sagte Philipp Achtel. »Dazu bleibst du Rindvieh eine Viertelstunde dort drüben stehen? Nur um uns dann mitzuteilen, du hättest nichts gehört?«

»Ich dachte, der Wind würde umschlagen«, erklärte Karsten gekränkt.

Philipp Achtel lachte abfällig.

Storm ergriff das Wort. »Einmal wird sich ja wohl das taufrische Geschöpf von meinem Tiroler verabschieden. Kurz darauf werde ich ihm zufällig begegnen. Dann geh ich mit ihm ins ›Vierblättrige Hufeisen‹. Und dann wollen wir sehen, wer mehr Aquavit verträgt!«

»Aquavit ist eine gute Idee«, sagte Philipp Achtel. »Dort an der Ecke ist eine Kneipe. Wollen wir solange untertreten, bis das Paar aus dem Hof herauskommt?«

»Untertreten?« fragte Karsten. »Es regnet doch gar nicht!«

Herr Achtel streckte die Hand aus. »Diese Trockenheit!«

Auf der anderen Straßenseite näherte sich ein großer, schlanker Herr. Er blieb vor dem Gitter stehen, zog einen Reiseführer aus der Tasche, blätterte darin, betrachtete das Schloß und den Hof und ging gemütlich weiter.

»Ich habe mir folgendes gedacht«, sagte Fräulein Trübner leise. »Ich habe mir gedacht, Sie könnten mir helfen.«

»Mach ich«, meinte Külz. »Ich weiß nur nicht, wie.«

»Sie fahren morgen mittag mit mir nach Berlin.«

»Schon?«

»Ihre Frau wird sich sehr freuen!«

»Das ist doch kein Grund!«

»Es gehört aber zu meinem Plan, Herr Külz!«

»Das ist etwas anderes«, sagte er. »Also schön! Wir reisen morgen mittag. Ich fahre aber dritter Klasse.«

»Wundervoll!« rief sie. »Und ich fahre zweiter Klasse!«

»Wieso das wundervoll ist, verstehe ich nicht. Wenn wir nicht im selben Abteil fahren, brauche ich ja gar nicht erst mitzukommen!« Er war beinahe beleidigt.

Sie beugte sich vor. »Falls man mir die Miniatur stehlen will, und ich zweifle keinen Augenblick daran – dann wird man es während der Fahrt versuchen. Ich reise zweiter Klasse. Man wird mich im Auge behalten. Man wird mir vielleicht den Koffer stehlen.« Sie klatschte in die Hände. Wie ein Kind.

Er betrachtete sie ängstlich. »Sind Sie übergeschnappt? Freuen sich, daß man Ihnen die Miniatur klaut!«

»Doch nur die Koffer, Herr Külz!«

»So. Und die Miniatur ist nicht in Ihren Koffern?«

»Nein.«

»Wo ist sie denn?«

»Im Gepäck eines Herrn, der dritter Klasse fährt und bei dem die Bande eine Miniatur Ann Boleyns bestimmt nicht vermutet!«

»Und wer ist der Herr?« fragte er. Dann schlug er sich mit der flachen Hand vor die Stirn. »Ach so!«

»Jawohl«, sagte sie. »Ich gebe Ihnen morgen am Bahnhof die Miniatur. Und in Berlin geben Sie sie mir zurück.«

»Donnerwetter!« rief er. »Raffiniert!«

»Wir gehen, ohne einander zu kennen, durch die Sperre.

Und ich drücke Ihnen heimlich ein Päckchen in die Hand. Niemand wird etwas merken. Wir reisen getrennt. Wenn man mich berauben will, wird man nichts finden.«

»Und wenn die Bande noch schlauer ist und mir das Päckchen stiehlt?«

»Ausgeschlossen!« erklärte sie. »Auf die Idee kommt keiner!«

»Wie Sie meinen, Fräulein Trübner. Ich lehne aber von vornherein jede Verantwortung ab.«

»Selbstverständlich, lieber Herr Külz.« Sie stand auf. »Mir fällt ein Stein vom Herzen. Ich danke Ihnen, daß Sie mir helfen wollen.«

Sie schüttelte ihm die Hand.

Er schüttelte wieder.

»So«, sagte sie. »Und nun wollen wir uns trennen. Sonst fällt es womöglich auf.«

»Wie Sie wünschen. Also morgen mittag am Hauptbahnhof vor der Sperre.«

»Wir reden nicht miteinander. Wir sehen einander nicht an. Sie nehmen unauffällig das Päckchen an sich und verstauen es in Ihrem Koffer. Und in Berlin, am Stettiner Bahnhof, erkennen wir einander ganz plötzlich wieder! Einverstanden?«

»Ich werde Blut schwitzen«, befürchtete er. »Aber für Sie ist mir keine Wurst zu teuer.«

»Auf Wiedersehen«, sagte sie. »Herr Steinhövel darf künftig nur noch bei Ihnen Fleisch kaufen lassen. Sonst kündige ich am Ersten.«

»Lieber bei Otto«, meinte Fleischermeister Külz. »Otto braucht es nötiger.«

»Gemacht! Und nun gehe ich stadtwärts. Sie entfernen sich, bitte, in der anderen Richtung. Sonst könnten wir auffallen. Bis morgen, Papa Külz!« Sie lächelte ihm dankbar zu und schritt von dannen.

»Bis morgen«, sagte er. Er blickte hinter ihr her. Sie passierte einen Torbogen und verschwand. »Ich bin ein alter Esel«, murmelte er. Und davon war er lange Zeit nicht abzubringen.

Nachdem er die Amalienborg verlassen hatte, geriet er in die Bredgade. In dieser Straße befinden sich sehr viele Antiquitätengeschäfte. Da Külz, wenn auch noch nicht lange, mit Miniaturen zu tun hatte, hielt er es für seine Pflicht, sich mit Kunst zu befassen. Er betrachtete geduldig alle Schaufenster. Er erblickte Kupferstiche, gestickte Ornate, silberne Leuchter, Madonnen aus bemaltem Holz, japanische Aquarelle, Negergötzen, alte Kalender, polynesische Tanzmasken, Elfenbeinschnitzereien, Ruppiner Bilderbögen und vieles mehr. Das meiste gefiel ihm nicht.

Vor einem der Läden stand der kleine Herr, der ihm den Unterschied zwischen deutschen und dänischen Briefmarken erläutert hatte. Storm war andächtig in irgendeinem Anblick versunken.

Schopenhauer hatte bekanntlich die wunschlose Betrachtung von Kunstwerken, auch Kontemplation genannt, als eine der beachtlichsten Leistungen hingestellt. Der Wille und die Besitzgier schweigen. Dem Nirwana nahe, bleibt der wesentliche Mensch übrig. Schopenhauer war ein Menschenkenner. – Soviel über Herrn Storm.

»Glück muß man haben!« rief Oskar Külz und klopfte dem andern auf die Schulter.

Aus begierdeloser Anschauung herausgerissen, sah Storm auf. Er lächelte verwirrt und stammelte: »Nein, so ein Zufall, Herr … Wie war doch gleich der werte Name?«

»Der werte Name war Külz«, erklärte der andere vergnügt. »Ich mopse mich schrecklich, lieber Herr Storm. Mein ganzes Leben lang habe ich es mir gewünscht, einmal ein paar Tage allein zu sein! Und nun ist mein Wunsch in Erfüllung gegangen. Ich kann Ihnen nur sagen: Einfach gräßlich!«

»Das ist Übungssache«, meinte Storm. »Mir fällt das Alleinsein nicht schwer.«

»Waren Sie manchmal lange allein?«

Der kleine Herr schlug die Augen nieder. Derartig anzügliche Fragen waren ihm zuwider. Vor allem von Leuten, die sich dumm stellten. Er überhörte also die Bemerkung und kam auf die Kunst zu sprechen.

»Ich verstehe nichts davon«, sagte Külz.

»Mir geht es nicht anders«, entgegnete Storm. »Ich habe aber eine unglückliche Liebe für solche Dinge. Wenn ich in Kopenhagen bin, bummle ich regelmäßig einmal durch die Straße. Und da ich voraussichtlich morgen nach Berlin reise, bin ich heute hier.«

»Sie fahren morgen nach Berlin?«

»Wenn nichts dazwischenkommt, ja.«

»Großartig! Ich auch! Dritter Klasse?«

»Freilich. Da können wir einander Gesellschaft leisten.«

Herr Külz war glücklich. Sie schritten fürbaß und plauderten. Vor dem nächsten Schaufenster machte Herr Storm halt. »Sehen Sie nur!« flüsterte er. »Dieser Heilige Sebastian! 13. Jahrhundert. Kölner Schule.«

»Das reinste Scheibenschießen«, meinte Külz.

»Und diese Miniatur! Delikat, nicht?«

»Aha«, sagte Külz. »Das also ist eine Miniatur! So sehen die Dinger aus!«

Der andere wäre beinahe kopfüber ins Fenster gefallen.

»So 'n kleines Bild!« stellte Külz fest. »Das ist doch höchstens Visitformat. Was kann das denn kosten?«

»Ich verstehe, wie gesagt, nicht viel davon«, antwortete der kleine Herr. »Aber fünfhundert Kronen wird man schon anlegen müssen.«

Külz musterte die Miniatur geringschätzig. »Es gibt aber auch viel teurere, nicht?«

»O ja«, sagte Storm und wurde blaß.

Fräulein Irene Trübner ging zur selben Zeit durch die

Innenstadt. Sie suchte ein Schuhgeschäft, in dessen Auslagen ihr vor Tagen ein Paar Sandaletten aufgefallen war. Heute wollte sie nun die Schuhe kaufen. Vorausgesetzt, daß man ihre Schuhgröße vorrätig hätte. Sie hatte nämlich Größe 35, und es gibt, von wirklichen Übeln abgesehen, keinen größeren Kummer, als eine so winzige Schuhnummer zu haben. Welche hübschen Schuhe man auch haben möchte – und welche möchte man nicht haben – in Größe 35 sind sie nie vorhanden!

In einigem Abstand folgten ihr zwei Herren. »Man sollte das Herzchen anquatschen«, meinte der eine, ein gewisser Herr Achtel. »Wer weiß, wozu es gut ist.«

»Na schön«, sagte Karsten. »Hau sie an!«

Philipp Achtel zögerte. »Meine Nase eignet sich nicht zum Flirten. Sie widerspricht dem Goldenen Schnitt. Sei so gut, und erledige das kleine Geschäft!«

»Sei's drum!« erwiderte Karsten und zupfte an der Krawatte.

»Und du?«

»Ich folge euch wie ein Schatten.«

»Aber geh nicht saufen«, erwiderte Karsten. »Sonst drückt dir der Chef den Hut ein.« Dann brachte er sich in eine schnellere Gangart und schloß zu Fräulein Trübner auf. Er war nur noch wenige Schritte hinter ihr her.

Da wurde er von einem großen schlanken Herrn überholt!

Dieser Herr tippte der jungen Dame auf die Schulter und rief erstaunt: »Hallo, Irene! Wie kommst denn du nach Kopenhagen?«

Irene Trübner zuckte zusammen und drehte sich um.

Das Symposion im »Vierblättrigen Hufeisen«

Karsten zog sich, seiner Aufgabe als Schwerenöter ledig, zurück. Philipp Achtel grinste boshaft und sagte: »Armer Kleiner! Du hast kein Glück bei Frauen!«

»Quatsch keine Opern!« knurrte Karsten. »Der Kerl kennt sie. Er rief sie bei ihrem Vornamen.«

»Die Hilfstruppen, die der alte Steinhövel seiner Privatsekretärin schickt, gehen mir nachgerade auf die Nerven«, gestand Achtel. »Oder glaubst du, daß es Leute von der Konkurrenz sind? Das wäre natürlich noch viel scharmanter.«

»Glaub ich nicht«, meinte Karsten. »Er rief ihren Vornamen, und da drehte sie sich um. Wie ein Blitz.«

»Blitze, die sich umdrehen, sind gefährlich«, sagte Philipp Achtel.

»Was wünschen Sie?« fragte Fräulein Trübner streng. Daß sie erschrocken war, ließ sie sich kaum anmerken. »Und wie kommen Sie dazu, mich beim Vornamen zu rufen?«

»Was denn? Sie heißen auch Irene?« Der schlanke Herr war perplex. Dann zog er den Hut. »Ich bitte um Vergebung. Aber Sie erinnerten mich in der Gangart unglaublich an eine Cousine aus Leipzig.« Er lächelte gewinnend. »En face sind Sie allerdings hübscher als meine Cousine.«

»Komisch, daß Ihre Cousine ebenfalls Irene heißt!«

»Das kann vorkommen«, sagte er. »Ich selbst heiße Rudi.«

Fräulein Trübner wandte ihm den Rücken und setzte ihren Weg fort.

»Es ist keine Seltenheit«, bemerkte der Herr, der Rudi hieß, »daß Menschen mit gleichem Vornamen einander ähnlich sehen.«

Fräulein Trübner lachte spitz. »Ich habe heute bereits hören müssen, daß der Charakter des Familiennamens das Gemüt des Besitzers beeinflußt. Man lernt nicht aus.«

»So ist es«, sagte der Herr. »Apropos, Familiennamen: ich heiße Struve. Rudi Struve.«

Sie beschleunigte ihre Schritte.

Er hielt sich an ihrer Seite. »Eigentlich bin ich froh, daß Sie nicht meine Cousine sind.«

»Warum?«

»Meine Cousine kenne ich schon«, meinte er tiefsinnig.

Sie musterte angelegentlich die Schaufenster, an denen sie vorbeikamen.

»Es ist sonderbar«, begann er wieder, »und es gibt zu denken: ich habe noch niemanden getroffen, der jemand anderer sein möchte. Mancher möchte zwar das Geld von Rockefeller haben. Andre möchten wie die Garbo aussehen. Vor allem die Frauen.« Er lachte. »Aber kein Mensch möchte mit Haut und Haar ein andrer sein. Keiner! Auch nicht, wenn er einen Buckel hat und im Keller wohnt. Ist das nicht seltsam? Was halten Sie davon?«

»Nicht das mindeste«, erklärte die junge Dame und machte große Schritte.

Er wich nicht von ihrer Seite.

Plötzlich blieb sie stehen, zeigte mit dem Finger selbstvergessen auf ein Schaufenster, sagte: »Da sind sie ja!« und verschwand im Laden.

Es war ein Schuhgeschäft.

Der junge Mann betrachtete längere Zeit die Auslagen. Als er in der spiegelnden Rückwand eines Schaukastens zwei Passanten bemerkte, die auf der andern Straßenseite warteten, trat er in den Laden.

Fräulein Trübner hockte in einem Klubsessel. Vor ihr kniete eine Verkäuferin und probierte am rechten Fuß der Kundin einen Halbschuh.

»Zu groß!« behauptete die junge Dame. »In dem Schuh

kann ich ja kehrtmachen! Ich brauche die kleinste Nummer.«

Die Verkäuferin erhob sich aus ihrer Kniebeuge und öffnete einen neuen Karton.

Auch dieser Schuh war zu groß.

Die Verkäuferin ging zu einem Regal, erstieg eine Leiter
und kam mit einem neuen Karton zurück.

Fräulein Trübner ließ sich den Schuh anziehen, trat mehrmals fest auf und meinte erstaunt: »Er paßt!«

»Wie angegossen!« sagte jemand neben ihr.

Sie blickte hoch. Es war der lästige Mensch, der Rudi
hieß.

Er nickte ihr freundlich zu. »Ich gehe gern mit Frauen
einkaufen. Es lenkt auf so angenehme Weise von wichti-
geren Dingen ab.«

Die junge Dame fragte die Verkäuferin nach dem Preis.
Das Geschäft war perfekt. Sie zog den alten Schuh an und
zahlte an der Kasse.

Die Verkäuferin überreichte inzwischen dem Herrn das
Schuhpaket. Er nahm es in Empfang, als sei das ganz selbstverständlich.

»Wo sind die Schuhe?« fragte Fräulein Trübner, als sie ihr
Geld in der Handtasche untergebracht hatte.

Er hob das Päckchen hoch. »Hier!«

Die Verkäuferin öffnete die Ladentür.

»Guten Tag«, sagte er, ließ die junge Dame vorangehen
und folgte ihr auf die Straße.

Sie schritten längere Zeit stumm nebeneinander her. Der
junge Mann hatte den Eindruck, daß es falsch sei, eine Unterhaltung vom Zaun zu brechen. Die Vermutung war richtig.
Vorm Absalon-Haus am Rathausplatz blieb Fräulein Trübner stehen und sagte: »Darf ich Sie bitten, mir meine Schuhe
zu geben?«

»Selbstverständlich«, erklärte er. »Hier sind die Stiefel-
chen.« Er überreichte ihr den Karton.

»Und nun hielte ich's für angemessen, wenn Sie das Weite suchten.«

»Wo doch das Gute so nah liegt«, meinte er gebildet.

»Genug geschwätzt!« sagte sie. »Ich weiß nicht, warum Sie mich belästigen. Guten Tag, mein Herr.«

Er zog den Hut. »Guten Tag, meine Dame.« Dann drehte er ihr den Rücken und ging.

Sie war einigermaßen verblüfft und blieb ein paar Sekunden stehen. Dann warf sie stolz den Kopf zurück und entfernte sich in der entgegengesetzten Richtung. ›So ruppig brauchte er nun auch nicht zu sein‹, dachte sie gekränkt. Sie hätte sich gern umgedreht. Aber da sie wußte, was sich ziemt, unterließ sie's.

Sonst hätte sie gesehen, daß er, die Hände in den Taschen, lächelnd hinter ihr herspazierte.

Zwei Herren, die drüben am »Frascati« standen, besprachen den Fall.

»Was hältst du davon?« fragte Karsten.

Herr Achtel rümpfte die voluminöse Nase. »Eine ganz gewöhnliche Liebesgeschichte!«

»Scheußlich!« sagte Karsten.

Anschließend folgten sie dem großen schlanken Herrn, der Rudi hieß.

Und Rudi folgte der jungen Dame, die den gleichen Vornamen wie seine Leipziger Cousine hatte.

Das »Vierblättrige Hufeisen« ist eine obskure Matrosenkneipe. Nicht weit vom Nyhavn. In einer Nebengasse. Man muß etliche schiefgetretene Stufen hinunterklettern. Und später dieselben Stufen wieder hinauf! Das ist der schwierigere Teil der Kletterpartie.

Aber noch war es nicht soweit.

Oskar Külz saß in einer Nische. Storm, der Mann mit den hochgerutschten Ohren, hockte neben ihm. Sie waren vorgerückter Laune und tranken einander zu. Manchmal mit

Tuborg Öl. Manchmal mit Aquavit. An den anderen Tischen saßen Männer in blauen Schifferjoppen und tranken ebenfalls.

»Eine schöne Stadt«, erklärte Külz.

Storm hob sein Schnapsglas hoch. Külz auch.

»Prost!« riefen beide und tranken die Gläser leer.

»Eine wunderschöne Stadt«, sagte Külz.

»Eine fabelhafte Stadt«, meinte Storm.

»Eine der schönsten Städte überhaupt«, behauptete Külz. Es klang wie Skat mit Zahlenreizen.

Dann tranken sie wieder. Diesmal Bier. Der Kellner brachte, ohne direkt aufgefordert worden zu sein, zwei Gläser Aquavit.

»Eine herrliche Stadt«, murmelte Külz.

Storm nickte gerührt. »Und morgen müssen wir sie verlassen!«

Der Berliner Fleischermeister schüttelte traurig den grauen Kopf. »Ein Glück, daß Sie mitfahren. Allein wäre mir die Sache zu gewagt. Prost, Storm!«

»Prost Külz!«

»Es kann gefährlich werden, Storm. Sehr gefährlich kann es werden! Haben Sie Mumm in den Knochen?«

»Glaube schon, Sie oller Tiroler! Und wieso gefährlich?«

»Sag ich nicht! Die Kunst soll leben!«

»Hoch, höher, am höchsten!« Storm ertappte sich plötzlich beim Singen. Und er spürte erschrocken, daß er nur noch ein Bier und zwei Schnäpse zu konsumieren brauchte, um so betrunken zu sein, daß es keinen praktischen Wert mehr hatte, ob der andere noch besoffener als er selber wäre.

»Prost!« rief Külz und trank aus.

»Prost!« Storm griff daneben.

Der andere drückte ihm väterlich das Glas in die Hand. »Kellner, noch zwei Korn! Und zwei Flaschen Helles!«

Der Kellner brachte die neue Lage.

»Menschenskind, kriegt man beim Saufen Durst«, sagte

Külz. »Ein Glück, daß ich vorher einen kleinen Aufschnitt für zwölf Personen verdrückt habe.« Er lachte in der Erinnerung an die Wurstplatte. Dann meinte er: »Wenn ich gründlich vorgelegt habe, kann ich vierundzwanzig Stunden trinken. Prost Störmchen!«

Storm trat der kalte Schweiß auf die Stirn. Es flimmerte vor seinen Augen, als tanzten Mücken. »Komme nach«, flüsterte er heiser und kippte das Bier hinunter.

Külz füllte nach. »Es war Schicksal, daß wir uns begegnet sind. Nun können sie kommen!«

»Wer kann kommen?«

»Es gibt ja so schlechte Menschen auf der Welt!« Külz schlug dem kleinen Storm auf die Schulter, daß der fast vom Stuhl sank. »Und niemand weiß genau, warum sie schlecht sind. Könnten sie's nicht im Guten versuchen? Wie? Warum sind sie schlecht? Da weiß nicht mal der Pastor einen Vers drauf.«

»Ich bin auch schlecht«, stammelte Storm. »Nein, mir ist auch schlecht!« Sein Kopf schwebte im Nebel.

»Da hilft nur Schnaps!« behauptete Külz energisch. »Kellner, zwei Korn!«

Der Kellner rannte und brachte das Gewünschte.

Storm spürte, wie man ihm Aquavit einflößte. Er war nicht mehr fähig, sich zu sträuben. Er dachte eben noch: ›Wenn dieser Kerl mich hineingelegt haben sollte …‹ Dann sackte er vom Stuhl.

»Prost, alter Knabe«, sagte Külz. »Der Teufel soll die schlechten Menschen holen.« Da erst merkte er, daß er allein am Tisch saß.

Vor einem Haus in der Oesterbrogade hielt ein Taxi. Ein Mann im Lodenanzug kletterte heraus, trat, ein wenig schwankend, an die Haustür und las das Schild, das dort angebracht war.

»Hurra«, sagte er. »Pension Curtius! Ein Glück, daß der

Junge nicht vergessen hat, wo er wohnt.« Er ging zum Auto zurück, zerrte ein unbewegliches Lebewesen vom Sitz und hob es auf seine Schulter. Der Chauffeur wollte helfen.

»Nicht nötig«, meinte der Tourist. »Ich habe schon schwerere Ochsen geschleppt. Alles Übungssache!« An der Haustür drehte er sich um und rief: »Warten Sie auf mich, Herr Direktor!« Dann trat er ins Haus und stapfte ächzend die Treppe hoch.

Die Pension Curtius lag im ersten Stock. Der Tourist klingelte. Es rührte sich nichts. Er klingelte Alarm.

Endlich schlurften Schritte über den Korridor. Jemand starrte lange durchs Guckloch.

»Nun machen Sie schon auf!« brummte der Mann.

Es wurde mit Schlüsseln manipuliert. Die Tür öffnete sich. Ein vornehmer alter Herr, der einen weißen Vollbart und eine dunkle Brille trug, kam zum Vorschein und fragte: »Sie wünschen?«

»Ich möchte einen gewissen Herrn Storm abgeben.«

»Leider wohne ich erst seit gestern hier«, sagte der alte Herr sanft. »Und ich bin ganz allein in der Wohnung. Was fehlt denn dem Herrn auf Ihrer Schulter? Ist er tot?«

»Nein. Besoffen.«

»So, so.«

»Soll ich Herrn Storm in den Briefkasten stecken?« erkundigte sich der Tourist. »Oder wissen Sie einen anderen Ausweg?«

Der alte Herr trat in den Korridor zurück. »Sie könnten ihn vielleicht im Speisezimmer aufs Sofa legen.« Er ging voraus.

Ganz hinten im Flur schlug eine Tür zu.

»Es zieht«, erklärte der alte Herr. »Ich habe mein Zimmer offen gelassen.« Er öffnete eine Tür und machte Licht. Sie befanden sich im Speisezimmer. Der riesige Mann im grünen Lodenanzug legte seine Last behutsam aufs Sofa und breitete eine Kamelhaardecke darüber. Dann zog er sein Jackett glatt, blickte dem bleichen Storm bekümmert ins Gesicht und meinte: »Hoffentlich ist er morgen pünktlich am Bahnhof.«

»Will er denn verreisen?«

»Jawohl. Wir fahren gemeinsam nach Berlin.«

»Ich werde dem Wirt Bescheid sagen.« Der feine alte Herr lächelte milde. »Er wird Herrn Storm rechtzeitig wecken.«

»Damit tun Sie mir einen großen Gefallen«, erwiderte der Tourist. »Es ist nämlich von größter Wichtigkeit.«

»Darf ich wissen …«

»Nein«, sagte der Mann. »Herr Storm weiß es auch nicht.« Er ging einigermaßen schaukelnd durchs Zimmer und drehte sich um. »Das weiß nicht mal ich selber ganz genau!« Er lachte, wirbelte den Stock durch die Luft und rief fidel: »Es lebe die Kunst!«

Draußen im Korridor polterte er gegen den Garderobenständer. Dann schlug die Tür.

Kaum war er fort, belebte sich das Speisezimmer. Mindestens ein Dutzend Menschen umstand das Sofa, auf dem Herr Storm schlummerte. Eine Pension, in der nur ein einzelner alter Herr anwesend ist, dürfte selten so bewohnt gewesen sein!

Der alte Herr hatte die dunkle Brille und einen großen Teil seiner Sanftmut abgelegt. »Was ist das für eine Schweinerei?« fragte er aufgebracht. Er schielte vor Wut. »Wer kann mir das erklären?«

»Ich«, sagte jemand. Es war der Herr Philipp Achtel, der Rotweinspezialist.

»Also? Wird's bald?«

»Storm hat sich doch mit dem Mann angefreundet, der im d'Angleterre neben Steinhövels Sekretärin saß. Und vor der Amalienborg beschloß er, ihn zufällig wiederzutreffen und unter Aquavit zu setzen. Um Näheres zu erfahren.«

»Und?«

Herr Achtel grinste. »Und diesen Plan scheint er durchgeführt zu haben.«

»Und wer war der Bernhardiner, der uns Storm hergeschleppt hat?«

Achtel sagte: »Das war ja eben jener Külz, von dem wir noch immer nicht wissen, ob er wirklich so dumm ist, wie er tut, oder ob er sich verstellt.«

»Saufen kann er jedenfalls«, behauptete jemand und lachte.

Ein anderer Pensionär sagte: »Ich finde das großartig! Storm will den Mann eintunken, um ihn auszuhorchen, und statt dessen bringt der ihn über der Schulter zu uns ins Haus. Wie ein Postbote ein Nachnahmepaket!«

»Ironie des Schicksals«, sagte Philipp Achtel salbungsvoll.

»Ruhe!« befahl der alte feine Herr und trat dicht ans Sofa. »Eines kann ich euch jetzt schon verraten. Wenn sich herausstellen sollte, daß Storm Blödsinn gemacht hat, kann er etwas erleben, was er nicht mehr erleben wird!«

Storm wälzte sich auf die andre Seite und sagte plötzlich ganz laut: »Prost, Külzchen!«

Abschied von Kopenhagen

Am kommenden Mittag war Külz als erster am Bahnhof. Er patrouillierte in der Halle auf und ab und hielt nach Fräulein Trübner und nach Herrn Storm Ausschau. Außerdem hatte er jene Art Durst, die man Brand nennt, und wäre gern in die Bahnhofswirtschaft gegangen, um ein Glas Bier zu trinken. Mindestens ein Glas! Doch er traute sich nicht von seinem Posten weg, sondern blockierte die Sperre vom Bahnsteig 4, als schöbe er Wache.

Am Hauptportal erschien eine größere Gruppe Herren mit Koffern, Plaids und Taschen. Herr Karsten, der mit von der Partie war, sagte: »Da steht ja schon unser Tiroler!«

Anschließend entfernten sich einige seiner Begleiter und spazierten, an Fleischermeister Külz vorüber, durch die Sperre. Papa Külz merkte begreiflicherweise nichts von alledem. Er merkte nur, daß Storm und Fräulein Trübner nicht kamen. ›Das hat mir gerade gefehlt‹, dachte er. ›Zum Schluß fahre ich allein nach Berlin! Das hat man von seiner Gutmütigkeit! Was soll ich eigentlich schon zu Hause? Emilie und die Kinder wissen ja, daß ich nicht in Bernau bei Selbmann bin, sondern in Dänemark. Wann mögen sie denn die Karte mit der schönen Hafenansicht gekriegt haben?‹

In diesem Moment fiel ihm ein, daß er die Karte gar nicht in den Kasten gesteckt, sondern im Hotel d'Angleterre liegengelassen hatte! ›Ich mache aber auch alles verkehrt‹, dachte er enttäuscht. ›Das ist die Verkalkung. Na, ewig kann der Mensch nicht leben.‹

Dann unterbrach er abrupt den Denkprozeß. Denn im Portal erschien Fräulein Trübner. Und sie kam nicht allein. Sondern sie schritt zwischen zwei großen, starken Männern einher, die steife schwarze Hüte trugen und auch sonst der Vorstellung entsprachen, die man sich gemeinhin von Kriminalbeamten in Zivil macht.

Oskar Külz bemühte sich krampfhaft, Fräulein Trübner, der Verabredung gemäß, nicht zu kennen. Das fiel ihm so schwer, daß er sich der Einfachheit halber wegzusehen entschloß. Andrerseits war es nötig, die junge Dame im Auge zu behalten. Denn wie sollte er es sonst einrichten, gleichzeitig mit ihr durch die Sperre zu drängen? Er hob seinen Koffer auf, faßte den Stock fester, stellte sich marschbereit und lugte, so unauffällig wie möglich, über die Schulter.

Das Fräulein verabschiedete sich gerade von den beiden Begleitern mit einem freundlichen Kopfnicken.

Külz schob sich also breit in die Sperre und setzte, um Zeit zu gewinnen, seinen Koffer nieder. »Einen Augenblick, Herr Schaffner«, sagte er zu dem Schalterbeamten. »Ich muß nur noch mein Billett suchen!« Er wühlte in etlichen Taschen, obwohl er den Fahrschein längst gefunden hatte, und drehte sich flugs um. ›Na, endlich‹, dachte er. ›Da kommt sie ja!‹

Jetzt stand Fräulein Trübner hinter ihm. Külz reichte dem Beamten das Billett, spürte, wie man ihm ein Päckchen in die andre Hand drückte, griff tapsig zu, nahm den gelochten Fahrschein in Empfang, hob den Koffer hoch, verlor den Spazierstock, bückte sich darnach und wand sich endlich aus der Sperre heraus. Herr Karsten, der hinter den beiden herkam, unterdrückte ein mephistophelisches Lächeln.

Auf Bahnsteig 4 war reger Betrieb.

Külz hatte das heimlich empfangene Päckchen verstaut und den Koffer sorgfältig abgeschlossen. Das Päckchen war zwar leicht gewesen, aber der Koffer war mit einem Male so schwer, als ob er einen Doppelzentner wöge! Külz stapfte den Zug entlang und suchte die Wagen dritter Klasse.

»Hallo!« rief jemand hinter ihm. Es war Herr Storm.

»Endlich«, meinte Külz erleichtert. »Ich hatte schon Angst, Sie hätten es verschlafen. Wie geht's dem Kater?«

Storm, der noch reichlich grün aussah, winkte ab. Dann bedankte er sich, daß ihn der andere in der Pension Curtius abgeliefert hatte. »Ich erfuhr erst heute früh davon.«

»Gerne geschehen, mein Lieber.«

»Meine Wirtsleute waren gar nicht da, habe ich gehört.«

»Stimmt. Nur ein alter Herr mit einer dunklen Brille.«

»Kenn ich nicht.«

»Er sagte, daß er erst einen Tag dort wohnt.«

»Drum.«

Külz blieb vor einem Abteil dritter Klasse stehen. »Hier ist Platz!«

Aber Herr Storm wollte nicht. »Ich kann alte Frauen nicht leiden«, murmelte er. Er meinte eine weißhaarige Dame, die am Fenster saß. »Alte Frauen bringen mir Unglück.«

Sie gingen weiter.

Plötzlich machte Storm halt, sah zu einem Herrn hoch, der aus einem Coupé herausschaute, und fragte: »Entschuldigen Sie, ist in Ihrem Abteil noch für zwei Personen Platz?«

Der Herr, der übrigens einem ehemaligen Tenor glich und eine sehr gerötete Nase besaß, blickte ins Abteil, sah wieder auf den Perron hinaus und sagte: »Es wird sich machen lassen.«

Storm stieg ein, wandte sich um und nahm seinem Reisegefährten den Koffer ab.

»Vorsicht!« knurrte Külz besorgt. Dann kletterte er ächzend hinterher. Der Herr mit der roten Nase war ihm behilflich. Es waren überhaupt, nach dem ersten Eindruck zu urteilen, ganz reizende Leute im Coupé.

Zufälligerweise lauter Männer.

Sie rückten bereitwillig zusammen und machten freundliche Bemerkungen.

Storm fragte den Herrn mit der roten Nase, ob er auch nach Berlin fahre.

»Nein, nur bis Warnemünde«, antwortete der Herr höflich. »Meine Gattin ist mit den Kindern dort. Zur Erholung.«

»Die lieben Kleinen«, sagte ein Mann, der in der Ecke saß, und kicherte albern. Die anderen Fahrgäste blickten ihn höchst erstaunt an. Da wurde er verlegen und versteckte sich hinter einer Zeitung.

»Vielleicht bleibe ich einige Tage in Warnemünde«, fuhr der Reisende fort, der die rote Nase hatte. »Obwohl mich dringende Geschäfte nach Berlin rufen.«

Ein anderer Fahrgast meinte, die Nordsee gefalle ihm besser. Das Wasser sei härter. Die Luft sei salzhaltiger. Besonders Sylt habe es ihm angetan.

Külz setzte eine Zigarre in Brand und sah nach, ob sein Koffer noch im Gepäcknetz läge.

Der Koffer lag noch dort.

Bald unterhielten sich alle Fahrgäste miteinander, als seien sie lauter gute alte Bekannte. (Und so war's ja auch.)

Fräulein Irene Trübner fand ein Abteil zweiter Klasse, das ziemlich leer war. Nur die Fensterplätze waren besetzt. Von einem sehr jungen amerikanischen Ehepaar, das Zeitungen und Magazine las und diese gelegentlich austauschte.

Sie setzte sich in eine der Gang-Ecken und blickte sehr oft auf ihre Armbanduhr.

Draußen im Gang lehnten Fahrgäste aus den Fenstern und unterhielten sich mit Angehörigen und Bekannten, die in Kopenhagen zurückblieben. Einige holten bereits die Taschentücher hervor.

Dann ruckte der Zug an. Die Taschentücher wurden wild geschwenkt. Das amerikanische Ehepaar blickte von der Lektüre hoch. Sie lächelten einander zu, brachen das Lächeln automatisch wieder ab und lasen weiter.

Fräulein Trübner fühlte sich beobachtet. Sie sah sich um.

Draußen im Gang stand der große schlanke Herr, der Rudi hieß! Er nickte ihr zu und zog den Hut.

Dann kam er ins Abteil, setzte sich ihr gegenüber und fragte: »Wollen wir uns wieder vertragen?«

Sie schwieg.

»Oh«, sagte er. »Sie haben die neuen Schuhe an! Reizend! Sie machen einen so kleinen Fuß.«

Fräulein Trübner schwieg.

»Die Absätze könnten etwas niedriger sein«, meinte er. »Niedrige Absätze sind gesünder.«

»Sind Sie Orthopäde?« fragte sie.

»Nein. Aber ich habe einen Vetter, der Arzt ist.«

»In Leipzig?«

»Wieso in Leipzig?«

Sie zog die Mundwinkel hoch. »Ich vermute stark, daß es sich um einen Bruder Ihrer Cousine Irene handelt.«

Er lachte. Er hatte ein entwaffnendes Lachen. Es klang, als lache eine ganze Oberprima.

»Sie unterschätzen die Struves«, sagte er dann. »Nicht, daß ich renommieren will. Aber wir sind eine sehr fleißige, weitverbreitete Familie.«

»Interessant.«

»Mein Vetter beispielsweise lebt in Hannover. Er ist Hals-, Nasen- und Ohrenspezialist.«

»Aha. Deswegen weiß er so gut über Absätze Bescheid!«

»Eben, eben!« Er lehnte sich zurück, schlug gemächlich ein Bein übers andre, holte eine Zeitung heraus und sagte: »Ich lasse jetzt aus Schüchternheit eine Pause eintreten. Auf Wiederhören in einer Stunde.« Dann begann er angestrengt zu lesen. Der Zug fuhr durch die Insel Seeland. Nach Süden. Es war eine Reise durch Gärten.

Fräulein Trübner klemmte die große Handtasche energisch unter den Arm und sah, an dem amerikanischen Ehepaar vorbei, aus dem Fenster.

Fleischermeister Külz blickte, in seinem Abteil, ebenfalls hinaus. Wenigstens mit dem einen Auge. Mit dem andern hütete er seinen Koffer und dessen Geheimnis.

›Man hat's nicht leicht‹, dachte er. Und beinahe hätte er's auch laut gesagt.

Er trocknete sich die Stirn.

»Ist es Ihnen zu heiß?« fragte Storm besorgt.

Und ehe Külz noch antworten konnte, sprang ein andrer Fahrgast auf und ließ die Fensterscheibe herunter.

»Sehr freundlich«, sagte Külz und betrachtete die Runde. So viele liebenswürdige, vertrauenerweckende Menschen hatte er selten beisammengesehen. Da hatte er wirklich Glück gehabt! – Er deutete mit der Hand zum Fenster hinaus. »Es fiel mir schon auf der Herreise auf«, meinte er. »Das dänische Vieh ist erstklassig. So etwas habe ich noch nicht gesehen!«

Eine Herde brauner Rinder schien zu spüren, daß von ihnen die Rede war. Die Tiere blickten aufmerksam herüber, und ein Kälbchen lief ein paar Schritte neben dem Zuge her.

»Sie interessieren sich für Viehzucht?« fragte der Herr, dem die rote Nase gehörte.

»Versteht sich«, sagte Külz. »Ich bin Fleischermeister. Seit dreißig Jahren!«

»Dann allerdings«, meinte der Herr zuvorkommend.

»Im Augenblick gefällt mir mein Beruf freilich nicht besonders«, fuhr Külz fort. »Es geht einem eines Tages eben doch auf die Nerven, dauernd von Ochsen umgeben zu sein!« Er lachte behäbig.

Die Mitreisenden lächelten süßsauer.

»Das soll hoffentlich keine Anzüglichkeit sein?« fragte Herr Storm bescheiden.

Als Fleischermeister Külz die Frage endlich begriffen hatte, bemächtigte sich seiner eine gelinde Verzweiflung. »Wie können Sie so etwas von mir glauben?« rief er außer sich. »Ich habe doch nicht Sie gemeint, meine Herren! Ich sprach von richtigen Ochsen! Nicht von Ihnen! Wenn Sie wüßten, wie peinlich mir dieses Mißverständnis ist! Ich würde mir so etwas nie erlauben.« Er war außer Rand und Band.

»Es war ja nur ein Scherz von mir«, erklärte Herr Storm.

»Wirklich?« fragte Külz erleichtert.

Die anderen nickten.

»Gott sei Dank!« meinte Külz. »Mir fällt ein Stein vom Herzen. So etwas würde ich wirklich nie laut sagen!«

Der Herr, der Rudi hieß, hatte sich ins Polster zurückgelehnt. Er lag mit geschlossenen Augen und atmete friedlich.

Irene Trübner betrachtete sein Gesicht. Sie betrachtete es sehr nachdenklich und dachte bei sich: ›Jedes Wort, das er bis jetzt zu mir gesagt hat, war vermutlich eine Lüge. Warum folgt er mir seit gestern? Und wenn er's schon tut, warum belügt er mich? Dabei hat er ein Gesicht wie der Erzengel Michael, dieser gemeine Schuft! Mit dem gepriesenen Zusammenhang zwischen Physiognomie und Charakter ist es Essig!‹

Sie wandte sich brüsk zum Fenster und starrte einige Minuten hinaus. Dann aber zog es ihr wieder den Kopf herum.

›Diese ausdrucksvollen Hände!‹ dachte sie selbstvergessen. ›Und er ist doch eine Kanaille! Nun, er soll sich an mir die Zähne ausbeißen, der Rudi!‹ Sie korrigierte ihre Gedanken: ›Der Herr Rudi! – Diese Schlafmütze, ha!‹

In dem letzten Punkt irrte sie sich. Der Herr Rudi schlief gar nicht. Es sah nur so aus. Hinter den tiefgesenkten Wimpern betrachtete er das junge Mädchen ununterbrochen. Er war empört. ›Ausgerechnet diese Irene Trübner‹, dachte er, ›ausgerechnet sie muß so ein hübscher Kerl sein! Warum ist sie keine Schreckschraube? Seit Jahren wünscht man sich's, so eine Person zu treffen. Und wenn sie einem endlich in die Arme läuft, kommt sie ungelegen. Der Teufel hole den jüngeren Holbein und sämtliche Frauen Heinrichs VIII., die geköpften und die ungeköpften! Ach, ist das Leben kompliziert!‹

Sie beugte sich weit vor und sah ihn sonderbar an. Ihm war, als würden ihre Augen immer größer und nachdenklicher. Was gab es an ihm schon zu sehen? Plötzlich schlug sie die Augen nieder und wurde rot wie ein Schulmädel.

Darüber verlor er die Selbstbeherrschung und erwachte. »Ist die Stunde um?« fragte er.

Sie fuhr zusammen und strich sich das Haar glatt. »Welche Stunde?«

»Die geplante Gesprächspause«, sagte er. »Ich war das meiner Verwandtschaft schuldig.«

»Ach so.« Sie blickte auf die Uhr und meinte: »Sie haben noch Zeit. Gute Nacht!«

»Habe ich denn geschlafen?«

»Hoffentlich«, sagte sie.

»Wurde geschnarcht?«

»Nein.«

»So etwas von Vergeßlichkeit!«

In diesem Augenblick passierte ein Herr den Gang. Ein Herr, der einen weißen Bart und eine dunkle Brille trug. Er blickte ins Abteil und schritt langsam weiter.

Fräulein Trübner fragte: »Kennen Sie diesen Herrn?«

»Nein«, erwiderte Herr Struve. »Aber ich habe das dumpfe Gefühl, als ob ich seine werte Bekanntschaft sehr bald machen würde.«

Er sollte recht behalten.

Als er auf der Fähre zwischen den Inseln Seeland und Laaland das Abteil verließ, um sich die Füße zu vertreten, traf er den Herrn wieder. Dieser blieb gerade vor einem der Passagiere stehen und bat um Feuer. Jemandem, der mißtrauisch war, mußte auffallen, daß der Mann, der seine Zigarette hinhielt, dem weißen Vollbart etwas zuflüsterte.

Bemerkungen zwischen Fremden pflegen nicht geflüstert zu werden. Auch zuviel Vorsicht ist Leichtsinn.

Der alte Herr schritt weiter.

Rudi Struve pilgerte hinterdrein.

Der alte Herr musterte die Abteilfenster.

Struve folgte diesem Blick und bemerkte hierbei einen Mann, der aus einem Coupé dritter Klasse herausschaute und, als der alte Herr vorüberkam, ein Auge zukniff.

Und dieser Mann hatte unterhalb des Auges, das er zukniff, eine auffällig rote Nase.

Struve kam die Nase bekannt vor. Er trat an die Reling und betrachtete fünf Minuten lang die Ostsee, die Silbermöwen und die Bojen, welche die Trajektrinne markieren … Dann drehte er sich um und beobachtete das Coupé dritter Klasse, das es ihm angetan hatte.

Neben dem Mann mit der roten Nase entdeckte er den kleinen Herrn mit den hochgerutschten Ohren. Und den Dritten auch, den er vor der Amalienborg gesehen hatte.

Und ihnen gegenüber, zwischen lauter Galgengesichtern, hockte der gutmütige riesenhafte Lodentourist, der mit Irene Trübner im d'Angleterre zusammengesessen hatte.

Diese Gruppierung begriff Rudi Struve nicht. Was hatte der athletische Biedermann zwischen so vielen Gaunern zu suchen? Oder sollte er gar kein Biedermann sein?

Struve trat schleunigst den Rückzug an. Er eilte im Dauerlauf zu seinem Coupé. Hoffentlich war in seiner Abwesenheit keine Überraschung eingetreten! Er sprang die Wagenstiege hoch und eilte durch den Gang. Kurz vor dem Abteil bremste er und zwang sich eine gemütliche Gehweise auf.

Fräulein Trübner saß noch am alten Fleck und sinnierte.

Er setzte sich in seine Ecke.

Sie wandte ihm ihr Gesicht zu und hob plötzlich den Blick über seinen Kopf hinweg.

Er folgte ihren Augen und betrachtete das Gepäcknetz. Nein, der Koffer war noch da.

Sie lächelte und fragte: »Spielen Sie mit sich selber Saalpost?«

Er begriff nicht, was sie wollte.

»Es handelt sich um Ihren Hut«, sagte sie.

Er nahm ihn ab. In seinem Hutband steckte ein Briefumschlag. »Komisch«, meinte er, nahm den Brief und öffnete ihn.

Auf dem Briefbogen stand, in großen Blocklettern geschrieben:

»WER SICH IN GEFAHR BEGIBT, KOMMT DARIN UM!«

Er faltete den Bogen zusammen, steckte ihn in die Jackentasche und runzelte die Augenbrauen.

»Etwas Unangenehmes?« fragte sie.

»Ach wo«, sagte er und war bemüht, harmlos zu lächeln. »Ein Scherz von einem alten Bekannten!«

Oh, diese Zollbeamten

Gjedser war längst passiert. Die Zoll- und Paßkontrolle war schon vorm Betreten des Trajekts erledigt worden. Der Dampfer und die Eisenbahnwagen drunten im Schiffsbauch schwammen in der Ostsee, und die dänische Küste wurde blaß.

Fleischermeister Külz stand auf und griff nach seinem Koffer.

»Wo wollen Sie denn hin?« fragte Storm.

»In den Speisesaal. Ich habe Hunger. Kommen Sie mit, Herr Storm? Ich spendiere eine Runde Aquavit!« Külz lachte väterlich.

»Sie müssen sich noch einen Augenblick gedulden, meine Herren«, sagte einer der Fahrgäste. »Der Schiffszoll war noch nicht da.«

»Nanu!« rief Storm und tat sehr erstaunt.

»Aber wir haben doch die Zollkontrolle schon hinter uns!« meinte Külz.

»Auf dem Trajekt wird noch einmal kontrolliert«, erklärte der gutinformierte Fahrgast.

»Das kapier ich nicht«, sagte Külz. »Auf der Herfahrt wurde das nicht gemacht.«

»Sind Sie auf dem deutschen Trajekt gekommen?« fragte ein andrer Mitreisender.

»Jawoll, auf dem deutschen!«

»Da haben Sie's«, sagte der Gutinformierte. »Und jetzt fahren wir auf dem dänischen. Da ist man gründlicher.«

»Diese verdammten Bürokraten!« knurrte Philipp Achtel.

»Doppelte Buchführung«, meinte ein andrer Fahrgast ironisch.

»Also schön«, sagte Külz und setzte sich resigniert auf die grünen Hosen. »Abwarten und Tee trinken.«

Herr Achtel hob seinen Koffer herunter, stellte ihn auf die Sitzbank und öffnete ihn. »Hoffentlich geht's rasch. Ich habe Durst.«

Herr Karsten blickte zum Fenster hinaus und sagte nach einer Weile: »Dort kommt jemand in Uniform. Das scheint der Betreffende zu sein.«

Die Coupétür öffnete sich. Ein Mann stieg ein. Er trug eine blaue Schiffermütze mit Goldborten und einen weiten Radmantel. Er salutierte und gab längere Erklärungen in einer fremden Sprache ab.

Philipp Achtel antwortete ihm, schüttelte den Kopf und zeigte einladend auf seinen Koffer.

Der Zollbeamte wühlte darin herum, machte ein ziemlich böses Gesicht und salutierte wieder. Nun öffneten die anderen Fahrgäste ihre Koffer und Taschen. Der Uniformierte waltete seines Amtes.

»Haben Sie etwa Zigaretten oder Schokolade geschmuggelt?« fragte Storm flüsternd.

»Nein«, sagte Külz und schloß schweren Herzens seinen Koffer auf. Der Beamte trat zu ihm und fragte Verschiedenes in seiner Sprache. Herr Achtel sprang in die Bresche und redete lebhaft auf den Mann ein. Dabei legte er seinen Arm um Külzens Schulter.

Der Beamte griff in den Koffer, holte einen weißleinenen großen Knäuel hervor und fragte etwas.

»Er will wissen, was das ist«, meinte Philipp Achtel.

»Das ist mein Nachthemd, wenn er nichts dagegen hat«, antwortete Külz gereizt.

Die anderen lachten. Achtel erklärte dem Beamten die Bedeutung des Linnengewandes. Der Mann stopfte es in den Koffer, klappte dann den Kofferdeckel zu, blickte die Fahrgäste streng an, salutierte kurz und kletterte wieder aus dem Wagen.

Külz atmete auf, schloß erleichtert seinen Koffer zu und verwahrte den Schlüssel sorgfältig im Portemonnaie. »Ein unangenehmer Kerl«, sagte er. »Ich bin Ihnen sehr dankbar, daß Sie mir so beigestanden haben. Ich dachte schon, er würde mein Nachthemd beschlagnahmen!«

»Und nun können Sie in den Speisesaal gehen, lieber Külz«, meinte der kleine Storm. »Ich bleibe hier unten. Ich kann heute kein Wasser sehen. Und Aquavit schon gar nicht!«

»Wir reservieren Ihnen Ihren Platz«, meinte Karsten.

»Vielen Dank«, sagte Külz. »Sie sind alle so furchtbar nett zu mir. Ich komme mir schon wie Ihr Großvater vor.« Er nahm seinen Koffer und öffnete die Wagentür. Ehe er hinunterstieg, griff er in die Jackentasche, holte eine Schachtel hervor und lächelte schadenfroh. »Sehen Sie«, meinte er, »und ich habe doch Zigaretten geschmuggelt!«

»Sie sind ein Mordskerl!« rief Herr Storm anerkennend.

Und Papa Külz kletterte stolz aus dem Abteil auf die Schiffsplanken.

Die Fahrgäste der ersten und zweiten Klasse hatten in dem eleganten und lichten Speisesaal Platz genommen oder standen in tätiger Bewunderung vor den langgestreckten Tafeln, auf denen vom Hummer angefangen bis zu den Schwedenfrüchten mit süßer Sahne alles zu finden war, was Herz und Magen begehren. Sie beluden ihre Porzellanteller mit den Herrlichkeiten, die sich darboten, und kehrten lüstern an ihre Tische zurück.

Dieser Weg wurde von vielen des öfteren zurückgelegt. Denn ob man nichts oder ein Fuder aß – der Preis war der gleiche. Die Ostsee schlug Wellen. Manchmal tauchte im Rahmen der Fenster der Himmel auf und manchmal das Meer. Besonders empfindsame Reisende legten Messer und Gabel müde aus den Händen und preßten die Lippen fest aufeinander. Welch ein Jammer! Doch im allgemeinen ging es ohne Zwischenfälle ab. – Herr Struve hatte sich zu Irene Trübner gesetzt, obwohl sie, als er sich ihrem Tisch näherte, nicht gerade einladend dreinschaute. Nun aß er eifrig. Sie stocherte mit der Gabel in etlichen Salaten herum.

»Angst um die schlanke Linie?« fragte er.

»Nein«, erwiderte sie. »Ich habe überhaupt keine Angst.«

»Das ist viel wert«, sagte er.

Sie betrachteten einander prüfend, schwiegen und aßen weiter. Da erschien Fleischermeister Külz auf der Bildfläche, samt Knotenstock und Koffer, und sah sich suchend um. Als er Fräulein Trübner entdeckte, leuchteten seine Züge auf. Er wanderte vorsichtig über das spiegelglatte Parkett, bis er vor ihrem Tische stand. Er verbeugte sich und fragte, ob es gestattet sei.

Sie lächelte behutsam und nickte.

»Külz«, sagte der alte Tiroler und lüftete den Velourhut.

»Struve«, erklärte der junge Mann.

Der Fleischermeister nahm Platz und sah sich in der Gegend um. »Aha! Hier ist Selbstbedienung. Wie in der Volksküche.« Er erhob sich wieder. »Darf ich Sie bitten, gut auf meinen Koffer zu achten?« fragte er die junge Dame und zwinkerte bedeutsam mit den Augen. Dann entfernte er sich.

»Sie kennen den Mann?« fragte Struve.

»Seit gestern. Ein hochanständiger Mensch.«

»Mir gegenüber sind Sie weniger vertrauensselig.«

Sie setzte sich kerzengerade und sagte hoheitsvoll: »Alles zu seiner Zeit!«

Er schwieg und beschäftigte sich mit seinem Geflügelsalat.

Dann kehrte Papa Külz zurück. Er balancierte einen schwer beladenen Teller, schielte nach seinem Koffer und sank erschöpft in den Stuhl. »Das reinste Delikatessengeschäft«, behauptete er. »Ich fürchtete schon, ich käme wegen der blöden zweiten Zollkontrolle überhaupt nicht mehr zum Essen!«

»Weswegen?« fragte der junge Mann.

»Wegen der zweiten Zollkontrolle«, sagte Külz. »Auf den deutschen Dampfern gibt's das nicht. Nur auf den dänischen. Na ja, das macht die Bürokratie. Und die doppelte Buchführung.« Er lachte gutgelaunt und verlegte sich aufs Essen.

»Eine zweite Zollkontrolle?« fragte Struve. »Wann denn?«

Külz kaute. »Vor zehn Minuten. Ein Mensch mit einem abscheulichen Gesicht war's. Er hatte eine Pelerine um. War er denn nicht auch bei Ihnen?«

»Nein«, flüsterte Fräulein Trübner. »Bei uns war er nicht, Herr Külz.«

»Hier scheint man individuell behandelt zu werden«, stellte Rudi Struve fest. »Ich beginne zu glauben, daß die zweite Kontrolle in einem einzigen Abteil stattgefunden hat.«

Herrn Külz blieb die Gänseleberpastete im Munde stekken. Er würgte den Bissen mühevoll hinunter und fragte: »Was wollen Sie damit sagen?«

»Daß man sich für das Gepäck in Ihrem Coupé mehr als für die Koffer der übrigen Passagiere interessiert hat«, erklärte der junge Mann. »Ich weiß natürlich nicht, weswegen. Aber irgendeinen Grund dürfte es schon gehabt haben.«

Külz starrte Fräulein Trübner an und bewegte lautlos die Lippen. Sein buschiger grauer Schnurrbart zitterte wie Espenlaub. Hastig griff er nach seinem Koffer, legte ihn auf die Knie, zog das Portemonnaie hervor und holte die Kofferschlüssel heraus.

»Nicht hier!« sagte Fräulein Trübner. Es klang wie ein Befehl. Herr Struve blickte nervös von einem zum andern.

»Ich werde verrückt«, murmelte Külz. »Wenn der Herr recht hat, kann ich mich aufhängen.«

»Nun verlieren Sie nicht den Kopf!« sagte Fräulein Trübner und stand auf. »Ich setze mich draußen in einen Liege-

stuhl. Sie, lieber Herr Külz, vergewissern sich irgendwo, wo
Sie unbeobachtet sind, ob die zweite Zollkontrolle – normal
verlaufen ist. Und dann kommen Sie, bitte, sofort zu mir an
Deck!«

Fleischermeister Külz erhob sich, nahm den Koffer und
verließ den pompösen Speisesaal mit müden Schritten. Sein
mit schmackhaften Gerichten garnierter Teller blieb als
Waise zurück.

Irene Trübner entfernte sich durch die Seitentür, die zum
Promenadendeck führte.

Der junge Herr, der Rudi hieß, folgte Külz in einigem
Abstand, postierte sich vor der Waschtoilette und wartete.

Fräulein Trübner hatte an Deck Platz genommen. Die
Stühle neben ihr waren leer. Der Wind pfiff, und die Wolken
hatten es eilig. Am Horizont schwankte ein Fischkutter.
Manchmal verschwand er hinter glasgrünen Wellenbergen.
Manchmal wurde er hoch emporgehoben. Bis an den Him-
mel hinan.

Schwere Schritte näherten sich. Sie wandte den Kopf.

Es waren Külz und Struve.

Der junge Mann hatte den alten Mann untergefaßt, als
führe er einen Kranken. Den Koffer trug er außerdem. Ein
Stück weißes Leinen schaute heraus.

Külz setzte sich neben die junge Dame. »Fort!« sagte er
nur. »Fort!«

»Man muß augenblicklich den Kapitän verständigen«,
meinte Herr Struve energisch. »Die zweite Zollkontrolle
war ein Bluff. Herr Külz ist bestohlen worden. Niemand
darf in Warnemünde das Schiff verlassen, bevor er von der
Polizei untersucht worden ist.«

»Mischen Sie sich, bitte, nicht in meine Angelegenheiten!« sagte Fräulein Trübner.

»Wieso in Ihre Angelegenheiten?« fragte er. »Herr Külz
ist bestohlen worden, nicht Sie!«

»Doch, sie!« murmelte der Fleischermeister. »Doch, das Fräulein! Die Miniatur gehörte doch ihr!«

»Die Miniatur?«

»Für sechshunderttausend Kronen«, stammelte der alte Mann verzweifelt. »Das kann ich Ihnen nie ersetzen. Niemals, mein Fräulein.«

»Davon ist ja auch gar nicht die Rede«, sagte sie. »Die Verantwortung trage ich allein.«

»Großartig!« erklärte Herr Struve. »Und Sie weigern sich trotzdem, daß ich den Kapitän verständige?«

»Ich weigere mich ganz entschieden!«

Papa Külz hatte die Hände vors Gesicht gelegt und schüttelte den Kopf. »Oh, sind die Menschen schlecht«, stöhnte er. »Mich so zu betrügen! Der Zollbeamte war falsch! Und der Fahrgast, der von der zweiten Kontrolle zu reden anfing, war falsch!«

»Beruhigen Sie sich, lieber Herr Külz«, sagte Fräulein Irene Trübner. »Die Miniatur war auch falsch!«

Der Koffer und die Zigarren

Sie lehnten zu dritt an der Reling. Irene Trübner stand zwischen den beiden Männern. Papa Külz hatte den braunen Velourhut abgenommen, ließ sich den Sturm durch das graue Haar wehen und blickte ungläubig lächelnd aufs Meer. Ihm war zumute, als sei er sehr krank gewesen und als habe der Arzt eben gesagt: ›Nun können Sie wieder aufstehen, Meister!‹ Der Herr, der Rudi hieß, musterte das junge Mädchen, das neben ihm lehnte, und wußte nicht, was er im besonderen und im allgemeinen von der Sache halten sollte.

»Entschuldigen Sie, liebes Fräulein«, sagte Herr Külz. »Ich bin noch völlig durcheinander. Erst der Schreck und nun die Freude. Eins verstehe ich am allerwenigsten. Wenn die Miniatur, die mir diese Mausehaken geklaut haben, falsch war, brauchten Sie mir doch nicht einzureden, sie sei echt!«

»Doch, Papa Külz! Das mußte ich Ihnen einreden«, erwiderte sie. »Sind Sie mir deshalb böse?«

»Nicht im Traum«, sagte er. »Sie haben mich zwar mächtig auf den Arm genommen. Aber böse sein, nein, böse sein kann man Ihnen wirklich nicht. Und warum«, fragte er das Mädchen, »warum mußten Sie mir einreden, daß die falsche Miniatur echt sei?«

»Aus einem höchst einfachen Grunde! Weil es zwei Miniaturen gibt! Eine falsche und eine echte!«

Die beiden Männer verloren beinahe die Balance.

»Jawohl«, sagte Irene Trübner. »Der amerikanische Sammler, dem das Original gehörte, ließ schon vor Jahren eine Kopie anfertigen. Von einem amerikanischen Holbein-Kopisten. Sie wurde auf Ausstellungen statt der echten Miniatur gezeigt, ohne daß jemand davon wußte. Die echte selbst auszustellen, war zu riskant. Informiert waren nur der Sammler und sein Kustos. Und neuerdings der Auktionator. Herr Steinhövel erwarb die Kopie automatisch mit dem Original und deponierte beides in einem Kopenhagener Banktresor.«

»Und die Männer, die Sie bis zum Bahnsteig brachten?« fragte Külz.

»Das waren Bankdetektive. Ist nun alles klar?«

»Nein«, antwortete Herr Struve. »Es geht mich absolut nichts an, aber ich wüßte gern, warum Sie nun eigentlich Herrn Külz die Kopie gaben und ihm einschärften, es sei das Original.«

»Mich geht es zwar sehr viel an«, brummte Külz. »Aber ich wüßte es auch ganz gern.«

Fräulein Trübner sagte mit einem mißtrauischen Seitenblick auf Struve: »Seit gestern mittag hatte ich das untrügliche Empfinden, daß man mich beobachtet und auf Schritt und Tritt verfolgt. Herr Külz meinte allerdings, daß ich nur nervös sei …«

»Und daß sich das nach dem ersten Kind legen würde«, erzählte Külz schmunzelnd. »Aber Fräulein Trübner meinte, so lange könne sie nicht warten.«

»Diese Meinung entspricht durchaus den Tatsachen«, bemerkte der junge Mann.

Irene Trübner überhörte das und fuhr fort: »Am Nachmittag brachten die Zeitungen die Meldung, daß Kunstgegenstände im Werte von einer Million Kronen verschwunden waren. Es unterlag keinem Zweifel: ich saß in der Falle. Ich wußte mir keinen Rat. Bis ich auf den Gedanken verfiel, Herrn Külz um Hilfe zu bitten.« Sie legte ihre Hand dankbar auf den Lodenärmel des alten Herrn. »Wir blieben lange Zeit im Hotel sitzen. Wenn man mich, wie ich annahm, beobachtete, mußte das auffallen. Wir gingen in die Amalienborg und setzten uns auf eine Bank, wo wir nicht belauscht, aber beobachtet werden konnten. Wahrscheinlich ist man uns gefolgt.«

»Und ob!« sagte Herr Struve. Und als ihn die beiden anderen neugierig ansahen, verbesserte er sich. »Todsicher ist man Ihnen gefolgt! Das geht ja aus dem Raub der Kopie eindeutig hervor!«

»Wenn man uns aber gefolgt war«, fuhr Fräulein Trübner fort, »dann mußte unsre nächste Begegnung doppelt gründlich beobachtet werden. Damit war zu rechnen. Und deshalb bestimmte ich den Bahnhof als Treffpunkt. Dort konnte sich mühelos ein Dutzend Spitzel aufhalten. Sie mußten sehen, daß ich tat, als ob ich Herrn Külz nicht kennte. Und sie mußten sehen, daß ich ihm betont heimlich ein Päckchen zusteckte! Das konnte, ihrer Meinung nach, nur die Miniatur sein. Also mußten sie Herrn Külz bestehlen.« Sie kicherte selig wie ein Backfisch. »Nun, meine Rechnung hat gestimmt. Herr Külz wurde bestohlen! Die Miniatur ist fort! Glücklicherweise die falsche!«

»Wenn Sie mir wenigstens die Wahrheit gesagt hätten!« meinte Külz. »Dann hätte ich vorhin nicht so einen Schreck gekriegt.«

»Lieber Herr Külz«, sagte die junge Dame, »wenn ich Ihnen die Wahrheit vorher gesagt hätte, wäre der Bluff mißlungen. Denn Sie sind ein viel zu ehrlicher Mensch, als daß Sie sich verstellen könnten. Die Diebe hätten Ihnen an der Nasenspitze angesehen, daß wir sie hineinlegen wollten.«

»Ehrt mich«, meinte Külz. »Fahren Sie fort! Was wird nun?«

»Nun ist die Bande davon überzeugt, die echte Miniatur zu besitzen. Und vor Berlin wird man von unserm Schachzug nichts merken.«

»Entschuldigen Sie, daß ich mich einmische«, sagte Struve. »Aber Sie müssen natürlich so tun, als wüßten Sie von dem Diebstahl nicht das geringste.«

»Das ist die Hauptsache«, bestätigte das junge Mädchen. »Sonst war alles vergeblich.«

Herr Struve dachte nach. Dann meinte er: »Somit käme für Herrn Külz erst jetzt der schwerste Teil seiner Aufgabe.«

Irene Trübner nickte.

»Nun macht aber einen Punkt!« rief der Fleischermeister. »Ich bin ein gutmütiger alter Esel. Zugegeben. Ich freue mich, daß ich mich nützlich machen konnte. Vorläufig habe ich aber genug vom Indianerspielen. Mir ist schauderhaft zumute. Und außerdem habe ich Hunger.«

»Essen können Sie natürlich, bevor Sie …«

»Bevor ich was tue?« fragte Külz. »Soll ich mir jetzt vielleicht einen langen schwarzen Bart umhängen? Oder über Bord springen und geduckt hinter dem Schiff herlaufen?«

»Die Aufgabe ist schwieriger«, erklärte der junge Mann. »Sie müssen wieder in Ihr Coupé!«

Külz trat erschrocken einen Schritt zurück und hob abwehrend beide Arme.

»Und Sie müssen sich mit den Fahrgästen unterhalten, als sei nicht das mindeste geschehen.«

»Dann springe ich schon lieber über Bord«, sagte Herr Külz dumpf.

»Sie müssen zurück!«

»Gut«, erwiderte der alte Riese. »Wie Sie wünschen. Dann drehe ich aber leider dem Halunken, der mir das von der zweiten Zollkontrolle vorgequatscht hat, den Hals um. Darauf können Sie Gift nehmen, meine Herrschaften! Mit so einem Strolch soll ich mich freundlich unterhalten? Lächeln soll ich womöglich auch noch?«

»Selbstverständlich«, sagte Rudi Struve. »Sehr viel lächeln!«

»Das Genick brech ich ihm!«

»Lieber, guter Herr Külz«, bat Irene Trübner. »Lassen Sie

mich jetzt nicht im Stich! Bitte, bitte! Sonst war alles, was wir erreicht haben, zwecklos.«

Külz stand unentschlossen da und kämpfte mit sich. Dann drehte er sich um und schritt zur Treppe.

»Herr Külz!« rief Rudi Struve. Der Fleischermeister hielt inne.

»Aus Ihrem Koffer schaut ein Zipfel heraus. Den müssen Sie wegstecken, ehe Sie in den Zug steigen! Sonst weiß man, daß Sie Bescheid wissen.«

Külz senkte den Blick. »Ach so«, sagte er. »Mein Nachthemd!« Dann kletterte er melancholisch treppab.

Philipp Achtel trat vom Coupéfenster zurück und flüsterte: »Achtung, er kommt!«

Die anderen setzten sich zwanglos in Positur und zogen bemüht harmlose Gesichter.

»Was machen wir, wenn er etwas gemerkt hat?« fragte Karsten.

»Der hat nichts gemerkt«, meinte der kleine Herr Storm. »Das liegt dem nicht.«

»Und wenn er es zufällig gemerkt hat?« fragte Karsten. »Es soll ja schließlich schon vorgekommen sein, daß man in seinem Koffer etwas sucht, auch wenn nichts drin fehlt.«

»Das wird sich zeigen«, behauptete Achtel. »Er kann sich nicht verstellen! Und wenn er etwas gemerkt hat, dann werden wir tun, was der Chef befohlen hat.«

»Trinken kann er!« murmelte Storm. »Aber Salzwasser ist kein Aquavit.«

Da öffnete sich die Tür. Und der Mann, von dem so reizend gesprochen wurde, kam schnaufend ins Abteil.

»Herzlich willkommen!« rief Herr Achtel. »Hat das Essen geschmeckt?«

»Das kalte Büfett dort oben ist prima«, sagte Külz. »Ich könnte schon wieder essen!« Ihm lief das Wasser im Munde zusammen. Er dachte betrübt an die Vorspeisen, die er im Speisesaal verlassen hatte, und hustete geräuschvoll, damit man seinen Magen nicht knurren hörte. Dann hob er den Koffer behutsam hoch und legte ihn so zartfühlend aufs Gepäcknetz, als enthalte er dänische Frischeier.

Die anderen lächelten einander zu. ›Wenn er wüßte!‹ dachten sie. Der kleine Herr Storm grinste wie ein Teufel.

Papa Külz setzte sich, streckte die Beine aus und griff in die Brusttasche. Nachdenklich zog er die Hand zurück. Dann schüttelte er ärgerlich den Kopf und stand umständlich wieder auf.

»Was suchen Sie denn?« fragte Storm nervös.

»Ach, nur mein Zigarrenetui«, antwortete Külz. »Es liegt im Koffer.«

Die anderen saßen wie vom Blitz getroffen da. ›Jetzt nimmt das Unglück seinen Lauf‹, dachten sie.

Oskar Külz holte das Portemonnaie aus der Tasche und brachte den Kofferschlüssel zum Vorschein.

Herr Achtel faßte sich als erster. »Wozu denn die Umstände?« rief er jovial. Er reichte sein Etui hinüber. »Rauchen Sie doch einmal eine Zigarre von mir!«

»Oder von mir!« fiel Karsten ein.

Ein anderer fragte: »Zigaretten rauchen Sie wohl gar nicht? Wie wär’s mit einer Lucky Strike?«

Papa Külz betrachtete die Etuis und Schachteln, die sich ihm entgegenstreckten, nicht ohne Rührung. »Außerordentlich liebenswürdig, meine Herren! Aber das kann ich doch gar nicht annehmen!«

Herr Philipp Achtel schien gekränkt. »Wollen Sie uns beleidigen?«

»Behüte!« sagte der alte Mann erschrocken und steckte Schlüssel und Portemonnaie wieder weg. »Zigaretten habe ich selber. Die hab ich aber doch für meine Kinder geschmuggelt.« Er schielte zu Achtels Etui hinüber, zögerte und griff endlich zu. »Ich bin so frei.«

Drei Passagiere gaben ihm Feuer.

Külz setzte sich und betrachtete die Runde voller Rührung. Das heißt, den Halunken, der ihn mit der Zollkontrolle angeschwindelt hatte, den ließ er aus. »So viele reizende Leute«, sagte er, und dann schmauchte er gemütlich vor sich hin.

Die anderen atmeten auf und lächelten gewinnend.

»Eine ausgezeichnete Zigarre«, meinte der Fleischermeister. »Nicht zu kräftig und nicht zu mild. Darf ich fragen, was Sie dafür bezahlt haben?«

Herr Achtel nannte den Preis. Anschließend rechnete Herr Storm geschwind vor, wieviel deutsche Reichspfennige dreißig Öre seien.

»Das werde ich nie lernen«, stellte Papa Külz fest. »Gestern verlangte ich doch in Kopenhagen tatsächlich eine Sechspfennigmarke! Wäre mein Freund Storm nicht dagewesen, wäre ich glatt aufgeschmissen gewesen.« Er lachte. Die anderen lachten mit.

»Übrigens habe ich die Karte im Hotel liegenlassen«, gestand Herr Külz treuherzig. »Meine Emilie wird denken, ich bin gestorben!«

»So rasch stirbt man nicht«, meinte Philipp Achtel.

»Na«, sagte Herr Storm. »Das geht manchmal sehr schnell.« Er schwieg und verschränkte die Hände, daß die Finger knackten. »Ich habe einen Mann gekannt, der war Kassierer bei einer großen Bank …«

Papa Külz blickte seinen Freund Storm mit großen Augen an. »Und?« fragte er besorgt.

Der kleine Herr Storm winkte ab. »Wozu an alten Wunden rühren?« meinte er ergriffen. »Der Mann war mein Freund.«

»Verkalkung?« fragte Külz.

»Nein. Er wurde, als er Bankgelder bei sich hatte, auf der Straße angesprochen. Man bat ihn um Feuer, wenn ich nicht irre. Und dann fiel er um.«

»Herzschlag?« fragte Külz.

»Nein. Eine Stricknadel. Spitzgefeilt. Zwischen die Rippen gestoßen.«

Papa Külz schauderte.

»Was es so alles gibt!« meinte Herr Achtel und konnte es kaum fassen. »Es gibt so schlechte Menschen!«

»Ja«, sagte Külz. »Da haben Sie recht.« Er warf einen vernichtenden Blick in jene Ecke, in der sein Feind saß. Dann besann er sich. »Aber die meisten Menschen sind glücklicherweise anständig.«

Die anderen nickten.

»Zweifellos«, erklärte Herr Achtel. »Was sollten wir sonst anfangen?«

Die anderen musterten ihn mißbilligend.

Külz blickte aus dem Fenster und zuckte zusammen.

Denn an der Reling stand der weißbärtige Herr aus der Pension Curtius und schaute herüber.

Das Märchen vom braven Mann

Die Sonne schob die Wolken wie Flügeltüren auseinander und beleuchtete das Trajekt »Danmark« und die übrige Welt. Sie beschien, einem alten Brauche folgend, Gerechte und Ungerechte und machte keine Ausnahme.

›Ist das nun wirklich pure Großzügigkeit, daß sie alle bescheint?‹ fragte sich der Herr, der Rudi hieß. ›Es wird Bequemlichkeit sein, weiter nichts. Wenn man sich vorstellt, sie beschiene nur die Guten, und die Bösen nicht – welche Mühe und welche Verwicklungen!‹ Er hatte die Augen geschlossen und lag der Länge nach in einem Bordstuhl. ›Für die Hüter der Ordnung‹, meditierte er, ›wäre es freilich praktischer, wenn's anders wäre. Sie gingen dann einfach bei Sonnenschein auf die Straßen und Plätze und verhafteten kurzerhand alle Menschen, die von der Sonne nicht beschienen würden! Es ist allerdings fraglich, ob die Verbrecher unter solchen Umständen bei Sonnenschein noch spazierengingen.‹

Er streckte die Arme aus und räkelte sich. Und er dachte: ›Wahrscheinlich gingen sie nur noch nachts aus. Und bei strömendem Regen. – Dadurch nähmen die Länder mit sechsmonatiger Regenzeit einen ungeahnten Aufschwung. Dank des Fremdenzustroms. Auch jene Gegenden, in denen monatelang keine Sonne scheint, würden aufblühen. Denn wie viele Menschen könnten sich dann noch ohne Bedenken in die Sonne wagen?‹ Er lächelte spitzbübisch vor sich hin und malte sich, mit Sorgfalt und Hingabe, die logischen Folgen seiner schwachsinnigen Hypothese aus.

Irene Trübner, die neben ihm saß, musterte ihn kritisch. Ihre Stirnfalte reichte bis unter das flotte Hütchen. Würde es sich rächen, daß er ihr Geheimnis erfahren hatte? Und wenn er ein dunkler Ehrenmann war – warum gab er ihr und Papa Külz nützliche Ratschläge? Ihr Geheimnis wußte er nun. Aber wie hieß das seine?

Plötzlich lachte Herr Struve schallend und schlug die Augen auf.

»Ihnen geht's wohl zu gut?« fragte sie.

»Aufrichtig gesprochen, nein. Aber ich stellte mir gerade vor, wie die Welt aussähe, wenn die Sonne nur die Gerechten beschiene und die Ungerechten ausließe.«

»Wie dann die Welt aussähe? Ich wüßte lieber, wie dann Sie aussähen.«

»Nun, was glauben Sie? Strahlend weiß oder wie bei einer Sonnenfinsternis?«

»Vielleicht kariert«, meinte sie.

»Fragen Sie Ihren Instinkt!« riet er. Und pathetisch fügte er hinzu: »Der Zug des Herzens ist des Schicksals Stimme.«

»Daß ich nicht lache!« sagte sie streng.

»Behüte!« Er wechselte das Thema. »Hoffentlich stiftet Ihr sonniger Herr Külz in seinem Coupé kein Unheil.«

»Herrn Külz sieht man auf den ersten Blick an, daß er ein anständiger Mensch ist!« erklärte sie und musterte ihren Nachbar vorwurfsvoll.

»Kunststück! Wenn ich dreißig Jahre älter bin, haben sich meine vorzüglichen Eigenschaften auch allmählich von der Seele bis ins Gesicht durchgesprochen! ›Rudi‹, werden Sie dann sagen, ›ich hab dir damals bitter unrecht getan. Kannst du mir verzeihen?‹ Wer weiß, ob ich's tue.«

»Glauben Sie wirklich, daß er Unheil anrichten wird?« fragte sie.

Der junge Mann erwiderte: »Ich liebe diesen prächtigen alten Mann. Aber Dummheit ist unberechenbar.«

Irene Trübner machte ein besorgtes Gesicht.

»Nur Mut«, sagte er. »Die Sache wird schon schiefgehen.« Dann schloß er von neuem die Augen und widmete sich dem Sonnenschein, der zwischen Gerechten und Ungerechten keinen Unterschied macht. Darüber schlief er ein.

Er erwachte dadurch, daß ihn jemand rüttelte. Es war Irene Trübner. »Verzeihen Sie«, flüsterte sie. »Aber Herr Külz behauptet, den Herrn mit dem weißen Bart und der dunklen Brille bereits gestern abend in Kopenhagen kennengelernt zu haben.«

Oskar Külz, der sich in einen freien Stuhl gesetzt und den Koffer gewissenhaft danebengestellt hatte, nickte schwerfällig. »Jawohl. In der Pension Curtius. Auf der Osterbrötchengade, oder wie die Straße heißt.«

»Irgendwo muß schließlich jeder Mensch wohnen«, behauptete Struve. »Warum also soll er nicht mit Ihnen in der gleichen Pension gewohnt haben?«

»Ich habe nicht in der Pension Curtius gewohnt. Ich ging nur hin, um Herrn Storm dort abzugeben.«

»Wer ist Herr Storm?« fragte der junge Mann.

»Ein Bekannter von mir. Ein sehr netter Mensch. Ich lernte ihn gestern in dem Hotel kennen, in dem ich auch Fräulein Trübner kennenlernte. Er half mir am Kiosk, als ich Briefmarken verlangte. Die Karte habe ich dann vergessen, in den Kasten zu stecken.«

»Oje«, sagte Fräulein Trübner. »Ihre arme Frau!«

Rudi Struve setzte sich neugierig auf. »Trafen Sie Herrn Storm wieder, lieber Herr Külz?«

»Ja. Gegen Abend. Ganz zufällig. Er stand vor einem Kunstgeschäft. Und ich sprach ihn an. Er behauptete, der Aquavit sei in Kopenhagen besser als anderswo. Und dann lud er mich ein.«

»Und dann trank er Sie unter den Tisch?«

»Unterm Tisch lag zum Schluß, wenn ich ehrlich sein soll, Herr Storm. Als ich ihm zutrinken wollte, war er weg. Er saß neben seinem Stuhl und war nicht mehr ganz beisammen. Erst als ihm der Kellner kaltes Wasser über den Kopf goß, fiel ihm seine Adresse wieder ein.«

»Die besagte Pension Curtius.«

»Ganz recht«, meinte Külz. »Ich lieferte ihn dort ab. Die Wirtsleute waren ausgegangen. Nur ein einzelner Herr war da. Ein Mieter. Mit einem weißen Bart und einer dunklen Brille. Er wohnte erst einen Tag dort und wußte deshalb nicht, ob Storm tatsächlich in der Pension wohnt. Ich lud Storm auf dem Sofa im Speisezimmer ab und fuhr in mein Hotel.«

»Was irritiert Sie eigentlich?« fragte Struve. »Warum soll der Herr mit Bart und Brille nicht nach Berlin reisen, wenn's ihm Spaß macht?«

»Sie sind plötzlich so gutgläubig geworden«, sagte Fräulein Trübner ärgerlich.

»Ich möchte Ihnen gefallen«, entgegnete Rudi Struve. »Ich weiß, Sie schätzen das.«

»Lassen Sie den Unsinn!« bat sie.

»Na schön.« Struve wandte sich an Külz. »Sie trafen Herrn Storm vermutlich heute auf dem Bahnhof wieder.«

»Wir hatten es so verabredet«, sagte Külz. »Ich war froh, nicht allein reisen zu müssen, sondern mit einem Bekannten. Vor allem wegen der Miniatur in meinem Koffer.«

»Hatten Sie ihm davon erzählt?«

»Erlauben Sie! Wenn nicht der Kerl am Fenster die Geschichte mit der zweiten Zollkontrolle aufgetischt hätte, wäre alles gutgegangen. Aber auf diesen Schwindel sind natürlich alle anderen im Abteil hereingefallen!«

»Lauter nette Leute, was?« erkundigte sich Struve.

»Ganz reizende Menschen«, bestätigte Külz.

»Natürlich«, sagte Struve. »Eine Frage, lieber Herr Külz. Wie kamen Sie eigentlich in das nette Coupé? Wollten Sie hinein? Oder Ihr Bekannter?«

»Ich wollte eigentlich erst in ein andres Abteil. Doch da saß eine alte Dame drin. Und Herr Storm ist abergläubisch. Alte Damen bringen ihm Unglück. Darauf mußte ich Rücksicht nehmen.«

»Selbstverständlich«, meinte Struve.

»Unser Coupé fand dann Herr Storm. Er fragte einen Herrn, der aus dem Fenster sah, ob noch Platz sei.«

»Und es waren gerade noch zwei Plätze frei?«

»Jawohl.«

»Und der Herr, der aus dem Fenster blickte, hatte eine kupferrote Nase«, vermutete Struve. »Stimmt's?«

Fräulein Trübner staunte.

»Und ob!« rief Papa Külz. »Einen tollen Zinken! Auch ein sehr reizender Mensch. Er reist nach Warnemünde. Dort besucht er seine Gattin und seine beiden Kinder.«

»Die lieben Kleinen.« Rudi Struve lachte.

»Das ist aber merkwürdig«, stellte Külz fest. »Genau dasselbe sagte der Kerl, der uns mit der Zollkontrolle hereingelegt hat!«

»Der ausgeprägte Familiensinn rotnasiger Männer scheint auf dieser Reise nicht sehr ernst genommen zu werden. Und nun noch eine bescheidene Frage, lieber Herr Külz.«

»Bitte schön.«

»Die Insassen Ihres Coupés kennen einander ganz gewiß nicht!«

»Bewahre! Es ist eine richtige, bunt zusammengewürfelte Reisegesellschaft. Aber, wie gesagt, sie sind alle reizend! Und so liebenswürdig! Vorhin wollte ich mein Zigarrenetui aus dem Koffer holen. Glauben Sie, sie hätten das zugelassen? Ausgeschlossen! Alle boten mir, wie auf Kommando, Zigarren und Zigaretten an. Schade, daß Sie das nicht gesehen haben. Ich war von Etuis und Zigarettenschachteln geradezu belagert! Es war rührend!«

Rudi Struve konnte nicht mehr ernst bleiben. Er lachte sein helles, aufreizend vergnügtes Primanerlachen.

Papa Külz war entrüstet. »Was gibt's denn da zu lachen? Bloß weil wildfremde Menschen höflich und zuvorkommend sind? Sehr fein ist das nicht, junger Mann.«

»Nein«, erwiderte Struve. »Fein ist das nicht, aber verständlich.« Er war wieder ernst geworden. »Gnädiges Fräulein, ich halte es für dringend notwendig, Herrn Külz ins Bild zu setzen. Wer weiß, was sonst noch alles passiert.«

Irene Trübner nickte unmerklich mit dem Kopfe.

»Lieber Herr Külz«, sagte Struve. »Ich muß Ihnen eine Geschichte erzählen, die Sie noch nicht kennen.«

»Schießen Sie los!«

»Also – es war einmal ein Mann, der grundanständig war und deswegen alle anderen Menschen für genauso anständig hielt.«

»Es war einmal?« fragte Külz. »Das klingt ja wie ein Märchen!«

»Es ist auch eines«, erwiderte der junge Mann freundlich. »Der brave Mann, von dem die Rede ist, kam eines Tages in einer fremden Stadt in ein fremdes Hotel und lernte dort eine schöne Prinzessin kennen, die ihn um Hilfe bat. Da er ein braver Mann war, war er natürlich sofort einverstanden. Die schöne Prinzessin wurde von einer Räuberbande verfolgt, die es auf einen kostbaren Schmuck abgesehen hatte, den sie besaß. Einige Räuber beobachteten das Gespräch zwischen ihr und dem braven Mann von ferne. Sie dachten sich ihr Teil und beschlossen, sich mit ihm anzufreunden. Deshalb sprach ihn einer von den Räubern an. Ein Mensch, der sich durch seltsam durchsichtige und hochgerutschte Ohren auszeichnete. Der brave Mann fand, der andere sei ebenfalls ein braver Mann. Aber als der wirklich brave Mann mit der verfolgten Prinzessin das Hotel verließ, ging der Strolch mit zweien seiner Kumpane hinter dem Paare her. Interessiert Sie das Märchen?«

»Doch, doch«, sagte Herr Külz. »Schöne Prinzessinnen waren schon immer eine Schwäche von mir.«

»Nun gut. Als sich der brave Mann von der Prinzessin verabschiedet hatte, beschloß der kleine Kerl, den anderen betrunken zu machen. Denn die Räuber hofften, von dem braven Mann, wäre er erst betrunken, die Pläne der Prinzessin zu erfahren. Der Kerl mit den verrutschten Ohren lief also dem braven Mann zufällig in den Weg. Und sie wanderten selbander ins Wirtshaus. Nun begab es sich aber, daß der brave Mann mehr Schnaps vertrug als der kleine Gauner. Und so kam es, daß der treuherzige, brave Mann den Räuber in dessen Wohnung ablieferte. Die Wirtsleute waren nicht da, weil die Wohnung gar keine Wirtsleute hatte, sondern eine Räuberhöhle war. Der Herr mit dem weißen Bart und der dunklen Brille, der die Tür aufschloß, war der Räuberhauptmann. Und in allen Zimmern hockten seine Untergebenen. – Der brave Mann lieferte den betrunkenen Räuber ab und ging nach Hause. Daß er gesund und lebendig davonkam, lag einmal daran, daß ihn die Bande noch brauchte, und zum andern daran, daß solch brave Männer im Märchen sehr einflußreiche Schutzengel haben.«

Papa Külz saß stumm im Stuhl. Sein Mund stand ziemlich weit offen, und der graue buschige Schnurrbart zitterte.

»Tags darauf«, berichtete Struve, »übergab die schöne Prinzessin dem braven Mann den Schmuck, den die Räuberbande rauben wollte. Einige Räuber sahen das. Kurz darauf tauchte der Dieb, der so seltsame Ohren hatte, auf, und sie suchten ein passendes Eisenbahnabteil. Sie setzten sich natürlich nicht in das Abteil, in das der brave Mann wollte, sondern in jenes, aus dem ein Mensch mit einer roten Nase heraussah. Das war kein Wunder. Denn der Mensch mit der roten Nase gehörte zu der gleichen Bande wie der Dieb mit den verrutschten Ohren. Und nicht nur diese beiden gehörten dazu, sondern sämtliche Männer, die in dem Eisenbahnabteil saßen und so taten, als seien sie fremd miteinander.«

»Das dürfen Sie nicht sagen!« Herr Külz flüsterte es nur. Aber als ihn der andere mit freundlichem Bedauern lange anschaute, ließ er den Kopf sinken, als schäme er sich für jene Leute.

Der junge Mann fuhr mit seinem Märchen fort. »Sie hatten einen Plan gemacht. Der Plan war nicht schlecht. Denn er war auf einem gar mächtigen Fundament erbaut. Auf der Leichtgläubigkeit des braven Mannes. Einer der Bande erschien als Zöllner. Sie öffneten das Gepäck, und so stahl er den Schmuck aus dem Koffer, ohne daß der brave Mann Verdacht schöpfte. Nur als er, weil er Hunger hatte, das Abteil verließ, wurden sie unruhig. Den Schmuck, den hatten sie zwar. Aber wenn der brave Mann nun in ihrer Abwesenheit zufällig den Koffer öffnete und den Diebstahl bemerkte? Sie waren, wie alle Menschen ihres Schlags, aufs äußerste gefaßt. Raub und Mord sind eng verschwistert. Doch der brave Mann kehrte zurück und war nach wie vor freundlich zu ihnen. Also konnte er nichts von alledem wissen. Nur als er aufstand und aus seinem Koffer Zigarren herausnehmen wollte – da durchfuhr sie ein gewaltiger Schreck. Er durfte den Koffer um keinen Preis öffnen! Deswegen beeilten sie sich alle und boten dem Manne Zigarren und Zigaretten an. Und er war, weil er ein braver Mann war, von soviel Liebenswürdigkeit bis zu Tränen gerührt.«

Herr Struve machte eine Pause.

Fleischermeister Oskar Külz aus Berlin saß vornübergeneigt. Sein Gesicht war blutrot, und die Fäuste lagen wie Hämmer auf den Knien.

»Bis hierher reicht das Märchen«, berichtete Struve. »Aber es ist noch nicht zu Ende.«

»Doch!« Herr Külz stand auf. »Das Märchen ist aus!« Er ergriff seinen Stock und ging, ohne mehr zu sagen, mit schweren Schritten zur Treppe.

Die jungen Leute blickten dem alten, gebeugten Riesen erstaunt nach. Dann sprangen sie im selben Augenblick auf und rannten hinter ihm her.

»Wo wollen Sie hin?« fragte Irene Trübner ängstlich.

Er schob ihre Hand unsanft beiseite. »Ins Coupé!«

»Und was wollen Sie dort tun?« fragte Struve.

»Abrechnen!« sagte der alte Mann. »Ich schlage die Lumpen tot. Mit der flachen Hand. Lassen Sie mich los!«

»Nein«, erwiderte der junge Mann. »Und wenn ich mich mit Ihnen hier auf Deck herumprügeln sollte, obwohl Sie mir sehr sympathisch sind! Und wenn man uns anschließend ins Krankenhaus bringen sollte! In Ihr Coupé lasse ich Sie in dieser Verfassung nicht!«

Herr Külz, dieser gutmütige Mensch, hob die Faust, um den Herrn, der Rudi hieß, zu schlagen.

Da trat Irene Trübner zwischen beide und sagte: »Papa Külz! Was fällt Ihnen denn ein! Ich denke, Sie wollen mir helfen?«

»Es hat alles seine Grenzen«, knurrte er. »Außer meiner Dummheit, versteht sich.« Dann ließ er die erhobene Faust sinken und sagte zu dem anderen: »Entschuldigen Sie vielmals!«

»Bitte sehr.«

Fräulein Trübner hakte sich bei dem jähzornigen Riesen unter und zog ihn Schritt um Schritt zu den Bordstühlen hin. »Alle Räuber werden Sie doch nicht totschlagen können.«

»Nein. Nur die im Coupé.«

Rudi Struve lachte. Dann meinte er skeptisch: »Mit zehn Fingern gegen zehn Revolver kämpfen ist Geschmackssache.« Er drückte den braven Mann in einen Stuhl.

Sie saßen lange Zeit wortlos beisammen. Irene Trübner zeigte mit der Hand nach dem Horizont. Die deutsche Küste kam in Sicht.

»Es geht nicht!« meinte Külz nach einer Weile. »Ich kann mit den Kerlen nicht zusammenbleiben. Es geht tatsächlich nicht! Ich steige in Warnemünde aus. Sonst passiert ein Unglück. Ich muß sofort vom Schiff herunter!«

Külz lernt endlich seine Frau kennen

In Warnemünde hatte der Zug den Dampfer verlassen. Und nun fuhr er wieder, wie sich's für Eisenbahnen gehört, zwischen Wiesen und Feldern hin und an Dörfern und Viehherden vorüber. Ein Reisender, der kurz nach Kopenhagen eingeschlafen und jetzt erst erwacht wäre, hätte kaum erraten können, ob er sich noch in Dänemark oder schon in Mecklenburg befand. Die beiden Landschaften sind einander zum Verwechseln ähnlich.

In einem Abteil zweiter Klasse unterhielt sich ein weißbärtiger Herr, der eine dunkle Brille trug, mit einem Krefelder Textilfabrikanten über den europäischen Außenhandel. Sie erörterten die durch den Weltkrieg geschaffene neue Lage. Sie sprachen darüber, daß die Jahre, in denen Europa seinen großangelegten Selbstmordversuch unternahm, von den übrigen Kontinenten, den früheren Käufern europäischer Waren, klug benutzt worden waren. Die anderen Kontinente hatten sich industriell unabhängig gemacht.

Die beiden Männer erwogen die Gefahren, die einem Kontinent wie Europa dadurch erwachsen, daß er Rohstoffe importieren muß und nichts mehr ausführen kann, es sei denn bares Geld.

Da ging ein kleiner Herr draußen im Gang vorüber. Ein Herr, der sich durch hochgerutschte Ohren auszeichnete. Er blickte keineswegs in das Coupé herein.

Doch das Interesse des weißbärtigen Herrn spaltete sich. Die Anteilnahme am europäischen Handel schwand rapide. Schließlich erhob er sich, murmelte eine Entschuldigung und begab sich eilig auf den Gang.

Der kleine Herr stand am Ende des Waggons und schaute, als ob er selbstvergessen träume, aus dem Fenster auf die schöne deutsche Landschaft hinaus.

Der Weißbärtige trat neben ihn. »Ich habe euch doch gesagt, daß ihr nicht hierherkommen sollt!« flüsterte er ärgerlich.

»Ich kann ja wieder gehen«, schlug der Kleine vor.

»Was gibt's?«

»Külz ist verschwunden!«

»Bestimmt?«

»Außer, er steht auf der Lokomotive. Aber dort wollten wir nicht nachsehen.«

»Laß deine blöden Witze!«

»Steinhövels Sekretärin ist auch fort.«

Der andere strich sich den weißen Bart.

»Und der junge Mann, der dem Mädchen seit gestern am Rock hing –«

»Der ist auch weg?«

»Der ist auch weg!«

Sie blickten in die Landschaft hinaus. Drüben stand eine verfallene Windmühle. Auf einem sanften grünen Hügel. Ringsum wogten die Felder. Der Wind streichelte sie.

»Ob sie was gemerkt haben?« fragte der kleine Herr leise.

»Dann wäre die Polizei schon da.«

»Vielleicht wartet sie in Berlin am Bahnhof.«

Der weißbärtige Herr runzelte die hohe Stirn. Dann sagte er: »Alles in Rostock aussteigen! Ich wohne im Hotel Blücher. Als Professor Horn. Klettert nicht alle aus dem gleichen Wagen! Verteilt euch, und setzt euch ins Café Flint. In den ersten Stock. Stellt einen Posten aus! Ich komme vorbei und gebe neue Anweisungen.«

»Gut, Chef!« meinte Storm. »Wird gemacht.« Dann kehrte er in seinen Waggon zurück.

Der andere blieb noch eine Weile am Fenster stehen. Die Schrebergärten Rostocks zogen vorüber. Die großen neuen

Kliniken kamen in Sicht. Der Herr ging in sein Abteil und hob den Koffer aus dem Gepäcknetz.

»Nanu!« meinte der Krefelder Fabrikant. »Ich dachte, Sie führen auch nach Berlin?«

Der andere drückte den Hut auf den Kopf, legte den Paletot sorgfältig über den Arm und sagte: »Ich habe mir's anders überlegt. Ich will mir wieder einmal Rostock ansehen. Vor allem die alte Alma Mater. Ich habe hier drei Semester studiert. So etwas hakt sich im Gefühl fest. Eben sah ich die alten ehrwürdigen Backsteinkirchen auftauchen. Nein, ich kann nicht weiterfahren. Wer weiß, was einen in Berlin erwartet!« Er lachte. »So eine romantische norddeutsche Kleinstadt spricht eben doch mehr zum Herzen.«

»Vivat, crescat, floreat!« behauptete der Krefelder Fabrikant.

»Zweifellos«, sagte Herr Professor Horn. »Et pereat mundus!« Er lüftete den Hut und trat in den Gang hinaus.

Kurz darauf hielt der Zug. Der Herr Professor stieg aus, verließ den Bahnhof und schlenderte durch die Villenstraßen. Später winkte er einem Taxi, kletterte hinein und sagte zum Chauffeur: »Hotel Blücher!«

Er lehnte sich in den Fond zurück und dachte: ›Steinhövels Leute sind verschwunden. Die Polizei hat uns nicht behelligt. Was soll das heißen?‹ Auf seinen Knien lag der Koffer. Er betrachtete ihn aufs zärtlichste und schien zufrieden.

Das Hotel Beringer in Warnemünde liegt an der schönen breiten Strandpromenade und dicht am Leuchtturm, der sich vor der langgestreckten steinernen Mole erhebt.

In diesem renommierten Gasthof waren soeben drei neue Gäste abgestiegen. Sie hatten drei nebeneinanderliegende Zimmer genommen und trafen sich, nachdem sie sich von dem sprichwörtlich gewordenen Reisestaub befreit hatten, in der Hotelhalle.

»Da wären wir denn!« stellte Rudi Struve fest. »Ich habe
davor gewarnt, auszusteigen. Sie haben es trotzdem getan.
Was machen wir nun?«

»Einen Ausflug«, schlug Irene Trübner vor.

»Der Fehler liegt an mir«, sagte Fleischermeister Külz.
»Ich habe mich albern benommen. Zugegeben. Doch es gibt
nun einmal Fälle, wo ich rot sehe. Ich bin wirklich, ohne
mich loben zu wollen, eine Seele von Mensch. Aber was zuviel ist, ist zuviel.«

»Nun machen Sie sich, bitte, keine Vorwürfe, Papa Külz!
Herr Struve sieht Gespenster. Unsere Räuberbande ist
sicher heilfroh, daß sie Ihnen die Miniatur gestohlen hat.
Und sie wartet bloß darauf, in Berlin untertauchen zu können.«

»Ganz wie Sie wünschen«, erklärte Rudi Struve höflich.

Irene Trübner blickte froh zum Hotelfenster hinaus.
»Hier bin ich, hier bleib ich. Morgen fahren wir mit dem
ersten Zug nach Berlin. Das ist früh genug.« Sie wandte
sich an den jungen Mann. »Oder werden Sie in Berlin erwartet?«

»Höchstens von meiner Wirtin«, sagte er. »Sie hat sicher
Angst wegen der Miete. Im übrigen bin ich ein völlig allein-
stehender Waisenknabe. Ohne Weib und Kind.«

Die junge Dame beeilte sich, das Thema zu wechseln.
»Lieber Herr Külz, ich habe eine Bitte an Sie.«

»Schon erfüllt!« sagte er.

»Rufen Sie Ihre Gattin an!« bat das Mädchen. »Seit Sonn-
tag ist Ihre Familie in Unruhe. Niemand weiß, wo Sie sind.
Die Ansichtskarte haben Sie in Kopenhagen liegenlassen.
Ich kann das nicht länger mit ansehen.«

Külz zog eine Grimasse.

»Wenn Sie nicht telefonieren, tue ich's«, sagte sie und
wollte sich erheben.

»Bloß nicht!« Külz hob abwehrend die Arme hoch.
»Wenn eine junge Dame meiner Frau telefonisch mitteilt,

daß ich in Dänemark war und im Ostseebad Warnemünde Station gemacht habe, fahre ich überhaupt nicht wieder nach Berlin!«

»Haben Sie Angst vor Ihrer Frau?« fragte der junge Mann.

»Nein, aber vor den Begleiterscheinungen! Sie kennen meine Emilie nicht. Sonst würden Sie nicht so überflüssige Fragen stellen. Emilie kann sehr laut sein.«

Irene Trübner blickte ihn abwartend an.

Er erhob sich stöhnend. »Na schön. Was der Mensch braucht, muß er haben.« Nach dieser grundsätzlichen Bemerkung begab er sich ins Hotelbüro und meldete ein Ferngespräch nach Berlin an. Die beiden jungen Leute waren allein.

»Wo wohnen Sie eigentlich?« fragte Rudi Struve.

»Im Hotel Beringer.«

»Nicht möglich«, sagte er. »Ich meinte allerdings, wo Sie in Berlin wohnen.«

»Ach so. Am Kaiserdamm.«

»Sowas gibt es?« erklärte er.

»Jawohl.«

»Ich wohne nämlich in der Holtzendorffstraße. Da haben wir's gar nicht weit zueinander.«

Papa Külz stand trüben Sinns in einer Telefonzelle und wartete mürrisch auf den Anschluß mit Berlin.

In regelmäßigen Abständen rief er: »Hallo, hallo!« Am liebsten hätte er wieder aufgehängt. Den Krach, der ihn erwartete, konnte er getrost bis morgen aufheben. Er war schon halb entschlossen, den Hörer auf die Gabel zurückzulegen.

Da gab es einen Knacks. Und in Berlin rief jemand: »Hallo? Hier Fleischerei Külz, Yorckstraße!«

»Bist du's, Emilie?« fragte er.

Er erhielt keine Antwort.

»Hier ist Oskar«, sagte er. »Ich wollte euch bloß mitteilen, daß ich morgen nach Hause komme. Damit ihr euch
nicht unnötig sorgt.«

Wieder keine Antwort.

»Ich war ein paar Tage in Dänemark. Und jetzt bin ich in
Warnemünde. Na, das erzähl ich euch alles später.«

Noch immer keine Antwort.

›Das ist die Ruhe vor dem Sturm‹, dachte er und suchte
neuen Gesprächsstoff. »Wie geht das Geschäft? Und was
macht Fritzchens Keuchhusten?« Was konnte er nur noch
fragen? Ihm fiel nichts mehr ein. »Hallo, Emilie! Hast du die
Sprache verloren?«

»Oskar«, sagte da seine Frau mit zitternder Stimme,
»Oskar, wie konntest du uns das antun?«

Er traute seinen Ohren nicht. Sie weinte! Auf alles andere
war er gefaßt gewesen. Wenn es möglich gewesen wäre,
Töpfe und Teller telefonisch zu übermitteln, hätte er eher
erwartet, daß ihm Geschirr an den Kopf fliegen würde! Statt
dessen weinte seine Emilie?

»Aber, aber«, sagte er.

Und: »Na, na, du altes Gemäuer.«

Sie schluchzte hartnäckig weiter.

»Nun laß schon die Heulerei!« brummte er. Er war selber
ganz gerührt. So eine Überraschung! Er hatte gar nicht gewußt, daß seine Frau weinen konnte. Obwohl sie seit fünfunddreißig Jahren verheiratet waren.

Frau Külz schluchzte, als wolle sie all die versäumten
Gelegenheiten nachholen.

»Laß gut sein«, tröstete er. »Morgen bin ich ja wieder zu
Hause. Und was soll denn die Kundschaft denken, wenn du
verheult hinter der Ladentafel stehst! Halte einen Lappen
unters kalte Wasser und lege ihn dir auf die Augen.«

Sie schneuzte sich und setzte zum Sprechen an. Doch
dann besann sie sich und weinte weiter.

»Ich glaube, im Laden hat's geklingelt«, behauptete er.

»Na, dann leb wohl, Emilie! Also bis morgen. 'n Gruß an die Kinder!« Rasch hängte er den Hörer ein.

Draußen vor der Telefonzelle blieb er stehen und rieb sich nachdenklich das Kinn.

›Vor zwanzig Jahren hätte ich das schon machen sollen‹, dachte er. ›Nun ist es zu spät. Jetzt hilft kein Heulen mehr.‹ Dann ging er langsam in die Hotelhalle zurück. Zu dem Tisch, an dem die beiden jungen Leute saßen.

Um die gleiche Zeit ließ sich ein weißbärtiger Herr vor dem Café Flint in Rostock von einem Mann, der dort stand, Feuer geben und sagte: »Storm soll auf der Stelle zwei Mann im Auto nach Warnemünde schicken. Fünf andere müssen hier am Bahnhof alle Züge kontrollieren, die von Warnemünde hereinkommen.«

»Gut, Chef«, antwortete der Mann.

»Und wer die Drei entdeckt, ruft sofort Professor Horn im Hotel Blücher an! Gehe hinauf und laß dich ablösen. Du fährst mit nach Warnemünde.«

»Was ist denn los?«

»Halt's Maul!« erwiderte Professor Horn, zog höflich vor dem andern den Hut und ging über die Straße.

Saalpost in der Tanzdiele

Obwohl es schon gegen Abend war, bestand Irene Trübner auf dem von ihr geplanten Ausflug.

Sie ließen sich mit der Fähre über die Warnow setzen und fuhren dann mit der Straßenbahn, deren Geleise unmittelbar hinter der Meeresküste durch Moor und Heide laufen, bis nach Markgrafenheide, der Endstation. Von hier spazierten sie auf einsamen Wegen durch den Wald. Es war still wie in einer Kirche, wenn kein Gottesdienst ist. Aber droben über den Wipfeln brauste der Wind, der von der See kam.

Es ist merkwürdig. Im Wald denkt man mehr als anderswo an seine Kindheit. Damals erschienen einem die Bäume viel, viel höher, als sie waren. Und das Dickicht der Büsche viel, viel undurchdringlicher und unheimlicher als heute. Damals glaubte man noch, daß Rotkäppchen ganz in der Nähe dem bösen Wolf begegnet sein müsse. Und wenn man einem Holzfäller und seiner Frau begegnete, träumte man nachts, man habe die Eltern von Hänsel und Gretel getroffen. Jene Eltern, die ihre beiden Kinder im Walde aussetzten, weil das Einkommen zurückging. In diesem Alter sieht man im Wald die Wohnstätte von Elfen und Zwergen. Dann folgen Jahre, da gilt er als Umschlagplatz für heimliche Zärtlichkeiten. Und schließlich kommt die Zeit, da erinnert er einen nur noch an die Bretter, die in Schneidemühlen aus seinen Bäumen fabriziert werden, und daran, daß kein Mensch mehr als vier Bretter benötigt, um wohlverwahrt, wenn auch ohne Fenster, die letzte Reise anzutreten.

Und immer werden die Wälder rauschen. Und immer

wird der Wind leichtfüßig über die Wipfel laufen. – Oh, es wäre viel wert, wenn man an die Seelenwanderung zu glauben vermöchte. Doch wer hat die Kraft dazu?

Auf einer Wiese dicht am Rande der Heide setzte sich Irene Trübner ins grüne Gras. Dann legte sie sich sogar um und starrte durch das Gitterwerk der Halme und Blättchen hinauf in den blauen Himmel. Die beiden Männer hockten sich notgedrungen auf den Rasen und saßen dort, als seien sie bei Chinesen zu Besuch.

Die Grillen stimmten ihre Mandolinen. Die Heuhüpfer übten Weitsprung. Und ein leichtgläubiger Zitronenfalter – oder war er nur kurzsichtig? – setzte sich auf die Stoffblume, die an Fräulein Trübners Hut festgenäht war. Es dauerte Minuten, bis er den Betrug merkte und enttäuscht und ohne Honig davonflatterte.

Rudi Struve sagte: »Man sollte hierbleiben. Wir könnten uns drei Hütten bauen. Was halten Sie davon? Herr Külz würde aus wilden Kaninchen Kalbsleberwurst machen und Wiener Schnitzel. Fräulein Trübner könnte Blaubeeren pflücken und Lindenblütentee kochen. Und aus Bucheckern, hab ich gehört, kann man sogar Brötchen backen.«

»Und Sie«, fragte Irene Trübner, »wollen Sie denn nichts tun?«

»Ich brächte Aale und Flundern heim.«

»Können Sie denn angeln?« fragte Külz.

»Nein. Ich führe jeden Tag mit der Straßenbahn nach Warnemünde und kaufte die Fische in der Räucherei.«

Sie lachten und waren lustig.

Bis sie merkten, daß sie in einem Ameisenhaufen saßen.

Als sie in Warnemünde anlangten, war es dunkel. Sie gingen noch auf die Mole hinaus und lehnten lange an der steinernen Brüstung, die Land und Meer streng voneinander scheidet.

Es ist schade, daß dieses Schauspiel allen Menschen zugänglich ist. Manche sind seiner nicht wert.

Als die Drei auf dem Rückweg am Leuchtturm vorbeikamen, begegneten sie einem Mann, der Herrn Struve bekannt vorkam. Er wußte nicht recht, wo er den Kerl hintun
sollte, und sagte seinen Begleitern nichts davon.

Vor einer Tanzdiele blieb Fräulein Trübner stehen und
studierte die Schilder, die im Vorgarten angebracht waren.
Auf diesen Schildern wurde den Kurgästen mitgeteilt, daß
am Abend ein Kostümball stattfände. Übrigens unter dem
Motto: »Eine Nacht in St. Pauli.« Kostüme, so hieß es, seien
zwar erwünscht, aber keineswegs unerläßliche Bedingung.

»Zu diesem Ball gehen wir!« entschied Fräulein Trübner.

»Lieber nicht«, riet Papa Külz. »Ich glaube, wir sollten
uns bis morgen möglichst unsichtbar machen.«

Rudi Struve pflichtete ihm bei. »Tanzen können wir auch
in Berlin«, meinte er.

Fräulein Trübner widersprach aufs lebhafteste und nannte
die beiden Männer Spaßverderber.

»Sie sind ein kleines Kind«, sagte Külz. »Wir werden gemütlich Abendbrot essen, einen Schoppen trinken und in die
Klappe gehen. Morgen früh müssen wir zeitig aufstehen.«

Es war nichts zu wollen. Sie drohte schließlich, sie werde
mutterseelenallein gehen. Ihre Schuld sei es nicht.

»Schrecklich, schrecklich!« sagte Külz. »Es kommt nämlich dazu, daß ich, sobald ich Musik höre, einschlafe. Besonders nach dem Abendbrot. Ich habe mein Leben lang früh
um fünf aufstehen müssen. Außerdem bin ich unmusikalisch wie ein Nilpferd.«

Aber was blieb den Männern übrig? Sie gaben selbstverständlich nach.

Als sie im Hotel Beringer angekommen waren, trennten
sie sich für kurze Zeit. Dann aßen sie in der Veranda gemeinsam zu Abend. »Wir haben ganz vergessen«, meinte Rudi
Struve, »uns nach dem Ergebnis des Telefongesprächs zu
erkundigen, das Sie mit Ihrer Gattin geführt haben.«

Papa Külz wußte zunächst gar nicht, von wem die Rede

war. »Ach so!« rief er endlich. »Sobald jemand von meiner Emilie sagt, sie sei meine Gattin, wird sie mir ganz fremd. Warum sagen Sie denn nicht gleich ›Gemahlin‹? Emilie ist meine Frau! Alles andre ist übertrieben.«

»Hat sie sehr geschimpft?« fragte Fräulein Trübner. »War es sehr arg?«

»Das ist es ja«, meinte Külz. »Ich kann's noch immer nicht glauben. Emilie hat überhaupt nicht geschimpft. Das erste Mal seit unsrer Hochzeit!«

»Was hat sie denn getan?«

Papa Külz wurde verlegen und trank einen Schluck, ehe er sich näher ausließ. »Geweint hat sie!« sagte er dann. »Sie hat das erste Mal geweint.«

»Vor Freude?« fragte Struve.

Der alte Mann nickte. »Unheimlich, nicht? Ich war zu Tode erschrocken. Aber sie hat tatsächlich geweint. Wie 'n Kind. Sie brachte kein Wort heraus.«

»Da haben wir's!« erklärte Herr Struve. »Wenn Sie vor zwanzig Jahren zum ersten Male davongelaufen wären, hätte Ihre Gattin – Entschuldigung! – Ihre Frau schon damals vor Freude geweint.«

»Genau dasselbe habe ich mir gedacht, als ich den Hörer wieder hingehängt hatte«, entgegnete Külz. »Das ganze Leben wäre anders geworden.«

»Schöner«, meinte der junge Mann.

Der Fleischermeister trank wieder einen Schluck und sagte hierauf: »Behüt dich Gott, es hat nicht sollen sein. Na, es war ja auch so, wie's war, ganz ulkig!«

Der junge Mann blieb beim Thema. »Immerhin!« wandte er ein. »Man muß den Fall exemplarisch betrachten. Man muß eine Nutzanwendung daraus ziehen.«

»Zum Beispiel?« fragte Irene Trübner gespannt.

»Wenn ich jemals heiraten sollte«, sagte Rudi Struve, »dann werde ich, sobald meine Gattin – Entschuldigung! – meine Frau Streit sucht, nach Kopenhagen fahren.«

Die junge Dame erhob sich. »Ich scheine im Augenblick überflüssig zu sein. Derartigen Lebensweisheiten bin ich nicht gewachsen. – In fünf Minuten hole ich die Herren ab. Zum Ball!« Sie verneigte sich und ging auf ihr Zimmer. Die zwei Männer hoben die Gläser hoch und zwinkerten einander lustig zu.

»Solche Gespräche können die Frauen nicht vertragen«, meinte Külz. »Aber ganz im Ernst, mein Lieber: Wenn Sie verheiratet sein werden, dann fahren Sie ja nach Kopenhagen, ehe es zu spät ist!«

»Muß es unbedingt Kopenhagen sein?«

»Bewahre! Meinetwegen an den Nordpol! Die Frauen merken erst, was sie an uns haben, wenn wir nicht zu Hause sind.«

»Soviel über die Geographie der Ehe«, sagte der junge Mann. »Darf ich Sie auffordern, unseren nur allzu begreiflichen Kummer mit Beaujolais zu begießen?«

»Sie dürfen«, erwiderte Oskar Külz. »Prost, junger Mann!«

»Prost, alter Herr!« rief Struve. »Wenn die Frauen nicht wären, gäb's für uns keine Aufregungen. Und was wäre ein Leben ohne Aufregungen!«

Über die Chaussee, die von Rostock nach Warnemünde führt, raste eine Kette von Autos. Es waren sechs Rostocker Taxen. Im ersten Wagen, der mit seinen Scheinwerfern die nächtliche Straße ableuchtete, saß ein einzelner Fahrgast. Weißbärtig und mit dunkler Brille. Er öffnete das Schiebefenster, das ihn vom Chauffeur trennte. »Schneller!« kommandierte er. »Soviel Zeit wie Sie hat nicht jeder.«

»Wenn wir gegen einen Baum fahren, sind wir auch nicht rascher in Warnemünde«, bemerkte der Chauffeur.

»Schneller!« befahl der Herr. »Ohne Widerrede! Ich ersetze Ihnen den Baum.« Er blickte durch die kleine Scheibe in der Wagenrückwand. Die fünf anderen Autos fuhren im Gänsemarsch hinter ihm her.

Im zweiten Wagen saßen die Herren Storm, Achtel und Karsten. Und ein Vierter, der wie ein Ringkämpfer aussah. Groß und bullig. Mit einem Nacken wie ein Baumstumpf. Sie rauchten und unterhielten sich leise.

»Eine gräßliche Angewohnheit vom Chef!« stellte Philipp Achtel fest. »Wenn man mich schon durch die Nacht sprengt, will ich wenigstens wissen, warum und wozu!«

Karsten sagte: »Er wird schon seine Gründe haben. Zum Spaß schmeißt er das Programm nicht um.«

Der Ringkämpfer nickte schwerfällig. »Ich habe das Gefühl, als sollte es heute nacht noch eine kleine Keilerei geben.«

»Meinetwegen«, knurrte Herr Achtel. »Aber ich bin ein denkender Mensch und verlange, die Zusammenhänge zu kennen! Man ist ja schließlich kein Polizist!«

»Ganz im Gegenteil!« Storm lachte.

»Weshalb ich wen transportunfähig mache, ist mir egal«, erklärte der Ringkämpfer. »Hauptsache, daß ich mein Honorar kriege.«

»Prolet!« sagte Herr Achtel.

»Nun laß ja nicht deinen Vogel raus!« rief Karsten. »Der Chef weiß, was er will. Ob er dir's nun auf die Nase bindet oder nicht.«

»Auf so 'ne rote Nase sollte man überhaupt nichts binden«, sagte Storm.

In der Tanzdiele in Warnemünde ging es hoch her. Die Kurgäste waren in allerlei Verkleidungen erschienen. Manche kamen spanisch. Andere als Matrosen. Wieder andere antik. Auch Edelleute aus dem Zeitalter des Rokoko trafen ein.

Über die elektrischen Beleuchtungskörper war buntes Seidenpapier gespannt. Luftschlangen flogen aus den zahlreichen Ecken, Logen und Nischen aufs Parkett. Das Lokal war dem Anschein nach von einem sehr romantischen Architekten erbaut worden. Überall wimmelte es von kleinen Treppen, lauschigen Winkeln und zierlichen Säulen. Man hätte Versteck spielen können.

Die Kapelle war sehr temperamentvoll. Und obwohl Irene Trübner einen Tisch ausgesucht hatte, der vom Orchester weit entfernt lag, kämpfte Fleischermeister Külz, kaum daß er sich gesetzt hatte, schon mit dem Schlaf.

Die jungen Leute saßen lächelnd neben ihm und waren entschlossen, seinen Schlaf zu behüten.

»Ich habe euch gewarnt«, sagte der alte Mann. »Ich weiß nicht, wie's zusammenhängt. Aber wenn ich Musik höre, bin ich erledigt.«

»Ich glaube gar nicht, daß das an mangelndem Musikverständnis liegt«, bemerkte Struve höflich. »Ich bin viel eher der Überzeugung, daß Sie vor lauter Musikalität müde werden!«

»Stimmt!« meinte Külz erfreut. »So ist es! Je lauter die Musikalität ist, um so müder werde ich. – So, und nun schert euch aufs Parkett!«

»Sollen wir Ihnen nicht lieber Gesellschaft leisten?« fragte das junge Mädchen.

»Nein, das sollt ihr nicht. Marsch, fort mit euch!«

Sie standen auf und schlängelten sich, an Tischen vorbei, über Stufen stolpernd und sich in Ecken verirrend, bis zum Parkett. Sie tanzten einen langsamen Walzer miteinander.

Rudi Struve meinte: »Dieses Lokal scheint ein Gotiker des zwanzigsten Jahrhunderts erbaut zu haben.«

»Verstehen Sie etwas von Gotik?« fragte sie.

»Nein. Vom zwanzigsten Jahrhundert verstehe ich aber auch nichts.«

Der langsame Walzer fand kein Ende. Als die Kapelle erstaunlicherweise doch Schluß machte, wurde so lange applaudiert, bis sie einen Tango folgen ließ. Der Mann am Schlagzeug sang hierzu einen Text, der fraglos dadurch entstanden war, daß der Autor ein Dutzend ältere Schlager durcheinandergequirlt hatte. Irene Trübner sagte: »Es klingt wie Irish Stew.«

»Das muß so sein«, behauptete er. »Das Publikum will die alten Lieder immer wieder hören. Deshalb darf der Schlagerfabrikant nichts wirklich Neues schreiben. Sogar wenn er's könnte.« Als der Tango zu Ende war, wanderten sie zu dem Tisch zurück. Papa Külz schlief. Beim Ausatmen sträubten sich jedesmal seine Schnurrbarthaare. Sie sahen und hörten ihm ein Weilchen zu. Dann meinte Struve: »Wollen wir ihn ins Bettchen bringen?« In demselben Augenblick riß Külz die Augen auf und musterte erstaunt die vergnügungssüchtige Umgebung.

»Ach so«, sagte er dann. »Ich wußte erst gar nicht, wo ich bin!« Er wollte weitersprechen. Doch plötzlich wurden seine Augen groß und rund wie bei einer Puppe. Er starrte entgeistert auf den Tisch.

Die jungen Leute folgten seinem Blick. Fräulein Trübner wurde weiß wie eine Kalkwand und flüsterte heiser: »Das ist doch nicht möglich.«

Auf dem Tisch lag ein Päckchen!

Es war das gleiche Päckchen, das sie mittags in Kopenhagen Herrn Külz zugesteckt hatte, als sie durch die Bahnsperre gingen! Und es war dasselbe Päckchen, das Herrn Külz auf dem Trajekt »Danmark« von einem falschen Zollbeamten gestohlen worden war! Der alte Mann griff sich an den Kopf. »Schlafe ich noch?« fragte er.

»Nein«, sagte Struve. »Aber warum sind Sie denn so aufgeregt?«

Külz beugte sich zu ihm herüber, zeigte auf das unheimliche Päckchen und raunte: »Das ist doch die falsche Miniatur!«

Struve sah Fräulein Trübner an. Sie nickte.

»Und ein Brief liegt daneben«, sagte Külz. Er griff darnach. Der junge Mann rief den Kellner, der an einer Säule lehnte. »War in den letzten Minuten eine fremde Person an unserm Tisch?«

»Mir ist nichts aufgefallen, mein Herr.«

»Oder hat ein Bote etwas abgegeben?«

»Nicht, daß ich wüßte, mein Herr.«

»Es ist gut«, erklärte Struve. »Ich danke.«

Der Kellner zog sich zurück.

Fleischermeister Külz holte die Lesebrille aus dem Jackett und öffnete den Briefumschlag. Als er die Brille aufsetzte und den Briefbogen aus dem Kuvert zog, zitterten ihm die Finger. Er faltete den Bogen auseinander und las, was auf dem Bogen stand.

»*Wir sind zwar*«, hieß es in dem Schreiben, »*an Frechheiten jeden Grades gewöhnt. Aber was Sie sich uns gegenüber geleistet haben, ist fraglos der Gipfel der Unverschämtheit. Und Sie wollen ein anständiger Mensch sein? Schämen Sie sich! Auf Wiedersehen!*«

Er reichte den Brief den beiden andern.

Rudi Struve mußte, trotz der ernsten Situation, lachen. »Die Gauner sind moralisch entrüstet!« sagte er. »Auch das noch. Es wird immer schöner.«

Irene Trübner saß blaß und schweigsam in ihrer Ecke, preßte die Handtasche eng an sich und blickte mit ängstlich irrenden Augen um sich.

Herr Külz war empört. »Ich soll mich schämen?« fragte er wütend. »Das hat mir in meinem ganzen Leben noch kein Mensch zu sagen gewagt. Und ausgerechnet diese Strolche sind die ersten!« Er dachte nach. Dann meinte er treuherzig: »Außerdem hab ich doch selber geglaubt, es sei die echte!«

»Das können Sie ja Ihren Bekannten aus dem Coupé erzählen, wenn wir ihnen das nächstemal begegnen«, schlug Rudi Struve lächelnd vor. »Unsre Herren Räuber lieben es, Briefe zu schreiben.« Er nickte Papa Külz munter zu. »Mit mir haben sie auch schon korrespondiert.«

»Wann denn?«

»Während ich mir heute mittag auf dem Trajekt Ihr

Coupé ein bißchen näher betrachtete, steckten sie mir heimlich ein Sträußchen an den Hut.«

Fräulein Trübner erschrak. »Das war es also!«

»Hat man Sie auch beschimpft?« fragte Oskar Külz.

»Nein, nur gewarnt.«

»Warum haben Sie mir nicht schon im Zug die Wahrheit gesagt?« fragte Irene Trübner.

»Wozu denn?« Er lächelte. »Sie hätten sich doch nur um mich gesorgt. Oder etwa nicht, schöne Prinzessin?«

»Ich will ins Hotel«, erklärte Fräulein Trübner aufgeregt. »Ich will auf der Stelle ins Hotel. Ich bleibe keine Minute länger hier!«

»Das geht leider nicht«, sagte Rudi Struve. »Glauben Sie denn, die Kerle haben uns nur die falsche Miniatur zurückgebracht und sind dann nach Berlin gefahren?«

»Was glauben Sie denn?« fragte Külz.

»Was steht als letzte Bemerkung in dem Brief, den Sie eben erhalten haben?« fragte Struve.

Fleischermeister Külz faltete den Bogen noch einmal auseinander, blickte hinein und las: »Auf Wiedersehen!«

»Eben! Wir können keinen Schritt vor die Tür tun, ohne daß mindestens ein Dutzend starker Männer über uns herfällt.«

»Viel Vergnügen«, sagte Külz. »Und ich habe meinen Stock im Hotel gelassen!« Er beugte sich zu Fräulein Trübner und fragte leise: »Wo ist die echte Miniatur?«

»Ich – ich habe sie bei mir.« Sie biß die Zähne zusammen, um nicht zu weinen.

»Du kriegst die Motten«, erklärte Külz. »Ich komme mir vor wie in einer belagerten Festung.«

»Ein Glück, daß unsre Festung Restaurationsbetrieb hat«, sagte Struve. »Für Essen und Trinken ist fürs erste gesorgt.«

»Wenn ich nur meinen Spazierstock nicht vergessen hätte!« meinte Papa Külz wieder.

»Der Stock würde Ihnen auch nicht helfen«, antwortete Rudi Struve und begann, die Gesichter der übrigen Gäste einer sorgfältigen Prüfung zu unterziehen. »Wenn man wenigstens eine Ahnung hätte, was für einen Plan sich unsre Freunde zurechtgelegt haben!«

Irene Trübner flüsterte: »Mich friert.«

Külz winkte dem Kellner und sagte: »Drei große Kognaks. Aber ein bißchen plötzlich!«

Der Kostümball geht zu Ende

Die »Nacht von St. Pauli« nahm ihren Fortgang. Es gehört zu den aufreizendsten Erlebnissen, die man haben kann: die Gleichgültigkeit der Umwelt zu spüren. Und wer hätte sie noch nicht gespürt? Die Kapelle spielte nicht weniger laut und ausgelassen als vorher. An den Tischen, in den Logen und Nischen ging es immer herzlicher zu. Die Luftschlangen bewegten sich, von den Kronleuchtern und Säulenkapitälen herabhängend, wie Gardinen an offenen Fenstern. Die leeren Weinflaschen vermehrten sich wie die Kaninchen. Gäste gingen. Neue Gäste tauchten auf. »Was schielen Sie denn dauernd nach der Tür?« fragte Külz. »Noch eine Miniatur wird man uns kaum hereinbringen! Wir haben sie ja schon alle beide.«

»Das ist es eben«, entgegnete Rudi Struve.

Der Fleischermeister stöhnte. »Auf einem solchen Pulverfaß habe ich in meinem ganzen Leben noch nicht gesessen. Obwohl ich Kanonier war!« Er winkte dem Kellner. »Ober, noch drei Kognaks!« Zärtlich wie ein besorgter Vater sah er zu Irene Trübner hinüber. »Und unsere Prinzessin sagt gar nichts?«

Sie zuckte zusammen. »Meine Herren! Sie sind durch mich in eine schauderhafte Lage gekommen. Was haben Sie beide eigentlich mit der ganzen Sache zu tun? Wie? Ich bitte Sie, mich auf der Stelle allein zu lassen! Gehen Sie ins Hotel, oder fahren Sie nach Berlin oder nach Kopenhagen! Fahren Sie, wohin Sie wollen! Aber gehen Sie!«

»Und was wird aus Ihnen?« fragte der junge Mann.

»Oh, ich weiß mir schon zu helfen«, erklärte sie. »Ich schicke einen Kellner oder den Zigarettenboy zum nächsten Polizisten.« Rudi Struve zog die Brauen hoch. »Wollen Sie mir verraten, was der nächste Polizist mit zwei Dutzend Verbrechern anfangen soll?«

Sie antwortete nicht.

»Es geht um sechshunderttausend Kronen«, fuhr er fort. »Man hat schon um drei Mark zwanzig Pfennige zwei bis drei erwachsene Menschen totgeschlagen.«

Sie sagte: »Ich kann ja auch das Rostocker Polizeipräsidium anrufen.«

»Natürlich können Sie das«, gab er zu. »Doch einen Zweck wird es kaum haben. Denn wir sind fraglos umstellt, gnädiges Fräulein! Völlig umstellt! Außerdem haben unsere Freunde bestimmt in Rostock an der Ausfallstraße nach Warnemünde einen Posten stehen, der sich mit der Belagerungsarmee telefonisch in Verbindung setzen kann, wenn es nötig werden sollte. Und sobald dieser Posten meldet, daß ein Überfallauto unterwegs ist, drehen uns die Herrschaften die Hälse um. Dann hilft auch kein Polizeipräsidium mehr.«

Papa Külz wurde allmählich ungehalten. »Hören Sie auf!« sagte er. »Sie mögen ja recht haben. Aber was sollen wir denn tun? Bis zu unserer Beerdigung warten? Das liegt mir nicht!«

»Mir auch nicht«, meinte Struve. »Wenn wir nur annähernd wüßten, was die Kerle vorhaben!«

Sie schwiegen längere Zeit und blickten schockiert auf den Trubel, der sie umgab und nicht das mindeste anging.

Der Kellner brachte die drei Kognaks.

»Na, denn Prost!« knurrte Oskar Külz.

Sie hoben die Gläser.

Rudi Struve setzte sein Glas nieder, ohne getrunken zu haben. Er schaute zur Tür und sagte: »Jetzt wird's ernst! Ich bitte, die Ohren steifzuhalten!«

Die beiden anderen folgten seinem Blick. Und Papa Külz verschluckte sich vor Staunen. Denn die Herren Storm und Achtel standen mitten im Lokal! Hinter ihnen drängten etliche Männer durch die Tür, die auch zu der Bande zu gehören schienen.

»Das hätte ich allerdings nicht für möglich gehalten!« erklärte Herr Struve. »Einen offenen Überfall? Mitten im Frieden?« Er bückte sich und holte eine leere Weinflasche unter dem Tisch hervor.

»Haben Sie so 'n Ding übrig?« erkundigte sich Papa Külz. Er war plötzlich wie aus dem Häuschen und strahlte übers ganze Gesicht.

Der junge Mann hielt ihm eine Flasche hin. »Hier!« flüsterte er.

»Mein Stock wäre mir lieber.« Külz schien sehr an diesem vergessenen Stock zu hängen.

Irene Trübner sagte entschlossen: »Geben Sie mir auch so eine Handgranate!«

»Unsinn!« erklärte Külz. »Wenn es hier zum Keulenschwingen kommt, setzen Sie sich geschwind unter den Tisch und halten sich die Ohren zu!«

»Ich denke gar nicht daran!«

»Mir zuliebe«, bat Struve. »Ihr zukünftiger Gatte würde es uns nie verzeihen, wenn Sie sich auf dieser Mensur Schmisse holten und ab morgen wie ein Corpsstudent aussähen.«

»Lassen Sie gefälligst meinen zukünftigen Mann aus dem Spiel«, sagte sie gereizt. »Geben Sie lieber auf die Banditen Obacht!«

Storm und Achtel hatten an einem Tisch Platz genommen und blickten sich suchend in dem Lokal um. Als der kleine Herr Storm seinen alten Freund Külz entdeckt hatte, grüßte er herüber und lächelte hocherfreut.

Der alte Fleischermeister bekam einen feuerroten Schädel. »So eine Frechheit war doch noch nicht da!« erklärte er. »Ich werde ihm die Weinflasche um die vermurksten Ohren schlagen, bis er wie eine mit Glassplittern gespickte Mauer aussieht! Und der andre hat mir weisgemacht, er besuche hier Frau und Kinder!«

»Der Mensch lernt nicht aus«, behauptete Rudi Struve. Damit sollte er recht behalten.

Im nächsten Augenblick erlosch nämlich in der Tanzdiele das Licht! Das von mindestens hundertundfünfzig Personen erfüllte Lokal versank in schwarze Nacht. Alle Treppen, Nischen, Winkel und Logen lagen im Dunkel. Es war stockfinster wie in einem Kartoffelkeller.

Die Kapelle brach ihre Tätigkeit mit einem Mißakkord ab. Nur der erste Geiger spielte noch einige Takte weiter. Dann gab auch er es auf. Die Tanzpaare auf dem Parkett und die Gäste an den Tischen lachten laut. Gläser fielen um. In manchen Ecken ging es zärtlich zu. Man konnte, wenn man gute Ohren hatte, Küsse hören.

Die meisten hielten das Ganze für einen aparten Einfall der Direktion. Doch dann schrie jemand: »Hilfe, Hilfe!« Es war eine Frau.

Was sollte das bedeuten? War das noch Spaß? Sie spürten alle: Das war kein Spaß, und nie war es einer gewesen.

Nun schrien zahllose Stimmen gellend durcheinander. Tische und Stühle stürzten krachend um. Holz splitterte. Die Kellner fluchten wie die Kutscher. Sie hatten Angst, ihre Gäste könnten durchbrennen. Ein Spiegel ging in Trümmer. Oder war es eine Glastür? Oder ein Fenster? Man sah nichts und ertrank in Geräuschen. Weinen, Geschrei und hysterisches Gelächter vermengten sich.

»Licht!« brüllten die Leute. »Licht, Licht!«

Das Durcheinander war vollkommen. Frauen wurden umgerissen, klammerten sich an fremde Kleider, an Tischdecken, an fremde Arme und Beine. Über die am Boden Liegenden hinweg suchten andere ins Freie zu entkommen. Aber wo war die Tür?

Ein Kronleuchter zersprang. Es regnete Glas. Die Schreie nach Licht und die Hilferufe wurden immer wilder und klangen immer unheimlicher. Die Hölle war los.

Aber eine Hölle, in der die Teufel und die armen Sünder nichts sehen konnten!

Und dann, nach einer Ewigkeit, wurde es wieder hell.

Wie lange diese Ewigkeit gewährt hatte – ob fünf oder zehn Minuten –, das hätte niemand zu sagen gewußt. Es fragte auch keiner. Sondern alle starrten erschrocken um sich. Schlimmer hätte kein Erdbeben hausen können.

»Wie nach der Sintflut«, konstatierte die Büfettmamsell. Sie hatte sich auf die Ladentafel gerettet, kniete in einer Punschtorte und hatte sich mit den Händen in einem Kirschkuchen festgekrallt.

Die Verwüstungen waren ungeheuer. Die Gäste glichen zerfetzten Zigeunern. Blusen waren aufgerissen. Man sah Jacketts mit einem Ärmel und edle Spanier in Unterhosen. Eine ältliche, als Rokokogräfin verkleidete Dame lag unter einem umgekehrten Tisch. Sie hatte Schlagsahne mit Rotwein im Haar und jammerte kläglich. Gäste, über die man hinweggestolpert war, hockten auf dem Parkett und hielten sich die Köpfe. Die Weine und Liköre, die aus Gläsern und Flaschen geflossen waren, bildeten klebrige Pfützen. Der Direktor stieg irrend über die Trümmer und überschlug den Schaden.

Frauen suchten ihre Männer. Zerbeulte Liebhaber suchten ihre Freundinnen. Kellner suchten ihre Gäste. Der erste Geiger lag bewußtlos vor dem Podium. Der Geigenbogen war zerbrochen. Man wurde an Varus im Teutoburger Wald erinnert. Nur daß sich der römische Feldherr in keinen Fiedelbogen, sondern in ein Schwert gestürzt hatte.

Die Geige glich einer zerquetschten Zigarrenkiste. Der Saxophonist saß im Cello und bemühte sich strampelnd herauszukommen. Ein Kronleuchter, zahlreiche Wandlampen, ein Fenster, eine Glastür und ein großer Spiegel waren zu Bruch gegangen. Wo man hintrat, knirschte Glas.

Der Direktor hatte die ältliche Rokokogräfin von dem auf ihr lastenden Tisch befreit, hob sie auf und wollte sie zu den Waschräumen führen. Bei dieser Gelegenheit glitt er aus und fiel in eine Sherry-Brandy-Pfütze.

Draußen im Korridor, vor dem Schränkchen mit den

elektrischen Sicherungen, saß die Garderobefrau am Boden und hatte ihren Strickstrumpf mitten im Mund.

Und über all dem Schutt und Tumult, oben in seiner Ecke, stand Fleischermeister Külz aus Berlin, hochaufgerichtet, ein Gott der Rache, und hielt ein einsames Stuhlbein in der mächtigen Faust. »Wer will ins Krankenhaus?« rief er und blickte wild um sich. »Ich mach's gratis!« Es meldete sich niemand.

Zu seinen Füßen lag ein Mann; dem er in der Dunkelheit, um ihn unschädlich zu machen, den Schlips so eng zusammengezogen hatte, daß der Ärmste widerstandslos umgesunken war. Es war übrigens ein völlig harmloser Gast, ein Spediteur aus Güstrow.

Und über der rotplüschnen Logenbrüstung hing kopfüber ein andrer Mann, der Oberkellner des Lokals. Er war von einer leeren Weinflasche getroffen und leicht beschädigt worden. Er war gerade dabei, wieder zu sich zu kommen. Der Tisch stand noch auf allen vieren. Doch die Zuckerdose samt dem Würfelzucker, der Aschenbecher samt der Asche und ein Rosenstrauch samt der Vase, das lag alles auf dem blauen Anzug des Spediteurs aus Güstrow.

»Nur keine falsche Scham!« rief der Fleischermeister und schwang das Stuhlbein wie einen Türkensäbel über dem grauen Kopf. »Nicht drängeln. Es kommt ein jeder dran!«

Fräulein Trübner hockte verstört in ihrer Ecke. Ihr kokettes Hütchen war schiefgerutscht. Sie saß wie vom Donner gerührt, hatte die Augen weit aufgerissen und hielt ihre Handtasche fest an die Brust gepreßt.

Papa Külz ließ die Blicke schweifen, nickte dem jungen Mädchen sieghaft zu und sagte: »Sie sind weg, mein liebes Kind.«

»Wer ist weg?« fragte sie.

»Die Verbrecher«, erklärte er stolz. »Außer den beiden Kerls hier, die ich erlegt habe.«

»Der eine ist aber ein Kellner«, wandte sie ein.

Er betrachtete den Mann, der über der Brüstung hing. »Das ist mir aber peinlich.«

Der andere Mann, der am Boden lag, zerrte sich den Schlips locker, hustete und erklärte heiser: »Ich bin Spediteur. Wie kommen Sie dazu, mich zu erwürgen?«

»Sie sind auch kein Räuber?« fragte Külz erschrocken.

»Ein Räuber? Sind Sie duhn?«

»Es tut mir schrecklich leid«, stammelte der Fleischermeister und verbeugte sich. »Gestatten Sie! Külz!«

»Ehmer«, sagte der andere. »Sehr angenehm!« Er richtete sich mühsam auf und betrachtete voller Verzweiflung den Würfelzucker und die Rosen auf seinem blauen Anzug. Dann stand er auf und humpelte von dannen. Die Rosen nahm er mit.

»Na, da hab ich also doch recht gehabt«, brummte Külz. »Die Verbrecher sind weg!«

Irene Trübner lächelte. Plötzlich löste sie die Arme von der Brust und starrte auf ihre Handtasche. Der Reißverschluß war offen. Sie blickte hinein, hob den Kopf und flüsterte leichenblaß: »Die Miniatur ist weg!«

Oskar Külz fiel das Stuhlbein aus der Hand. Er selber sank in einen Stuhl. Dann sprang er wieder auf, sah sich um und meinte: »Unser junger Freund ist auch weg!«

»Wer?« fragte sie.

»Rudi Struve.«

»Er auch?« Irene Trübner schüttelte den Kopf und blickte verständnislos vor sich hin. »Er auch?«

Als die beiden Wachtmeister vom Polizeirevier eintrafen, wurden sie von den Kurgästen umringt, deren Kleider und Anzüge gelitten hatten. Man forderte in allen Tonarten Schadenersatz. »Das geht uns nichts an«, erklärten die Schutzleute. »Das müssen Sie dem Wirt melden.«

Die Gäste stürzten oder humpelten zum Büfett, je nachdem. Hinterm Büfett stand der Direktor und kippte einen

Schnaps nach dem andern. Er hatte die Nerven verloren und trank hastig eine Flasche leer, die heil geblieben war. Die zwei Wachtmeister wateten durch das Trümmermeer und begaben sich zu der alten Garderobefrau, von deren Erlebnissen sie telefonisch schon gehört hatten.

Sie saß draußen im Gang und hielt ihren Strickstrumpf in den zitternden Händen. »Sie haben die Kerle gesehen?« fragte der eine Wachtmeister.

»Jawohl«, sagte sie eifrig. »Zwei waren's. Sie kamen dort durch die Hintertür und machten den kleinen elektrischen Schrank auf. Ich fragte, was das bedeuten solle. Aber sie antworteten überhaupt nicht. Ich wollte nun in die Küche laufen und wen holen. Da hielt mich der eine fest. Der andre nahm mir meinen Strickstrumpf weg. Mir blieb vor Schreck der Mund offenstehen. Und plötzlich hatte ich meinen Strickstrumpf drin. Sie setzten mich auf den Stuhl und drehten ihn so, daß ich nicht sehen konnte, was sie anstellten. Na ja, und kurz darauf wurde es stockfinster.«

»Und als es wieder hell wurde?«

»Da waren die zwei Kerle natürlich weg«, erklärte die alte Frau. »Und ich saß da und hatte Halsschmerzen.«

»Weiter wissen Sie nichts?«

»Das ist alles. Und beim Schlucken habe ich Stiche.«

»Schlucken Sie möglichst wenig!« riet einer der Wachmeister.

Der andere fragte: »Paul, verstehst du das? Ich nicht!«

»Ich auch nicht«, entgegnete Paul. »Zwei Männer kommen, machen dunkel und hauen wieder ab! Und hinterher sieht das Lokal wie ein Trödelladen aus.«

»Vielleicht waren es Leute von der Konkurrenz«, meinte die Garderobefrau.

Die Wachtmeister grinsten. Sie wußten zwar auch nichts. Aber besser wußten sie's!

Nun tauchte im Türrahmen ein großer alter Mann auf. Er führte eine bildhübsche junge Dame, die sich nicht besonders wohl zu fühlen schien. Der Mann sagte: »Wir müssen Sie dringend sprechen. Gestatten Sie, Külz!«

»Schadenersatzansprüche sind beim Lokalinhaber geltend zu machen«, versetzte der eine Wachtmeister.

Herr Külz lachte bitter. »Wenn der Wirt sechsmalhunderttausend dänische Kronen übrig hat, können wir's ja versuchen!«

»Wieso sechshunderttausend Kronen?« fragte der Schutzmann, der auf den Vornamen Paul hörte. »Ist denn etwas gestohlen worden?«

»Sie sind gut«, sagte Külz. »Dachten Sie, hier geht das elektrische Licht zum bloßen Vergnügen aus? Der Dame ist eine Miniatur gestohlen worden. Von … Von …«

»Von Holbein!« ergänzte Irene Trübner.

»Vornamen?« fragte der eine Wachtmeister.

»Hans«, meinte die junge Dame.

»Aha!« rief der andere Wachtmeister. »Das ist wenigstens etwas! Hans Holbein heißt er!«

»Von wem reden Sie denn?« fragte Külz.

»Na, von dem Dieb, dem Hans Holbein!«

»Menschenskind!« rief Külz. »Holbein ist doch der Maler!« Er reckte sich stolz. Wissen ist Macht. »Der Dieb ist wer ganz anderes. Der Dieb, das sind zirka zwei Dutzend Diebe! Seit Kopenhagen sind sie hinter uns her. Auf dem Trajekt haben sie mir die Kopie der Miniatur geklaut. Das war eine glänzende Idee von Fräulein Trübner. Vorhin haben sie mir aber die Kopie wieder zurückgebracht. Sie lag plötzlich auf dem Tisch. Mit einem Brief. Und dann wurde es finster. Als es wieder hell wurde, war aus Fräulein Trübners Handtasche die echte Miniatur verschwunden! Die Miniatur war weg. Die Diebe waren weg. Und ein guter Freund von uns war auch weg. Wahrscheinlich haben sie ihn mitgeschleppt. Schade. Es war ein sehr netter junger Mann. Aus Berlin. Rudi Struve heißt er.«

Fräulein Trübner sagte: »Hoffentlich ist ihm nichts Ernstliches zugestoßen!« Sie schwieg eine Weile. Dann raffte sie sich auf. »Ich muß sofort mit Brüssel telefonieren. Mein Chef ist in Brüssel. Ich muß ihm den Diebstahl mitteilen.«

Die zwei Wachtmeister blieben lange Zeit stumm.

»Reden Sie nicht so viel«, bat Külz. »Immer hübsch einer nach dem andern.«

»Wollen Sie uns zum Revier begleiten?« sagte der eine Polizist. »Weit kann die Bande noch nicht sein. Wir müssen sofort die umliegenden Reviere benachrichtigen. Und das Rostocker Präsidium.«

Der andere Wachtmeister öffnete die Tür. »Darf ich bitten?«

»Noch einen Moment!« bat Oskar Külz. »Ich muß Ihnen ordnungshalber mitteilen, daß ich den Oberkellner und einen Spediteur namens Ehmer im Dunkeln etwas hart angefaßt habe. Ich dachte, es wären Diebe.« Er war niedergeschlagen. »Ich mache aber auch alles verkehrt!«

»Das ist zur Zeit nicht so wichtig«, behauptete der eine Wachtmeister.

Sein Kollege an der Tür wiederholte: »Darf ich bitten?«

Da kam ein Kellner aus dem Saal herausgestolpert.

»Aha«, brummte Külz. »Wir haben noch nicht gezahlt.«

Irene Trübner holte eine Banknote aus der Handtasche und gab den Geldschein dem Kellner. »Es stimmt«, fügte sie hinzu.

Der Kellner verbeugte sich tief. »Es war nicht deswegen«, erklärte er. »Die Herrschaften haben etwas auf dem Tisch liegenlassen.« Er hielt ein Päckchen und einen Brief in der Hand.

Külz griff hastig zu. »Die falsche Miniatur!« rief er. »Und der Brief, in dem mich die Kerle so beschimpft haben. Geben Sie das Zeug her!« Er steckte beides ein und erklärte: »Nächstens vergesse ich noch den Kopp!« Er wandte sich an die zwei Wachtmeister: »Das macht die Verkalkung, meine Herren.«

Irene Trübner flüsterte: »Bitte, kommen Sie, Papa Külz! Wir haben's eilig!«

Vater Lieblichs Grogkeller

Die sechs Autotaxen sausten wieder über die nächtliche Chaussee. Sie fuhren nach Rostock zurück.

Im letzten Wagen saß der weißbärtige Herr. Er hatte die dunkle Brille abgenommen. Auf die Dauer behindern schwarze Brillengläser die Sicht. Ganz besonders bei Menschen mit kerngesunden Augen.

Professor Horn blickte angespannt durch das kleine Fenster in der Wagenrückwand. Genaugenommen blickte er nicht durch das Fenster, sondern durch das Loch, das dadurch entstanden war, daß er das Fenster herausgeschnitten hatte. Ein Mensch, der eine Schußwaffe in der Hand hält und damit rechnet, daß sich Motorfahrzeuge nähern könnten, in denen Polizisten sitzen, kann zwar eine Schießscharte gebrauchen. Aber kein Fensterglas davor.

Professor Horn hatte die Absicht, in die Reifen solcher Autos, die ihm mißfielen, Löcher hineinzuschießen. Das ist eine verhältnismäßig humane und trotzdem recht wirksame Methode, Leute, die es eilig haben, am schnellen Vorwärtskommen zu hindern.

Im ersten der sechs Taxis saßen die Herren Storm, Achtel und Karsten. Und der Mann, der auf der Fahrt nach Warnemünde einem Ringkämpfer geähnelt hatte. Er hatte sich inzwischen verändert. Nicht zu seinem Vorteil. Auf der niedrigen Stirn hatte er mehrere Beulen. Und die Nase saß ihm schräg im Gesicht und war verschwollen. Man hätte denken können, er sei in eine Dreschmaschine geraten.

»Du mußt dir morgen unbedingt einen neuen Hut kaufen«, sagte der kleine Herr Storm. »Dein Kopf ist mindestens um zwei Nummern größer geworden.«

»Ein Blödsinn, im Finstern klauen zu wollen«, knurrte der deformierte Ringkämpfer. »Nun weiß ich nicht einmal, wem ich die Verzierungen zu verdanken habe. Ich hätte mich gern revanchiert.«

»Man soll nicht so kleinlich sein«, fand Herr Philipp Achtel.

»Ich meinerseits bin heilfroh, daß der Überfall im Dunkeln stattfand.«

»Wieso?«

»Ach, mir hing plötzlich ein Weibsbild um den Hals, das gut zwei Zentner mit Knochen wog. Sie klammerte sich an mich, schrie um Hilfe und wollte gerettet werden. Ausgerechnet von mir! Ein Glück, daß wir bald bei Vater Lieblich sind. Ich kann einen Grog gebrauchen.«

Der Ringkämpfer wurde neugierig. »Wieso hast du denn im Dunkeln gemerkt, daß es eine Frau war?«

»Am Vornamen«, erklärte Achtel zynisch.

Fräulein Trübner und Herr Fleischermeister Külz waren auf dem Revier in Warnemünde zu ihren Personalien vernommen worden. Sie hatten ihre Reisepässe vorgelegt und den Namen des jungen Mannes mitgeteilt, der spurlos aus der Tanzdiele verschwunden war. Er wohne in Charlottenburg in der Holtzendorffstraße, hatte das Fräulein hinzugefügt.

»Die Bande hat Herrn Struve wahrscheinlich mitgeschleppt«, sagte der Inspektor. »Er wird sich zur Wehr gesetzt haben. Er wird hinter ihnen hergelaufen sein, um sie aufzuhalten. Und dann hat man ihn überwältigt.«

»Schrecklich!« rief Külz. »Der arme Junge! Wer weiß, wie und wo wir ihn wiederfinden. Hoffentlich hat er keine Angehörigen.« Irene Trübner versank in Melancholie und versuchte, aus ihren Handschuhen einen Strick zu drehen.

Es wäre ihr fast gelungen. Sie wurde aber in ihrer Arbeit unterbrochen. Brüssel meldete sich. Die junge Dame eilte ins Nebenzimmer. Zum Telefon. ›Der Chef wird staunen‹, dachte sie. ›Hoffentlich kündigt er mir erst per 1. Januar.‹

Inzwischen verbreitete sich Herr Oskar Külz über Herrn Storm und die übrigen Insassen des Coupés dritter Klasse, in dem er gereist war. Er wies darauf hin, daß Rudi Struve es gewesen sei, der ihn mit Hilfe eines Märchens auf die Gemeingefährlichkeit der Fahrgäste aufmerksam gemacht hätte.

Dann berichtete Külz von seinen seltsamen Erlebnissen in Kopenhagen, vom ›Vierblättrigen Hufeisen‹, von der Pension Curtius und von dem weißbärtigen Herrn mit der dunklen Brille. Er holte das Zusammentreffen mit Storm im Hotel d'Angleterre und vor dem Antiquitätengeschäft in der Bredgade nach. Und schließlich versuchte er sich darin, die Physiognomien Storms, Achtels, Horns und der übrigen anschaulich zu beschreiben. Nun, das ist schon ganz andren Leuten als einem Mann wie Oskar Külz mißlungen.

Der Inspektor stellte knappe Zwischenfragen. Ein Polizist protokollierte die Angaben, die der Zeuge Külz machte.

Als dem Zeugen nichts mehr einfiel, erhob sich der Inspektor. »Ich gebe das Protokoll sofort nach Rostock durch«, sagte er. »Von dort aus wird man dann die notwendigen Schritte einleiten. Ich selber lasse die hiesige Zollstation und die Bahnpolizei informieren. Sonst kutschiert die Bande womöglich nach Kopenhagen zurück. Entschuldigen Sie!«

»Bitte, bitte!« antwortete der Zeuge. »Nun zeigen Sie, was Sie können! Ich möchte gern einmal sehen, wozu ich soviel Steuern zahle.«

An der Tür begegnete der Inspektor Fräulein Trübner. Sie sagte: »Herr Steinhövel setzt zehntausend Mark Belohnung für die Herbeischaffung der Miniatur aus. Und morgen nachmittag trifft er in Berlin ein.«

Der Inspektor war außer sich. »Zehntausend Mark Belohnung? Das hat uns noch gefehlt! Nun werden uns ab morgen alle Leute, die zuviel Zeit und zuwenig Geld haben,

die Bude einrennen und mit wichtigen Nachrichten ein-
decken!« Er entfernte sich ärgerlich.

»Na, Kindchen?« meinte Külz. »Hat Sie Ihr Chef hinaus-
gefeuert?«

»Nein. Aber er will die Miniatur wiederhaben! Um das
Geld ist's ihm nicht zu tun. Die Holbein-Miniatur ist mit
fünfhunderttausend Mark versichert.«

»Was es so alles gibt«, rief Herr Külz aus. »Wenn ich Ihr
Chef wäre, bisse ich mich vor Freude, daß der Holbein geklaut worden ist, in den Daumen und nähme die fünfhunderttausend Mark von der Versicherung! Ich würde der
Bande sogar einen Brief schreiben, sie solle die Miniatur um
des Himmels willen nicht zurückbringen!«

»Mein Chef liebt die Kunst, nicht das Geld.«

»So was ist krankhaft«, stellte der Fleischermeister fest.
»Absolut krankhaft. Hoffentlich wird es nicht schlimmer.«

Eine Viertelstunde später brachte der Polizeiinspektor
seine zwei Zeugen zum Hotel Beringer zurück und bat sie,
sich am nächsten Morgen gegen sechs Uhr bereitzuhalten.
Er hole sie dann im Wagen ab und begleite sie nach Rostock.
Die dortigen Instanzen hätten noch einige Fragen zu stellen.

Er verabschiedete sich.

»Nun können wir ruhig schlafen«, meinte Külz, als er mit
Irene Trübner die Hoteltreppe hinaufstieg. »Was weg ist,
brummt nicht mehr.« Er reichte ihr die Hand. »Gute Nacht,
mein Kind. Morgen früh fahren wir zum ersten Mal in der
Grünen Minna. Hoffentlich träume ich nicht davon.«

»Gute Nacht, Papa Külz«, sagte sie müde. »Schlafen Sie
gut!« Dann schloß sie die Zimmertür auf.

»Halt!« rief er und faßte in die Jackettasche. »Wollen Sie
nicht Ihren falschen Holbein wiederhaben?« Er hielt ihr das
Päckchen hin.

»Nein«, sagte sie. »Wenn der echte weg ist, brauche ich
auch den falschen nicht. Wert ist er sowieso nicht viel. Wollen Sie ihn zur Erinnerung an Ihr dänisches Abenteuer be-

halten? Mein Chef hat bestimmt nichts dagegen. Er sammelt keine Kopien.«

»Wie Sie wollen«, meinte Külz. »Schönen Dank auch. Ich werde das Dings in unsrer Ladenstube über das Sofa hängen. Da ist noch für was Kleines Platz.« Er gähnte und nickte ihr zu. »Das war ein Tag! Meine Herren! Und wo mag jetzt unser Rudi sein? Er fehlt mir geradezu.«

»Gute Nacht, Papa Külz«, flüsterte sie und trat schnell in ihr Zimmer.

Das Netz, in dem man heute Diebe fängt, ist aus Draht geflochten und heißt: das Telefonnetz.

Die Drähte, die sich an hohen Masten durchs Land ziehen, summten. Die Meldung von dem Raub der Holbein-Miniatur und die Tatsache der hohen Belohnung verbreiteten sich mit Windeseile nach allen Richtungen. In den Zeitungsgebäuden wurden die Rotationsmaschinen angehalten. Die Nachtredakteure dichteten zweispaltige Überschriften und ließen die Neuigkeit nachschieben.

Lieblichs Grogkeller liegt in einer jener Rostocker Straßen, die steil bergab zum Hafen hinunterführen.

Da es bedauerlicherweise überall Menschen gibt, deren Lebensführung daran schuld ist, daß die Strafgesetzbücher nicht abgeschafft werden können, gibt es auch in jeder Stadt Lokale, in denen sich dunkle Existenzen treffen, um ihre beruflichen Erfahrungen auszutauschen und hierbei dem Alkoholgenuß zu frönen.

Professor Horn traf als erster bei Vater Lieblich ein und ließ sich sofort in das Hinterzimmer führen, an dessen Tür ein Schild angebracht war. »Kleines Vereinszimmer« stand auf dem Schild. Vater Lieblich schien den weißbärtigen Gast zu kennen, barst vor Neugierde und erstarb in Hochachtung.

»Raus!« befahl Professor Horn. »Meine Leute werden gleich kommen. Wir wünschen ungestört zu bleiben.«

Vater Lieblich zog sich devot zurück.

Der Professor nahm Platz.

Nach und nach, in kleinen Gruppen, erschienen die anderen Mitglieder des »Vereins«. Sie setzten sich an die im Zimmer verstreuten Tische. Vater Lieblich bediente persönlich. Sie rauchten und tranken.

»Wir sind komplett«, sagte plötzlich der kleine Herr Storm. »Nur die zwei, die du im Seebad Warnemünde zurückgelassen hast, fehlen.«

»Es ist gut.« Professor Horn winkte dem Wirt.

Vater Lieblich trollte sich.

Der Chef sah sich im Zimmer um. »Ich nehme an, daß die Polizei bereits im Bilde ist. Wir haben keine Zeit zu verlieren. Ich fahre rasch ins Hotel Blücher, hole meinen Handkoffer, zahle und gebe an, ich reise nach Hamburg. Anschließend komme ich wieder hierher und nehme mir den Bart ab. Ihr andern verkrümelt euch möglichst rasch. Storm und Achtel können das arrangieren. Hauptsache ist, daß ihr getrennt marschiert. Am Dienstag sind alle in Berlin! Ich werde als englischer Tourist einige norddeutsche Städte aufsuchen. Das wird im Interesse Holbeins des Jüngeren notwendig sein.«

Die anderen schmunzelten.

»Vielleicht schlage ich auch einen Haken«, erklärte der Chef. »Es kann nötig werden, daß ich vom Süden aus in Berlin ankomme. Man wird ja sehen. Auf alle Fälle treffen wir uns am Dienstag in Berlin. Geld habt ihr ja genug bis dahin.«

»Ich weiß nicht recht«, meinte Storm.

»Aber ich weiß es«, antwortete Professor Horn. »Hat noch jemand eine Frage?«

Die anderen schwiegen.

»Gut«, sagte er. »Nun gebt mir das Päckchen, und haut ab!« Er erhob sich und blieb abwartend stehen.

Niemand rührte sich.

»Los, los! Her mit der Miniatur!«

Die Männer blickten einander schweigend an. Jeder wartete, daß der andere ein Päckchen aus der Tasche ziehen werde. Sie warteten vergeblich. Professor Horn stampfte mit dem Fuß auf. »Wer hat die Miniatur?«

»Ich hab sie nicht«, sagte Philipp Achtel. »Ich dachte, Klopfer hätte sie. Er war dem Tisch am nächsten, als das Licht ausging.«

»Ich habe sie nicht«, entgegnete der Mann, der Klopfer hieß. »Als das Licht ausging, dachte eine Frau, ich sei ihr Mann. Sie hielt mich fest und nannte mich in einem fort ›Arthur‹. Als ich endlich an die Handtasche rankonnte, war sie leer. Da dachte ich, Pietsch hätte die Miniatur.«

Pietsch war der Kerl, der wie ein Ringkämpfer aussah. Er schüttelte den demolierten Schädel. »Ich habe sie auch nicht. Ich griff nach der Tasche. Doch ehe ich sie erwischt hatte, funkte mir jemand mit einem harten Gegenstand auf dem Kopf herum, daß ich, zirka nach dem vierten Schlag, umfiel. Ich dachte, Kern hätte sie.«

»Nein, ich habe sie auch nicht«, meinte der.

»Macht mich nicht verrückt!« rief der Chef. »Zwölf Leute von uns waren in dem Lokal. Zehn standen draußen. Es war alles bis ins letzte vorbereitet. Und jetzt will keiner die Miniatur haben! Wer hat sie?«

Die Männer blieben stumm. Das Schweigen wirkte beängstigend.

»Wer hat sie?« wiederholte der Chef. Er winkte Storm und Achtel. »Durchsuchen!«

Während Storm und Achtel sämtliche Taschen ihrer Vereinsbrüder umdrehten, prüfte Professor Horn seinen Revolver. Er tat es mit der Gründlichkeit des Fachmannes. Dann nickte er versonnen. Die Diagnose schien befriedigend verlaufen zu sein. Er sah auf.

Die Herren Storm und Achtel hatten ihre Tätigkeit beendet. Sie blickten ihren Chef verständnislos an und zuckten die Achseln.

»Nichts zu finden«, sagte der kleine Storm.

»Nichts«, bestätigte Philipp Achtel. Sein Gesicht, mit Ausnahme der Nase, war sehr blaß geworden.

»Die Miniatur ist zweifellos aus der Handtasche geraubt worden!« sagte Storm. »Aber nicht von uns!«

»Die Polizei wird uns verfolgen«, meinte Herr Achtel. »Aber wir sind leider unschuldig!«

Professor Horn hielt sich an einem seiner Jackettknöpfe fest. Oder hatte er Herzschmerzen? Endlich sagte er: »Ich fahre ins Hotel Blücher und telefoniere mit Warnemünde.«

»Und wir?« fragte Storm.

»Alles hierbleiben!« knurrte der Chef. »Nur Karsten kommt mit!« Er knallte die Tür zu.

Karsten folgte ihm hastig.

Ein Kommissar hat eine Theorie

Professor Horn lief wie ein Tiger im Hotelzimmer auf und ab. Karsten brachte die Toilettengegenstände aus dem Baderaum herein und packte den Koffer. »Beruhige dich doch endlich, Chef!« bat er. »Eine Million haben wir ja schon intus. Leupold ist seit gestern in Holland. Van Tondern hat die Bilder übernommen. Die Spur ist verwischt.«

»Ich muß wissen, wie der Holbein verschwunden ist! Ich muß es wissen!«

»Vielleicht ist er gar nicht verschwunden«, meinte Karsten. »Wenn dieses Fräulein Trübner ihn nun gar nicht mehr in der Handtasche hatte?«

»Rede kein Blech! Sie hatte ihn natürlich in der Tasche! Als sie zum Parkett hinunterging, um zu tanzen, nahm sie die Tasche mit. Ein solches Mädchen nimmt eine so große Handtasche nicht mit aufs Parkett, wenn kein wichtiger Grund vorliegt! Wo noch dazu dieser Bernhardiner von einem Fleischermeister am Tisch blieb! Ausgeschlossen!«

Karsten schloß den Handkoffer ab. »Und wie erklärst du dir, daß die Tasche, als unsere Leute hineinlangten, leer war?«

»Wenn ich mir das erklären könnte, wäre ich nicht so wütend!« Das Telefon klingelte. Der Professor nahm den Hörer herunter.

»Hier Professor Horn! – Aha! Lebt ihr noch? Ich dachte schon, ihr machtet eine Mondscheinfahrt in See!« Er schwieg und lauschte den Mitteilungen, die ihm gemacht wurden. Plötzlich wurde sein Gesicht unnatürlich lang. Er fragte hastig und heiser: »Wißt ihr das bestimmt?« Er hörte wieder zu.

Dann sagte er: »Du kommst auf dem schnellsten Wege nach Rostock und bleibst die nächsten Tage im Grogkeller. Und rührst dich nicht vom Telefon weg! Verstanden? Leichsenring bleibt dem Mädchen auf den Hacken. Was? Jawohl! Auch wenn sie nach China fahren sollte!« Er hängte ein.

Dann rief er Vater Lieblichs Grogkeller an und verlangte Herrn Storm. »Höre zu!« befahl er, als Storm sich meldete. »Laßt euch von dem Alten eine zuverlässige Garage nennen! Leiht euch sofort ein paar Autos! In fünf Minuten seid ihr an der Universität. Das geht nicht? Dann in vier Minuten! Warum keine Autos? Ach so. – Wenn ihr etwas Derartiges auftreiben könnt, ist mir's recht. Ja, ja. Wenn schon, denn schon!« Er hängte ein, blickte Karsten kopfschüttelnd an und rief: »Also, das ist der Gipfel!«

»Was denn?«

»Der junge Mann ist verschwunden!«

»Welcher junge Mann denn?«

»Der mit Steinhövels Sekretärin und eurem Herrn Külz zusammensteckte!«

»Der ist nicht mehr in Warnemünde?«

»Nein.«

»Dann hat er den Holbein gestohlen!«

»Du merkst auch alles!« Der Professor fuhr sich durch den Bart, als wolle er ihn abreißen. »Mir so ins Handwerk zu pfuschen! Na warte, mein Junge!«

»Der war schlauer als wir«, stellte Karsten fest.

»Schlauer? Nein. Aber hübscher. Viel hübscher! Hätte ich vielleicht den Achtel auf die verliebte Gans loslassen sollen? Oder Storm? Mit seinen Schlappohren? In wen von euch hätte sie sich denn vergaffen sollen?«

»Keine Ahnung«, meinte Karsten. »Und wo ist der Junge jetzt?« Der Chef zündete eine Zigarette an und paffte nachdenklich vor sich hin. »Unterwegs nach Berlin, schätze ich! Er weiß natürlich, daß Steinhövels Sekretärin sein Verschwinden der Polizei gemeldet hat. Nach Kopenhagen kann er also nicht wieder zurück. Die andren Grenzstellen sind auch schon informiert.«

»Ihm geht's genau wie uns.«

»Wir müssen sofort aufbrechen. Irgendwo werden wir ihn schon aufstöbern. Und wenn ich die Straßen nach Berlin mit der Lupe absuchen sollte!«

»Ich möchte einen Vorschlag machen«, erklärte Karsten.

»Und zwar?«

»Wir wollen den Jungen laufen lassen.«

»Und den Holbein?«

»Den auch!«

»Bist du übergeschnappt?«

»Nein«, behauptete Karsten. »Soll die Polizei den Holbein finden und den Dieb dazu! Wozu willst du deine Finger in eine Mausefalle stecken?«

»Das kommt gar nicht in Frage!« rief Professor Horn. »Ich lasse mir nicht von irgendeinem Amateur auf der Nase herumtanzen! Das wäre ja noch schöner!«

»Vielleicht ist er gar kein Amateur. Vielleicht gehört er zur Konkurrenz!«

»Meinetwegen! Und wenn er Cagliostro persönlich wäre – ich will den Holbein haben. Erst läßt man uns ein Falsifikat klauen! Dann stiehlt uns ein Grünschnabel das Original vor der Nase weg! Das geht zu weit! Damit basta!«

»Bitte sehr.«

»Wir verlassen Rostock in wenigen Minuten. Draußen wird's schon wieder hell. Von Neustrelitz aus telefonieren wir mit Berlin und signalisieren ihn. Graumann mag uns mit seinen Leuten entgegenkommen. Und dann zerquetschen wir den Adonis! Nur die Miniatur muß ganz bleiben. Du erinnerst dich doch, wie der Jüngling aussah?«

»Ungefähr.«

»Notiere es! Damit Graumann und seine Leute den Richtigen erwischen.«

Da klopfte es an der Tür.

Die beiden zuckten zusammen. Besuche im Morgengrauen bedeuten, wenn sie zweifelhaften Ehrenmännern gelten, selten etwas Gutes. Professor Horn griff in die Tasche, in welcher der Revolver steckte, und rief: »Wer ist da?«

»Das Zimmermädchen«, antwortete es draußen auf dem Korridor.

»Ich brauche Sie nicht!« rief der Chef.

»Es ist etwas für den Herrn Professor abgegeben worden«, erklärte die weibliche Stimme.

Karsten schob den Riegel zurück, öffnete die Tür, nahm einen Brief in Empfang und schloß die Tür wieder. Den Brief gab er dem Professor.

Dieser riß den Umschlag auf und las, was auf dem Briefbogen stand. Seine Züge wurden immer unmutiger. Schließlich warf er den Brief auf den Teppich, nahm seinen Kopf in beide Hände und sagte leise: »Das ist zuviel! Davon kann man ja Krämpfe kriegen. Oh, der Halunke soll mich kennenlernen!«

Karsten hob das Schreiben auf und las es. Es war in Blockbuchstaben abgefaßt und lautete folgendermaßen:

»Sie schreiben gern Briefe. Mir geht es ähnlich. Überdies bin ich Ihnen noch eine Antwort schuldig. Ich habe mich trotz Ihres wohlgemeinten Rates in Gefahr begeben. Darin umgekommen, möchte ich Ihnen mitteilen, bin ich vorläufig noch nicht.

Der Überfall auf das Tanzlokal war nicht übel inszeniert. Daß auch ich für die alten Meister schwärme, konnten Sie nicht wissen.

Ich bin, offen gestanden, sehr gespannt, wer schneller ist. Ob Sie. Oder die Polizei. Oder ich.

Auf Wiedersehen in Berlin! Holbein der Jüngere.«

Karsten sagte nach einer Weile: »So ein frecher Hund!« Dann versank er in Schweigen.

»Und den soll ich laufen lassen?« fragte Professor Horn empört. »Das ist wohl nicht dein Ernst! Die ganze Branche würde einen Monat lang über uns lachen!« Er klingelte dem Zimmermädchen. Sie kam, war mollig und hatte rote Backen.

Horn trat vor sie hin. »Wer hat Ihnen den Brief übergeben? Ein Bote?«

»Nein«, sagte sie. »Er sah aus wie ein junger Mann aus gutem Haus. Erst war er beim Portier und erkundigte sich, in welchem Zimmer der Herr Professor wohnt.«

»Er kannte meinen Namen?«

»Nein. Aber er beschrieb den Herrn Professor. Der Portier schickte ihn herauf. Er gab mir den Brief. Und fünf Mark. Den Brief sollte ich hier abgeben. Das Geld sollte ich behalten. – Dann ging der junge Mann wieder hinunter und sprach mit dem Portier. Vor allem wollte er wissen, ob die Chaussee nach Berlin in gutem Zustand wäre.«

Karsten fragte: »Wie sah der Herr aus?«

»Brünett«, erklärte das Zimmermädchen. »Graue Augen. Schlank. Bartlos. Einsdreiundachtzig groß. Und Kragenweite vierzig.«

Die beiden Männer blickten das Mädchen sprachlos an.

Sie lachte. »Das zählte er alles auf und sagte, ich müsse es mir gut merken. Denn Sie würden mich darnach fragen. Ich fand das sehr komisch. Er war überhaupt sehr lustig. Und hübsch. Ein Bild von einem Mann!« Sie ging zur Tür. »Doch das hat er mir nicht für Sie aufgetragen.« Sie machte einen Knicks und wollte gehen.

»Halt!« rief Professor Horn. »Fuhr der Herr im Taxi weg?«

»Nein«, erwiderte sie. »Er hatte einen Privatwagen. Und weggefahren ist er, glaube ich, auch noch nicht. Vor einer Minute saß er jedenfalls noch in seinem Auto drunten vorm Hotel und trank eine Fleischbrühe mit Ei.«

Sie machte einen Knicks und ging.

Wenige Stunden später befanden sich Irene Trübner und Fleischermeister Külz in Rostock und sprachen mit einem Kriminalkommissar, der ihnen todmüde und unrasiert gegenübersaß. Vor ihm stand eine dampfende Tasse Kaffee. Er trank in kleinen Schlucken und sagte: »Ich muß Sie um Entschuldigung bitten, daß ich so unkomfortabel aussehe. Aber ich habe kaum eine Stunde geschlafen. Noch dazu auf diesem elenden Sofa! Vorher und nachher hatte ich mit dem bedauerlichen Diebstahl zu tun, der Sie betroffen hat. Es galt zahlreiche Anordnungen zu treffen, damit derjenige, der die Gattin Heinrichs VIII. geraubt hat, uns nicht entwischt. Ist es nicht gräßlich? Nicht einmal gemalte Frauen sind vor Liebhabern sicher!« Er lachte. Anschließend gähnte er herzzerreißend. Dann zuckte er, einigermaßen verlegen, die Achseln und trank wieder Kaffee.

»Prost!« sagte Herr Külz. »Gibt es etwas Neues, Herr Kommissar?«

»Noch nicht«, meinte der Beamte. »Aber was in der kurzen Zeit getan werden konnte, wurde getan. Das Netz zieht sich unaufhaltsam zusammen. Der Fischzug steht sozusagen vor der Tür.«

»Hoffentlich fangen Sie keinen alten Stiefel«, sagte Herr Külz.

»Bestimmt nicht. Ich habe die Berliner Stellen ersucht, Herrn Rudolf Struve aus der Holtzendorffstraße zu verhaften.«

Irene Trübner senkte rasch den Kopf und strich mit zitternden Fingern ihren Kostümrock glatt.

Oskar Külz war wesentlich weitschweifiger. »Erlauben Sie mal!« knurrte er. »Das ist ja allerhand. Eine Bande von ausgekochten Strolchen klaut eine Miniatur, die eine halbe Million Mark gekostet hat. Und weil sich ein braver junger Mann zur Wehr setzt, nimmt man den auch gleich mit. Bitte, sowas kann vorkommen. Aber daß dann die Polizei den jungen Mann verhaften will, statt die Räuberbande festzunehmen, das ist neu! Mir ist es zu apart, das muß ich Ihnen ganz offen sagen!«

Der Kommissar hob die Hand. »Nicht so hitzig, lieber Herr Külz! Ich habe meine eigene Theorie. Es wird sich zeigen, ob sie stimmt.«

»Was ist eine Theorie?« Külz wandte sich mit der Frage an Fräulein Trübner.

Sie antwortete: »Wenn das, was man tun muß, sehr schwierig ist, macht man einen Plan, der die Schwierigkeiten vorübergehend beseitigt.«

»Und das ist dann eine Theorie?«

»Jawohl!«

»Aha«, brummte Külz. »Das kenne ich schon lange. Ich wußte nur noch nicht, wie es heißt. Meine Frau ist in Theorien sehr groß. Ich bezeichne so was schlicht als ›faule Ausreden‹. – Kinder, bin ich froh, daß Struve nicht zu Hause ist! Von Gaunern geraubt und außerdem noch von der Polizei verhaftet werden, das ist ein bißchen viel für den einzelnen.«

Der Kommissar war nicht aus der Ruhe zu bringen. »Irren ist menschlich. Doch glaube ich kaum, daß ich mich irre.«

»Sie tun dem jungen Mann unrecht!« rief Külz. »Ich bin zwar ein ziemlich ungebildeter Mensch, der nicht einmal weiß, was eine Theorie ist. Aber wenn ich jemanden für einen anständigen Kerl halte, dann ist er das auch!«

»Lieber Herr Külz«, entgegnete der Kommissar höflich, aber zurechtweisend, »ich muß Ihr Gedächtnis auffrischen. Ich kenne aus dem Protokoll einen Herrn, der viele Stunden lang in einem Eisenbahncoupé mit einer Verbrecherbande zusammensaß und jeden einzelnen dieser Strolche für einen Ehrenmann hielt.«

Der alte Fleischermeister bekam es mit dem Husten. Als er endlich wieder reden konnte, meinte er: »Sie haben recht, so leid es mir tut. Trotzdem möchte ich schwören, daß Sie sich irren. Schließlich war es ja Herr Struve, der mich darauf aufmerksam machte, daß es sich um Gauner handelte.«

Der Kommissar winkte ab. »Das tat er doch nur, damit Fräulein Trübner und Sie ihn für um so anständiger hielten! Außerdem wollte er in Ihrer Nähe bleiben, um der Bande bei dem Diebstahl zuvorzukommen. Na, und das ist ihm ja schließlich gelungen.«

Oskar Külz schüttelte böse den Kopf. »Sie irren sich, obwohl alles, was Sie sagen, stimmen könnte.«

Der Kommissar meinte geduldig: »Man muß es abwarten. Und jetzt möchte ich dem gnädigen Fräulein einige Fragen vorlegen. Zunächst: wo lernten Sie Herrn Struve kennen?«

»In Kopenhagen.«

»Bei gemeinsamen Bekannten?«

»Nein, Herr Kommissar.«

»Sondern?«

Sie sagte zögernd: »Auf der Straße.«

»Könnten Sie den Vorgang etwas ausführlicher schildern?«

»Ich wollte mir«, erzählte sie, »kurz vor der Abreise ein Paar Schuhe kaufen, die ich am Tage vorher in einem Schaufenster, irgendwo zwischen dem Nytorv und dem Radhusplads gesehen hatte. Ich ging durch die Straßen und suchte das Schaufenster. Plötzlich rief jemand meinen Vornamen. Ich drehte mich um. Es war Herr Struve.«

»Woher wußte er Ihren Vornamen?« fragte der Kommissar. »Ich denke, Sie kannten einander überhaupt nicht!«

»Herr Struve sagte, ich habe seiner Cousine aus Leipzig so sehr geähnelt, daß er gedacht habe, sie sei es.«

Der Kommissar schmunzelte ironisch. »Mein gnädiges Fräulein, was zuviel ist, ist zuviel. Ob Sie Herrn Struve diese Lüge geglaubt haben, weiß ich nicht. Ich glaube sie jedenfalls nicht! Unter gar keinen Umständen! Es ist denkbar, daß Sie seiner Cousine ähneln. Es ist vorstellbar, daß Sie den gleichen Vornamen wie eine junge Dame in Leipzig haben. Aber daß sie einander ähnlich sehen und auch noch genau so heißen – verzeihen Sie, das ist ein starkes Stück!«

Der Kommissar blickte Herrn Külz spöttisch an. »Was halten Sie davon?«

Papa Külz zuckte die Achseln. »Es klingt ziemlich komisch. Das muß ich zugeben.«

Der Kommissar wandte sich wieder an Irene Trübner. »Was geschah dann?«

»Dann fand ich endlich das Schuhgeschäft. Ich ging hinein und probierte Schuhe. Mit einem Male war Herr Struve wieder da. Er nahm sogar das Schuhpaket an sich, als ich den Laden verließ. Auf der Straße forderte ich ihn auf, seiner Wege zu gehen.«

»Und dann?«

»Dann ging er seiner Wege«, entgegnete sie.

»Wann trafen Sie ihn wieder?«

»Am nächsten Mittag. Im Schnellzug. Er kam in mein Abteil, setzte sich mir gegenüber und fragte, ob wir uns wieder vertragen wollten.«

Der Kommissar trank die Tasse leer und setzte sie umständlich auf die Untertasse zurück. »Es ist alles sonnenklar«, meinte er. »Nur eins will mir nicht in den Schädel. Daß Sie nämlich trotz dieser Vorgeschichte noch immer daran zweifeln, daß dieser Herr Struve mit dem Raub der Miniatur in engster Verbindung steht! Es liegt doch auf der flachen Hand!«

Oskar Külz sagte: »Es soll schon einmal vorgekommen sein, daß der Schein getrogen hat.«

»Gewiß«, gab der Beamte zu. »Einmal soll es schon vorgekommen sein. Aber nur einmal! Und das ist schon lange her. Jedenfalls ist es mir lieber, versehentlich ein kleines Unrecht zu begehen, als wissentlich ein großes zu dulden.«

»Mir ist die Sache zu hoch«, stellte Papa Külz fest. »Noch vor einer Woche dachte ich, Wurstmachen sei der gräßlichste Beruf auf der Welt. Ich glaube aber, Verbrecher haschen zu müssen, ist noch schrecklicher.«

»Ein wahres Wort!« bemerkte der Kommissar. Er erhob

sich. »Ich möchte Sie bitten, mit dem nächsten Zug nach Berlin zu fahren und sich dem dortigen Polizeipräsidium zur Verfügung zu stellen.«

»Am Alex?« fragte Külz.

»Ganz recht. Am Alexanderplatz. Den Behörden und der von Herrn Steinhövel ausgesetzten hohen Belohnung wird es sicher bald gelingen, die Miniatur und deren Dieb herbeizuschaffen.« Er brachte die beiden zur Tür. Gerade als er sie öffnen wollte, läutete das Telefon. Er ging rasch zum Schreibtisch, nahm den Hörer ab und meldete sich. Nach wenigen Sekunden des Zuhörens meinte er: »Danke schön, Herr Kollege!« und legte den Hörer auf die Gabel zurück.

Irene Trübner und Herr Külz warteten an der Tür. Der Kommissar sagte: »Ich erfahre soeben, daß Herr Rudolf Struve in seiner Berliner Wohnung in der Holtzendorffstraße verhaftet worden ist. Ich darf mich empfehlen.«

Herrn Struves sonderbare Vernehmung

Ein mit ungefähr zwei Dutzend Männern beladener Autobus ratterte nun schon seit Stunden über mecklenburgische Chausseen. Erst war er südwestlich gefahren. Bis nach Schwerin hinein. Dann war er plötzlich nach Osten abgebogen und hatte, nach langer Reise, Neustrelitz passiert.

Die Fahrgäste waren seltsam herausgeputzt. Sie trugen Pappnasen und martialische falsche Bärte im Gesicht. Auf den Köpfen hatten sie papierne Ballonmützen und Turbane. Und in den Händen hielten sie Pritschen und Luftballons. Der Mann neben dem Chauffeur blies auf einer blechernen Kindertrompete. Auf den Wänden des Wagens stand mit weißer Kreide, daß es sich um den »Rostocker Skatklub 1896, e.V.« handle. Die Insassen schwenkten ihre Ballons, grölten Wanderlieder, lachten ausgelassen und riefen den Frauen und Kindern, die erstaunt am Wege standen, handfeste Bemerkungen zu.

Nun, solche Vereinsausflüge sind ja nichts Außergewöhnliches. Auffällig war allenfalls, daß der Lärm und die Heiterkeit jedesmal, wenn die letzten Häuser einer Ortschaft verschwunden waren, wie abgehackt abbrachen. Die Insassen des Autobusses schwiegen dann, schauten unfreundlich drein und dösten im Halbschlaf vor sich hin. Wollten sie den Frieden der Wälder und Wiesen nicht stören? Bezwangen sie ihre Lustigkeit, um das Wild nicht aufzuscheuchen?

Es lag anders. Den Fahrgästen machte es nicht das mindeste Vergnügen, vergnügt zu sein! Auf den stillen Landstraßen fiel die Fidelität von ihnen ab, und sie bekamen bös verkniffene Mienen.

Der Mann, der wie ein Ringkämpfer aussah, meinte zu

Philipp Achtel: »Du kannst getrost deine Pappnase einsparen. Deine echte Nase sieht schon künstlich genug aus.«

Herr Achtel erwiderte: »Mir ist es heute lieber, die Polizei hält mich für einen Skatbruder aus Rostock als für einen Stammgast von Plötzensee.«

»Wenn nur die Bänke nicht so hart wären!« knurrte Storm. »Da kann man sich ja eine Blinddarmentzündung holen!«

»Nimm dir ein Beispiel an uns«, sagte Karsten, »und setz dich nicht ausgerechnet auf den Blinddarm!«

Hinter dem Chauffeur, auch einem Vereinsmitglied, saß Herr Professor Horn. Er hatte keinen Bart mehr, war blitzblank rasiert, blickte oft auf eine Landkarte, die auf seinen Knien lag, und orientierte sich. Mit einem Male rief er: »Achtung, wir kommen in ein Dorf! Ich möchte mir ausbitten, daß ihr diesmal lustiger seid! In Neustrelitz habt ihr euch benommen, als ob ihr von einer Beerdigung kämt.«

Die Skatbrüder schoben die Pappnasen und Bärte zurecht, räusperten sich gründlich und sangen auf Storms Anraten: »Wohlauf, die Luft geht frisch und rein. Wer lange sitzt, muß rosten!« Der Hinweis auf das ›Lange Sitzen‹ irritierte Herrn Achtel so sehr, daß er falsch sang.

Das Dorf war erreicht. Die Einwohner blieben neugierig stehen. Die Kinder hüpften neben dem Autobus her und wollten Luftballons ergattern. Und die maskierten Zuchthäusler schmetterten ihre Lieder in die Sommerluft, daß es eine Art hatte. Da stoppte der Chauffeur. Die Fahrgäste purzelten gegen- und durcheinander.

»Was gibt's?« fragte der Chef.

»Unser junger Mann tankt!«

Die Insassen waren plötzlich still geworden.

»Wollt ihr Kerls auf der Stelle lustig sein?« brummte Professor Horn drohend.

Die andern wurden sofort wieder laut und fidel. Um den haltenden Autobus versammelten sich Knechte, Mägde und Schulkinder. Es entspann sich ein turbulentes Treiben. Bauersleute blickten neugierig aus den Fenstern ihrer Häuser. Ein Ochsenkarren schob sich an dem Autobus vorbei. Der eine Ochse wollte nicht weiter. Ein paar Luftballons stiegen hoch. Die Kinder jauchzten und balgten sich vor Wonne. Die Szene glich einem Volksfest. »Chef!« sagte der kleine Herr Storm. »Warum sitzt der Bursche nicht im Auto?«

»Paulig soll nachsehen, was los ist!« befahl Horn.

Der Chauffeur kletterte von dem Bus herunter und begab sich zu der Tankstelle, um vorsichtig Erkundigungen einzuziehen. Die anderen waren nervös, und während sie mit der dörflichen Bevölkerung scherzten, gingen ihnen etliche Fragen nicht aus dem Kopf. Wo war der junge Mann, den sie verfolgten? Hatte er eine Panne? Warum kehrte er, wenn er ausgestiegen war, nicht wieder? Was zum Teufel sollte der Zwischenfall bedeuten? Endlich kam Paulig, der Chauffeur, zurück. Er kletterte eilig auf seinen Platz, gab Gas und fuhr drauflos. Währenddem erklärte er hastig: »Der Wagen war geliehen. Hier hat ihn der junge Mann gegen einen andren Wagen umgetauscht. In Gransee wechselt er noch einmal. Das ist auf dieser Strecke mit Leihautos so üblich.«

»Und in Berlin?« fragte Professor Horn.

»In Berlin muß er das Granseer Auto bei Kienast abliefern«, erklärte der Chauffeur. »Das ist eine Garage am Stettiner Bahnhof.«

Professor Horn lächelte befriedigt. »Ausgezeichnet! In Gransee halten wir eine Minute. Ich telefoniere noch einmal mit Graumann. Er soll ein paar Leute vor der Berliner Garage postieren. Unser junger Freund sitzt in der Falle.«

»Sogar wenn die Polizei vorher unsern Skatklub hochgehen läßt«, meinte Karsten düster.

Herr Achtel versetzte ihm einen Rippenstoß. Die anderen sangen, johlten und winkten. Die Dorfbewohner winkten auch. Der Monteur an der Tankstelle grüßte militärisch und lachte übers ganze Gesicht. Die Kinder, die neben dem Wagen hergerannt waren, blieben stehen. Sie waren vom

Lachen und Laufen völlig außer Atem. Der Autobus verschwand in einer Staubwolke. Ein kleines Mädchen hatte einen roten Luftballon erobert und stolperte damit glücklich nach Hause. – So hatte alles sein Gutes.

Im Berliner Polizeipräsidium wurde inzwischen Herr Rudolf Struve, wohnhaft in Charlottenburg, Holtzendorffstraße 7, von einem Kommissar vernommen.

Struve war ein kleiner, untersetzter Herr. Mit lebhaften Bewegungen und mit einer blonden Mähne. Er sah sich amüsiert im Zimmer um.

Der Kommissar hielt eine Art Zimmermannsbleistift in der Hand, klopfte mit dem Stift häufig an die Schreibtischkante und lächelte nachsichtig.

»Nun, Herr Struve«, sagte er. »Sie sehen hoffentlich ein, daß Ihr Vorhaben mißglückt ist. Erleichtern Sie Ihr Gewissen! Geständnisse verringern unsere Arbeit und Ihr Strafmaß!« Dann lehnte er sich zurück, als sitze er im Theater und warte auf die Peripetie des Dramas.

Herr Struve machte Froschaugen. Ihm war, seit man ihn am frühen Morgen aus dem Bett geholt hatte, so vieles zugestoßen, was er nicht verstanden hatte, daß er sich schon eigentlich gar nicht mehr wunderte. Andrerseits war er natürlich begierig zu wissen, was man von ihm wollte. Es mußte sich doch herauskriegen lassen! Er ergriff also das Wort. »Sehr geehrter Herr Kommissar, ich wäre Ihnen unsäglich dankbar, wenn Sie sich etwas präziser ausdrückten. Schauen Sie, ich will Ihnen wirklich von Herzen gern erzählen, was Sie von mir zu erfahren wünschen. Wenn ich nur erst wüßte, worum sich's handelt! Läßt sich das machen?«

Der Kommissar klopfte mit dem Zimmermannsbleistift an die Schreibtischkante. »An der nötigen Präzision soll es gewiß nicht fehlen, Herr Struve.«

»Das freut mich.«

»In wessen Auftrag waren Sie in Kopenhagen?«

Herr Struve zog erstaunt die Brauen hoch.

»Oder haben Sie auf eigne Faust gehandelt? Das wäre natürlich auch möglich. Entschuldigen Sie, daß ich diese Eventualität erst an zweiter Stelle erwähne.«

»O bitte sehr«, entgegnete Struve. »Sie huldigen also der Anschauung, ich sei in Kopenhagen gewesen?«

»Ganz recht. Ich zweifle nicht daran.«

»Leider ein Irrtum, Herr Kommissar.«

»Sie waren also gestern nicht in Kopenhagen?«

»Erraten! Ich war gestern nicht in Kopenhagen. Ich war vorgestern nicht in Kopenhagen. Und ich war, um es kurz zu machen, noch nie in meinem Leben dort! Das mag ein Bildungsmangel sein. Aber doch kein Grund, verhaftet zu werden!«

»Sie waren also gestern zu Hause?«

»Nein«, sagte Herr Struve. »Das ist ein Trugschluß. Ich war weder in Kopenhagen, noch zu Hause.«

»Schade«, meinte der Kommissar. »Wenn Sie gestern zu Hause gewesen wären, könnte ich Sie jetzt dorthin zurückschicken. Wo waren Sie gestern?«

»In Bautzen.«

»Wo?«

»In Bautzen in Sachsen. Bautzen ist eine sehr malerische Stadt. Mit alten Stadtmauern und Türmen. Sie sollten sich Bautzen gelegentlich einmal anschauen.«

»Gern«, sagte der Kommissar. »Ich danke Ihnen für die Anregung. Sie waren also in Bautzen in Sachsen.«

»Wir verstehen uns«, erwiderte Struve höflich.

»Darf ich Sie bitten, mir den Namen des Hotels zu nennen, in dem Sie übernachtet haben? Ich melde ein Gespräch mit Bautzen an. Ich lasse mir bestätigen, daß Sie dort waren. Und Sie sind frei.«

Struve schwieg.

»Oder sollten Sie vergessen haben, wie das Hotel heißt?« fragte der Kommissar spöttisch.

»Nein. Aber ich habe in Bautzen gar nicht übernachtet. Sondern ich bin mitten in der Nacht wieder abgereist. Ich gab mich nämlich der trügerischen Hoffnung hin, in meiner Berliner Wohnung ausschlafen zu können. Wenn ich geahnt hätte, daß man mich schon nach einer Stunde herausklingeln und zu Ihnen bringen würde, wäre ich allerdings in dem malerischen Bautzen geblieben.«

»Sie sind ein Pechvogel«, stellte der Kommissar fest.

»Seit ich mich kenne«, erwiderte Struve. »Da kann man nichts machen. Wen's trifft, den trifft's.«

»Wie heißen Ihre Bautzener Bekannten oder Geschäftsfreunde?« erkundigte sich der Beamte. »Irgend jemand wird sich doch finden lassen, der Ihr Alibi nachweist!«

Herrn Struve wurde allmählich schwül zumute.

»Teufel noch mal!« rief der Kommissar. »Sie werden ja doch wohl nicht nach Bautzen gefahren sein, um dort nicht zu übernachten!«

»Nein.«

»Oder wollten Sie nur die alten Stadtmauern und Türme betrachten?«

»Nein. Ich fuhr nach Bautzen, um jemand zu sprechen.«

»Wie heißt die Person?«

»Nicht doch, Herr Kommissar! Es handelt sich um keine Person, sondern um eine Dame!« Er fuhr sich durch die blonde Mähne. »Bautzen besitzt nämlich ein Stadttheater. Und eine weibliche Kraft dieser Bühne stand mir einst nahe. Damals war sie noch nicht in Bautzen. Sondern erst seit einer Saison. Ich fuhr hin, um sie zu sprechen. Ich stellte mich nach der Vorstellung an den Bühnenausgang und wartete auf sie. Sie kam auch heraus.«

»Nicht möglich«, stellte der Kommissar fest.

»Aber ehe ich mich ausreichend bemerkbar machen konnte, gab ihr bereits ein andrer Mann die Hand. Ich wollte nicht stören. Die beiden gingen Arm in Arm fort. Und ich begab mich auf den Bahnhof.«

»Sie sind wirklich zu bedauern«, erklärte der Kommissar. »So etwas von keinem Alibi erlebt man selten.« Er dachte nach und fragte dann: »Aber vorgestern waren Sie in Berlin?«

Struve sagte erleichtert: »Vorgestern? Ja!«

»Ausgezeichnet! Wie ist Ihre Telefonnummer? Wir wollen Ihr Dienstmädchen anrufen.«

»Tut mir leid. Ich habe kein Dienstmädchen. Meine Wohnung ist so klein …« Der Kommissar winkte ungeduldig ab. »Wo wohnt Ihre Aufwartung? Ich schicke einen Beamten hin. Oder haben Sie auch keine Aufwartung, Herr Struve?«

»Doch! Selbstverständlich! Aber meine Aufwartung kommt nur zweimal in der Woche. Und vorgestern war sie nicht in meiner Wohnung.«

»Lieber Herr Struve! Meine Geduld ist stadtbekannt. Ich frage Sie daher in aller Ruhe: bei wem wünschen Sie, daß ich mich erkundigen soll?«

»Ich wüßte im Augenblick nicht, wen ich vorschlagen sollte. Ich war in den letzten Tagen immer zu Hause.«

»Und immer allein?«

»Eben, eben«, sagte Struve. »Ich habe nämlich eine Partitur für sechzig Instrumente ausgeschrieben. Das ist eine Viechsarbeit. Und als ich damit fertig war, fuhr ich –«

»Nach Bautzen«, ergänzte der Kommissar.

»Ganz recht. Was haben Sie eigentlich gegen Bautzen?«

»Fast gar nichts«, erwiderte der Kommissar. Dann erhob er sich, verschränkte die Arme auf der Brust und fragte: »Herr Struve, wo haben Sie die Miniatur?«

»Was denn für eine Miniatur?« fragte der andere überrascht.

»Haben Sie noch nie etwas von Heinrich VIII. gehört?«

»Doch, doch. Aber was hat denn das mit Bautzen zu tun, Herr Kommissar?«

»Und von Ann Boleyn?«

»Natürlich.«

Der Kommissar beugte sich vor. »Und von Holbein dem Jüngeren?«

»Gewiß, auch von dem«, gab Struve zu.

»Aber die Miniatur, die Holbein von Ann Boleyn malte und die Heinrich VIII. zum Geschenk erhielt – die kennen Sie nicht?«

»Nein, die kenne ich wirklich nicht. Ich bin ja schließlich kein Kunsthistoriker, mein Herr! Ich bin Musiker!«

»Freilich!«

»Ich habe den Eindruck, daß es Sie überhaupt nicht interessiert, daß ich in Bautzen war!« Struve war ehrlich gekränkt. »Auf der anderen Seite ist es mir völlig schleierhaft, was die Miniatur einer geköpften Engländerin mit Kopenhagen zu tun hat. Und warum Sie darauf Wert legen, daß ich nicht in Bautzen, sondern in Kopenhagen war. Seien Sie doch so freundlich, und erklären Sie sich näher!«

»Nein«, sagte der Kommissar. »Ich habe vorläufig genug davon, mich mit Ihnen zu unterhalten!« Er drückte auf einen Klingelknopf. Ein Polizeibeamter erschien.

»Führen Sie Herrn Struve wieder ab!« befahl der Kommissar und trat ans Fenster.

Ein Skatklub hat Kummer

Kurz hinter Gransee wurden einige Mitglieder des »Rostocker Skatklubs 1896, e.V.« rebellisch. Und Storm, der sonst immer auf seiten seines Chefs stand, gab ihnen recht.

»Worauf wartest du eigentlich?« fragte er nervös. »Wie lange sollen wir denn noch Wanderlieder schmettern und in den Dörfern den dummen August spielen? Laß endlich Paulig aus seiner Dampfwalze herausholen, was drin ist! Wir wollen den jungen Mann einholen und ihm einige Löcher in seine Reifen schießen. Dann knöpfen wir ihm den Holbein ab und lassen ihn selber gut verschnürt bei Mutter Grün sitzen. Stricke haben wir mit. Wir machen ein handfestes Paket aus ihm und deponieren ihn in einem abgelegenen Ährenfeld. Bis man ihn findet, sind wir in Berlin.«

»Bravo!« rief Philipp Achtel. »Mir hängen die Volkslieder allmählich zum Halse heraus! Man kriegt nur Durst davon.«

Professor Horn war andrer Meinung. »Ihr dürft nicht vergessen, daß die Polizei alarmiert ist«, sagte er. »Eine Herrenpartie ist nicht sehr gefährdet. Warum sollen wir in der Gegend herumknallen? In Berlin fällt so ein Wirbel viel weniger auf.«

»Und was ist«, fragte Karsten, »wenn der Strolch sein Leihauto nun nicht in die Garage am Stettiner Bahnhof kutschiert? Der Junge ist nicht auf den Kopf gefallen. Wenn er nun den Wagen irgendwo stehen läßt und türmt? Was machen wir dann?«

»Dann gucken wir und Graumanns Leute in den Mond!« meinte der Ringkämpfer verbiestert. »Berlin ist groß. Das habe ich schon in der Schule gelernt.«

Professor Horn studierte eingehend die Landkarte. Nach

einigem Zögern sagte er: »Meinetwegen! Wenn wir ihn noch vor Oranienburg erwischen, soll mir's recht sein. Sonst bleibt's bei Berlin.«

Die Skatbrüder wurden mobil. »Paulig, gib Gas!« schrie einer.

Der Chauffeur tat sein Möglichstes.

»Aber nur in die Reifen schießen«, befahl der Chef. »Nicht in den Herrn selber! Ihr wißt, ich mag das nicht!«

Herr Achtel kräuselte die Lippen. »Du solltest dir ein Büro einrichten«, meinte er. »Dann könntest du unsere Ausflüge fernmündlich leiten. Oder per Einschreiben.«

»Wenn ihr wüßtet, wieviel lieber mir das wäre!« behauptete der Chef. »Aber man kann euch ja leider keine Sekunde allein lassen! Das Doppelte könnten wir verdienen, wenn ich nicht auch noch eure Kinderfrau spielen müßte!«

»Der geborene Etappenhengst«, murmelte der Ringkämpfer. Professor Horn drehte sich um: »Was hast du gesagt?«

Der andere zog den Kopf zwischen die Schultern. »Nichts«, erklärte er.

Der Rostocker Autobus sauste mit höchster Geschwindigkeit über die Landstraße. Die Fahrgäste flogen auf ihren Bänken hin und her und schimpften wie die Waschweiber. – Auf einsamen Feldwegen holperten Gutsfuhrwerke. In einer Waldlichtung stand ein Forstgehilfe mit Jagdhunden. Die Hunde bellten ärgerlich.

Zehn Minuten mochten so vergangen sein. Endlich entdeckten sie ein Auto, das in einiger Entfernung vor ihnen herfuhr.

»Ein grauer Opel«, meinte Paulig. »Das ist er! Wenn er nicht aufdreht, haben wir ihn in fünf Minuten eingeholt!«

Professor Horn kletterte zum Chauffeur vor, setzte sich neben ihn und zog den Revolver. Dann wandte er sich um und sagte kalt: »Wer gegen meine Anordnungen verstößt, kann nach Berlin laufen! Was man nicht im Kopfe hat, hat man in den Beinen. Verstanden?«

Die Antwort bestand in einem undefinierbaren Gemurmel.

Da verschwand der graue Opel hinter einer Biegung!

Die Skatbrüder hielten die Pappnasen vorgestreckt. Sie fieberten vor Jagdeifer. »Hoffentlich treffe ich dorthin, wohin ich ziele«, meinte Storm zu Karsten. »Ich bin in letzter Zeit so kurzsichtig.«

Er kicherte böse.

Der Autobus hatte die Kurve erreicht. Er schleuderte. Paulig bremste. Dann ging die Jagd weiter. Doch da nahm Paulig von neuem Gas weg.

Kaum fünfzig Meter vor ihnen hielt der graue Opel am Straßenrand. Der junge Mann war ausgestiegen. Er stand neben dem Wagen und unterhielt sich mit jemandem, der sich an ein Fahrrad lehnte.

Beide blickten dem Autobus entgegen. Und der Jemand – ja das war ein Feldgendarm!

Die Skatbrüder wurden blaß. »Schießeisen weg!« rief der Professor heiser. »Singen!«

Der kleine Herr Storm stimmte ein Lied an. Die andern fielen ein. Und während die Zuchthäusler an dem Feldgendarm und an ihrem Freund vorüberbrausten, schwenkten sie die bunten Papiermützen und sangen aus voller Brust: »Hab mein Wagen vollgeladen! Voll mit jungen Mädchen!«

Es muß festgestellt werden, daß die bärtigen Stimmen vor Erregung zitterten. Doch der Feldgendarm machte keine Anstalten, den Autobus aufzuhalten. Er sah lächelnd hinterher und schüttelte den Kopf.

Paulig fuhr jetzt wie der Teufel. Erst hinter der nächsten Kurve traute er sich das Tempo zu verlangsamen. Und ganz allmählich verebbte auch die Sangesfreude der Skatbrüder und machte einer nur allzu begreiflichen Empörung Platz.

»So eine Kanaille!« schrie der kleine Herr Storm. Seine Stimme überschlug sich. »Ich könnte den Kerl erwürgen! Erst klaut er uns den Holbein vor der Nase weg, und dann macht er sich noch mit einem Polizisten über uns lustig!«

Herr Philipp Achtel fuchtelte mit den Händen in der Luft herum. »Und diesem Halunken«, schrie er hysterisch, »dem wollt ihr nur die Autoreifen kaputtschießen? Da hört sich ja alles auf! Wer das verlangt, der gehört in den Tierschutzverein, aber nicht hierher!«

Professor Horn war blaß geworden. Man konnte sehen, wie sich seine Kaumuskeln unter der Haut bewegten. »Stopp«, rief er. Und als ihn die anderen ansahen, meinte er: »Er muß ja an uns vorbei. Wir wollen auf ihn warten.«

»Ist gemacht«, brummte Paulig. Der Autobus fuhr langsam. Der Autobus hielt.

»Genug gescherzt!« sagte Professor Horn. »Dieser Lump ist imstande, uns die Polizei auf den Hals zu hetzen! Es hat alles seine Grenzen. Wenn er an uns vorbeikommt, machen wir ihn fertig!«

»Das erste vernünftige Wort!« erklärte der Ringkämpfer. »Darf ich um den Vorzug bitten, mit ihm abzurechnen?«

»Schön. Hau ihm eins über die Fontanellen, daß er für die nächsten Stunden den Rand hält!«

Der Ringkämpfer wurde traurig und fragte: »Warum nur für die nächsten Stunden? Warum nicht für ein paar Jahre länger?«

»Kein Wort weiter«, sagte Professor Horn.

Sie saßen stumm in ihrem Autobus und warteten auf den grauen Opel. Die Luftballons bewegten sich leise.

»Achtung!« rief einer. »Er kommt!«

Der Ringkämpfer reckte sich. Die Revolver wurden entsichert. Der Chauffeur hielt sich in Bereitschaft. Über die Getreidefelder wehte der Wind. Die Ähren verneigten sich im Chor. Eine Lerche stieg tirilierend empor. Und aus dem Anschlag der Rostocker Skatbrüder wurde nichts!

Denn der graue Opel kam nicht allein des Wegs. Nebenher radelte der Feldgendarm und unterhielt sich mit dem jungen Mann.

Die Gauner steckten ihre Schießeisen weg und wußten nicht, was sie machen sollten.

Der Chef rief: »Wollt ihr nicht gleich lustig sein, ihr Idioten? Ihr habt wohl lange keine Tüten gedreht?«

Das wirkte.

Die Skatbrüder erwachten aus ihrer Lethargie. Sie sangen, grölten und schwenkten ihre Luftballons, als befänden sie sich auf dem Oktoberfest.

Der graue Opel und der Feldgendarm machten halt.

Die Insassen des obskuren Autobus übertrafen sich selber. Ihre Heiterkeit kannte keine Grenzen mehr. Herr Philipp Achtel jodelte, als sei er in Berchtesgaden zur Welt gekommen. Der kleine Herr Storm sang mit fistelnder Kopfstimme. Professor Horn schlug sich wie ein Schuhplattler auf beide Schenkel. Karsten lieferte die notwendigen Baßtöne.

Der junge Mann im grauen Opel meinte: »Ein heiteres Völkchen! Da könnte man fast neidisch werden, Herr Wachtmeister! Na, alles Gute allerseits!« Dann hob er zum Gruß einen Finger an die Hutkrempe und fuhr im Schnellzugstempo davon.

Der Feldgendarm trat zu dem Autobus. »Darf ich mal den Führerschein sehen?« fragte er. »Wenn man sich schon die Knochen bricht, soll man es doch nicht ohne behördliche Erlaubnis tun.«

Paulig, der Chauffeur, fingerte wütend in der Brusttasche herum. Schließlich fand er den Führerschein und reichte ihn dem Feldgendarm.

Der Polizist prüfte das Dokument gründlich. Endlich gab er's zurück und sagte: »Geht in Ordnung! Aber fahren Sie gefälligst langsamer!« Dann erkundigte er sich nach dem Woher und Wohin und machte auf die nächsten Umleitungen aufmerksam. Er schien viel Zeit zu haben.

Von dem grauen Opel war schon lange nichts mehr zu sehen.

Irene Trübner und Fleischermeister Külz waren vom Stettiner Bahnhof aus sofort zum Polizeipräsidium gefahren. Nun saßen sie dem zuständigen Kommissar gegenüber und ließen sich von ihm berichten, was der verhaftete Rudolf Struve ausgesagt hatte. Der Bericht fiel ziemlich ausführlich aus, und die beiden Zeugen verharrten, als der Kommissar geendet hatte, in tiefem Schweigen.

Endlich raffte sich Herr Külz auf, schlug sich mit der Hand aufs Knie, daß es knallte, und rief: »Nun brat mir aber einer einen Storch! Alles hätte ich erwartet, nur das nicht! Wenn er Ihr Zimmer zu Kleinholz verarbeitet hätte, bitte schön! Ein richtiger Zorn ist was Herrliches. Oder er hätte Ihnen sagen können, daß es Sie nichts angeht, wo er gewesen ist. Auch ein Standpunkt! Doch daß er Ihnen weismacht, er sei in Bautzen gewesen, um eine Schauspielerin anzuquatschen, und daß er sich dann nicht einmal getraut habe – das ist zuviel. Finden Sie nicht auch, Fräulein Trübner?«

Irene Trübner schwieg sich aus.

»Wer lügt, der stiehlt!« meinte Külz aufgebracht. »Da habe ich mich ja wieder einmal von oben bis unten mit meiner Menschenkenntnis blamiert! In Bautzen ist er gewesen, ausgerechnet in Bautzen! Und übernachtet hat er nicht, und getroffen hat er keine Seele! Das ist ja ein ganz ausgekochter Junge!«

Der Kommissar sagte: »Ich habe veranlaßt, daß Herr Struve vorgeführt wird. Wir werden sehen, ob er in Ihrer Gegenwart die Stirn hat, bei seinen Behauptungen zu bleiben.«

Fräulein Trübner erschrak. »Er kommt hierher? Ich möchte gehen!«

»Ausgeschlossen!« erklärte der Kommissar.

Fleischermeister Külz streichelte ihre Hand, so sanft er's vermochte. »Sie können sich ja hinter meinem Rücken verstecken«, flüsterte er. Das Telefon läutete.

Der Kommissar hob den Hörer ab und sagte: »Führen Sie

ihn herein!« Dann wandte er sich an seine Gäste und hob den großen Bleistift wie ein Dirigent. »Herr Struve wird sofort erscheinen.«

Papa Külz machte sich noch breiter, als er war, und rückte seinen Stuhl vor den der jungen Dame.

Die Tür ging auf.

Von einem Polizisten begleitet, erschien Herr Rudolf Struve aus der Holtzendorffstraße. Er war mit seinem Humor am Ende und schaute finster drein. Sollte er denn schon wieder erzählen, daß er gestern in Bautzen gewesen war?

»Mir geht der Hut hoch!« rief Herr Külz. Er deutete mit ausgestrecktem Arm auf den kleinen dicken Herrn mit der Künstlermähne, und dann lachte er schallend und mit staunenswerter Ausdauer.

Er lachte übrigens nicht allein. Sondern Fräulein Trübner schloß sich seinem Beispiel an. Ihr Lachen klang freilich nicht ganz so laut und nicht ganz so vergnügt. Und zum Schluß zog sie sogar ihr Batisttuch aus der Handtasche und fuhr sich über die Augen. Doch auch ihr war es mit dem Lachen Ernst gewesen.

Der Kommissar und der inhaftierte Komponist schauten einigermaßen verdutzt drein.

Herr Struve ergriff als erster das Wort. »Auf so viel Beifall war ich nicht gefaßt«, sagte er mürrisch. Und weil das Lachen nicht aufhörte, stampfte er mit dem Fuß auf und schrie: »Bin ich denn hier als Clown engagiert, Herr Kommissar?«

»Entschuldigen Sie!« rief Külz. »Sie haben recht. Ich benehme mich sehr unhöflich. Ich habe Sie bestimmt nicht ausgelacht. Aber es ist ja komisch!« Er begann von neuem zu lachen. Er sah den Kommissar an und meinte: »Ich kenne den Herrn nämlich gar nicht!«

Der Kommissar beugte sich weit vor und fragte: »Was soll das heißen? Sie kennen Herrn Struve nicht?«

»Nein«, antwortete Fräulein Trübner. »Wir hatten noch nicht das Vergnügen.«

»Sind das die Herrschaften, mit denen ich in Kopenhagen gewesen bin?« erkundigte sich der Komponist ironisch.

»Vielleicht war er doch in Bautzen!« rief Papa Külz und mußte wieder lachen.

»Herr Kommissar«, meinte Struve gekränkt. »Sie haben mich doch nicht etwa interviewt, um Leuten, die ich nicht kenne, Einblick in mein außerordentlich diffiziles Privatleben zu gewähren?«

»Die Herrschaften kennen einander tatsächlich nicht?« fragte der Beamte zweifelnd.

»Nein!« entgegneten alle drei.

»Entschuldigen Sie!« bat Külz. »Aber heißen Sie wirklich Rudi Struve? Und wohnen Sie faktisch in der Holtzendorffstraße?«

»Donnerwetter noch einmal!« brüllte der Komponist. »Nun wird mir's aber zu bunt! Erst glaubt man mir nicht, daß ich in Bautzen war, und will mir suggerieren, ich sei in Kopenhagen gewesen! Und jetzt hat man sogar etwas dagegen, daß ich in Charlottenburg wohne und Struve heiße! Eins darf ich Ihnen verraten: Ich bin zwar aus Künstlerkreisen. Aber so verrückt wie hier geht's bei uns nicht einmal im Fasching zu!« Er fuhr sich durch die Locken und zitterte wie rote Grütze.

»Herr Struve heißt Struve«, erklärte der Kommissar. »Das unterliegt keinem Zweifel!«

»Und in der Holtzendorffstraße wohne ich auch!« rief Struve. »Leider! Sonst wäre ich heute früh nicht aus dem Bett geholt worden! Die Herren, die so reizend waren, mich zu wecken, werden das bestätigen können!«

»Selbstverständlich, mein Herr«, sagte der Kommissar und legte alle Sanftmut, der er fähig war, in seine Stimme. »Wir sind einem Irrtum zum Opfer gefallen. Man hat uns mystifiziert. Es hat sich jemand, der einige Tage in Kopenhagen war und vergangene Nacht spurlos aus Warnemünde verschwand, Ihres Namens und Ihrer Adresse bedient. Wer es war, das werden wir, wie ich fürchte, so bald nicht erfahren. Ob es ein Bekannter von Ihnen war? Was halten Sie davon?«

»Ich muß doch sehr bitten!« meinte Struve gereizt. »Ich habe keine Verbrecher in meiner Bekanntschaft!«

»Wenn es kein Bekannter von Ihnen war«, überlegte der Beamte, »dann ist es ein Unbekannter gewesen. Ein Mann, der, bevor er seinen Raubzug antrat, im Berliner Adreß- oder Telefonbuch geblättert und sich einen Namen zugelegt hat, unter dem er auftreten und gegebenenfalls verschwinden konnte.«

»Den Kerl bring ich um!« sagte Herr Struve.

»Erst müßt ihr ihn haben«, behauptete Fleischermeister Külz.

»Unserm Struve aus Kopenhagen hätte ich es kolossal verübelt, wenn er hier erzählt hätte, er sei in Bautzen gewesen, um sich vor dem Begleiter einer Schauspielerin zu fürchten.«

»Ich verbitte mir jede Kritik«, sagte der Komponist. »Es ist möglich, daß Ihnen ein Dieb von Kunstgegenständen sympathischer ist, als ich es bin. Aber es interessiert mich nicht, mein Herr!«

»Auch Komponisten stehlen manchmal«, entgegnete der Fleischermeister aus der Yorckstraße. »Keine Holbeine, sondern Noten!« Er lachte. Dann winkte er ab. »Ich wollte Sie aber nicht kränken. Gestatten Sie, mein Name ist Külz!« Als der andere nicht antwortete, fragte er: »Schreiben Sie Schlager?«

»Nein!« rief Herr Struve. »Nein, Sie Ignorant! Und jetzt gehe ich heim! In die Holtzendorffstraße, meine Herrschaften! Oder will mich die Polizei noch länger als unfreiwilligen Komiker hierbehalten?«

»Nicht doch, Herr Struve!« sagte der Kommissar. »Ich bitte Sie in meinem Namen und im Namen meines Rostokker Kollegen um Entschuldigung.«

»Das kommt von den Theorien«, murmelte Papa Külz.

Der Kommissar verstand ihn nicht und fuhr fort: »In spätestens einer halben Stunde sind Sie frei, Herr Struve. Ich muß nur noch die notwendigen Formalitäten erledigen. Nur noch dreißig Minuten Geduld! Und halten Sie sich, wenn ich darum bitten darf, ebenso wie Fräulein Trübner und Herr Külz, in den nächsten Tagen zu unserer Verfügung.«

»Worauf Sie sich verlassen können«, erklärte der Komponist. »Es verlangt mich sehr, den Herrn kennenzulernen, der sich erdreistet hat, meinen ehrlichen Namen zu mißbrauchen. Das bin ich meinem Vater schuldig. Er war Beamter!«

Der Kommissar ging um den Schreibtisch herum und reichte allen die Hand. »Die Sache kompliziert sich«, meinte er. »Wer hat die Miniatur gestohlen?«

»Ich weiß es nicht«, sagte Papa Külz. »Aber ich wette einen halben Ochsen gegen ein Veilchenbukett, daß es unser junger Mann nicht war!« Er reichte, galant wie ein Brautführer, Irene Trübner den Arm. »So, und jetzt fahre ich schleunigst heim. Die Familie und die Emilie warten schon!«

Die Ankunft in Berlin

Der junge Mann, der sich in den letzten Tagen Rudi Struve genannt hatte, ohne so zu heißen, war mittlerweile in seiner Wohnung angekommen. Diese Wohnung war klein und befand sich im vierten Stock des Hauses Kantstraße 177. Auf dem Messingschild, das an der Flurtür angebracht war, stand: Joachim Seiler.

Herr Seiler schloß die Tür von innen ab, legte die Sicherheitskette vor und ging in das Zimmer, das am Ende der Diele lag. Neben der geräumigen Couch stand ein niedriger Tisch. Der junge Mann holte ein Päckchen aus der inneren Jackettasche und legte es behutsam auf die polierte Tischplatte. Dann ging er in die Diele zurück, hängte an der Garderobe Hut und Mantel auf und verfügte sich ins Badezimmer, um sich zu säubern.

Er war hundemüde. Und das war kein Wunder. Als er nach der Fahrt durch Mecklenburg und die Mark Brandenburg sein Leihauto gemäß der Abrede in der Garage von Kienast am Stettiner Bahnhof ablieferte, war ihm aufgefallen, daß ihn einige auf der Straße lungernde Gestalten außerordentlich neugierig musterten. Er war eiligst in ein Taxi gesprungen und davongefahren.

Trotzdem gab er sich keinem Zweifel hin. Man war ihm bestimmt gefolgt und wußte also, wo er wohnte! Man wartete wohl nur noch auf den Herrn mit dem weißen Bart und der dunklen Brille, um zum Generalangriff überzugehen.

Herr Joachim Seiler betrachtete das Gesicht, das ihm aus dem Badezimmerspiegel entgegensah, nickte sich selber gedankenvoll zu und sagte: »Das Leben ist eines der schwersten.« Hierauf bürstete er den Scheitel und ging ins Arbeits-

zimmer. Es grenzte an den Raum, in dem, auf einem niedrigen Tisch, das Päckchen lag.

Er öffnete das Fenster, beugte sich hinaus und schaute auf
die Straße hinunter. Vom vierten Stock aus wirkt die Welt
fast so klein, wie sie ist. Erst konnte er niemanden entdecken,
der ihm besonders mißfallen hätte. Nach längerem Suchen
aber bemerkte er auf der anderen Straßenseite, in der Torein-
fahrt neben dem Café Hofmann, zwei Männer, die zu seinem
Fenster emporblickten. Als sie sich von ihm beobachtet fühl-
ten, senkten sie die Köpfe und taten unbeteiligt.

Joachim Seiler pfiff vor sich hin. Der Text zu der Melodie,
die er pfiff, hieß: »Grüß euch Gott, alle miteinander!«

Dann schloß er das Fenster und sah die Post durch, die
ihm seine Aufwartefrau auf den Schreibtisch gelegt hatte.

Frau Emilie Külz stand – dick und behäbig – im Laden und
verkaufte, wie seit dreißig Jahren so auch heute, Fleisch-
und Wurstwaren.

»Ist der Meister noch nicht zurück?« fragte die Kundin,
die bedient wurde. Frau Külz schüttelte den Kopf. »Noch
nicht. Aber er schickt jeden Tag eine Ansichtskarte. Ich gönn
es meinem Oskar von Herzen, daß er sich einmal in der Welt
umschaut. Er mußte dringend ausspannen. Natürlich wollte
er mich unbedingt mitnehmen! Aber einer von uns muß ja
im Laden bleiben.« Ihr fiel das Lügen nicht leicht. Aber was
ging die Kundschaft der Konflikt im Hause Külz an? Hauptsache, daß die Wurst gut war.

»Wo steckt er denn jetzt, der Gatte?«

»In Warnemünde. Gestern rief er sogar an!« (›Endlich ein
wahres Wort‹, dachte Frau Külz.) »Die Reise durch Dänemark war ziemlich anstrengend. Oskar ist das Reisen nicht
gewöhnt. Und nun ruht er sich an der Ostsee noch ein bißchen aus.«

»Recht hat er«, meinte die Kundin. »Badet er oft?«

»Wieso?«

»Salzwasser zehrt und macht kolossal nervös.«

»Ich glaube nicht, daß er badet«, sagte die Fleischersfrau. »Er hat gar keine Badehose.«

»Dann allerdings«, entgegnete die Kundin und brach feinfühlig das Thema ab. »Geben Sie mir noch drei schöne Kalbskoteletts. Nicht zu dick.«

»Soll ich sie klopfen?«

»Ich bitte drum.« Die Kundin betrachtete, indes Frau Emilie Külz die Koteletts vom Kotelettstück abschnitt und den Knochen durchhackte, die auf den Glastafeln überm Ladentisch zur Schau gestellten Würste.

Da öffnete sich die Tür der Ladenstube, und Fleischermeister Oskar Külz erschien! Er hatte eine blütenweiße, frischgestärkte Schürze umgebunden, nickte seiner teuren Gattin zu und begrüßte die Kundin.

Diese rief: »Ich denke, Sie sind an der See?«

»Gewesen«, erwiderte er. »Alles hat ein Ende, nur die Wurst hat zwei!« Zu seiner Frau sagte er: »Obacht, Emilie! Du sollst bloß die Koteletts klopfen, nicht dein Patschhändchen!« Er trat zum Hackstock und nahm ihr das Beil weg. »Laß mich mal! Und schau dir inzwischen an, was ich dir von meiner Weltreise mitgebracht habe!«

Die Fleischersfrau verschwand verdutzt in der Ladenstube.

Der heimgekehrte Meister klopfte die Koteletts, wickelte sie ein und unterhielt hierbei die Kundin. »So eine Reise hat's in sich, Frau Brückner. Da erlebt man in einer Woche mehr als sonst im ganzen Jahr.«

»Ja, ja«, meinte die Kundin. »Wenn einer eine Reise tut, dann kann er was erzählen.«

»Nee«, sagte Külz. »Das kann er nun wieder nicht! Bevor's nicht in der Zeitung steht, muß er den Schnabel halten. Wie wär's mit frischem Fleischsalat? Oder mit einem Viertel Rollschinken? Der schmeckt wie Marzipan.«

»Ein Viertel Zungenwurst!«

»Ist auch sehr zu empfehlen«, sagte der Meister, schnitt

ein Stück Wurst ab, wog es und schüttelte den Kopf. Er hatte, ganz gegen seine Gewohnheit, zuviel abgeschnitten. »Darf's für einen Sechser mehr sein? Ich bin aus der Übung gekommen. Das hat man davon, wenn man nach dreißig Jahren zum ersten Male Ferien macht!«

Die Kundin zeigte sich einverstanden.

Er wickelte die Einkäufe zusammen, rechnete aus, was zu zahlen war, steckte den Bleistift hinters rechte Ohr, kassierte, gab Geld zurück und sagte: »Bitte, beehren Sie uns bald wieder!«

Frau Brückner ging. Die Ladenglocke bimmelte. Herr Oskar Külz trat in die Ladenstube.

Seine Frau saß auf dem Ledersofa und blickte ihm leise grollend entgegen.

»Na, nun weine mal nicht«, brummte er. »Ich hielt's ganz einfach nicht mehr aus.«

»Warum hast du mir kein Wort davon gesagt? Ich und die Kinder, wir sind vor Angst fast gestorben. Uns zu erzählen, du führst nach Bernau!«

»Vielleicht wollte ich wirklich nach Bernau«, meinte er nachdenklich. »Das heißt, das ist nur so meine Theorie.«

»Theorie?« fragte sie.

»Na ja. Theorie ist ein Fremdwort für faule Ausreden. Es klingt besser.« Er lachte.

»Du Gauner«, sagte sie und lächelte. Das ganze Leben lang war's so gewesen: Wenn ihr Oskar lachte, dann mußte sie lächeln. Allerdings, viel zu lachen hatte er nicht gehabt. Und das war wohl ihre Schuld.

»Was machen die Beine?« fragte er.

»Das alte Lied. Am Montag mußte ich mich wieder einmal legen. Da kam Hedwig herüber und half.«

»Ein braves Kind«, meinte er.

»Ja. Sie hat mir Ameisenspiritus mitgebracht. Zum Einreiben. Das hat gutgetan.« Sie sah um sich. »Wo ist denn übrigens das Andenken?«

»Du sitzt drunter.«

Sie drehte sich zur Wand und erblickte überm Ledersofa, an einem Nagel hängend, die Miniatur Holbeins des Jüngeren.

»Es ist nicht das echte Bild«, sagte er. »Sondern nur eine Kopie. Das echte kostet eine halbe Million und ist verschwunden. Aber das erzähl ich dir später.« Frau Emilie Külz musterte Ann Boleyn sehr kritisch. »Ein gemaltes Frauenzimmer!« stellte sie fest. »Noch dazu tief ausgeschnitten!«

»Du verstehst eben nichts von Kunst«, sagte er.

»Nein«, antwortete sie. »Eine Tafel Schokolade wäre mir lieber gewesen.«

An Herrn Joachim Seilers Wohnungstür wurde geklopft. Geklingelt. Geklopft. Mit Fäusten geklopft.

»Ich komme ja schon!« rief der junge Mann. »Eile mit Weile!«

Er durchschritt die Diele und blickte durch das Guckloch in der Tür. Der Treppenabsatz draußen war mit entschlossen dreinblickenden Männern angefüllt.

»Wer ist da?« fragte er.

»Kriminalpolizei! Aufmachen!«

»Sofort!« antwortete der junge Mann, schob die Sicherheitskette aus ihrem Scharnier heraus, schloß die Tür auf und öffnete sie einen Spalt breit. »Bitteschön?«

Einer der Beamten zeigte ihm eine metallne Marke. »Kriminalpolizei! Sie stehen in dem dringenden Verdacht, eine Holbein-Miniatur, die Herr Steinhövel in Kopenhagen ersteigert hat, gestohlen zu haben.«

Ein andrer der ernsten Männer stellte einen Fuß in die Wohnung, damit Seiler die Tür nicht zuschlagen konnte. Und ein dritter sagte dumpf: »Haussuchung!«

»Da kann man nichts machen«, meinte der Wohnungsinhaber. »Ich habe allerdings keine blasse Ahnung, was Sie von mir wollen. Aber ich will Sie an der Ausübung Ihrer Pflicht nicht hindern.«

»Können Sie auch gar nicht«, knurrte einer der vielen Männer und trat ein.

Die Diele füllte sich mit etwa anderthalb Dutzend Personen. Jemand öffnete kurzerhand die Tür zum hintern Zimmer, blickte hinein und schrie plötzlich: »Da liegt ja das Päckchen!« Er rannte auf den Tisch zu.

Seine Kollegen folgten ihm hastig.

Einen Augenblick lang stand Herr Joachim Seiler allein in der Diele. Eine halbe Sekunde später stürzte er zur Zimmertür, schlug sie krachend zu und drehte den Schlüssel zweimal herum! Dann lief er ins Arbeitszimmer. Zum Telefon. Hob den Hörer ab, stellte die Verbindung mit dem Überfallkommando her und sagte leise: »Hier Kantstraße 177. Vorderhaus, vier Treppen. Jawohl. Kommen Sie sofort! Es ist sehr dringend. Zwei Dutzend Beamte dürften nötig sein. Mindestens!« Er hängte ein, ging in die Diele und setzte vor dem Garderobenspiegel seinen Hut auf. Die Kriminalbeamten, die er eingeschlossen hatte, trommelten wütend gegen die Tür. »Machen Sie sofort auf!« wurde gebrüllt. »Unglaublich! Die Polizei einzusperren! Öffnen Sie! Das werden Sie noch bereuen!«

Der junge Mann erwiderte nichts. Er verließ auf Zehenspitzen seine Wohnung und schloß von draußen sorgfältig ab. Dann fuhr er mit dem Lift bis ins Erdgeschoß und läutete beim Portier.

»'n Tag, Herr Seiler«, sagte der Portier. »Was soll's denn sein? Tropft die Wasserleitung? Oder ist eine Sicherung durchgebrannt?«

»Nein, Herr Stiebel«, meinte der junge Mann und drückte dem Hauswart einen Schlüsselbund in die schwielige Rechte. »In wenigen Minuten wird das Überfallkommando vorfahren. Seien Sie so nett und geben Sie den Beamten meine Schlüssel, ja? Sie sollen das hinterste Zimmer beaugenscheinigen. Aber nicht ohne Schußwaffen!«

Stiebel, der Portier, sperrte Mund und Nase auf.

»Und noch eins«, bat Herr Seiler. »Achten Sie darauf, daß

man Ihnen die Schlüssel zurückgibt. Ich habe keine Lust, im Hotel zu übernachten.«

Weg war er!

Stiebel steckte die Schlüssel ein und wußte nicht, was er von dem Gespräch mit dem Mieter aus der vierten Etage halten sollte. »Es ist ein Elend«, murmelte er endlich. »So jung, und schon so verrückt.«

Aber er blieb doch vorsichtshalber im Hausflur und harrte der Dinge, die eventuell kommen sollten.

Vor einer Berliner Tiergartenvilla fuhr ein großes elegantes Automobil vor. Der Chauffeur stieg aus und riß den Wagenschlag auf. Ein kleiner, zierlicher alter Herr ließ sich heraushelfen und nickte dem Chauffeur freundlich zu. Dann sagte er: »Ich brauche Sie noch. Warten Sie hier!«

Der Chauffeur salutierte.

Der zierliche Herr schritt auf die Villa zu.

Ein Diener eilte die Treppen herunter, öffnete das Tor und verbeugte sich.

»Alles in Ordnung?« fragte der Herr.

»Jawohl, Herr Steinhövel«, sagte der Diener. »Und Fräulein Trübner ist in der Bibliothek.«

Herr Steinhövel nickte und stieg langsam die Freitreppe empor. In der Halle nahm ihm der Diener Hut und Mantel ab. Dann ging der zierliche alte Herr durch die Halle und öffnete die Tür, die zur Bibliothek führte.

Irene Trübner, die in einem Stuhl saß, in dem seinerzeit der aufgeklärte Habsburger Joseph II. gesessen hatte, sprang verstört auf und begann plötzlich zu weinen, als hätte sie damit seit Tagen gewartet.

»Aber, aber!« sagte Herr Steinhövel erschrocken und blickte zu seiner schlanken Sekretärin empor. »Weinen Sie bitte nicht!«

»Jawohl«, brachte sie eben noch heraus. Dann weinte sie schon wieder.

Er drückte sie sanft in Josephs II. Sorgenstuhl und setzte sich auf ein Taburett, das daneben stand. »Wer konnte denn ahnen, daß es eine ganze Räuberbande auf unseren Holbein abgesehen hatte? Dagegen war kein Kraut gewachsen.«

Sie nickte, schluchzte und war vollkommen aufgelöst.

Herr Steinhövel, der seine Sekretärin bisher nur als energische junge Dame kannte, wußte sich gar nicht zu benehmen. Am liebsten hätte er sein Taschentuch gezogen und ihr die Nase geputzt. Doch das ging ja wohl nicht gut.

»Ich möchte um meine Entlassung bitten«, stammelte sie.

»Aber was soll ich denn ohne Sie anfangen?« fragte er erschrocken. »Nein, mein Kind, das werden Sie mir doch nicht antun! Ich bin ein alter Mann. Ich habe mich an Sie gewöhnt. Nein, ich lasse Sie nicht weg!«

Sie trocknete sich die Augen. »Nein?«

»Unter gar keinen Umständen!« rief er. »Und nun erzählen Sie erst einmal in aller Ruhe, wie die Geschichte vor sich gegangen ist!«

»Vorgestern«, sagte sie, »fing es an. Im Hotel d'Angleterre. Ich saß vorm Hotel und trank Kaffee ...«

Joachim Seiler saß im Vorgarten des Café Hofmann in der Kantstraße, trank ein kleines Pilsner und blickte gespannt zu dem Haus hinüber, in dem er wohnte.

»Tag, Seiler!« sagte jemand. »Du machst heute so einen somnambulen Eindruck. Wo fehlt's denn?«

»Menschenskind, Struve!« rief der junge Mann hocherfreut. »Wir haben uns ja ewig nicht gesehen!«

»Immer diese Übertreibungen!« meinte Rudi Struve. »Am vorigen Freitag haben wir hier noch beim Schach remis gemacht. Wenn die Ewigkeit nicht länger dauert, ist übermorgen der Jüngste Tag.« Er setzte sich. »Wo warst du denn inzwischen?«

»Ich hatte viel Arbeit«, erwiderte Seiler. »Und du? Ist die c-moll-Symphonie fertig?«

»Nicht ganz«, erklärte der Komponist und fuhr sich durch die blonde Mähne. »Mir fiel mal wieder nichts ein. Wie gewöhnlich. Und da fuhr ich nach Bautzen.«

»Wozu ausgerechnet nach Bautzen?«

»Wegen einer alten Flamme. Sie ist dort am Theater. Aber sie hatte gerade keine Zeit.«

»Aha!« sagte Seiler.

»Erraten«, entgegnete Struve. »Und heute früh wurde ich von der Kriminalpolizei abgeholt! Was sagst du dazu?«

»Nein! Ist das dein Ernst?«

»Ja. Und was glaubst du, was ich verbrochen habe? Ich war erstens gar nicht in Bautzen, sondern in Kopenhagen! So fängt's an. Außerdem habe ich gar keine alte Flamme von mir besuchen wollen. Sondern ich habe das Bild einer englischen Königin geklaut. Jawohl!«

»Wenn das alles stimmte«, sagte Joachim Seiler, »dann säßest du ja jetzt wohl nicht hier, sondern wärest besser aufgehoben.«

Der kleine dicke Komponist fuchtelte drohend mit dem Arm. »Ein Hochstapler hat sich meinen Namen zugelegt. Ist das nicht unglaublich?«

»Unglaublich«, meinte Seiler und blickte angelegentlich zu seinem Haus hinüber.

»Wenn ich den Kerl erwische!« rief Herr Struve. »Den hacke ich in kleine Würfel!«

»Recht geschieht ihm«, pflichtete der Freund bei.

»Glücklicherweise«, erzählte der erregte Komponist, »wurde ich einem jungen Mädchen und einem alten Mann mit einem Schnauzbart vorgeführt. Er sah aus wie Adamson. Nur viel größer und breiter. Und die beiden lachten, als sie mich sahen! Das war meine Rettung!«

»Wie fandest du die junge Dame?« fragte Seiler. »War sie hübsch?«

»Sehr hübsch. Aber was ändert das an der Situation?«

Der andere wurde der Antwort auf die nur allzu berechtigte Frage enthoben. Denn auf der anderen Straßenseite hielten zwei große Überfallautos. Viele Polizisten sprangen aus den Wagen und stürzten in ein Haustor hinein.

»Das ist doch das Haus, in dem du wohnst?« fragte Rudi Struve.

»Ganz recht!«

Passanten blieben stehen. Ladenbesitzer traten auf die Straße hinaus. Bewohner der umliegenden Häuser blickten aus den Fenstern. Der Auflauf wurde von Minute zu Minute größer. Wildfremde Menschen kamen miteinander ins Gespräch. Neugierde und Angst machten die diesige Sommerluft noch drückender, als sie schon war.

»Ich scheine heute meinen kriminellen Tag zu haben«, stellte der Komponist trübselig fest. »Seit wann wohnen in deinem Hause Verbrecher?«

Der andere schwieg und ließ kein Auge von dem Haustor.

Struve zuckte die Achseln. »Man sollte doch endlich aufs Land ziehen. Zurück zur Natur, was? Schafherden, Gänseblümchen und einfältige, unverdorbene Menschen um sich herum!«

»Auf nach Bautzen!« sagte Joachim Seiler. »An den Busen der Natur, oder wie deine Bautzener Bekannte sonst heißt!«

»Es ist mein voller Ernst. Die Zivilisation ist der Tod der Kunst.«

»Drückeberger! Die Tatsache, daß dir nichts einfällt, ist doch noch kein Grund, die Geschichte zu bemühen«, erklärte Joachim Seiler.

Die Menge, die sich vor dem Hause Kantstraße 177 gestaut hatte, geriet in Bewegung. Sie machte den Polizisten Platz, die aus dem Tor herauskamen und etwa zwanzig ernst aussehende Männer eskortierten, die man paarweise mit Handschellen aneinander befestigt hatte.

Die Gefangenen wurden auf die beiden Überfallwagen geschoben. Die Polizisten kletterten hinterdrein. Die Autobusse fuhren davon. Und langsam zerstreute sich die Menge.

Erstens kommt es anders …

Einer der Kellner, der über die Straße gerannt war, um Näheres zu erfahren, kam zurück und wollte ans Büfett, um seine Neuigkeiten auszukramen. Der Komponist Struve hielt ihn am Frackärmel fest.

»Was war denn los, Herr Ober?«

»Da hat sich eine Einbrecherbande von einem Keller des Hauses 178 aus in die 177 durchgebuddelt! Der Portier hat ein Geräusch gehört und die Polizei alarmiert. Und als die Einbrecher durch das Loch in der Kellerwand gekrochen kamen, wurden sie, immer hübsch einer nach dem andern, vom Überfallkommando festgenommen.«

»Was wollte denn die Bande in der 177?« fragte Rudi Struve.

»Wenn man das wüßte!« meinte der Ober.

Joachim Seiler lachte. »Vielleicht wollten sie in dem Papiergeschäft ein paar Ansichtskarten kaufen.«

»Ich verstehe das nicht.« Struve schüttelte die Komponistenmähne. »Wozu in aller Welt haben sie sich von dem einen Keller in den andern durchgegraben! Dann konnten sie doch genauso gut direkt in die 177 gehen! Warum denn erst ins Nachbarhaus?«

»Vielleicht war ihnen der gerade Weg zu einfach«, erwog Seiler. »Es gibt eigensinnige Menschen.«

Der Ober wußte es besser. »Wenn sie gleich in die 177 hineingegangen wären, hätte man sie doch entdeckt.«

»So hingegen sind sie der Polizei rechtzeitig entschlüpft«, sagte Seiler.

»Natürlich«, sagte der Kellner. Dann stutzte er. »Man hat sie ja trotzdem erwischt!« Er überlegte eine Weile. »Da soll sich nun ein Mensch hineinfinden! Aber das mit dem Keller muß stimmen.«

»Weshalb denn?«

»Die Einbrecher sahen mächtig ramponiert aus. Mit Kalkflecken auf den Anzügen. Wie die Tapezierer. Von nichts wird nichts.«

Der junge Mann hörte das nicht gern. ›Meine Wohnung wird gut ausschaun‹, dachte er resigniert. ›Ein Glück, daß ich jetzt nicht nachsehen kann.‹

Der Kellner verschwand im Innern des Cafés, kam aber sofort wieder heraus. »Ein Brief für Herrn Seiler. Er ist in diesem Augenblick abgegeben worden.«

Seiler riß das Kuvert auf. Das Schreiben lautete:

»Wir hätten einander früher begegnen sollen. Und nicht als Konkurrenten, sondern als Kompagnons. Vielleicht ein anderes Mal. Diesmal waren Sie mir über. Meinen Respekt.«

Der junge Mann steckte den Brief ein und sah sich um. Er suchte einen Herrn mit weißem Bart und dunkler Brille. Vergebens.

Er lief ins Café hinein. »Fräulein«, rief er am Büfett. »Wer hat den Brief abgegeben?«

»Ein großer älterer Herr.«

»Mit weißem Bart?«

»Nein. Glattrasiert.«

»Natürlich!« rief Seiler.

»Der Herr sah wie ein Gelehrter aus«, meinte das Büfettfräulein.

»Den Mann hätten Sie sehen sollen, als er noch einen Bart umhatte! Da sah er wie eine ganze Universität aus!« Seiler rannte in den Vorgarten und setzte sich wieder neben Struve, der auf der Marmortischplatte komponierte. Er hatte mit einem kleinen Bleistift fünf parallele Linien gezogen und tupfte einen Notenkopf neben den andern.

Seiler blickte mißmutig auf die Straße. Plötzlich zuckte er wie elektrisiert zusammen und umklammerte Struves Arm.

»Stör mich nicht!« knurrte der andere. Er pfiff das Thema, das er notiert hatte, sanft und leise vor sich hin. Er glich einem Kinde auf dem Spielplatz.

»Mensch!« Seiler rüttelte den Tondichter. »Siehst du dort den eleganten Herrn im Taxi?«

»Hinter dem Möbelwagen? Neben der Straßenbahn?«

»Ja. Das Taxi kann nicht vorbei. Wir haben Glück. Hör zu, mein Junge! Wenn du diesen Herrn wohlbehalten am Alex ablieferst, kriegst du von mir einen Kuß auf die Stirn.«

»Laß das!«

»Tu mir den Gefallen, Rudi!«

»Ich kann doch nicht einen mir völlig fremden Herrn verhaften lassen!«

»Er ist der Anführer einer Diebesbande!«

»Wenn dich das interessiert, dann fang ihn dir gefälligst selber!«

»Ich habe keine Zeit«, sagte Seiler. »Rudi, los! Ich erzähle dir dann auch, wer sich in Kopenhagen als Herr Struve herumgetrieben hat!«

Der Komponist wurde lebendig. »Der unter meinem Namen gemaust hat?«

»Eben dieser!« Seiler faltete die Hände. »Nun mach doch schon, daß du fortkommst! Der Möbelwagen kann jede Sekunde ausweichen! Dann ist der Kerl weg!«

»Woher kennst du den falschen Struve?«

Seiler beugte sich vor und flüsterte dem Freund etwas ins Ohr. (Er flüsterte es, damit die Leser noch nicht erfahren, was er sagte.)

»Aha. Und du zeigst mir dann meinen Doppelgänger?«

Struve zappelte. »Ja doch!«

»So nahe, daß ich ihm eine kleben kann?«

»Noch näher! Nun schere dich aber fort. Und merke dir die Autonummer!«

»Furioso in Oktaven!« rief Struve, stülpte sich den Hut auf die Mähne, winkte einem leerfahrenden Taxi und begab sich auf die wilde Jagd.

Seiler zahlte dem Kellner und ging zur nächsten Straßenecke, wo Taxen warteten. Er setzte sich in den ersten Wagen und sagte dem Chauffeur: »Yorckstraße, Ecke Belle-Alliance-Straße. Es eilt! Umwege können Sie sich ersparen. Ich kenne den Weg.«

Irene Trübner hatte ihre Erzählung beendet. Sie hatte nichts hinzugefügt und nur wenig verschwiegen. Nun saß sie stumm im Sorgenstuhl Josephs II. und wartete auf ihr Urteil.

»Bravo!« sagte Herr Steinhövel. »Bravo! Sie haben sich famos benommen. Auf den Einfall, Herrn Külz statt des Originals die Imitation zu geben, können Sie stolz sein. Und warum machen Sie sich wegen des Warnemünder Überfalls Vorwürfe? Liebes Kind, die Miniatur wäre Ihnen in dem stockdunklen Lokal auf jeden Fall geraubt worden! So oder so. Wenn nicht von dem falschen Struve, dann um so sicherer von der Bande. Der Holbein ist verschwunden. Ich bin trotzdem mit Ihnen zufrieden.«

»Sie sind sehr gütig, Herr Steinhövel.«

»Gütig?« fragte der alte zierliche Herr erstaunt. »Ich bemühe mich, gerecht zu sein. Einem alten Mann fällt das nicht allzu schwer.«

Das Telefon läutete.

Herr Steinhövel erhob sich und ging zum Apparat. Er hob den Hörer ab. Nach kurzer Zeit leuchtete sein faltiges Gesicht auf. »Tatsächlich?« rief er. »Das ist ja wunderbar! Wir kommen!« Er legte den Hörer wieder auf und wandte sich um. »Was sagen Sie dazu? Die Miniatur befindet sich auf dem Polizeipräsidium!«

Irene Trübner fragte heiser: »Und Herr Struve? Ich meine, der falsche Struve? Der auch?«

»Nein. Die Bande!«

»Aber die hat doch den Holbein gar nicht gestohlen!«

»Vielleicht doch? Bald werden wir mehr wissen«, sagte der alte Sammler und klatschte in die Hände. »Marsch, marsch! Kommen Sie, mein Kind!« Er öffnete die Tür zur Halle.

Der Diener erschien.

»Hut und Mantel!« rief Herr Steinhövel.

Kaum war Fleischermeister Külz auf den Autobus geklettert, der vor seinem Hause hielt, als ein schlanker junger Mann das Geschäft betrat.

Frau Emilie Külz kam aus der Ladenstube heraus. »Was darf's sein?«

Der Herr zog höflich den Hut und wollte den Meister sprechen.

»Wir kaufen nichts«, sagte Frau Külz.

Der junge Mann lachte. »Aber ich will Ihnen ja gar nichts verkaufen!«

»Dann entschuldigen Sie«, erwiderte Frau Külz. »Wenn jemand den Meister sprechen will, ist es stets ein Geschäftsreisender.«

»Ich bin keiner. Seien Sie so freundlich und rufen Sie Ihren Gatten. Wir sind Bekannte.« Er lüftete den Hut zum zweiten Mal und nannte irgendeinen Namen. Er murmelte ihn derartig, daß er ihn selber nicht verstand.

»Zu dumm«, meinte sie. »Mein Mann ist in dieser Minute aus dem Haus. Kann ich ihm etwas ausrichten?«

Der junge Mann wiegte unschlüssig den Kopf. »Schwer zu machen. Es gibt Dinge, die man am besten nur dem erzählt, den sie angehen. Hab ich recht?«

»Kann schon sein«, gab sie zu.

»Wird er lange ausbleiben?«

»Wenn ich das wüßte! Er wurde vor fünf Minuten angerufen.« Sie zögerte weiterzusprechen.

»Von der Polizei?«

Frau Külz sah den jungen Mann überrascht an.

»Ich war bei dem Überfall in Warnemünde dabei. Das war ein Theater! Hat er Ihnen davon erzählt?« Sie nickte.

»Und nun«, fuhr der junge Mann fort, »nun habe ich etwas erfahren, was damit eng zusammenhängt und Ihren Gatten außerordentlich interessieren wird.«

»Rufen Sie ihn doch an!« riet Frau Külz. »Er ist im Polizeipräsidium auf dem Alexanderplatz. Das Telefon steht in der Ladenstube.« Sie zeigte mit dem Daumen hinter sich.

»Ach nein«, sagte der junge Mann. »Telefone haben manchmal zwei Ohren. Es wird das beste sein, ich komme nach Mittag noch einmal vorbei.«

Als Frau Külz keine Anstalten traf, ihm spontan zu widersprechen, meinte er bekümmert: »Hoffentlich ist's dann nicht zu spät.«

Die Fleischersfrau besann sich. »Wissen Sie was? Wenn's Ihnen nichts ausmacht, können Sie ja hier auf meinen Mann warten! Falls es Ihre Zeit erlaubt.«

Der junge Mann zog die Uhr und betrachtete nachdenklich deren Zifferblatt. »Ich habe zwar noch allerlei zu erledigen. Aber eine Stunde kann ich drangeben.«

»Das ist recht«, sagte Frau Külz. Sie bugsierte ihn hinter den Ladentisch und öffnete die Tür zur Ladenstube. »Hier sieht's ziemlich bunt aus. Unsre eigentliche Wohnung liegt im ersten Stock.«

»Ich finde es reizend«, erklärte der junge Mann.

»Na, na. Aber was soll man machen? Man kann ja nicht dauernd im Laden stehen und auf die Kundschaft lauern, die nicht kommt. Seit ich's mit den Beinen habe, schon gar nicht!«

Er setzte sich und ließ sich eingehend über das Beinleiden von Frau Külz informieren. Sie ersparte ihm nichts. Als sie allzu sehr ins Detail geriet, unterbrach er sie und fragte, ob jemand Geburtstag habe. »Es riecht nach selbstgebackenem Kuchen!«

Sie lächelte zufrieden. »Es ist wegen Oskar. Ich habe schnell einen Kirschkuchen gebacken. Weil er wieder daheim ist. Und da kommen nun heute abend unsre sämtlichen Kinder und Schwiegersöhne und Schwiegertöchter. Und die bringen ihre Kinder mit! Es wird eine kleine Feier. Zirka zwanzig Personen.«

»Glück im Winkel!« meinte er und sah sich in der Stube um. »Enorm behaglich haben Sie's hier!« Sein Blick blieb über dem Ledersofa haften.

»Das hat er mir aus Kopenhagen mitgebracht«, erzählte sie. »Ich finde das Bild ordinär. So zieht man sich als anständige Frau nicht an. So teuer sind die Stoffe nicht, daß man so sparsam damit sein müßte! Echt ist das Bild auch nicht.«

Dann wandte sich der junge Mann mit Interesse den gerahmten Familienfotografien zu, die Ann Boleyn umgaben.

Die Fleischersfrau bombardierte ihn mit den Vornamen der Fotografierten. Die Külzsche Verwandtschaft schlug über seinem Kopf zusammen. Da erklang die Ladenglocke.

»Kundschaft«, sagte Frau Külz. »Ich muß hinaus. Hoffentlich langweilen Sie sich nicht!«

Er griff nach einem Blatt, das auf dem Tisch lag. Es war die Allgemeine Fleischerzeitung. »Ich werde mir die Zeit schon vertreiben!«

»Tun Sie, als wenn Sie zu Hause wären«, schlug sie vor.

»Das soll ein Wort sein«, meinte er.

Sie strich sich die weißgestärkte Schürze glatt und verschwand im Laden.

Herr Steinhövel, Irene Trübner und Fleischermeister Külz wurden von einem Oberwachtmeister in das Zimmer des Kommissars geleitet. – Der Raum war mit Menschen überfüllt. Fast zwei Dutzend ernst dreinblickender Männer standen an den Wänden. Die Männer waren paarweise gefesselt.

Der Kommissar begrüßte die drei neuen Besucher. Er war vorzüglicher Laune. »Seien Sie nachsichtig«, bat er. »Ich habe Gäste. Aber ich wollte die Herren nicht abführen lassen, ehe ich sie Ihnen gezeigt habe.« Er wandte sich an Fräulein Trübner und an Herrn Külz. »Die Welt ist klein. Es sollte mich wundern, wenn Sie keine Bekannten fänden.«

Fräulein Trübner hielt sich zurück. Oskar Külz hingegen stellte sich breitbeinig vor die Banditen und unterzog sie dem näheren Augenschein. Da war zunächst Herrn Philipp Achtels Schnapsvisage mit der funkelroten Nase. Da war ferner der kleine Herr Storm mit den verrutschten, abstehenden Ohren. Da war der unangenehme Mensch aus der Ecke des Eisenbahncoupés, der erklärt hatte, auf dem dänischen Trajekt gäbe es eine zweite Zollkontrolle. Da war auch der falsche Zollbeamte selber! Und noch etliche andere Reisegefährten erkannte Herr Külz wieder. Er drehte sich zum Schreibtisch um und sagte: »Herr Kommissar, die Welt ist wirklich klein! Es tut mir leid, daß ich die Leute gerade hier wiedersehen muß. Ich hätte sie lieber im Wald getroffen. Da kann man mehr aus sich herausgehen.«

»Aber lieber Freund!« sagte Storm. »Wie reden Sie denn mit uns!«

»Halten Sie den Mund!« brummte der Wachtmeister.

Külz trat einen Schritt zurück. »Warum soll ich den Mund halten?« fragte er empört.

»Sie doch nicht!« bemerkte Herr Philipp Achtel. »Der Staatsbeamte meint ja uns!«

»Abführen!« befahl der Kommissar.

»Endlich«, sagte Karsten. »Wir sind ja schließlich nicht im Panoptikum!«

»Hinaus!« rief der Kommissar.

Die Tür öffnete sich. Und die »Rostocker Skatbrüder« wurden ins Untersuchungsgefängnis geschafft.

Der Kommissar öffnete ein Fenster und holte tief Atem. Dann kehrte er zu seinem Schreibtisch zurück und überreichte Herrn Steinhövel ein Päckchen. »Ich freue mich«, sagte er feierlich, »Ihnen so bald die geraubte Miniatur zurückerstatten zu können. Wer schnell gibt, gibt doppelt.«

Der alte Sammler nahm das kostbare Päckchen gerührt in Empfang. »Schönen Dank, Herr Kommissar!« Er wickelte das Päckchen aus. Es kam ein Holzkästchen zum Vorschein. »Können Sie uns plausibel machen, wie der Holbein in die Hände dieser Bande gefallen ist? Wir nahmen doch an, das Päckchen sei von dem jungen Mann gestohlen worden, der sich zu Unrecht Rudi Struve nannte.«

Der Kommissar zuckte verlegen die Achseln. »Das Überfallkommando wurde vor etwa anderthalb Stunden in die Kantstraße gerufen. Man fand die Bande in der eindeutig bezeichneten Wohnung. Der Wohnungsinhaber hatte die Leute in einem seiner Zimmer eingeschlossen und ist seitdem spurlos verschwunden.«

»Großartig«, behauptete Herr Steinhövel. »Und dieser patente Wohnungsinhaber ist vermutlich der falsche Struve? Oder?« Er öffnete das Holzkästchen.

»Sie mögen recht haben«, sagte der Kommissar. »Der Mieter heißt allerdings Joachim Seiler. Ob er der falsche Struve ist, wissen wir noch nicht. Aber es wird nachgeforscht.«

»Ich verstehe es nicht«, erklärte Irene Trübner. »Wenn dieser Herr Seiler ein Dieb war, hätte er doch die Miniatur aus seiner Wohnung mitnehmen können, nachdem er die Bande eingesperrt hatte!«

»Wenn unser Struve Ihr Seiler ist«, meinte Oskar Külz, »dann wiederhole ich, was ich schon dem Rostocker Kommissar gesagt habe: Unser Struve ist kein Dieb!«

»Und was dann?« fragte der Berliner Kommissar.

Der alte Sammler hatte mittlerweile eine Lupe aus der Tasche gezogen und betrachtete die Miniatur, als sei sie eine Kranke und er der Hausarzt. Der Kommissar stand auf. »Nun?« fragte er. »Sind Sie mit uns zufrieden?«

Herr Steinhövel lehnte sich in dem Stuhl zurück. »Nicht ganz, Herr Kommissar! Was Sie mir freundlicherweise ausgehändigt haben, ist leider nicht der echte Holbein. Sondern die Imitation!«

Die motorisierte Schnitzeljagd

Der Kommissar und seine Besucher saßen minutenlang, ohne ein Wort herauszubringen. Sie starrten einander vollkommen ratlos an und waren vor Schreck gelähmt. Als erster fand der Kriminalkommissar die Sprache wieder. »Das ist eine Kopie? Irren Sie sich ganz bestimmt nicht, Herr Steinhövel?«

»Ich irre mich nicht«, antwortete der Sammler. »Es gibt, und das ist keine Übertreibung, in ganz Europa niemanden, der sich in diesem Fall so wenig irren könnte wie ich!« Er legte die Holbein-Imitation in das mit Samt gefütterte Holzkästchen zurück und stellte das Kästchen auf den Schreibtisch.

Fleischermeister Külz zerrte aufgeregt an seinem buschigen Schnauzbart. »Das geht ja mit dem Teufel zu! Da rennen wir samt der Polizei hinter einer Bande von Gaunern her, und die Bande hinter einem jungen Mann! Und nun hat der junge Mann statt der echten Miniatur die falsche geklaut!«

»Ich begreif's nicht«, sagte Irene Trübner. »Die Miniatur wurde doch aus meiner Handtasche geraubt! Als in der Tanzdiele das Licht wieder brannte, war doch meine Handtasche leer!«

»Möglicherweise haben Sie sich geirrt«, meinte der Beamte. »Vielleicht hatten Sie vor dem Überfall nicht das Original, sondern die Imitation in der Handtasche?«

»Ausgeschlossen«, erwiderte die junge Dame. »Völlig ausgeschlossen! Die Imitation war ja eben erst von der Bande wiedergebracht worden. Sie lag noch vor Herrn Külz auf dem Tisch, als es dunkel wurde!«

»Stimmt«, bestätigte der Fleischermeister. »Samt dem unverschämten Brief.«

»Ich stehe vor einem Rätsel«, erklärte der Kommissar. »Herr Steinhövel, ist es möglich, daß mehrere Imitationen existieren?«

»Nein. Das ist unmöglich.«

»Dann«, sagte der Kommissar, »gibt es nur eine Lösung! Wenn nämlich die Miniatur, die wir bis jetzt für die echte hielten, die Kopie ist, dann muß notwendig die andere, die Sie bis jetzt für die Imitation ansahen, das Original sein! Liebes Fräulein Trübner, wo befindet sich augenblicklich die zweite Miniatur?«

Die Lippen des jungen Mädchens waren blaß und zitterten. »Ich habe sie Herrn Külz, weil er so nett zu mir war, geschenkt. Ich dachte, Herr Steinhövel hätte gewiß nichts dagegen.«

Herr Steinhövel zeigte auf das Holzkästchen, das auf dem Schreibtisch stand. »Die wirkliche Kopie wollen wir Herrn Külz von Herzen gern als Andenken verehren. Aber was haben Sie inzwischen mit der Miniatur gemacht, Herr Külz, die Ihnen meine Sekretärin gestern geschenkt hat und die sich nun als das Original herausstellt?«

Der Fleischermeister schlug sich aufs Knie. »Das ist ja ein tolles Ding!« Er lachte schallend.

»Wo ist die Miniatur?« fragte der Kommissar nervös.

»Sie hängt in unserer Ladenstube!« rief Külz vergnügt. »Über dem alten Ledersofa. Neben den Familienfotos!«

Die anderen atmeten erleichtert auf.

»Wenn meine Emilie erfährt, daß bei uns überm Sofa eine halbe Million hängt, schnappt sie über. Wissen Sie, was sie gesagt hat, als sie die Miniatur sah?« Külz machte eine Kunstpause. Dann fuhr er fort: »Sie hat gesagt, eine Tafel Schokolade wäre ihr lieber gewesen!«

Die andern lächelten entgegenkommend.

»Na«, konstatierte der Kommissar. »Da haben wir ja

noch einmal Glück gehabt. Ich hatte schon Angst, Herr Külz hätte die halbe Million im Zug liegen lassen.«

»Erlauben Sie«, meinte Külz. »Ein Geschenk von Fräulein Irene läßt man doch nicht liegen! Das wäre ja Sünde!«

»Lieber Herr Külz«, bat der Kommissar, »seien Sie so freundlich und rufen Sie Ihre Gattin an! Sagen Sie ihr, wir schickten umgehend ein paar Beamte. Denen soll sie das kleine Reiseandenken aushändigen! Wir wollen ihr gern ein paar Tafeln Schokolade als Tauschobjekt mitschicken.«

»Gemacht«, sagte Külz. Er ging zum Telefon. »Aber schicken Sie, wenn ich bitten darf, Zivilisten. Sonst denkt man in der Yorckstraße, die Külze sind unter die Ganoven gegangen.«

»Ganz wie Sie wünschen!«

Der Fleischermeister drehte an der Nummernscheibe und zwinkerte, während er auf Anschluß wartete, Fräulein Trübner zu. »Ja, ja«, meinte er gutgelaunt. »Wenn ihr den Papa Külz nicht hättet!« Im Apparat meldete sich eine Stimme.

»Hallo!« rief Külz. »Emilie, bist du's? Jawohl, ich bin noch auf dem Präsidium. Nun hör einmal gut zu! Erschrick aber nicht! Wir wollen nämlich ein paar Kriminalbeamte herumschicken. Nein, nein. Sie wollen dich nicht mitnehmen. Sondern die Miniatur! Verstehst du? Wie? Menschenskind, das kleine Bild, das ich dir von der Reise mitgebracht habe! Das über dem Sofa hängt! Hast du mich verstanden? Na, also!«

Hierauf hörte man aus dem Apparat eine Weile gar nichts, dann aber eine Flut von Worten.

Herr Oskar Külz stützte sich plötzlich schwer auf den Schreibtisch. Dann legte er geistesabwesend den Hörer hin, stierte den Kommissar und die anderen an und fuhr sich über die Stirn. Er tappte schwerfällig zu seinem Stuhl und sank in sich zusammen.

»Was haben Sie denn?« fragte Fräulein Trübner besorgt.

»Meine Miniatur ist auch weg«, sagte er leise.

Der Kommissar sprang auf. »Was soll das heißen, Herr Külz?«

»Wenn ich das nur wüßte«, sagte der verstörte Fleischermeister. »Ein junger Mann war da und hat mich dringend sprechen wollen. Emilie hat ihn in die Ladenstube geführt. Dort könne er auf mich warten, hat sie gesagt. Dann ist Laufkundschaft gekommen. Meine Frau mußte ins Geschäft. Und als sie wieder in die Stube kam, war der junge Mann nicht mehr da. Sie hat natürlich gedacht, es hat ihm zu lange gedauert, und sich nicht weiter den Kopf zerbrochen. Und erst jetzt, als ich anrief, hat sie gemerkt, daß die Miniatur gar nicht mehr überm Sofa hängt! Der Kerl hat sie ganz einfach vom Nagel geholt und ist durch die Tür, die zum Hausflur führt, verschwunden.«

»Wieder dieser junge Mann!« brüllte der Kommissar außer sich und warf den großen Zimmermannsbleistift wütend in den Papierkorb.

Herr Steinhövel lächelte wehmütig. »Ich bin sonst eigentlich ein Freund von tüchtigen jungen Leuten. Aber dieser junge Mann, muß ich gestehen, ist mir doch ein bißchen zu tüchtig.«

Der Kommissar hob den Kopf. »Er muß nach dem Warnemünder Überfall gemerkt haben, daß er versehentlich die Kopie gestohlen hatte. Deswegen ließ er die Miniatur, als er die Bande in seiner Wohnung einschloß, gleich mit dort. Ihm war dadurch zweierlei gelungen. Er hatte die Konkurrenten vom Halse. Und außerdem konnte er damit rechnen, daß wir die Kopie eine Zeitlang für das Original halten würden. So hatte er wieder Vorsprung. Er fuhr zu Frau Külz und stahl in aller Seelenruhe das Original, das wertlos und unbeachtet an der Wand hing.«

»Und woher konnte dieser ... dieser junge Mann wissen«, fragte Fräulein Trübner, »daß sich die zweite Miniatur bei Herrn Külz befand? Der junge Mann war doch längst nicht mehr in Warnemünde, als ich Herrn Külz die vermeintliche Kopie schenkte! Das ist doch alles sehr unglaubhaft!«

Der Kommissar winkte den Einwand ab. »Er hat's ganz einfach versucht! Irgendwo mußte die zweite Miniatur ja schließlich sein. Außerdem dürfen Sie das eine nicht vergessen: Gauner haben oft mehr Glück als anständige Menschen.«

Fleischermeister Külz murmelte: »Immer diese Theorien!« Dann versank er erneut in trübe Gedanken.

»Was meine Sekretärin eingewendet hat«, erklärte Herr Steinhövel, »hat fraglos etwas für sich. Mir scheint, daß wir noch nicht alles wissen.«

»Theorien«, murmelte Papa Külz. »Lauter Theorien.« Plötzlich erhob er sich und trat vor den Sammler hin. »Eins aber stimmt! Die Miniatur ist weg! Herr Steinhövel, ich schulde Ihnen eine halbe Million. Keine Widerrede! Auf der Bank habe ich sechstausend Mark. Sie gehören Ihnen. Außerdem gehört Ihnen mein Geschäft. Es geht nicht schlecht. Die Lage ist gut. Ich ziehe mit meiner Frau zu den Kindern.«

»Um des Himmels willen!« rief der zierliche alte Kunstsammler und hob abwehrend die Hände. »Was soll ich denn mit einer Fleischerei anfangen?«

»Das ist Ihre Sache«, antwortete Külz. »Verkaufen Sie den Laden! Ich habe mein Leben lang keine Schulden gemacht. Dabei soll es bleiben. Ich habe keine Ruhe mehr, solange ich noch einen Hosenknopf besitze, den ich nicht dringend brauche. Alles, was ich habe, gehört ab heute Ihnen. Ein paar Anzüge darf ich vielleicht behalten. Sie würden Ihnen sowieso nicht passen. Wir machen es später schriftlich.« Er setzte sich wieder und holte mit zittrigen Fingern eine Zigarre aus dem Etui.

»Sie sind ja nicht bei Troste!« meinte Herr Steinhövel. »Erstens haben Sie doch geglaubt, die Imitation zu besitzen. Und zweitens bekommen wir ja das Original wieder! Nicht wahr, Herr Kommissar?«

»Selbstverständlich!« behauptete der Beamte unsicher.

»Das glauben Sie doch selber nicht«, sagte Oskar Külz. »Wenn dieser junge Mann wirklich ein Gauner ist, dann sehen Sie Ihren Holbein nie wieder! Darauf können Sie Gift nehmen!«

»Von der Polizei scheinen Sie nicht sehr viel zu halten«, meinte der Kriminalkommissar.

Herr Oskar Külz hörte den Einwurf überhaupt nicht, sondern nickte dem alten Kunstsammler nachdenklich zu. »Wir machen es später schriftlich«, wiederholte er ernst.

Länger als eine Stunde fuhr der Komponist Struve schon hinter dem alten glattrasierten Herrn her! Die beiden Chauffeure hatten sehr bald begriffen, daß es sich um keine Spazierfahrt handelte. Vor allem dem einen Chauffeur wurde das erschreckend klar. Als er nämlich halten wollte, um sich bei seinem Fahrgast zu erkundigen, wozu man ihn ziellos durch Dutzende von Haupt- und Nebenstraßen hetzte, bemerkte er im Spiegel, daß der vornehme Herr einen Revolver aus der Tasche zog, die Waffe entsicherte und in nicht mißzuverstehender Weise auf die lederne Chauffeurjoppe anlegte. In den wichtigsten Situationen des Lebens bedarf es keiner Worte. – Der Chauffeur beschloß, nicht weiter zu fragen und erst recht nicht zu halten. Er trat auf den Gashebel und raste um die nächste Ecke.

In dem Taxi, das dem ersten folgte, ging es etwas gemütlicher zu. Der Komponist Struve fand, nach gründlichem Suchen, einen Bogen Notenpapier. Er zerstückelte den Bogen und bekritzelte die so entstandenen Zettel hastig mit seinem Bleistiftstummel. Auf jedem Zettel stand derselbe Text, und zwar: »*Taxi IA 32 875 sofort anhalten! Fahrgast gesuchter Verbrecher. In Sachen Holbein-Miniatur!*« Jedem Verkehrspolizisten, den sie passierten, warf Struve einen solchen Zettel zu. Der Schupo am Steinplatz drückte seinen Zettel einer Polizeistreife in die Hand. Die Streife benachrichtigte ihr Revier. Der Revierinspektor fragte beim Polizeipräsidium an. Der zuständige Kommissar gab die nötigen Anweisungen. Und es dauerte nicht lange, so sausten zahlreiche Motorradstreifen durch den Berliner Westen und suchten das Taxi IA 32 875.

An der Gedächtniskirche fiel Professor Horn das erste dieser Polizei-Motorräder auf. Es hielt an der Rankestraße, und der Beiwagenfahrer zeigte auf das Taxi.

»Fahren Sie zu!« rief Professor Horn.

»Es ist doch rotes Licht«, entgegnete der Chauffeur.

Professor Horn hob den Revolver. Und das Taxi sauste trotz des roten Lichts in die Tauentzienstraße hinein.

Rudi Struve sprang in seinem Wagen auf. »Hinterher!« schrie er außer sich. »Hinterher!«

Die Jagd ging weiter.

Und dicht hinter den zwei Taxis fegte das Motorrad mit den Polizisten.

Die Hupen heulten.

Die Passanten blickten erstaunt hinter der Kavalkade her. Privatwagen beschleunigten das Tempo und versuchten zu folgen. Die Straße war im Taumel.

Vor dem Kaufhaus des Westens stoppte das erste Taxi. Der Fahrgast sprang heraus und rannte mit großen Schritten in das Portal des Warenhauses. Der zweite Chauffeur bremste ebenfalls. »Warten Sie hier!« rief Rudi Struve und folgte dem Flüchtling. Im Portal stieß Struve mit den Polizisten zusammen, die soeben vom Motorrad gestiegen waren. »Kommen Sie!« schrie der Komponist und stürzte sich temperamentvoll mitten in die Woge der Kauflustigen.

Professor Horn war verschwunden.

»Lassen Sie alle Ausgänge absperren!« sagte Struve und eilte der Treppe zu.

Die Besucher hatten sich gerade von dem Kommissar verabschieden wollen, als das Revier Steinplatz anläutete und den Text des Zettels, der das Taxi IA 32 875 betraf, durchgab.

Der Kommissar hatte das Notwendige angeordnet. Motorradstreifen wurden losgeschickt. Außerdem wurden die Ausfallstraßen der Stadt besetzt. Mehr ließ sich im Moment nicht tun.

Nun saßen die drei Besucher wieder auf ihren Stühlen und blickten ergeben auf das Telefon.

»Vielleicht haben wir Glück«, sagte der Kriminalkommissar, »und erwischen den jungen Mann doch noch.«

»Aber wer um alles in der Welt fährt hinter seinem Taxi her?« fragte der alte Kunstsammler skeptisch. »Wer veranstaltet diese merkwürdige Schnitzeljagd?«

Der Beamte zuckte die Achseln. »Ich habe keine Ahnung. Möglicherweise ist es die Konkurrenz, die ihn ans Messer liefert. Vielleicht ist es aber auch einer seiner Komplizen, der uns nur auf eine falsche Spur lenken will. Wer kann das wissen?«

Fleischermeister Külz meinte: »Wie ich den jungen Mann kenne, hat er die Zettel persönlich verteilt. Er nimmt uns ganz einfach wieder einmal auf den Arm! Wenn Sie das Taxi erwischen, wird entweder gar kein Fahrgast drinsitzen oder ein völlig harmloser Mensch. – Uns geschieht ja auch ganz recht! Wir haben seinem ehrlichen Gesicht vertraut, und nun präsentiert er uns Hornochsen die Rechnung.« Er nahm seinen Kopf zwischen die großen Hände. »So ein Halunke! Seinetwegen habe ich in zwei Tagen fünf Pfund abgenommen. Sehen Sie sich das an!« Er zog die Weste straff. »Mindestens fünf Pfund! Und ruiniert hat er mich außerdem!«

Herr Steinhövel lächelte. »Wollen Sie mir denn noch immer Ihre Fleischerei vererben?«

»Mein Geschäft gehört Ihnen«, sagte Papa Külz. »Und mein Bankkonto auch. Machen Sie damit, was Sie wollen! Ich bin mit allem fertig! Ich ziehe mit Emilie zu meinen Kindern und helfe im Laden.«

Das Telefon klingelte. Sie blickten gespannt auf den Kommissar, der sich meldete. Hatte man das Taxi gefunden? Hatte man den Dieb erwischt?

»Für Sie, Herr Külz«, meinte der Kommissar.

Külz ergriff den Hörer. »Was gibt's?« Plötzlich kriegte er einen roten Schädel, rief »Nein!« und schmiß den Hörer auf die Gabel. Die andern schauten ihn neugierig an.

»So etwas Blödes!« sagte er. »Hier geht's um 'ne halbe Million, und meine Frau fragt, ob ich nun bald zum Essen komme!«

Es klopfte. Ein Wachtmeister trat ins Zimmer und nahm stramme Haltung an. »Ein Brief für Herrn Steinhövel! Wurde soeben abgegeben.«

Der Kunstsammler nahm den Brief in Empfang. Der Wachtmeister zog sich zurück. – Herr Steinhövel öffnete das Kuvert, las das Schreiben und reichte es wortlos dem Kommissar. Der las es auch und gab es an Irene Trübner und Herrn Külz weiter.

»Oha!« rief Oskar Külz. »Die Handschrift kenn ich! Mit dieser Pfote schrieb die Bande dem jungen Mann einen Brief. Auf dem Trajekt. Und später mir, als sie die falsche Miniatur zurückbrachte. In Warnemünde. Gestern nacht.« Er wandte sich an den Beamten. »Aber wieso können die Brüder denn noch Briefe schreiben? Ich denke, Sie haben sie hinter Schloß und Riegel!«

»Wir haben bestimmt nur einen Teil der Bande festgenommen«, meinte der Kommissar.

Irene Trübner nickte. »Der Brief stammt wahrscheinlich von dem Herrn mit dem weißen Bart und der dunklen Brille. Ich habe immer das Gefühl gehabt, daß er der Anführer ist.«

»Und was wollen wir nun tun?« fragte Herr Steinhövel.

Der Kommissar drückte auf eine Klingel. »Wir fahren selbstverständlich hin. Ich werde Zivilbeamte vorausschikken. Die sollen das Haus unauffällig umstellen, ehe wir hineingehen.«

Der Wachtmeister erschien. Der Kommissar erteilte die nötigen Befehle. Dann sagte er: »Kommen Sie! Begeben wir uns in die Höhle des Löwen!«

Sie brachen auf. Der Brief blieb zurück auf dem Schreibtisch. Er lautete: »*Die vom Holbein-Raub betroffenen Herrschaften werden hierdurch höflich gebeten, nach Beuststraße 12a zu kommen.*«

Sämtliche Ein- und Ausgänge vom Kaufhaus des Westens waren abgesperrt. Vor den Toren standen Schupos und hielten dem Ansturm der Passanten stand. Hinter den Toren standen gleichfalls Schupos. Sie beschwichtigten die gegen sie andrängende Menschenmenge, die aus dem Warenhaus herauswollte. Es war ein Krach wie im Zoo vor der Fütterung.

Der Komponist Struve raste, von mehreren Beamten gefolgt, über alle vorhandenen Treppen, durch alle Korridore, Gänge und Lager. Die Abteilungschefs durchstöberten mit ihren Angestellten sämtliche Winkel und Schränke. Sie leuchteten mit Taschenlampen unter die Ladentische. Sie blickten hinter alle Vorhänge. Die Fahrstühle waren stillgelegt worden. Die Liftboys und die Packer stiegen in die Keller und ließen kein Brett auf dem andern.

Professor Horn war und blieb verschwunden.

Die im Warenhaus eingesperrten Menschen wurden immer unruhiger. Und die Schupos, die Herrn Rudolf Struve begleiteten, wurden immer müder und warfen dem kleinen dicken Herrn, der sie anführte, immer häufiger höchst mißtrauische Blicke zu.

Wer weiß, was noch alles geschehen wäre, wenn sich nicht unter den Passanten vorm Kaufhaus ein kleines Mädchen von etwa sechs Jahren befunden hätte! Dieses Kind, das Mariechen hieß, stand mit seiner Mutter in der Ansbacher Straße. Die Mutter tauschte mit den Umstehenden allerlei Vermutungen aus. Mariechen hingegen betrachtete, von Problemen unbeschwert, die Schaufenster.

Plötzlich sagte das Kind sehr laut und aufgeregt: »Mutti, guck mal! Die große Puppe klappert mit den Augen!«

Alle, die Mariechens Bemerkung gehört hatten, blickten wie auf Kommando in das zunächst befindliche große Schaufenster.

Mitten in der Auslage, zwischen Mänteln, Schals, Hüten, Pyjamas und Oberhemden, saß eine elegant bekleidete Schaufensterpuppe.

Ein vornehmer älterer und glattrasierter Herr ...

»Das ist ja ein Mensch!« schrie eine gellende Stimme.

Herr Kühlewein lernt das Fürchten

Als das Polizeiauto vor dem Gebäude Beuststraße 12a hielt, machten die Fahrgäste zunächst einmal große Augen. Und der Kriminalkommissar sagte: »Seit wann residieren denn Einbrecher in Versicherungspalästen?« Er kletterte aus dem Wagen und war der jungen Dame und den zwei alten Herren beim Aussteigen behilflich. »Das sind die neuen Moden«, meinte Külz abgeklärt.

Herr Steinhövel zauderte. »Ob wir uns in der Hausnummer geirrt haben?«

Irene Trübner trat rasch zu ihrem Chef. »Das ist doch die Gesellschaft, bei deren Kopenhagener Vertreter wir die Miniatur vor einer halben Woche versichert haben!«

Der Kommissar sprach bereits mit einem der betreßten Torhüter. Dann kam er eilends zurück. »Der Generaldirektor erwartet uns. Der Portier ist angewiesen, uns ins erste Stockwerk zu bringen.« Er lächelte. »Da kann ich wohl meine Leute, die das Haus umstellt haben, wegschicken?«

»Bloß nicht!« rief Külz. »Wer weiß, was hier wieder für ein Schwindel dahintersteckt! Womoglich will man uns in eine Falle locken und der Generaldirektor und sogar der Portier sind verkleidete Räuber! Lassen Sie Ihre Wachtposten ruhig noch ein bißchen hier!«

»Na schön«, sagte der Beamte und ging den anderen, die ihm zögernd folgten, voraus. Ein Bote brachte sie in den ersten Stock und führte sie in einen luxuriös eingerichteten Empfangsraum.

Wenig später erschien der Generaldirektor der »Berolina«, Herr Kühlewein. Er sah sehr schneidig und repräsentativ aus, machte sich mit den Herrschaften bekannt und freute sich, wie er mehrfach betonte, ganz außerordentlich, den berühmten Kunstsammler Steinhövel bei sich zu sehen.

Nachdem er ziemlich viel Charme verbreitet hatte, setzte er sich und drückte energisch auf eine Klingel. Dann wandte er sich erneut an den Sammler. »Ich bin über den Abschluß zwischen Ihnen und unsrer Gesellschaft nur in großen Umrissen orientiert. Die Fülle der Geschäfte entschuldigt mich, wie ich hoffe. Immerhin glaube ich gehört zu haben, daß Sie wegen der Miniatur, die Sie in Kopenhagen für sechshunderttausend Kronen erworben und bei Kristensen, unserm dänischen Generalvertreter, mit fünfhunderttausend Mark versichert haben, vorübergehend in einiger Sorge waren.«

Die anderen Anwesenden waren verblüfft und wechselten erstaunte Blicke. Der zierliche alte Herr Steinhövel faßte sich als erster. »Ich war in Sorge? Erlauben Sie, Herr Kühlewein! Ich bin noch immer in Sorge! In großer Sorge sogar!«

Der Generaldirektor begriff das nicht. »Aber warum denn, verehrter Herr Steinhövel?«

Ein Angestellter, dem das Klingelzeichen gegolten haben mochte, trat ins Zimmer und verbeugte sich.

»Unser Prokurist«, erläuterte Kühlewein. »Lieber Klapproth, hier ist der Tresorschlüssel. Seien Sie so gut, und bringen Sie uns das Päckchen, das die Kopenhagener Miniatur enthält.«

Prokurist Klapproth ergriff den Tresorschlüssel und entfernte sich.

»Nun schlägt's dreizehn!« rief Oskar Külz.

Herr Steinhövel zupfte aufgeregt an seinen Manschetten. »Sie müssen schon verzeihen, Herr Kühlewein, daß wir außer uns sind. Aber die Miniatur, die Sie in Ihrem Tresor zu haben behaupten, wurde vor einer knappen Stunde aus der Wohnung des Herrn Külz gestohlen!«

»Jawohl«, sagte Külz. »Sie hing überm Sofa in der Ladenstube.« Fräulein Trübner ergänzte: »Weil wir sie für die Imitation hielten. Das war jedoch ein Irrtum.«

Herr Generaldirektor Kühlewein betrachtete die anderen, wie ein Dompteur seine Löwen ansehen mag, wenn er aus purer Vergeßlichkeit ohne Pistole und ohne Peitsche in den Käfig gegangen ist.

Der Kommissar griff ein. »Zur Zeit suchen zwei Dutzend unserer Motorradstreifen ganz Berlin nach einem Taxi ab, in dem vermutlich der Miniaturdieb sitzt und samt dem echten Holbein fliehen will!«

»Aber das ist doch der helle Wahnsinn!« rief der Generaldirektor. »Ich versichere Sie« – diese Redewendung stammte noch aus seiner Agentenzeit – »ich versichere Sie, daß die Miniatur nicht gestohlen worden ist, sondern wohlbehalten in unserem Tresor liegt und in wenigen Augenblicken Herrn Steinhövel überreicht werden wird!«

»Irrtum ausgeschlossen?« fragte Herr Külz.

»Vollkommen ausgeschlossen!« Aber plötzlich wurde der Generaldirektor unsicher. »Die junge Dame sprach von einer Imitation. Sollten wir die Imitation haben?«

»Nein«, meinte Herr Steinhövel und holte ein Päckchen aus der Tasche. »Die Imitation haben wir bereits.«

Da erschien der Prokurist, Herr Klapproth, wieder, gab seinem Chef den Tresorschlüssel und das Päckchen, das er hatte holen sollen. Die anderen saßen völlig verzaubert und starrten gebannt auf das geheimnisvolle Päckchen.

»Darf ich bitten?« Herr Kühlewein überreichte es dem alten Sammler mit einer schwungvollen Handbewegung.

Dieser schnürte das Päckchen hastig auf, wickelte das Holzkästchen aus und öffnete es.

»Die Miniatur!« flüsterte Fräulein Trübner. »Tatsächlich!«

Der Sammler zog die Lupe aus der Tasche, unterzog die Miniatur einer kurzen Prüfung, lehnte sich im Stuhl zurück und murmelte: »Unglaublich! Es ist die echte!«

»Nun also!« erklärte der Generaldirektor. Er wandte sich an den Prokuristen und sagte lächelnd: »Die Herrschaften wollten es nicht glauben, sondern behaupteten eben, dieses Päckchen sei vor einer Stunde gestohlen worden und der Dieb suche mit der Miniatur in einem Taxi zu entkommen.« Er zog belustigt die Brauen hoch. »Lieber Klapproth, seit wann liegt das Päckchen, unversehrt auf seinen Herrn wartend, in unserem einbruchssicheren Tresor?«

Der Prokurist beugte sich vor und erwiderte leise: »Seit etwa einer halben Stunde.«

Der Generaldirektor der »Berolina« sprang entsetzt hoch. »Was sagen Sie da? Erst seit einer halben Stunde? Schicken Sie sofort den Angestellten her, der die Sache bearbeitet hat!«

Prokurist Klapproth eilte aus dem Zimmer.

Herr Kühlewein wanderte verstört auf dem großen weichen Teppich hin und her, der den Boden bedeckte, und blickte drohend nach der Tür. »Sie müssen entschuldigen«, begann er, »daß ich soo …«

»Aus dem Mustopf komme«, fuhr der Fleischermeister hilfreich fort.

Der Generaldirektor lächelte bittersüß. »Ganz recht. Ich erfuhr vor zwanzig Minuten, daß Herr Steinhövel unterwegs sei, um die Miniatur abzuholen. Als Sie mit einem Kriminalkommissar erschienen, wunderte ich mich ein wenig. Aber es scheint, daß ich mich heute noch öfter zu wundern Gelegenheit finden werde.«

»Das walte Gott!« sagte Külz. »Und wir mit Ihnen. Setzen Sie sich beizeiten, Herr General! Das kann nicht schaden!« Dann wandte er sich an Fräulein Trübner. »Ich bin wie vor den Kopf geschlagen. Ist es auch ganz bestimmt die echte Miniatur? Oder nur eine neue Theorie?«

»Es ist das Original«, sagte Herr Steinhövel. »Das ist das Einzige, was bis jetzt feststeht.«

Die Tür öffnete sich. Ein junger Mann trat ins Zimmer.

»Einer unserer Subdirektoren«, erklärte Herr Kühlewein ungnädig. »Er kennt die Materie.«

Der junge Mann, der die Materie kannte, verbeugte sich und kam näher.

Es war Herr Joachim Seiler!

Außer Irene Trübner verstand zunächst niemand, warum der alte Külz aufsprang und wie ein Indianer auf den jungen Mann lostanzte.

Der Stuhl fiel um. Külz rief: »Hurra!« und zog den Subdirektor der »Berolina« an seine Brust. »Bravo, mein Junge!« brüllte er. »Uns so hineinzulegen! Sie sind ein Mordskerl!« Er lachte unbändig. »Ich hab's ja gleich gesagt, daß Sie kein richtiger Gauner sind!« Dann drehte er sich stolz um und wies gravitätisch auf Seiler. »Das ist er, meine Herren! Das ist er!«

»Wer ist das?« fragte Generaldirektor Kühlewein.

Der Kriminalkommissar erklärte: »Es handelt sich vermutlich um den Mann, der vor knapp einer Stunde die Miniatur aus der Wohnung des Herrn Külz entwendet hat.«

»Allmächtiger!« murmelte der Generaldirektor. Man hörte fast, wie ihm eine Gänsehaut über den Rücken kroch. »Seiler, Sie sind ein Dieb?«

Der junge Mann zuckte verlegen die Achseln. »Es mußte sein! Lieber Herr Külz, ich ersuche nachträglich um die Erlaubnis, bei Ihnen stehlen zu dürfen!«

»So oft Sie wollen, mein Junge!« rief Külz. »Ich bin ja so froh, daß Sie kein Einbrecher sind, sondern nur einbrechen!«

Joachim Seiler meinte: »Es war ziemlich verwickelt. Ich hatte den Eindruck, daß die Polizei nur einen Bruchteil der Bande in meiner Wohnung erwischt hatte. Ich begab mich eigentlich nur vorsichtshalber in Ihre Wurstfabrik, Papa Külz. Es wäre natürlich ebensogut möglich gewesen, daß die Miniatur bereits in Herrn Steinhövels Villa angekommen war. Sie war aber nicht. Sie hing über Ihrem Sofa.«

Der alte Kunstsammler war nachdenklich geworden und fragte: »Wußten Sie denn, daß Sie in Warnemünde nicht das Original, sondern die Kopie gestohlen hatten? Oder war das ein bloßes Versehen?«

Generaldirektor Kühlewein schnappte merklich nach Luft. »Was denn? In Warnemünde hat unser Herr Seiler auch schon gestohlen?«

»O ja«, erwiderte der junge Mann bescheiden. »Es mußte sein! Man kann nicht immer, wie man will. Als in der Tanzdiele das Licht erlosch, war mit Glacéhandschuhen nichts mehr auszurichten. Ich riß Fräulein Trübners Handtasche auf, griff rasch hinein und entwendete die Miniatur.«

Der Kommissar blickte den Delinquenten mißtrauisch an. »Wie kommt es dann, daß Sie in Warnemünde zwar das Original stahlen, daß wir aber in Ihrer Wohnung die Imitation fanden? Ich danke Ihnen übrigens dafür, daß Sie uns die Bande ausgeliefert haben!«

»Gerne geschehen!« sagte der junge Mann. »Was nun die beiden Miniaturen anlangt, war die Manipulation sehr einfach. Als das Licht erlosch, lag die Kopie noch auf dem Tisch. Sie war ja Herrn Külz gerade erst von der Bande heimlich zurückgebracht worden! Ich stahl im Dunkeln das Original aus Fräulein Trübners Handtasche. Dann legte ich es, als sei es die Kopie, auf den Tisch, und nun stahl ich die Kopie! Und mit der Kopie rückte ich aus.« Er besann sich und lächelte amüsiert. »Na ja. Nun mußten selbstredend alle Beteiligten glauben, ich sei mit dem Original verschwunden! Dadurch verlor die Bande an Fräulein Trübner und Herrn Külz jegliches Interesse. Sie verfolgte von jetzt ab mich und das vermeintliche Original in meiner Tasche. So gelang es mir, die Kerle von Warnemünde bis nach Berlin hinter mir herzulocken. Und dann ließ ich sie in meiner Wohnung verhaften. Es war verhältnismäßig einfach, wie Sie sehen. – Und das wirkliche Original war vorläufig in Sicherheit. Und Fräulein Trübner und Herr Külz auch.«

»Großartig!« rief der Fleischermeister. »Fabelhaft! Wenn man so was hört, könnte man neidisch werden!«

Der alte Kunstsammler nickte bedächtig.

Generaldirektor Kühlewein allerdings, der war gebrochen! Solche Methoden waren ihm im Versicherungsgewerbe neu.

Joachim Seiler fuhr in seinem Bericht fort. »Während ich von meinem Stammcafé aus zusah, wie das Überfallkommando die Bande aus meiner Wohnung herausholte, erhielt ich vom Bandenchef, der sich übrigens noch immer in Freiheit befindet, einen Brief. Kurz darauf fuhr er in einem Taxi an mir vorüber. Er hatte sich zwar seinen prächtigen weißen Bart abnehmen lassen, aber ich erkannte ihn trotzdem. Und nun bekam ich's von neuem mit der Angst. Ich fuhr schleunigst zur Yorckstraße und besuchte Frau Külz. Falls die Miniatur dort war, mußte sie unbedingt in Sicherheit gebracht werden. Und so stahl ich, nachdem ich in Warnemünde die Kopie gestohlen hatte, in Berlin auch noch das Original. Wenn man erst einmal auf die schiefe Ebene gerät, gibt es kein Halten mehr.«

»Und jener Mann, den unsere Motorradstreifen verfolgen, ist der Chef der Bande?« fragte der Kommissar.

»Wir wollen's hoffen«, meinte Joachim Seiler. Er war etwas unaufmerksam geworden und blickte zu Irene Trübner hinüber, die versonnen aus dem Fenster sah.

»Können Sie hexen?« fragte der Kommissar. »Wann haben Sie bloß Zeit gefunden, den Verkehrsschupos im Westen jene Zettel mit der Nummer des Taxis zuzuwerfen, in dem Ihr rasierter Räuberhauptmann saß?«

»Hexen kann ich nicht«, antwortete der junge Mann. »Und mit den Zetteln habe ich nichts zu tun. Die muß mein Freund Struve verteilt haben.«

Külz lachte aufgeräumt: »Der kleine Dicke aus Bautzen ist Ihr Freund? Na, hören Sie, der hat ja einen schönen Spektakel gemacht, weil man ihn verhaftet hatte.«

»Ich weiß«, sagte Seiler. »Wir trafen uns im Café. Und ich schickte ihn schleunigst hinter dem Räuberhauptmann her. Wer weiß, wo er jetzt steckt. Hoffentlich ist ihm nichts zugestoßen.«

Der Kommissar setzte dem Generaldirektor auseinander, wieso ein Komponist namens Struve verhaftet worden war.

»Entsetzlich!« erklärte Herr Kühlewein fassungslos. »Unter falschem Namen ist unser Subdirektor auch aufgetreten?«

»Es mußte sein«, behauptete Joachim Seiler. »Ich war in Kopenhagen Zeuge, wie Fräulein Trübner und Herr Külz von einigen Mitgliedern der Bande beobachtet und verfolgt wurden. Deswegen suchte ich unter fremdem Namen und Vorwand die Bekanntschaft der beiden Herrschaften zu machen. Ich mußte in nächster Nähe sein, wenn es ernst werden sollte!«

Irene Trübner sagte: »Herr Seiler erfand sogar eine Leipziger Cousine, die Irene heißt. Und einen Vetter, der in Hannover als Ohrenarzt sein Dasein fristet.«

»Die Cousine war gelogen«, gab der junge Mann zu. »Doch der Ohrenarzt stimmt!«

Generaldirektor Kühlewein rang die Hände. »Welche Delikte haben Sie eigentlich in den paar Tagen nicht begangen? Wie?«

»Liegt Ihnen an einer exakten Aufzählung?« fragte Seiler.

»Nein!« rief Herr Kühlewein. »Nein! Setzen Sie sich endlich hin, Sie Verbrecher!«

Joachim Seiler nahm Platz. Er hatte mörderischen Hunger. Am liebsten wäre er auf der Stelle in die nächste Aschinger Kneipe gelaufen.

Während der Kriminalkommissar dem Kunstsammler und dem Generaldirektor in logischer und historischer Folge die abenteuerliche Geschichte der beiden Holbein-Miniaturen darlegte, betrachtete der junge Mann die junge Dame und fürchtete, sein Magen könne knurren.

Als der Kommissar seinen Bericht beendet hatte, erhob sich der zierliche alte Herr Steinhövel, reichte dem jungen Mann die Hand und sagte: »Ich danke Ihnen herzlich und beglückwünsche Sie zu Ihrer Belohnung.«

»Zu welcher Belohnung denn?« fragte Seiler.

»Herr Steinhövel hat für die Wiederbeschaffung der Miniatur eine Belohnung von zehntausend Mark ausgesetzt«, erwiderte der Kommissar. »Es steht doch heute in allen Blättern!«

»Ich habe noch keine Zeitungen gelesen. Man kommt ja zu nichts!« sagte der junge Mann. »Aber zehntausend Mark kann man immer brauchen.«

Nun stimmt's aber!

Generaldirektor Kühlewein saß in Gedanken. Er verarbeitete, was er erfahren hatte, und wußte noch immer nicht, ob er sich freuen oder ärgern sollte. Es ist ja auch manchmal schwer, von beidem das Richtige zu wählen. Vor allem für nüchterne Menschen, die sowohl Verdruß als Freude Anstrengung kostet.

Joachim Seiler enthob ihn des weiteren Nachdenkens und sagte:

»Ich habe den Eindruck, daß Sie die Maßnahmen, die ich für nötig hielt, mehr oder weniger mißbilligen!«

»Ganz recht«, erwiderte der Generaldirektor.

»Und Sie halten es«, fuhr Seiler fort, »für sittenwidrig, daß ich dafür auch noch zehntausend Mark erhalten soll.«

»Ganz recht« bestätigte der Generaldirektor.

Der junge Mann erhob sich verstimmt. Seine Augen blitzten. »Unter diesen Umständen möchte ich Herrn Steinhövel mitteilen, daß ich auf die mir zugedachte Belohnung verzichte. Falls es einen Fonds für notleidende Generaldirektoren geben sollte, schlage ich vor, die zehntausend Mark diesem Fonds zu überweisen. Und Herrn Generaldirektor Kühlewein bitte ich um meine sofortige Entlassung. Mahlzeit!« Er verbeugte sich kurz und ging zur Tür.

Doch Fleischermeister Külz war rascher. Er postierte sich vor der Tür und versperrte den Weg. »So ein Hitzkopf!« rief er. »Das erlaube ich nicht. Ist das hier eine Versicherungsgesellschaft oder ein Kindergarten? Herr Steinhövel hat seinen Holbein wieder. Die Versicherungsgesellschaft hat eine halbe Million Mark gespart. Die Polizei hat eine Verbrecherbande erwischt. Was verlangen Sie eigentlich noch von Ihren Angestellten, Herr Generalbürokrat?«

»Bravo!« sagte Herr Steinhövel und applaudierte geräuschlos. »Sollten Sie die Kündigung annehmen, engagiere ich den jungen Mann vom Fleck weg. Und die Belohnung, lieber Herr Seiler, die gehört Ihnen, ob Sie nun wollen oder nicht! Sie werden mich doch nicht beleidigen!«

Papa Külz schob seinen Arm unter den des jungen Mannes und führte ihn mit sanfter Gewalt ins Zimmer zurück.

Herr Kühlewein stand auf. Er war befangen. »Ich nehme Herrn Seilers Kündigung nicht an. Die Herrschaften entschuldigen mich. Die außergewöhnliche Sitzung hat außergewöhnlich viel Zeit beansprucht. Ich muß in mein Büro. Zu ganz gewöhnlichen Geschäften.« Er wandte sich an Seiler. »Ich möchte Sie noch sprechen, bevor Sie aus dem Haus gehen, Herr Direktor!«

Dann entfernte er sich. Schneidig und repräsentativ, wie er's gewohnt war. Übung macht den Meister.

Nachdem die Glückwünsche vorüber waren, mit denen der neugebackene Direktor überschüttet worden war, sagte Herr Külz befriedigt: »Dieser Generaldirektor ist schlauer, als ich dachte. Er hat gelernt. Das ist in seinem Alter eine geradezu übermenschliche Leistung.«

Der Kriminalkommissar blickte auf die Uhr und war überrascht. »Ich muß mich verabschieden. Auch ich muß ins Büro. Die Bande, die Herr Direktor Seiler freundlicherweise in seiner Wohnung eingesperrt hat, brennt darauf, sich mit mir ausführlich zu unterhalten.«

»Erinnern Sie mich nicht an meine Wohnung!« bat der junge Mann. »Ich fürchte, die Bande hat, als das Überfallkommando anrückte, mein bescheidenes Mobiliar zu Barrikaden verarbeitet.«

Der Kunstsammler reichte dem jungen Mann einen Scheck. »Hier ist die Belohnung, Herr Direktor. Für den in

Ihrer Wohnung entstandenen Schaden komme ich selbstverständlich auf.« Sie gaben einander die Hand. Seiler bedankte sich. Der Sammler winkte ab. »Dieser Holbein«, er wies auf das Holzkästchen, »bedeutet für mich alten Narren viel mehr, als sich in Ziffern ausdrücken läßt. Fräulein Trübner wird so nett sein, Ihnen bei der Beschaffung der neuen Möbel zu helfen.«

»Großartig!« Seiler war begeistert. »Ich halte viel von Fräulein Trübners Geschmack.«

Es klopfte.

Ein Polizist trat ein und schlug die Hacken zusammen. »Herr Kommissar, Inspektor Krüger schickt uns. Wir sollen Ihnen einen Mann vorführen, den wir im Kaufhaus des Westens aus einem Schaufenster herausgeholt haben. Stören wir? Der Inspektor meint, hier seien Herrschaften, die den Mann identifizieren und auch sonst zweckdienliche Angaben machen könnten.«

»Warum bringt ihr denn nicht gleich das ganze Untersuchungsgefängnis mit?« fragte der Kommissar. »Also herein mit dem Kerl!«

Der Wachtmeister rief etwas in den Korridor hinaus und trat zur Seite. Etliche Polizisten führten einen älteren, elegant gekleideten Herrn ins Zimmer. Er war glattrasiert, schaute sich gelassen um und runzelte, als er Joachim Seiler entdeckte, die hohe Stirn.

Hinter den Beamten schusselte der kleine dicke Komponist Struve ins Zimmer. Die blonde Mähne hing ihm in Strähnen ins Gesicht. Und die Krawatte war arg verrutscht. »Ich hatte gehofft, Sie niemals wiederzusehen«, sagte er streng zum Kommissar. Dann begrüßte er die anderen. Zuletzt seinen Freund Seiler. »Menschenskind, hoffentlich habe ich den Richtigen aufgetrieben.«

»Es ist der Richtige«, erwiderte Seiler. »Der weiße Bart ist zwar verschwunden, und die dunkle Brille auch. Doch der Herr, der so gern Briefe schreibt, ist übriggeblieben.«

»Wahrhaftig«, flüsterte Irene Trübner. »Jetzt erkenne ich ihn auch wieder.«

»Der Herr aus der Pension Curtius!« erklärte Fleischermeister Külz überrascht. »So muß ich Sie wiedersehen!«

»Ich hätte uns gern den Anblick erspart«, entgegnete der Verhaftete zuvorkommend.

Der Kriminalbeamte fragte: »Wie heißen Sie?«

»Professor Horn.«

»Sollten Sie sich da nicht irren?« fragte der Kommissar. »Wäre es nicht ebenso gut möglich, daß Sie gar kein Professor sind und Klotz heißen?«

»Auch das ist möglich«, sagte der Bandenchef. »Es wäre unhöflich, Ihnen zu widersprechen.«

»Ein ungewöhnliches Zusammentreffen«, behauptete der Kommissar. »Es ist zwar schon oft vorgekommen, daß Ihre Firma einen Diebstahl beging und daß wir Sie nicht gekriegt haben. Aber daß Ihnen ein Diebstahl mißlang und wir Sie trotzdem erwischt haben, ist neu.«

»In der Tat«, meinte der Professor. »Ein Novum! Daran ist der junge Mann schuld.« Er wies auf Seiler. »Ich glaubte, bis ich dieses Zimmer betrat, er sei ein Konkurrent von uns. Und nun muß ich zu meinem Bedauern feststellen, daß er seine Talente als sogenanntes nützliches Glied der sogenannten menschlichen Gesellschaft vergeudet.« Er blickte Seiler spöttisch an. »Es berührt mich schmerzlich, Sie in dieser Umgebung zu sehen. Sie berauben sich vieler Abenteuer und verscherzen sich eine große Zukunft.« Er zuckte die Achseln. »Ich schlage vor, daß man mich von hier entfernt.«

»Ein Vorschlag, der vieles für sich hat«, sagte der Kommissar und gab den Polizisten einen Wink. Sie verließen mit Herrn Klotz das Zimmer. – Struve wurde von dem Kommissar wegen seines Erfolges als Kriminalist belobigt.

Der Komponist wehrte die Komplimente ab. »Ich hab's ja nur getan, weil mir Seiler versprochen hat, mir nun den Kerl zu zeigen, der sich widerrechtlich meines Namens bedient hat. Damit ich endlich die Ohrfeigen loswerden kann, die in mir schlummern.«

»Sie wissen nicht, wer der falsche Struve war?« fragte Irene Trübner verblüfft.

»Ich habe keine Ahnung«, erwiderte Struve.

Külz schmunzelte. »Na, da können Sie ja nun Ihre Backpfeifen an den Mann bringen.«

»Was denn?« Der kleine dicke Musiker starrte den Fleischermeister an. »Der Bursche ist hier im Zimmer?« Die anderen nickten.

»Seiler«, murmelte Struve. »Wer von den Anwesenden war's? Schnell! Spanne mich nicht auf die längst abgeschaffte Folter!«

»Ich war es selber!« antwortete der junge Mann. »Rudi, nimm mir's nicht allzu übel. Mir fiel gerade kein anderer Name ein. So, und jetzt hau kräftig zu. Ich verspreche dir, nicht wiederzuhauen.«

Struve lächelte verlegen. Dann gab er Seiler einen kräftigen Rippenstoß und meinte: »Unter Freunden? Nee. Nun steh ich mit meinen zwei latenten Ohrfeigen in der Beuststraße und weiß nicht, wohin damit!«

»Das muß ein scheußlicher Zustand sein«, meinte der alte zierliche Herr Steinhövel.

Der Kommissar war gegangen, um die Zivilbeamten, die das Versicherungsgebäude noch immer mit Argusaugen bewachten, heimzuschicken.

Herr Steinhövel hatte nach seinem Wagen telefonieren lassen. Sie saßen und warteten. Külz schilderte dem Komponisten die Abenteuer, die Seiler zwischen Kopenhagen und Berlin bestanden hatte. Er ruderte mit beiden Armen, während er sprach, und konnte sich nicht genug tun. Schon jetzt, wenige Stunden nachdem sie geschehen waren, gerieten die Taten des jugendlichen Helden ins Überlebensgroße.

Der alte Sammler hörte lächelnd zu und dachte: ›Der

Volksmund öffnet sich und siehe, er hat vierundsechzig Zähne! Früher tötete man Drachen, heute erlegt man Hochstapler. Nur die Nebensachen ändern sich. Die Mythenbildung überlebt die Technik.‹ Je mehr er sich in geschichtsphilosophische Vermutungen verstrickte, um so weniger hörte er zu.

Auch Seiler hörte nicht zu. Er saß neben Irene Trübner und fragte, wie schon einmal vor vierundzwanzig Stunden: »Wollen wir uns wieder vertragen?«

Sie ließ die Frage unbeantwortet und erklärte: »Ich komme heute abend in Ihre Wohnung, Herr Direktor, und werde mir den Schaden besehen. Morgen können wir dann neue Möbel kaufen. Ich kenne verschiedene Geschäfte, wo man gut und preiswert bedient wird.«

Er schwieg.

»Paßt es Ihnen heute abend gegen sieben Uhr?« fuhr sie fort. »Sie wohnen ja ganz in meiner Nähe. In der Holtzendorffstraße, nicht wahr? Welche Nummer, bitte?«

Er betrachtete sie feindselig. Seine Augen glichen feurigen Kohlen.

Sie sagte: »Ach nein! Sie wohnen ja gar nicht in der Holtzendorffstraße. Das war ja gelogen, Herr Direktor! Darf ich um die wirkliche Adresse bitten! Aber nicht nur ungefähr, ja?«

Er rückte von ihr ab. »Ich verzichte auf Ihre gütige Mitwirkung. Einen Tisch und ein paar Stühle kann ich mir auch allein besorgen.«

»Mein Chef hat mich beauftragt, Ihnen zu helfen. Ich komme gegen sieben Uhr. Ich bin in geschäftlichen Angelegenheiten sehr zuverlässig.«

Er rutschte auf dem Stuhl hin und her, als säße er auf einem in Betrieb befindlichen Spirituskocher. »Ich öffne nicht. Sie brauchen nicht zu kommen. Ich huste auf Ihre Hilfe. Lieber will ich bis an mein Lebensende in einem Hühnerstall wohnen.«

»Also gegen sieben Uhr«, erwiderte sie unerschütterlich. »Es bleibt dabei.«

Seilers Geduldsfaden riß. Er sprang auf. »Unterstehen Sie sich!« rief er. »Wenn Sie kommen sollten, werfe ich Sie die Treppe hinunter! Ich wohne im vierten Stock, das lohnt sich!« Dann raste er aus dem Zimmer und knallte die Tür zu.

»Grundgütiger Himmel!« sagte Külz erschrocken. »Was hat's denn gegeben?«

»Nicht das geringste«, behauptete Fräulein Trübner.

»Na, ich weiß nicht!« erklärte der kleine dicke Herr Struve. »Wenn mir jemand mitteilte, daß er mich die Treppen hinunterwerfen will, würde ich das doch etwas seriöser auffassen.«

»Er hat es aber gar nicht Ihnen, sondern mir mitgeteilt«, meinte sie. »Das ist ja doch ein Unterschied!«

Ihr Chef, der Kunstsammler, rieb sich die Hände. Das hing zwar irgendwie mit seiner mangelhaften Blutzirkulation zusammen, wirkte aber immer, als ob er sich besonders behaglich fühle. »Wenn es keine Drohung war«, stellte er scharfsinnig fest, »dann kann es nur eine Liebeserklärung gewesen sein.«

»Wahrhaftig?« fragte Külz. »Na, da gratulier ich von ganzem Herzen, mein Kind. Ich habe lange nicht mehr Pate gestanden.«

Und obwohl es nicht üblich ist, dafür, daß man die Treppe hinuntergeworfen werden soll, Gratulationen entgegenzunehmen, neigte Irene Trübner den hübschen Kopf und sagte: »Besten Dank, meine Herren!«

Ein Hausbote meldete, Herrn Steinhövels Auto sei vorgefahren. Man brach auf.

Der Kunstsammler hielt den Fleischermeister zurück und gab ihm ein Holzkästchen. »Das hätte ich ja fast vergessen! Darf ich Ihnen die Holbein-Kopie, die Ihnen längst gehört, noch einmal, und nun für immer, schenken?«

Külz schüttelte ihm die Hand und steckte das Kästchen ein. »Das soll mir eine bleibende Erinnerung sein. Und meiner Emilie kauf ich eine Tafel Schokolade.«

Das Zimmer war höchstens eine halbe Minute leer.

Da kehrte Irene Trübner verstohlen zurück, hob den Telefonhörer ab und ließ sich mit Direktor Seiler verbinden.

»Hallo!« Seine Stimme klang rauh und heiser.

Sie antwortete nicht, sondern spitzte die Lippen.

»Hallo!« rief er mürrisch, »zum Donnerwetter! Wer ist denn dort?«

»Die Irene«, sagte sie leise. »Wollen wir uns wieder vertragen?«

Herr Steinhövel hatte in seinem Wagen Platz genommen. »Wo ist denn meine Sekretärin?« fragte er.

Rudi Struve zeigte auf das Portal des Versicherungsgebäudes. Die drei Männer lächelten.

Külz trat dicht an den Wagen und sagte: »Lieber Herr Steinhövel, wollen Sie mir noch einen sehr großen Gefallen tun?«

»Gerne!«

Külz holte das Kästchen aus der Tasche und gab es dem Sammler. »Sehen Sie doch, bitte, noch einmal genau nach, ob es auch ganz bestimmt die richtige Miniatur ist. Wenn es wieder die falsche wäre …«

Herr Steinhövel lachte. »Es ist bestimmt die falsche.«

»Mit der falschen mein ich die echte«, erklärte Papa Külz.

»Na schön!« Der Sammler zog die Lupe aus der Tasche, klappte das Kästchen auf, betrachtete die Miniatur, die er verschenkt hatte, und erschrak. »Tatsächlich!« rief er. »Ich habe Ihnen das Original gegeben!«

»Entsetzlich!« murmelte Papa Külz. »Dann hätte das ganze Theater wieder von vorn anfangen können! Es ist nicht auszudenken!«

Herr Steinhövel versorgte den echten Holbein gewissenhaft in der Brusttasche, gab Külz das andere Kästchen und sagte: »Nun stimmt's aber!«

In diesem Augenblick trat Irene Trübner aus dem Gebäude und nickte den drei Herren glücklich zu.

DER KLEINE GRENZVERKEHR

(1938)

Der ursprüngliche Titel lautete »Georg und die
Zwischenfälle«. Das Buch entstand 1937 und sollte,
zu Beginn der Salzburger Festspiele, in Österreich
erscheinen. Doch es erschien in der Schweiz,
weil in Österreich Hitler erschien.

Vorwort an die Leser

Als ich dieses kleine Buch, während der Salzburger Festspiele Anno 1937, im Kopf vorbereitete, waren Österreich und Deutschland durch Grenzpfähle, Schlagbäume und unterschiedliche Briefmarken »auf ewig« voneinander getrennt. Als das Büchlein, im Jahre 1938, erschien, waren die beiden Länder gerade »auf ewig« miteinander verbunden worden. Man hatte nun die gleichen Briefmarken und keinerlei Schranken mehr. Und das kleine Buch begab sich, um nicht beschlagnahmt zu werden, hastig außer Landes. Habent sua fata libelli, wahrhaftig, Bücher haben auch ihre Schicksale. Jetzt, da das Buch in einer neuen Auflage herauskommen soll, sind Deutschland und Österreich wieder voneinander getrennt. Wieder durch Grenzpfähle, Schlagbäume und unterschiedliche Briefmarken. Die neuere Geschichte steht, scheint mir, nicht auf seiten der Schriftsteller, sondern der Briefmarkensammler. Soweit das ein sanfter Vorwurf sein soll, gilt er beileibe nicht der Philatelie, sondern allenfalls der neueren Geschichte.

Der Verleger, der Autor und der Illustrator des Buches lebten früher einmal in derselben Stadt. In einer Stadt namens Berlin. Nun haust der eine in London, der andere in München und der dritte in Toronto. Sie haben, jeder auf seine Weise, mancherlei erlebt. Klio, die gefährliche alte Jungfer, hat sie aus ihren Häusern, Gewohnheiten und Träumen getrieben und zu Zigeunern gemacht. Wenn sie voneinander Briefe bekommen, mit seltsamen Marken und Stempeln, lächeln sie und schenken die Kuverts irgendwelchen kleinen Jungen. Denn ob in England, Deutschland oder Kanada – kleine Jungen, die Briefmarken sammeln, findet man immer.

Erich Kästner   Zürich, im Frühjahr 1948

Vorrede an die Leser
(Aus dem Vorwort der ersten Auflage 1938)

Dieses Salzburger Tagebuch, das ich hiermit der Öffentlichkeit übergebe, stammt von meinem besten Freunde. Georg Rentmeister heißt der junge Mann. Als er, vor nunmehr einem Jahr, von Berlin nach Salzburg reiste, mußte er eine Landesgrenze überschreiten, die es heute nicht mehr gibt.

Da fällt mir ein, daß Sie meinen Freund Rentmeister noch gar nicht kennen. Deshalb sollen Sie, bevor Sie seine Aufzeichnungen lesen, erst einmal einiges über ihn selber erfahren. Das ist Ihr gutes Recht, und schaden kann es auch nicht, denn Georg ist ein Kapitel für sich. Zum Beispiel: seit wir befreundet sind, nunmehr fünfzehn Jahre, betätigt er sich als Schriftsteller, ohne daß bis heute auch nur eine Zeile von ihm erschienen wäre.

Woran das liege, werden Sie fragen. Er besaß von Anfang an den imposanten Fehler, sich Aufgaben zu stellen, deren jede einzelne als Lebenszweck angesprochen werden muß.

Ich will Ihnen ein paar seiner Arbeiten, die mit Grund kein Ende finden, aufzählen und bin halbwegs sicher, daß Sie ihm die rückhaltlose Bewunderung, die er verdient und in die sich wohl gar ein leiser Schauder mischen dürfte, nicht länger vorenthalten werden.

Georg arbeitet unter anderem an einem Buch »Über den Konjunktiv in der deutschen Sprache, unter Berücksichtigung des althochdeutschen, des mittelhochdeutschen und des frühneuhochdeutschen Satzbaus«.

In einem seiner fünf Arbeitszimmer türmen sich, in Kisten und Kästen gestapelt, die auf dieses Thema bezüglichen Exzerpte aus den Werken älterer und neuerer Schriftsteller, und an der Tür des Konjunktiv-Zimmers hängt ein Schild mit der drohenden Aufschrift: »Consecutio temporum!«

An der Nebentür liest man: »Antike und Christentum!« Und auch hinter dieser Tür stehen randvoll beladene Schränke, Kisten und Kästen. Hier birgt Georg die Ergebnisse und Erkenntnisse für das von ihm geplante Fundamentalwerk »Über die mutierenden Einflüsse der Antike und des Christentums auf die mitteleuropäische Kunst und Kultur«.

Soviel ich verstanden habe, handelt es sich um die Darstellung des Verlaufs zweier eingeschleppter Krankheiten, die seit je, manchmal gleichzeitig, manchmal zyklisch auftretend, an einem Organismus namens Mitteleuropa zehren. Ungefähr seit dem Jahr 1000 p. Chr. sei der genannte geographische Bezirk für den Kulturhistoriker ein pathologischer Fall, behauptet Georg.

Der arme Mensch!

An der dritten Tür steht das Wort »Stenographie!«. Georg arbeitet seit zehn Jahren an einer funkelnagelneuen Kurzschrift, welche die Mängel der bisherigen Systeme beseitigen und unabsehbare Vorzüge hinzufügen soll. Georgs Augenmerk richtet sich auf die Erhöhung der pro Minute schreibmöglichen Silbenzahl, und zwar mit Hilfe der Methode, ganze Sätze in einem ununterbrochenen Schriftzuge niederzuschreiben. Er glaubt zuversichtlich, daß man dann in der Minute bequem wird dreihundert Silben stenographieren können. Da nun auch der hastigste Redner nicht mehr als zweihundertfünfzig Silben spricht, leuchtet mir die Bedeutung des Projekts, dreihundert zu schreiben, freilich nicht ganz ein. Aber Georg hat sich in die Sache verrannt. Er ist ein Sisyphus, der sich freiwillig gemeldet hat.

Es wird niemanden überraschen, daß auch diese Arbeit noch in den Kinderschuhen steckt.

Der Wortlaut der übrigen Türschilder ist mir nicht gegenwärtig. Eins aber steht fest: In jedem der fünf Arbeitszimmer befindet sich, außer den einschlägigen Büchern, den Schränken, Kisten und Kästen, je ein Schreibtisch. Fünf Schreibtische also, fünf Schreibstühle, fünf Tintenfässer, fünf Schreibblocks und fünf Terminkalender! Und so wandert denn Georg, der Unheimliche, zwischen seinen unvollendeten Lebenswerken, bald an dem einen, bald am andern arbeitend, äußerst gedankenvoll hin und her. Die Sekretärin, die er hat und »die kleine Tante« nennt, macht einen leicht verwirrten Eindruck. Das ist verzeihlich.

Glücklicherweise kann Georg es sich leisten, seinen kostspieligen geistigen Begierden nachzugehen. Er ist der Miterbe einer sehr großen Fabrik, in der Badewannen aus Zink hergestellt werden, Wannen, in denen man sitzen, Wannen, in denen man liegen, und winzige Wannen, in denen man kleine Kinder ein- und abseifen kann. Die Fabrik liegt in einem romantischen deutschen Mittelgebirge; und der ältere Bruder, der das blühende Unternehmen leitet, zahlt Georg jede Summe, vorausgesetzt, daß dieser den Zinkbadewannen fernbleibt.

Georg bleibt fern.

Er wohnt in Berlin und kommt selten aus seinen fünf Studierzimmern heraus. Im vergangenen Spätsommer, da verließ »Doktor Fäustchen«, wie wir ihn nennen, allerdings den Konjunktiv, die Antike, die Stenographie und das Christentum, um sich zu erholen. Als er, einige Wochen später, zurückkam, drückte er mir das Tagebuch in die Hand, das er während der Ferien geführt hatte. Es ist begreiflich, daß ein Mann wie er nicht hatte untätig sein können, und ich fand's erfreulich, daß er endlich einmal eine Arbeit, wenn auch nur ein Ferientagebuch, zu Ende gebracht hatte. Ich las das Manuskript und schickte es meinem Verleger. Dem gefiel's, und er ließ es drucken. Ihn und mich würde es freuen, wenn das Buch auch dem Publikum gefiele.

Erich Kästner   Berlin, Sommer 1938

P.S. Mein Freund Georg hat übrigens keine Ahnung, daß sein Tagebuch gedruckt worden ist, und wird aus allen Wolken fallen.

Vorrede an den Verfasser

Mein lieber Georg!

Du hast keine Ahnung, daß Dein Tagebuch gedruckt worden ist, und wirst aus allen Wolken fallen. Ich besaß Deine Erlaubnis nicht, das Manuskript aus der Hand, geschweige in Druck zu geben. Doch was willst Du? Warum sollst Du es besser haben als andere Schriftsteller?

Ich hoffe, daß Dir das einleuchtet. Immerhin bin ich, ehrlich gestanden, froh, daß Du, während das Buch erscheint, nicht in Berlin, sondern auf Ceylon weilst. Die Vorstellung, die ich mir von Deiner Überraschung mache, genügt meinem Sensationshunger vollkommen. Der Erfahrung kann ich in diesem Falle, wie auch in vielen andren Fällen, durchaus entraten. Möge Dein Zorn, bis Du heimkehrst, verraucht sein und womöglich der sanften Genugtuung darüber Platz gemacht haben, so daß Du ohne eigenes Zutun begonnen hast, ein nützliches Glied der menschlichen Gesellschaft zu werden.

Grüße Deine junge Frau von mir! Es ist mir nach wie vor unverständlich, daß dieses hinreißende Geschöpf Dich heiraten konnte. Gewiß, Du bist gescheit, gesund, wohlhabend, hübsch, ein bißchen verrückt und von heiterem Gemüte – aber sind das ausreichende Gründe? Doch ich ahne, woran es zuletzt gelegen hat, daß sie Dich nahm. Du wirst gefragt haben, ob sie Dich nehmen wolle! (Ich vergesse jedesmal zu fragen und werde demzufolge Junggeselle bleiben. Denn wenn man in den Wald nicht hineinruft, braucht man sich nicht zu wundern – doch Du weißt schon, was ich sagen will.) Eurer baldigen Heimkunft sieht in edler Fassung entgegen

Euer Erich

P.S. In den Briefen des J. M. R. Lenz habe ich einige Konjunktivsätze gefunden, die Dich interessieren werden. Ich habe sie der kleinen Tante zur Abschrift gegeben, und Du kannst das Exzerpt zu den übrigen legen, falls in Deinen Kisten noch Platz ist.

N.B. Als Schriftsteller und Mensch wirst Du mit Befriedigung feststellen, daß der Wortlaut Deines Manuskriptes nicht angetastet worden ist. Ich habe mir lediglich erlaubt, das Tagebuch durch Kapitelüberschriften zu gliedern.

Entschuldige, Fäustchen!

DAS SALZBURGER TAGEBUCH
DES GEORG RENTMEISTER
ODER
DER KLEINE GRENZVERKEHR

Geschrieben
im August und September des Jahres 1937
(nach Christi Geburt)

Motto: »*Hic habitat felicitas!*«[*]

[*] »Hier wohnt das Glück.«

Diese Inschrift stand auf einem altrömischen Mosaik-
fußboden, den man in Salzburg fand, als man für das
Mozart-Denkmal den Grund legte.

Die Vorgeschichte

Berlin, Ende Juli 1937.

Karl hat mir aus London geschrieben und fragt, ob ich ihn Mitte August in Salzburg treffen will. Er ist von der Leitung der Salzburger Festspiele eingeladen worden, da man ihn fürs nächste Jahr als Bühnenbildner gewinnen möchte. Diesmal wollen sie sich ihn und er soll sich einige Aufführungen anschauen. Man hat ihm für eine Reihe von Stücken je zwei Karten in Aussicht gestellt. Ich war lange nicht im Theater und werde fahren.

Ich darf nicht vergessen, ein Devisengesuch einzureichen. Denn da Salzburg in Österreich liegt, muß ich die Grenze überschreiten; und wer zur Zeit die Grenze überschreitet, darf, pro Monat, ohne weitere Erlaubnis höchstens zehn Reichsmark mitnehmen. Nun habe ich mathematisch einwandfrei festgestellt, daß ich in diesem Fall an jedem Tag – den Monat zu dreißig Tagen gerechnet – genau 33,3333 Pfennige ausgeben kann, noch genauer 33,3333333 Pfennige. Was zu wenig ist, ist zu wenig. Das Gesuch um die Bewilligung einer größeren Summe ist unerläßlich. Ich werde es noch heute der kleinen Tante diktieren und abschicken.

Berlin, Mitte August.

Karl ist schon seit Tagen in Salzburg und hat, ungeduldig wie er ist, depeschiert. Er will wissen, warum ich noch nicht dort bin und wann ich wohl eintreffe. Daraufhin habe ich die Devisenstelle angerufen und mich erkundigt, ob ich in absehbarer Zeit auf eine Beantwortung meines Gesuchs rechnen könne; ich bäte, meine Neugierde zu entschuldigen, aber die Salzburger Festspiele gingen programmgemäß am 1. September zu Ende. Der Beamte hat mir wenig Hoffnung gemacht. Die Gesuche, meinte er, türmten sich in den Büros; und es gäbe begreiflicherweise dringlichere Anträge als solche von Vergnügungsreisenden. Nun habe ich also die Erlaubnis des Wehrkreiskommandos und die der Paßstelle: Ich darf für vier Wochen nach Österreich. Doch was nützt mir das, solange ich nur zehn Mark mitnehmen kann?

Berlin, 19. August.
Karl bombardiert mich mit Depeschen. Ob ich glaubte, daß die Festspiele meinetwegen verlängert würden, telegraphiert er, und, er sei bereit, mit Toscanini wegen einer Prolongation zu verhandeln; ich müsse nur noch angeben, wann ich genauestens zu kommen gedächte; ob schon im November oder erst im Dezember.

Was kann ich tun? Die Devisenstelle hat noch keinen Bescheid geschickt. Und ich traue mich nicht, schon wieder anzurufen. Die Leute haben schließlich andre Dinge im Kopf als meine Ferien. Erich hat mich auf eine Idee gebracht, die nicht übel ist. Ich habe anschließend mit dem Hotel Axelmannstein in Bad Reichenhall telefoniert und ein Zimmer mit Bad bestellt. Ich kenne das Hotel von früher. Sehr komfortabel; Golfplatz, Schwimmbad, Tennisplätze, alles im Hause. Um die Fahr- und Bettkarte ist die kleine Tante unterwegs. Sie ist auch angewiesen, mir die Antwort der Devisenstelle nachzusenden. Heute abend kann die Reise losgehen.

Der Plan

Im Schlafwagen, 19. August.

Mir ist recht verschmitzt zumute. Es ist Nacht. Der Zug donnert durch Franken. Ich liege im Bett, trinke eine halbe Flasche Roten, rauche und freue mich auf Karls dummes Gesicht.

Er wird kein klügeres ziehen als vor wenigen Stunden der alte Justizrat Scheinert am Anhalter Bahnhof. »Hallo, Doktor«, rief er, als er mich sah, »wo fahren Sie denn hin?«

»Nach Salzburg!« antwortete ich.

»Nach Salzburg? Sie Glücklicher! Wo werden Sie denn wohnen?«

»In Reichenhall!«

Der gute Mann hat schon von Haus aus kein durchgeistigtes Antlitz, doch jetzt wirkte er tatsächlich wie ein Schaf mit Hornbrille.

In Österreich ins Theater gehen, in Deutschland essen und schlafen: die Ferien versprechen einigermaßen originell zu werden! Mein alter Schulatlas hat mich davon überzeugt, daß Reichenhall und Salzburg keine halbe Bahnstunde auseinanderliegen. Eisenbahnverbindungen sind vorhanden. Der Paß ist in Ordnung. So werde ich denn für meine Person den sogenannten kleinen Grenzverkehr permanent gestalten.

In Reichenhall werde ich als Grandseigneur leben, in Salzburg als Habenichts; und jeden Tag werde ich der eine oder der andere sein. Welch komödienhafte Situation! Und da haben die Herren Dichter Angst, die Erde könnte, infolge des sogenannten Fortschritts, unromantisch werden!

Man sollte sich diesbezüglich keine Sorgen machen. Die meisten Länder haben schon ihre Devisengesetze. – Die Flasche ist leer. Drum schließ ich meine Äuglein zu.

Im Speisewagen, 20. August.

Das Frühstück ist die schönste Tageszeit. Der Schnellzug eilt durch die bayrischen Berge. Die Bauern spießen das Heu, damit es trockne, auf in den Wiesengrund gerammte Pflöcke. Und die Sommerlandschaft dreht sich heiter um uns, »wie eine Platte auf Gottes großem Grammophon«.

Ich sitze im Raucherabteil und habe soeben eine Feststellung gemacht. Die Eisenbahngesellschaften aller Länder haben zwei Sorten Coupés in Betrieb, die Raucher- und die Nichtraucherabteile. Soweit scheint die Sache in Ordnung – doch sie scheint es nur. Im Nichtraucherabteil ist das Rauchen verboten; demzufolge müßte im Rauchercoupé das Nichtrauchen verboten sein! Doch dem ist nicht so, und derartige Inkonsequenzen verletzen mein Gerechtigkeitsgefühl aufs tiefste. Wie schön wäre das, wenn der Schaffner jetzt ins Raucherabteil träte und diejenigen, die nicht rauchen, in Strafe nähme und streng ins Nichtrauchercoupé spedierte!

Nichts auf der Welt ist vollkommen. Doch ich muß aufhören. Wir haben Freilassing passiert. Die nächste Station heißt Reichenhall.

Reichenhall, 20. August.

Eben bin ich aus Salzburg zurückgekommen; nun hock ich, Mitternacht ist vorbei, in der Hotelbar und trinke das vielgeliebte »Charlottenburger Pilsner«, wie die Freunde die herzhafte Mischung aus Sekt und Bier getauft haben.

Vor sechs Jahren war ich zum letztenmal in Salzburg. Doch als Karl und ich heute mittag im Garten des Stiegl-bräus, hinten in der »Welt«, saßen und auf die Stadt der streitbaren und kunstsinnigen Erzbischöfe hinabschauten, war ich von neuem überwältigt. Auch Anmut kann erschüttern.

Der Blick auf das halbe Dutzend durch Portale, Kolonnaden und Portikusse miteinander verbundener Paläste und auf die vielgestaltigen Türme und Dächer, die den Grundriß des komplexen Platzgefüges klar und doch lebendig wiederholen – dieser Anblick ist nördlich der Alpen einzig. Kein Wunder, denn jene geistlichen Fürsten, die Salzburg erschufen, wollten und bauten eine italienische Residenz.

Der Zusammenklang der verschiedenen Farben und Farbtöne, die alle ins Heitere zielen, vollendet, was eigentlich keiner Vollendung bedarf. Die Dächer schimmern grün, schiefergrau und mennigrot. Über allem ragen die marmorweißen Türme des Doms, das dunkelgrau, weinrot und weiß gesprenkelte Dach der Franziskanerkirche, die altrosa Türme der Kollegienkirche mit ihren weißen Heiligenfiguren, der graugrüne Turm des Glockenspiels und andre rostrote und oxydgrüne Kuppeln und Turmhelme. Man sieht eine Symphonie.

Karl erzählte mir, daß Wolf Dietrich von Raitenau, mütterlicherseits ein Medici, einer jener wappen- und waffenfreudigen Renaissancefürsten, die sich Erzbischöfe nannten, um das Jahr 1600 das alte Münster und über hundert Wohnhäuser abreißen ließ, um einen neuen Dom zu errichten. Er berief einen Schüler Palladios, der den Grund legte. Dann stockte das Bauvorhaben; denn Wolf Dietrich ließ sich unvorsichtigerweise in eine Fehde mit Bayern ein und wurde auf der Hohensalzburg, seiner eigenen Festung, bis zum Tode eingesperrt. Markus Sittikus von Hohenems, der Vetter und Nachfolger, berief einen andren italienischen Baumeister. Der riß den neuen Baugrund heraus und fing von vorn an. Erst unter der Regierung des Grafen Paris Lodron, des nächsten Erzbischofs, wurde der Dom vollendet.

Das war im Jahre 1628, also im Dreißigjährigen Kriege, der Salzburg überhaupt nicht berührte: »Hic habitat felicitas!«

Diese drei absoluten Herrscher zwangen ihre Residenz zur architektonischen Vollkommenheit. Ihren Nachfolgern, den im Barock und Rokoko lebenden Kirchenfürsten, blieb nur noch übrig, die bereits erreichte Perfektion räumlich auszubreiten; in vor der damaligen Stadt gelegenen Schlössern, die für Mätressen errichtet wurden; in Parks und Lustgärten voll steinerner Fabeltiere und mythologischer Figuren. Als sich Salzburg baulich erfüllte, riefen die Erzbischöfe aus Italien andre Künste herbei: die Musik und das Theater. Noch Mozarts Vater brachte es nur bis zum zweiten Kapellmeister, da auch im achtzehnten Jahrhundert der erste Kapellmeister Italiener sein mußte.

Karl will mir nächstens und unbedingt das Steinerne Theater zeigen, das Marx Sittich in Hellbrunn, auf dem Berg hinter dem Monatsschlößchen errichten ließ. In diesem mitten im Wald gelegenen Felsentheater, einem ehemaligen Steinbruch, wurden die ersten italienischen Opern auf deutschem Boden aufgeführt.

Salzburg ist zur theatralischen Szenerie geboren und berufen. Es ist kein Zufall, daß jetzt, im zwanzigsten Jahrhundert, die »Festspiele« Salzburg internationalen Ruf eintragen. Ob man vor Jahrhunderten im Steinernen Theater die ersten europäischen Opern spielte oder heute vor dem Dom und in der Felsenreitschule Hofmannsthal und Goethe, diese Stadt ist mit dem Spieltrieb verschwistert.

An unserem Tisch im Stieglbräu saßen Einheimische. Sie sprachen über das Theater, als seien sie, ob Bäcker, Schuster oder Schneider, Leute vom Bau. Sie verglichen die verschiedenen im Laufe der Jahre aufgetretenen Titelhelden des »Jedermann«, debattierten wie Kritiker vom Fach und einigten sich dahin, daß M. als Jedermann mit Abstand »am schönsten gestorben« sei.

Reichenhall, 20. August, spät nachts.
Die Bar war schließlich so leer, daß ich es vorgezogen habe, mich mit zwei Flaschen Pilsner in mein Zimmer zurückzuziehen.

Ich liege im Bett und studiere eine Salzburger Zeitung. Die Redaktion teilt mit, daß in dieser Festspielzeit mehr als 60 000 Fremde in Salzburg abgestiegen sind und daß diese Fremden etwa 15 000 Automobile mitgebracht haben. Wenn man unterstellt, daß in einem Wagen durchschnittlich drei bis vier Personen reisen, so ergibt sich zweifelsfrei, daß ich der einzige Zugereiste bin, der nicht im Auto angekommen ist.

Ich fahre im Autobus. Er hält in Reichenhall vor meinem Hotel und trifft, trotz zweier Paßkontrollen, kaum eine halbe Stunde später auf dem Residenzplatz in Salzburg ein.

Die zehn Mark, die ich in einem Monat drüben verleben darf, habe ich bereits heute ausgegeben. Der Leichtsinn zwickte mich förmlich. Ich habe alles gekauft, was mir vors Portemonnaie kam: Mozartkugeln, Ansichtskarten, Brezeln. Sogar englische Gummibonbons! Ab morgen bin ich, auch wenn ich nur einen Kaffee »mit Schlag« trinken will, Karl auf Gnade und Barmherzigkeit ausgeliefert.

Übrigens habe ich, da wir morgen zum »Faust« gehen, schon heute meinen Smoking über die Grenze transportiert und bei Karl abgeliefert. Er wohnt im Höllbräu, einem ebenso prächtigen wie alten Gemäuer. Man muß über viele schmale ausgetretene Stiegen klettern, bis man in das Zimmerchen gelangt. Nun hängt mein Smoking also in Österreich. Ob er Heimweh hat?

Morgen mittag treffe ich Karl im Café »Glockenspiel«. Ich werde keinen Pfennig Geld, jedoch ein fürstliches Lunchpaket mitnehmen. Das darf man. Karl will früh im Mirabellgarten zeichnen. Überhaupt, er aquarelliert, zeichnet, tuscht und rötelt wie ein Besessener. Er ist – und das hat Salzburgs Schönheit bewirkt – chronisch »angeheitert«.

Elf Uhr nachts, als mein Autobus am Residenzplatz losfuhr, stand er noch immer vor der Post und malte den Hofbrunnen, dieses italienische Meisterstück unter den Brunnen: die vier steinernen Pferde mit ihren Flossen und Fischschuppen; mit Mähnen, die Allongeperücken ähneln; die Fontänen, die aus den Nüstern der Wasserhengste hervorschießen und in der künstlichen Nachtbeleuchtung silbern aufschäumen; und im Hintergrund der schweigsame Dom und die Front der noch verschwiegeneren Residenz – eine tolle Szenerie!

Gute Nacht, Herr Malermeister!

Das große Erlebnis

Reichenhall, 21. August.

Der Tag dämmert herauf, und ich kann nicht schlafen. Wie ein angestochenes Kalb bin ich durch die nächtlichen Straßen gerannt; nach Bayrisch-Gmain und zurück; zum Bahnhof; die Salzburger Chaussee hinaus und wieder zurück. In der Bar saß ich zehn Minuten. Dann lief ich wieder ins Freie, hockte irgendwo auf einem niedrigen Villenzaun ...

Daß mir das passieren mußte!

Ich bin verliebt! Ein bißchen verliebt, das hätte ich mir gefallen lassen, aber gleich so! Verliebt wie ein Primaner meinetwegen, aber gleich wie eine ganze Prima? Ich kriege keine Luft, wenn ich an das Mädchen denke. Dabei denk ich unaufhaltsam an sie! Mir ist zum Ersticken. Ein entsetzlich herrlicher Zustand!

Als ich mittags in Salzburg ankam, war Karl noch nicht im Café. Meine Brieftasche lag in Reichenhall, und ich war, »wie das Gesetz es befahl«, ohne einen Pfennig Geld. Ich trat in die winzig kleine Michaeliskirche – von drei Seiten ist sie überdies zugebaut – und betrachtete die Kerzen und Dankschreiben, die dem heiligen Thaddäus von geheilten Fußkranken dargebracht worden sind. Im Vorraum besah ich mir die Sammelbüchse, über der die Worte »Sparkasse für die Ewigkeit« stehen, und die Ankündigung von »Autobus-Wallfahrten«, bei deren einigen der »Paß erforderlich« ist. (Ob auch die Kreuzritter, wenn sie ins Heilige Land zogen, Pässe brauchten?)

Als ich aus der Kirche trat, goß es in Strömen. Ich stürzte ins Café »Glockenspiel«, bestellte einen Kaffee, las eine Zeitung nach der andern und wartete auf Karl.

Ich saß auf Kohlen. Der Kaffee war getrunken, und der

Ober, so schien's mir, umschlich mich wie ein Bravo. Was sollte ich anfangen, wenn der Malfritze nicht kam? Die verabredete Treffzeit war um eine volle Stunde überholt. Es war aussichtslos, länger zu warten. Mir blieb nichts übrig: ich mußte einen der Gäste bitten, mir den Kaffee zu zahlen! Da hatte ich die romantische Situation, die ich mir so liebreich ausgemalt hatte!

Ich taxierte die Gäste auf ihre Eignung hin, einen wohlhabenden Fremden zu einer Tasse Kaffee einzuladen, die er bereits getrunken hatte. Und da sah ich sie!

Sie heißt Konstanze. Kastanienbraunes Haar hat sie und blaue Augen – aber auch wenn's umgekehrt wäre, bliebe sie vollkommen.

Wahrscheinlich hatte sie die Unruhe, mit der ich auf jemanden wartete, beobachtet, und nun blickte sie belustigt zu mir herüber. Vielleicht, wenn sie nicht gelächelt hätte, aber so!

Ich stand auf, ging hinüber, gestand ihr meine Notlage und bat sie, mich zu bedauern und mir zu helfen.

Sie lachte – oh, ist Salzburg eine musikalische Stadt! – sie lachte und forderte mich zum Sitzen auf. Sie zahlte den Kaffee und lud mich zu einer zweiten Tasse ein. Ich weiß, daß ich das abschlug; was wir sonst geredet haben, weiß ich nicht. (Es steht außer Frage: Verliebtheit gehört ins Gebiet des akuten Irreseins. Die Infektion des Gemüts deformiert das Verstandes- und Willensleben des Kranken bis zur Unkenntlichkeit.)

Dann brach sie auf. Selbstverständlich kam ich mit. Wir machten Besorgungen. Erst auf dem bunten Markt vor der Kollegienkirche. Dann in den mittelalterlichen »Durchhäusern«, die zur Getreidegasse führen. In einer Wachszieherei kaufte sie zwei Lebzelten mit roten Herzen aus Zuckerguß. Die aßen wir auf der Straße. Ich trug ihr Marktnetz und mein Lunchpaket. Unten am Kai verabschiedete sie sich. Sie versprach, morgen wieder ins »Glockenspiel« zu kommen.

Ja, und dann gab ich ihr einen Kuß! Zwischen Hunderten von Menschen. Von allen möglichen Sprachen der Welt umschwirrt. Ich kannte sie kaum und gab ihr einen Kuß; ich konnte gar nicht anders. Mir war, als gäbe ich ihn dem Schicksal, das mich sie treffen ließ.

Eben noch hatte sie gelächelt. Nun war sie ernst. So ernst wie ich.

So hat es sich zugetragen. – Karl begegnete ich dann in seinem Zimmer im Höllbräu. Er hatte im Café Tomaselli auf mich gewartet. Es war ein Mißverständnis gewesen, weiter nichts. Ein Mißverständnis! Ich zog geistesabwesend den Smoking an. Später, im Bräustübl, aß ich, was man mir in Deutschland mitgegeben hatte: gekochte Eier, belegte Brote, Weintrauben und Pfirsiche. Die Kellnerin brachte unaufgefordert Teller und Besteck. Bauern, Chauffeure, Theaterbesucher, alle sitzen sie in diesen Bräustuben an ungedeckten, gescheuerten Tischen und verzehrten Mitgebrachtes. Mein Bier hat Karl gezahlt. Gefragt hat er nichts. Es lag wohl an meiner Stimmung, daß mich die Faust-Aufführung nicht sonderlich berührte. Man hat die um 1700 angelegte Reitschule, deren in die Felsen gemeißelte Arkaden sich stockwerkweise übereinanderreihen, zur Freilichtbühne umgebaut. Die Schauplätze liegen manchmal über-, manchmal nebeneinander. Die Scheinwerfer beleuchten bald hier, bald da eine Szenerie. Die Entfernung zwischen den Szenerien ist häufig beträchtlich. Und so oft es dunkel wurde, hatte ich die ernüchternde Vorstellung, daß nun die Darsteller bei vollster Finsternis im Dauerlauf dahingaloppierten, um nur ja rechtzeitig in Auerbachs Keller oder im Kerker einzutreffen.

Warum spielt man eigentlich Goethes »klassischen« Faust, warum nicht seinen Urfaust oder das alte Faustspiel? Ein Gespräch, das ich in der Pause hörte, erklärt, was ich meine. In dem Gewühl von Nerz- und Zobelpelzen, Maharadschas,

Fracks, Brillanten und Uniformen trafen sich eine Amerikanerin und ein Amerikaner. Sie tauschten ihre Eindrücke
aus.

»Do you understand a word?« fragte sie.

Und er antwortete: »No.«

Nach der Pause begann es zu regnen. Über den Zuschauerraum rollte eine Plane, und da nun der Regen auf dieses Zelt-
dach prasselte, war es auch akustisch unmöglich geworden,
Goethe zu verstehen. Faust machte den Mund wie ein Nußknacker auf und zu. Gretchen und Mephisto wurden naß
und durften keinen Schirm aufspannen. Nach der Vorstellung zog ich mich in Karls Zimmer um und erreichte eben
noch den letzten Autobus nach Reichenhall.

Jetzt will ich zu schlafen versuchen, obgleich mir das Herz
im Halse klopft. Sie heißt Konstanze, und morgen werde ich
sie wiedersehen. Sie schaut aus wie eine Kronprinzessin und
ist – ein Stubenmädchen! Tatsächlich! Aus einem Schloß
halbwegs Hellbrunn. Das Schloß gehört einer gräflichen
Familie, die auf Reisen ist und das Haus samt Personal für
die Dauer der Festspielzeit an reiche Amerikaner vermietet.
Ein Stubenmädchen? Eher eine Zofe aus einer Mozartschen
Oper! Ich gestand ihr, daß ich das Geld für die Tasse Kaffee
und den Lebkuchen nicht zurückgeben könne. Sie lachte.
Sie hat ein Sparkassenbuch.

Reichenhall, 21. August, später.

Ich kann nicht schlafen.

Reichenhall, 21. August, noch später.

Draußen wird es hell. Ich stehe auf.

Salzburg, 22. August, mittags.

Ich habe den ersten Autobus nach Salzburg benutzt. Während der Fahrt kam die Sonne hinter den schleppenden Wolken hervor und beschien Reichenhall und Salzburg gleichermaßen. Zu beiden Seiten der Grenze erstreckt sich das gleiche Alpental; zu beiden Seiten spricht man dieselbe deutsche Mundart; hier wie dort trägt man die gleiche Stammestracht, die Lederhosen, die Lodenmäntel, die Dirndlkleider und die lustigen grünen Hüte mit den Rasierpinseln.

Der einzige Unterschied ist der, daß in Deutschland die Autos rechts, in Österreich hingegen links fahren müssen.

Dicht hinter dem österreichischen Zollamt – auf dem Walserfeld, wo die Römer einst, ehe es ein Deutschland und ein Österreich gab, Villenkolonien bauten – liegt ein Ort, der Himmelreich heißt. Und als ein Bauer, der an der deutschen Grenze den Autobus bestiegen hatte, beim Schaffner »Himmelreich, hin und zurück« verlangte, klang mir das bedeutend poetischer, als es gemeint war.

Karl entdeckte ich auf einer der Salzachbrücken. Dort skizzierte er mit Buntstiften einen Angler, der im Fluß auf einem herausragenden Stein stand. Ich wartete, bis auch der Hintergrund, die auf einem Hügel gelegene Müllner Kirche mit dem hübschen roten Dach, im Bilde war. Währenddem vergnügte ich mich damit, die Ausländer zu betrachten. Viele von ihnen wollen, was die Tracht anlangt, die Einheimischen übertrumpfen und kommen voll kindlichen Stolzes als Pinzgauer Bauern daher, oder als Lungauer Bäuerinnen; tragen Kropfketten, ohne einen Kropf zu besitzen; haben englisch gerollte Regenschirme über dem Arm oder fahren gar, vom Trachtengeschäft Lanz herrlich ausstaffiert, in Automobilen mit mindestens zwei Chauffeuren! Es stört nicht, es belustigt höchstens. In Salzburg dürfen ja auch die Zuschauer Theater spielen.

Später bummelten wir durch die Gassen, blickten in Tore und Höfe hinein, freuten uns über hölzerne Stiegen, Altane und Bogengänge, kunstvolle Zunft- und Gasthauszeichen, bemalte Heilige in Hausnischen, heitere und fromme Sprüche in den Hohlkehlen der Dachfirste; wir freuten uns über alles, was alt ist!

Denn das ist ja immer wieder augenfällig, und nicht nur in Salzburg: Jeder Fenstersims und jedes Türschloß, jeder Schornstein, jede Ofenkachel und jedes Stuhlbein aus früheren Jahrhunderten verraten Geschmack, Können und Liebe zum Gegenstand. Die Beziehungen beider, des Handwerkers und des Besitzers, zum Haus, zur Tracht, selbst zum winzigen Hausrat hatten bis zum Biedermeier Geltung. Dann kam die Sintflut, und wo wurde Makart geboren?

In Salzburg!

Wir stiegen zu der Hohensalzburg hinauf. Wir wollten jene vielen, in den verschiedensten Epochen gebauten Türme, Tore, Wälle und Bastionen, die vom Tal her als riesige mittelalterliche Bergfestung wirken, aus der Nähe betrachten. Der Anstieg bot mannigfach wechselnde Ausblicke auf die schöne Stadt und das anmutige Hinterland. Als wir droben waren, schauten wir uns gründlich in dem mächtigen Mauerwerk um. Karl zeigte mir zudem wichtige Punkte des Panoramas: Hellbrunn, den Gaisberg; dessen kleinen Bruder, den Nockstein; die weiße Wallfahrtskirche Maria-Plain. Schließlich setzten wir uns in der Burgwirtschaft unter einen der großen bunten Sonnenschirme.

Karl, der dem Hunger seit jeher dadurch vorbeugt, daß er zu essen anfängt, bevor ihn hungern könnte, bestellte sich ein Beinfleisch mit Beilagen. Ich futterte trotz seiner ernstgemeinten Einwände aus der Reichenhaller Tüte. »Ich werde dir heute sowieso noch unumgängliche Ausgaben verursachen«, sagte ich.

»Willst du dir eine ortsansässige Lederhose anschaffen?«

fragte er. »Oder hast du in einer der Buchhandlungen eine spannende Broschüre über den deutschen Konjunktiv entdeckt?«

»Ich brauche heute nachmittag zwei Tassen Kaffee und zwei Stück Kuchen.«

»Seit wann ißt du denn zwei Stück Kuchen?« Er schüttelte den Kopf, legte aber gutmütig ein Fünf-Schilling-Stück auf den Tisch.

Ich konnte eine Weile nicht antworten, da man mir für die gesottenen Eier Zucker statt Salz mitgegeben hatte. Es schmeckte schauderhaft. Als ich wieder bei Stimme war, sagte ich: »Erstens werde nicht ich den Kuchen essen; und zweitens will ich kein Bargeld haben. Das widerspricht möglicherweise den einschlägigen Bestimmungen. Ich muß dich bitten, mit mir ins ›Glockenspiel‹ zu kommen und dem Kassierkellner den für zwei Tassen Kaffee, zwei Kuchen und ein angemessenes Trinkgeld entsprechenden Geldbetrag pränumerando in die Hand zu drücken. Ich bin ein Habenichts und gedenke es zu bleiben.«

»Und sobald ich den Kellner bezahlt haben werde, wirst du mich nicht länger zurückhalten wollen.«

»Ich weiß, daß du im Mirabellgarten die steinernen Zwerge skizzieren willst, und Künstlern soll man nicht im Wege sein.«

»Deshalb hast du also den Strauß Alpenveilchen aus Reichenhall herübergeschleppt!« meinte der Herr Künstler.

Und ich sagte: »Ich wollte dir nicht auch noch wegen Blumen Unkosten bereiten.« Das war unser erstes Gespräch über Konstanze.

Reichenhall, am selben Tage, aber nachts. Als sie ins Café trat und mir zulächelte, war die Unruhe der letzten vierundzwanzig Stunden vergessen. Das erste Wiedersehen ist der Richter über die erste Begegnung. Und alle Unruhe, die später folgt, ist anderer Art. Als Konstanze auf mich zuschritt, spürte ich, daß das Glück diesmal keinen Ausweg finden wird. Es muß uns in die Arme laufen.

Sie freute sich über die rosaroten Zyklamen; der Kellner stellte den Strauß in eine Vase. Und nachdem sie gehört hatte, wie erfinderisch ich gewesen war, um den Gastgeber spielen zu können, aß sie, zum Zeichen ihrer Anerkennung, beide Kuchenteller leer. Auf kein Sektfrühstück, zu dem ich je Frauen oder Freunde einlud, bin ich so stolz gewesen wie auf den von Karl vorausbezahlten Kaffee und Kuchen. Es war wie Weihnachten im August! Erstaunlich ist immer wieder, wie unbeträchtlich der Gesprächsgegenstand wird, solange man sich noch alles zu sagen hat. Da kann man über den deutschen Humanismus unmöglich tiefgründiger sprechen, als wir's über Blätterteiggebäck und Autobusverbindungen taten. Anschließend erzählte sie Anekdotisches aus ihrem Berufsleben. Solch ein von reichen Amerikanern angemietetes österreichisches Renaissanceschloß verdiente es wahrhaftig, als Milieu von einem Lustspielautor aufs Korn genommen zu werden.

Konstanze ist, im Rahmen ihrer Möglichkeiten, keineswegs ungebildet. Sie hat eine Handelsschule besucht, und sie verstand es, während ich ihr von meiner neuen Stenographie erzählte, sachkundig zuzuhören.

Sie lachte sehr, als ich ihr von meiner Beteiligung am letzten Kurzschrift-Wettschreiben in Berlin berichtete: daß ich jedes der Diktate als erster und lückenlos abgegeben hatte; daß die Jury keine einzige Silbe hatte lesen können, weil sich's ja um mein eigenes unveröffentlichtes System handelte; und daß leider nicht einmal ich, zum Vorlesen aufgefordert, meine Stenogramme zu entziffern imstande gewesen war.

Die Zeit hielt nicht still. Da Konstanze noch eine Stunde frei hatte und keinerlei Besorgungen machen mußte, beschlossen wir, Karl im Mirabell zu überraschen. Doch wir standen

kaum auf der Straße, so begann es ortsüblich zu regnen. Wir
setzten uns in Trab, landeten atemlos im Portal der Residenz
und schlossen uns dort einer Führung durch die prunkvol-
len historischen Säle an. Derartige Führungen entbehren nie
der Komik. Man kann von ehemaligen Wachtmeistern unmöglich verlangen, daß sie, während Menschen aller Sprachen und Stände hinter ihnen hertrotten, kunst- und kultur-
historische Aufschlüsse geben. Bedenkt man ferner, daß diese
braven Männer ihren eingelernten Text am Tage ein dut-
zendmal herunterbeten müssen, wundert einen auch ihre
stoische Teilnahmslosigkeit nicht mehr.

Leider kicherte Konstanze bereits im ersten Saal! Der
brave Alte unterbrach seine lichtvollen Ausführungen über
dreihundertjährige Gobelins und warf uns, ehe er den nächsten Raum betrat, einen derart verächtlichen Blick zu, daß
wir uns selbständig zu machen beschlossen. Wir ließen ihm
und seiner andächtigen Schar einen Vorsprung und spazierten, Hand in Hand, allein und stumm wie in einem Mär-
chenschloß von Saal zu Saal. Dann packte Konstanze der
Übermut. Sie spielte eine Amerikanerin, die mich für den
Führer hielt, und verlangte über Bilder, Teppiche, kunstvolle Uhren und was ihr sonst ins Auge fiel, die verwegen-
sten Auskünfte.

Ich stellte mich als Museumsdirektor Geheimrat Gali-
mathias vor und beantwortete ihre Fragen mit haarsträuben-
dem Unsinn. Colloredo – derselbe, der den armen Mozart
so schikanierte – schaute verkniffen, blutarm und humorlos
aus einem goldenen Rahmen auf uns herunter. (Konstanze
spricht ein tadelloses Englisch. Was man alles auf so einer
Handelsschule lernt! Ich hätte auch hingehen sollen.) Im
Schlafzimmer der Erzbischöfe, im ältesten Residenzflügel,
stießen wir wieder zu den anderen. Der brave Alte öffnete
eine Tür, und wir glaubten natürlich, noch einen Prunksaal
absolvieren zu müssen.

Statt dessen blickten wir in das Innere der Franziskanerkirche! Wir traten einen Schritt vor und standen auf dem Balkon, von dem aus die Erzbischöfe jahrhundertelang dem Gottesdienst beiwohnten.

Vier gewaltige graue Säulen, versteinerten Urwaldbäumen vergleichbar, ragten hinauf bis in die Dämmerung des Kirchendaches. Unter uns lag der marmorne goldbeladene Hochaltar mit einer kindhaften Madonna von Pacher. Um sie und den Knaben schwebte ein Reigen ergötzlich gesunder, vergnügter Engel: ein geflügelter Kindergarten! Und an den Flanken des Altars erhoben sich zwei pompöse, herrlich bemalte Holzplastiken, der heilige Georg und der heilige Florian; beide mit blitzendem Panzer, hohen Schnürstiefeln, Turnierlanzen und Helmen, auf denen bunte Pleureusen wippten; zwei antike Helden aus der Barock-Oper.

Die Führung war beendet, und auch der Regen hatte aufgehört. Wir gingen noch einmal, jetzt durch das Hauptportal, in die Franziskanerkirche. Wieder bewunderten wir die runden Säulenriesen und den farbenprächtigen, fröhlichen Altar. Dann suchten wir den niedrigeren, ältesten Teil der Kirche auf und wanderten auf Zehenspitzen an den Beichtstühlen vorüber.

An einem von ihnen hing ein billiges Pappschild mit dem Aufdruck: »English spoken«; an einem andren lasen wir, auf genauso einem abscheulichen Pappendeckel: »On parle français«.

Wenn man unbedingt bekanntgeben will, daß hier auch Ausländer ihr Herz ausschütten können – warum bemüht man sich nicht um eine würdigere Fassung dieses Hinweises?

Morgen hat Konstanze keine Zeit für uns beide. Doch übermorgen ist ihr »freier Tag«! Den werden wir gemeinsam zubringen. Ich soll das Badezeug nicht vergessen. Hoffentlich kostet das Baden nichts. Überhaupt, die finanztechnische Seite dieses »freien Tages« macht mir Kummer. Soll ich etwa Karl als zweibeiniges Portemonnaie mitschleppen? Eher komm ich mit drei Rucksäcken und sechs Thermosflaschen aus Reichenhall angerückt! Meinen Vorschlag, sie möge nach Deutschland hinüberkommen, lehnte sie ab. Sie will, denke ich, in ihrer Sphäre bleiben.

In der Haffnerstraße verabschiedeten wir uns. Ich sagte: »Also auf übermorgen, Fräulein Konstanze!« Sie sah mich lächelnd an, gab dem Alpenveilchenstrauß einen kleinen Kuß und rief fröhlich: »Grüß dich Gott, Georg!« Dann war sie verschwunden.

Abends waren Karl und ich beim Domkonzert. Man spielte von Cornelius »Gesänge nach Petrarca« und die C-Dur-Messe op. 86 von Beethoven. In den vollbesetzten Stuhlreihen saßen Mönche, elegante Frauen, ausländische Pressevertreter, Priester, Reisende aus aller Welt, Bauern, Studenten, alte Weiblein, Dichter und Offiziere. Es war eine unermeßliche Stille. Die Frommen schwiegen miteinander, und von uns anderen schwieg jeder für sich.

Hermann Bahr hat diese Kirche den schönsten Dom Italiens auf deutschem Boden genannt. Heute abend hatte er recht. Als sich die Kapelle, der Chor, die Orgel und die Solosänger zu der gewaltig tönenden liturgischen Konfession Beethovens vereinigten, lösten sich, im Schlaf gestört, kleine Fledermäuse aus dem Kuppelgewölbe und flatterten lautlos in der klingenden Kirche hoch über unsern Köpfen hin und her. Ich schrieb auf einen Zettel, den ich Karl zuschob: »Hier haben selbst die Mäuse Engelsflügel.« Er nickte, dann versank er wieder im Zuhören. – »Grüß dich Gott, Georg!« hat sie gesagt.

Salzburg, 23. August, nachmittags im Tomaselli. An der Grenze kennt man mich armen Reisenden schon. Heute wollte der Zollbeamte mein Portemonnaie sehen. Ich sagte wahrheitsgemäß, es läge im Schlüsselfach des Hotels

Axelmannstein; und er fragte besorgt, was ich täte, wenn ich
in Österreich Durst bekäme. Ich beschrieb ihm meinen wohl-
tätigen Freund Karl, so gut ich konnte.

Von meinem Durst kamen wir auf Magenbeschwerden
zu sprechen, die er hatte. Eine offensichtlich ränkesüchtige
Mitreisende riet ihm, Trinken und Rauchen zu lassen. Der
Beamte und unser Chauffeur machten ob dieser dreisten
Zumutung finstere Gesichter. Nein, dann freue ihn das
ganze Leben nimmer, äußerte der Zöllner. Trinken und Rau-
chen brauche er so nötig wie die Luft und das tägliche Brot.
Der Chauffeur sagte, ihm zunickend:

> »Halt’ mer’s aus, sin’mer g’sund,
> Halt’ mer’s net aus, geh’mer z’grund.«

Und so getröstet, blieb der magenleidende Beamte an der
Zollschranke zurück.

Karl erwartete mich vor dem Augustinerkeller in Mülln.
Wir pilgerten stadtwärts; durchs Klausentor ins Gstätten-
viertel hinein, dessen Häuser an den Felsen des Mönchsber-
ges kleben und zum Teil in die Felsen gehauen sind. Man
kann durch offene Tore niedrige Gewölbe und im Hintergrund sogar Stuben mit Felswänden erkennen.

Hier zu wohnen ist nicht ungefährlich, obwohl die Häuser
durch die eigentümlichen »Grabendächer« geschützt sind.
Immerhin, beispielsweise 1669 wurden durch einen Steinschlag zwei Kirchen und eine ganze Häuserzeile vernichtet.

Wir wanderten an Fischer von Erlachs Ursulinerinnen-
kirche vorbei ins Städtische Museum und schauten uns eine
Stunde lang unter den angesammelten Schätzen um, bis uns
die Augäpfel schmerzten. Das Schönste war für mich der
»Spottofen«. Jede Kachel des Ofens stellt einen Buchrücken
mit einer gelehrten Inschrift dar. Das Ganze wirkt also wie
ein Bücherberg, dessen lateinischer und theologischer Inhalt
verheizt wird. Und in Manneshöhe ragt aus den Bücher-

kacheln ein kleiner, aufgeregt gestikulierender Kanzelredner heraus. Man weiß nicht recht, ob er predigt oder ob er wütend darüber ist, daß man ihn hinterrücks mit wissenschaftlichem Brennmaterial röstet. Ein anderer Teil der Sammlungen soll im Monatsschlößchen bei Hellbrunn untergebracht sein. Karl will in den nächsten Tagen mit dem Skizzenblock hinaus. (Das Monatsschlößchen war übrigens ein spontaner Einfall des Erzbischofs Marx Sittich von Hohenems. 1615 ließ er den Bau in einem einzigen Monat aus dem Boden stampfen. Warum? Er wollte einen hohen Besuch, der Salzburg bereits kannte, überraschen, sonst nichts. Andre Zeiten, andre Einfälle.)

Zu Mittag aßen wir auf dem Mönchsberg. Ich ließ mir Karls Einladung gefallen und machte ihm die erfreuliche Mitteilung, daß er heute keinen Kuchen und höchstens eine Tasse Kaffee zu spendieren brauche und daß er mich morgen überhaupt nicht zu Gesicht bekommen werde. Es tut wohl, wenn Freunde nicht neugierig sind; doch dergleichen kann auch in Interesselosigkeit ausarten! Er schwieg.

Ich sah einem Falken nach, der aus den Felsen hervorschoß und den Türmen der Stadt zujagte. »Wenn es dir recht ist, möchte ich dich übermorgen Konstanze vorstellen. Sie ist ein herrliches Mädchen. Sie hat blaue Augen und kastanienbraunes Haar und –«

»Jawohl«, meinte er. »Sie sieht bezaubernd aus.«

»Du hast uns gesehen?«

»Gestern. Und gehen kann sie, daß es eine Freude ist! Die meisten Frauen können nicht gehen, sondern haben nur Beine, man weiß nicht recht, wozu.«

»Sie läßt dir für Kaffee und Kuchen danken.«

»Gerne geschehen.«

»Morgen hat sie ihren freien Tag.«

»Was hat sie morgen?«

»Ihren freien Tag«, wiederholte ich. »Sie ist Stubenmädchen.«

Da bog sich Karl im Stuhl zurück und lachte so laut, daß die anderen Gäste zusammenschreckten und unfreundlich herübersahen.

Ich glaube, ich war rot geworden. »Was fällt dir denn ein, über so etwas zu lachen!« knurrte ich. Als Karl endlich sein nervtötendes Gelächter niedergekämpft hatte, sagte er: »Menschenskind, diese junge Dame ist doch kein Stubenmädchen!«

»Freilich ist sie eines«, erwiderte ich. »Außerdem hat sie die Handelsschule besucht, kann stenographieren und spricht besser Englisch als wir beide zusammen.«

»Na schön«, sagte er und zuckte die Achseln. »Dann kannst du sie ja nach Berlin zum Staubwischen mitnehmen.«

Karl ist manchmal zu blöd.

Reichenhall, 23. August, nachts.
Die vorige Notiz schrieb ich heute nachmittag im Tomaselli, Salzburgs ältestem Kaffeehaus; es dürfte fast so alt sein wie das Kaffeetrinken in Europa. Vorher hatten wir im Mirabellgarten gesessen, zwischen bunten Blumenbeeten, steinernen Löwen, Einhörnern, Halbgöttern und deren barock geschwungenen Damen.

Auf dem Rückweg erwischte uns ein handfester Platzregen. Wir stürzten im Dauerlauf über die Brücke, an dem zierlichen Rokoko-Rathaus und am Floriansbrunnen vorbei, hinein in das völlig überfüllte Café! Im ersten Stock fanden wir schließlich zwei Stühle. Nicht gerade an einem Tisch, aber an einem Billard, das von dem Kellner geschwind mit einem Tischtuch bedeckt wurde. Und wir hatten Karten für die »Jedermann«-Aufführung auf dem Domplatz! Der Regen prasselte spöttisch gegen die Fenster. Karl las mir die Rückseite des Billetts vor. Der wichtigste Passus lautete: »Bei Jedermann-Vorstellungen erlischt jeder Ersatzanspruch – also auch auf teilweise Rückzahlung des Eintrittspreises –, wenn die Vorstellung infolge Witterungseinflüssen abgebrochen werden muß, falls die Vorstellung bis zur ›Tischszene‹ gespielt wurde.«

Ich sagte: »Wenn wir keine Pressekarten hätten, könnten wir uns die Eintrittsgelder zurückzahlen lassen.«

»Seit du kein Geld hast, bist du ein Geizhals geworden«, stellte Karl betrübt fest. »Übrigens findet die Aufführung trotzdem statt, und zwar im Festspielhaus.«

Vom Nebentisch, genauer: vom Nebenbillard aus, mischte sich ein Mißvergnügter ein: »Die Festspiele sind fast zu Ende, und nicht eine einzige Aufführung hat vor dem Dom stattfinden können! Jedesmal hat es geschüttet.«

»In Salzburg«, meinte Karl, »regnet's immer mehr als anderswo, aber im August regnet es in Salzburg täglich.«

»Weil da die Festspiele sind!« Der Nachbar war mit der Welt zerfallen.

Der Nachbar dieses Nachbarn sagte: »Die Fremden kommen, auch wenn's täglich regnet. Es ist mal was anderes. Ich vermute, es regnet hauptsächlich, damit die Kaffeehäuser überfüllt sind.« Dann steckte er seine Nase in das Neue Wiener Journal.

Ich seufzte und erklärte, da ich an Konstanze dachte: »Konditor in Salzburg hätte man werden müssen!«

Karl musterte mich unauffällig, wie ein Arzt, der dem »neuen Fall« auf der Beobachtungsstation zum erstenmal begegnet.

Später warfen wir uns in seinem Zimmerchen in unsere Smokings; und als es Zeit war, eilten wir, vom Regen gehetzt, zum Festspielhaus. Die Einheimischen standen trotz der »Witterungseinflüsse« wie die Mauern und bestaunten, heute wie jeden Abend, das Schauspiel vor dem Theater: das Anrollen der Autos, das Aussteigen der in Pelze gehüllten Damen, das hilfreiche Benehmen der Herren, den Transport der Kulissen, und was sich sonst dem Auge bot. (Heuer besuchten an prominenten Gästen die italienische Kronprinzessin, der Herzog und die Herzogin von Windsor, die Frau des Präsidenten Roosevelt, der amerikanische Bariton Lawrence Tibett, der Maharadscha von Kapurthala, Herr Metro-Goldwyn-Mayer und Marlene Dietrich das Theater; von Karl und mir ganz zu schweigen.)

Hofmannsthals »Jedermann«, diese gelungenste aller Mysterienspiel-Bearbeitungen, hat mich wieder erschüttert. Hier vollzieht sich, im Gegensatz zu Goethes »Faust«, wirklich ein Schauspiel, das jeder versteht, ob er nun aus USA, aus China oder von den Fidschi-Inseln kommt, und das jeden ergreift. Die Handlung, die Entwicklung des Helden, die Schuld und die Gnade, alles ist augenfällig und packt auch den, der vom Wortlaut keine Silbe versteht.

Nun hängt mein Smoking wieder mutterseelenallein im Österreichischen. Ob Karl das Jackett über den Bügel gehängt hat? Versprochen hat er mir's.

Und morgen ist Konstanzes freier Tag. Ich habe sie vierundzwanzig Stunden nicht gesehen, und mir ist wie einem Kind, das die erste Sonnenfinsternis erlebt.

Der Portier hat mir einen Rucksack geborgt, in den ein Klavier hineinpaßt. Ich habe ihn mit Wurst, Brot, Butter, Käse, Schokolade, Rotwein, Obst und Eßbestecken so vollfrachten lassen, daß ich morgen wahrscheinlich nach der ersten halben Stunde zusammenbrechen und daliegen werde wie der Sterbende Gallier.

Seit der Schulzeit bin ich nicht mehr gewandert. Wenn das nur gutgeht! Der Mensch ist ein Spielball der Leidenschaften.

Der freie Tag

Nun ist er vorüber, Konstanzes freier Tag! Er ist in die Vergangenheit zurückgesunken, hinab zu den übrigen, den glücklichen und traurigen Tagen, die nicht wiederkehren.

Ich sitze in einer uralten Allee und bin allein. Es ist noch früh, und die Morgensonne bestrahlt am Ende meiner dämmrigen Allee das Schloß Hellbrunn. – In einem anderen, einem kleineren Schloß, nicht weit von hier, wird Konstanze gerade jetzt ihre Frühstückstablette über die Barocktreppe balancieren und an mich denken. Hoffentlich läßt sie kein Tablett fallen. Altes Porzellan ist teuer. Ob sie wie andre Stubenmädchen ein schwarzes Kleid, eine winzige weiße Tändelschürze und auf dem Haar ein weißes Rüschenhäubchen trägt? Ich darf nicht vergessen, sie danach zu fragen. Gestern morgen kam sie nicht als Zofe, sondern als Amazone. Ich erwartete sie auf dem Salzburger Residenzplatz, und mein Rucksack wog so schwer, daß ich Mühe hatte, nicht auf den Rücken zu fallen. Da bog ein kleines, flinkes Sportauto um die Ecke; jemand winkte; der Wagen bremste; am Steuer saß ein junges Mädchen und rief: »Servus, Georg!« Ich traute meinen Augen nicht. Es war Konstanze. Und ich vergaß vor Überraschung, ihr die Hand zu geben.

»Der alte Graf hat mir vor seiner Abreise erlaubt, den Wagen in wichtigen Fällen zu benutzen. Und«, fragte sie, »ist mein freier Tag nicht ein wichtiger Fall?«

»Das schon.«

»Alsdann.«

»Aber das Benzin?« (Daß man dauernd über Geld sprechen muß, wenn man keines hat!)

»Du vergißt mein Sparkassenbuch.«

»Und das Chauffieren, hast du das auch auf der Handelsschule gelernt?«

»Nein. Ich brauchte den Führerschein, weil ich die Schwester des Grafen oft spazierenfahren muß. So, nun steig aber ein, bevor dich dein Rucksack umwirft!«

Ich verstaute den Tornister, setzte mich neben sie und schüttelte ihr die Hand. Sie gab Gas, und fort ging's. (Um das Wandern war ich also herumgekommen.)

In den Dorfgärten blühten die Dahlien und Astern. Auf den Wiesen standen Kühe und Pferde. Der Tag wurde heiß. Konstanzes Augen blitzten. Ihr Mund war halb geöffnet, und sie sang leise. So oft sie spürte, daß ich sie von der Seite ansah, lächelte sie, blickte aber unbeirrt geradeaus. Manchmal rief sie mir den Namen einer Ortschaft zu. Dann summte sie wieder vor sich hin. Schließlich sang ich sogar mit und behauptete später, als wir auf dem Gipfel des Gaisberges ausstiegen, glockenrein zweite Stimme gesungen zu haben. So eine Frechheit!

Wir hockten uns auf einen Felsblock, schauten über Berg und Tal und freuten uns, ein Teil dieser schönen Welt zu sein. Ein Segelflugzeug schwebte lautlos wie ein großer, geheimnisvoller Vogel über den Wäldern und scheuchte einen Schwarm Krähen auf.

Das Gefühl für Zeit kommt einem, wenn man sich sehnt, sie möge stillstehen, ganz und gar abhanden. Irgendwann fuhren wir jedenfalls wieder bergab und ins Salzkammergut hinein, an dem blauen Fuschlsee vorbei bis zum Wolfgangsee. Hinter St. Gilgen parkte Konstanze den Wagen auf einem Wiesenweg. Wir liefen zum Ufer, zogen das Badezeug an, hüpften ins Wasser, schwammen in den See hinaus, lagen hinterher im warmen Gras, bis wir trocken waren, und blinzelten in die Sonne. Zuweilen fuhren Dampfer mit winkenden und rufenden Touristen vorüber. Aber sonst waren wir mit unsrer bunten, duftenden Blumenwiese ganz allein.

Manchmal plauderten wir. Manchmal kramten wir in meinem unergründlichen Rucksack und futterten. Manchmal küßten wir uns, und die Heimchen und die Bienen brachten währenddem ihr Konzert für Wiesenorchester zum Vortrag. So ähnlich muß es im Paradies zugegangen sein. (Natürlich mit dem Unterschied, daß Adam und Eva unartiger waren als wir.) Wenn nicht gegen Abend ein Gewitter heraufgekommen wäre, lägen wir wahrscheinlich jetzt noch dort. So aber mußten auch wir zwei aus dem Paradies flüchten. (Es wiederholt sich alles.) Der Himmel wurde blutrot. Über dem Schafberg und über dem Sparber blitzte das Schwert des Erzengels. Und kaum hatten wir die Persenning festgemacht, brach das Donnerwetter los. Der Regen ging gleich einer unsichtbaren Lawine auf uns nieder, und der Donner krachte wie schwere Mörser. In Salzburg regnete, blitzte und donnerte es natürlich auch. Wir landeten schließlich im Bahnhofswartesaal, wo kein Verzehrzwang ist. Hier erzählte sie mir eine verrückte Sache von einem armen Kleinbauern aus der Umgebung, der eine putzsüchtige Tochter hat, die sich eines schönen Sonntags, als sie neben ihm im Garten saß, nach dem Vorbild zugereister Damen die Fingernägel mit rotem Lack färbte. Da der Vater nicht nur schlief, sondern auch barfuß war, malte sie ihm, nachdem ihre Fingerspitzen rot genug waren, die Zehennägel rot. Als der alte Bauer erwachte, fluchte er mordsmäßig, ließ jedoch seine Zehen so schön, wie sie waren.

Am nächsten Tag brach sich der Bedauernswerte ein Bein und wurde ins Krankenhaus gebracht. Als der amtierende Arzt die rotgelackten Zehen des Bauern erblickte, mußte er so lachen, daß ihm ein Kollege helfen mußte, das Bein zu schienen. Auch die Schwestern sollen Gesichter gezogen haben, die bei ersten Hilfeleistungen nicht üblich sind. Der Bauer hieß von diesem Tag an »die Diva«.

Und dann will ich ja die kleine Geschichte aufschreiben, die sie mir nachmittags, während wir in der Wiese lagen, erzählte! Als sie noch ein Kind war, hörte sie die Eltern oft vom »Gotteshaus« sprechen. So gewöhnte sie sich an die Vorstellung, daß Gott im Gotteshaus wohne wie die Kinder und Eltern im Elternhaus.

Eines Sonntags durfte Konstanze die Mutter in die Kirche begleiten. Noch nie hatte sie die geschnitzten Stühle, die Altäre, die Kerzen und die Kanzel gesehen. Sie blieb, nun sie das Haus Gottes von innen erblickte, überwältigt stehen, drückte die Hand der Mutter, seufzte ein wenig und flüsterte: »Gott hat aber schöne Möbel!«

Abends waren wir in einem Mozart-Konzert, das der um Salzburg und dessen größten Sohn verdiente Dr. Bernhard Paumgartner dirigierte. Konstanze waren die Billetts von dem Amerikaner geschenkt worden, der das Schloß bis zum Monatsende gemietet hat. Dieser amerikanische Millionär hieß Namarra und besitzt Fabriken, in denen Zellophantüten hergestellt werden: Zellophanpackungen für Salzmandeln, Nüsse, Traubenrosinen, Umlegekragen, Bonbons, Papiertaschentücher, Stückenzucker, Hosenträger und was weiß ich. Eine Druckerei hat er auch. Dort werden die gewünschten Firmennamen und Reklametexte auf die bestellten Tüten gedruckt. Wenn man bedenkt, womit manche Leute reich werden, und wenn man, gerade bei Mozart liegt der Gedanke nahe, weiterhin bedenkt, womit manche Menschen arm bleiben, könnte man sich vor Wut in die Nase beißen.

Die Abendmusik war ganz herrlich. Man spielte zwei Arbeiten von dem noch nicht zwanzigjährigen Mozart: eine A-Dur-Symphonie und, mit einem italienischen Virtuosen, ein Konzert für Violine; eine Französin sang Arien; und den Beschluß bildete die »Linzer Symphonie«. Der Saal war leider mäßig besucht. Dafür war aber unter den Zuhörern keiner jener Banausen, die sich etwa an der Theaterkasse erkundigen, ob den »Jedermann« der Maestro Toscanini dirigiere. Nein, die Künstler und ihr Publikum waren in guter Gesellschaft. Und Paumgartner war ein Dirigent nach meinem Herzen.

Als wir auf dem Residenzplatz eintrafen, war der letzte Autobus nach Reichenhall über alle Berge!

Wir fragten im Höllbräu nach Karl. Er war nicht da. Ich beschloß, auf der Straße zu warten. Konstanze widersprach energisch und wollte mich für die Nacht in einem Hotel »einkaufen«. Das wollte nun wieder ich nicht. Nach längerem Hin und Her sagte sie: »Dann bleibt nur eines. Du übernachtest im Schloß.«

»Wo denn da?«

»In meinem Zimmer. Auf dem Sofa.«

»Wenn das herauskommt, verlierst du die Stellung.«

»Wenn du nicht gerade im Schlaf singst oder um Hilfe rufst, wird man nichts bemerken.«

»Aber, Konstanze, weshalb sollte ich denn in deinem Zimmer um Hilfe rufen!«

»Sei nicht unartig, Fäustchen!« sagte sie. (Ich hätte ihr meinen Spitznamen doch nicht verraten sollen.) »Und morgens«, fuhr sie fort, »schmuggle ich dich in aller Herrgottsfrühe aus dem Haus. Komm!« Wir fuhren weiter.

Zehn Minuten später schlichen wir wie Einbrecher im Schloß des Grafen H. über die Nebentreppe. Es war stockdunkel, und Konstanze führte mich behutsam an der Hand. Schließlich öffnete sie eine Tür, riegelte lautlos ab und machte Licht.

Wir befanden uns in einem freundlichen Biedermeierzimmer. An den Wänden hingen alte Familienbildnisse und Scherenschnitte. Sie zeigte auf ein gemütliches Sofa aus Birkenholz und lächelte ein bißchen ängstlich. Dann ging sie zum Fenster, das weit geöffnet war, und zog die Vorhänge zu. Auf dem Tisch stand eine Vase mit meinen Reichenhaller Alpenveilchen. Sie kam leise zu mir zurück und flüsterte:

»Du löschst jetzt das Licht aus und drehst es erst wieder an, wenn ich's erlaube! Nicht eher! Sonst bin ich böse!«

Ich nickte ergeben, löschte das Licht aus und stand im Dunkeln. Konstanzes Kleid raschelte. Ich hörte, wie sie sich die Schuhe auszog und die Strümpfe von den Beinen streifte. Das Bett knarrte ein wenig.

»Georg!« flüsterte sie.

»Ja?« flüsterte ich.

»Jetzt!« flüsterte sie.

Im selben Augenblick hörte ich Schritte auf dem Korridor. Vor der Tür machten sie halt. »Konstanze?« fragte jemand gedämpft, »schläfst du schon?«

»Noch nicht, Franzl«, antwortete sie, und ihre Stimme zitterte. »Aber ich hab eben dunkel gemacht. Schlaf gut!«

»Du auch«, sagte der andere. Die Schritte entfernten sich langsam. Wir schwiegen, bis sie ganz verklungen waren.

»Georg?«

»Ja?«

»Ich glaube, es ist besser, du machst kein Licht mehr.«

»In Ordnung«, sagte ich. »Aber wo um alles in der Welt ist denn nun das Sofa?« Sie lachte leise. Ich stand in rabenschwarzer Finsternis zwischen fremden Möbeln und wagte mich nicht von der Stelle zu rühren.

»Georg«, flüsterte sie.

»Ja?«

»Mach, bitte, zwei Schritte geradeaus!«

Ich befolgte den Rat.

»Jetzt drei Schritte halblinks!«

»Zu Befehl!«

»Und nun einen großen Schritt links!«

Ich machte einen großen Schritt links und stieß mit der Kniescheibe gegen Holz. Aber irgend etwas stimmte nicht. Entweder hatte ich links und rechts verwechselt, oder Konstanze hatte sich bei der Befehlsausgabe geirrt. Ich stand nicht vor meinem Sofa, sondern vor ihrem Bett.

Reichenhall, 25. August, nachts.

Da Konstanze am Nachmittag auf einen Sprung in den Hellbrunner Park zu kommen hoffte, sah ich mir die Sommer-
residenz der Salzburger Erzbischöfe in Muße an. Das Schloß
selber ist ein sehr seriöser Renaissancebau. Doch die nächste
Umgebung des Schlosses ist ein einziger romantischer Spiel-
zeugladen!

An schmalen Wasserläufen stehen mechanische Figuren-
gruppen, die durch Wasserkunst in Bewegung gesetzt werden: Volkstümliche und mythologische Szenchen wechseln
miteinander ab. In Grotten ertönen, gleichfalls durch Was-
serantrieb erzeugt, künstliche Tier- und Vogelstimmen. Aus
dem Geweih und den Nüstern steinerner Hirsche steigen
Springbrunnen auf. Ein mechanisches Theater, eine Szenerie
vor dem Dom mit Orgelmusik und über hundert sich gleichzeitig bewegenden Figuren, ist das Meisterwerk unter diesen Wasserspielereien.

Mir machte an einer andren Stelle des Parks ein steinerner
Tisch mit steinernen Hockern viel Vergnügen. Denn aus den
Hockern schießen plötzlich zahllose Wasserfontänen senk-
recht empor. Hier mögen die lustigen Gäste früherer Erzbischöfe ahnungslos gesessen und mit ihren »Damen« getrunken oder gar über das Zölibat geplaudert haben. Trugen
die vergnügten Herrschaften prächtige Gewänder oder hatten sie wesentlich weniger an? Das ist eine ernst zu neh-
mende Frage. Denn: sobald der gutgelaunte Herr Archi-
Episcopus den Dienern einen Wink gab, stiegen ja aus den
Hockern, auf denen die Tafelrunde saß, die Wasserfontänen
wie aus einem Sieb hoch – und was wurde dann aus den teuren seidenen Roben?

Nun, so spielten in Salzburg die Edelleute Theater. Doch
die Bürger und die Bauern standen ihnen nicht nach. Sie
setzten sich zwar nicht auf Sessel mit Wasserspülung. Aber
sie hatten ihre Perchtenspiele. Sie trugen Masken, die denen
der Südseeinsulaner Konkurrenz machen. Sie setzten sich

meterhohen Kopfputz auf. Sie stiegen auf Stelzen und spazierten zur Fastnacht als komische Riesen durch die Dörfer.
Der Hanswurst, diese unsterbliche Figur, hat im Salzburgi-
schen seine Heimat. Lipperl, eine ähnliche Gestalt, wurde
bei Mozart, dem Salzburger, zum Leporello. Er und der
andre Hanswurst, Papageno, wechselten aus dem wahrhaft
Volkstümlichen in den Bezirk der großen heiteren Kunst.

Auf dem Hügel überm Hellbrunner Park, im Monatsschlößchen, sah ich die volkskundliche Sammlung, die
schöne Beispiele des in diesen Gauen angesiedelten Spiel-
triebes aufweist. Karl sah ich hierbei übrigens auch. Er
skizzierte, hatte drei Buntstifte in der Hand und zwei zwischen den Zähnen.

»Vergiß nicht, daß wir heute abend in den ›Rosenkavalier‹
gehen!« meinte ich.

Er blickte von seinem Block auf. »Ah, Doktor Fäustchen!
Lebst du noch oder bist du schon verheiratet?«

Verliebte Leute neigen, auch wenn es ihrem Wesen widerspricht, zur Humorlosigkeit.

»Ich hoffe, die beiden Zustände vereinigen zu können«,
sagte ich pikiert. »Laß dich bei deiner aufreibenden Tätigkeit nicht stören!«

Karl schmunzelte. »Wenn du mich jetzt noch fragst,
warum ich, statt zu zeichnen, nicht fotografiere, wo das
doch viel schneller geht, schmeiß ich dich die Treppe hinunter. Auf frohes Wiedersehen!«

Künstler sind empfindlich. Verliebte sind empfindlich.
Ich zog mich zurück.

Konstanze war pünktlich. Wir hatten uns bei den Tritonen
verabredet. Sie wurde rot, als wir uns die Hand gaben, und
sagte, daß sie nur eine halbe Stunde Zeit habe. Dann nahm
sie meinen Arm, und wir gingen am Schloßteich entlang. Ich
führte sie in die dämmrige Allee und zog sie auf eine Bank.
»Hier habe ich heut früh gesessen«, sagte ich. »Konstanze,

ich liebe dich. Ich liebe dich, daß mir die Rippen weh tun! Willst du meine Frau werden?«

Sie schloß für wenige Sekunden die Augen. Dann lehnte sie sich an meine Schulter und flüsterte: »Freilich, Fäustchen!« Sie lächelte. »Mir tun ja auch die Rippen weh!«

Sie mußte eilig ins Schloß zurück. Vor morgen nachmittag sah ich sie nicht wieder. Es gibt viel zu besprechen. Am ersten September kehrt die gräfliche Familie heim. Konstanze mag bleiben, bis man ein anderes Stubenmädchen gefunden hat. Ist das erledigt, muß sie nach Berlin kommen. Bräutigam zu sein ist kein Zustand, sondern ein Ausnahmezustand. Abends waren Karl, ich und mein Smoking im »Rosenkavalier«. Seltsam, heute früh schlich ich heimlich aus einem österreichischen Schloß. Und als vorhin der Vorhang aufging, versteckte eine Frau, in eben einem solchen Schloß, ihren Quinquin. Eine Marschallin und ein Stubenmädchen sind freilich nicht dasselbe. (Die Lehmann sang ergreifend.) Doch sogar das Stubenmädchen kommt ja in Straußens Oper vor; wenn's auch eigentlich ein Mann ist, der in Zofenkleider schlüpft. (Das hätte mir gerade noch gefehlt! Ich großer Lümmel in Konstanzes Kleidern!)

Meine eigene Salzburger Komödie ging wie ein Hauch in der österreichischen Atmosphäre des Stückes und der Musik auf. Anatomisch betrachtet saß ich im Parkett; Herr Rentmeister »an sich« schwang und sang mit den andern auf der Bühne. Erinnerungen und Kunst vereinigten sich zu einem Erlebnis, das mich völlig gefangennahm. Das war kein objektiver Kunstgenuß, sondern eine andre und neuartige Gemütsverfassung, die ich nicht so bald vergessen werde.

Jetzt gehe ich in die Bar, bestelle eine Flasche Mumm und feiere meine Verlobung. Ohne das Fräulein Braut. Prosit, das heißt: Es möge nützen!

P.S. Die kleine Tante hat mir den Berliner Posteinlauf nachgeschickt. Von der Devisenstelle ist nichts darunter.

Der Blitz aus heiterem Himmel

Nein, nein, nein!

Fünfunddreißig Jahre bin ich alt geworden, ohne ans Heiraten zu denken. Gestern hab ich Esel mich verlobt. Heute ist alles zu Ende. Und ich kann mit Otto Reutter singen: »Mir ham'se als jeheilt entlassen!« Mit dem ersten Autobus fuhr ich früh nach Salzburg. Anderthalb Stunden später fuhr ich, völlig durcheinander, nach Reichenhall zurück und stürzte mich eilends in das »den Hotelgästen vorbehaltene« Schwimmbassin. Das Wasser war eiskalt und brachte mich einigermaßen zur Besinnung.

Nun liege ich auf der Badewiese. Das im Hotel angestellte Tanzpaar, der Tennistrainer, seine Frau und andre junge Leute schwimmen, spielen neben mir Ball, sind vergnügt und guter Dinge. Ich komme mir wie ihr Großvater vor. So alt fühl ich mich seit ein paar Stunden. Ach, wenn es einen Hund gäbe, so groß wie der Kölner Dom – einen solchen Hund könnte es jammern! Aber eines nach dem andern. Zeno, der Begründer der Stoa, hat denjenigen, denen Schmerz zugefügt worden ist, als Therapie die Rekapitulation ihrer schmerzlichen Erlebnisse empfohlen. Also gut: ich fuhr nach Salzburg, suchte Karl auf und teilte ihm breitspurig mit, daß er mich ab heute als präsumtiven Ehemann zu respektieren habe. Er gratulierte. Der Glückwunsch klang ein bißchen frostig. Das fiel mir freilich erst später auf.

Er führte mich in den Peterskeller und stiftete einen Liter Prälatenwein. Während wir tranken, erzählte er mir von den mittelalterlichen Äbten des Stiftes St. Peter, von dem uralten Männerkloster, von den ersten Bischöfen, von Rupert, Vergil, von Pilgrim von Puchheim, von der Cholera und anderen

Epidemien, und schließlich schleppte er mich auf den alten, alten Petersfriedhof. Dort hielt er mir einen Vortrag über künstlerische Grabsteingestaltung, zeigte mir die Katakomben und die kleine, am Felsen lehnende, früheste Kapelle. Er trieb das so lange, bis mir die Geduld riß.

»Warum schleppst du mich gerade heute hierher?« fragte ich ärgerlich. »Wozu erzählst du mir von Klöstern, Märtyrern und Epidemien? Soll ich ins Kloster gehen? Ich bin ein glücklicher Mensch, du Trampel!«

»Fortuna ist eine Metze«, sagte er und runzelte die buschigen Augenbrauen. Wir standen vor den sieben schwarzen Grabkreuzen, deren Bedeutung bis heute nicht geklärt ist. Er legte mir die Hand schwer auf die Schulter. »Mein lieber Georg, du weißt, daß ich nicht gerade ein Gegner des Roulettespiels bin. Nun, ich war gestern im Mirabell-Casino und habe hundert Schilling verloren. Das erste Dutzend kam zwanzig Minuten lang überhaupt nicht.«

»Und?« fragte ich. »Hast du mich hierher transportiert, um mir schonend mitzuteilen, daß du meinen Smoking versetzt hast?«

»Ich habe ihn nicht versetzt«, sagte er. »Wenn die zwei jungen Leute neben mir nicht dauernd gewonnen hätten, wäre ich auf sie nicht weiter aufmerksam geworden. Sie gewannen aber wie die Anfänger, obwohl sie keine waren. Kurz und gut, ich sah mir die beiden näher an.«

»Wenn deine Erzählung keine Pointe hat, schneid ich dir die Ohren ab«, warnte ich.

»Es waren eine junge Dame und ein junger Mann. Sie trug ein Abendkleid und er einen Frack.«

»Umgekehrt wär es ja auch sinnlos gewesen.«

Karl bewahrte eiserne Ruhe. »Der Croupier nannte die junge Dame ›Komtesse‹ und den jungen Mann ›Herr Graf‹.«

»Soll das die Pointe sein?«

»Das ist sie. Die Komtesse nannte ihren Begleiter Franzl, und er nannte sie – oder weißt du schon, wie er sie nannte?«

Mir blieb das Herz stehen. Ich sah ihn ratlos an. »Konstanze.«

»Konstanze.«

Ich packte seinen Arm. »Karl, war sie es ganz bestimmt?«

»Bestimmt«, sagte er. »Ich folgte ihnen, als sie aufbrachen, und erkannte sie am Gang. Vor dem Casino stiegen sie in ein kleines Sportauto. Sie setzte sich ans Steuer. Dann sausten sie davon.«

»Welche Farbe hatte der Wagen?«

»Es war ein schwarzer Zweisitzer mit breiten Nickelbeschlägen.«

Ich nickte. Dann drehte ich mich um und rannte vom Friedhof. Am Residenzplatz stand ein Autobus nach Reichenhall, als ob er auf mich warte.

Und nun liege ich, ein vornehmer Hotelgast, auf der Badewiese und möchte ins Kloster gehen.

Um vier Uhr bin ich statt dessen mit dem Trainer auf dem Tennisplatz verabredet. – Zeno hat übrigens nicht recht. Ich habe mein Erlebnis hingeschrieben und fühl mich noch genauso elend wie zuvor.

Meine Braut, das Stubenmädchen, ist eine Komtesse! Auch das fügt sich in die Salzburger Szenerie meiner österreichischen Komödie. »Herr Georg Rentmeister gestaltete die Figur des Trottels außerordentlich lebenswahr.«

Heute abend reist der lebenswahre Trottel ab!

Die neue Wendung

Reichenhall, 26. August, abends. Tennis erfordert bekanntlich restlose Konzentration. Man braucht nur den leisesten Nebengedanken zu haben, und schon spielt man unter jeder Form. Ich spielte demzufolge wie ein Weihnachtsmann, schlug die leichtesten Bälle ins Aus oder ins Netz, lieferte in einem einzigen Game nicht weniger als drei Doppelfehler und hatte mitunter nicht übel Lust, den Schläger hinter den Bällen herzuwerfen. Als ich mich im dritten Satz endlich einzuspielen begann, setzte sich ein junger Mann auf die Bank vor dem Platz und schaute uns zu. Ich wurde erneut nervös. Er hatte einen kleinen Schnurrbart; und nach einem Halbvolley, der mir mit der Rückhand gelang, rief er: »Bravo!« Ich blickte ihn an und glaubte nicht, daß der Blick übertrieben freundlich ausfiel. Er verbeugte sich leicht und sagte: »Pardon, mein Herr. Spielen Sie noch lange? Ich muß Sie unbedingt sprechen, habe aber sehr wenig Zeit.«

»Es steht Vier beide im letzten Satz«, antwortete ich. »Ich bin bald zu Ihrer Verfügung.«

»Ausgezeichnet. Ich muß nämlich umgehend nach Salzburg zurück.« Nach Salzburg zurück! Was konnte er von mir wollen? Ich verlor natürlich die beiden nächsten Spiele, gab dem Trainer die Hand und begab mich zu dem jungen Mann.

»Ich bin Konstanzes Bruder«, sagte er, »heiße Franz Xaver Graf H. und werde Franzl genannt.«

Das war der Franzl, und Franzl war ihr Bruder? »Sehr angenehm.«

»Meinerseits. Wie schon angedeutet, hab ich wenig Zeit. Ich muß zu Haus die Abendtafel decken.«

»Die Abendtafel decken? Ich will Sie nicht aufhalten.«

»Scharmant. Ich bin hier, weil mich Konstanze so darum bat und weil zwischen ihr und Ihnen Mißverständnisse herrschen, die beseitigt werden müssen.«

»Es bestand meines Wissens keinerlei Veranlassung, solche Mißverständnisse überhaupt erst aufkommen zu lassen.«

»Seien Sie doch nicht so norddeutsch zu mir! Die Mißverständnisse waren unvermeidlich!«

»Das vermag ich nicht einzusehen.«

»Ich bin eigens hierhergekommen, Herr Doktor, um Sie eines Besseren zu belehren.«

»Da bin ich sehr neugierig, Herr Graf!«

Der junge Mann zupfte an seinem Schnurrbärtchen. »Wir müssen unbedingt den Ton mildern, sonst endet unsere freundschaftliche Unterhaltung damit, daß wir auf einer idyllischen Waldwiese mit Säbeln aufeinander losgehen.«

»Bevor wir uns zu dieser technischen Nothilfe entschließen«, sagte ich, »bitte ich Sie, mir klipp und klar mitzuteilen, aus welch dringlichem Anlaß sich Ihr Fräulein Schwester genötigt sah, mich in Mißverständnissen zu belassen, die, wie vorauszusehen, höchst unerfreuliche Folgen haben mußten.«

Er nahm meinen Arm und führte mich in den Park. »Konstanze hat Ihnen erzählt, Graf H. sei samt Familie während der Festspiele verreist und habe sein Personal amerikanischen Mietern überlassen. Wahr ist, daß Amerikaner bei uns wohnen. Unwahr ist, daß wir verreisten. Wir blieben im Schloß. Die Dienerschaft verreiste, und unsere werte Familie übernahm deren Aufgaben. Konstanze avancierte zum Stubenmädchen. Ich wurde eine Art Servier- und Zimmerkellner. Die Frau Tante ist die Köchin. Mizzi, unsre jüngste Schwester, hilft der Frau Tante. Und das Oberhaupt der Familie, der Herr Vater, betätigt sich als Portier, Empfangschef und Geschäftsführer.«

Zum Glück war eine Bank in der Nähe. Ich setzte mich

rasch. »Haben Sie eine Zigarette?« Ich bekam Zigarette und Feuer und schaute vor mich hin.

»Der Einfall stammt vom Papa«, sagte er. »Er verfaßt, obwohl er's gar nicht nötig hat, unter einem Namen, der nichts zur Sache tut, Theaterstücke. Eines schönen Tages beschloß er, eine Situationskomödie zu schreiben, die auf einem Schloß spielt und das Rencontre des als Dienerschaft maskierten österreichischen Adels mit Millionären aus der Neuen Welt zum Gegenstand hat.«

Franz Xaver Graf H. zündete sich eine Zigarette an. »Offensichtlich hoffte unser teures Familienoberhaupt, seiner Phantasie durch Erfahrungen auf die Beine zu helfen. Er wollte Stoff für sein Stück sammeln. Im Frühjahr setzte er uns von seinem Vorhaben in Kenntnis. Wir mußten ihm versprechen, mitzutun und reinen Mund zu halten. Das Projekt machte uns bis zu einem gewissen Grade Spaß. Schließlich sind wir die Kinder dieses komischen Herrn; und wir sind daher nicht zufällig in Salzburg zur Welt gekommen.«

»Bestimmt nicht«, erklärte ich.

Er lachte. »Wie das so ist: Die Hauptsache hatte der Urheber nicht einkalkuliert. Das Stubenmädchen verliebte sich; noch dazu in einen Herrn aus Deutschland, der romantischerweise ohne Geld nach Salzburg kam. Heute nachmittag fuhr die Schwester, statt als Stubenmädchen zu figurieren, wieder in die Stadt. Sie, mit dem sie sich treffen wollte, waren nicht da. Konstanze wurde unruhig und beschloß, weil Sie nicht kamen, wieder heimzufahren. Da erhob sich, kaum daß sie aufgestanden war, am Nebentisch ein Herr.«

»Karl«, sagte ich.

»Ganz recht. Ihr Freund. Ein Maler. Er hatte uns beide gestern im Casino beobachtet. Da meine Schwester bekümmert schien, sprach er sie an und erklärte Ihre Abwesenheit. Sie rief mich an. Ich putzte gerade das Silber. (Eine ekelhafte Beschäftigung!) Brüder sind Charaktere. Ich ließ alles stehen und liegen und fuhr ins Café ›Glockenspiel‹. Nun bin

ich hier, und ich wüßte nicht, was ich Ihnen noch zu erzählen hätte.«

Ich drückte ihm die Hand. »Entschuldigen Sie mein Benehmen, Herr ...«

»Franzl heiß ich.«

»Ich bitte sehr um Entschuldigung, Franzl.«

»Weswegen denn, Georg? Ich hätte es genau wie Sie
gemacht.«

»Wo ist Konstanze? Ich muß sie sprechen. Können Sie
mich im Wagen mitnehmen?«

»Im Wagen ist leider fast kein Platz mehr.«

Franzl kniff ein Auge zu.

»Er steht drüben vorm Kurhaus.«

Ich sprang auf, rannte mit Riesenschritten durch den
Park, durchs Tor, auf die Straße, sah das Auto und sah Konstanze, die mir die Arme entgegenstreckte. Sie war blaß und
hatte Tränen in den Augen. Wir küßten uns und sprachen
kein Wort. Die Kurgäste, die zum Gartenkonzert wollten,
blieben stehen und verstanden die Welt nicht mehr.

»Mein Fäustchen«, flüsterte sie. »Daß du mir nie wieder
davonläufst!«

»Nie wieder, nie wieder!«

»Meinen Segen habt ihr«, erklärte jemand neben uns. Es
war der Bruder.

»Dank dir schön, Franzl«, sagte Konstanze.

Er stieß mich in die Rippen. »Hören Sie zu, Schwager.
Wir haben Ihnen einen Vorschlag zu machen. Der erste
Sekretär unsres Amerikaners ist gestern abgereist. Somit ist
ein Zimmer frei geworden. Da wir nun gestern im Casino
eine rauhe Menge Geld gewonnen haben, laden wir Sie in
aller Form ein, zwei Tage unser Gast zu sein. Unserm Herrn
Vater erzähl ich vorläufig ein Märchen. Die Gebühren erleg
ich in Ihrem Namen. Sobald die Amerikaner fort sind, erzählen wir ihm die Wahrheit. Dann muß er mir das Geld
zurückgeben.« Er lachte vergnügt wie ein Schuljunge.

»Morgen früh treffen Sie als Gast bei uns ein, spielen den Ahnungslosen und schauen sich unser lebendiges Theater hübsch aus der Nähe an. Wie vor Jahrhunderten, als die bevorzugten Zuschauer auf der Bühne saßen. Warum sollen Sie's nicht auch einmal so gut haben?«

Konstanze drückte meine Hand. »Wenn du nicht kommst, heirat ich einen andern.«

»Untersteh dich!«

Franzl fuhr fort: »Wegen des alten Herrn können Sie unbesorgt sein. Der merkt nichts. Und wenn er schließlich erfährt, wer Sie sind, wird er Ihnen für die Mitarbeit an seinem Theaterstück dankbar sein und mit dem väterlichen Segen nicht lange hinterm Berge halten.« Er stieg ins Auto.

»Ich komme«, sagte ich.

Konstanze trat auf den Gashebel. »Das wird herrlich!« rief sie. Sie fuhren los. Ich winkte.

Dann hüpfte ich vor Übermut auf einem Bein ins Hotel, und der Portier fragte besorgt, ob ich mir weh getan hätte.

Schloß H., 27. August, abends.
Ich sitze in meinem Schloßgemach und werde bald zu Bett gehen. Zuvor will ich noch eine Zigarre rauchen und ein Glas Burgunder trinken. Der Etagenkellner Franz hat mir eine alte Flasche auf den Tisch gestellt.

Der Tag war recht heiter. Franzl holte mich morgens in Salzburg ab. Ich hatte eben noch Zeit, Karl »Guten Tag« zu sagen und ihm dafür zu danken, daß er Konstanze und mir geholfen hatte. Dann trennten sich unsere Wege. Er wollte zum Marstall, um die barocke Pferdeschwemme mit den prachtvollen Rösserfresken zu aquarellieren. Ich fuhr mit dem jungen Grafen zum Schloß hinaus.

Konstanze stand »zufällig« auf der Freitreppe und machte einen Knicks. Sie trug tatsächlich ein kurzes schwarzes Kleid, eine noch viel kürzere Tändelschürze und ein weißes Rüschenhäubchen! Ich nickte huldvoll.

»Wie heißen Sie, schönes Kind?«

»Konstanze, gnädiger Herr.«

»Wozu ›gnädiger Herr‹? Sagen Sie einfach ›Herr Doktor‹, das genügt.« Ich wandte mich an Franzl, der meinen Koffer trug. »Das gilt auch für Sie, Franzl!«

Das Stubenmädchen knickste. »Wie Sie wünschen, gnädiger Herr Doktor.« Dann streckte sie mir die Zunge heraus.

»Vorsicht!« murmelte Franzl.

Im Schloßportal erschien ein großgewachsener Herr mit eisengrauem Haar. Er verneigte sich. Sein Cutaway saß wie angegossen.

»Erlauben Sie mir, Sie willkommen zu heißen. Ich bin der Kammerdiener des Grafen und betreue zur Zeit das Hauswesen. Haben Sie schon gefrühstückt?«

»In Reichenhall.«

»Sehr wohl. Das Mittagessen findet um ein Uhr im Gelben Saal statt. Franzl wird Ihnen Ihr Zimmer zeigen und das Gepäck nach oben bringen. Hoffentlich fühlen Sie sich bei uns wohl.« In seinem Gesicht bewegte sich keine Miene. Er verneigte sich und zog sich zurück.

Franzl zeigte mir mein Zimmer und verschwand, um den Mittagstisch zu decken. Kaum war er aus der Tür, klopfte es.

»Herein!«

Es war das Stubenmädchen. Sie fragte, ob sie mir beim Auspacken des Koffers behilflich sein könne.

»Treten Sie näher, Sie aufdringliche Person!« Ich nahm ein Jackett aus dem Koffer, warf ihr's zu. »Wohin hängt ein gelehriges Stubenmädchen das erste Jackett?«

»Übers Schlüsselloch, Herr Doktor.«

An der Mittagstafel lernte ich die Amerikaner, die alle als schmucke Tiroler daherkamen, kennen: den beleibten und sehr schweigsamen Zellophantütenfabrikanten; seine hagere Gattin; den zweiten Sekretär, eine Art Posaunenengel mit dicken Brillengläsern; den Sohn, einen stämmigen Jüngling, der prinzipiell nur spricht, während er kaut; und die Tochter Emily, eine jener unsentimentalen, bildhübschen und großen Blondinen, vor denen man Angst kriegen kann.

Franz legte die Speisen vor. Ich glaube übrigens, daß er begründete Angst vor der blonden Emily und ihren blauen, kaltschnäuzigen Augen hat. Konstanze brachte den Wein. Mizzi, ihre jüngere Schwester, fuhr die Schüsseln auf einem Servierwagen in den Saal. Sie ist ein schlankes Geschöpf mit zwei fidelen Grübchen. Der alte Graf beaufsichtigte den Verlauf der Mahlzeit und gab der Millionärin, die eine außergewöhnlich wissensdurstige Dame zu sein scheint, bereitwillige Auskunft.

Emily wollte mich ins Gespräch ziehen. Das Stubenmädchen Konstanze blickte besorgt herüber. Deshalb zog ich es vor, noch weniger Englisch zu können, als ich ohnehin kann, und ersuchte den Servierkellner, der jungen Dame mitzuteilen, daß ich kein Wort Englisch verstünde.

Ich fürchte, daß das falsch war. Emily Namarra scheint Unterhaltung zwischen zwei Menschen, die einander nicht verstehen, für besonders interessant zu halten. Glücklicherweise fuhr die ganze Familie sehr bald in einer gewaltigen Limousine auf und davon. Und auch abends hatten sie es eilig. Sie gingen in »Figaros Hochzeit«.

Nachmittags stieß ich vor dem Wirtschaftsgebäude auf den alten Grafen, der noch keine Ahnung hat, daß ich sein Schwiegersohn bin. An der Hauswand hängt ein volkstümlich geschnitztes bemaltes Halbrelief, das die Dreifaltigkeit vorstellt. Unter dem schmalen Giebelchen, das wohl als Regenschutz gedacht ist, und direkt auf dem Heiligen Geist, auf den ausgebreiteten Flügeln der weißen Taube, nistet ein Vogelpaar. Wir betrachteten gemeinsam die reizende Szene und gingen miteinander über den Hof. »Sind Sie schon lange auf Schloß H. in Diensten?« fragte ich leutselig.

»Sehr lange, Herr Doktor.«

»Stimmt es, daß Graf H. Theaterstücke schreibt?«

»Das mag schon seine Richtigkeit haben.«

»Wo haben Sie so gut Englisch sprechen gelernt?«

»In Cambridge.«

Ich lachte. »Sie haben studiert?«

»Graf H., nicht ich. Ich war ihm von seinen Eltern zur Bedienung mitgegeben worden.« Er verzog einen Mundwinkel. »Genaugenommen hat auch Graf H. in Cambridge nicht studiert. Fremde Sprachen lernt man nicht in Hörsälen, sondern in – hm – weniger wissenschaftlichen Etablissements.«

»Schade, daß der Graf auf Reisen ist. Ich hätte ihn gern kennengelernt, da mich die Meinung deutscher Schriftsteller über den Konjunktiv brennend interessiert.«

»Worüber?«

»Über den Konjunktiv, das ist die Möglichkeitsform der Tätigkeitswörter. Und über den Optativ.«

»Aha«, sagte er. »Der Herr Graf wird es sicher bedauern, sich mit Ihnen nicht über die Tätigkeitsform der Möglichkeitswörter unterhalten zu können. Interessante Themen liebt er über alles.« Er hatte sich völlig in der Gewalt und machte seine ironische Bemerkung, als verstünde er gar nicht, was er sagte.

»Ich könnte vielleicht die syntaktischen Fragen, die mir am Herzen liegen, notieren, und Sie könnten ihm diese Notizen, wenn er zurückkommt, vorlegen ...«

»Eine ausgezeichnete Idee!«

»Sie glauben nicht, daß er ein solches Ansinnen übelnimmt?«

»Gewiß nicht. Der Herr Graf ist ein sehr höflicher Mensch.«

Schriftsteller, die darauf aus sind, etwas möglichst Originelles zu erleben, um etwas möglichst Originelles schreiben zu können, soll man, finde ich, tatkräftig unterstützen. Ich machte also ein bekümmertes Gesicht und fragte: »Wo befindet sich Graf H. zur Zeit?«

»In Ventimiglia, Herr Doktor.«

»So, so. In Ventimiglia.« Ich kratzte mich nachdenklich hinter dem Ohr. »Spätestens morgen muß ich nämlich die Korrekturbögen eines Aufsatzes über die Inversion abschicken, und hinsichtlich eines Abschnittes über diesbezügliche Idiotika der bayrisch-österreichischen Mundart könnte mir Graf H. bestimmt wichtige Winke geben. Hm.« Nun spielte ich ihm einen Mann vor, der eine Erleuchtung hat! »Das ist ein guter Gedanke! Ich werde mit dem Grafen telefonieren! Seien Sie doch so liebenswürdig und melden Sie gegen Abend ein Ferngespräch mit Ventimiglia an.«

Er zögerte den Bruchteil einer Sekunde. Dann sagte er: »Wie Sie befehlen, Herr Doktor.«

Ich bot ihm eine Zigarre an.

»Danke höflichst. – Ich muß leider ins Büro, die Buchführung zu erledigen.« Er verbeugte sich und schritt gemessen ins Schloß.

An der Abendtafel trat er geheimnisvoll neben meinen Stuhl und teilte mir mit, daß der Herr Graf Ventimiglia bereits am Nachmittag verlassen habe.

Ich bedauerte das lebhaft und dankte ihm für seine Bemühungen. Konstanze und Franzl blickten ihn und mich verwundert an. Sie wußten von dem Gespräch im Hof nichts und konnten sich keinen Vers auf unseren Dialog machen.

Nachdem die Amerikaner aus dem Haus waren, spazierte ich gemächlich rund um das Schloß. In einem der Fenster zu ebener Erde war Licht. Ich ging behutsam näher und blickte in eine geräumige Küche. Die gesamte »Dienerschaft« saß am Tisch und aß Abendbrot. Der alte Graf mochte ihnen etwas Spaßiges erzählt haben. Das Fenster war offen. Die beiden Schwestern lachten, und Franzl sagte: »Papa, ich kann mir nicht helfen, aber ich finde, du hättest in der Sache mehr Schneid beweisen sollen.«

»Inwiefern?«

»Du hättest leicht den Doktor ans Telefon rufen und von einem der Zimmerapparate als Graf H. aus Ventimiglia mit ihm sprechen können.«

»Das hätte mir noch gefehlt. Optativ, Konjunktiv, Inversion, bayrisch-österreichische Idiotika, ich bin doch –«

»Kein Idiot«, meinte Mizzi, die jüngere Schwester, sanft.

»Kein Schulmeister, wollte ich eigentlich sagen.«

Neben dem Grafen saß eine entzückende alte Dame. Sie wirkte dekorativ wie Maria Theresia. »Schreib dir wenigstens Franzls Vorschlag auf«, erklärte sie. »Vielleicht kannst du etwas Ähnliches in deinem Stück verwenden.«

Der alte Herr nickte, zog ein Büchlein aus der Tasche und machte sich Notizen.

»Gibt Doktor Rentmeister eine brauchbare Figur für das Stück ab?« fragte Konstanze.

»Du hast dich wohl in ihn verliebt?« Mizzi beugte sich neugierig vor.

»Verliebt? Ein ausgezeichneter Einfall«, sagte der Graf und schrieb eifrig weiter.

Konstanze lächelte. »Für das Stück?«

»Liebschaften mit Standesunterschieden sind immer dankbar«, behauptete Franzl.

Die Tante Gräfin erhob sich und steuerte auf das Fenster zu. Da machte ich mich leise davon.

Von meinem Zimmer aus kann ich das Salzburger Schloß sehen. Sogar jetzt, am späten Abend. Denn ein Scheinwerfer, der zu Ehren der Fremden über die Stadt hinwandert, hebt die alte Burg magisch aus der Dunkelheit und rückt sie, während über dem Land die Sterne funkeln, in Tageshelle.

Es hat eben geklopft.

»Wer ist da?«

»Das Stubenmädchen, Herr Doktor. Ich möchte fragen, ob der Doktor noch einen Wunsch haben.«

»Gewiß, schönes Kind. Könnte ich einen Gutenachtkuß bekommen?«

»Aber selbstverständlich, Herr Doktor. Unsere Gäste sollen sich doch wohl fühlen!«

Ich gehe öffnen.

Die Tischszene

Reichenhall, 28. August, nachts.
Daß die von ihm arrangierte Stegreifkomödie so abenteuerlich weitergehen würde, hat sich Graf H. kaum träumen lassen. Hoffentlich ist er mir für die dramatische Wendung, die ich seinem Einfall gab, auch wirklich dankbar. Ich bin dessen, offen gestanden, nicht ganz sicher. Aber hätte ich Statist bleiben sollen? Nein, wenn Stegreif gespielt wird, sind die Darsteller auch die Autoren.

Der Vormittag verlief friedlich. Die Sonne schien, der Himmel war herbstlich blau, und ich traf mich mit Karl auf dem Sebastiansfriedhof. Der Rasen und die Büsche sind hier idyllisch verwildert. Unter ihnen liegt Mozarts Mutter begraben, Paracelsus auch, und inmitten des Kirchhofes steht die Gabrielskapelle, in der die Gebeine Wolf Dietrichs, des großen Salzburger Renaissancefürsten, ruhen.

An den weißgoldnen Wänden, in der Kuppel und über dem Altar, überall grüßt die Kugel im Feld, das Wappen des Medicisprosses.

Am Nachmittag schien die Sonne noch immer! Tatsächlich! Nun die Festspiele fast zu Ende sind, wird das Wetter schön. Und so wurde heute, zum erstenmal in der Saison, »Jedermann« im Freien gespielt.

Konstanze kam, um einzukaufen, in die Stadt. Wir erledigten gemeinsam ihre Besorgungen und wanderten dann über die Plätze, die an den Domplatz, den Zuschauerraum des Jedermannspieles, angrenzen. Die Stimme Attila Hörbigers, des Jedermann, tönte bis zu uns. Jedermanns alte fromme Mutter, Frieda Richard, saß am Residenzplatz in den Kolonnaden, mit der mittelalterlichen weißen Wittibhaube auf dem Kopf, und wartete auf ihr Stichwort. Auf dem Kapitelplatz standen der Gute Gesell und die Buhlschaft, auch der Bettler, der Jedermanns Gewissen vergeblich zu rühren sucht, und die Kinder, die zur Tischszene mit Blumengewinden daherkommen.

Dann und wann erschien ein Spielwart in Lederhosen und holte die Schauspieler zu ihrem Auftritt.

So war der Tag harmonisch vergangen. An der Abendtafel brach das Drama aus. Da hatten wir unsere eigene »Tischszene«.

Emily Namarra, die amerikanische Semmelblondine, lieferte das verhängnisvolle Stichwort. Sie winkte den alten Grafen, der das Servieren beaufsichtigte, an den Tisch und fragte ihn trocken, ob Zärtlichkeiten mit dem Dienstpersonal im Pensionspreis inbegriffen seien. Der alte Herr hob erstaunt die Augenbrauen und erkundigte sich, was sie zu einer so außerordentlichen Frage veranlasse. Sie benutzte einen ihrer schneeweißen Finger, um auf meine werte Person zu zeigen, und erklärte, daß ich das Stubenmädchen geküßt habe.

Er sah Konstanze prüfend an. Sie wurde flammend rot. Er blickte erstaunt zu mir herüber. Die Situation war recht peinlich. Dann wandte er sich an die Amerikanerin. Ihrer Vermutung, das Küssen des Personals sei obligatorisch, müsse er energisch entgegentreten. Dergleichen Vertraulichkeiten zwischen Gästen und Dienstboten seien im Gegenteil auf Schloß H. höchst unerwünscht.

Zu Konstanze sagte er: »Ehrvergessene Stubenmädchen kann ich nicht brauchen. Ich kündige Ihnen hiermit für den Monatsersten.«

Nun ritt mich der Teufel. »Konstanze, Ehrvergessenheit brauchst du dir von einem Portier nicht vorwerfen zu lassen!«

»Mit Ihnen rede ich später«, sagte er hoheitsvoll.

»Tun Sie's gleich«, riet ich ihm, »später bin ich nicht mehr da.«

Franzl erriet wohl meine Absicht. Er flüsterte seiner Schwester ein paar Worte zu. Und jetzt fragte sie, schon etwas mutiger: »Was soll ich denn tun, Georg?«

»Das wird ja immer besser. Das Stubenmädchen duzt die Gäste!«

Ich glaube, der Graf war ehrlich entrüstet. »Konstanze, Sie sind ein ... ein Frauenzimmer!«

Ich erhob mich und stieß empört den Stuhl zurück. »Jetzt ist's aber genug! Konstanze, du verläßt dieses Haus nicht am ersten September, sondern sofort! Packe deinen Reisekorb. Ich bringe dich zunächst in Salzburg unter. Eine Stellung wie hier findest du alle Tage.«

Die Amerikaner folgten unserer Auseinandersetzung mit Interesse. Nur der Sohn des Millionärs aß ruhig weiter. Heute schwieg er sogar beim Kauen.

»Ich verbiete Ihnen, über mein Stubenmädchen zu verfügen«, rief der Graf. »Sie bleibt hier.«

»Sie bleibt keineswegs hier. Sie ist nicht mehr Ihr Stubenmädchen. Derartige Beleidigungen brechen jeden Vertrag.«

Franzl war in seinem Element. »Ich fahre Sie in die Stadt.«

»Das wirst du ...« Der alte Graf fiel beinahe aus der Rolle. »Das werden Sie nicht tun, Franzl! Sonst werden auch Sie gekündigt!«

»Aber Leopold«, sagte Franzl, »ich schätze Sie viel zu sehr, als daß ich Sie im Stich lassen könnte. Nein, nein, ich bleibe Ihnen erhalten.«

Nun griff Konstanze tätig ein. Sie band ihre weiße Tändelschürze ab und drückte sie dem sprachlosen Vater in die Hand. Dann lief sie aus dem Saal.

Es ging alles so schnell, und die Amerikaner hängten sich, um nichts zu versäumen, so neugierig an den alten Grafen, daß er überhaupt keine Gelegenheit fand, mit Konstanze ein privates Wort zu wechseln. Die Gräfin Tante kam, von Mizzi gerufen, verwundert aus ihrem Küchenreich herauf und faltete fassungslos die Hände. Mizzi amüsierte sich, ohne die Zusammenhänge des Näheren zu kennen, wie ein Schneekönig. Und Franzl tat das Seine, daß das Tempo der Szene nicht verschleppt wurde. Ehe sich's die andern recht versahen, saßen wir, aneinandergepreßt, mit Koffern garniert, zu dritt in dem kleinen Auto und fuhren nach Salzburg hinein, durch Salzburg hindurch, über die Grenze hinweg, nach Reichenhall, vor das Hotel Axelmannstein. Konstanze ließ sich ein Zimmer geben. Dann tranken wir in der Bar darauf, daß alles gut ausgehen möge.

Franzl war bester Laune. Er scheint dem schriftstellerischen Talent seines Vaters zu mißtrauen. »Der alte Herr«, sagte er, »soll gefälligst sein Gehirnkastel anstrengen, statt mit lebendigen Menschen zu experimentieren! Nicht, daß ich Nennenswertes von der Dichterei verstehe, aber eines gilt jedenfalls: Man darf das Leben nicht degradieren. Das Leben ist kein Mittel zum Zweck.« Konstanze war mitleidiger. »Wann willst du dem Papa die Wahrheit sagen?«

»Fehler einzusehen, braucht es Zeit. Vierundzwanzig Stunden muß er zappeln.«

Konstanze ist auf ihr Zimmer gegangen; der Franzl ist heimgefahren. Morgen früh wird er anrufen und Bericht erstatten. Donnerwetter, hab ich einen Hunger! Richtig, ich bin ja im Schloß H. über die Suppe nicht hinausgekommen.

»Herr Ober, die Speisekarte!«

Das Interregnum

Reichenhall, 29. August, nachmittags.
Franzl rief uns beizeiten an. Sein Vater läuft noch immer mit dem Bären herum, den wir ihm aufgebunden haben. Gestern abend war er sogar heimlich in Salzburg und hat die Stadt nach Konstanze abgesucht. Er ist sich natürlich im klaren, daß sie die Komödie nicht in ein Trauerspiel verwandeln wird. Immerhin: eine der zwei Töchter ist mit einem wildfremden Menschen, der sie noch dazu für ein Stubenmädchen hält, durchgegangen! Das will ihm nicht in den Kopf, und er versteht im Grund sein eigenes Theaterstück nicht mehr.

Auf das Wiedersehen mit ihm bin ich gespannt. Meine Freunde behaupten, ich könne unwiderstehlich sein. Ich werde ihn, wenn's darauf ankommt, was mein Charme hergibt, umgaukeln und bestricken. Und sollten sämtliche Stricke reißen, heiratet sie mich auch gegen seinen Willen.

Vor dem Essen spielten wir Tennis. Die Frau des Trainers lieh einen Schläger her. Ich hatte alle Vor- und Rückhände voll zu tun, bis ich gewann. Dann schwammen wir selbander in dem kühlen Bassin hin und her und sprachen, weil ein kleines quietschvergnügtes Mädchen auf der Badewiese Purzelbäume schlug, über Kinder.

»Georg«, sagte Konstanze, »willst du wie die meisten Männer auch nur kleine Jungen haben, keine kleinen Mädchen?«

»Nicht mehr, seit ich weiß, wie reizend kleine Mädchen geraten können.« Ich rollte mich im Wasser um die eigene Achse und schwamm auf dem Rücken weiter.

»Schade, daß es so lange dauert, bis ein Baby fix und fertig in der Wiege liegt! Ich bin schrecklich neugierig, wie es aussehen wird!«

»Georg?«

»Hm?«

»Wie viele denn?«

»Was für wie viele?«

»Kinder!«

»Ach so. Das hängt ganz davon ab, wie das erste ausfällt.«

»Es wird seiner Mutter ähnlich.«

»Dann ein halbes Dutzend.«

»Hilfe!« Konstanze tat, als werde sie vor Schreck ohnmächtig. Sie ließ sich langsam untersinken und von mir an Land schleppen.

Die Wiederbelebungsversuche hatten übrigens Erfolg.

Nach dem Essen mietete ich ein Taxi, und wir fuhren nach dem Königssee. Dort verstauten wir unseren Wagenlenker in einem Bierstübl und schifften uns nach St. Bartholomä ein. Der Kapitän, der die erhabene Landschaft wacker erläuterte, blies schließlich, um das Echo aufzuwecken, gar prächtig auf seiner Trompete.

Aber noch schöner als der kleine Dampferausflug war die grandiose Heimfahrt über die neue Alpenstraße. Über und neben uns der Watzmann und die anderen Gipfel mit ihren grauen Schneeschründen; unter uns grüne Täler, kleine Dörfer und Bauerngärten; es war fast zu schön. Der Großstädter, der die Natur nur dosiert und gerade deshalb, falls er erlebnisfähig ist, schon im magersten Gänseblümchen intensiv erlebt, ist der Natur in Folio-Ausgabe kaum gewachsen.

Übrigens welch ein Tag! Eben noch inmitten des ewigen Gebirges. Jetzt in der Hotelhalle. In zwei Stunden drüben im Salzburger Dom zu Mozarts »Requiem«. – Karl hat angerufen. Er hat Karten für uns.

Reichenhall, 29. August, nachts.

»Wie schön war doch das Leben! ... Heiteren Sinnes muß man es auf sich nehmen, was einem die Vorsehung zugeteilt hat. So beende ich denn meinen Grabgesang. Ich darf ihn nicht unvollendet lassen.«

Das sind Worte aus einem Brief, den Mozart zwei Monate vor seinem Tode schrieb. Was er nicht unvollendet lassen durfte, war das Requiem. Er vollendete es nicht. Als man am Lager des jungen sterbenden Komponisten die fertigen Partien probierte, brach er in hilfloses Schluchzen aus. »Hab ich es nicht gesagt, daß ich dieses Requiem für mich schreibe?« In der Nacht darauf starb er. »Dona ei requiem!«

Und noch diese Totenmesse, das letzte Opus des Salzburger Genies, entstand als Salzburger Komödie! Mozart schrieb das Werk im Auftrag eines großen Unbekannten, der ihm wiederholt einen geheimnisvollen Boten schickte und ihn mahnen ließ, die Arbeit zu vollenden. Der große Unbekannte war ein Graf Franz von Walsegg. Dieser Graf Walsegg gab sich sein Leben lang das Air, ein bedeutender Komponist zu sein. Er ließ sich den Spleen viele Dukaten kosten, erteilte den Meistern der Zeit heimlich Aufträge und brachte ihre Werke unter seinem Namen zur Aufführung. Die adeligen Gäste, die den Konzerten lauschten, und das gesamte Orchester – alle wußten, daß er nicht der Komponist war, und doch taten sie, als ob er's wäre. Eines Requiems bedurfte er, da ihm Anfang 1791 die Gattin gestorben war und er ihr eine Totenmesse zu »komponieren« schuldig war. Deshalb schickte er seinen alten Kammerdiener zu Mozart, und deshalb schrieb Mozart das Requiem ...

Graf H., Konstanzes Vater, der sich und die Seinen Lakaien spielen läßt, nur weil er ein Lustspiel schreiben möchte, und jener Graf Walsegg – beide sind von dem gleichen österreichischen Adel und aus derselben komödiantischen Familie.

Kunst und Wirklichkeit, Theater und Leben: überall sonst sind's zwei getrennte Sphären. Hier bilden beide ein unlösbar Ganzes. Sollte das der Grund sein, daß hier, wie schon die römischen Kolonisten meinten, das Glück wohnt?

Für alle Fälle

Schloß H., 30. August, abends.
Frühmorgens waren wir mit der Seilbahn auf dem Predigtstuhl. Kaum standen wir oben, entdeckte Konstanze einen Kolkraben, der, mächtig wie ein Bussard, seine Kreise zog. Sie geriet, als sie den rar gewordenen Vogel sah, vollständig aus dem Häuschen und war lange Zeit nicht von der Stelle zu bringen. Stumm und verzückt wie ein beschenktes Kind verfolgte sie seinen Flug. Sie liebt und kennt die Natur, liebt sie wie ich und kennt sie besser, nennt alle Blumen und Gräser bei Vor- und Familiennamen und ist mit den Tieren in Feld und Forst aufgewachsen. Eines steht für mich fest! Als Hochzeitsgeschenk bekommt sie von mir keinen Brillantring, sondern ein kleines Bauernhaus. Irgendwo in der Mark Brandenburg. An einem See, in dem sich die Kiefern und Birken spiegeln.

Mittags rief Franzl an. Konstanze eilte in die Telefonzelle. Als sie auf die bienenumsummte Hotelterrasse zurückkehrte, war sie um einen Schein blasser als sonst.

»Schlechte Nachrichten?«

»Die Amerikaner reisen schon heute. Wir sollen gegen fünf Uhr drüben sein. Und du sollst deinen Smoking nicht vergessen.«

Ich sprang auf. »Dein Vater hat ja gesagt?«

»Er weiß noch gar nichts.«

»Wozu soll ich dann den Smoking mitbringen?«

»Franzl meinte: Für alle Fälle.«

Für alle Fälle? Ich mußte lachen. »Aha! Wenn dein Vater einverstanden ist, wird der Smoking ausgepackt; andernfalls bleibt er in der Tüte!«

»Aber Fäustchen! Wenn der Papa nicht will, sag ich ihm doch …« Sie schwieg.

»Was denn!«

»Daß er einwilligen muß, ob er will oder nicht!«

»Du willst ihm weismachen, daß wir schon verheiratet sind?«

»Junge, Junge«, meinte sie. »Bist du aber dumm! Da gibt es doch noch andere Repressalien!« Dann lief sie auf ihr Zimmer. Ich rannte hinterdrein und legte ein frisches, blütenweißes und gestärktes Oberhemd obenauf in ihren Koffer.

Für alle Fälle.

Auf Schloß H. öffnete diesmal ein richtiger älterer Bediensteter.

»Grüß Gott, Ferdl!« rief Konstanze. »Wie kommen Sie denn so geschwind daher?«

Ferdl nahm mir den Koffer ab. »Der junge Herr hat uns im Auto hertransportiert.«

»Gut erholt?«

»Gut erholt, gnädiges Fräulein.«

In der Halle kam uns Franzl entgegen und konnte vor Lachen nicht reden. Wir waren auf einen so fröhlichen Empfang nicht gefaßt.

»Entschuldigt!« meinte er. »Aber die Sache ist wirklich komisch!«

»Unsere Verlobung?«

»Ach woher!«

Konstanze bekam Nerven. »Hast du denn noch immer nicht mit Papa gesprochen?«

»Doch.«

»Und?«

»Er war von der anderen Sache so erschüttert, daß er nur halb zugehört hat.« Franzl lachte schon wieder schallend los.

Ich kam mir, offen gestanden, wie ein Idiot vor und sagte: »Ich glaube, ich bin auf der falschen Beerdigung.«

Er schob seine Schwester und mich auf eine Tür zu. »Der

Papa braucht Ablenkung. Unterhaltet euch ein bißchen mit dem Ärmsten.«

Konstanze öffnete die Tür, schaute durch den Spalt und zog mich zögernd in das Zimmer.

Graf H. saß in einem Lehnstuhl am Fenster und nickte, als er unser ansichtig wurde. »Da bist du ja endlich wieder«, sagte er, »du verlorene Tochter!« Er gab mir die Hand. »Samt dem Doktor, der hübschen Stubenmädchen anderweitig Stellung verschafft.«

Konstanze streichelte seinen grauen Kopf. »Wir wollen uns heiraten, Papa.«

Er lächelte. »Franzl hat mir schon davon erzählt. Aber muß es denn wirklich dieser Berliner Herr sein, der mich mit Ventimiglia und dem Konjunktiv auf den Besen laden wollte?«

»Es muß dieser Berliner Herr sein, Papa«, sagte sie leise.

Er sah mich an. »Ich möchte meiner Tochter die Drohung, daß sie andernfalls ins Kloster gehe, ersparen. Treiben Sie übrigens Ihren Charme nicht auf die Spitze!« (Ich hatte begonnen, unwiderstehlich zu sein, und es war ihm wohl unangenehm aufgefallen.) »Bevor ich mich einzuwilligen entschließe, muß ich Sie bitten, mir eine Frage zu beantworten.«

»Ich bin zu jeder Auskunft bereit. Mein Einkommen leitet sich von Zinkbadewannen her und ist nicht unbeträchtlich. Mein Gesundheitszustand ist vorzüglich. Mein …«

Er schüttelte den Kopf. »Ich will etwas andres wissen.«

»Was denn?«

»Was ist der Optativ?«

»Der Optativ ist eine Nebenform des Konjunktivs; die sogenannte Wunschform, Herr Graf.«

»Aha.« Er erhob sich und stand kerzengerade. »Möget ihr glücklich werden, liebe Kinder!«

Konstanze fiel ihm um den Hals. Hinter ihrem Rücken schüttelten wir Männer einander die Hand.

»War das ein Optativ?« fragte er.

»Das war einer«, sagte ich, »und nicht der schlechteste, Herr Schwiegervater. Falls ich Ihre Tochter unglücklich machen sollte, steht es Ihnen frei, ein Stück über mich zu schreiben.«

»Bitte, jetzt nicht frotzeln!« meinte er. »Ich bin kein Beaumarchais. Und im Augenblick denke ich überhaupt nicht gern ans Stückeschreiben.«

Er klopfte Konstanze auf die Schulter. »Geh, Kleine! Laß mich mal mit dem Herrn allein! Ich muß ihm etwas erzählen.«

»Von der Sache, über die Franzl so gelacht hat?«

»Dein Bruder ist ein Rohling.«

»Darf ich's nicht mit anhören, Papa?«

»Nicht aus meinem Munde! Der Vater in mir sträubt sich, in deiner Gegenwart so blamable Dinge über mich berichten zu müssen.«

Dann fiel sie mir um den Hals. Anschließend ihm. Daraufhin mir. Frauen haben es leicht. Sie sind fähig, ihren Empfindungen Ausdruck zu verleihen. Nachdem sie aus dem Zimmer war, machten wir es uns am Fenster gemütlich. Er bot mir eine Zigarre an. Wir rauchten und schwiegen. Drüben im Wirtschaftsgebäude hing noch immer die holzgeschnitzte Dreifaltigkeit, und über dem Heiligen Geist nistete noch immer das Vogelpärchen. Ich spürte, wie mich der alte Herr von der Seite musterte. Endlich sagte er: »Sie haben das Ihre getan, mein Lustspielprojekt zu fördern.«

Ich zog an der Zigarre: »Wir fanden den Einfall in der Tat nicht übel. Der alte Graf glaubt, die Tochter werde allgemein für ein Stubenmädchen gehalten. Einer der Gäste weiß es besser und geht mit ihr durch. Der Graf muß die Tochter, da er trotz seiner Bemühungen keine Sekunde Zeit findet, allein mit ihr zu reden, notgedrungen ziehen lassen und bleibt in nur allzu begreiflicher Erregung zurück. Die Situation erscheint mir recht geeignet, den vorletzten Akt zu beschließen. Das Publikum weiß, wie sich das gehört, mehr als die düpierte Hauptperson. Die Überraschungen, die dieser weiterhin bevorstehen, werden das Vergnügen der Zuschauer im letzten Akt bilden. Dort genügt dann die Einführung einer neuen Nebenfigur – Sie wissen besser als ich, wie dergleichen gemacht wird –, und der Heiterkeitserfolg des Stücks ist gewährleistet.«

»Sie haben vorhin meinen Sohn lachen gehört?«

»Jawohl.«

»Da haben Sie's«, meinte er melancholisch. »Es war das Publikum, das den letzten Akt miterlebt und komisch genug gefunden hat, sogar ohne daß eine neue Figur aufgetaucht wäre.«

»Solche Lustspiele gibt es auch«, sagte ich. »In einem solchen Fall muß allerdings die Situation vor dem Aktschluß für Mitspieler und Zuschauer eine völlige Überraschung bringen.«

»Das weiß der Himmel! – Stimmt es, daß Sie nur wenig Englisch verstehen? Oder ist auch das ein freiwilliger Beitrag zu meinem Stück?«

»Mein Englisch läßt tatsächlich alles zu wünschen übrig«, erklärte ich.

Er setzte sich gerade. »Dann also auf gut Deutsch! Letzter Akt, letzte Szene: Mister Namarra, der ›Zellephant‹, wie ihn Mizzi getauft hat, mußte schon heute reisen. Wegen eines notwendig gewordenen Zwischenaufenthaltes in Paris. Wir ›Angestellten‹ fanden uns, bevor die Gäste ihr Auto bestiegen, gewissenhaft an der Freitreppe ein, um unsern Kratzfuß zu machen und die üblichen Trinkgelder in Empfang zu nehmen.

Meine Schwester, die Pseudoköchin, sträubte sich bis zur letzten Minute. Daß sie von einem amerikanischen Millionär Trinkgelder annehmen solle, sei nicht mehr komisch, fand sie. Es kostete Mühe, sie schließlich doch ans Tor zu schleppen. Endlich standen wir schön ausgerichtet nebeneinander: meine Schwester, die Mizzi, mein Herr Sohn und ich. Die Amerikaner kamen die Treppe herunter. Wir verbeugten uns. Mister Namarra blieb bei mir stehen. Ich wölbte dezent die zum Nehmen bereite Handfläche. Da sagte er ... Wollen Sie einen Whisky?«

Ich fuhr zusammen. »Er bot Ihnen im Weggehen einen Whisky an?«

»Aber nein! Ich frage Sie, jetzt und hier, ob Sie einen Whisky nehmen wollen.«

»Verbindlichen Dank. Im Augenblick nicht. Vielleicht ist ein Schluck Alkohol am Ende Ihres Lustspiels angebrachter.«

»Sie leiden an Ahnungen«, erklärte Graf H.

»Also, der Millionär blieb stehen, klopfte mir gönnerhaft auf die Schulter und sagte: ›Es war wundervoll bei Ihnen, und Sie haben Ihre Sache ausgezeichnet gemacht. Ich nehme an, daß sich's um eine Wette handelt, wie?‹

Eine Wette? Was meinte er?

Er zeigte sämtliche Zähne und fuhr fort: ›Ich bin viel in der Welt herumgekommen, aber einem Grafen, der so gut Theater spielt, bin ich noch nie begegnet.‹

Seine Tochter, die blonde Riesenschlange, lächelte zuckersüß und sagte: ›Auch die übrigen Mitglieder der gräflichen Familie haben sich als Dienstboten vorzüglich bewährt. Bis auf Komtesse Konstanze. Nun, so etwas kommt in den besten Familien vor.‹

Namarra junior kaute Gummi und knurrte: ›In der Tat, es war wirklich guter Sport.‹ Die magere Millionärin nickte. ›Ich hoffe, daß wir die Spielregeln eingehalten haben.‹ Wir vier vom Hause H. standen wie vom Donner gerührt. Franzl brachte als erster den Mund auf. ›Seit wann wissen Sie es denn?‹ fragte er.

Namarras zweiter Sekretär, der Dicke, holte wortlos eine illustrierte Zeitschrift aus dem Mantel und wies auf eine Fotografie. Auf derselben war ich mit den Meinen abgebildet, und die Unterschrift teilte ausführlich mit, um wen sich's handle. Die Fotografie gehörte zu einer ›Österreichische Schlösser und ihre Besitzer‹ betitelten Serie.

Die Blonde sagte kalt: ›Wir wußten es vom ersten Tage ab.‹ Dann stiegen sie alle ins Automobil. Der Chauffeur grinste wie ein Nußknacker. Ich riß mich zusammen und trat zu dem Wagen. ›Mister Namarra, warum haben Sie uns das nicht gleich gesagt?‹

Er beugte sich aus dem Fenster. ›Wir wollten Ihnen den Spaß nicht verderben!‹ Dann fuhren sie ihrer Wege.«

Ich gebe zu, daß ich gern gelacht hätte. Wenn auch nicht so laut und unverschämt wie Franzl. Doch der alte Herr blickte so betreten auf seine blanken Stiefeletten, daß das Mitleid überwog. Ich sagte nur: »Jetzt wäre ein Whisky angebracht.«

Er brachte Whisky, Syphon und Gläser. Wir mischten und tranken. »Sie dürfen ruhig lachen«, meinte er, als wir die Gläser wieder hinsetzten.

Ich widersprach: »Ich hebe mir mein Lachen bis zur Premiere Ihres Stückes auf. Denn so blamiert Sie sich vorkommen – der letzte Akt hat nun genau die Schlußszene, die er braucht.«

»Ich bin aber ein Dilettant, mein Bester.«

»Ein Amateur.«

»Dilettant hin, Amateur her. Wer das Leben in Szene setzt und kostümiert, weil ihm selber nichts einfällt, der soll das Schreiben lassen. Mein Sohn hat mir das oft genug vorgebetet.«

»Ihre Komödie hat ja doch den Amateurschriftsteller zum Helden!« rief ich. »Sie sind, verzeihen Sie, eine Molièresche Figur! Der Amateur, der erst erleben muß, was er schreiben will, und der dann etwas erlebt, was er gar nicht schildern mag! Das ist doch ein köstliches Sujet!«

»Ihre Begeisterung in allen Ehren«, sagte der alte Herr. »Doch ich glaube, die Tragikomödie des Dilettanten darf unter gar keinen Umständen ein Dilettant schreiben.«

»Es tut mir leid. Sie haben recht.«

Er nickte mir zu. »Sehen Sie, sehen Sie. Ich muß mich nach einem neuen Beruf umschauen!«

»Ich wüßte einen.«

»Was soll ich denn auf meine alten Tage werden?«

»Großvater!«

Er lachte.

»Es wird mein Bestreben sein, Sie so bald wie möglich Ihrem neuen Beruf zuzuführen«, sagte ich.

Er erhob sich. »Ich habe meine Schuldigkeit getan. Tun Sie die Ihre!«

Der Abschied

Schloß H., 31. August, mittags.

Die Verlobungsfeier begann gestern abend mit der Feststellung, daß ich den Smoking doch vergessen hatte! Konstanze fuhr mich nach Salzburg. Karl war zwar wieder nicht im Höllbräu. Doch der Wirt erkannte mich und gestattete mir, in Karls Zimmer einzubrechen. Nachdem ich mir mein rechtmäßiges Eigentum – den Smoking, die Hemd- und Manschettenknöpfe, die Krawatte und die Lackschuhe – unrechtmäßig angeeignet hatte, bummelten wir durch die Straßen.

Die Festspiele sind vorüber. Die meisten Fremden sind abgereist. Salzburg sinkt langsam in seinen Dornröschenschlaf, der elf Monate dauern wird. So lange gehört Salzburg den Salzburgern; dann vermieten sie es von neuem. Wir blieben an Schaufenstern stehen, und ich zeigte Konstanze die alte goldene Kette, das Silberfuchscape und den Orchideenstrauß, die ich ihr, ohne einen Groschen in der Tasche, also in der Theorie, zugedacht hatte. Sie freute sich über die hypothetischen Brautgeschenke von ganzem Herzen und versprach mir, sich zu Hause »mündlich« zu bedanken. Anschließend verschwand sie in einem Blumengeschäft und kehrte mit einer weißen Chrysantheme für das Smokingknopfloch zurück.

Jetzt sah mein spekulativer Kopf Möglichkeiten! Ich tauschte die Ansteckblume im Laden gegen eine kleinere und ließ mir die Differenz mit einem Veilchensträußchen aufwiegen. Dieses winzige dunkelblaue Veilchensträußchen drückte ich ihr in die Hand und sagte: »Das wäre nun also mein Verlobungsgeschenk. Hoffentlich habt ihr so große Vasen!«

Karl entdeckten wir zufällig in der Rathausapotheke am Markt. Er hatte wieder einmal einige Buntstifte quer zwischen den Zähnen und konterfeite alte Arzneiflaschen, Salbenbüchsen und Mörser, sowie den konvexen Herrn Provisor. Wir stürmten die Apotheke und zwangen Karl, unverzüglich Feierabend zu machen. Er mußte uns aus voller Brust gratulieren, eilig den Smoking anziehen und nach H. mitkommen. Während der Fahrt erzählten wir ihm den Ausgang der Stegreifkomödie. Er sagte zu Konstanze: »Ihr Vater tut mir fast leid. Ein Lustspiel wollte er schreiben. Eine komische Figur ist er geworden.«

»Papa behauptet, Fäustchen habe ihn mit so trefflichen Argumenten getröstet, daß ihn die Affäre nicht länger reue.« Sie wandte sich an mich. »Womit hast du ihn denn getröstet?«

»Ach, ich hab ihm nur einen neuen Beruf vorgeschlagen.«

»Allmächtiger!«

»Soll er malen?« fragte Karl.

»Unsinn.«

»Was für einen Beruf?« erkundigte sich Konstanze.

»Das ist unser Geheimnis.«

»Wird der neue Beruf nicht wieder zu schwierig für ihn sein?«

»Ausgeschlossen, Liebling!«

»Du weißt, daß es mit seiner Phantasie nicht allzuweit her ist.«

»Der neue Beruf stellt in jeder Beziehung mäßige Ansprüche.«

Die beiden rieten auf allerlei: auf Golf, Briefmarkensammeln, Memoirenschreiben und dergleichen.

Ich schwieg eigensinnig. Konstanze schüttelte den Kopf und murmelte: »Kinder, Kinder!« Daß ich daraufhin lachte, fand sie irrigerweise höchst unangebracht.

Die kleine Feier geriet zum Glück durchaus unfeierlich. Da es Franzl nicht gelungen war, mehr als drei der beurlaubten Dienstboten aufzutreiben, spielte sich das Ganze wie ein Picknick ohne Waldwiese ab und bot der Gräfin Tante, einer wirklich entzückenden alten Dame, zahllose Gelegenheiten zu echt hausfraulicher Verzweiflung. Franzl und Karl hatten, als wir den Saal betraten, Körbchen in der Hand und markierten eifrig Blumenstreukinder. Nach dem Essen sagte Mizzi Schillers »Glocke« auf. Dieses Riesengedicht weist unaufhörlich auf die Freuden des Braut- und Ehestandes hin, und die kleine Schwägerin versäumte nicht, bei den einschlägigen Stellen bedeutsam den Zeigefinger zu heben. Von »Errötend folgte er ihren Spuren« bis »Da werden Weiber zu Hyänen« blieb uns nichts erspart. Ferdl, der brave Kammerdiener, soufflierte aus einem alten goldgeschnittenen Lederband, und Franzl machte, zum Verdruß der Tante, despektierliche Zwischenbemerkungen. Konstanze hatte das Veilchensträußchen vor sich stehen und trug ein Abendkleid aus kupferrotem Samt.

Zum Sekt hielt der alte Herr die Festrede. Er umriß die Entstehungsgeschichte der Verlobung, ließ es an der erforderlichen Selbstironie nicht fehlen und gab offiziell bekannt, daß er das dramatische Handwerk nunmehr an den Nagel gehängt habe. (Schade, daß er nicht so amüsant schreibt, wie er plaudert. Es handelt sich eben doch um zwei grundverschiedene Talente.) Zum Schluß gab er seiner Genugtuung darüber Ausdruck, daß ich ihn der Sorge um eine der Töchter enthöbe, und schenkte mir als Gegenleistung, irgendwo in den Tauern, ein Jagdrevier samt Blockhaus!

Nachdem wir einander zugetrunken hatten, dankte ich ihm für die Tochter und für die Jagd, lehnte jedoch das zweite Geschenk ab, da ich, im Rahmen der internationalen Devisenkrise, nicht befugt sei, ausländische Liegenschaften anzunehmen. Konstanze, sagte ich, lasse sich zwar nach Deutschland einführen, aber mit den Hohen Tauern sei mir das zu umständlich.

Das konnte er verstehen.

Da er hartnäckig darauf bestand, mir etwas Gutes zuzu-
fügen, und mir nichts einfallen wollte, bat ihn Konstanze,
mich auf der Heimreise bis nach München begleiten zu dürfen. »Wegen der Verlobungsringe«, behauptete sie nicht
gerade überzeugend.

Graf H. war in Geberlaune. Er erklärte sich einverstanden. Morgen früh fahren wir.

Sie muß am 2. September zurück sein, weil dann die ganze
Familie, wie jedes Jahr, nach Meran reist. Zur Traubenkur.

Schloß H., 31. August, nachts,
bzw. 1. September, morgens.

»Und wir zogen mit Gesang
aus dem einen Restaurant
in das nächste Restaurant
usw.«

Ich bin so blau wie hundertzwanzig Veilchen! (Klingt fast
wie eine Schlagerzeile.) Aber das ist bezeichnend für meine
wissenschaftliche Gründlichkeit, die sich auch auf außer-
wissenschaftlichen Gebieten, obwohl man geltend machen
könnte, Karl und ich wären dem Alkohol in dessen zahlreichen Erscheinungsformen mit durchaus wissenschaftlicher
Akribie ...

Der Teufel hole den Satz! Dabei wollten wir uns gar nicht
betrinken. Wir wollten nur von Salzburg und voneinander
Abschied nehmen, Karl und ich. Wir bummelten gefühls-
selig über die herrlichen Plätze und durch die alten, geheimnisvollen Gassen. Es war eine märchenhafte Sommernacht.
Manchmal schien der Mond, manchmal nur eine Laterne,
und uns war beides recht.

Wir gingen kaum; wir ließen uns gehen. Zwei befreundete
Silhouetten, so schritten wir in dem magischen Kreis dahin,

der Salzburg heißt. Wir standen schweigend vor silberglän-
zenden, rauschenden Brunnen – und gerade das hätten wir
nicht tun dürfen!

Nur weil die Brunnen rauschten, bzw. weil wir diesem
Rauschen, d.h. dem akustischen Effekt, der dadurch ent-
steht, daß sich Flüssigkeit schnell bewegt ...

Wieder so ein hoffnungsloser Satz, der nicht leben und
nicht sterben kann! Kurz, wir bekamen Durst, und in einer
italienischen Weinstube fing es an. Mit Asti vom Faß und
einem Fiasco Chianti, doch ein Fiasko kommt selten allein.

Nein, zuerst waren wir im Peterskeller und tranken Prälatenwein. Eigentlich lauter leichte, bekömmliche Sachen!
Vielleicht hätten wir den Whisky nicht trinken sollen, den
wir in einer Bar schrägüber vom Österreichischen Hof ver-
einnahmten, bzw. verausgabten. Oder die Ohios oder Mar-
tinis, zu denen uns der Amerikaner einlud, der neben Karl
saß. Andrerseits, man kann einem Menschen, der extra deswegen von Übersee kommt, so etwas unmöglich abschlagen!

Sonst fährt der Mann verbittert heim und erzählt dort,
Karl und ich seien unhöfliche Menschen; und bei der bekannten Neigung, Eindrücke zu verallgemeinern, könnte
das für ganz Europa zu Komplikationen, die heute mehr
denn je vermieden werden sollten ...

Schon wieder Kurzschluß. Ich bin auf mein Gesicht
neugierig, das ich morgen früh machen werde, wenn ich
lese, was ich jetzt schreibe! Deswegen mußten wir auch mit
dem Amerikaner noch ins »Casino« gehen. Es war eine
nahezu diplomatische Mission. Denn jeder Mensch ist im
Ausland ein Botschafter seiner Heimat. Wir benahmen uns
also wie die Botschafter. Karl bestellte eine Flasche Sekt,
und was ist schon eine einzige Flasche Sekt, dividiert durch
drei Männer? Aus diesem Grunde tranken wir noch eine
Flasche.

Dann faßte der Amerikaner den löblichen Vorsatz, die

Bank zu sprengen, und entfernte sich, weil die Bank in einem anderen Raum stand. Und Karl und ich gingen an die frische Luft. Daß wir hierbei auf die Straße nach Mülln und in den Augustinerkeller gerieten, dafür kann kein Mensch! (Wir haben auch niemandem Vorwürfe gemacht.)

Ein paar Gläser Bier können nie schaden, am wenigsten in warmen, schönen Sommernächten, unter Lampions, in einem alten Wirtshausgarten. Biergläser waren es eigentlich nicht, sondern irdene Maßkrüge. Und lauter Leute am Tisch, die sich auf Bier verstanden; oben drüber dunkelblauer, gestirnter Himmel, mit einer Apfelsinenscheibe Mond darin, wie in einer Bowle – hinreißend!

Auf dem Heimwege haben wir dann, wenn ich nicht irre, gesungen. Karl hakte sich bei mir unter und sagte: »Damit du nicht umfällst.«

Dabei wollte er sich nur an mir festhalten! Er ist ein lieber Kerl, aber er gehört leider zu den Leuten, die nie zugeben werden, daß sie einen in der Krone haben.

Da bin ich anders. Wenn ich einen Schwips gehabt hätte, dann hätte ich das unumwunden zugegeben. Daß *ich* keinen hatte, ist, obgleich ich einen ganzen Stiefel vertrage, bis zu einem gewissen Grade Zufall. Es hätte umgekehrt ebensogut, nein, es hätte ebensogut umgekehrt sein können, aber es war nicht umgekehrt!

Was ist eigentlich nicht umgekehrt? Oh, mein Schädel! So oft hab ich mir ein schlechtes Gedächtnis gewünscht. Denn das meiste verdient vergessen zu werden. Und nun hab ich das schlechte Gedächtnis. Hoffentlich nur heute. Denn es gibt so vieles, woran man sich noch lange erinnern möchte. (Ich scheine mir eben irgendwo widersprochen zu haben.)

Dann blieb Karl plötzlich stehen, breitete die Arme weit aus und deklamierte: »Hic habitat felicitas!«

Ich fragte: »Wer wohnt hier?«

»Felicitas«, sagte er.

»In diesem Hause dort drüben?« fragte ich ganz bescheiden.

Er antwortete nichts als: »Ignorant!«

Das kränkte mich, und ich rief: »Ich kann doch nicht alle Mädchen kennen, zum Kuckuck!«

»Oh«, sagte er nur.

Ich lenkte ein. »Wenn du willst, können wir ja einmal klingeln. Vielleicht hat sie einen leisen Schlaf, wacht auf und guckt ein bißchen aus dem Fenster!«

Er schauderte.

»Oder ist sie verheiratet?« fragte ich behutsam. Und nun wollte er mich in die Salzach werfen. Es unterblieb eigentlich nur, weil die Salzach nicht in der Nähe war. Was wir dann gemacht haben, weiß ich nicht mehr. Ich vermute, daß wir weitergegangen sind. Sonst stünden wir jetzt noch vor dem Haus. Da ich aber im Schloß eingetroffen bin, kann ich unmöglich ...

Du liebe Güte, ob Karl noch dort steht?

Nein, nein. Nachdem ich an dem Haustor geklingelt und ziemlich laut nach Felicitas gerufen hatte, rissen wir ja aus! Wie die Schuljungen. Und dann? Halt, es dämmert!

Im Mirabellgarten, am Zwergen-Rondell, hielt Karl eine Rede! An die steinernen Zwerge. Ganz recht. So war's. »Meine Herren Zwerge«, sagte er.

Ich setzte mich ins Gras und meinte: »Eine Frau Zwerg ist auch dabei. Sei höflich!«

»Meine Herren Zwerge«, wiederholte Karl. »Sie kennen Salzburg länger als jener betrunkene Mensch, der sich auf Ihrer Wiese breitmacht; Sie kennen es länger als ich und sogar länger als ... als ...«

»Baedeker«, schlug ich vor.

»Als Baedeker, jawohl. Sie haben Salome Alt gekannt, als sie noch jung war und in diesem schönen Garten mit einem Ihrer Herren Kirchenfürsten lustwandelte.«

»Lusthandelte«, verbesserte ich gewissenhaft.

Karl geriet in Feuer. »Sie haben Mozart gekannt, als er noch bei seinem Papa Klavierstunden hatte! Ich habe Vertrauen zu Ihnen, meine Herren. Sie sind klein, aber oho! Gestatten Sie, daß ich du zu Ihnen sage?«

»Bittschön«, brummte ich.

»Sie werden sich vielleicht fragen, warum ich mich mit meinem Anliegen nicht an die vorzüglich gewachsenen Damen aus Stein wende, die seit Jahrhunderten am Eingange des Gartens auf Sockeln stehen und nichts anhaben.«

»Ach wo«, sagte ich. »Zwerge interessiert so etwas überhaupt nicht. Aber vergiß nicht, daß du sie duzen wolltest.«

Karl nickte und klopfte einem der Zwerge kollegial auf den steinernen Buckel. »Liebe Liliputaner und Liliputanerinnen«, meinte er dann, »ihr könnt eurer kleinen Stadt einen großen Gefallen tun. Wenn einmal jemand vom Festspielkomitee hierherkommen und sich wie wir mit euch unterhalten sollte ...«

»Ausgeschlossen«, erklärte ich.

»So richtet ihm einen schönen Gruß von mir aus.«

»Von mir auch!« rief ich. »Unbekannterweise!«

»Und sagt ihm ...«

»Noch einen schönen Gruß?«

»Sagt ihm, Österreich habe so vieles Genies gehabt ...«

»Das weiß der Mann doch schon!«

»Und nur deren Heiterkeit passe völlig zur Heiterkeit dieser Stadt, genau wie nur ihre Melancholie sich zu dieser Landschaft, wenn sie trauert, schicke.«

»Hoffentlich können sich die Zwerge das alles merken«, meinte ich besorgt.

»Warum spielt man keinen Raimund? Warum nicht Nestroy? Warum nicht noch mehr Mozart? Wie? Warum statt dessen ...«

»Woher sollen denn das die Pikkolos wissen!« sagte ich ärgerlich und stand auf.

»Hab ich nicht recht?« fragte er.

»Natürlich hast du recht«, meinte ich. »Außerdem soll man Betrunkene nicht reizen.«

»Ich wäre betrunken?«

»Wieso ›wäre‹? Du bist es!«

»Ich bin nüchtern, wie … wie …«

Mir fiel auch kein angemessener Vergleich für den Grad seiner Nüchternheit ein.

»Aber du, du bist blau!« rief er.

»Ich bin nüchtern wie … Ich war noch nie so nüchtern wie heute!«

»Ich auch nicht!«

»Dann möchte ich die beiden Herren mal besoffen sehen«, sagte jemand hinter uns. Ich erschrak.

Aber es war kein Zwerg. Sondern ein Wachmann.

Die Heimkehr

Im Schlafwagen München–Berlin,
2. September, nachts.

Das Kursbuch liegt aufgeschlagen vor mir. In drei Minuten hält der D-Zug Salzburg–Meran in Innsbruck. Dann wird Konstanze die Augen für einige Zeit fest, ganz fest schließen und an mich denken. Und ich werde dasselbe tun. Das heißt: ich werde natürlich nicht an mich, sondern an sie denken! Wir haben das, als sie heute früh in München abfuhr, so verabredet. Ich hätte es nie für möglich gehalten, daß das Kursbuch eine derart romantische Lektüre abgeben kann. Man lernt nicht aus.

Noch zwei Minuten!

Morgen früh ist sie in Meran. Und ich bin wieder in Berlin. Sie wird am Nachmittag nach San Vigilio hinauffahren und nachschauen, ob schon Schnee liegt. Ich werde den Kurfürstendamm bevölkern helfen, in Halensee über die Brücke und dann nach Hundekehle hinausspazieren.

Noch eine Minute!

Eigentlich habe ich immer eine fast panische Angst vor der Liebe gehabt. Ich glaube, es war eine Art Geiz. Oder war es Ökonomie? Instinktive Ökonomie? Konstanzes Foto ist schon ganz zerknittert. Es ist Zeit! Jetzt fährt ihr Zug in Innsbruck ein. Jetzt hält er. Jetzt lächelt sie und schließt die Augen fest, um an mich zu denken. Und nun mach auch ich die Augen zu.

(Hoffentlich geht meine Uhr richtig!)

Berlin, 3. September, vor Mittag.
Ich habe mit Konstanze gerade telefoniert. Ihr Vater ist damit einverstanden, daß die Hochzeit Weihnachten stattfindet. Hochzeit unterm Christbaum in Salzburg – das grenzt an Sensationslust! Ich muß gleich nachschauen, wann in diesem Jahr Weihnachten ist.

Am 25. Dezember.

Ach richtig, das ist ja in jedem Jahr so.

Berlin, 3. September, etwas später.
Eben hat mir die kleine Tante die zweite Post ins Zimmer gebracht. Es war ein Schreiben der Devisenstelle dabei.

Die Devisenstelle teilt mit, daß sie mein Gesuch um Devisenbewilligung für eine Sommerreise nach Salzburg nunmehr genehmigt habe.

ERICH KÄSTNER
DIE GEDICHTE

Die ganze Gebrauchslyrik
in einer guten ganzheitlichen Gebrauchsausgabe.
Alle Gedichte der Sammlungen:

Herz auf Taille
Lärm im Spiegel
Ein Mann gibt Auskunft
Gesang zwischen den Stühlen
Nachlese
Kurz & bündig
Die dreizehn Monate

Mit Register, Biogramm und Stimmen
über Erich Kästner von Hans Fallada über Kurt Tucholsky
und Peter Rühmkorf bis Friedrich Dürrenmatt,
herausgegeben von Gerd Haffmans.

ERICH KÄSTNER (23. Februar 1899, Dresden – 29. Juli 1974,
München), bekennender Muttersohn & Musterschüler, war
Soldat im 1. Weltkrieg, lernte Lehrer, studierte bis zum Dr.
phil. mit der immer noch lesenswerten Dissertation *Friedrich
der Große und die deutsche Literatur (1925, NA 1971)*, wurde
Redakteur in Dresden & Berlin und einer der erfolgreichsten
deutschen Dichter zwischen den Kriegen und nach dem
2. Weltkrieg, und zwar Dichter von Gedichten (*Die Gedichte,
2010*), Romanen für Kinder (*Emil und die Detektive u. v. a. m.*),
Drehbüchern (*Münchhausen u. a.*), Bühnenstücken (*Die Schule
der Diktatoren u.a.*), Erzählungen, Aufsätzen, Reportagen,
Reden (*Schüler & Schuldner Georg Büchners,* zur Verleihung
des Büchner-Preises), Vor- & Nachwörtern, Kritischem,
Persönlichem (*Ein deutsches Tagebuch*), Autobiografischem
(*Als ich ein kleiner Junge war*) und von genau vier vollendeten
Romanen für Erwachsene (*Die Romane, 2011*), die hier erst-
mals vereint vorliegen.

www.haffmans-tolkemitt.de